中华经典名著

全本全注全译丛书

高永旺◎译注

大慈恩寺三藏法师传

中華書局

图书在版编目(CIP)数据

大慈恩寺三藏法师传/高永旺译注. —北京:中华书局,2018.1
(2025.2重印)
(中华经典名著全本全注全译丛书)
ISBN 978-7-101-12875-8

Ⅰ.大… Ⅱ.高… Ⅲ.玄奘-传记 Ⅳ.B949.92

中国版本图书馆CIP数据核字(2017)第260545号

书　　名	大慈恩寺三藏法师传
译 注 者	高永旺
丛 书 名	中华经典名著全本全注全译丛书
责任编辑	刘胜利
装帧设计	毛　淳
责任印制	韩馨雨
出版发行	中华书局
	(北京市丰台区太平桥西里38号　100073)
	http://www.zhbc.com.cn
	E-mail:zhbc@zhbc.com.cn
印　　刷	北京盛通印刷股份有限公司
版　　次	2018年1月第1版
	2025年2月第8次印刷
规　　格	开本/880×1230毫米　1/32
	印张21½　字数450千字
印　　数	41001-45000册
国际书号	ISBN 978-7-101-12875-8
定　　价	50.00元

目　录

前言 …… 1

序 …… 1
卷第一 …… 23
卷第二 …… 81
卷第三 …… 155
卷第四 …… 221
卷第五 …… 283
卷第六 …… 338
卷第七 …… 393
卷第八 …… 444
卷第九 …… 499
卷第十 …… 581
附录一　玄奘法师表启 …… 622
附录二　道宣《玄奘传》 …… 628
附录三　玄奘年谱 …… 654

前 言

《大慈恩寺三藏法师传》，简称《慈恩传》，是一部记叙玄奘生平事迹最早最详细的传记著作，也是我国现存最早的长篇个人传记，内容极为丰富，涉及人物、宗教、政治、文化、民俗等诸多领域，是七世纪弥足珍贵的文献资料，在佛教史乃至文学史、政治史、交通史上都占有极为重要的地位。梁启超在《支那内学院精校本〈玄奘传〉书后》一文中赞其"在古今所有名人谱传中，价值应推第一"。

玄奘，俗姓陈，名祎(yī)，洛州缑氏（今河南偃师缑氏镇）人。生于隋文帝仁寿二年(602)，卒于唐高宗麟德元年(664)。家世儒学，累世官宦，先祖为东汉名臣陈寔，曾祖父陈钦曾任北魏上党太守，祖父陈康曾任北齐国子博士。至其父陈慧时，因隋朝政治衰败，遂辞官回乡，潜心典籍。大业二年(606)，母亲去世；大业七年(611)，父亲去世。玄奘随其二哥长捷法师入住东都净土寺。大业八年(612)剃度出家，潜心研习经论。隋朝末年，天下大乱。玄奘和他二哥长捷于武德元年(618)前往长安，因长安没有讲席，又经汉中转进成都。凡有经、论，无不尽学，二三年间，究通诸部。武德五年(622)，玄奘年满二十，即在成都受具足戒。随后又先后游历相州、赵州等地，遍访高僧大德，大约在武德八年(625)又回到长安，当时长安佛教领袖法常、僧辩二位大德称赞其为"释门千里之驹"，自此玄奘誉满京邑。但在访学的过程中，玄奘发现诸家之说,“各擅宗涂,验之圣典,亦隐显有异,莫知适从”。于是决定到天竺游学,解决疑难。贞观元年(627,本《传》作“贞观三年”),玄奘结约同伴,向朝廷上表,誓约西行求法,有诏不许。诸人咸退,唯玄奘不屈。八月,玄奘“冒越宪章,私往天竺”,沿新疆北路,经中亚地区,“践流沙之浩浩,陟雪岭之巍巍”,历北印诸国,终于在贞观五年(631)十月抵达摩揭陀国的那烂陀寺。玄奘在那烂陀寺从戒贤受学,兼学梵书,前后历时五年。玄奘完成学业后,于贞观十年(636)初,离开那烂陀寺,开始周游五印度,随处问学。玄奘从中印度那烂陀寺开始,先至东印,再转向南印,又折往西印,复归中印,于贞观十三年(639)又回到那烂陀寺。因与小乘辩论,遂寻其谬节,申大乘义而破之,名《制恶见论》。戒日王阅之,大为赞赏,为玄奘在曲女城举行论辩大会。贞观十五年(641)初,论辩大会开始,玄奘为论主,在会场门外悬挂《制恶见论》遍示一切人,十八日来竟无一人发论。于是众人为法师竞立美名,大乘众号之为“摩诃耶那提婆”(大乘天),小乘众称之为“木叉提婆”(解脱天),自此玄奘声震五印。贞观十五年(641)夏,玄奘自钵罗耶伽国出发,翻过大雪山,经新疆南路的疏勒、沮渠、于阗、楼兰等地,于贞观十九年(645)正月抵达长安。玄奘回国共带回梵文佛典五百二十夹、六百五十七部,以及大量的佛舍利和佛像等,为佛教在中国的发展作出了卓越贡献。

在唐太宗的大力支持下,玄奘先后在弘福寺、慈恩寺等处开建译场,主持译经,他“精厉晨昏,计时分业,虔虔不懈,专思法务”,十九年来共译出经、论七十四部,总一千三百三十五卷,占唐代新译经、论的一半以上,相当于中国佛教史上另外三大译经家(鸠摩罗什、真谛、不空或义净)译经总数的一倍多。玄奘译经,忠于原典,立“五种不翻”,“一、秘密故,如陀罗尼;二、含多义故,如‘薄伽梵’具六义;三、此无故,如阎浮树,中夏实无此木;四、顺古故,如阿耨菩提,非不可翻,而摩腾以来常存梵音;五、生善故,如‘般若’尊重,智慧轻浅”(宋法云《翻译名义集》卷一)，因此，玄奘所译的经文在文句上不作任何删节，在语句、结构、风格上非常接近梵文，内容较之前人更加完备，对后世译者影响极大。道宣称赞他说："通言华、梵，妙达文筌，扬导国风，开悟邪正，莫高于奘矣。"(《续高僧传》)

玄奘之前，中、印之间虽有民间往来，但政府之间不通信使。至玄奘在印度，声畅五天，称颂华夏人物之盛，戒日王钦慕之下即派使节访问大唐，"是则天竺信命，自奘而通，宣述皇猷之所致也"(《续高僧传》)。从此，中、印两国政府首次建立了友好的外交关系。玄奘回国后，中、印之间的国书往来，皆由玄奘亲自翻译，"依彼西梵文词轻重，令彼读者尊崇东夏"。玄奘又将《老子》、《大乘起信论》译成梵文，流布五天，是以"法化之缘，东西互举"(同上)，为中、印之间的政治、文化交流作出了不可磨灭的贡献。

玄奘是中国历史上独步千古的佛门大师。在佛教史上，玄奘常常被视为中国佛教法相唯识宗的创始人。的确，玄奘无论是在汉地游学，还是万里求法，唯识学都是他研习的重中之重，尤其是他归国之后，糅合印度唯识十家之说译成《成唯识论》，使唯识学的理论体系得到极大提升，为中国法相唯识宗的创立奠定了佛法基础。但是，玄奘求学的目的是理解一个统一的全体佛法，从而消解佛教各宗派之间的理论冲突，为世人的修学提供一个圆融的佛教理论体系。据此，在那烂陀寺时，玄奘撰《会宗论》和会中观、瑜伽，批评师子光的偏执一端，"以为圣人立教，各随一意，不相违妨"。玄奘晚年用五年时间译出六百卷《大般若经》，堪为中国佛教史上的空谷绝响，任继愈先生将其置于《中华大藏经》之首。《慈恩传》反复叙述玄奘对《般若经》的偏爱，"至沙河间，逢诸恶鬼，奇状异类，绕人前后。虽念观音不得全去，即诵此《经》，发声皆散"；佛光王满月，玄奘特进"金字《般若心经》一卷并函"；贞观二十二年(648)，玄奘委依梵本，重译《能断金刚般若经》，因为"《金刚般若经》一切诸佛之所从生，闻而不谤，功逾身命之施，非恒沙珍宝所及"，夷夏之人咸同爱敬。玄奘十九年来,“专精夙夜,无堕寸阴”,就是要通过其孜孜不倦的译经实践,为世人展示一个圆融无碍的全体佛法体系,他根本无意于创立宗派,也不屑于此,而中国法相唯识宗不过是其佛法知识体系上生长出的一朵奇葩而已。

唐太宗李世民撰《大唐三藏圣教序》,称赞玄奘“松风水月,未足比其清华;仙露明珠,讵能方其朗润”,颂其“截伪续真,开兹后学”,“引慈云于西极,注法雨于东垂;圣教缺而复全,苍生罪而还福”,评价之高,千古无对。这篇文辞优美的《圣教序》颇费精力,以致太宗对驸马高履行说:“汝前请朕为汝父作碑,今气力不如昔,愿作功德,为法师作序。不能作碑,汝知之。”(《续高僧传》)但自永徽六年(655)起,玄奘被无辜卷入朝廷政争,其译经事业受到了极大的影响。诡谲的时局与繁重的译经工作耗尽了玄奘的生命,在译完皇皇巨著《大般若经》后不久,玄奘圆寂于长安玉华宫,世寿六十三,时麟德元年(664)二月五日。高宗闻之哀恸伤感,罢朝数日,哀叹道:“朕失国宝矣。”“朕国内失奘法师一人,可谓释众梁摧矣,四生无导矣。亦何异苦海方阔,舟楫遽沉;暗室犹昏,灯炬斯掩!”玄奘先葬于浐东白鹿原,总章二年(669)四月迁葬樊川北原。中宗李显即位后,追谥“大遍觉”。唐文宗开成二年(837),刘轲撰《大唐三藏大遍觉法师塔铭并序》,两年后塔铭镌成。此时距玄奘圆寂已经一百七十五年了。唐末,墓地毁于战火,顶骨迁至终南山紫阁寺。北宋端拱元年(988),长干寺(后改名为“天禧寺”、“大报恩寺”)主持可政朝礼长安终南山时,在紫阁寺内发现玄奘大师顶骨,遂亲自背负至金陵,在长干寺东侧建塔安奉。1942年,侵华日军在南京大报恩寺三藏塔遗址处挖掘出玄奘顶骨石函,后被分成三份,两份安奉于南京、北京,其中一份带到了日本。由于玄奘的巨大声望,各地都想迎请供奉其顶骨,致使其顶骨一分再分。目前,玄奘顶骨舍利分别安奉于中国、日本、印度三国的九个地方(八所寺院和一所大学),供世人瞻仰供奉。

《大慈恩寺三藏法师传》全书十卷，由玄奘的弟子慧立和彦悰共同撰写。第一卷记载了玄奘的家世、幼年事迹、出家、受戒、游学经历，以及从长安出发，经秦州、凉州、瓜州、玉门关、五烽、莫贺延碛、伊吾到达高昌的行程。第二卷至第五卷记载玄奘游历中亚、印度以及回国的经过。这部分内容通过叙述玄奘的行历，详细记载了其沿途所闻所见诸多国家、地区和城邦的地理、历史、民族、语言、宗教、民俗等重要内容，为研究七世纪的中亚史和印度史提供了弥足珍贵的重要资料，与《大唐西域记》互为经纬，堪称双璧。第六卷至第十卷记载玄奘回国后译经、弘法、社会交往等情况。这部分内容表文较多，与前五卷相比，少了些生动故事、异域风情与神异传说，因而也就好像少了些浪漫、激情与悲壮，趣味性大大降低，但若细细品味这五卷的内容，透过玄奘与大唐帝王的人情往来，体会玄奘智慧之卓越、才华之横溢、译经之艰辛、弘法之艰难以及初唐政治的风起云涌，自是别有一番风景。

《慈恩传》的史学价值自是无需赘言。从文学角度来看，本书力图塑造千古一人的圣僧形象，创造性地运用语言描写、心理描写、环境描写、人物烘托、圣迹传说和民间故事等各种虚实相即的写作手法，有意无意地发展了传记文学的写人艺术，不仅极大推动了人物传记文学的发展，而且极大促进了唐代传奇小说的产生和发展，因此在中国文学史上也占有重要地位。例如，玄奘出家时言及自己的志愿，“意欲远绍如来，近光遗法”；在被高昌王强留时，玄奘决然表志，“只可骨被王留，识神未必留也”。又如，玄奘离开第四烽，进入莫贺延碛时：“行百余里，失道，觅野马泉不得。下水欲饮，袋重，失手覆之，千里行资一朝斯罄。又失路盘回，不知所趣，乃欲东归还第四烽。行十余里，自念：我先发愿，若不至天竺终不东归一步，今何故来？宁可就西而死，岂归东而生！”（卷一）再如，西行至凌山时，“其山险峭，峻极于天。自开辟以来，冰雪所聚，积而为凌，春夏不解，凝冱汗漫，与云连属，仰之皑然，莫睹其际。其凌峰摧落横路侧者，或高百尺，或广数丈，由是蹊径崎岖，登陟艰阻。

加以风雪杂飞，虽复履重裘，不免寒战。将欲眠食，复无燥处可停，唯知悬釜而炊，席冰而寝。七日之后，方始出山，徒侣之中殍冻死者，十有三四，牛马逾甚”(卷三)。如是种种，勾勒出玄奘不惧艰险、不畏强权、舍身求法的高僧形象。

《慈恩传》的作者慧立和彦悰都是玄奘的弟子。自贞观十九年(645)玄奘首开译场，至麟德元年(664)玄奘示寂，慧立师事玄奘、参与译经工作长达十九年，因“睹三藏之学行，瞩三藏之形仪，钻之仰之，弥坚弥远。因循撰其事，以贻终古”。在书稿完成后，他“虑遗诸美，遂藏之地府，代莫得闻”。临终前，命弟子将书稿取出，还没有取出来就去世了。后来不知何故，书稿流散各地，又经多年搜购才收齐全本。收齐全本后，慧立的门人请彦悰作序并加以完善，于是彦悰“错综本文，笺为十卷”，并作序说明，即是现在的这部《慈恩传》。是年为垂拱四年(688)，距玄奘去世已经二十四年了。

慧立将《慈恩传》藏于地府的原因，自然不是担心“虑遗诸美”，而是因为书中的内容触犯了皇家的禁忌。例如，贞观二十二年(648)太宗论三教优劣、永徽六年(655)的吕才事件、显庆元年(656)武后难月祈福和佛光王剃度以及显庆二年(657)随驾东都时发生的种种事情，无不触犯皇家敏感而脆弱的忌讳。永徽六年，羽翼渐丰的高宗与关陇贵族集团发生抵牾，借助“废王立武”重振皇权，打击前朝重臣。玄奘无辜受到牵连，此后他受到高宗的严格管控，其译经事业亦大受影响。

在玄奘回国之初，唐太宗评价其“词论典雅，风节贞峻，非惟不愧古人，亦乃出之更远”。从现存的表文来看，玄奘具有极高的文学素养，太宗的评价并非过誉。但玄奘似乎并不留心于撰写华美的辞章，甚至也不重视自己的佛学论文，就连使他誉满五印的《制恶见论》也没有翻译。他毕生的宏愿是译介一个圆满的佛法体系，他的才华和精力都献给了译经事业。然而，译经不是华美辞藻的铺陈，不是下笔千言、一挥而就的个性张扬，而是一字一校、一句一勘的严谨工作。在玄奘译场中，有译主、证义、证文、度语、笔受、缀文、参译、刊定、润文、梵呗、监护大使等十一个职务。困顿的局面使玄奘在很长一段时间只能偶翻小经，大型翻译工作一度暂停，这使玄奘非常痛苦。

玄奘也具有极高的政治智慧。例如，隋末天下大乱，他对二哥说："此虽父母之邑，而丧乱若兹，岂可守而死也！今闻唐主驱晋阳之众，已据有长安，天下依归如适父母，愿与兄投也。"在高昌，玄奘敢于以死抗争麹文泰对他的留难，不仅在于其西行求法的坚定决心，亦在于其对高昌及高昌王的政治考量（卷一）。玄奘回国后，太宗以法师学识渊博，屡次劝其归俗，共谋朝政，玄奘都予以婉辞。太宗不仅不生气，并许诺"助师弘道"（卷六）。可见其才兼内外，洞察时务，自非隐居深山之流。然而，再高明的智慧也难以改变一个人的执见。永徽六年（655）之后，玄奘始终无法摆脱高宗对其译经事业的干扰，尽管他已经忍辱到了"谄媚"的地步，因此他屡次上表请求归隐以抗争专制皇权的压制。在玄奘晚年困顿境遇的背后，是近乎变态的帝王心理，是皇权对他深深的敬仰、无奈、恐惧和不安。大唐盛世已经快容不下一个专心译经的和尚了。玄奘生时，凭借其伟大的人格魅力尚能勉强维持译场，等到他刚一去世，高宗旋即解散了译场，封存了剩余的梵本。

玄奘逝后，既无塔铭，也无谥号，不久又令改葬，实属罕见。慧立幽怨地说："昔钟玦既至，魏文奉赋以赞扬；神雀斯呈，贾逵献颂而论异。在禽物之微贱，古人犹且咏歌，况法师不朽之神功，栋梁之大业，岂可缄默于明时而无称述者也。"不满之情溢于言表。或许，这才是他创作《慈恩传》的原动力。

《慈恩传》具有浓厚的悲情意识。玄奘幼年失去双亲，少年时代又适逢战乱，及往游西域，又遭受官府追捕、大漠流沙、雪域冰山、国王之难、盗寇蜂起，可谓九死一生，历尽磨难。回到祖国后，不幸又遭遇时变，年未迟暮，而无常奄及，经、论未译者过半。真可谓步步艰难。人生宛如炼狱，而勇者在烈火中永生。《慈恩传》的悲情意识在于升华这种苦难。幼年及西行的种种苦难以求得佛法而得以升华，晚年的困顿艰辛以新译七十四部、一千三百三十五卷佛经得以升华，逝后的不公平待遇以种种神迹以及万世尊仰得以升华。玄奘这种为追求真理而坚忍不拔、永不屈服的自由意志与崇高精神，体现了中华民族的高贵品格，是中华民族的铁骨脊梁。我很庆幸有机会能仔细拜阅，悉心译注这部《慈恩传》，使我思接千载，与玄奘大师同行，体味他跌宕起伏的人生境遇，领略他询求正教的无畏精神，同喜同悲，同忧同难，仿若亲历亲见，真是人生乐事啊。所谓文以载道，大概就是这个意思吧。

译注本《大慈恩寺三藏法师传》是中华书局"中华经典名著全本全注全译丛书"之一。本书选择孙毓棠、谢方两位先生点校的《大慈恩寺三藏法师传》为底本（中华书局1983年版，该书以吕澂校勘的支那内学院本为底本，校以日本京都研究所刊印的《高丽本》和南宋《碛砂藏》本，是目前通行的本子），参酌诸本，勘定原文，进行标点、注译。在注释方面，参考任继愈《佛教大辞典》、丁福保《佛学大辞典》、杨廷福《玄奘年谱》等先贤时哲的研究成果以及各种文献资料，对书中重要的佛教术语、人物、地名以及难以理解的字词进行注释，但对于不重要人物原则上不作注释，敬请根据上下文理解。译文以直译为主，力求通达顺畅，个别难以直译之处则予以意译。

需要说明的是，在《慈恩传》中有不少相互矛盾之处，并因此引发了学术界对相关问题的激烈争论。例如，武德五年（622），玄奘在成都受具足戒；而同卷又说"贞观三年（629）秋八月，……时年二十六也"。玄奘在于阗给太宗上表说："遂以贞观三年四月，冒越宪章，私往天竺。"玄奘在翻译《大般若经》时，曾对译经僧说："玄奘今年六十有五。"如此等等，皆不作改动，仅作注释说明。为使全书有一条贯穿始终的时间线，本书在前言和题解中权且采取玄奘出生于仁寿二年（602）和西行首途于贞观元年（627）的说法，特此说明。此外，《慈恩传》成书时间晚于道宣的《玄奘传》，作者似乎在有意回避一些重大问题。例如，道宣《玄奘传》言及玄奘"少罹穷酷"，翻译《老子》、《起信》为梵文等，《慈恩传》皆未曾提及，未知何故，故附录于后，以供参考。

由于学力和时间所限，点校、注译不妥之处，敬祈读者不吝指正，谨谢！

高永旺
二〇一七年七月
于南京仙林月清斋

序

唐沙门释彦悰述

【题解】

本书的《序》由彦悰撰写于垂拱四年(688)。本《序》首先叙述了佛陀创教、佛教内容、经典结集以及传入东土的情况。其次,扼要叙述了玄奘的主要生平及其伟大成就,即对全书的内容作了一个提纲挈领的简明介绍。第三,简要说明了《慈恩传》的创作缘起与成书经过。彦悰在《序》中说,慧立"睹三藏之学行,瞩三藏之形仪,钻之仰之,弥坚弥远",故"循撰其事,以贻终古",表明慧立创作本书的动机。然而,在慧立写完五卷本《慈恩传》后,"虑遗诸美,遂藏之地府,代莫得闻"。后来书稿流散各地,又经多年搜购才收齐全本。收齐全本后,慧立的门人请彦悰作序并加以完善,于是彦悰"错综本文,笺为十卷"。"笺"是彦悰自谦的说法,实际上是扩而充之,勒为十卷。因此,目前这部十卷本《慈恩传》是慧立和彦悰共同撰写的作品。

所谓"虑遗诸美,遂藏之地府"不过是一种托词,实际上是书中的内容触犯了皇家的诸多禁忌,在当时无法公诸于世。《序》中又言及,慧立"直词正色,不惮威严;赴水蹈火,无所屈挠",而据史料记载,彦悰性格刚直,"直笔直言",为"僧中之良史"。二人性格可谓相似。或许正是基于这种刚正不阿的可贵品格，使他们甘愿冒着巨大的政治风险，共同完成了这部珍贵的《慈恩传》，为我们生动展示了玄奘万古风猷的高僧形象，并留下了宝贵的历史文献资料，千余年后犹令人感奋不已。慧立在完成初稿后，“藏之地府”，而彦悰在增补此稿后，竟“不知所终”，考诸《慈恩传》相关人物事迹，亦可将其视为一部七世纪的政治史。

恭惟[1]：释迦氏之临忍土也[2]，始演八正、启三宝以黜群邪之典[3]，由是佛教行焉。方等一乘[4]，圆宗十地[5]，谓之大法[6]，言真筌也[7]。化城垢服[8]，济鹿驰羊[9]，谓之小学[10]，言权旨也[11]。至于禅戒咒术[12]，厥趣万途，而灭惑利生，其归一揆。是故历代英圣仰而宝之。八会之经谓之为本[13]，根其义也；三转之法谓之为末[14]，枝其义也。暨夫天雨四华[15]，地现六动[16]，解其髻宝[17]，示以衣珠[18]，借一以破三[19]，摄末以归本者也[20]。

【注释】

①恭惟：恭敬思念。恭，恭敬。惟，句首语气词，表示强调或祈使。

②忍土：指娑婆世界（意译为“堪忍世界”，指此世界众生堪忍诸苦），即释迦牟尼进行教化的世界，常特指我们所居住的现实世界。

③八正：即“八正道”，梵文意译。亦译“八圣道”、“八支正道”、“八圣道分”等，指正见、正思惟、正语、正业、正命、正精进、正念、正定等八种合乎佛教道理的解脱途径和方法。具体内容是：第一，正见，又作“谛见”，即正确的观念、见解，特指对“四谛”等佛教教义的正确认识；第二，正思惟，又作“正志”、“谛念”，指正确的思维，即以佛教的纯正智慧进行正确思维，远离主观偏执、虚妄分

别;第三,正语,又作“正言”、“谛语”,指纯正净善的语言,合乎佛法的言论,不妄语,不绮语,不恶语,不谤语等;第四,正业,又作“正行”、“谛行”,指正当的行为,亦即不杀生、不偷盗、不邪淫等,远离一切恶行;第五,正命,又作“谛受”,指正当的谋生手段,即符合佛教戒律规定的生活和职业,远离一切不正当的行业;第六,正精进,又作“正方便”、“正治”、“谛治”,指正确的努力,即按照佛教的修道方法,止恶修善,精进不懈;第七,正念,又作“谛意”,指正确的信念,即忆持正法,明记“四谛”等佛教真理;第八,正定,又作“谛定”,指正确的禅定,即修习佛教的禅定,心专注一境,消除杂念,洞察“四谛”之理。三宝:即佛、法、僧“三宝”。佛,原指觉悟了宇宙人生真谛的佛教创始人释迦牟尼,后来也泛指通过修行而觉悟的一切诸佛;法,指佛陀向人们宣说的各种教义教法,广义的佛法也包括后来发展起来的各种佛教义理;僧,指释迦牟尼所建立的僧团,后来泛指一切皈依佛门并继承、宣扬佛教教义的僧众。黜(chù):贬斥,贬退。

④方等:梵文意译。方广平等之义,为九部经或十二部经之一,后泛指大乘经典,即广说广大平等之义理。此处应指《法华经》,西晋竺法护译,全称《方等正法华经》,依据梵文贝叶经翻译。一乘:梵文意译。亦称“一佛乘”、“佛乘”、“一乘教”等,指唯一能令人成佛的教法;又谓佛唯一教法,无二无三;或谓大小乘各种派别悉属统一的佛法。此说初见于《正法华经·善权品》:“惟大觉乘,无有二乘,况三乘乎?”“正有一乘,无有二也。”《妙法莲华经·方便品》:“如来但以一佛乘故,为众生说法,无有余乘若二若三。”关于三乘与一乘的关系,通行的诠释为权、实差异。按《法华经》言,“三乘”为善权方便之说,目的在诱导众生归于一乘,其实就是“唯以佛之知见示悟众生”。

⑤圆宗十地:圆宗,佛教中以大乘真实圆满教义为宗旨的宗派。天

台、华严二宗都自称为圆教之宗，后世则专指天台。又，耆阇寺凛法师立六宗教，第六名圆宗，明法界自在，缘起无碍，德用圆备，亦华严法门等是也。此处应指《华严经》。十地，梵文意译。亦称“十住”，指佛教修行过程的十个阶位。有五义：一、三乘十地，也称“共地”，即声闻、缘觉、菩萨共修的阶位；二、菩萨十地，即大乘菩萨修行过程的十个阶位；三、声闻十地，即声闻修行的十个阶位；四、辟支佛十地，即辟支佛修行的十个阶位；五、佛十地，“此地是如来十地名号”，指佛的不同说教及诸种作用。此处指菩萨十地，据《华严经》、《成唯识论》等依次解释如下：一、欢喜地，初证圣果，悟我法二空，能益自他，生大欢喜；二、离垢地，远离烦恼，使身心无垢清净；三、发光地，成就胜定、大法、总持，发无边妙慧光；四、焰慧地，安住最胜菩提分法，使慧性增盛；五、难胜地，令行相互违之“俗智”与“真智”合而相应；六、现前地，由“缘起”之智，引起“无分别智”，令“最胜般若”现前；七、远行地，住于无相行，远离世间二乘；八、不动地，“无分别智，任运相续”，不为一切事相烦恼所动；九、善慧地，成就“四无碍解”，具足十力，能遍行十方说法；十、法云地，成就“大法智”，具足无边功德，法身如虚空，智慧如大云。此十地修行内容分别是布施、忍辱、精进、禅定、般若、方便、愿、力、智等“十波罗蜜”，“对治十障，证十真如”。

⑥大法：大乘深妙之法。度人广者，故曰“大”。

⑦真筌：指佛教真理。筌，捕鱼的用具，譬喻以言语文句等方便法门诠释佛教究竟真实义。

⑧化城：谓变化出来的城邑，比喻小乘的涅槃果位，为《法华》七喻之一。《法华》七喻分别为：火宅喻、穷子喻、药草喻、化城喻、衣珠喻、髻珠喻、医子喻等七种譬喻。化城喻，出自《法华》卷三《化城喻品》。垢服：即穷子喻，《法华》七喻之一，出自《法华》卷二

《信解品》。《信解品》中说，有一长者之子，幼年离家，生活贫穷。某日徘徊于长者家附近，长者得知其为自己的儿子，乃遣家人追回，然而其子见长者有大势力，恐惧而逃。长者遂设方便，雇之为佣，让他从事除粪工作。长者也穿着粗弊垢腻之衣，手执除粪之器，与穷子同，以此方便得近其子。时日既久，穷子对长者渐无所畏，长者复赞其少壮努力，认穷子为儿子。穷子虽逢此遇，然犹自谓为贱人，仍然从事除粪工作。后长者有疾，以仓库金银珍宝悉委托穷子管理；穷子虽受教敕，然于金银珍宝及诸库藏无希取之意。其后长者知其心意渐渐通达泰和，能够成就大志，遂于临终时，宣说穷子实乃其子，五十余年舍父离家之事，穷子方始醒悟，生大欢喜，并谓已本无心希求，今此宝藏自然而至。大富长者比喻佛，穷子比喻二乘及三界众生，家财比喻大乘佛法，故事譬喻如来大慈大悲，以种种善巧方便，引摄二乘之人同归一佛乘。

⑨济鹿驰羊：指小乘佛法，典出《法华》三车（或四车）之喻。三车指羊车、鹿车、牛车，依次比喻声闻、缘觉、菩萨三乘。四车则加上大白牛车，比喻佛乘。据《法华经·譬喻品》所载，有一长者，其诸子在火宅内嬉戏，不觉危险将至，长者乃以方便诱引，告诉诸子门外有羊车、鹿车、牛车可以游戏，诸子闻之，遂争相出宅。诸子至门外，向长者索车，长者赐诸子一大白牛车。

⑩小学：小乘教法。

⑪权旨：方便法门。

⑫禅戒：指禅宗所传的大乘菩萨戒。又称为“达磨一心戒”、“达磨一乘戒”等。咒术：指神咒之妙术，即咒陀罗尼。

⑬八会之经：即《华严经》。《华严经》凡有八会，分别为：寂灭道场会、普光法堂会、忉利天宫会、夜摩天宫会、兜率天宫会、他化天宫会、普光重说会、祇园重阁会，故称“八会之经”。

⑭三转之法：指“四谛”。所谓“四谛”，是指佛教所讲的四个真理，即苦谛、集谛、灭谛、道谛。“四谛”是全部佛教教义的总纲，是佛教对人生和世界的现状、原因、本质以及超越世俗痛苦的方法与境界的总的论述。苦谛，意为俗世间的一切，本质上都是苦。佛教特别强调人生一切皆苦，这是其解脱理论的根本出发点。因为人生皆苦，所以才有求取解脱的必要性。佛教认为，人来到这个世上，从出生到老死，时时刻刻都处在各种痛苦的煎熬之中。佛教所说的苦，种类繁多，有“二苦”（内苦和外苦）、“三苦”（苦苦、坏苦、行苦）、“四苦”（生苦、老苦、病苦、死苦）、“八苦”、“十八苦”乃至一百多种苦等不同的说法，其中最通常的说法为“八苦”。所谓“八苦”是指生、老、病、死、爱别离、怨憎会、求不得和五蕴盛等八种苦。集谛，旧译作“习谛”，主要是说明人生痛苦的生起及其根源。集，就是招聚、集合的意思，意为招聚、集合痛苦的原因。在佛教看来，人生痛苦的总根源在于无始以来的“无明”，即对佛法真理的愚昧无知，由于无明而执着于各种贪欲，便会生起种种烦恼，造下种种惑业，依业受报，即有轮回之苦。灭谛，意谓灭除烦恼与痛苦，即断灭一切惑业，消除世俗诸苦得以产生的一切原因，从而超脱生死轮回，证入无苦的涅槃解脱境界。涅槃又分为有余涅槃、无余涅槃、无住涅槃。道谛，“道”即道路，即灭苦之道，意为达到寂灭、实现解脱的途径与方法。佛教认为的正道最主要的有八种，即“八正道”。释迦宣讲“四谛”，反复讲了三次，谓之“三转法轮”。初转，是肯定“四谛”，此是苦，此是集，此是灭，此是道；二转，是劝修“四谛”，苦当知，集当断，灭当证，道当修；三转，是证明释迦本人已经做到“四谛”所要达到的要求，苦已知，集已断，灭已证，道已修。在三转法轮中，每一次对“四谛”都有不同的认识，谓之眼、智、明、觉“四行相”。三转“四谛”便有十二行相，所以又称“四谛十二行相”。

⑮天雨四华:《法华经》"六瑞"之一。"六瑞"分别为:说法瑞、入定瑞、雨花瑞、地动瑞、心喜瑞、放光瑞。雨花瑞,即天雨四花,四花分别为:曼陀罗花(小白莲花)、摩诃曼陀罗花(大白莲花)、曼殊沙花(小赤莲花)、摩诃曼殊沙花(大赤莲花)。华,同"花"。

⑯地现六动:《法华经》"六瑞"之地动瑞。佛将说《法华经》时,"普佛世界,六种震动"。六动,指动、起、涌、震、吼、觉六种震动。

⑰髻宝:转轮圣王髻中之宝珠,又称"髻珠",《法华》七喻之一,比喻一乘实理。出自《法华》卷五《安乐行品》。

⑱衣珠:衣中之宝珠,《法华》七喻之一,比喻佛性。出自《法华》卷四《五百弟子授记品》。

⑲借一以破三:指开权显实之义,即开除三乘之方便,显示一乘之真实。

⑳摄末归本:谓会三归一之义。天台宗、华严宗以羊、鹿、牛三车比喻三乘,三车之外,别立大白牛车以为一乘,故倡会三归一之旨;三论宗、唯识宗则以三乘中的菩萨乘为佛乘,否认四车之说,所以"会三归一"又可称为"会二归一"。又,三论宗嘉祥吉藏将佛陀一代教说分为根本法轮、枝末法轮及摄末归本法轮。一、根本法轮,即《华严经》最初所说,谓一乘教也;二、枝末法轮,众生不堪闻一故,于一佛乘分别说三,三从一起故称"枝末"也,即《华严经》之后,《法华经》之前一切大、小乘经;三、摄末归本,会彼三乘,同归一极,即《法华经》。二藏是大、小两乘,三轮也只是本、末二轮。所以说《法华经》之前"般若"诸大乘经为枝末者,以其不废三乘权教,故名枝末,非谓"般若"等明理不究竟被判为枝末,不同《阿含经》本身是权教,说为枝末。

【译文】

恭敬思念:释迦牟尼佛降临到我们这个娑婆世界,开始演说八正道教法、启用佛法僧三宝以贬黜各种异端邪说,由此佛教遂流布天下。方等、一乘、圆宗、十地等乃是大乘深妙之法，说的都是佛教究竟真实的道理；化城、垢服、鹿车、羊车等乃是小乘微浅之法，说的是方便权教的法门。至于禅戒、咒术等，虽说修行途径各不相同，然而在灭除无明痴惑，饶益有情众生方面，都同归于一理。所以，历代圣贤英杰都敬仰珍视佛法。《华严经》是佛教的根本经典，演说的是佛法的根本要义；四谛法乃是佛教的枝末小法，讲说的是佛法的枝末而已。至于天降四种莲花，地现六种震动，解下髻中的宝珠，展示衣服中的宝珠，乃是开除三乘之方便，显示一乘之真实，融摄三乘之枝末，同归一乘之根本啊。

《付法藏传》曰①：圣者阿难能诵持如来所有法藏②，如瓶泻水，置之异器，即谓释尊一代四十九年应物逗机适时之教也③。逮提河辍润④，坚林晦景⑤，邃旨冲宗⑥，于焉殆绝。我先昆迦叶⑦，属五棺已掩⑧，千氎将焚⑨。痛人、天眼灭，苍生莫救，故召诸圣众，结集微言⑩。考绳墨以立定门⑪，即贯华而开律部⑫，据优波提舍以之为论⑬，剖析空、有⑭，显别断、常⑮，示之以因修，明之以果证。足以贻范当代，轨训将来，归向之徒，并遵其义。

【注释】

①《付法藏传》：全称《付法藏因缘传》，佛教史书，编纂者说法不一，共有三个汉译本。第一个译本是刘宋文帝时释宝云所译，名《付法藏经》；第二个译本是北魏文成帝和平三年（462）释昙曜所译；第三个译本乃北魏孝文帝延兴二年（472）沙门吉迦夜、昙曜共译。《付法藏传》记述了释迦牟尼逝世后，其嫡传弟子摩诃迦叶、阿难、商那和修、优婆毱多、提多迦、弥遮迦、佛陀难提、佛陀蜜多、胁尊者、富那奢、马鸣、比罗、龙树、迦那提婆、罗睺罗、僧伽难

提、僧伽耶舍、鸠摩罗驮、阇夜多、婆修槃陀、祖摩奴罗、鹤勒那、师子前后相承的传法世系。但此书不少内容与《阿育王传》相同，可能不全是据梵本译出，而是参照《阿育王传》等编著而成。《付法藏传》对后来的天台宗、禅宗影响较大。隋智𫖮《摩诃止观》所述西天二十四祖即本此书；北宋道原《景德传灯录》所述西天二十八祖中有二十三祖亦本此书。据宗密说，该传当系"西域贤圣所集"，但历代学者表示怀疑者众多。如此详尽的传法世系记载很难令人确信，近人多以为属于末法时代本土僧侣的编纂之作。

②阿难：全称"阿难陀"，意译为"欢喜"、"庆喜"，佛陀之堂弟，佛陀十大弟子之一。随侍佛陀二十余年，因多闻善记，故有"多闻第一"之誉。

③四十九年：一般认为佛陀三十五岁悟道，八十岁涅槃，弘法历时四十五年。

④提河：指阿利罗跋提河，又称"希连河"、"伐提河"、"阿恃多伐底河"等，意译作"无胜"。佛在此河西岸入灭。

⑤坚林：又作"坚固林"，指娑罗林。娑罗为槲树类，冬夏不凋，故意译为"坚固林"。相传释迦牟尼在此林中涅槃。

⑥冲宗：指佛法要旨。冲，空虚。《老子》四十五章："大盈若冲，其用无穷。"

⑦先昆：祖师。迦叶：古印度摩揭陀国王舍城人，婆罗门种姓。佛陀的十大弟子之一，以苦行著称，在佛弟子中被誉为"头陀第一"。在灵山会上，受佛正法眼藏，传佛心印，被视为禅宗初祖。佛陀入灭后，成为教团领袖，于王舍城召集第一次经典结集。

⑧属：适逢，恰好。五棺：原指天子之棺，这里指装殓佛陀之棺。

⑨氎(dié)：细棉布。

⑩结集：又作"集法"、"集法藏"、"结经"、"经典结集"。由于释迦牟

尼在世时只是口头说法，并没有用文字将所说之法记录下来，弟子们所闻所记，难免各有差异。为了纯洁教义，维护教团的团结和戒律的统一，佛教先后进行了四次结集。“第一次结集”是在释迦牟尼去世的当年，由大弟子迦叶召集五百名比丘在王舍城附近的七叶岩毕波罗窟集会，由“多闻第一”的阿难和“持律第一”的优婆离分别根据记忆诵出经、律二藏，得到大家认可，确定了《阿含经》的基本内容，又称“五百结集”或“王舍城结集”。在释迦去世后约一百年，古印度东部的跋耆族比丘提出了改革传统戒律的十条新主张，即“十事”，以阿难的弟子耶舍为首的诸位长老为此在毗舍离城召集七百比丘，审定律藏，宣布十条戒律为非法。这就是佛教史上的第二次结集。此后佛教分裂为上座部和大众部两大派。公元前三世纪，孔雀王朝的阿育王当政，在他即位的第十七年，邀请目犍连子帝须为上座，在华氏城召集主持了佛教的第三次结集。在贵霜王朝第三代国王迦腻色迦王时期，佛教又在迦湿弥罗(今克什米尔)进行了第四次结集，由世友尊者为上座，对经、律、论三藏进行注释，共作论释三十万颂，九百六十万言。前两种注释已经失传，只有后一种注释保存下来，称为《大毗婆沙论》。故第四次结集又称之为“婆沙结集”。

⑪定门：指禅定。定者禅定，门者差别之义，相对于慧门而言。

⑫贯华：即贯花，指佛教偈颂。

⑬优波提舍：又作“优婆提舍”等，九分教或十二部经之一。意译“论议”、“论义”、“逐分别说”，指用问答的方式对比较艰深的教义所作的解说。

⑭空、有：一切诸法缘起而生，本无自性，谓之“空”。既然已经生起，本非一无所有，故称“有”。

⑮断、常：即断见和常见，为五恶见中的边见。断见，是认为人死之

后身心断灭不复再生的邪见;常见,是坚持身心常住永恒不灭的邪见。五恶见,即我见、边见、邪见、见取见、戒禁取见五种。

【译文】

《付法藏传》说:尊者阿难能够诵持如来所有的法藏,如同瓶中的水倒到另外的器皿,就是释迦牟尼成佛四十九年来应物、逗机、适时所说的一切教法。等到佛祖在提河岸边,坚固林中,涅槃示寂,佛法玄奥的要旨于是就断绝了。我们的祖师迦叶尊者,在佛祖的棺木已经掩盖,千氎即将焚烧之际。痛心人类及天界一切众生眼目消失,三界众生无人拯救,所以召集诸位圣贤,结集佛祖圣言。考量法度以确立禅定法门,运用偈颂来宣讲戒律,根据优波提舍来进行议论,剖析空、有诸法,分别断、常边见,示现因地之修行,彰明果地之证悟。这完全可以垂范当代,训诫将来,使皈依佛教的徒众都能遵循佛教教义。

及王、秦奉使①,考日光而求佛②;腾、兰应请③,策练影以通经④。厥后易首抽肠之宾播美于天外⑤,篆叶结鬘之典译粹于区中⑥。然至赜至神⑦,思虑者或迷其性相⑧;惟恍惟惚⑨,言谈者有昧其是非。况去圣既遥,来教多阙;殊途竞轸⑩,别路扬镳而已哉。

【注释】

①王、秦:王遵、秦景,东汉人。《牟子理惑论》在宣扬佛教思想时说:"昔孝明皇帝梦见神人,身有日光,飞在殿前,欣然悦之。明日,博问群臣:'此为何神?'有通人傅毅曰:'臣闻天竺有得道者,号之曰佛,飞行虚空,身有日光,殆将其神也。'于是上悟,遣使者中郎蔡愔、羽林郎中秦景、博士弟子王遵等十八人,于大月氏写佛经四十二章,藏于兰台石室第十四间。时于洛阳城西雍门外

起佛寺，于其壁画千乘万骑，绕塔三匝。又于南宫清凉台及开阳门上作佛像。明帝时，豫修造寿陵曰：'显节亦于其上作佛图像。'时国丰民宁，远夷慕义，学者由此而滋。"

②日光：佛身上的光。

③腾、兰：摄摩腾和竺法兰。摄摩腾，又作"迦叶摩腾"，本中天竺人。善解大、小乘经，常以游化为任。东汉永平年间(58—75)，帝遣中郎蔡愔、羽林郎中秦景、博士弟子王遵等使者前往天竺，寻访佛法。蔡愔等在天竺遇见摄摩腾，乃邀请他来汉地。摄摩腾誓志弘通，不惮疲苦，冒涉流沙，到达洛阳。明帝甚加嘉赏，于城西门外立精舍以处之(即白马寺)，此为汉地有沙门之始。永平十六年(73)示寂于洛阳，年寿不详。相传他与竺法兰共译《四十二章经》一卷，是为我国译经事业之始。竺法兰，中天竺人。诵经论数万章，为天竺学者之师。永平年间，他与摄摩腾一同受邀前来中国，居于洛阳白马寺，与摄摩腾合译《四十二章经》。所译经另有《十地断结》、《佛本生》、《佛本行》、《法海藏》等四部。后卒于洛阳，世寿六十余。

④练影：指日、月、水等白色光影。唐无可《中秋台看月》："海雨洗烟埃，月从空碧来。水光笼草树，练影挂楼台。"此处比喻佛教的空理。

⑤易首抽肠：典故分别出自求那跋陀罗和佛图澄。求那跋陀罗(394—468)，意译"功德贤"。刘宋译经僧，本为中天竺人，婆罗门种姓。幼年学习五明诸论，广研天文、书算、医方、咒术等学。后因读《阿毗昙心论》而改信佛法。先习小乘教法，博通三藏，后学大乘教法，深研《大品般若》、《华严》等经。宋元嘉十二年(435)，经师子国(今斯里兰卡)泛海至广州。宋文帝遣使迎接到京，住建康祇洹寺，从事译经工作。京师王公贵戚、通才硕学冠盖相望。先后在祇洹寺、东安寺等处译出《杂阿含经》、《胜鬘

经》、《楞伽经》等。后随谯王刘义宣至荆州。孝建初年，谯王兵败，求那跋陀罗被送回京师，受到宋文帝礼遇。泰始四年(468)卒于京师。前后共译经、论五十二部一百三十四卷。据《高僧传》卷三记载："谯王欲请讲《华严》等经，而跋陀自忖，未善宋言，有怀愧叹，即旦夕礼忏，请观世音，乞求冥应。遂梦有人白服持剑，擎一人首来至其前，曰：'何故忧耶?'跋陀具以事对，答曰：'无所多忧。'即以剑易首，更安新头。语令回转，曰：'得无痛耶?'答曰：'不痛。'豁然便觉，心神悦怿。旦起，道义皆通，备领宋言。于是就讲。"佛图澄(232—348)，西域人(一说天竺人)，本姓帛。东晋十六国时期僧人。少出家，诵经数百万言，善解经义。晋怀帝永嘉四年(310)来到洛阳。时值晋末大乱，他"乃潜草野以观变"，两年后，通过石勒部下大将郭黑略会见石勒，以神通咒术和预知"行军吉凶"等道术取得石勒信服，被尊为"大和尚"，"有事必咨而后行"，参与军政要务。佛图澄因机宣说因果报应之理，"王者德化洽于宇内，则四灵表瑞；政弊道消，则慧孛见于上"，"勒甚悦之。凡应被诛余残，蒙其益者，十有八九"。石虎敬重佛图澄甚于石勒，誉之为"国之大宝"。石虎每问于佛法，佛图澄皆答以"不杀"，石虎"虽不能尽从，而为益不少"。在他的影响下，石虎正式颁布诏书允许汉人出家，从而打破了自汉明帝以来"汉人皆不得出家"的旧制。佛图澄精通教义，妙解深经。每至讲说，止标宗致，使经义昭然。从其受业者前后达万余人，平时追随左右的常有数百人。弟子著名者有道安、竺法雅、竺法汰、竺僧朗、竺佛调、法和等。佛图澄及其弟子先后建寺八百九十三所，使佛教在中原地区得到空前发展。后赵建武十四年(348)十二月八日，佛图澄在邺宫寺圆寂，终年一百一十七岁。据《高僧传》卷九记载："澄左乳傍先有一孔，围四五寸，通彻腹内。有时肠从中出，或以絮塞孔，夜欲读书。辄拔絮，则一室洞明。又斋日辄至水边，引肠洗之，还复内中。”

⑥篆叶：指贝叶经文。贝叶经文是用铁笔在贝多罗树叶上所刻写的佛教经文，内容主要是小乘经典。结鬘(mán)：指贯穿诸法的佛经，即大乘佛典。区中：宇内，人世间。

⑦赜(zé)：深奥。

⑧性相：指体性与相状。不变而绝对之真实本体，或事物之自体，称为“性”；差别变化之现象的相状，称为“相”。

⑨惟恍惟惚：模糊不清。《老子》二十一章：“孔德之容，唯道是从。道之为物，惟恍惟惚。”

⑩轸(zhěn)：车箱底部四周的横木。借指车。

【译文】

东汉时，王遵、秦景奉命出使西域，根据汉明帝的梦境前去寻求佛法；摄摩腾、竺法兰接受邀请前来洛阳，探究义理以翻译佛经。此后求那跋陀罗、佛图澄等域外高僧的美名远播于天外，大、小二乘佛典的精华翻译成汉文并流布华夏。然而佛法极其深奥，思索考虑有时会分辨不清体性与相状；微妙恍惚，言语谈论有时不明白是非对错。况且距离佛陀时代业已十分遥远，传来的教义多有缺失；因此，诸宗弘扬佛法不过是异途奔驰，分道扬镳而已啊。

法师悬弭诞辰[①]，室表空生之应[②]；佩觿登岁[③]，心符妙德之诚[④]。以爱海无出要之津[⑤]，觉地有栖神之宅[⑥]。故削发矫翰[⑦]，翔集二空[⑧]，异县他山，载驰千里。每慨古贤之得本行本，鱼鲁致乖[⑨]；痛先匠之闻疑传疑，豕亥斯惑[⑩]。窃惟：音乐树下必存金石之响，五天竺内想具百篇之义[⑪]。遂发愤忘食，履险若夷。轻万死以涉葱河[⑫]，重一言而之奈苑[⑬]。鹫山猿沼[⑭]，仰胜迹以瞻奇；鹿野仙城[⑮]，访遗编于蠹简。春秋寒暑一十七年，耳目见闻百三十国，扬我皇之盛烈，震彼后之权豪，偃异学之高镜[16]，拔同师之巨帜。名王拜首，胜侣摩肩；万古风猷，一人而已。

【注释】

①悬弭(mǐ)：即悬弓于门左，指生男。弭，角弓，用骨、角镶嵌而无彩饰的弓。《左传·僖公二十三年》："若不获命，其左执鞭弭，右属櫜鞬，以与君周旋。"又作"悬弧"。

②空生：指须菩提。须菩提，梵语音译。意译为"善现"、"善见"、"空生"等，古印度舍卫国人，婆罗门种姓。佛陀十大弟子之一，善解般若空理，故有"解空第一"之誉。据说须菩提出生时，家中的财产、物品忽然都不见了。家人非常担心，请相师占卜，相师说家中必生贵子，所以在其出生时才会显示出一切皆空，故称"空生"。

③佩觿(xī)：指童年。觿，指用骨、玉等制成的佩饰。《诗经·卫风·芄兰》："芄兰之支，童子佩觿。"一说指成年。登岁：指年岁渐长。

④妙德：指文殊师利菩萨，以了了见佛性，故德无不圆，累无不尽，故称。文殊菩萨的童子之形称为"妙德童真菩萨"。文殊师利，又作"曼殊室利"、"妙吉祥"，菩萨名。是大乘佛教中最以智慧著称的菩萨，与普贤菩萨同为佛陀的左右胁侍。由于在所有菩萨中，是辅佐佛陀弘法的上首，因此也被称为文殊师利法王子。据大乘经典记载，文殊菩萨不仅是佛教中智慧的象征，而且还是过去世七佛之师，因此，其智慧被喻为三世诸佛成道之母，因而文殊菩萨又有"三世觉母妙吉祥"的尊号。另外，依《首楞严三昧经》记载，文殊菩萨在久远的过去世早已成佛，号称龙种上如来，为了协助释迦牟尼佛度化群生，方便示现为释迦牟尼佛二胁侍

之一。

⑤津：渡口。

⑥觉地：觉悟之地。地，指住处、住持、生成之意。

⑦矫翰：展翅。引申为努力学习，深入经藏。唐凌敬《游清都观寻沉道士》："矫翰雷门鹤，飞来叶县凫。"

⑧翔集：指众鸟飞翔而后群集于一处。《论语·乡党》："色斯举矣，翔而后集。"后引申为详察泛采。南朝梁刘勰《文心雕龙·风骨》："若夫镕铸经典之范，翔集子史之术，洞晓情变，曲昭文体，然后能孚甲新意，雕画奇辞。"二空：两种空。一般有四种说法，即我空与法空、但空与不但空、性空与相空、权空与实空。

⑨鱼鲁致乖：指将"鱼"误写成"鲁"，泛指文字错讹。晋葛洪《抱朴子内篇·遐览》："书字人知之，犹尚写之多误。故谚曰：书三写，鱼成鲁，虚成虎，此之谓也。"南朝梁元帝《玄览赋》："先铅擿于鱼鲁，乃纷定于陶阴。"

⑩豕亥：指将"亥"误写成"豕"。《吕氏春秋·察传》："子夏之晋，过卫，有读史记者曰：'晋师三豕涉河。'子夏曰：'非也，是己亥也。'夫'己'与'三'相近，'豕'与'亥'相似。至于晋而问之，则曰'晋师己亥涉河'也。"

⑪百篇之义：指佛教真理。《尚书·序》："百篇之义，世莫得闻。"

⑫葱河：葱岭河。

⑬奈苑：又作"奈氏园"、"奈氏树园"，即庵罗树园，是庵没罗女献给佛陀的园林，后为佛陀经常讲经说法的处所。庵没罗女为摩揭陀国频婆娑罗王之妃，生耆婆。佛曾在此说《维摩诘经》等，很是著名。后泛称寺院为"奈苑"。

⑭鹫山猿沼：灵鹫山和猕猴池。灵鹫山，即耆阇崛山。《大智度论》卷三："耆阇名鹫，崛名头。"因"山顶似鹫"，山中多鹫，故名。位于中印度摩揭陀国王舍城东北。相传释迦牟尼曾在此居住和说

法多年，遂成为佛教胜地，有许多关于佛教的传说。猕猴池，又作“猕猴江”，在毗耶离庵罗树园旁边，昔猕猴为佛共集穿池，故名。猕猴池有精舍，为天竺五精舍之一，佛在此处演说佛法。猿，一作“猴”。

⑮鹿野仙城：即鹿野苑。据说释迦牟尼成道后初转法轮之地，位于中印度的婆罗痆斯国。传说在佛未出世或出世时，恒有诸神仙住此不绝，故称“仙人住处”；或说佛为最胜仙人，尝于此地初转法轮，故称“仙人论处”。

⑯高轒（fén）：高才，才能杰出。轒，古代用来攻城的四轮兵车。《孙子兵法·谋攻》：“攻城之法，为不得已。修橹轒辒，具器械，三月而后成。”

【译文】

法师诞生之日，房间内呈现空寂的祥瑞；童年之时，内心发起无上道意。法师认为爱欲之海没有出离解脱的途径，觉悟之地有栖息神识的居所。所以法师削发出家，深入经藏，博览佛法，遍访名山，奔走千里。常常慨叹古代先贤传抄经本时以讹传讹，痛心历代宗匠闻疑传疑，导致各种迷惑。法师私以为：音乐树下必定有金石的声响，五天竺内想必有佛法真义。于是废寝忘食，发奋前行，跋涉艰险，如履平地。不惜身命渡过葱岭河，追求真言而到达奈苑。法师瞻仰了灵鹫山、猕猴池等圣迹奇景，到鹿野苑等佛教圣地访寻佛法典藏。历经春秋寒暑一十七年，耳闻目睹一百三十个国家，宣扬我皇的盛德伟业，震慑异域的王侯权豪，消除异端之学，击败同门之人。天竺诸王虔诚拜服，胜侣良友摩肩接踵；这样的万古风范，也就只有法师一人而已啊。

法师于彼国所获大、小二乘三藏梵本等[①]，总六百五十六部。并载以巨象，并诸邮骏。蒙霜犯雪，自天祐以元亨[②]；阳苦阴淫，假皇威而利涉。粤以贞观十有九祀达于上京[③]，道俗迓之[4]，阗城溢郭[5]，锵锵济济[6]，亦一期之盛也。及谒见天子，劳问殷勤，爰命有司[7]，诏令宣译，人皆敬奉，难以具言。至如氏族簪缨，捐亲入道；游践远迩，中外赞扬；示息化以归真，同薪尽而火灭[8]。若斯之类则备乎兹传也。

【注释】

①二乘：指两种教法，有多种涵义，常见的有声闻乘与缘觉乘、大乘与小乘、别教一乘与三乘，“乘”为运载、道路之义。此处指大乘与小乘。小乘，指运载狭劣之根机以达小果之教法，即于所修之教、理、行、果，与能修之根机均为小劣之法门。大乘，相对于声闻、缘觉等小乘的菩萨乘、佛乘，其特点是不以自度为终的，而把慈悲普度、成就佛道作为最终目标。大乘与小乘主要有以下区别：第一、佛陀观不同。有些小乘部派（主要是上座部）认为，释迦牟尼是一位依靠自己的修行而觉悟的人，是历史上的教主，是唯一的佛；另外一些部派（如大众部）则相对神化了佛陀。大乘则完全把佛陀神格化，看作崇拜的偶象，提出了二身、三身，甚至十身的说法，并且认为三世十方还有无数佛。第二、修行目标不同。部派佛教修行的最高目标是成就阿罗汉果和辟支佛果，即指灭尽烦恼，超越生死、自我的解脱；大乘佛教认为这一目标不够高，修行的最高目标应该是成佛，建立佛国净土，至少做个“上求菩提，下化众生”的菩萨，即佛的候补者。第三、修行方法不同。小乘一般修“三学”（戒、定、慧）、“八正道”、“四谛”、“十二因缘”；大乘则兼修“六度”（六种度众生的方法，即持戒、禅定、智慧、精进、布施、忍辱）和“四摄”（布施、爱语、利行、同事）的菩萨行。第四、佛教理论。“在理论上，大乘主张我法俱空，一切皆空，小乘，特别是有部，局限于佛说的法都是实在的，是一种概念实在论。”（吕澂《印度佛学源流略讲》）第五、佛法标准。小乘主

张“三法印”，即“诸行无常、诸法无我、涅槃寂静”。大乘主张“一法印”，即“一实相印”。三藏：指经、律、论三藏。有时依声闻、缘觉、菩萨等三乘人之教法，称声闻藏、缘觉藏、菩萨藏为“三藏”。梵本：又称“梵夹”、“梵经”、“梵典”，指以梵语书记于贝叶、桦皮、纸等之经典。印度自公元前六世纪左右开始使用梵语，举凡宗教、学术典籍，概以梵语记录。

②元亨：大通，大吉。元，大。亨，顺利，通达。《周易·大有·彖》：“其德刚健而文明，应乎天而时行，是以元亨。”

③粤：语气助词，用于句首或句中。《史记·周本纪》：“粤詹雒伊，毋远天室。”《汉书·叙传》：“粤蹈秦郊，婴来稽首。”又：“尚粤其几，沦神域兮。”

④迓(yà)：迎接。

⑤阗(tián)：充满。

⑥锵锵济济：庄敬、敬慎的样子。锵锵，盛多。济济，人多的样子。

⑦爰：于是。有司：官府。

⑧薪尽而火灭：柴草烧完，火就熄灭了。《法华经·序品》：“佛此夜灭度，如薪尽火灭；分布诸舍利，而起无量塔。”薪火之喻是佛教乃至中国哲学史上的一个重要议题。大、小乘对此理解不同。《法华义疏》卷二：“薪尽火灭者，依小乘义，以身为薪，智慧为火，故智慧依于身，身尽智便灭”，“就大乘释，薪喻于感，火喻于应，众生感尽，诸佛应息”。

【译文】

法师在天竺国获得大、小二乘三藏经文等各种梵本，总计六百五十六部。都用大象和各种骏马驮运。冒着风霜雨雪，承蒙上天护佑而吉祥顺畅；顶着酷暑严寒，凭借皇帝的威德而顺利前行。遂于贞观十九年到达京城长安，僧俗都倾城迎接，至诚礼敬，也是一时之盛况啊。等到谒见皇帝之时，皇帝殷勤慰问，于是诏令官府协助法师译经，人人都敬奉法师，难以具体细说。至于使门阀大族、达官显贵捐弃家庭，皈依佛门；到处游学宣讲，中外称颂赞扬；示现停止教化而归于真境，如同薪尽而火灭。诸如此类的事迹都在本《传》中详细记载。

《传》本五卷，魏国西寺前沙门慧立所述[①]。立俗姓赵，豳国公刘人[②]，隋起居郎司隶从事毅之子。博考儒释，雅善篇章，妙辩云飞，溢思泉涌。加以直词正色，不惮威严；赴水蹈火，无所屈挠。睹三藏之学行，瞩三藏之形仪[③]，钻之仰之，弥坚弥远。因循撰其事，以贻终古。乃削稿云毕，虑遗诸美，遂藏之地府，代莫得闻。尔后役思缠痾[④]，气悬钟漏，乃顾命门徒，掘以启之，将出而卒。门人等哀恸荒鲠，悲不自胜，而此《传》流离分散他所，后累载搜购，近乃获全。

因命余以序之，迫余以次之。余抚己缺然，拒而不应。因又谓余曰："佛法之事岂预俗徒，况乃当仁苦为辞让？"余再怀惭退，沉吟久之，执纸操翰[⑤]，汎澜臑臆[⑥]，方乃参犬羊以虎豹[⑦]，糅瓦石以琳璆[⑧]，错综本文，笺为十卷，庶后之览者，无或嗤焉。

【注释】

①魏国西寺：位于陕西长安休祥坊东北隅，前身为长安太原寺，唐初帝室为纪念其先祖兴于山西太原而建造。垂拱三年(687)，武后重修，改名为"魏国西寺"。载初元年(690)，又改称"崇福寺"。唐朝义学、译经沙门多止住于此。如菩提流志翻译《大宝积经》、般若三藏翻译四十卷《华严经》皆在此寺，唐智升《开元释教录》、法藏《起信论义记》亦在此寺撰成。慧立(615—?)：唐代僧人。

据《开元释教录》卷九载，俗姓赵，天水（今甘肃秦州西南）人，远祖因官迁至新平（陕西邠州），故亦为豳国公刘人。十五岁出家于豳州昭仁寺。永徽元年（650），敕任大慈恩寺翻经大德，参与玄奘译场。次补西明寺都维那，后授太原寺主。“天皇之代，频召入内，与黄冠（道士）对论，皆惬帝旨。”他是维护“因明”的主要论家，尝致书驳斥吕才。所撰写的这部《传》是重要的史籍资料。

②豳（bīn）国公刘：指豳州。豳国是夏末商初时期的古国，位于秦陇（今陕甘）之间，是周人先祖不窋之孙公刘在今天甘肃宁县庙咀坪所建立。西魏时设置豳州，几经废置变易，唐武德元年（618）再置豳州（治在今陕西彬县），开元间改称“邠州”。

③瞩：众目所归之义。一作“瞻”。

④痾（ē）：病。

⑤操翰：执笔为文。

⑥汍澜（wán lán）：泪流满面的样子。《后汉书·冯衍传下》：“泪汍澜而雨集兮，气滂浡而云披。”愊（bì）臆：因愤怒或哀伤而情绪郁结。汉王延寿《梦赋》：“于是梦中惊怒，愊臆纷纭。”

⑦参犬羊以虎豹：比喻用拙劣的文辞掺杂到美文之中。《论语·颜渊》：“棘子成曰：‘君子质而已矣，何以文为？’子贡曰：‘惜乎，夫子之说君子也！驷不及舌。文犹质也，质犹文也，虎豹之鞟犹犬羊之鞟。’”

⑧琳璆（qiú）：指美玉。比喻优秀人物或优美文辞。常作“琳球”。《宋书·傅亮传》：“饯离不以币，赠言重琳球。”唐虞世南《和至寿春应令》：“调谐金石奏，欢洽羽觞浮。天文徒可仰，何以厕琳球。”

【译文】

《慈恩传》原本为五卷，是魏国西寺已故的慧立法师撰写的。慧立法师，俗姓赵，豳州公刘人，隋代起居郎、司隶从事赵毅的儿子。慧立法师博通儒释，善写文章，辩才云飞，文思泉涌。加上言辞正直，神色庄重；不畏豪强，不惧权势，赴汤蹈火，不屈不挠。目睹三藏的学问品行，瞻视三藏的仪容仪表，钻研仰望，越觉得坚深高远，于是修撰法师的事迹，以流传后世。等到删改定稿之后，担心遗漏各种美好的德行业绩，便将其藏到佛塔地宫之中，当时无人知晓。此后，慧立法师积劳成疾，重病缠身，弥留之际，方才让门徒开掘地宫取出文稿，将要取出时慧立法师就圆寂了。他的门徒等人哀号恸哭，悲痛不已，而这部《慈恩传》流失分散各地，后来经过多年搜购，最近才收齐全本。

于是他们要求我给《慈恩传》作序，逼迫我整理完善。我深知自己才疏学浅，不敢答应就拒绝了。于是他们又对我说道："佛法之事怎能让俗人来做呢？而且您应该当仁不让，为何要苦苦推辞呢？"我心中更加惭愧，沉吟良久，方才执笔书写，怀着无比敬重和哀伤的心情，把拙劣的言语掺杂到华丽的文辞之中，将鄙陋的学识糅合到高明的见解之中，综合交错形成现在这部《慈恩传》，勒为十卷，希望后世阅览这部《传》的人不要嗤笑啊。

卷第一

起载诞于缑氏　终西届于高昌

【题解】

本卷的记载，从法师在洛州缑氏诞生开始，到法师西行到达高昌为止(602—627)，大体可分为四个部分：

第一部分主要叙述法师的家世、幼年事迹及少年出家之因缘。玄奘生于隋文帝仁寿二年(602)，幼而圭璋特达，聪悟不群。八岁的时候，父亲给他讲授《孝经》，讲到曾子避席时，他忽然整衣而起，父亲问其缘故。他回答说："曾子闻师命避席。某今奉慈训，岂宜安坐？"父亲很高兴。但是，玄奘幼年的幸福生活非常短暂，母亲宋氏大约在其五岁时亡故，父亲大约在其十岁那年亦弃他而去，道宣说玄奘"少罹穷酷"，可谓锥心之语。在父亲去世后不久，玄奘就随其二哥前往东都净土寺，学习佛教经、论。不久，大理卿郑善果奉敕来洛阳度僧，法师因为年幼不在预选之列；然善于鉴识人才的郑善果"见而奇之"，问其志向，答以"意欲远绍如来，近光遗法"，遂成千古励志之言。当时，玄奘年仅十一岁。出家后，玄奘更加潜心佛典，废寝忘食，至十三岁时，已经可以升座说法了。

第二部分叙述在武德元年(618)至贞观元年(627)期间，玄奘四处游学，遍参讲筵的情况。隋朝末年，天下大乱。武德元年(618)，玄奘和他二哥前往长安，因长安没有讲席，又前往汉中，进而转进成都。凡有经、论，无不尽学，二三年间，究通诸部。武德五年(622)，法师年满二十，即在成都受具足戒。四川地区的经、论已经全部学完，遂又泛舟三峡，沿江而下，到达荆州天皇寺；后又北上游学，遍访高僧大德，先后游历相州、赵州等地，大约在武德八年(625)又回到长安。先后学习《俱舍论》、《摄大乘论》等，皆一遍而尽其旨。当时长安佛教领袖法常、僧辩二位大德称赞法师为“释门千里之驹”。自此法师誉满京邑。

第三部分叙述法师从长安出发，到达伊吾的经历。贞观元年(627，本《传》作“贞观三年”)八月，玄奘冒越宪章，私往天竺，开始了他西行求法之旅。本部分依次介绍了法师所经过的秦州、凉州、瓜州、玉门关、五烽、莫贺延碛、伊吾。法师在前行途中，屡有缉捕公文追至，但在僧人和信众的帮助下，都化险为夷。过了五烽后，大自然的挑战又横亘在玄奘面前。莫贺延碛，长八百余里，上无飞鸟，下无走兽，复无水草。更糟糕的是，玄奘迷失道路，不仅没有找到先前所说的野马泉，而且还不慎打翻了水囊，本欲回第四烽取水，但想到自己的誓愿，“宁可就西而死，岂归东而生”，于是决然向西而行。经四夜五日无一滴沾喉，口腹干焦，几将殒绝，幸有老马引路，觅得一小片绿洲，才得以保全性命。又走了两天，方才到达西域第一个小国——伊吾。

第四部分叙述了法师到达高昌的情况。到达伊吾后，玄奘在高昌王的盛情邀请下，前往高昌。时高昌国力衰微，高昌王麴文泰意欲玄奘能留下来，帮助其治理国家，虽软硬兼施，但玄奘不为所动，并以死相抗。高昌王钦佩之至，遂结为兄弟，诚请玄奘开讲《仁王般若经》，相约归国时留住三年接受供养。临行时，高昌王倾全国之力资助玄奘西行求法，并卑辞修书兼附厚礼至西域诸国，请他们沿途予以关照。玄奘深受感动，写下了著名的《启谢高昌王表》，挥泪而别。

法师讳玄奘，俗姓陈，陈留人也[1]。汉太丘长仲弓之后[②]。曾祖钦，后魏上党太守[③]。祖康，以学优仕齐[④]，任国子博士[⑤]，食邑周南[⑥]，子孙因家，又为缑氏人也[⑦]。父慧，英洁有雅操，早通经术，形长八尺[⑧]，美眉明目，褒衣博带[⑨]，好儒者之容，时人方之郭有道[⑩]。性恬简，无务荣进，加属隋政衰微，遂潜心坟典[⑪]。州郡频贡孝廉及司隶辟命[⑫]，并辞疾不就，识者嘉焉。有四男，法师即第四子也。

【注释】

①陈留：在今河南开封东南。

②太丘长：太丘县县长。太丘，在今河南永城西北。长，县的行政长官。仲弓：东汉陈寔(shí)的字。"梁上君子"的典故即出自陈寔，后世常用"陈寔遗盗"比喻善行义举。传见《后汉书》卷六十二。

③后魏：指北魏。上党：今山西长治及周围地区。太守：郡的行政长官。

④齐：指北齐。

⑤国子博士：国家教育机构国子监中负责教授儒家经典的官员。

⑥周南：周王都城的南面，今河南西部地区。

⑦缑(gōu)氏：在今河南偃师东南。据说因系春秋时代周灵王缑氏皇后的诞生地而得名。

⑧形长：身高。尺：《隋书・律历志》推重荀勖(xù)之尺，即周尺，长23.1厘米。

⑨褒衣博带：宽衣阔带。为古代儒生的服装。《汉书・隽不疑传》："佩环玦，褒衣博带，盛服至门上谒。"褒，衣襟宽大。

⑩方：比作。郭有道：指郭泰。郭泰(128—169)，字林宗，太原郡介休县(今山西介休)人。东汉名士，被誉为"介休三贤"之一。

⑪坟典："三坟"、"五典"的合称，泛指古代典籍。三坟，指伏羲、神

农、黄帝之书;五典,指少昊、颛顼、高辛、尧、舜之书。

⑫辟命:征召,任命。

【译文】

玄奘法师,俗姓陈,河南陈留人。东汉太丘长陈寔的后裔。曾祖父陈钦,在北魏做过上党太守。祖父陈康,凭学问优异在北齐做过国子博士,食邑在周南,子孙因而定居这里,所以又成为缑氏人了。父亲陈慧,品行纯洁,操守高尚,年轻时就通达经术,身高八尺,眉眼俊朗,身穿宽袍,腰系阔带,喜爱儒生的装束,时人称赞他像东汉的郭有道。陈慧性情恬淡,不慕官爵,加上隋朝政局衰微,于是辞官隐居,潜心研读典籍。地方州郡屡次举孝廉和任命司隶,他都称病不出,有识之士都称赞他的气节。陈慧有四个儿子,玄奘法师是第四子。

幼而圭璋特达,聪悟不群。年八岁,父坐于几侧口授《孝经》,至曾子避席①,忽整襟而起。问其故,对曰:“曾子闻师命避席。某今奉慈训,岂宜安坐?”父甚悦,知其必成,召宗人语之,皆贺曰:“此公之扬乌也②!”其早慧如此。自后备通经典,而爱古尚贤,非雅正之籍不观③,非圣哲之风不习;不交童幼之党,无涉阛阓之门④;虽钟鼓嘈啐于通衢⑤,百戏叫歌于闾巷,士女云萃,亦未尝出也。又少知色养⑥,温凊淳谨⑦。

【注释】

①曾子避席:典故出自《孝经》。《孝经·开宗明义章第一》:“仲尼居,曾子侍。子曰:‘先王有至德要道,以顺天下。民用和睦,上下无怨。汝知之乎?’曾子避席曰:‘参不敏,何足以知之?’”

②扬乌:西汉扬雄之子,幼年以聪慧著称。

③雅正:典雅纯正。

④阛阓(huán huì):街市,闹市。

⑤嘈嗒(zá):喧闹。

⑥色养:和颜悦色奉养父母或承顺父母。

⑦温凊(qìng):冬温夏凉之义。冬天温被使暖,夏天扇席使凉,泛指子女侍奉父母之道。

【译文】

法师幼年时就人品出众,聪慧超群。八岁时,父亲坐在案几旁向他讲授《孝经》,讲到曾子避席时,他忽然整理衣服,离座肃立。父亲问他原因,他回答道:“曾子听闻老师的教诲时要离开坐席,我如今听父亲的训导,又怎能安坐不动呢?”父亲十分高兴,知道他将来一定会有成就,请来族人讲了这件事,众人都向他祝贺说:“这是您家的扬乌啊!”法师就是如此早慧。此后法师通读经典,爱古尚贤,不是典雅纯正的书籍不看,不是圣贤哲人的行为不学;不和别的儿童游玩,不去喧闹的场所;即使大街上钟鼓震响,坊巷里百戏喧嚣,男女云集,他还是连门都不出。此外,法师从小就懂得承顺父母,小心侍奉。

其第二兄长捷先出家,住东都净土寺[①],察法师堪传法教,因将诣道场[②],教诵习经业。俄而有敕于洛阳度二七僧[③],时业优者数百,法师以幼少不预取限,立于公门之侧。时使人大理卿郑善果有知士之鉴[④],见而奇之,问曰:“子为谁家?”答以氏族。又问曰:“求度耶?”答曰:“然。但以习近业微,不蒙比预。”又问:“出家意何所为?”答曰:“意欲远绍如来,近光遗法。”果深嘉其志,又贤其器貌,故特而取之。因谓官僚曰:“诵业易成,风骨难得。若度此子,必为释门伟器,但恐果与诸公不见其翔翥云霄[⑤],洒演甘露耳。又名家不可失。”以今观之,则郑卿之言为不虚也。

【注释】

①东都：洛阳。隋炀帝以洛阳为东都。

②诣(yì)：往，到。道场：原指佛成道之处，后泛指修习佛法的场所，此处指寺院。

③俄而：不久。

④大理卿：中央审判机构大理寺的长官。郑善果(569—629)：郑州荥泽(今河南郑州西北)人。历任隋沂州刺史、鲁郡太守，隋炀帝大业年间任大理寺卿。

⑤翔翥(zhù)：飞翔。

【译文】

法师的二哥长捷先已出家，住在洛阳净土寺，看到法师可以传授佛法，就把他带到寺院，教授他诵习佛经。不久朝廷诏令在洛阳剃度十四名僧人，当时学业优秀者有数百人，法师因年龄幼小不在候选之列，站在公衙门边。当时被委派主持此事的大理卿郑善果善于识别人才，看见法师神态不凡，问道："你是谁家的孩子？"法师回答了自己的家族。郑善果又问道："你想要剃度吗？"法师回答道："是的。但是因为修习时短，道业微浅，不能参加这次选拔。"郑善果又问道："你出家是为了什么？"法师回答道："我想继承如来家业，在当今光大佛法。"郑善果对他的志向极为欣赏，又看重他的相貌气度，因而破格录取了他。并对旁边的官员同僚们说："诵读好佛经容易，风度气骨实在难得。如果剃度了这位少年，他将来必定会成为佛门伟器，只怕我与诸公看不到他飞翔云霄，敷演佛法甘露了。何况他又是出自名门，决不能把他漏掉。"现在看来，郑公的预言果真不虚啊。

既得出家，与兄同止。时寺有景法师讲《涅槃经》①，执卷伏膺②，遂忘寝食。又学严法师《摄大乘论》③，爱好逾剧。一闻将尽，再览之后，无复所遗。众咸惊异，乃令升座覆述，抑扬剖畅，备尽师宗。美闻芳声，从兹发矣，时年十三也④。

【注释】

①《涅槃经》：全称《大般涅槃经》，四十卷，共十三品。本经以释迦牟尼在拘尸那伽涅槃为题材，着重宣扬法身常住、涅槃之常乐我静、一切众生悉有佛性，及"一阐提"（断绝善根的人）皆可成佛的大乘涅槃佛性思想。本经的译出，对鸠摩罗什以来占统治地位的般若性空思想以极大冲击，同时将佛性问题的讨论引向深入。最初在中土流传的是六卷本《泥洹经》，经中在强调一切众生皆有佛性，皆可成佛的同时，又提出了一阐提人无佛性的说法，引起了佛学界的争论。晋竺道生"孤明先发"，认为一阐提人虽断善根，但不断佛性，主张一阐提人亦有佛性，也可成佛。后来，昙无谶译的大本《涅槃经》传到建康，经中果然说一阐提人悉有佛性，于是众人服膺。人人皆有佛性的思想经过竺道生等人的大力倡导和弘传而逐渐成为中国佛性论的主流。《涅槃经》对中土佛教影响较大的有三个译本：一是东晋义熙十三年(417)法显与佛陀跋陀罗在建康译出的《大般泥洹经》（或称《方等大般泥洹经》）六卷，内容相当于《大般涅槃经》的前五品。二是北凉昙无谶于玄始十年(421)译出的《大般涅槃经》四十卷，又称大本《涅槃经》，或北本《涅槃经》。三是由南朝慧观、谢灵运等人依六卷本将传入江南的四十卷本润色改定的三十六卷本，称为南本《涅槃经》。通常所说的《涅槃经》主要是指昙无谶译的四十卷本的《大般涅槃经》。

②膺(yīng)：胸。

③《摄大乘论》：简称《摄论》。本论是印度大乘佛教瑜伽行派主要论著之一，因其内容赅摄大乘佛教一切圣教法门要义，故称《摄大乘论》。无著撰，南朝陈真谛译。凡三卷，共十品。汉文异译

本有：北魏佛陀扇多译《摄大乘论》二卷、唐玄奘译《摄大乘论本》三卷。本论是对《大乘阿毗达磨经》的“摄大乘品”的论释，对比小乘教义，着重论述了大乘瑜伽行派的理论。《依止胜相品第一》着重论述了阿赖耶识为诸法之所依；《应知胜相品第二》论述了三性、四意趣、四秘密；《应知入胜相品第三》论述了由大乘多闻熏习而修习四寻思、四如实智观，通达唯识义，从而说明声闻与菩萨见道的十一种差别；《入因果胜相品第四》论述了依止六波罗蜜而入唯识地；《入因果修差别胜相品第五》叙述了对治十种无明而建立十地；《依戒学胜相品第六》叙述了菩萨的三聚净戒，并论述了声闻戒与菩萨戒的差别；《依心学胜相品第七》总结了此前关于禅定的各种学说，论述了能拔除本识中一切粗重障、具有大神通的正确禅定；《依慧学胜相品第八》论述了根本智与后得智，说明了声闻智、菩萨智的区别；《学果寂灭胜相品第九》论述了无住涅槃及六种转依；《智差别胜相品第十》论述了法身、变化身、受用身等三身。本论在南北朝时甚为流行，是摄论学派的基本论典，后来成为法相宗的基本论典之一。玄奘在国内受学的十三法师中，有八位是属于摄论学派，可见其受《摄论》影响之大。

④时年十三：这是说玄奘播扬嘉名美誉之时年十三岁，并不一定是其出家年龄。

【译文】

法师得以出家之后，和二哥同住净土寺。当时寺里有位景法师讲授《涅槃经》，他伏案捧读，废寝忘食。又从严法师学习《摄大乘论》，更为爱好。听过就掌握要旨，再看一遍就能完全理解。大家都感到惊异，就让他升座复述；他的讲解语调抑扬，剖析流畅，尽得老师宗旨。美誉芳名，从此播扬，当时法师才年仅十三岁。

其后隋氏失御，天下沸腾。帝城为桀、跖之窠[①]；河、洛为豺狼之穴。衣冠殄丧[②]，法众销亡[③]，白骨交衢，烟火断绝。虽王、董僭逆之舋[④]，刘、石乱华之灾[⑤]，刳斮生灵[⑥]，芟夷海内[⑦]，未之有也。法师虽居童幼，而情达变通，乃启兄曰："此虽父母之邑，而丧乱若兹，岂可守而死也！今闻唐主驱晋阳之众[⑧]，已据有长安，天下依归如适父母，愿与兄投也。"兄从之，即共俱来，时武德元年矣[⑨]。

【注释】

①桀：夏桀，夏朝最后一位君主，是历史上有名的暴君。跖(zhí)：盗跖，据说是春秋时期的大盗，聚众数千人，横行天下，侵暴诸侯。

②衣冠：指缙绅、士大夫、名门世族。殄(tiǎn)丧：灭亡。殄，灭绝。

③销亡：消亡，消失，灭亡。

④王、董：王莽、董卓。王莽(前46—23)，字巨君，魏郡元城(今河北邯郸大名)人。新朝开国皇帝。西汉末年，社会矛盾空前激化，王莽为朝野所归，被视为"周公再世"。公元8年，王莽代汉建新，建元"始建国"，推行新政，史称"王莽改制"。但是，王莽改制并没有解决日益严峻的社会问题，反而进一步激化了社会矛盾。至其统治末期，天下大乱，新莽地皇四年(23)，更始军攻入长安，王莽死于乱军之中。董卓(？—192)，字仲颖，陇西临洮(今甘肃定西)人。东汉末年，先后参与平定羌乱、黄巾之乱、凉州之乱等战役，颇有威名。中平六年(189)，受大将军何进、司隶校尉袁绍所召，率军进入都城洛阳，随后废黜少帝，改立献帝。初平二年(191)，裹挟献帝迁都长安。翌年，董卓被部下吕布所杀。舋(xìn)：同"衅"。

⑤刘、石：刘曜、石勒。刘曜(？—329)，字永明，新兴(今山西忻州)

人。匈奴人。是十六国时前赵最后一位国君,被石勒所杀。石勒(274—333),字世龙,初名石匐,小字匐勒,上党武乡(今山西榆社)人。羯族。十六国时期后赵建立者,史称“后赵明帝”。二人皆以残暴闻名。

⑥刳斮(kū zhuó):砍杀。刳,割,剖,杀。斮,斩,砍。

⑦芟夷(shān yí):斩除,杀戮。

⑧晋阳:今山西太原。

⑨武德元年:公元618年。大业十三年(617)五月,李渊在晋阳(今山西太原)起兵,十一月攻入隋都长安,拥立杨侑为皇帝。第二年,李渊废黜杨侑,自立为帝,建国号“唐”,改元“武德”。

【译文】

此后隋朝统治失控,天下大乱。东都洛阳成为夏桀、盗跖的巢穴;河、洛流域成为豺狼的洞窟。缙绅荡尽,僧侣消亡,白骨遍野,烟火断绝。即使王莽、董卓僭政叛逆之祸,刘曜、石勒侵扰中原之害,也比不上当时的杀戮遍野,涂炭生灵啊。法师虽然年幼,却能洞察世情而知道变通,于是对他二哥说:“这里虽是父母之乡,但是已丧乱如此,我们怎能坐以待毙呢!我听说唐主已率领晋阳之众,据有长安,天下依归如同投奔父母,我愿意和兄长一起前去投靠。”他二哥同意了,于是就一起来到长安,这时已经是唐高祖武德元年了。

是时国基草创,兵甲尚兴,孙、吴之术斯为急务[①],孔、释之道有所未遑,以故京城未有讲席,法师深以慨然。初,炀帝于东都建四道场,召天下名僧居焉。其征来者,皆一艺之士,是故法将如林,景、脱、基、暹为其称首。末年国乱,供料停绝,多游绵、蜀[②],知法之众,又盛于彼。法师乃启兄曰:“此无法事,不可虚度,愿游蜀受业焉。”兄从之。又与兄经子午谷入汉川③，遂逢空、景二法师，皆道场之大德，相见悲喜。停月余日，从之受学，仍相与进向成都。

诸德既萃，大建法筵。于是更听基、暹《摄论》、《毗昙》及震法师《迦延》④。敬惜寸阴，励精无怠，二三年间，究通诸部。时天下饥乱，唯蜀中丰静，故四方僧投之者众，讲座之下常数百人。法师理智宏才，皆出其右，吴蜀荆楚，无不知闻，其想望风徽亦犹古人之钦李、郭矣⑤。

【注释】

①孙、吴之术：指用兵方略。孙，指孙武（约前545—前470），齐国（在今山东北部）人。春秋军事家。后由齐至吴，经伍子胥举荐，向吴王阖闾进呈自己撰写的兵法十三篇，被任命为吴将。公元前506年，孙武率军大破楚军，攻入楚国郢都。他的《孙子兵法》十三篇被誉为“兵学圣典”，置于《武经七书》之首。吴，吴起（前440—前381），卫国左氏（今山东菏泽）人。战国初期军事家、政治家、改革家。吴起一生历仕鲁、魏、楚三国，在内政、军事上都有极高的成就。公元前389年，吴起率领魏国五万步卒、战车五百辆、骑兵三千大败秦国五十万军队。在楚国时，吴起主持变法，使楚国强大起来。后因变法得罪贵族被杀。后世将他的《吴子兵法》与孙武的《孙子兵法》合称为《孙吴兵法》，也是《武经七书》之一。

②绵、蜀：绵州和蜀郡。绵州，在今四川绵阳东一带。蜀郡，指今四川成都及周围地区。

③子午谷：在今陕西长安南秦岭山中，是关中到陕南的交通要道。汉川：今汉中地区。隋炀帝大业年初废梁州复置汉川郡，郡治为南郑。

④《毗昙》:毗昙,又作“阿毗昙”、“阿毗达磨”等,意译“对法”、“无比往”、“大法”、“论”等。唐玄应《一切经音义》卷十七:“此译云‘胜法’,或言‘无比法’,以诠慧故;或云‘向法’,以因向果故;或名‘对法’,以智对境故。”即以文字语言分析概念的形式,诠释教理。《大毗婆沙论》卷一列举种种理由,说明其为“阿毗达磨”的原因:“于诸法相,能善决择,能极决择”;“于诸法性,能善觉察,能善通达”;“能于诸法,现观作证”;“法性甚深,能尽原底”;“诸圣慧眼,由此清净”。小乘佛教各派都有阿毗昙论著,一般有作者署名,如《阿毗达磨俱舍论》、《舍利弗阿毗昙》等。大乘瑜伽行派等亦沿习此风,如《阿毗达磨集论》、《杂集论》等。创制和研究阿毗达磨的作者,称“阿毗达磨论师”。在中国介绍和研习阿毗达磨向流派,称“毗昙学”或“毗昙宗”,其学者称“毗昙师”,但集中在说一切有部范围内。又据《大智度论》卷二载,当佛临般涅槃、大迦叶初结集时,即作“三法藏”,以使佛法久住,所谓“修多罗”(经)、“毗尼”(律)和“阿毗昙”(论)。后者称“阿毗昙藏”,或称“阿毗达磨藏”、“对法藏”等,即今“三藏”典籍中的“论藏”。然而作为一种阐发佛教教义理论的文体,阿毗昙有三种:“一者阿毗昙身及义,略说三十二万言;二者六分(阿毗昙),略说三十二万言;三者蜫勒,略说三十二万言。”此三者,“皆是广解佛语”。此中“阿毗昙”的特色在于分析法相,及其在世与出世中的性能等。震法师:一说道振。《迦延》:即《阿毗昙八犍度论》,又称《阿毗昙经八犍度论》、《阿毗昙犍度》、《迦旃延阿毗昙》,为玄奘所译《阿毗达磨发智论》的旧译本。迦旃延撰,凡三十卷,苻秦僧伽提婆与竺佛念共译。犍度,意译为“聚”,积聚之义。本论共有八聚,故称“八犍度论”。本论的注释本即《阿毗达磨大毗婆沙论》。

⑤想望:仰慕。风徽:风范,美德。南朝刘宋谢瞻《于安城答灵运》:“绸缪结风徽,烟煴吐芳讯。”李、郭:东汉李膺与郭泰,皆一时

名士。

【译文】

当时唐朝刚刚建立，忙于用兵，孙、吴之术是当务之急，儒、释之道尚无暇顾及，因此京城未开讲席，法师深为感慨。当初隋炀帝在东都建立了四个道场，召集天下名僧，应征而来者都有专长，所以人才济济，其中慧景、智脱、道基、宝暹四位大德尤为杰出。炀帝末年天下大乱，供应断绝，这些高僧大都去了绵、蜀地区，高僧大德遂云集于绵、蜀地区。于是法师对他二哥说道："这里不讲佛法，不可虚度光阴，应该去蜀中求学。"他二哥听从了他的建议。兄弟俩又经过子午谷来到汉川，遇到了空、景两位法师，都是道场的大德高僧，相见后悲喜交集。两兄弟在这里停留了一个多月，每天都向这二位法师请教受学，然后相伴前往成都。

成都高僧荟萃，大开讲席。于是法师又听了道基、宝暹法师讲授的《摄论》、《毗昙》，又听闻了震法师讲授的《迦延》。他珍惜时光，精进不怠，两三年里，就精通了各部经典。当时天下饥荒动乱，只有蜀中丰收安宁，所以四方僧侣来此者众多，讲座下面的听众常常有数百人。法师的智慧才学都远远超过他们，吴蜀荆楚地区的人们都知道他的声名。他们仰慕法师风范，犹如东汉之人仰慕李膺与郭泰一样啊。

法师兄因住成都空慧寺，亦风神朗俊，体状魁杰，有类于父。好内、外学，凡讲《涅槃经》、《摄大乘论》、《阿毗昙》，兼通《书传》[1]，尤善《老》、《庄》，为蜀人所慕，总管、酂公特所钦重[2]。至于属词谈吐[3]，蕴藉风流[4]；接物诱凡，无愧于弟。若其亭亭独秀，不杂埃尘，游八纮[5]，穷玄理，廓宇宙以为志，继圣达而为心，匡振隤纲[6]，苞挫殊俗，涉风波而意靡倦，对万乘而节逾高者，固兄所不能逮也。然昆季二人懿业清规[7],芳声雅质,虽庐山兄弟无得加焉[8]。

【注释】

①《书传》:有关《尚书》经义的传述解释。当时通行的是伪托孔安国的书传。

②总管:高级军政长官。韦云起时任遂州(今四川遂宁)都督、益州行台兵部尚书。酂公:酂国公窦轨。时任益州道行台左仆射。

③属(zhǔ)词:指文章、写作。

④蕴藉(jiè)风流:形容含蓄内秀,潇洒雅致。蕴藉,含蓄雅致。

⑤八纮(hóng):八方极远的地方。常用来指代天下。

⑥隤(tuí):堕落,败坏。

⑦昆季:兄弟。懿(yì):美好。

⑧庐山兄弟:慧远和慧持二兄弟。慧远(334—416),本姓贾,雁门楼烦(今山西原平)人。"少为诸生,博综六经,尤善庄、老"。永和十年(354),慧远和其弟慧持在恒山从道安出家,时年慧远年二十一岁,慧持年十八岁。公元381年,慧远与弟子数十人南适荆州,后欲往罗浮山(今广东东江北岸),途经浔阳(今江西九江),见庐山清净,足以息心,便停留在此,始住龙泉精舍。后来江州刺史桓伊为之建东林寺,慧远便迁住于此,修道弘法,从事著述,直至去世。慧远在庐山居住长达三十多年,"率众行道,昏晓不绝",形成了一个与北方罗什僧团遥相呼应的庐山僧团,他率众行道的庐山被誉作"道德所居"而成为当时南方佛教的中心。又因为他奉行念佛三昧,期望往生阿弥陀佛西方净土,从而推进了净土信仰在中土的流传,因此后世净土宗将其尊奉为初祖。慧持(337—412),俗姓贾,雁门楼烦人。是庐山慧远大师的弟弟。东晋名僧。少聪敏,善文史,巧才制,年十八与兄慧远一起从道安出家。遍学三藏,及诸外典。道安在襄阳派慧远东下,

慧持随兄同行。初止荆州上明寺，后共入庐山。“持形长八尺，风神俊爽，常蹑草屣，纳衣半胫。庐山徒属，莫匪英秀，往反三千，皆以持为称首。”后因故至建康东安寺，晋卫军琅琊王珣对他颇为器重。时西域沙门僧伽罗叉译出《中阿含经》，慧持为之校阅详定。后还庐山，讲说《法华经》、《阿毗昙论》。后来，慧持听说成都地沃民丰，遂于晋隆安三年(399)西行至蜀郡，止龙渊精舍，大弘佛法，信众皆望风推服。“有升持堂者，皆号‘登龙门’”。义熙八年(412)示寂，世寿七十六。临终谓弟子曰:“经言:戒如平地，众善由生。汝行住坐卧，宜其谨哉!”传见《高僧传》卷六。

【译文】

法师的二哥长捷法师驻锡成都空慧寺，也是风度俊朗，体格魁伟，颇似其父。他喜好佛学和儒学，能讲授《涅槃经》、《摄大乘论》和《阿毗昙论》，又通晓《尚书孔传》，尤为喜欢《老子》、《庄子》，为蜀人所仰慕，总管韦云起、酂国公窦轨都对他十分看重。长捷法师的文章谈吐，含蓄内秀，潇洒飘逸；在待人接物、开导愚凡方面，都不亚于法师。但法师已经亭亭独秀，不染尘埃，神游八极，穷尽玄理，志廓天地意趣高远，承继圣学追慕圣贤，志振佛法，匡救世俗，经历风波而意志不倦，面对人君而节操愈高，这就不是他二哥所能企及了。不过，兄弟二人的懿业清规，芳声雅质，就是庐山慧远、慧持兄弟也不过如此。

法师年满二十，即以武德五年于成都受具[①]，坐夏学律[②]，五篇七聚之宗[③]，一遍斯得。益部经、论研综既穷[④]，更思入京询问殊旨。条式有碍，又为兄所留，不能遂意。乃私与商人结侣，泛舟三峡，沿江而遁，到荆州天皇寺。彼之道俗承风斯久，既属来仪，咸请敷说。法师为讲《摄论》、《毗昙》，自夏及冬，各得三遍。时汉阳王以盛德懿亲，作镇于彼，闻法师至，甚欢，躬身礼谒。发题之日，王率群僚及道俗一艺之士，咸集荣观。于是征诘云发，关并峰起，法师酬对解释，靡不辞穷意服。其中有深悟者，悲不自胜。王亦称叹无极，嚫施如山⑤，一无所取。

【注释】

①受具：指受具足戒。具足戒，即佛教比丘、比丘尼受持的戒律，因与沙弥、沙弥尼所受的十戒相比，戒品具足，故名。其戒条数目说法不一。中国佛教在隋唐以后大都依《四分律》说比丘戒 250 戒，比丘尼戒 348 戒。依戒法规定，出家人受了具足戒，即正式取得了僧尼的资格。

②坐夏：也叫“夏坐”、“夏安居”，即在夏季里静坐以修行佛法。夏安居开始阶段叫“结夏”，结束叫“解夏”或“解安居”。坐夏期间，僧人不许外出，而且须与僧众和合共居。安居期约为三个月，中国及日本佛教则以四月十六日至七月十五日为安居期。坐夏结束，僧人的出家年龄即可增长一岁，因此坐夏也被称为“坐腊”。

③五篇七聚：比丘、比丘尼所持戒律的总称。比丘、比丘尼所学的戒律，分为篇门与聚门。“篇门”依结成之罪果及急要之义而区别为五篇；“聚门”则类聚其罪性及因罪而为六聚、七聚、八聚。

④益部：即益州部。汉代所设，辖区远大于唐代益州。泛指四川一带。

⑤嚫（chèn）：梵语“达嚫”的简称，指布施财物给僧尼。

【译文】

武德五年，法师年满二十周岁，就在成都受具足戒，坐夏学习戒律，五篇七聚的宗旨，学习一遍就能掌握。蜀中所传经、论研习探讨已尽，又想要再去长安探询更高深的学问。因受到朝廷条令的约束，又为二哥所劝留，没能如愿。于是私下和商人结伴，乘船穿过三峡，沿江而下，来到荆州天皇寺。此地僧侣俗众久闻法师大名，现在法师亲临，就都来请他演说佛法。法师给他们讲说《摄论》、《毗昙》，从夏天讲到冬天，各讲了三遍。当时汉阳王李瓌是李唐宗室，德高望重，坐镇荆州，听说法师来临，十分欣喜，亲自拜谒。开讲之日，他率领属下官员和善于佛理的僧俗，前来观听。讲席中时有问答来往，机锋迭起，法师的解释无不令人满意，有诘难者亦莫不辞穷心服。其中有深悟要旨者，甚至感动而泣。汉阳王也称叹不已，施舍的东西堆积如山，法师一件也不领受。

罢讲后，复北游，询求先德。至相州[①]，造休法师，质难问疑。又到赵州[②]，谒深法师学《成实论》[③]。又入长安，止大觉寺，就岳法师学《俱舍论》[④]。皆一遍而尽其旨，经目而记于心，虽宿学耆年不能出也。至于钩深致远[⑤]，开微发伏，众所不至，独悟于幽奥者，固非一义焉。

【注释】

①相州：今河南安阳。

②赵州：今河北赵县。

③《成实论》：诃梨跋摩著，鸠摩罗什译。凡二十卷（或十六卷）。作者原是印度说一切有部的僧人，后受大众部的影响而著此论批判有部的理论。“实”指“四谛”，“成实”意为成立“四谛”真实的道理。其主要思想是人、法两空，皆无自性，反对说一切有部“诸法实有”的观点，并在有部对世界万法分析的基础上提出了“五位八十四法”。在佛教史上，此论被认为是一部由小乘空宗向大乘空宗过渡的重要著作，也有人称此论为“小乘空宗”的论典，受到相当的重视。南北朝时一度出现过专讲此论的成实宗。

④《俱舍论》：又称《阿毗达磨俱舍释论》、《阿毗达磨俱舍论》，世亲

著，南朝陈真谛译，唐玄奘重译。二十二卷(或三十卷)，共六百颂。“阿毗”意为“对”，“达磨”意为“法”，“俱舍”意为“藏”，总称之为“对法藏”，亦称“大法”或“无比法”，故又称《对法藏论》、《总明论》。《俱舍论》以“五位七十五法”来概括世界诸法，主张我空法有，对三世实有、法体恒有等作了系统的论证，是小乘有部向大乘有宗(瑜伽行派)过渡之作，基本反映了当时流行于迦湿弥罗(今克什米尔)的说一切有部关于世界、人生和修行的主要学说，但也吸收了经量部许多观点。本论共分九品，前二品论述诸法之体用及因果之理；次三品论述“迷”之因、果、缘，从而阐述轮回业报的理论；再三品论述“悟”之因、果、缘，从而阐述修行解脱之道；最后一品专论“无我”义，系附录性质。由于此论在诸阿毗昙中体系特别完整，名相解说也最为简明，所以在真谛首译后便受到欢迎，毗昙学派的一些学者逐渐转向对《俱舍论》的研究，成为俱舍论师。玄奘重译后又掀起了对此论的研习高潮，成为一派，称“俱舍宗”。玄奘的门人普光、法宝、神泰分别作了疏记，称“俱舍三大家”。

⑤钩深致远：探取深处的，使远处的到来。比喻探讨深奥的道理。《周易·系辞上》：“探赜索隐，钩深致远。”

【译文】

讲论结束后，法师又去北方游学，访求先辈高僧。到达相州，谒见慧休法师，请教疑难问题。又到赵州拜谒道深法师，从学《成实论》。又到长安，住大觉寺，跟岳法师学习《俱舍论》。都是一遍就能穷尽要旨，过目就能牢记在心，即使饱学多年的长者也比不过他。至于探析佛理，开发奥旨，常人不能认知而为法师独自领悟出来的深奥义理，更是不止一处啊。

时长安有常、辩二大德①，解究二乘，行穷三学②，为上京法匠，缁素所归③，道振神州，声驰海外，负笈之侣从之如云。

虽含综众经，而遍讲《摄大乘论》。法师既曾有功吴、蜀，自到长安，又随询采，然其所有深致，亦一拾斯尽。二德并深嗟赏，谓法师曰："汝可谓释门千里之驹，其再明慧日当在尔躬，恨吾辈老朽恐不见也。"自是学徒改观，誉满京邑。

【注释】

①常、辩：法常和僧辩。法常（567—645），俗姓张，南阳白水（今属河南）人。唐代僧人。少游儒林而厌其喧杂，遂立愿出家，奉戒自守。十九岁时依止昙延法师出家，不逾年即能宣讲《涅槃经》，受到昙延法师的赞赏。二十二岁时学《摄大乘论》，并博考《华严》、《成实》、《毗昙》、《地论》等经、论之异同。曾应齐王之请，为众开讲。隋大业初年，奉敕住于长安大禅定寺。贞观年间，参与波罗颇迦罗蜜多罗之译场。太宗造普光寺，召师居之，并下敕令为太子受菩萨戒。贞观九年（635），奉敕为皇后戒师，又奉敕兼任空观寺上座。法常"抚接客旧，妙识物心，弘导法化，长镇不绝"，常讲《华严》、《成实》、《毗昙》、《摄论》、《十地》等经、论，学者数千，四方风从。贞观十年（636），新罗王子金慈藏远道至京城，从其受菩萨戒。贞观十九年（645）示寂，世寿七十九。著有《摄论义疏》、《观无量寿经疏》、《涅槃疏》、《维摩疏》、《胜鬘疏》等十余种。传见《续高僧传》卷十五。僧辩（568—624），俗姓张，南阳（今属河南）人。唐代僧人。七岁时，日诵千言。时人奇之，扬声乡里。十岁时，欣仰道法，思欲出家，因法度所限，未蒙剃落。乃听《维摩》、《仁王》二经，文义俱收。开皇初年，敕遣苏威简取三千人剃度，僧辩虽年幼，高才特许，遂得出家。受具后专寻经、论，曾从智凝法师学《摄大乘论》。道岳讲《俱舍论》时，师亦亲临听法。隋代大业初年，受召入大禅定道场。唐代武德初年，盛弘《摄大乘论》。贞观年间，被征为证义，参与译场（非玄奘译场）。

后受敕住于弘福寺，讲学不辍。虽誉满天下，然谦冲自牧。著有关于《俱舍论》、《摄大乘论》、《辩中边论》等注疏。贞观十六年(642)示寂，世寿七十五。传见《续高僧传》卷十五。

②三学：即戒学、定学和慧学。戒、定、慧"三学"通常被认为是对早期佛教修持的全部内容的概括。

③缁(zī)素：僧俗。"缁"是黑色，指穿黑衣的僧徒；"素"是白色，指穿白衣的居士。

【译文】

当时长安有法常、僧辩两位高僧，深解大、小二乘，精通戒、定、慧三学，是京城法门宗匠，为僧俗所皈依，道振神州，名扬海外，负笈求学者从之若云。虽然博通众经，而专讲《摄大乘论》。法师在吴、蜀已经对此论下过功夫，到长安后又追随二位高僧询问采择，对他们的独到之处也就全部吸取。二位法师对他极为赞赏，说："你真称得上是佛门的千里驹，重振佛法就得靠你了，遗憾的是我们年迈恐怕见不到了。"从此求学者对法师刮目相看，法师由是誉满京城。

法师既遍谒众师，备餐其说，详考其义，各擅宗涂，验之圣典，亦隐显有异，莫知适从。乃誓游西方以问所惑，并取《十七地论》以释众疑，即今之《瑜伽师地论》也[①]。又言："昔法显、智严亦一时之士[②]，皆能求法导利群生，岂使高迹无追，清风绝后？大丈夫会当继之。"于是结侣陈表，有诏不许。诸人咸退，唯法师不屈。

【注释】

①《瑜伽师地论》：简称《瑜伽论》。瑜伽师地，意即瑜伽师修行所经历的境界(十七地)，故亦称《十七地论》。相传为古印度弥勒口

述，无著记录。凡一百卷，唐玄奘译。为印度大乘佛教瑜伽行派和中国法相宗的根本论书。全书分五部分：(一)“本地分”(卷一至卷五〇)，把瑜伽禅观境界分为“十七地”，即五识身相应地、意地、有寻有伺地、无寻唯伺地、无寻无伺地、三摩呬多地、非三摩呬多地、有心地、无心地、闻所成地、思所成地、修所成地、声闻地、独觉地、菩萨地、有余依地、无余依地，内容可归纳为境、行、果三相；(二)“摄决择分”(卷五一至卷八〇)，论述十七地的要义；(三)“摄释分”(卷八一至卷八二)，解释诸经的仪则；(四)“摄异门分”(卷八三至卷八四)，解释经中诸法的名义和差别；(五)“摄事分”(卷八五至卷一〇〇)，论述三藏的要义。五分中以“本地分”为重点，后四分主要是解释其中的义理。全书论释眼、耳、鼻、舌、身、意六识的自性及其所依，禅观渐次发展过程中的精神境界，以及修行瑜伽禅观的各种果位。认为世界万有不过是心识“阿赖耶识”的暂时显现，要人离弃有无、存在非存在等各种名相，而悟入“中道”。玄奘之前有不少异译本，但只是其中一部分，如北凉昙无谶译《菩萨地持经》十卷和南朝宋求那跋陀罗译《菩萨戒经》九卷相当于卷三五至卷五〇的“菩萨地”，南朝陈真谛译《决定藏论》三卷相当于卷五一至卷五七的“五识身相应地意地”等。

②法显(约337—约422)：本姓龚，平阳武阳(今山西襄垣)人。东晋僧人。三岁出家做沙弥，二十岁受具足戒。他慨叹当时律藏残缺，誓志寻求，遂于东晋隆安三年(399)和同学慧景、道整、慧应、慧嵬等人从长安出发，西度流沙，越葱岭，赴天竺“寻求戒律”。遍历北、西、中、东天竺，最后只剩下他一人，获《方等般泥洹经》、《摩诃僧祇律》、《萨婆多律钞》、《杂阿毗昙心论》、《摩诃僧祇阿毗昙》等梵本。后搭乘商船到师子国(今斯里兰卡)，住了两年，又获《弥沙塞律》、《长阿含》、《杂阿含》及《杂藏》等梵本。再由海路

归国，途经耶婆提国(在今印度尼西亚的爪哇)，于东晋义熙八年(412)到达青州长广郡牢山(今山东青岛崂山)。前后历时十四年，游经三十余国，携回很多梵本佛经。第二年到达建康(今江苏南京)，后于道场寺与佛陀跋陀罗共同译出《大般泥洹经》、《摩诃僧祇律》、《方等般泥洹经》、《杂藏经》、《杂阿毗昙心论》等，对中国佛教思想界的影响很大。又根据自己的旅行见闻，撰《佛国记》(即《高僧法显传》)，为研究古代中亚、南亚诸国历史、宗教和中外交通提供了宝贵资料。永初三年(422)卒于荆州辛寺。智严(350—427)：凉州人，晋、宋间僧人。弱冠出家，以精勤著称。后为博访名师，广求经法，遂周游西域。在罽宾遇佛陀跋陀罗(觉贤)，诚请东来，住长安大寺。后佛陀跋陀罗在长安被摈南下，智严亦出关，居于山东精舍，精修禅思。东晋义熙十三年(417)，刘裕西伐长安，智严应邀至建康，住始兴寺，后住枳园寺。宋文帝元嘉四年(427)，与沙门宝云等人共译出《普曜经》、《广博严净经》、《四天王经》、《无尽意菩萨经》等。后为询问是否得戒之事，重往天竺，途中卒于罽宾，世寿七十八。译有经、论十部三十一卷(一说十四部三十六卷)。

【译文】

法师既遍谒各位大师，广泛吸取各家学说，详加推究，发现各有所主，验之佛经，隐显有异，无所适从。于是决心远游印度求教疑惑，并同时取得《十七地论》来解释各种疑问，这《十七地论》就是现在的《瑜伽师地论》。法师还说："昔日法显、智严大师也是一时英杰，都能西去求法，利益众生，怎能使他们的高尚事业无人追随，清风志节就此断绝？大丈夫应当继续他们的事业。"于是他与志同道合者联名上表朝廷请求西行，朝廷下诏不许。其他人都退出了，只有法师不为所屈。

既方事孤游，又承西路艰险，乃自试其心，以人间众苦种种调伏，堪任不退。然始入塔启请，申其意志，愿乞众圣冥加，使往还无梗。初法师之生也，母梦法师著白衣西去[①]。母曰："汝是我子，今欲何去？"答曰："为求法故去。"此则游方之先兆也。

【注释】

①白衣：指居士服装。意指玄奘要乔装西行。

【译文】

法师既然准备单身远行，又得知西去道路艰险，于是先试炼意志，以人间种种苦难调伏自心，感到自己都能承受而不退缩。然后才进入佛塔向佛菩萨启请，表明心志，恳请众圣暗中加持护佑，使自己往来西方不要遇到阻碍。起初，法师出生之时，母亲梦见他穿白衣向西而去。母亲问道："你是我的孩子，如今想要去哪里啊？"法师回答说："为求佛法要去西方。"这个梦正是西行的先兆啊。

贞观三年秋八月[①]，将欲首涂，又求祥瑞。乃夜梦见大海中有苏迷卢山[②]，四宝所成[③]，极为严丽。意欲登山，而洪涛汹涌，又无船檝[④]，不以为惧，乃决意而入。忽见石莲华踊乎波外，应足而生，却而观之，随足而灭。须臾至山下，又峻峭不可上。试踊身自腾，有抟飙飒至[⑤]，扶而上升，到山顶，四望廓然，无复拥碍。喜而寤焉[⑥]，遂即行矣。时年二十六也[⑦]。

【注释】

①贞观三年：即629年。一说贞观元年(627)。

②苏迷卢山：即须弥山，意为"妙高山"、"善积山"等，是印度古代神

话中屹立于世界中央金轮上的高山。佛教认为须弥山是耸立于一小世界中央的高山，其周围有八山、八海环绕，从而形成一个世界。

③四宝：构成须弥山的金、银、琉璃、水晶四宝。须弥山称“妙高山”，因此山是由金、银、琉璃、水晶四宝所成，所以称“妙”；诸山不能与之相比，所以称“高”。

④橃(fá)：同“筏”，船筏。

⑤抟飙(tuán biāo)：向上卷的暴风。飒：形容迅速而至。

⑥寤(wù)：睡醒。

⑦时年二十六：若玄奘于贞观元年(627)西行，时年则为二十六岁。若玄奘于贞观三年(629)首途，则为二十八岁。关于玄奘之生年说法有多种，以隋文帝开皇二十年(600)和仁寿二年(602)可能性最大。若按前者，则贞观三年，玄奘已三十岁，故不取其说。

【译文】

贞观三年八月，法师准备出发，再次祈求祥瑞。夜里梦见大海之中有苏迷卢山，由金、银、琉璃、水晶四种宝物结成，极为庄严华丽。自己想要登山，然波涛汹涌，又没有船筏，但他并不畏惧，决意投身入山。忽然看见有石莲花从波浪中涌出，脚踏下去就随之涌现，抬脚观看，石莲花又随之消失。片刻之间来到山下，山势峻峭无法登攀。试着向上跳跃，有一股旋风托着自己飘然而上，升到山顶，四望辽阔，毫无障碍。法师高兴得醒了过来，于是决定立即动身西行。这一年法师二十六岁了。

时有秦州僧孝达①，在京学《涅槃经》，功毕还乡，遂与俱去。至秦州，停一宿，逢兰州伴，又随去至兰州。一宿，遇凉州人送官马归②，又随去至彼。停月余日，道俗请开《涅槃》、《摄论》及《般若经》，法师皆为开发。

凉州为河西都会[③],襟带西蕃、葱右诸国[④],商侣往来,无有停绝。时开讲日,盛有其人,皆施珍宝,稽颡赞叹[⑤],归还各向其君长称叹法师之美,云欲西来求法于婆罗门国[⑥],以是西域诸城无不预发欢心,严洒而待。散会之日,珍施丰厚,金钱、银钱、口马无数[⑦],法师受一半然灯,余外并施诸寺。

【注释】

①秦州:今甘肃天水。

②凉州:今甘肃武威。

③河西:指甘肃、青海两省黄河以西地区,包括河西走廊和湟水流域。

④西蕃:指今新疆一带。葱右:葱岭以西的地区。

⑤稽颡(qǐ sǎng):古代的一种跪拜礼。屈膝下跪,双手朝前,以额触地,表示极度的虔诚。后世称为"五体投地"。

⑥婆罗门国:即印度。以婆罗门为印度四种姓之首,故称。

⑦口马:良马。

【译文】

当时有位秦州僧人孝达法师,在京城学习《涅槃经》,完成学业后准备返乡,法师就与他结伴同行。到了秦州,停留一晚,遇到兰州人做伴,又同行到兰州。又停宿一晚,遇到凉州人送完官马返回,又跟随着到达凉州。停留了一个多月,僧俗请求法师讲授《涅槃》、《摄论》及《般若经》,法师都为他们开讲。

凉州是河西走廊的重要都会,控制着西域各国往来的交通要道,商旅络绎不绝。在开讲那天,来了很多商人,都施舍珍宝,礼拜赞叹,回去后还向他们的君长称颂法师的美德,并说他要西去天竺求取佛法,因此西域诸城无不欢欣期待,准备迎接玄奘的到来。讲法结束后,听众布施丰厚,金钱、银钱、牲口马匹不计其数,法师接受了一半,用于燃灯供佛,余外都施舍给其他各个佛寺。

时国政尚新，疆埸未远[①]，禁约百姓不许出蕃。时李大亮为凉州都督，既奉严敕，防禁特切。有人报亮云："有僧从长安来，欲向西国，不知何意。"亮惧，追法师问来由。法师报云："欲西求法。"亮闻之，逼还京。

彼有慧威法师，河西之领袖，神悟聪哲，既重法师辞理，复闻求法之志，深生随喜[②]，密遣二弟子，一曰慧琳，二曰道整，窃送向西。自是不敢公出，乃昼伏夜行，遂至瓜州[③]。时刺史独孤达闻法师至，甚欢喜，供事殷厚。法师因访西路。或有报云："从此北行五十余里有瓠𤬴河[④]，下广上狭，洄波甚急[⑤]，深不可渡。上置玉门关[⑥]，路必由之，即西境之襟喉也。关外西北又有五烽，候望者居之，各相去百里，中无水草。五烽之外即莫贺延碛[⑦]，伊吾国境[⑧]。"闻之愁愦[⑨]，所乘之马又死，不知计出，沉默经月余日。

未发之间，凉州访牒又至[⑩]，云："有僧字玄奘，欲入西蕃，所在州县宜严候捉。"州吏李昌，崇信之士，心疑法师。遂密将牒来呈云："师不是此耶?"法师迟疑未报。昌曰："师须实语。必是，弟子为师图之。"法师乃具实而答。昌闻，深赞希有，曰："师实能尔者，为师毁却文书。"即于前裂坏之，仍云："师须早去。"

【注释】

①疆埸(yì)：疆界，疆土，领土。《左传·桓公十七年》："疆埸之事，慎守其一，而备其不虞。"

②随喜：随顺欢喜之意。即见他人所做善根功德，随之心生欢喜。

③瓜州：今甘肃安西东南。

④瓠𤬁(hù lú)河：即疏勒河，在今甘肃西北部。

⑤洄波：回旋而流的水。

⑥玉门关：故址位于今甘肃安西。

⑦莫贺延碛(qì)：又叫“流沙”、“沙河”，即戈壁沙漠。在今瓜州马莲井以北至哈密北山。碛，沙漠。

⑧伊吾：今新疆哈密。

⑨愁愦(kuì)：忧闷烦乱。汉贾谊《旱云赋》：“汤风至而含热兮，群生闷满而愁愦。”

⑩牒：公文。

【译文】

当时大唐基业新创，疆域尚未开拓到远方，朝廷严禁百姓出国。当时李大亮任凉州都督，已奉禁令，严密防守。有人向李大亮报告说：“有个僧人从长安来，要去西国，不知道想要干什么。”李大亮十分紧张，追问法师来由。法师回答说：“要去西方求取佛法。”李大亮听闻，逼迫法师返回京城。

当地有位慧威法师，是河西地区的佛教领袖，聪明睿智，既看重法师的文辞义理，又听闻求法志愿，深生随喜，秘密派遣两名弟子，一名慧琳，一名道整，偷偷送法师西行。从此他们不敢公开露面，白天躲藏，夜晚赶路，这样来到瓜州。瓜州刺史独孤达知道法师来到，十分欣喜，殷勤接待，供给丰厚。法师探询西去的路程。有人告诉他说：“从此北行五十余里有条瓠𤬁河，下宽上窄，水流湍急，深不可渡。河边设置玉门关，西行必经此关，是大唐西境的咽喉要道。关外西北又有五座烽火台，由军队镇守，彼此相距百里，其间没有水草。再过去又要穿行八百里的五烽之外的莫贺延碛才能到达伊吾国境。”法师听闻后，心生愁闷，所乘的马又死了，一时无计可施，只得在这里默默停留了一个多月。

法师还没有动身，凉州追捕的公文又到了，上面写道："有个僧人法名玄奘，要去西蕃，所在各州县应严加搜捕。"瓜州州吏李昌，是个崇信佛教的人，对法师产生怀疑。于是私下拿出追捕文牒给法师看，并问道："法师是不是此人？"法师迟疑没敢答复。李昌又说道："请法师说实话。如果您真是玄奘，弟子当为法师想办法。"法师于是如实相告。李昌听后，称赞不已，叹为稀有，说道："法师真是这样，我为法师销毁文书。"当即就把通牒撕碎，并对法师说："法师务必尽早动身。"

自是益增忧惘[①]。所从二小僧，道整先向敦煌，唯慧琳在，知其不堪远涉，亦放还。遂贸易得马一匹，但苦无人相引。即于所停寺弥勒像前启请，愿得一人相引渡关。其夜，寺有胡僧达磨梦法师坐一莲华向西而去。达磨私怪，旦而来白。法师心喜为得行之征。然语达磨云："梦为虚妄，何足涉言。"更入道场礼请，俄有一胡人来入礼佛，逐法师行二三匝[②]。问其姓名，云姓石字槃陀[③]。此胡即请受戒，乃为授五戒[④]。胡甚喜，辞还。少时赍饼果更来[⑤]，法师见其明健，貌又恭肃，遂告行意。胡人许诺，言送师过五烽。法师大喜，乃更贸衣资为买马而期焉。明日日欲下，遂入草间，须臾彼胡更与一胡老翁乘一瘦老赤马相逐而至，法师心不怿[⑥]。少胡曰："此翁极谙西路[⑦]，来去伊吾三十余反，故共俱来，望有平章耳[⑧]。"胡公因说西路险恶，沙河阻远，鬼魅热风，过无免者。徒侣众多，犹数迷失，况师单独，如何可行？愿自料量，勿轻身命。法师报曰："贫道为求大法，发趣西方，若不至婆罗门国。终不东归。纵死中涂，非所悔也。"胡翁曰："师必去，可乘我马。此马往反伊吾已有十五度，健而知道。师马少，不堪远涉。”法师乃窃念在长安将发志西方日，有术人何弘达者⑨，诵咒占观⑩，多有所中。法师令占行事，达曰：“师得去。去状似乘一老赤瘦马，漆鞍桥前有铁。”既睹胡人所乘马瘦赤，漆鞍有铁，与何言合，心以为当，遂即换马。胡翁欢喜，礼敬而别。

【注释】

①忧惘：忧愁迷惘。

②匝：圈。

③字：名字。胡人有名无字。

④五戒：在家男女所受持的五种制戒，即不杀生、不偷盗、不邪淫、不妄语、不饮酒。

⑤赍（jī）：带着。

⑥不怿（yì）：不高兴。

⑦谙（ān）：熟悉。

⑧平章：商量，商议。

⑨术人：会巫祝占卜之人。

⑩占观：占卜看相。

【译文】

自此法师更为忧虑。跟随他的两个小僧，道整已先去了敦煌，只有慧琳还在，法师知道他经不起长途跋涉，也让他回去了。然后法师买了一匹马，却苦于无人带路。就在所住寺中弥勒像前祈告，希望能找到一位向导带他渡过玉门关。当夜寺中有一位胡僧达磨梦见法师坐在一朵莲花上向西而去。达磨暗自惊奇，一早就来告诉法师。法师心生欢喜，以为这是自己得以西行的征兆。但口中却对达磨说道：“梦中虚幻之事，不值得说。”于是再到寺里礼拜祈告，忽而有一个胡人也进来礼佛，跟着法师绕行二三圈。法师问他姓名，他说叫石槃陀。这个胡人请求受戒，法师授他五戒。胡人很高兴，辞别而去。不一会儿又带着饼果回来，法师见他明达事理，身体强健，态度又很恭顺，就告以西行之意。胡人许诺，说送法师过五烽。法师大喜，卖掉一些衣服杂物，又买好马匹等待出行。第二天太阳将落时，法师就藏入草丛中，一会儿那个胡人就和一位乘着老瘦红马的老年胡人相随而至。法师见了心中不太高兴。年轻的胡人说："这位老者极其熟悉西去的道路，在瓜州与伊吾之间往返三十多次，所以我请他一起前来，好有个商量。"老年胡人就对法师讲说西路险恶，沙河阻隔，路途遥远，还有鬼魅、热风，恐怕难以到达。同伴众多还常常迷失方向，何况法师孤身涉远，怎么能前往呢？希望法师仔细思量，切勿轻易以身犯险。法师答道："贫僧为求佛法发愿西行，若不到达印度决不东归，纵然死在途中也无所悔恨。"老年胡人说："法师一定要去，可以骑我的马。这匹马往返伊吾国已有十五次了，脚力强健而且认得道路。法师的这匹马太稚嫩，不能长途跋涉。法师暗想在长安发愿要去西方时，有一个术人名叫何弘达，念咒占卜都很灵验。法师让他占卜西行之事，他说："法师可以去。去时似乎乘一匹老赤色瘦马，漆过的鞍桥前面有铁。"法师看到胡人所乘之马确是又红又瘦，鞍桥油漆过而且前面又有铁，与何弘达所说正好相符，心想必妥，便与老人交换了马匹。老年胡人欢喜礼敬，作别而去。

于是装束，与少胡夜发。三更许到河，遥见玉门关。去关上流十里许，两岸可阔丈余，傍有胡桐树丛。胡人乃斩木为桥，布草填沙，驱马而过。法师既渡而喜，因解驾停憩[①]，与胡人相去可五十余步，各下褥而眠。少时胡人乃拔刀而起，徐向法师，未到十步许又回。不知何意，疑有异心，即起诵经，念观音菩萨。胡人见已，还卧遂眠。天欲明，法师唤令起取水盥漱，解斋讫欲发。胡人曰："弟子将前涂险远，又无水草，唯五烽下有水，必须夜到偷水而过，但一处被觉，即是死人。不如归还，用为安稳。"法师确然不回。乃俛仰而进[②]，露刀张弓，命法师前行。法师不肯居前，胡人自行数里而住，曰："弟子不能去。家累既大而王法不可忤也。"法师知其意，遂任还。胡人曰："师必不达。如被擒捉，相引奈何？"法师报曰："纵使切割此身如微尘者，终不相引。"为陈重誓，其意乃止。与马一匹，劳谢而别。

【注释】

①憩(qì)：休息。

②俛(fǔ)仰：同"俯仰"，举动，举止。《史记·范雎蔡泽列传》："范雎恐，未敢言内，先言外事，以观秦王之俯仰。"

【译文】

于是整理好行装，与年轻胡人趁夜出发。过了三更到达河边，远远就望见玉门关。离关上游十里之处，河两岸相距只有一丈多宽，河边有胡桐树丛。胡人砍树造桥，铺草垫沙，然后牵马过河。法师过了河心中喜悦，于是解鞍休息，和胡人相距五十余步，各自铺开褥垫睡眠。一会儿胡人拔刀而起，慢慢走向法师，距离法师只有十步又转身回去。法师不知道胡人是何用意，担心他有异心，就起身诵经，念观音菩萨。胡人见了，又躺下睡觉。天将拂晓，法师唤醒他，叫他去取水来洗漱，吃完斋饭准备出发。胡人说："弟子思量前去路途险恶遥远，又没有水草，只有五烽下有水，必须夜晚到达烽下偷水而过，只要在一处被发觉，就必死无疑。不如返回稳妥。"法师表示坚决不回。胡人就步步进逼，拔刀张弓，要法师走在前面。法师不肯居前，胡人走了几里路又停下来，说："弟子不能再往前走了。实在是因为家里拖累大，不敢触犯王法啊！"法师知道他的心意，就听任他回去。胡人说："法师肯定到不了的。倘若被擒捉，牵连到我怎么办呢？"法师回答道："纵使把我的身体切割成微尘一样，也不会让你受到牵连。"并发下重誓，他才放心。法师给他一匹马，慰谢后分手作别。

自是孑然孤游沙漠矣。惟望骨聚、马粪等渐进，顷间忽见有军众数百队满沙碛间，乍行乍息，皆裘褐驼马之像及旌旗矟纛之形[①]，易貌移质，倏忽千变[②]，遥瞻极著，渐近而微。法师初睹，谓为贼众；渐近见灭，乃知妖鬼。又闻空中声言"勿怖，勿怖"，由此稍安。

经八十余里，见第一烽。恐候者见，乃隐伏沙沟，至夜方发。到烽西见水，下饮盥手讫，欲取皮囊盛水，有一箭飒来，几中于膝。须臾更一箭来，知为他见，乃大言曰："我是僧，从京师来。汝莫射我。"即牵马向烽。烽上人亦开门而出，相见知是僧，将入见校尉王祥。祥命爇火令看[③]，曰："非我河西僧，实似京师来也。"具问行意。法师报曰："校尉颇闻凉州人说有僧玄奘欲向婆罗门国求法不？"答曰："闻承奘师已东还，何因到此？"法师引示马上章疏及名字，彼乃信。仍言："西路艰远，师终不达。今亦不与师罪，弟子敦煌人，欲送师向敦煌。彼有张皎法师，钦贤尚德，见师必喜，请就之。"法师对曰："奘桑梓洛阳[④]，少而慕道。两京知法之匠，吴、蜀一艺之僧，无不负笈从之，穷其所解。对扬谈说，亦忝为时宗，欲养己修名，岂劣檀越敦煌耶[⑤]？然恨佛化，经有不周，义有所阙[⑥]，故无贪性命，不惮艰危，誓往西方，遵求遗法。檀越不相励勉，专劝退还，岂谓同厌尘劳，共树涅槃之因也[7]？必欲拘留，任即刑罚，玄奘终不东移一步以负先心。”祥闻之，愍然曰[8]：“弟子多幸，得逢遇师，敢不随喜。师疲倦且卧，待明自送，指示涂路。”遂拂筵安置。至晓，法师食讫，祥使人盛水及麨饼[9]，自送至十余里，云：“师从此路径向第四烽，彼人亦有善心，又是弟子宗骨[10]，姓王名伯陇，至彼可言弟子遣师来。”泣拜而别。

既去，夜到第四烽，恐为留难，欲默取水而过。至水未下间，飞箭已至，还如前报，即急向之，彼亦下来。入烽，烽官相问，答：“欲往天竺，路由于此，第一烽王祥校尉故遣相过。”彼闻欢喜留宿，更施大皮囊及马麦相送[11]。云：“师不须向第五烽。彼人疏率，恐生异图。可于此去百里许，有野马泉，更取水。”

【注释】

①矟（shuò）：长矛。纛（dào）：古代军队里的大旗。

②倏忽：忽然之间，瞬息之间。

③爇（ruò）：点燃。

④桑梓：家乡，故乡。

⑤檀越：指施主。越，指布施的功德已超越贫穷大海之义。

⑥阙（quē）：缺。

⑦涅槃：梵语音译。意译为“灭度”、“寂灭”、“圆寂”等，意谓已断尽烦恼，超越生死，达到了不生不灭、常乐我净的解脱境界，是佛教修行所要追求的最高目标。

⑧愍（mǐn）：怜悯，哀怜。

⑨麨（chǎo）饼：一种用炒熟的米粉或面粉制成的干粮。

⑩宗骨：同宗，本家。

⑪马麦：马吃的麦子。

【译文】

从此法师就孑然一身孤独地行走在沙漠之中。只能望着一堆堆白骨和马粪逐步前进，忽然间，看见有军众数百队布满沙碛之中，忽行忽止，都身披裘褐骑着驼马，举着旌旗拿着矛槊，形貌游移不定，瞬息千变万化，远看极其清楚，走近却又消失。法师刚看到时，以为是盗贼，走近后发现消失了，才知道是妖鬼。又听见空中传来声音说"莫怕，莫怕"，这才稍稍定下神来。

走了八十多里，见到第一烽。法师怕被守卫看到，就藏在沙沟中，到夜晚才出发。到烽台西侧见有泉水，俯身喝水洗手后，准备拿出皮囊盛水，忽然一箭飞来，差点儿射中膝盖。接着又有一箭飞来，法师知道已经被人发现，就大声叫道："我是僧人，从京城来。你不要射我！"随即牵马向烽台走过去。烽台上的人也开门出来，看到确是僧人，就带他去见校尉王祥。王祥命人点火照看，说道："不是我们河西的僧人，确实像是从京城来的。"又询问法师欲往何处。法师回答道："校尉是否听到凉州有人说起有僧人玄奘要去天竺求取佛法吗？"王祥回答道："听说玄奘法师已经东归，怎么会来到这里呢？"法师拿出马上的章疏及名字给他看，他才相信。但仍说："西去道路艰险遥远，法师终究不能到达。如今也不把法师治罪，弟子是敦煌人，打算送您去敦煌。那里有位张皎法师，钦慕贤德之士，见到法师必然喜欢，还是请法师到他那里去。"法师回答道："玄奘故乡在洛阳，从小就仰慕佛法。两京通达佛理的宗师，吴、蜀有所专长的高德，我无不带上书籍向他们学习，通晓了他们的学问。谈论起佛法来，也可算是一时的宗师了，如果只是为了谋求自己的名声，难道在京城还比不上你所说的敦煌吗？只是遗憾佛陀的教化，在中土经典不全，义理有缺，所以不惜性命，不畏艰险，誓往西方，寻求遗法。施主你不但不加勉励，还一意劝我退缩返回，这能说是同厌尘世烦恼，共树涅槃因缘吗？如果定要拘留，任凭施加刑罚，但玄奘决不东移一步而违背自己的初心。”王祥听了伤感地说：“弟子有幸遇上法师，怎会不心生欢喜。法师已经疲倦，请先休息，待到天明自当相送，指示路途。”于是请法师用饭歇宿。到了拂晓，法师吃完饭，王祥派人装满水囊，备好麨饼，亲自送出十多里外，说道：“法师从这条路直接去第四烽，那里的人也有向善之心，又是弟子的本家，姓王名伯陇，到那里后可说是弟子让法师来的。”说罢挥泪拜谢而别。

法师前行，当夜到达第四烽，怕被留难，想悄悄取水过去。到了水边还未下马，箭又飞至。法师还像上次那样通报身份，急忙走向烽台，烽台上的人也下来。法师进入烽台，烽官询问法师，法师回答道：“要去天竺，路经此地。第一烽台王祥校尉让我从这里通过。”烽官闻言甚是欢喜，留法师住宿，又送给法师盛水的大皮囊和喂马的马麦。对法师说道：“法师不要去第五烽。那里的人粗鲁轻率，恐怕会有恶念。从这里西行百里有野马泉，可到那里再取水。”

从此已去，即莫贺延碛，长八百余里，古曰“沙河”，上无飞鸟，下无走兽，复无水草。是时顾影唯一，心但念观音菩萨及《般若心经》。初，法师在蜀，见一病人，身疮臭秽，衣服破污，愍将向寺，施与衣服饮食之直。病者惭愧[①]，乃授法师此《经》，因常诵习。至沙河间，逢诸恶鬼，奇状异类，绕人前后。虽念观音不得全去，即诵此《经》，发声皆散。在危获济，实所凭焉。

时行百余里，失道，觅野马泉不得。下水欲饮，袋重，失手覆之，千里之资一朝斯罄[②]。又路盘回[③]，不知所趣，乃欲东归还第四烽。行十余里，自念：我先发愿，若不至天竺终不东归一步，今何故来？宁可就西而死，岂归东而生！于是旋辔[④]，专念观音，西北而进。是时四顾茫然，人鸟俱绝。

夜则妖魑举火[5]，烂若繁星，昼则惊风拥沙，散如时雨。虽遇如是，心无所惧，但苦水尽，渴不能前。是时四夜五日无一滴沾喉，口腹干焦，几将殒绝，不复能进。遂卧沙中默念观音，虽困不舍。启菩萨曰："玄奘此行不求财利，无冀名誉，但为无上正法来耳。仰惟菩萨慈念群生，以救苦为务。此为苦矣，宁不知耶？"如是告时，心心无辍。至第五夜半，忽有凉风触身，冷快如沐寒水。遂得目明，马亦能起。体既苏息，得少睡眠。即于睡中梦一大神长数丈，执戟麾曰[6]："何不强行，而更卧也！"法师惊寤进发[7]，行可十里，马忽异路，制之不回。经数里，忽见青草数亩，下马恣食。去草十步欲回转，又到一池，水甘澄镜彻。下而就饮，身命重全，人马俱得苏息。计此应非旧水草，固是菩萨慈悲为生。其至诚通神，皆此类也。即就草池一日停息，后日盛水取草进发。更经两日，方出流沙到伊吾矣。此等危难百千，不能备叙。

【注释】

①惭愧：感激。

②罄（qìng）：尽，空。

③盘回：蜿蜒盘曲。

④辔（pèi）：驾驭牲口的嚼子和缰绳。

⑤魑（chī）：妖怪。

⑥麾（huī）：指挥。

⑦惊寤（wù）：惊醒。寤，醒。

【译文】

从这里西行，就是莫贺延碛，长达八百多里，古称"沙河"，上无飞鸟，下无走兽，更没有水草。行走在路上，只有自己的身影与其相伴，法师心中默念观世音菩萨及《般若心经》。起初，法师在成都时，见到一个病人，身长脓疮，臭秽不堪，衣服破污。法师心生怜悯，将他带入寺中，并施给他购置衣服饮食的费用。病者感激，传授法师《般若心经》，法师因而时常诵习。行至沙河之中，每当遇到各种恶鬼，千奇百怪，环绕前后。法师称念观世音名号也不能统统驱散时，就念诵《般若心经》，刚一发声恶鬼就消失得影踪全无。陷于险境而得获救，实在是有所依凭。

走出一百多里后，迷失了方向，没有找到野马泉。取下水囊想要喝水，皮囊沉重，失手掉在地上，把准备跋涉千里的贮水，一下都流光了。加之迷路蜿蜒盘曲，不知该往哪里走好，于是打算向东返回第四烽。走了十多里，心中思量：我当初发愿，若不到印度，决不东归一步，如今怎能折回？宁可向西而死，岂能东归而生！于是调转马头，一心专念观世音菩萨，向西北行进。这时四顾茫茫，人鸟绝迹。夜间妖魑举火，灿烂若天上繁星，白天狂风挟着飞沙，撒落如雨。法师对此无所畏惧，只是苦于水尽，口渴无力，不能前行。经历了四夜五日，滴水未沾唇喉，这时法师口干腹焦，几乎毙命，实在是无法前进。只好卧倒在沙中默念观世音菩萨，即使困乏也念个不停。法师祈告菩萨："玄奘此行不求财利，不为名誉，只为无上正法而来。菩萨慈念众生，以救苦为务。我如今遭此苦难，菩萨难道不知道吗？"如此祈告，念念不辍。到第五天夜半，忽然有凉风吹到身上，清凉得如同冷水沐浴一样。于是眼睛明亮，马也能站起来了。体力渐渐恢复，就稍睡一会儿。在睡眠中梦见一位大神，身高数丈，持戟叱喝道："为什么不努力前行，却还躺在这里！"法师惊醒，马上进发，走了约十里，马忽然走上岔路，拉它不回。这样又走了几里路，忽然看见几亩青草，法师下来任马饱食。离开草地十来步远，准备回转，又发现一水池，池水甘洌，澄清如镜。法师下去取饮，才得以保全性命，人和马都得以休息恢复体力。法师心想此处本无水草，一定是菩萨慈悲变化出来的。法师至诚感动神灵，都是这样的啊。于是就在草池边休息了一天，然后盛水取草，继续前进。又经过两天，方才走出流沙到达伊吾。法师经历的这类危难有百千次之多，实在难以详细叙述。

既至伊吾，止一寺。寺有汉僧三人，中有一老者，衣不及带，跣足出迎[①]，抱法师哭，哀号哽咽，不能已已[②]，言："岂期今日重见乡人！"法师亦对之伤泣。自外胡僧、王悉来参谒。王请届所居，备陈供养。

时高昌王麴文泰使人先在伊吾[③]，是日欲还，适逢法师，归告其王。王闻，即日发使，敕伊吾王遣法师来，仍简上马数十匹，遣贵臣驰驱，设顿迎候。比停十余日，王使至，陈王意，拜请殷勤。法师意欲取可汗浮图过[④]，既为高昌所请，辞不获免，于是遂行，涉南碛，经六日至高昌界白力城。

时日已暮，法师欲停，城中官人及使者曰："王城在近请进，数换良马前去，法师先所乘赤马留使后来。"即以其夜半到王城。门司启王，王敕开门。法师入城，王与侍人前后列烛，自出宫迎法师入后院，坐一重阁宝帐中，拜问甚厚，云："弟子自闻师名，喜忘寝食，量准涂路，知师今夜必至，与妻子皆未眠，读经敬待。"须臾，王妃共数十侍女又来礼拜。是时渐欲将晓，言久疲勚欲眠[⑤]，王始还宫，留数黄门侍宿[⑥]。方旦，法师未起，王已至门，率妃已下俱来礼问。王云："弟子思量碛路艰阻，师能独来，甚为奇也。"流泪称叹，不能已已。遂设食，解斋讫[⑦]，而宫侧别有道场，王自引法师居之，遣阉人侍卫。彼有彖法师曾学长安，善知法相[⑧]，王珍之。命来与法师相见。少时出，又命国统王法师，年逾八十，共法师同处；仍遣劝住，勿往西方。法师不许。

【注释】

①跣(xiǎn)足:赤脚,光着脚。

②已已:休止。迭用以加重语气。

③高昌:在今新疆吐鲁番一带,都城在吐鲁番东南六十里处。后汉时为车师前部高昌壁,东晋时为高昌郡。公元439年,北魏灭北凉,沮渠无讳西行至高昌,公元443年,沮渠无讳自立为凉王,是为高昌建国之始。公元460年,柔然灭沮渠氏,以阚伯周为王,遂以高昌为国号。公元499年,国人推举麹嘉为高昌王,是为麹氏高昌之始。麹氏统治高昌,凡九世十王,共一百四十一年。贞观十四年(640),高昌国为唐所灭,置高昌县。麹(qū)文泰(?—640):高昌国国王,624—640年在位。汉族,祖籍金城(今甘肃兰州一带),据说其祖先为汉代尚书令鞠谭。

④可汗浮图:今新疆吉木萨尔以北的护堡子,位于天山北麓东部地区。

⑤疲勚(yì):疲劳。

⑥黄门:指宦官。

⑦解斋:饭后诵经。

⑧法相:诸法的相状。包括体相(本质)与义相(意义)二义;诸法一性殊相,由外可见,谓之"法相"。泛指宇宙一切事物的形象及其本质等等。

【译文】

到达伊吾,住进一寺中。寺里有汉僧三人,其中一位老者,听说法师到来,披上衣服,带子都来不及系好,光着脚跑出来迎接,抱住法师痛哭,哀号哽咽不止,说道:"想不到今日再见到故乡人。"法师也为之伤心落泪。其余当地的胡僧和胡王也都前来参见。胡王请法师进宫,供养极为周全齐备。

当时高昌王麹文泰的使者已先来伊吾,这天正打算回去,正好遇上法师，回去后就报告给国王。国王听说后，当天就派遣使者，命令伊吾王送法师前来。并挑选好马几十匹，派遣重臣赶到路上，在途中设站迎候。法师在伊吾国停留了十几天，高昌王使者来到，陈述了国王的心意，殷勤恳请法师前去高昌国。法师本想取道可汗浮图，因受到高昌王的邀请，推辞不得，只好前往，越过南碛，走了六天到达高昌境内的白力城。

这时天色已晚，法师准备停宿，城里的官吏和使者都说："王城就在前面，请轮番更换良马赶路，法师原先所乘的赤马留给使者，随后送来。"就在当晚半夜时分到达王城。守城门官禀告国王，国王命令开启城门。法师入城，国王与侍从前后持烛，亲自出宫迎接法师进入后院，坐进一重阁宝帐之中，殷勤问候，说道："弟子自从听闻法师之名，高兴得废寝忘食，计算行程，知道法师今夜必到，和妻子和孩子都没睡觉，诵经敬待。"一会儿，王妃与几十位侍女又前来礼拜。这时天将拂晓，言谈久了疲倦欲眠，王才回宫，留下几名宦官侍奉法师休息。天刚亮，法师尚未起身，高昌王已来到门外，率领王妃以下都来礼拜问安。高昌王说道："弟子思量碛路艰险，法师能独自前来，真是奇迹啊。"流着眼泪，赞叹不已。于是设下斋饭，饭后诵经毕，宫侧另设有道场，高昌王亲自引领法师住下，并派宦官侍卫。这里有位彖法师曾在长安学习，通晓法相，深受国王敬重。高昌王叫他前来与法师相见。一会儿，高昌王离开，又叫年过八十的国统王法师，与法师共处；还让他劝说法师留在这里，不要前往西方。法师没有同意。

停十余日，欲辞行。王曰："已令统师咨请，师意何如？"法师报曰："留住实是王恩，但于来心不可。"王曰："泰与先王游大国①，从隋帝历东、西二京及燕、代、汾、晋之间②，多见名僧，心无所慕。自承法师名，身心欢喜，手舞足蹈，拟师至止，受弟子供养以终一身。令一国人皆为师弟子，望师讲授；僧徒虽少，亦有数千，并使执经充师听众。伏愿察纳微心，不以西游为念。”法师谢曰：“王之厚意，岂贫道寡德所当。但此行不为供养而来，所悲本国法义未周，经教少阙，怀疑蕴惑，启访莫从，以是毕命西方，请未闻之旨，欲令方等甘露不但独洒于迦维[3]，决择微言庶得尽沾于东国。波仑问道之志[4]，善财求友之心[5]，只可日日坚强，岂使中涂而止！愿王收意，勿以泛养为怀。”王曰：“弟子慕乐法师，必留供养，虽葱山可转，此意无移。乞信愚诚，勿疑不实。”法师报曰：“王之深心，岂待屡言然后知也？但玄奘西来为法，法既未得，不可中停，以是敬辞，愿王相体。又大王曩修胜福[6]，位为人主，非唯苍生恃仰，固亦释教攸凭，理在助扬，岂宜为碍？”王曰：“弟子亦不敢障碍，直以国无导师，故屈留法师以引迷愚耳。”法师皆辞不许。王乃动色，攘袂大言曰[7]：“弟子有异涂处师，师安能自去。或定相留，或送师还国，请自思之，相顺犹胜。”法师报曰：“玄奘来者为乎大法，今逢为障，只可骨被王留，识神未必留也！”因呜咽不复能言。王亦不纳，更使增加供养。每日进食，王躬捧盘。

法师既被停留，违阻先志，遂誓不食以感其心。于是端坐，水浆不涉于口三日。至第四日，王觉法师气息渐惙[8]，深生愧惧，乃稽首礼谢云：“任法师西行，乞垂早食。”法师恐其不实，要王指日为言。王曰：“若须尔者，请共对佛更结因缘。”遂共入道场礼佛，对母张太妃共法师约为兄弟，任师求法；还日请住此国三年，受弟子供养；若当来成佛，愿弟子如波斯匿王、频婆娑罗等与师作外护檀越[9];仍屈停一月讲《仁王般若经》[10],中间为师营造行服。法师皆许。太妃甚欢,愿与师长为眷属,代代相度。于是方食。其节志贞坚如此。

后日,王别张大帐开讲,帐可坐三百余人,太妃已下王及统师大臣等各部别而听。每到讲时,王躬执香炉自来迎引。将升法座,王又低跪为隥[11],令法师蹑上,日日如此。

讲讫,为法师度四沙弥以充给侍;制法服三十具;以西土多寒,又造面衣、手衣、靴、袜等各数事[12];黄金一百两,银钱三万,绫及绢等五百匹,充法师往还二十年所用之资;给马三十匹,手力二十五人,遣殿中侍御史欢信送至叶护可汗衙[13];又作二十四封书,通屈支等二十四国[14],每一封书附大绫一匹为信;又以绫绡五百匹、果味两车献叶护可汗[15],并书称:"法师者是奴弟,欲求法于婆罗门国,愿可汗怜师如怜奴,仍请敕以西诸国给邬落马递送出境[16]。"

【注释】

①泰:原作"朕",误。

②燕、代、汾、晋:泛指河北、山西一带。燕,指今河北北部和辽宁南部一带。代,指今山西东北(大同)与河北西北(蔚县)一带。汾,指汾水流域,亦特指山西太原地区。晋,指太原地区,亦泛指山西一带。

③迦维:"迦维罗卫"的略称。是释迦牟尼出生之地,迦叶尊者结集之所。

④波仑:又作"波伦","萨陀波仑菩萨"的略称,意译为"常啼菩萨",为求般若七日七夜啼哭,故称。

⑤善财：即善财童子，《华严经·入法界品》里的求道菩萨。他受文殊菩萨的指点，参访了五十三个善知识而成为菩萨，为后世佛教徒提供了一个学佛的典范。

⑥曩(nǎng)：过去，从前。

⑦袂(mèi)：衣袖。

⑧惙(chuò)：通“辍”，停止。

⑨波斯匿王：又作“钵逻犀那恃多王”、“钵啰洗曩喻那王”，意译“胜军王”、“胜光王”等。他是释迦时代中印度侨萨罗国国王，住舍卫城，是释尊教团的大外护，兼领有迦尸国，和摩揭陀国并列为当时的大国。频婆娑罗：又作“频毗娑罗王”、“频头娑罗王”等，意译“影胜王”、“影坚王”等。他是释迦时代摩揭陀国王，为西苏纳加王朝第五世，是佛教最初的外护。皇后为韦提希夫人，生一太子，即阿阇世王。晚年太子阿阇世王篡夺王位，而卒于狱中。外护：指为出家者供给所需以保证其修成道业的亲属檀越。

⑩《仁王般若经》：亦称《仁王护国般若波罗蜜经》、《仁王般若波罗蜜护国经》、《仁王般若波罗蜜经》等，简称《仁王经》。后秦鸠摩罗什译。凡二卷，共八品。主要内容是佛陀为十六位大国国王宣示守护佛果、十地之行，及守护国土之因缘。本经认为，如果讲说受持此经，可以消灾得福，因此其与《法华经》、《金光明经》并称“护国三经”，为历代统治者所重视，各地都有以“护国仁王”为名而敕建的寺庙。异译本有唐不空的《仁王护国般若波罗蜜多经》二卷。

⑪隥：台阶。

⑫面衣：面罩。手衣：手套。

⑬可汗：古代北方突厥等部族最高统治者的称号。衙：谓天子所居之处。

⑭屈支：又作“龟兹”，在今新疆库车一带。

⑮绫绡：一种丝织品。

⑯邬落马：古代突厥语“驿马”的音译。

【译文】

住了十多天，打算辞行。高昌王说道：“已令国统王法师请您留下，不知法师尊意如何？”法师回答道：“留住这里实在是大王的恩德，但自问此次西行的心意，却不能遵从。”高昌王说：“我曾与父王游历大国，随从隋朝皇帝到过东、西二京和燕、代、汾、晋等地，见到过很多名僧，无所仰慕。自从得知法师大名，身心欢喜，手舞足蹈，打算法师到此留住，受弟子终身供养，并让举国之人都做法师弟子，期望法师讲授；本国僧徒虽少，也有数千，都让他们手捧经卷做法师的听众。祈愿法师悯念弟子至诚之心，不要以西行为念。”法师答谢道：“大王的厚意，岂是贫僧寡德所能承当。只是我此行不是为求供养而来，所忧虑的是本国法义尚不周全，经教缺少，心存疑惑，而又无从请教，所以不惜生命前往西方，求取未曾听闻的佛法要旨，要让大乘佛法甘露，不只独洒于西土，微言奥义，也能尽传于东国。波仑问道之志，善财求友之心，只能日益弥坚，岂能半途而废！愿王收回心意，不要以供养为念。”高昌王说道：“弟子仰慕敬爱法师，定要留下法师供养，即使葱山可转，我这心意也不会改变。乞求法师相信我的诚意，切勿怀疑。”法师回答道：“大王的诚心，何须屡次申明我才能明白？只是玄奘西行是为求法，法尚未得，不可中止，所以敬辞，愿大王体察。再说大王您过去广修福业，故位至人君，不仅为百姓所仰赖，也是佛教的依靠，理应弘扬佛法，怎能阻碍求法呢？”高昌王说道：“弟子也不敢阻碍，只是因为国中没有导师，所以要委屈法师留下引导愚迷。”法师坚辞不许。高昌王勃然变色，挽起衣袖大声说道：“弟子有别的方法来处置法师，法师怎能自行前去。或者强行留下，或者送法师回国，请您认真考虑，还是顺从为好。”法师回答道：“玄奘前来是为了求取佛法，如今遇到阻碍，大王也只能留下我的骸骨，却留不住我的识神啊！”因伤心哽咽说不出话来。高昌王也不听，只是增加供养。

每日送饭时,他都亲自手捧食盘呈进。

法师既被强留,违背初衷,于是发誓绝食来感化国王。于是端坐,三天不进水浆。到了第四天,国王发觉法师气息渐绝,深感惭愧恐惧,就向法师稽首致歉,说道:“任凭法师西行,祈求法师早用斋饭。”法师怕他所言不实,要国王指日为誓。国王说道:“如果必须如此,请一起到佛面前,再结因缘。”于是一起进入道场礼佛,在母亲张太妃面前与法师结为兄弟,听任法师西去求法;返回之时请法师在高昌国留住三年,接受弟子供养;若法师将来成佛时,弟子愿如波斯匿王、频婆娑罗那样作为护法施主;请法师再屈尊停留一月讲授《仁王般若经》,在这期间为法师制作出行所需衣物。法师都一一应允。张太妃也十分高兴,发愿与法师生生皆为眷属,世世相为引度。法师这才进食。法师的志节就是如此坚贞。

又过了一天,高昌王另设了大帐请法师开讲,帐中可坐三百多人,太妃以下包括国王、国统法师及大臣们按班次列坐听讲。每次开讲时,国王亲持香炉迎接法师。当法师将登法座时,国王又跪下作为台阶,让法师踏身登座,每天都是如此。

讲完之后,高昌王又剃度四个沙弥作为法师的侍从;制作了三十套法服;鉴于西土寒冷,又为法师缝制了面衣、手衣、靴子、袜子等各种物件;施以黄金一百两,银钱三万,以及绫绡五百匹,充作法师往返二十年所用的花费;拨给马三十匹,力役二十五人,派遣殿中侍御史欢信护送法师到西突厥叶护可汗居处;又写了二十四封国书分送给屈支等二十四国,每封国书都附上大绫一匹作为信物;又以绫绡五百匹,果味两车献给叶护可汗,并致信说:“法师是我的弟弟,要去婆罗门国求法,希望可汗怜爱法师如同怜爱我一样,还请可汗敕令以西诸国,供给法师良马,顺次护送过境。”

法师见王送沙弥及国书绫绢等至,惭其优饯之厚,上启谢曰：

奘闻：江海遐深[①]，济之者必凭舟楫；群生滞惑，导之者实假圣言。是以如来运一子之大悲，生兹秽土；镜三明之慧日[②]，朗此幽昏。慈云荫有顶之天[③]，法雨润三千之界[④]。利安已讫，舍应归真。遗教东流，六百余祀。腾、会振辉于吴、洛[⑤]，谶、什钟美于秦、凉[⑥]；不坠玄风，咸匡胜业。但远人来译，音训不同；去圣时遥，义类差舛[⑦]。遂使双林一味之旨[⑧]，分成当、现二常[⑨]；大乘不二之宗[⑩]，析为南、北两道[⑪]。纷纭诤论，凡数百年。率土怀疑，莫有匠决。

玄奘宿因有庆，早预缁门；负笈从师，年将二纪。名贤胜友，备悉咨询；大小乘宗，略得披览。未尝不执卷踌躇，捧经侘傺[⑫]。望给园而翘足[⑬]，想鹫岭而载怀。愿一拜临，启申宿惑。然知寸管不可窥天，小蠡难为酌海[⑭]。但不能弃此微诚，是以束装取路，经涂荏苒，遂到伊吾。

伏惟大王[⑮]，禀天地之淳和[⑯]，资二仪之淑气[⑰]。垂衣作王，子育苍生。东祗大国之风[⑱]，西抚百戎之俗。楼兰、月氏之地[⑲]，车师、狼望之乡[⑳]，并被深仁，俱沾厚德。加以钦贤爱士，好善流慈；忧矜远来[㉑]，曲令接引。既而至止，渥惠逾深[㉒]；赐以话言，阐扬法义。又蒙降结娣季之缘，敦奖友于之念[㉓]。并遗书西域二十余蕃，煦饰殷勤，令递饯送。又愍西游茕独[㉔]，雪路凄寒，爰下明敕，度沙弥四人以为侍伴；法服、绵帽、裘毯、靴袜，五十余事，及绫绢、金银钱等，令充二十年往还之资。伏对惊惭，不知启处。决交河之水，比泽非多；举葱岭之山，方恩岂重？悬度凌溪之险，不复为忧；天梯道树之乡[25]，瞻礼非晚。傥蒙允遂，则谁之力焉？王之恩也。

然后展谒众师，禀承正法；归还翻译，广布未闻。翦邪见之稠林[26]，绝异端之穿凿[27]；补像化之遗阙，定玄门之指南。庶此微功，用答殊泽。又前涂既远，不获久停；明日辞违，预增凄断。不任铭荷，谨启谢闻。

王报曰："法师既许为兄弟，则国家所畜，共师同有，何因谢也？"

【注释】

①遐(xiá)：远。

②三明：指宿命明、天眼明、漏尽明。宿命明，指明了自身及一切众生过去世种种生死因缘的智慧；天眼明，指明了自身及一切众生未来世种种生死因缘的智慧；漏尽明，指断尽一切烦恼的智慧。

③荫：遮蔽。有顶之天：音译作"阿迦尼吒"，又称"色究竟天"，乃是色界四禅天的第九天，为有形世界之最顶端，故称"有顶"。《法华经》卷一《序品》："下至阿鼻地狱，上至阿迦尼吒天。"即为"从阿鼻狱，上至有顶"。此外，"有顶天"亦指无色界的第四天，即非想非非想处天，以其为三有(三界)之绝顶，故称"有顶"。《大毗婆沙论》卷一百七十四："往有顶者若先得无色而退，若先不得彼欲界殁生梵众天，皆能往非想非非想处。"《俱舍论》卷二十四："因差别者，此于静虑由有杂修无杂修故。果差别者，色究竟天及有顶天为极处故。"此处的"有顶天"则指无色界的第四天，即非想非非想处天。

④三千之界:即三千大千世界。所谓“一须弥山、一日月、一四天下、一欲界天、一初禅天”为一世界,一千个这样的世界为一小千世界;一千个小千世界名为一中千世界,一千个中千世界名为一大千世界。一大千世界即一佛刹,内在包含大千、中千、小千世界,故又称“三千大千世界”。

⑤腾、会:指摄摩腾和康僧会。摄摩腾,见前注。康僧会(?—280),祖籍康居(古西域国名。在今巴尔喀什湖和咸海之间),世居天竺,其父因商贾移居交趾(今越南)。三国时期僧人。十岁时,父母双亡,孝事完毕后即出家。他笃志好学,“明解三藏,博览六经,天文图纬,多所综涉”。三国吴赤乌十年(247)至建业(今江苏南京),因请得舍利而令孙权叹服,为之造建初寺,是为江南佛寺之始。康僧会以建初寺为中心从事译经和传教活动。他在传教时还特别注意用传统儒家的经典和善恶报应理论来扩大佛教的影响。据说他曾以善恶报应之说劝喻孙皓。他译出《阿难念弥陀经》、《镜面王经》、《察微王经》、《六度集经》等,又注解了《安般守意》、《法镜》和《道树》三经,并为之作序。卒于吴天纪四年(280)。他的佛学思想主要表现在两个方面:一是将大乘六度的菩萨行和儒家仁政学说相结合,改造成为佛家的“仁道”理论,使之成为改良现实社会和国家的指导原则;二是继承和发展了安世高的小乘禅学,对中土禅学的形成和发展产生了一定的影响。

⑥谶、什:指支娄迦谶和鸠摩罗什。支娄迦谶,亦作“支楼迦谶”,简称“支谶”,东汉僧人。本为月支人,“操行淳深,性度开敏,禀持法戒,以精勤著称。讽诵群经,志存宣法”。东汉桓帝末年,游于洛阳,在灵帝光和、中平之间,翻译出《道行般若经》、《首楞严三昧经》和《般舟三昧经》等十四部二十七卷佛经。后不知所终。支娄迦谶所译介的佛经基本上都是大乘佛教的经典,被视为佛

教大乘典籍系统传入中国之始，对整个中国佛教的理论产生过巨大的影响。鸠摩罗什(343—413)，意译为“童寿”，原籍天竺，出生于西域龟兹国(今新疆库车、新雅之间)，其祖上为婆罗门。罗什自幼聪敏，于七岁随他的母亲一同出家，游学天竺，遍访名师，博闻强记，辩才无碍，誉满五印。后来，龟兹王亲自来迎他回归故国，奉为国师。前秦苻坚闻其德，于建元十八年(382)遣将吕光率兵迎之。吕光于建元二十年(384)陷龟兹，遂迎罗什。然于途中闻苻坚被杀，遂割据凉州，自立为凉王。罗什于是随吕光至凉州。后来姚苌称帝长安，建立后秦，慕罗什高名，诚心邀请，而吕光父子忌妒他智谋过人，才华出众，不肯放他东行。罗什羁留凉州达十六七年之久，无法弘传佛法。到了姚兴嗣位，于弘始三年(401)出兵西攻凉州，凉主吕隆兵败投降，罗什才被迎入关，东至长安，这时他已经五十八岁了。姚兴对罗什十分敬重，待以国师之礼。宗室显贵都信奉佛法，尽力维护，公卿以下莫不归心。罗什居于逍遥园，与僧肇、僧严等从事译经工作。姚兴使沙门八百余人前往受学，协助译经，自己也常亲临听讲，参与校译。罗什是中国佛教史上“四大译经家”(鸠摩罗什、真谛、玄奘、不空或义净)之一，共译有七十四部，三百八十四卷(一说三十五部，二百九十四卷)佛教经籍，他所译的主要是般若类经典及阐扬缘起性空思想的《中论》、《百论》、《十二门论》等中观学派著作，第一次有系统地介绍了根据般若经类而成立的大乘性空缘起之学。在译经的文体上，他凭借扎实的中文基础，一改过去朴拙的古风，使所译佛经内容卓拔、明白流畅、优雅可读，对后来的佛教文学产生了一定的影响。

⑦差舛(chuǎn)：差错。舛，错误，错乱。

⑧双林：即坚固林，佛陀涅槃之处，借指佛陀。一味：指佛陀的教法，亦指一乘之教。如来的教法，譬如甘味；教法之理趣，唯一无

二，故名“一味”。《法华经·药草喻品》：“如来说法，一相一味。”《涅槃经》卷五：“又解脱者，名为一味。”佛于第五时说《法华》、《涅槃》，故常以“一味”喻《法华》、《涅槃》一乘之教法。

⑨当、现二常：当常和现常。南北朝时期，佛性思想的重心不再是有性无性的问题，而是转向了本有与始有（即现常与当常）之争。本有说，是指众生本来具有佛性，将来必定成佛，此现常之谓；始有说是指当果而言，众生佛性须成佛后方有，此当常之谓。地论师一般兼通《涅槃》，注重佛性问题，然南、北二道对佛性问题看法不同，故有当常、现常之说。在地论师中“常”是佛性之异名。南道地论师以阿赖耶识为法性，即是真如佛性，以之为诸法的依持，生一切法。此法性真如即如来藏（佛性依《楞伽》等经说）本来具足一切功德，就是说众生的佛性与生俱来，先天而有，这就是现常之说。北道地论师以众生的根本意识，即阿赖耶识为诸法的依持，说一切法从阿赖耶识生起。阿赖耶识虽和如来藏（佛性）无别，但并不具足一切功德（《楞伽经》说具足者，是对断见人方便说的）。一切功德必待新熏而后生，亦即说众生的佛性必须成佛后始得，当果而现，后天所有，这就是当常之说。当常与现常之争，即佛性始有与本有之辩。南道以法性、真如为依持，故说佛性本有；北道以阿赖耶识为依持，认为有漏种子有待新熏，故说佛性始有。

⑩不二：指空性、法性、“一实之理”。一实之理，如如平等，而无彼此差别，谓之不二。菩萨修行的目的就是悟入这一真实平等之理，谓之入不二法门。

⑪南、北两道：地论师的南道和北道。勒那摩提与菩提流支分别为地论师南、北二道的始祖。由于二人所习并不尽同，因而对《地论》发生了异解，从而形成南、北两道。南、北两道地论师在魏都洛阳时期已经分裂，可能是由于勒那摩提与菩提流支分别居住

在当时御道街的南、北,因而成为南道、北道两系。这是对南、北道的一种解释。另一种说法是,从相州(邺都)去洛阳的通道,有南有北,两家学徒即沿着两道各自发展而得名。如湛然的《法华文句记》中说,所谓南、北二道,乃是指从相州通往洛阳的南、北二道:道宠系散布在北道一带,慧光系散布在南道各地。南道系传自勒那摩提。勒那摩提(译为"宝意"),中印度人。北魏永平元年(508)到洛阳弘法,译出《十地经论》、《宝性论》等二十余卷。勒那摩提门下有两个方面,因为他兼传定学,禅定方面传给了道房、定义;教学方面传给了慧光,慧光又兼习律学。慧光(468—537)是南北朝时期的义学高僧,地论宗南道派之祖,世称"光统律师"。俗姓杨,定州(今属河北)人。年十三随父至洛阳,皈依佛陀扇多,不久,从佛陀扇多出家,常为人讲经,有"圣沙弥"之称。佛陀扇多以戒律为智能的根本,使之初习律部,不久受具足戒,四年后讲摩诃僧祇律。北魏永平元年(508),勒那摩提、菩提流支(一说佛陀扇多为三家)各译出《十地经论》。慧光会通两译,亲阅梵本,悟其纲领,校对异同,合为一本。后受教于勒那摩提,撰成《十地经论疏》,发挥经、论的奥旨,地论学派由此流传。慧光的著作虽多不传,但在他的再传弟子慧远所撰《大乘义章·八识义》中,看得出这派学说的特别主张,是说阿赖耶识即是如来藏自性清净心,亦即真如、法性,而为一切诸法缘起的本源。慧光的弟子很多,有"地论"、"四分"两派:传承他的四分律学的,有洪理、道晖、道云等。由道云三传至道宣,律宗乃完全建立。传承他的地论学说的,有法上、僧范、道凭、慧顺等,其中以法上为上首。法上十二岁出家,十五岁就开讲《法华》,转而专究《涅槃》,不以冻馁为意,后来入慧光门下受具足戒。慧业精进,道誉日隆,应众人的要求轮流讲《十地》、《楞伽》、《涅槃》等经,当时人说:"京师极望,道场法上。"法上的著名弟子有净影寺慧远,他对

《大乘义章》作了详细的注疏,阐述了地论师南道的教说,并集南北朝佛学之大成,在教理史上有着重要的意义。道凭的再传弟子智正,著有《华严疏》十卷,其弟子智俨是华严宗的实际创立者贤首法藏之师,开辟华严立宗的端绪,为后世华严宗人推尊为第二祖,所以说华严宗渊源于地论宗的南道派,也可视之为南道地论师系统的发展。因贤首建宗,《华严》之说大张,《十地经论》原为大经之一品,《地论》精义又悉为贤首家所汲取,便无独立宣扬的余地,于是南道系也终于没有传承了。地论师北道系传自菩提流支。菩提流支(约 5—6 世纪间),又译作"菩提留支",意译"道希",原北印度人。北魏僧人。佛经翻译家。为大乘瑜伽系之学者,资性聪敏,深悉三藏,显密兼通,夙怀弘法广流之志。北魏永平元年(508)携大量梵本,经葱岭来洛阳,居永宁寺。当时,该寺有印度、西域僧人七百,而以菩提流支为翻译之宗主。后随东魏迁到邺城(今河北临漳),继续翻译。到天平二年(535),前后二十余年,翻译经、论共三十九部,一百二十九卷(一说三十部,一百零一卷;一说三十九部一百二十七卷)。其翻译偏重大乘瑜伽行派的学说。菩提流支因与勒那摩提共译《十地经论》,故被尊为地论宗之祖,主张阿赖耶识为诸法缘起的根本。又相对于勒那摩提、慧光法系之相州南道派,他和弟子道宠号称相州北道系,为地论学派内两个对立的流派之一。所译《入楞伽经》,对于北方禅师的修禅,有一定的影响。菩提流支又被尊为净土宗之初祖,他译有《无量寿经论》,并曾传授昙鸾以《观无量寿经》,对于净土宗的建立也起了很大的作用。菩提流支的最杰出弟子是道宠。道宠,俗姓张,名宾,为儒学大家熊(雄)安生的弟子。以才艺著称,后来归心佛法而出家。受具足戒后,广泛研寻三藏十二部,后从菩提流支学《十地经论》,受教三年,随闻出疏,名扬邺下。道宠门下英才甚多,其中以志念、僧休、法继、诞礼、牢宜、儒果等最为有名。但除志念外，余皆无传记可考。志念(535—608)，冀州信都(今河北冀州)人。出家后，初从道长学《智论》，后依道宠学《十地经论》，撰《迦延杂心论疏》及《广疏》各九卷，盛行于世。北道系的人才，没有南道系多，因而在学说传播上，远不如南道之盛。由于他们的学说与摄论师相通，所以在摄论师势力发展到北方之后，二者合流，遂为摄论师所掩，融成一派，成为唯识宗思想渊源之一。南、北两道学说的主要区别体现在对阿赖耶识的不同理解上，从而表现为“八识九识说”与“当常”、“现常”之争。阿赖耶识的称谓虽多，然其基本意思是指它含藏一切种子，既是出世涅槃之根据，又是世间万法之本源；既有无漏种子，又有有漏种子；既是不灭之真，又是生死之妄；既清净又杂染。正是由于阿赖耶识的特殊内涵与地位，因而对其不同的界定常常引起激烈争论。南道主张八识说，阿赖耶识是净识，即真如、法性之谓；北道主张九识说，第八识阿赖耶识为妄识，第九识为真识、净识，亦即真如、法性等。

⑫侘傺(chà chì)：失意的样子。战国屈原《九章·哀郢》：“惨郁郁而不通兮，蹇侘傺而含感。”

⑬给(jǐ)园：即祇树给孤独园，又作“祇园精舍”、“胜林”等，是古印度重要的佛教圣地。位于中印度憍萨罗国舍卫城之南，相当于今尼泊尔南境，即拉普地河南岸的沙赫马郝。最初是舍卫国祇陀太子的花园，后为给孤独长者(须达多)买下来献给佛陀。传说他以黄金铺满园林为条件才将该园买下来，为佛陀建造精舍，太子感其诚，遂将园中所有林木也施给佛陀。给孤独园与王舍城的竹林精舍并称为佛教最早的两大精舍。

⑭蠡(lí)：用葫芦做的瓢。《汉书·东方朔传》：“以筦窥天，以蠡测海。”

⑮伏惟：下对上陈述自己的想法时用的敬词。

⑯淳和：淳正凝合之质。

⑰二仪：指天和地，日和月，阴和阳。淑气：指天地间神灵之气。

⑱祇(zhī)：敬，恭敬。《管子·牧民》："顺民之经，在明鬼神，祇山川，敬宗庙，恭祖旧。"

⑲楼兰：西域古国，国都楼兰城(遗址在今新疆罗布泊西北岸)。西南通且末、精绝、扜弥、于阗，北通车师，西北通焉耆，东当白龙堆，通敦煌，扼丝绸之路之要冲。国人属印欧人种，语言为印欧语系的吐火罗语。西汉时，汉匈争霸，楼兰处于两大国之间，屡遭兵锋，国事艰难，时附时叛。元凤四年(前77)，大将军霍光派遣傅介子到楼兰，刺杀其王，立王弟尉屠耆为王，改国名为鄯善，迁都扜泥城(在今新疆若羌)，臣属汉朝，原国都楼兰城则由汉朝派兵屯田。公元448年，鄯善被北魏所灭。《汉书·西域传》："鄯善国，本名楼兰，王治扜泥城，去阳关千六百里，去长安六千一百里。户千五百七十，口万四千一百，胜兵二千九百十二人。……西北去都护治所(今甘肃张掖)千七百八十五里，至山国千三百六十五里，西北至车师千八百九十里。……民随畜牧逐水草，有驴马，多橐它(驼)，能作兵，与婼羌同。"月氏：匈奴崛起以前居于河西走廊、祁连山一带的古代游牧民族，其起源说法不一。战国时期，月氏人驱逐了居住在敦煌一带的乌孙人，统一河西，建都昭武城。公元前二世纪，月氏为匈奴所败，西迁伊犁河、楚河一带，后又败于乌孙，月氏王战死。月氏遂西击大夏，占居妫水(阿姆河)两岸，建立大月氏王国。后来月氏又南下恒河流域建立贵霜王朝。《汉书·西域传》："大月氏本行国也，随畜移徙，与匈奴同俗。控弦十余万，故强轻匈奴。本居敦煌、祁连间，至冒顿单于攻破月氏，而老上单于杀月氏王，以其头为饮器，月氏乃远去，过大宛，西击大夏而臣之，都妫水北为王庭。其余子众不能去者，保南山羌，号'小月氏'。""大月氏国，治监氏城，去长安万一千六百

里。……东至都护治所四千七百四十里，西至安息四十九日行，南与罽宾接。”

⑳车(jū)师：西域古国，亦作“姑师”，国都交河城(遗址在今新疆吐鲁番西北)。车师国东南通敦煌，南通楼兰，西通焉耆，西北通乌孙，东北通匈奴，扼丝绸之路之要冲。国人属印欧人种，语言为焉耆—龟兹语。《史记·大宛列传》：“楼兰、姑师小国耳，当空(孔)道，攻掠汉使王恢等尤甚，而匈奴奇兵时时遮击使西国者。……于是天子以故遣从骠侯赵破奴将属国骑及郡兵数万……破奴与轻骑七百余先至，虏楼兰王，遂破姑师。”狼望：指匈奴之地。《汉书·匈奴传》：“且夫前世岂乐倾无量之费，役无罪之人，快心于狼望之北哉?”颜师古注：“匈奴中地名也。”一说谓狼烟候望之地。《资治通鉴·汉哀帝建平四年》引此文，胡三省注云：“余谓边人谓举燧为狼烟。狼望，谓狼烟候望之地。”

㉑矜(jīn)：怜悯，同情。《诗经·大雅·桑柔》：“倬彼昊天，宁不我矜?”《左转·僖公十五年》：“吾怨其君，而矜其民。”

㉒渥惠：深厚的恩惠。渥，深厚。《汉书·外戚传下·孝成班倢伃》：“蒙圣皇之渥惠兮，当日月之盛明。”

㉓敦奖：推崇褒扬。《隋书·帝纪第三》：“讲信修睦，敦奖名教。”

㉔茕(qióng)独：孤独。

㉕天梯：通天的梯子，指劫比他国的三道宝阶，佛从前在忉利天为母亲摩耶夫人说法完毕后，沿此宝阶返回南赡部洲。亦可比喻佛法。本书卷二：“城东二十余里有大伽蓝，院内有三宝阶，南北列，面东西下，是佛昔于忉利天为摩耶夫人说法讫，归赡部洲下处。中是黄金，左是水精，右是白银。如来起善法堂，将诸天众蹑中阶而下，大梵天王执白拂，履银阶，处右，天帝释持宝盖，蹈水精阶，居左。是时百千天众、诸大菩萨陪随而下。”道树：即菩提树，常特指释迦悟道之菩提树，在摩揭陀国境内。亦可比喻智

慧。详见本《传》卷三。

㉖稠林：密林。汉刘向《说苑·敬慎》："吾尝见稠林之无木，平原为谿谷。"

㉗穿凿：牵强附会。

【译文】

法师见国王送来沙弥及国书绫绢等，感激他赠送之物太过厚重，于是上表致谢道：

玄奘听说：江海深阔辽远，渡之者必须凭借舟楫；群生滞碍困惑，教导之实应借助圣言。所以如来视众生如一子，运无量大悲之心降生于这五浊秽土；通达智法之三明，以智慧之光照朗此幽暗愚痴。慈云荫庇有顶之天，法雨润泽三千世界。待利物安生之功已经完成，便舍弃应身而入于涅槃。佛教流布东土六百多年，摄摩腾、康僧会振辉于吴、洛，支娄迦谶、鸠摩罗什钟美于秦、凉；不失玄宗奥旨，都来匡扶伟业。但佛经为远来僧人译介，注音解义各有不同；距离佛陀时代又已遥远，教义理解分歧错乱。于是使得佛法一味归旨，分成当常和现常；大乘不二法门，析为南道和北道。争论纷纷，已数百年。四海之内疑惑不解，无法决定。

玄奘宿缘有幸，早入僧门；负笈求学近二十年。名师良友，都详细请教；大小二乘，皆概已阅览。然未尝不执卷踌躇，捧经郁郁。翘足遥望给园，念念不忘鹫岭。祈愿能够拜谒圣地，解除长久以来的困惑。虽然知道寸管不可以窥天，小瓢难以量海，但是不能放弃此一念至诚，所以整装出发，辗转多地才到伊吾。

伏愿大王，禀承天地淳和之质，借助日月神灵之气。垂衣而治，泽育苍生。东边亲近大国之风尚，西边安顺百戎之习俗。楼兰、月氏之地，车师、狼望之域，同受深恩，俱沾厚德。加上大王敬贤爱士，乐善好施，仁慈流布；悲悯我这远来之人，宛转接引。已经至此安住，恩惠愈加深厚；大王圣言垂询，阐扬法义。又蒙屈尊结兄弟眷属之善缘，念念不忘勉励贫僧。并寄书信给西域二十多个国家，情谊殷殷，让他们顺次护送。又怜惜我西行孤独，雪路凄凉，于是下达敕令，剃度四个沙弥，以为侍伴；制作法服、绵帽、裘毯、靴袜，五十多件；以及绫绢、金银钱等，充作二十年往返的费用。玄奘惊恐惭愧，无以言表。倾交河之水，怎如大王的恩泽；尽葱岭之山，岂能重于大王的情谊？攀越险山恶水，不复为忧；瞻礼天梯道树之乡，为时不远。倘若此行能够成功，那么是谁的功劳呢？当然是大王的恩德了。

然后遍谒众师，禀承正法；回来后翻译佛典，使未闻之经广为流布。消除各种各样的邪见，断绝穿凿附会的异端；弥补佛教的遗缺，勘定佛门的宗旨。愿以此微功报答您殊胜的恩泽。又因前路遥远，不能久留；明日辞别，已增凄伤。实不堪任如此厚意，谨奉此书至诚感谢！

高昌王回答说："既然与法师结为兄弟，则国家所有的财富与师共有，何必言谢呢？"

发日，王与诸僧、大臣、百姓等倾都送出城西。王抱法师恸哭，道俗皆悲，伤离之声振动郊邑。敕妃及百姓等还，自与大德已下各乘马送数十里而归。其所经诸国王侯礼重，皆此类也。

从是西行，度无半城、笃进城后①，入阿耆尼国②旧云"乌耆"，讹也。

【注释】

①无半城：在今新疆吐鲁番以南。笃进城：在今新疆托克逊。

②阿耆尼：梵文音译。在今新疆焉耆西南，都城即今焉耆县城西南

的博格达沁古城。

【译文】

出发那天，国王和高僧、大臣、百姓等倾城而出，送出城西。国王抱住法师恸哭，僧俗都深感悲伤，伤心离别之声振动郊野。国王敕令王妃与百姓回城，自己与诸位高僧乘马送出数十里方才返回。此后，法师所经诸国，王侯礼待深重，都是这样的。

从此西行，过无半城、笃进城后，进入阿耆尼国旧称“乌耆”，错了。

卷第二

起阿耆尼国　终羯若鞠阇国

【题解】

本卷的叙述，从玄奘到达阿耆尼国开始，到玄奘抵达羯若鞠阇国为止（628—631）。本卷可分为两个部分：

第一部分，叙述玄奘从阿耆尼国到迦毕试国的行历。这部分内容与《大唐西域记》卷一内容大体相当，因叙事风格不同而略有差异。玄奘由高昌出发，经阿耆尼国（焉耆，今新疆焉耆）、屈支国（龟兹，今新疆库车）、跋禄迦国（姑墨，今新疆阿克苏）、凌山（新疆温宿与伊犁间的天山隘口）、清池（吉尔吉斯斯坦的伊塞克湖）到达素叶城。在素叶城，玄奘受到了叶护可汗的盛情款待，叶护可汗派人带上国书，护送玄奘一直到迦毕试国。当时，大雪山（兴都库什山）以北西域诸国都属于西突厥的势力范围。在叶护可汗的护持下，此后玄奘一路上都比较顺利，从素叶城西行，经屏聿（千泉）、呾逻斯城、白水城、恭御城、笯赤建国、赭时国（石国）、窣堵利瑟那国、飒秣建国、屈霜你迦国、喝捍国、捕喝国、伐地国、货利习弥伽国、羯霜那国，到达铁门。铁门本为西突厥南境的关塞，此时西突厥已控制铁门以南睹货罗全境。当时睹货罗分裂为二十七个小国，玄奘此行游历五个国家，分别为活国、缚喝国、锐末陀国、胡实健国、揭职国。在缚喝国，玄奘遇到了磔迦国小乘三藏慧性，向他学习《毗婆沙论》，并与其结伴而行，东南越过“层冰峨峨，飞雪千里”的大雪山，经梵衍那国抵达迦毕试国，在此观礼圣迹、讲学、坐夏。夏安居结束后，慧性受睹货罗国王的邀请返回，玄奘则东行六百余里，越黑岭，进入北印度境。

第二部分，叙述玄奘从滥波国到羯若鞠阇国（曲女城）的行历。玄奘经滥波国、那揭罗喝国、健陀逻国、乌仗那国、呾叉始罗国、僧诃补罗国、乌剌尸国，一路东行，随处瞻礼圣迹，约于贞观二年(628)年末抵达迦湿弥罗国（罽宾）。国王率一千余人迎住于阇耶因陀罗寺。翌日，请入宫中供养，并提供书手为法师抄经，事事公给。该国有位僧称法师，戒禁淳洁，才睿神茂，虽年近七十，气力已衰，但庆幸遇上法师这样的人才，就勉力讲解，上午讲授《俱舍论》，下午讲授《顺正理论》，晚上讲授因明、声明等。法师在这里学习了大约近一年时间。

贞观三年(629)秋，玄奘离开迦湿弥罗，经半笯嗟国、曷逻阇补罗国、磔迦国、至那仆底国、阇烂达那国、屈露多国、设多图卢国、波理夜呾罗国（以下中印度境）、秣菟罗国、萨他泥湿伐罗国、禄勒那国、秣底补罗国、婆罗吸摩补罗国、醯掣怛罗国、毗罗那拏国、劫比他国，一路观礼圣迹，随处参学，于贞观五年(631)夏初，抵达戒日王直接统治的羯若鞠阇国（曲女城），在跋达逻毗诃罗寺住了三个月，依毗离耶犀那三藏学佛使（佛陀驮娑）所造的《毗婆沙》和日胄（苏利耶伐摩）所造的《毗婆沙》。

从此西行至阿耆尼国阿父师泉[①]。泉在道南沙崖，崖高数丈，水自半而出。相传云：旧有商侣数百，在涂水尽，至此困乏不知所为。时众中有一僧，不裹行资，依众乞活。众议曰：“是僧事佛，是故我曹供养[②]，虽涉万里，无所赍携。今我等熬然，竟不忧念，宜共白之。”僧曰：“汝等欲得水者，宜各礼佛，受三归五戒[③]，我为汝等登崖作水。”众既危困，咸从其命。受戒讫，僧教曰：“吾上崖后，汝等当唤‘阿父师为我下水’，任须多少言之。”其去少时，众人如教而请，须臾水下充足。大众无不欢荷[④]，师竟不来。众人上观，已寂灭矣。大小悲号，依西域法焚之，于坐处聚砖石为塔。塔今犹在，水亦不绝。行旅往来，随众多少，下有细粗；若无人时，津液而已。法师与众宿于泉侧。

明发，又经银山[⑤]。山甚高广，皆是银矿，西国银钱所从出也。山西又逢群贼，众与物而去。遂至王城所处川崖而宿。时同侣商胡数十，贪先贸易，夜中私发，前去十余里，遇贼劫杀，无一脱者。比法师等到，见其遗骸，无复财产，深伤叹焉。

渐去遥见王都，阿耆尼王与诸臣来迎，延入供养。其国先被高昌寇扰，有恨，不肯给马。法师停一宿而过。

【注释】

①阿父师泉：今阿格布拉克泉。

②曹：等，辈。

③三归：又称“三归依”、“三归戒”，即归依佛，归依法，归依僧。在家的男女，初受三归，次受五戒，便成为优婆塞或优婆夷。

④欢荷：欢喜感荷。荷，感激。

⑤银山：即库穆什山。在今托克逊以西，天山南麓，为通往焉耆的必经山隘。

【译文】

法师从高昌国西行到达阿耆尼国的阿父师泉。泉位于路南面的沙崖上，崖高数丈，泉水从崖半处流出。传说过去有商侣数百人在途中断水，到达这里后困顿疲乏，一筹莫展，不知道该怎么办。当时一行人中有位僧人，不带钱物，依靠大家施舍度日。众人商议道："这个僧人尊奉佛教，所以我们供养他，尽管跋涉万里，也不用携带任何东西。现如今我们处境危难，他竟然无动于衷，我们应该一起去找他说说。"僧人说道："你们想要得到水，就应该礼佛，受三归、五戒，然后我为你们登崖取水。"众人既然已经陷入困境，都听从僧人的吩咐。受戒完毕后，僧人叮嘱说："我登上崖后，你们应唤'阿父师为我下水'，要多少有多少。"僧人离去不久，众人依照僧人的话叫喊，很快就流下大量的水。众人无不欢喜感荷，僧人却一直不下来。众人上崖观看，僧人已经圆寂了。众人无论长幼都悲伤号咷，按照西域习俗焚化遗体，在他坐化的地方，用砖石聚成一塔。塔至今犹存，水也没有干涸。行旅往来，随着人数多少，流水或粗或细；如果没有人来的时候，水就仅有点滴。法师和众人在泉水旁边歇宿。

第二天出发，又经过银山。山很高大广阔，到处是银矿，西方各国铸造银钱所需之银都产自这里。至山的西边遇上一群盗贼，众人给予财物后方才离开。法师一行到达王城所在之地的河岸边歇宿。当时同行中有商胡数十人，贪图先去做贸易，半夜偷偷动身，走出十多里遇上盗贼，全被劫杀，无一幸免。等到法师一行赶到，只见尸骨，不见财物，大家都深为悲伤叹息。

再向前行，遥遥望见都城，阿耆尼王与群臣前来迎接，请入城中供养。阿耆尼国先前曾被高昌侵扰，有仇恨，不肯供给马匹。法师在这里住了一宿又继续前行。

前渡一大河，西履平川，行数百里，入屈支国界旧云"龟兹"，讹也。将近王都，王与群臣及大德僧木叉毱多等来迎。自外诸僧数千，皆于城东门外，张浮幔，安行像，作乐而住。

法师至，诸德起来相慰讫，各还就坐。使一僧擎鲜华一盘来授法师。法师受已，至佛前散华[①]，礼拜讫，就木叉毱多下坐。坐已，复行华。行华已，行蒲桃浆[②]。于初一寺受华、受浆已，次受余寺亦尔，如是展转日晏方讫[③]，僧徒始散。

有高昌人数十于屈支出家，别居一寺，寺在城东南。以法师从家乡来，先请过宿，因就之，王共诸德各还。明日，王请过宫，备陈供养，而食有三净[④]，法师不受，王深怪。法师报："此渐教所开[⑤]，而玄奘所学者大乘不尔也。"受余别食。

食讫，过城西北阿奢理儿寺此言"奇特"也，是木叉毱多所住寺也。毱多理识闲敏，彼所宗归，游学印度二十余载，虽涉众经，而声明最善[⑥]，王及国人咸所尊重，号称"独步"。见法师至，徒以客礼待之，未以知法为许。谓法师曰："此土《杂心》、《俱舍》、《毗婆沙》等一切皆有[⑦]，学之足得，不烦西涉受艰辛也。"法师报曰："此有《瑜伽论》不？"毱多曰："何用问是邪见书乎？真佛弟子者，不学是也。"法师初深敬之，及闻此言，视之犹土。报曰："《婆沙》、《俱舍》本国已有，恨其理疏言浅，非究竟说，所以故来欲学大乘《瑜伽论》耳。又《瑜伽》者是后身菩萨弥勒所说[⑧]，今谓邪书，岂不惧无底枉坑乎[⑨]？"彼曰："《婆沙》等汝所未解，何谓非深？"法师报曰："师今解不？"曰："我尽解。"法师即引《俱舍》初文问，发端即谬，因更穷之，色遂变动，云："汝更问余处。"又示一文，亦不通，曰："《论》无此语。"时王叔智月出家，亦解经、论，时在傍坐，即证言《论》有此语，乃取本对读之。毱多极惭，云："老忘耳。"又问余部，亦无好释。

时为凌山雪路未开[10]，不得进发，淹停六十余日[11]，观眺之外，时往就言，相见不复踞坐，或立或避。私谓人曰："此支那僧非易酬对。若往印度，彼少年之俦，未必有也。"其畏叹如是。至发日，王给手力、驼马，与道俗等倾都送出。

【注释】

①散华：散花，指散花供佛。下文"行华"指行道散花之意，即于佛前行道礼拜，配赋散花，称为"行花"。

②蒲桃：植物名。常绿乔木，果实呈卵或球形，可食。味香甜，汁液可作饮料。多分布在热带或亚热带。

③晏：晚。

④三净：指三种净肉。小乘戒律规定可以食用三种净肉。据《十诵律》卷三十七载，有三种肉，病者可食，称为"净肉"，即眼不见杀、耳不闻杀、不疑杀。

⑤渐教：原指循序渐进而说之教法，即初说小乘，后说大乘，以浅深次第而说之教法。或指渐次修行至佛果的法门，与为"顿教"相应。如南朝刘宋僧慧观以顿、渐二科来判释一代佛教，复于渐教中开出五时教。慧观把全体佛说的经教总分为两大类："顿教"与"渐教"。顿教是指《华严经》。渐教以《涅槃经》为根据，分为五时：一、三乘别教。即有相教，指十二年前的经教，重点是小乘的《阿含》等经。二、三乘通教。即无相教，指对三乘一齐讲的经教，重点是《般若》等经。三、抑扬教。由于有由小到大和大小同讲的《般若》过程，所以也就有了对大、小乘分别高下的经教，这指《维摩》、《思益》等。四、同归教。事实上，大乘、小乘并不相互排斥，而是三乘殊途同归。这指的是"会三归一"的《法华经》。"会三归一"者即是会合声闻、缘觉、菩萨三乘而归于一佛乘也。五、常住教。最后如来说《涅槃经》，谓法身常住，是最究竟的经

教。这就是“渐教五时”，亦称“慧观五教”。这里指小乘佛教。

⑥声明：古代印度的“五明”（即声明、工巧明、医方明、因明、内明）之一，相当于语言学、文学。

⑦《杂心》：即《杂阿毗昙心论》，简称《杂心论》，凡十一卷。法救著，宋僧伽跋摩等译。本论为说一切有部的代表圣典之一，是《阿毗昙心论》的注释书。法胜因为说一切有部的《大毗婆沙论》浩瀚难解，故摘其要义而成《阿毗昙心论》二百五十偈。而由于法胜《阿毗昙心论》内容过于简略，法救就参考《大毗婆沙论》对《阿毗昙心论》作了补充、整理和订正，由原来的二百五十偈扩充到六百偈，从而撰成本论。《毗婆沙》：指广解广说经、论的注释书。注释经书的著作，称为“优婆提舍”，即“论”；而注释律、论的著作，称为“毗婆沙”。在大藏经中，以《毗婆沙论》为名，有关论的注释有四部，即《阿毗达磨大毗婆沙论》、《鞞婆沙论》、《五事毗婆沙论》、《十住毗沙论》；有关律的注释，有《萨婆多毗尼毗婆沙》、《善见律毗婆沙》等。一般而言，《毗婆沙论》常指《阿毗达磨大毗婆沙论》。《阿毗达磨大毗婆沙论》，又称《新译毗婆沙》，唐玄奘译，凡二百卷。传说贵霜王朝迦腻色迦王与胁尊者招集五百比丘，于迦湿弥罗国（今克什米尔）共作此论（见《大唐西域记》卷三）。“阿毗达磨”意为“大法”、“无比法”；“毗婆沙”意为“广解”、“广说”，合言之意为“广释大法”。此论按《发智论》分类，设杂蕴、结蕴、智蕴、业蕴、大种蕴、根蕴、定蕴、见蕴等八部分，进行详细论释，系统地总结了说一切有部的理论主张，并对大众部、法藏部、化地部、饮光部、犊子部、分别说部等部派以及数论、胜论、顺世论、离系论（耆那教）等“外道”的观点进行批驳。因此，该论是研究部派佛教的重要资料。

⑧后身菩萨弥勒：弥勒菩萨是佛教中的未来佛，所以称“后身菩萨”。弥勒，梵语音译。意译“慈氏”，“慈”为姓，其名“阿逸多”。

因其历劫以来修习慈心三昧，以慈心教化众生，故又称“慈氏菩萨”。弥勒是佛陀的弟子，先于佛陀灭度，居于兜率天宫，在其寿命尽时（天寿四千岁，约人间五十六亿七千万年），将下生此世界，成佛于龙华树下，故其被称为“一生补处菩萨”（一生即可成佛的菩萨），又称“弥勒佛”。弥勒信仰主要包括上生信仰与下生信仰。所谓上生信仰，是指上生到兜率净土，弥勒上生到兜率天宫后，众生皆可发愿到此。所谓下生信仰，就是弥勒菩萨于娑婆时间五十六亿七千万年，下生娑婆世界成佛，龙华树下讲法三次，度脱无量众生，建立人间的净土世界。《弥勒上生经》说：“阎浮提人岁数，五十六亿万岁，尔乃下生阎浮提，示成正觉，应化人间，使成净土。”

⑨无底枉坑：即无间地狱，又作“阿鼻地狱”，是佛教所称八大地狱的最底层。

⑩凌山：冰山。指今新疆乌什西北的别迭里山口，俗称“冰达板”，高约 4284 米，是当时通往西域的关隘要道。

⑪淹停：停辍，停留。

【译文】

前行，渡过一条大河，即开都河，西面是广阔平原，走了几百里，进入屈支国界旧称“龟兹”，错了。临近王都，国王与群臣以及高僧木叉毱多等前来迎接。此外还有僧人数千，都来到城东门外，搭起帐篷，安置佛像，奏响乐曲，停驻下来。法师到后，各位高僧都起身相迎，互致问候，然后各自就座。一僧人手捧一盘鲜花献给法师。法师接受后，捧至佛像前散花，礼拜后，在木叉毱多之下就座。坐了一会儿，再次散花。散花完毕后，又献蒲桃浆供佛。进城后，法师先在初一寺受花、受浆，随后又依次到其他各寺受花、受浆，就这样辗转忙碌，日晏方才结束，僧徒也才散去。

有几十个高昌人在屈支出家，另居一寺，寺在王城东南。他们听说法师从家乡来，坚请法师前去住宿，法师就前往那里，国王与诸位高僧各自归还。第二天，国王请法师到宫中，供养极为周全齐备，食物中有所谓三种净肉，法师不吃，国王深感奇怪。法师解释道："这是小乘佛教所开的方便，而玄奘所学的大乘佛法不是这样的。"法师只吃了别的食物。

吃完斋，到城西北的阿奢理儿寺汉语是"奇特"的意思，是木叉毱多所住的寺院。木叉毱多佛理娴熟，见解高明，深受当地人的崇信，曾游学印度二十多年，博涉众经，而最擅长声明，国王和国内民众都对他极为尊重，号称"独步"。他见法师到来，只是以宾客之礼接待，并不认为法师通晓佛法。他对法师说道："这里《杂心》、《俱舍》、《毗婆沙》等各种经典全部具备，足够学习，不用麻烦西行跋涉备受艰辛了。"法师回答道："这里有《瑜伽师地论》吗？"木叉毱多说道："何必问这种邪见之书呢？真正的佛门弟子是不学这种书的。"法师起初对他极为尊敬，听到他说出这样的话来，把他视同粪土。回答道："《婆沙》、《俱舍》我国已经有了，遗憾的是理疏言浅，不是究竟说，所以要西行学习大乘《瑜伽师地论》。再说《瑜伽师地论》是后身菩萨弥勒所说，如今您说它是邪书，难道不怕堕入无间地狱吗？"木叉毱多说道："《婆沙》等论你还未通解，怎么能说它不是究竟说呢？"法师反问道："您如今通解吗？"木叉毱多回答道："我完全通解。"法师就用《俱舍论》开头部分发问，木叉毱多一开口就讲错了，法师又进一步追问，木叉毱多脸色大变，说道："请你改问其他部分。"法师又举出一句，木叉毱多还是讲不通，说道："《俱舍论》中没有这句话。"当时王叔智月出家为僧，也能解说经、论，当时正好坐在一旁，立即证明说《俱舍论》中确有这句话，于是取出论本对读。木叉毱多极为羞愧，说道："我年老忘记了。"法师又问其余各部，木叉毱多也作不出高明的解说。

这时凌山积雪，道路未开，法师一行不能前进，在这里停留了六十多天，除了观望景色之外，时常找木叉毱多谈论，木叉毱多见到法师不再傲然踞坐，或起立或躲避。私下对人说道："这位支那僧人不容易酬对。他若到了印度，那里的年轻人当中，恐怕未必能有这样的人物。"他对法师的敬畏赞叹已经到了这种程度。到出发那天，国王供给力夫、驼马，并率僧侣等倾城出送。

从此西行二日，逢突厥寇贼二千余骑[①]，其贼乃预共分张行众资财，悬诤不平[②]，自斗而散。

又前行六百里，渡小碛，至跋禄迦国旧曰"姑墨"[③]，停一宿。又西北行三百里，渡一碛，至凌山，即葱岭北隅也。其山险峭，峻极于天。自开辟以来，冰雪所聚，积而为凌，春夏不解，凝冱汗漫[④]，与云连属，仰之皑然，莫睹其际。其凌峰摧落横路侧者，或高百尺，或广数丈，由是蹊径崎岖，登陟艰阻[⑤]。加以风雪杂飞，虽复履重裘，不免寒战。将欲眠食，复无燥处可停，唯知悬釜而炊，席冰而寝。七日之后，方始出山，徒侣之中殍冻死者[⑥]，十有三四，牛马逾甚。

出山后至一清池清池亦云"热海"。见其对凌山不冻，故得此名，其水未必温也[⑦]。周千四五百里，东西长，南北狭，望之淼然[⑧]，无待激风而洪波数丈。循海西北行五百余里，至素叶城[⑨]，逢突厥叶护可汗，方事畋游[⑩]，戎马甚盛。可汗身著绿绫袍，露发，以一丈许帛练裹额后垂。达官二百余人皆锦袍编发[⑪]，围绕左右。自余军众皆裘毼毳毛[⑫]，槊纛端弓[⑬]，驼马之骑，极目不知其表。既与相见，可汗欢喜，云："暂一处行，二三日当还，师且向衙所。"令达官答摩支引送安置至衙。

三日可汗方归，引法师入。可汗居一大帐，帐以金华装之,烂眩人目。诸达官于前列长筵两行侍坐,皆锦服赫然,余仗卫立于后。观之,虽穹庐之君亦为尊美矣。法师去帐三十余步,可汗出帐迎拜,传语慰问讫,入坐。突厥事火不施床,以木含火,故敬而不居,但地敷重茵而已⑭。仍为法师设一铁交床,敷蓐请坐⑮。须臾,更引汉使及高昌使人入,通国书及信物,可汗自目之,甚悦,令使者坐。命陈酒设乐,可汗共诸臣使人饮,别索蒲萄浆奉法师。于是恣相酬劝,窣浑钟椀之器交错递倾⑯,僸佅兜离之音铿锵互举⑰,虽蕃俗之曲,亦甚娱耳目、乐心意也。少时,更有食至,皆烹鲜羔犊之质,盈积于前。别营净食进法师,具有饼饭、酥乳、石蜜、刺蜜、蒲萄等。食讫,更行蒲萄浆,仍请说法。法师因诲以十善⑱,爱养物命,及波罗蜜多解脱之业⑲。乃举手叩额,欢喜信受。

因留停数日。劝住曰:“师不须往印特伽国谓印度也,彼地多暑,十月当此五月,观师容貌,至彼恐销融也。其人露黑,类无威仪,不足观也。”法师报曰:“今之彼,欲追寻圣迹,慕求法耳。”可汗乃令军中访解汉语及诸国音者,遂得年少,曾到长安数年,通解汉语,即封为摩咄达官⑳,作诸国书,令摩咄送法师到迦毕试国㉑。又施绯绫法服一袭㉒,绢五十匹,与群臣送十余里。

【注释】

①突厥:我国古代民族,游牧在阿尔泰山一带。六世纪中叶,开始强盛起来,并吞并了邻近的部落。西魏时建立政权。隋开皇二年(582)分为东突厥和西突厥。唐贞观四年(630),唐灭东突厥;

显庆二年(657),唐灭西突厥。此处属西突厥境。

②悬诤:喧诤,喧嚷争吵。

③跋禄迦:梵语音译。义为“沙”。跋禄迦国在今新疆阿克苏一带。

④凝沍(hù):结冰,冻结。晋潘岳《怀旧赋》:“辙含冰以灭轨,水渐轫以凝沍。”汗漫:广大,漫无边际。《淮南子·俶真训》:“至德之世,甘瞑于溷涃之域而徙倚于汗漫之宇。”

⑤登陟(zhì):登高。陟,由低处向高处走。

⑥矮(wěi):同“萎”,枯萎,枯死。《盐铁论·未通》:“树木数徙则矮,虫兽徙居则坏。”

⑦清池:即大清池,又作“阗池”、“热海”。即今伊塞克湖,位于今吉尔吉斯斯坦的东北部,天山山脉的西部。

⑧淼(miǎo):形容水广远的样子。

⑨素叶城:又称“碎叶城”、“素叶水城”,因依傍素叶水而得名。故址在今吉尔吉斯斯坦北部的托克马克城附近。

⑩畋(tián)游:打猎。

⑪达官:古代突厥语称可汗的侍从人员为“达官”。本文中的达官也有可能是突厥贵族,可汗所辖部落的军事将领。

⑫毼(hé):一种毛织的布。毳(cuì):鸟兽的细毛。

⑬纛(dào):古代军队或仪仗队的大旗。

⑭茵:垫子。

⑮蓐(rù):草席,草垫。

⑯窣(sū):细碎的声音。椀:同“碗”。

⑰僸(jìn)佅(mài)兜离:泛指我国古代少数民族音乐。东汉班固《东都赋》:“四夷间奏,德广所及,僸佅兜离,罔不具集。”李善注引《孝经钩命诀》:“东夷之乐曰佅,南夷之乐曰任,西夷之乐曰侏离,北夷之乐曰僸。”

⑱十善:又称“十善道”、“十善业”,即身、口、意所产生的十种善行。

其中，身业有三：不杀生、不偷盗、不邪淫；口业有四：不妄语、不两舌、不恶口、不绮语；意业有三：不贪欲、不瞋恚、不邪见。与“十善”对应的称为“十恶”，即杀生、偷盗、邪淫、妄语、两舌、恶口、绮语、贪欲、瞋恚、邪见。

⑲波罗蜜多：梵语音译。又作“波罗蜜”，意译为“度”、“到彼岸”。指把众生从生死此岸度到涅槃彼岸的方法或途径。

⑳摩咄：突厥语。即翻译者。

㉑迦毕试：梵语音译。迦毕试国位于今阿富汗西部兴都库什山以南的喀布尔河流域，都城在喀布尔以北的贝格拉木，是自中亚西部通向北印度的要冲之地。

㉒绯（fēi）：红色。

【译文】

从这里西行两天，遇到突厥贼寇两千多骑，他们要合伙瓜分法师一行的财物，因分赃不均而发生争吵，自相打斗而后散去。

又前进六百里，渡过一片小沙碛，到达跋禄迦国旧译“姑墨”，停留一宿。又向西北行进三百里，穿过一片沙碛，到达凌山，就是葱岭的北角。凌山山势险峻，高耸云天。自开天辟地以来，冰雪集聚，积成凌块，春夏不消，冻成一片，与白云相接，抬头仰望只见白皑皑的，渺无边际。山上冰峰崩塌下来，横在路边，有的高达百尺，有的宽广数丈，以致山路崎岖，攀登艰难。加上风雪交加，即使穿上层层鞋袜，裹上重重皮衣，仍不免冻得发抖。准备休息或进食，又无一处干燥之地可以停留，只能将锅悬起来煮饭，在冰上铺开被褥就寝。七天之后方才出山，徒侣之中冻死的人十有三四，死去的牛马则更多。

出山后到达一个清池清池也叫“热海”。因为见它面对凌山而不封冻，所以叫此名，池水未必是温热的。周围一千四五百里，东西宽广，南北狭窄，一望无际，不待起风而洪波数丈。沿着池边向西北方向行走五百多里，到达素叶城，遇见突厥叶护可汗，正在游猎，兵马极多。可汗身穿绿绫袍，露着头发，一丈多长的帛练缠头，尾端垂在后面。随行达官二百多人，都身穿锦袍，头结发辫，环绕在可汗的左右。其余军士都身穿毛皮服装，拿着矛槊、旌旗、弓箭，骑着骆驼、战马，多得望不到边。法师和可汗相见，可汗十分欢喜，说道："我暂时还要前去一地，两三天内就会回来，请法师先去我的衙帐安歇。"随即派达官答摩支护送法师前往。

三天后可汗才回来，请法师入帐相见。可汗住在一座大帐里，帐用金花装饰，灿烂夺目。各位达官在可汗面前排列的两行长席上陪坐，都身穿华丽的锦衣，手执武器的卫兵站在后面。看到这样的情景，虽说是身居帐幕里的可汗，也显得尊贵非凡。法师距离大帐还有三十多步，可汗就出帐迎拜，传话慰问后，延请入座。突厥崇拜火神，不设床，因为木器含火，所以敬而不坐，只在地上铺上厚厚的毯子。但仍为法师设置一张铁交床，再铺上垫子请法师入座。不一会儿，又请大唐使者和高昌使者入内，递交了国书，献上信物，可汗一一过目，十分高兴，让使者就座。接着传令摆酒奏乐，可汗与臣下、使者们饮酒，另外要来葡萄浆进奉法师。于是互相酬酢，觥筹交错，异域之乐铿锵响起，虽是番国俗曲，也甚是赏心悦目，令人欢喜。过了一会儿，又有食物送上，都是烹制的新鲜羊羔牛犊之类，堆满桌上。另外制作素食进奉法师，有饼饭、酥乳、石蜜、刺蜜、葡萄等。吃罢，又奉上葡萄浆，并请法师说法。法师就为他们讲说十善，劝诫他们爱护物命，以及波罗蜜多解脱生死的道理。大家都举手叩额，很高兴地信奉受持。

法师在这里停留了几天。可汗劝法师留下来，说道："法师不要去印特伽国指印度，那里天气酷热，十月的天气和这里的五月一样，看法师这般容貌，到达那里恐怕会被烤融化了。那里的人赤身露体，肤色黝黑，粗俗无礼，实在是没什么可看的。"法师回答道："如今我前去印度，是打算追寻佛祖的圣迹，慕求佛法。"可汗于是传令军中，寻找懂汉语及西域各国语言的人，找到一位年轻人，曾经在长安待过几年，通晓汉语，可汗马上封他为摩咄达官；写了致各国君主的国书，令摩咄送法师去迦毕试国；又施予法师绯红绫罗法衣一件，绢五十匹，与群臣一起送了法师十多里。

自此西行四百余里，至屏聿[①]，此曰“千泉”，地方数百里，既多池沼，又丰奇木，森沈凉润，即可汗避暑之处也。自屏聿西百五十里，至呾逻斯城[②]。又西南二百里，至白水城[③]。又西南二百里，至恭御城[④]。又南五十里，至笯奴故反赤建国[⑤]。又西二百里，至赭时国此言“石国”[⑥]，国西临叶河[⑦]。又西千余里，至窣堵利瑟那国[⑧]，国东临叶河。河出葱岭北源，西北流。又西北入大碛，无水草，望遗骨而进。五百余里，至飒秣建国此言“康国”[⑨]。

王及百姓不信佛法，以事火为道。有寺两所，迥无僧居[⑩]，客僧投者，诸胡以火烧逐，不许停住。法师初至，王接犹慢。经宿之后，为说人天因果，赞佛功德，恭敬福利。王欢喜，请受斋戒，遂致殷勤。所从二小师往寺礼拜，诸胡还以火烧逐。沙弥还以告王。王闻，令捕烧者，得已，集百姓，令截其手。法师将欲劝善，不忍毁其支体，救之。王乃重笞之[⑪]，逐出都外。自是上下肃然，咸求信事，遂设大会，度人居寺。其革变邪心，诱开蒙俗，所到如此。

【注释】

①屏聿：突厥语音译。汉译“千泉”，以其有泉池千所，故名。位于吉尔吉斯山脉北麓，伏龙芝城以西约一百多公里的Merke。《大唐西域记》卷一：“素叶城西行四百余里，至千泉。千泉者，地方二百余里，南面雪山，三陲平陆。水土沃润，林树扶疏，暮春之

月，杂花若绮，泉池千所，故以名焉。突厥可汗每来避暑。”

②呾(tǎ)逻斯：Talas的音译。呾逻斯城故址在今哈萨克斯坦的江布尔州。

③白水城：又叫“赛兰城”，位于今哈萨克斯坦境内，奇姆肯特市东十三公里处的塞拉姆村。

④恭御城：地址待考。大体上位于今锡尔河支流乞儿乞克河与安格林河流域。

⑤笯(nú)赤建国：在今塔什干地区的汗阿巴德一带。

⑥赭时国：汉译“石国”。赭时，波斯语音译。义为“石”。辖区大致在今锡尔河支流乞儿乞克河流域。都城位于今乌兹别克斯坦首都塔什干西南约五十公里处。

⑦叶河：波斯语音译。义为“珍珠”，中国古称“药杀水”，即今锡尔河。叶河发源于天山山脉，上流流经费尔干纳盆地，下游经过克孜勒库姆沙漠(突厥语意为“红沙漠”)东缘，最后注入咸海。该河是亚洲中部的内陆河，流经乌兹别克、塔吉克和哈萨克三个国家，全长一千三百七十公里。

⑧窣堵利瑟那：梵语音译。义为“干燥”。该国都城位于今塔吉克斯坦乌拉秋别城西南三十五公里处的沙赫里斯坦。

⑨飒秣建：梵语音译。义为“辐辏之地”、“聚合成群”等。飒秣建国，汉译“康国”，都城在今乌兹别克的撒马尔罕以北。

⑩迥(jiǒng)：指历时久远。

⑪笞(chī)：鞭打。

【译文】

从这里西行四百多里，到达屏聿，汉译“千泉”，方圆数百里，池沼甚多，又很多奇木，气候凉爽润泽，乃是可汗的避暑之地。自屏聿西行一百五十里，到达呾逻斯城。又向西南行走二百里，到达白水城。又向西南行走二百里，到达恭御城。又南行五十里，到达笯姑故反赤建国。又西行二百里，到达赭时国汉译“石国”，该国西临叶河。又西行一千多里，到达窣堵利瑟那国，该国东临叶河。叶河发源于葱岭北麓，流向西北。又向西北前行，进入大沙漠，没有水草，只能循着遗骸前进。走了五百多里，到达飒秣建国汉译“康国”。

飒秣建国的国王和百姓都不信佛法，而信奉拜火教。有两所寺院，从来没有僧侣居住，外来的客僧想要投宿，胡人就用火来驱逐，不许居住。法师刚到时，国王接待还怠慢无礼。经过一夜，法师为他们解说人天因果，赞叹诸佛功德，恭敬三宝的福报。国王甚是欢喜，请求持守斋戒，对待法师变得殷勤敬重。随行的两个小沙弥到寺里礼拜，胡人仍然用火驱逐。沙弥回来后告诉国王。国王听闻后，命令拘捕烧火的人，抓来后召集百姓，下令砍断肇事者的手。法师正要劝勉人们行善，不忍毁坏他们的肢体，请求国王赦免他们。国王就把他们重重鞭笞后，逐出都城。从此举国上下都对佛教肃然起敬，纷纷要求信奉受持，于是举行大法会，剃度僧众，入寺居住。法师变革邪心，移风易俗，所到之处都是这样的。

又西三百余里，至屈霜你迦国①。又西二百余里，至喝捍国此言“东安国”也②。又西四百里，至捕喝国此言“中安国”③。又西百余里，至伐地国此言“西安国”也④。又西五百里，至货利习弥伽国⑤，国东临缚刍河⑥。又西南三百余里，至羯霜去声那国此言“史国”⑦。又西南二百里入山，山路深险，才通人步，复无水草。山行三百余里，入铁门⑧，峰壁狭峭而崖石多铁矿，依之为门，扉又鍱铁⑨，又铸铁为铃，多悬于上，故以为名，即突厥之关塞也。出铁门至睹货罗国旧曰“吐火罗”，讹也⑩。

【注释】

①屈霜你迦：梵语音译。屈霜你迦国在今撒马尔罕西北一带。

②喝捍：梵语音译。喝捍国在今泽拉夫善河北岸一带。

③捕喝：梵语音译。捕喝国在今泽拉夫善河下游区域，都城布哈拉。

④伐地：梵语音译。伐地国都城在今布哈拉西南，阿姆河右岸的Betik。

⑤货利习弥伽：梵语音译。货利习弥伽国在今阿姆河下游区域。

⑥缚刍河：又称作“乌浒水”，即今阿姆河的上游。

⑦羯霜那：梵语音译。羯霜那国在今撒马尔罕西南一带。

⑧铁门：在今乌兹别克斯坦南部的达尔本特往西约十三公里处，是古代中亚南北交通要冲。

⑨锞（yè）铁：用薄铁片包裹。

⑩睹货罗：梵语音译。又作“睹货逻”、“吐火罗”。睹货罗国统治故地大致在今阿富汗北部的兴都库什山与阿姆河上游（缚刍河）之间。《大唐西域记》卷一：“出铁门，至睹货罗国（旧曰“吐火罗国”，讹也）故地。南北千余里，东西三千余里。东阨葱岭，西接波剌斯，南大雪山，北据铁门，缚刍大河中境西流。自数百年王族绝嗣，酋豪力竞，各擅君长，依川据险，分为二十七国。虽画野区分，总役属突厥。气序既温，疾疫亦众。冬末春初，霖雨相继。故此境已南，滥波已北，其国风土，并多温疾。而诸僧徒以十二月十六日入安居，三月十五日解安居，斯乃据其多雨，亦是设教随时也。其俗则志性恇怯，容貌鄙陋，粗知信义，不甚欺诈。语言去就，稍异诸国；字源二十五言，转而相生，用之备物。书以横读，自左向右，文记渐多，逾广窣利。多衣氎，少服褐。货用金、银等钱，模样异于诸国。”

【译文】

又西行三百多里，到达屈霜你迦国。又西行二百多里，到达喝捍国汉译“东安国”。又西行四百里，到达捕喝国汉译“中安国”。又西行一百多里，到达伐地国汉译“西安国”。又西行五百里，到达货利习弥伽国，其国东临缚刍河。又向西南行三百多里，到达羯去声霜那国汉译“史国”。又向西南行二百里进入山区，山路陡峭险阻，只能勉强通行，又没有水草。在山里走了三百多里，进入铁门，此处峰壁狭峭，崖石多属铁矿，故依地形之便，在此建造了一个门，门上又用铁皮片包裹，又用铁铸成许多铃挂在上面，所以叫作“铁门”，是西突厥最险要的关塞。出了铁门就到了睹货罗国旧称“吐火罗”，错了。

自此数百里渡缚刍河，至活国[①]，即叶护可汗长子呾度设设者，官名所居之地[②]。又是高昌王妹婿，高昌王有书至其所。比法师到，公主可贺敦已死[③]。呾度设又病，闻法师从高昌来，又得书，与男女等呜咽不能止。因请曰：“弟子见师目明，愿少停息。若差[④]，自送师到婆罗门国。”时更有一梵僧至，为诵咒，患得渐除。其后娶可贺敦，年少，受前儿嘱，因药以杀其夫。设既死，高昌公主男小，遂被前儿特勤篡立为设，仍妻后母。为逢丧故，淹留月余。

彼有沙门名达摩僧伽，游学印度，葱岭已西推为法匠，其疏勒、于阗之僧无敢对谈者[⑤]。法师欲知其学深浅，使人问师解几部经、论。诸弟子等闻皆怒。达摩笑曰：“我尽解，随意问。”法师知不学大乘，就小教《婆沙》等问数科，不是好通。因谢服，门人皆惭。从是相见欢喜，处处誉赞，言己不能及。

时新设既立，法师从求使人及邬落，欲南进向婆罗门国。设云：“弟子所部有缚喝国[6]，北临缚刍河，人谓小王舍城，极多圣迹，愿师暂往观礼，然后取乘南去。”时缚喝僧数十人闻旧设死，子又立，共来吊慰。法师与相见，言其意。彼曰：“即当便去，彼有好路，若更来此，徒为迂会。”法师从其言，即与设辞，取乘随彼僧去。

【注释】

①活国：在今阿富汗北部昆都士地区，都城在昆都士附近。《大唐西域记》卷十二：“活国，睹货罗国故地也，周二千余里。国大都城周二十余里，无别君长，役属突厥。”

②设：突厥的领兵官名。这里指活国的君主。

③可贺敦：又作“可敦”，古代突厥等族对君主妻子的称呼。

④差（chài）：病除。

⑤疏勒：在今新疆喀什。于阗：在今新疆和田。

⑥缚喝国：即中国史书上的大夏国。都城故址在今阿富汗北部马扎里沙里夫西北约二十公里处的巴里赫镇。

【译文】

从这里走了几百里渡过缚刍河，到达活国，是叶护可汗长子呾度设设，官名所统治的封地。呾度设又是高昌王的妹婿，高昌王有信送给他。等到法师到达时，高昌公主可贺敦已死。呾度设又在生病，听说法师从高昌来，又得到高昌王的书信，与儿女们痛哭不止。于是请求法师，说道：“弟子见到法师，精神就好多了，希望您在此暂息时日。等我的病好了，亲自送法师到婆罗门国。”当时又有一位印度僧来到，为呾度设念诵咒语，他的病情逐渐好起来。呾度设后来娶了一位可贺敦，年纪轻，受呾度设以前所生儿子的唆使，用药杀死了她的丈夫。呾度设死后，高昌公主的儿子年龄小，于是被前生之子特勤篡位，自立为设，依照惯例娶后母为妻。由于遇上了呾度设的丧事，法师在这里停留了一个多月。

这里有一位沙门名叫达摩僧伽，曾游学印度，葱岭以西各国都推崇他为法匠，疏勒、于阗的僧人没有敢与他对谈的。法师想要了解他的学识深浅，派人问他能解说几部经、论。他的弟子们听说后都很愤怒。达摩笑着说道："我都能解说，请随意问吧。"法师知道他不学大乘，就小乘教的《婆沙》等提了几个问题，达摩没能很好回答。于是达摩表示折服，他的门人们也都感到惭愧。此后达摩很高兴地与法师相见，到处夸奖法师，说自己比不上法师。

当时新设已经即位，法师向他请求派遣使者并给予邬落马，准备南行前往印度。设说道："弟子所管辖的地区中有缚喝国，北临缚刍河，人称小王舍城，那里圣迹极多，希望法师暂且前往那里瞻仰礼拜，然后再回来取马南去印度。"当时缚喝国有僧侣数十人听说旧设已死，其子继位，一同前来吊唁。法师与他们相见，说起自己的打算。他们说道："请从我们那里直接南去，那里有条好路，如果再返回此地，徒然多绕了路。"法师听从了他们的建议，立即向设辞行，取了马，跟随缚喝国的僧人前往缚喝国。

既至，观其城邑，郊郭显敞，川野腴润，实为胜地。伽蓝百所[①]，僧徒三千余人，皆小乘学。城外西南有纳缚伽蓝此言"新"[②]，装严甚丽。伽蓝内佛堂中有佛澡罐，量可斗余。又有佛齿长一寸，广八九分，色黄白，每有光瑞。又有佛扫帚，迦奢草作，长三尺余，围可七寸，其帚柄饰以杂宝。此三事，斋日每出，道俗观礼，至诚者感发神光。伽蓝北有窣堵波[③]，高二百余尺。伽蓝西南有一精庐，建立多年，居中行道证四果者[④]，世世无绝，涅槃后皆有塔记，基址接连数百余矣。大城西北五十里，至提谓城[5]。城北四十里，有波利城。城中有二窣堵波，高三丈。昔佛初成道，受此二长者麨蜜[6]，初闻五戒、十善，并请供养。如来尝授发爪令造塔及造塔仪式。二长者将还本国，营建灵刹，即此也。城西七十余里有窣堵波，高逾二丈，过去迦叶佛时作也。

纳缚伽蓝有磔迦国小乘三藏名般若羯罗此言“慧性”[7]，闻缚喝国多有圣迹，故来礼敬。其人聪慧尚学，少而英爽，钻研九部[8]，游泳四含[9]，义解之声，周闻印度。其小乘阿毗达磨《迦延》、《俱舍》、《六足》、《阿毗昙》等无不晓达[10]。既闻法师远来求法，相见甚欢。法师因申疑滞，约《俱舍》、《婆沙》等问之，其酬对甚精熟。遂停月余，就读《毗婆沙论》。伽蓝又有二小乘三藏，达摩毕利此言“法爱”、达摩羯罗此言“法性”，皆彼所宗重。睹法师神彩明秀，极加敬仰。

时缚喝西南有锐末陀、胡实健国[11]。其王闻法师从远国来，皆遣贵臣拜请过国受供养。辞不行。使人往来再三，不得已而赴。王甚喜，乃陈金宝饮食施法师，皆不受而返。

【注释】

①伽蓝：梵语音译。义为“佛寺”、“寺院”。

②纳缚：梵语音译。义为“新”。

③窣堵波：梵语音译。又作“窣睹波”、“率都婆”、“浮图”、“塔”等，义为“方坟”、“圆冢”、“高显处”、“功德聚”等，即佛塔。窣堵波是供奉和安置舍利、经文及各种法物的处所，使生者瞻仰、敬奉。

④四果：指小乘声闻所能证得的四种果位，即须陀洹果、斯陀含果、阿那含果、阿罗汉果。或仅指第四之阿罗汉果。初果须陀洹，汉

译为"入流",意谓初入圣人之流;二果斯陀含,汉译为"一来",意谓修到此果位者,死后生到天上去做一世天人,再生到我们此世界一次,便不再来欲界受生死了;三果阿那含,汉译为"无还",意即修到此果位者,不再生于欲界;四果阿罗汉,汉译为"无生",意即修到此果位者,解脱生死,不受后有,为声闻乘的最高果位。

⑤提谓城:是以人名命名的城市。提谓,梵语音译。意译作"黄瓜"、"胡瓜"、"瓜",北印度商人。他和波利是释迦牟尼成道后最早皈依佛教的商人,亦即佛门最早的优婆塞。《大唐西域记》卷一:"昔者如来初证佛果,起菩提树,方诣鹿园。时二长者遇被威光,随其行路之资,遂献麨蜜,世尊为说人天之福,最初得闻五戒十善也。"

⑥麨蜜:炒熟的米粉或面粉混合蜜糖的食品。

⑦磔迦:梵语音译。磔迦国领地大致在今巴基斯坦的旁遮普平原。都城为今旁遮普省的阿沙鲁尔。《大唐西域记》卷四:"磔迦国周万余里,东据毗播奢河,西临信度河。国大都城周二十余里。"

⑧九部:又称"九部经"、"九分教"、"九部法"、"九经"等。为佛说法的九种形式,或佛教经典最早的组织形态,即释尊教法最初被结集时的九种类型。所以,九部经一般指小乘的佛法。据《阿含经》等记载,此九种形式为:(一)"经"(修多罗),散文体,文字简短;(二)"应颂"(祇夜),颂体,重复上述散文的内容;(三)"记别"(和伽罗那),对所说道理反复解释;(四)"偈颂"(伽陀),提要式的颂文;(五)"自说颂"(优陀那),不问自说的颂文;(六)"如是语"(伊帝目陀伽),说佛弟子过去的事,亦译作"本事";(七)"本生"(阇陀伽),说佛过去的事;(八)"未曾有"(阿浮陀达磨),说未曾有之法;(九)"方广"(毗佛略),说方正广大之法。《大般涅槃经》卷三:"(佛)广说妙怯,谓修多罗、祇夜、受记、伽陀、优陀那、伊帝目多伽、阇陀伽、毗佛略、阿浮陀达磨,以如是等九部经典,

为他广说。”卷七又说：“过九部经有方等典。”因此，一般认为九部经指小乘佛法的内容。另外又有大乘九部经的说法，即从“十二分教”中除去“缘起”（尼陀那）、“譬喻”（阿波陀那）、“论议”（优婆提舍）三者以外的部分。如《法华经·方便品》：“或说修多罗、伽陀及本事、本生、未曾有，亦说于因缘、譬喻并祇夜、优婆提舍经”，“我此九部经，随顺众生说，入大乘为本”。《大集法门经》卷上则列大乘九部经为：契经、祇夜、记别、伽陀、本事、本生、缘起、方广、希法。此处指小乘九部。

⑨四舍：即四部《阿含经》，分别为《长阿含》、《中阿含》、《杂阿含》和《增一阿含》。《阿含经》是北方所传原始佛教经典汇编，一般将其视为声、闻、乘三藏中的经藏。据说在释迦牟尼涅槃后的当年就结集了四部《阿含》，但实际上《阿含经》的编纂时期较晚。

⑩《六足》：即《六足论》，指小乘佛教说一切有部所依的六部论书。分别为：《阿毗达磨集异门足论》（二十卷，舍利弗造）、《阿毗达磨法蕴足论》（二十卷，目犍连造）、《阿毗达磨施设足论》（未译完，迦旃延造）、《阿毗达磨识身足论》（十六卷，提婆设摩造）、《阿毗达磨品类足论》（十八卷，世友造）、《阿毗达磨界身足论》（三卷，世友造）。唐玄奘译。此六部论的译名，皆含“足”字，故名“六足论”。此六论与其后的《发智论》同为有部的根本论典，《发智论》因八蕴周足、法门最广，故称“身论”。二者合称为“一身六足”。

⑪锐末陀：又作“锐秣陁”，波斯语音译。锐末陀国位于今阿富汗的波尔克西南地区。胡实健：又作“胡寔健”，波斯语音译。该国位于今阿富汗西北部的巴尔干以南地区。

【译文】

到了缚喝国，看到那里的城郭高大宽阔，土地肥沃，确是好地方。有佛寺一百多所，僧徒三千多人，都修学小乘。城外西南方向有一座纳缚寺，庄严富丽。寺内佛堂中有一件佛澡罐，容量有一斗多。又有一枚佛牙，长一寸，宽八九分，黄白色，常常放光呈现祥瑞。又有一把佛扫帚，用迦奢草制作，长三尺多，围有七寸，帚柄装饰着各种各样的珍宝。这三件宝物，每逢斋日就取出来，道俗观礼，至诚的人能感到宝物发出神光。寺北面有一座佛塔，高二百多尺。寺西南有一精庐，已经建立了很多年，在这里居住修行证得四果的人，代代不绝，他们涅槃后都有塔记，塔基一座接一座，多达好几百座。从都城向西北行走五十里，到达提谓城。提谓城北面四十里，有座波利城。城中有两座佛塔，高三丈。当初，佛陀刚刚成道，接受这里二位长者供养的炒麦粉和蜂蜜。这二位长者首次听闻五戒、十善，向佛陀请求供养。如来于是给予他们头发和指甲，并教导他们建造佛塔以及教授他们建造佛塔的仪式。二位长者回到本国，修建了两座灵刹，就是现在城中的两座佛塔。城西七十多里有座佛塔，高二丈多，是过去迦叶佛时代建造的。

纳缚寺里有一位磔迦国的小乘三藏法师名叫般若羯罗汉译“慧性”，他听说缚喝国有许多佛教圣迹，所以前来礼拜瞻仰。此人聪慧好学，年少时就才华横溢，钻研九部经、论，潜心四部阿含，以解说经义而闻名全印度。小乘论藏中的《迦延》、《俱舍论》、《六足》、《阿毗昙》等，他无不通晓。他听说法师远来求法，两人相见甚是欢喜。法师向他请教疑难，用《俱舍》、《毗婆沙论》中的问题来问他，他回答得十分精辟。法师于是在这里停留了一个多月，向他学习《毗婆沙论》。寺中还有两位小乘三藏法师，名叫达摩毕利汉译“法爱”和达摩羯罗汉译“法性”，都为这里的人所推重。他们看到法师神采明秀，也都极为敬仰。

当时缚喝国西南面有锐末陀和胡实健两国。那里的国王听说法师从远国而来，都派遣贵臣前来拜请法师过去接受供养。法师推辞不去。国王再三派人来请，法师不得已只好前往。国王甚是欢喜，用金宝、饮食供养法师，法师不受而回。

自缚喝南行，与慧性法师相随入揭职国[①]。东南入大雪山[2]，行六百余里，出睹货罗境，入梵衍那国[3]。国东西二千余里，在雪山中，涂路艰危，倍于凌、碛之地，凝云飞雪，曾不暂霁，或逢尤甚之处，则平涂数丈，故宋玉称西方之艰，层冰峨峨，飞雪千里，即此也[4]。嗟乎，若不为众生求无上正法者，宁有禀父母遗体而游此哉！昔王尊登九折之坂，自云："我为汉室忠臣。"[5]法师今涉雪岭求经，亦可谓如来真子矣！

如是渐到梵衍都城。有伽蓝十余所，僧徒数千人，学小乘说出世部[6]。梵衍王出迎，延过宫供养，累日方出。彼有摩诃僧祇部学僧阿梨耶驮婆此言"圣使"、阿梨耶斯那此言"圣军"[7]，并深知法相，见法师，惊叹支那远国有如是僧，相引处处礼观，殷勤不已。

王城东北山阿，有立石像，高百五十尺。像东有伽蓝，伽蓝东有鍮石释迦立像[8]，高一百尺。伽蓝内有佛入涅槃卧像，长一千尺。并庄严微妙。此东南行二百余里，度大雪山至小川，有伽蓝，中有佛齿及劫初时独觉齿[9]，长五寸、广减四寸。复有金轮王齿，长三寸、广二寸。商诺迦缚娑旧曰"商那和修"，讹也所持铁钵，量可八九升，及僧伽胝衣[10]，赤绛色。其人五百身中阴、生阴[11]，恒服此衣，从胎俱出，后变为袈裟[12]，因缘广如别传[13]。

【注释】

①揭职国：在今阿富汗巴尔赫省的加兹谷一带。《大唐西域记》卷一："揭职国东西五百余里，南北三百余里。国大都城周四五里。土地硗确，陵阜连属。少花果，多菽麦。气序寒烈，风俗刚猛。伽蓝十余所，僧徒三百余人，并学小乘教说一切有部。"

②大雪山：即兴都库什山。该山大部分位于阿富汗境内，自帕米尔高原向西南延伸而成，为印度河流域与中亚内流河流域分界线。其中最高峰蒂里奇米尔峰海拔 7690 米，河谷之间的山口为交通线上重要的关口。

③梵衍那国：其国都在今阿富汗喀布尔西北的巴米扬。《大唐西域记》卷一："梵衍那国东西二千余里，南北三百余里，在雪山之中也。人依山谷，逐势邑居。国大都城据崖跨谷，长六七里，北背高岩。"

④"故宋玉"四句：宋玉，又名"子渊"，战国时期楚国人。好辞赋，尚老、庄。他生于屈原之后，为纪念屈原，作《招魂》，其文曰："魂兮归来！西方之害，流沙千里些。……魂兮归来！北方不可以止些。增冰峨峨，飞雪千里些。"

⑤"昔王尊"三句：王尊，原作"王遵"，疑误。王尊，字子赣，涿郡高阳（今河北高阳）人。西汉末年著名大臣，生卒年不详。《汉书》卷七十六："涿郡太守徐明荐尊不宜久在闾巷，上以尊为郿令，迁益州刺史。先是。琅邪王阳为益州刺史，行部至邛郲（qióng lái，蜀郡严道县邛郲山）九折阪（九曲盘回的山道），叹曰：'奉先人遗体，奈何数乘此险！'后以病去。及尊为刺史，至其阪，问吏曰：'此非王阳所畏道耶？'吏对曰：'是。'尊叱其驭曰：'驱之！王阳为孝子，王尊为忠臣。'尊居部二岁，怀来徼外，蛮夷归附其威信。"

⑥说出世部：小乘十八部或二十部之一。佛灭的第二百年自大众部中分出。此部认为世间诸法悉是假名，无有实体，反对说一切有部的"三世实有"观点；而只有出世之法，非由颠倒而起，方为真实，故名为"说出世部"。

⑦摩诃僧祇部：梵语音译。即大众部，为小乘十八部或二十部的根本二部。据南传佛教《岛史》、《大史》等记载，在释迦牟尼逝后一

百多年，随着佛教在印度社会的传播与发展，以毗舍离城为中心的东印度跋耆族比丘提出关于戒律的十条新主张，即角盐净、二指净、他聚落净、住处净、赞同净、所习净、不搅乱净、饮阇楼疑净、无缘坐具净、金银净等，称为“十事”。但这些主张遭到了以耶舍为首的各地上座长老们的强烈反对，并为此召集了七百比丘举行集结，宣布“十事”非法，不合戒律。东部的大多数比丘不接受这种裁定，另外召集了有万人参加的规模更大的“大结集”。统一的佛教教团由此分裂，形成了以长老为主的上座部和非正统的大众部。据北传佛教的《异部宗轮论》等记载，佛教分裂的原因则主要是对佛教修行果位“阿罗汉”的看法不同。当时华氏城鸡园寺大天比丘提出关于教义的五条新观点，即“大天五事”：“余所诱无知，犹豫他令入，道因声故起，是名真佛教。”(《异部宗轮论述记》)以此贬低阿罗汉果位之究竟，从而引起分裂。这次分裂史称“根本分裂”。此后两大部派又继续发生多次分裂，史称“枝末分裂”。据南传佛教说，形成的派别有十八部；据北传佛教讲，则有二十部。大众部分裂出一说部、说出世部、多闻部、说假部、制多山部等本末部派九部(或六部)。一般认为该部具有大乘佛教因素，其主张在许多方面与上座部，特别是与上座部系统的说一切有部直接对立。据《异部宗轮论》、《异部宗轮论述记》等记载：一、上座部系统各派认为佛陀是教主，但并非至高无上的种，说“佛与二乘，解脱无异”；大众部系统则认为佛陀是离情绝欲、功德无边的神，“诸佛世尊，皆是出世；一切如来，无有漏法”，“如来色身，实无边际；如来威力，亦无边际；诸佛寿量，亦无边际”。二、说一切有部主张“三世实有”；大众部认为“现有体用，可名实有”，“过去未来，非实有体”，只承认现在实有，过去、未来没有实体。三、说一切有部认为有三种“无为法”，即择灭无为、非择灭无为、虚空无为；大众部主张有九种“无为法”，即除上述三种外，还有空无边处、识无边处、无所有处、非想非非想处、缘起支性（十二因缘之理）、圣道支性（四圣道之理）。四、上座部认为“心性非本清净”；大众部主张“心性本净”，人人都可能解脱。或认为上座部讲“净心”解脱，大众部倡“染心”解脱。

⑧鍮（tōu）石：黄铜。鍮，自然铜矿石。一说是铜与炉甘石的化合物。

⑨劫初：指“成劫”初期。佛教认为，一劫包括“成”、“住”、“坏”、“空”四个时期。劫，指极长的时间，有大劫、中劫、小劫、阿僧祇劫等说。具体时间诸论说法不一。独觉：又作“缘觉”、“辟支佛”，为于无佛之世，独自修行，自己觉悟而出离生死者。

⑩僧伽胝衣：比丘“三衣”之一。又作“僧伽梨”、“僧伽致”、“僧伽知”。梵语音译。义为“重”、“合”等。因其必须割截而后重合制成，故又称“重衣”、“复衣”、“重复衣”；因其条数多，又称“杂碎衣”；因其为入王宫聚落乞食说法时所须穿着，故称“入王宫聚落衣”；因其为诸衣中之最大者，故称“大衣”；因其有上、中、下三位九品之分，故有“九品大衣”之称；就其下者而通称为“九条衣”。

⑪中阴：又作“中有”，指死有与生有中间所受之身。据《俱舍论》卷九等记载，其体由极微细的物质构成，身形与其所趣本有的形状相似。生阴：又作“生有”，指投生于母胎的一刹那。佛教认为，有情众生的轮回转生，一般可分为生有、本有、死有、中有四期。生有、中有，见上文。本有，指生有至死有的全部生命过程；死有，指死时的一刹那。

⑫袈裟：意为“坏色”、“不正色”、“染色”。指缠缚于僧众身上的法衣，以其色不正而称名。

⑬别传：指《大唐西域记》。《大唐西域记》卷一：“有商诺迦缚娑九条僧伽胝衣，绛赤色，设诺迦草皮之所绩成也。商诺迦缚娑者，阿难弟子也，在先身中，以设诺迦草衣于解安居日持施众僧。承

兹福力，于五百身中阴、生阴恒服此衣。以最后身，从胎俱出，身既渐长，衣亦随广。及阿难之度出家也，其衣变为法服；及受具戒，更变为九条僧伽胝。将证寂灭，入边际定，发智愿力，留此袈裟，尽释迦遗法，法尽之后，方乃变坏。”

【译文】

从缚喝国南行，和慧性法师结伴同到揭职国。从东南进入大雪山，走了六百多里，离开睹货罗国境，进入梵衍那国。该国东西二千多里，在雪山之中，路途艰险，远远超过凌山和沙碛，积云飞雪，没有片刻晴朗，有时碰到更艰险的地方，则平地积雪数丈，所以宋玉说西方艰难，层冰峨峨，飞雪千里，指的就是这里啊。唉，如果不是为了众生而求无上正法，岂能不顾父母所赐的身体而西游到这里呢！昔日王尊攀登九折之坂，自云："我为汉室忠臣。"法师如今翻越雪岭求取真经，也可以说是真正的佛弟子啊！

就这样渐渐抵达梵衍那国都城。城中有佛寺十多所，僧徒数千人，都学习小乘出世部的学说。梵衍那国国王出城相迎，并请法师到宫中接受供养，数日后方才出宫。这里有大众部学僧阿梨耶驮婆汉译"圣使"和阿梨耶斯那汉译"圣军"，都精通法相，见到法师，惊叹远方的支那国竟有如此高僧，带领法师到处礼拜观瞻，极为殷勤。

都城东北的山曲处，有座立佛石像，高一百五十尺。石像东边有座佛寺，佛寺东边有黄铜制作的释迦立像，高一百尺。佛寺内有佛入涅槃的卧像，长一千尺。都很庄严微妙。从此向东南行走二百多里，越过大雪山，到达小川，有一所寺院，里面有佛牙和世界初成时独觉佛的牙齿，长五寸，宽不到四寸。又有金轮王的牙齿，长三寸，宽二寸。商诺迦缚娑过去称"商那和修"，错了使用的铁钵，容量大约八九升，以及他的僧伽胝衣，暗红色。他在五百世的尚未投生和诞生时，始终穿着这件法衣，这件法衣与胎儿一起出来，后来变为袈裟，因缘广大，正如其他传记中记载的那样。

如是经十五日，出梵衍，二日逢雪，迷失道路，至一小沙岭，遇猎人示道，度黑山[①]，至迦毕试境。国周四千余里，北背雪山。王则刹利种也[②]，明略有威，统十余国。将至其都，王共诸僧并出城来迎。伽蓝百余所，诸僧相诤，各欲邀过所住。有一小乘寺名沙落迦，相传云是昔汉天子子质于此时作也。其寺僧言："我寺本汉天子儿作。今从彼来，先宜过我寺。"法师见其殷重，又同侣慧性法师是小乘僧，意复不欲居大乘寺，遂即就停。

质子造寺时，又藏无量珍宝于佛院东门南大神王足下，拟后修补伽蓝。诸僧荷恩，处处屋壁图画质子之形。解安居日，复为讲诵树福，代代相传，于今未息。近有恶王贪暴，欲夺僧宝，使人掘神足下，地便大动。其神顶上有鹦鹉鸟像，见其发掘，振羽惊鸣。王及众军，皆悉闷倒[③]，惧而还退。寺有窣堵波相轮摧毁[④]，僧欲取宝修营，地还震吼，无敢近者。

法师既至，众皆聚集，共请法师陈说先事。法师共到神所，焚香告曰："质子原藏此宝拟营功德，今开施用，诚是其时。愿鉴无妄之心，少戢威仪之德[⑤]。如蒙许者，奘自观开，称知斤数，以付所司，如法修造，不令虚费。唯神之灵，愿垂体察。"言讫，命人掘之，夷然无患，深七八尺得一大铜器，中有黄金数百斤、明珠数十颗。大众欢喜，无不嗟服。法师即于寺夏坐。

其王轻艺[⑥]，唯信重大乘，乐观讲诵，乃屈法师及慧性三藏于一大乘寺法集[⑦]。彼有大乘三藏名秣奴若瞿沙此言"如意声”也、萨婆多部僧阿梨耶伐摩此言“圣胄”、弥沙塞部僧求那跋陀此言“德贤”[8]，皆是彼之称首。然学不兼通，大小各别，虽精一理，终偏有所长。唯法师备谙众教，随其来问，各依部答，咸皆惬服[9]。如是五日方散。王甚喜，以纯锦五匹别施法师，以外各各有差。于沙落迦安居讫，其慧性法师重为睹货罗王请，却还，法师与别。

【注释】

①黑山：又作“黑岭”，位于阿富汗中部的山脉，为兴都库什山脉的一部分。

②刹利种：古代印度的四种姓之一，是世俗的统治者。随着雅利安人的入侵，印度最初分为雅利安、达萨两个种姓。种姓原意是指颜色、品质，梵语“瓦尔纳”。雅利安人，意为“出身高贵的人”，高鼻梁，白肤色，占统治地位；达萨，指土著人（一般认为是达罗毗荼人），意为敌人，后转为奴隶之意，低鼻梁（被视为没有鼻子的人），黑肤色，被统治。后来逐渐在雅利安人中又分化出婆罗门、刹帝利和吠舍三个种姓，达萨则一般转变为首陀罗，从而形成四大种姓。统治者用种姓制度规范社会各个等级的社会职责：第一种姓婆罗门，是执掌宗教事务的僧侣和祭祀，垄断了当时的社会文化和宗教大权，自诩为“人间之神”、“人中之神”；第二种姓刹帝利，是执掌军政大权的武士和军事贵族，是世俗王权的主要支柱；第三种姓吠舍，是从事社会生产活动的农民、手工业者和商人，是社会生产的主导力量；第四种姓首陀罗，是为以上三个种姓服务的奴隶，从事极其卑贱的工作。婆罗门编造婆罗门至上说，“婆罗门姓梵王口生，刹帝利姓梵天臂生，毗舍（吠舍）种姓梵天髀生，从于梵足乃生首陀”（《金刚针论》），婆罗门力图以此

来维护其特权地位，并利用刹帝利对后二者实行残酷的奴隶制统治。另有第五种姓旃陀罗，比首陀罗地位更加低贱，主要从事狱卒、盗贼、屠夫、打猎、捕鱼之类的人。《摩登伽经》卷上："旃陀罗者，造作恶业，凶暴残害；欺诳众生，无慈愍心；以是因缘，名为卑贱。"

③悉：全，都。

④相轮：又作"承露盘"、"露盘"、"轮盖"。佛塔"平头"上面的轮盘形建筑。

⑤戢(jí)：收敛。

⑥艺：指典籍。

⑦法集：又作"法会"、"佛会"。佛教为说法而举行的集会。

⑧萨婆多部：说一切有部的梵语音译。说一切有部是从上座部中分出，主要流行于古印度西北的克什米尔、健陀逻一带。说一切有部主张"三世实有"，即过去、现在和未来都是实际存在的，并认为"法体恒有"，即一切法，包括有生灭变化的"有为法"和无生灭变化的"无为法"，都有"实体"。由此出发，说一切有部把佛所说的一切教法，都视为是实有其体的真实存在。弥沙塞部：梵语音译。即化地部。又作"正地部"、"教地部"、"大不可弃部"。此部是在佛灭的第三百年中，由上座部系的说一切有部分出。《异部宗轮论述记》："此部之主，本是国王，王所统摄国界地也，化地上之人庶，故言化地。舍国出家，弘宣佛法，从本为名，名化地部。"

⑨惬(qiè)：快意，满足。

【译文】

就这样过了十五日，离开梵衍那国，走了两天遇到大雪，迷失道路，到了一座小沙岭，遇见猎人指示路径，越过黑山，到达迦毕试国境。该国方圆四千多里，北边靠着雪山。国王是刹帝利种姓，明智威猛，统辖十多个国家。将要抵达该国国都时，国王和僧人们一起出城迎接。都城有佛寺一百多所，僧人们相互夸执，都想邀请法师前往居住。其中有一座小乘寺名叫沙落迦，据说是当初汉天子的儿子在这里当人质时所建造的。该寺的僧人说道："我寺本是汉天子的儿子所建造。现今法师从那里来，应该先到我寺。"法师见他词意殷勤恳切，同行的慧性法师又是小乘僧人，也不愿住大乘寺，于是就去那里住宿。

质子在建造寺院时，曾把无数珍宝埋藏在佛院东门南边的大神王像脚下，打算以后用以修缮寺院。僧侣们感恩，在屋壁上到处画上王子的肖像。在每年的解安居日还要为他诵经祈福，代代相传，至今未曾间断。不久前有个恶王贪婪暴虐，想要抢夺这批珍宝，让人挖掘神像脚下，结果大地震动。神像头顶上有个鹦鹉像，看到他们挖掘，振动翅膀惊声鸣叫。恶王及其士兵都扑倒在地，惊惧不已，仓惶离去。寺内有佛塔，上面的相轮已经毁坏，僧众想要取出珍宝来修缮，大地又震动轰鸣，没有人再敢走近。

法师来到后，僧众聚集到一起，向法师陈说此事。法师与众人一起来到神像前，焚香祈告道："质子原先埋藏这些珍宝是打算修营功德，如今开启使用，正是时候。希望神王鉴察我等无妄之心，稍稍收敛神威。如蒙允许，玄奘亲自监督开启，称度斤数，交给管事部门，依法修造，不让浪费。唯愿神王之灵，垂悯体察。"说罢，让人发掘，果然平安无事，挖到地下七八尺深，挖到一个大铜器，里面有黄金几百斤，明珠几十颗。大家十分高兴，无不心悦诚服。法师就在寺中结夏安居。

迦毕试国国王轻视各种典籍，只崇信大乘，喜爱观看讲诵佛经，请法师和慧性在一座大乘寺中举行法会。这里有大乘高僧名叫秣奴若瞿沙汉译"如意声"、说一切有部高僧阿梨耶伐摩汉译"圣胄"、化地部高僧求那跋陀汉译"德贤"，他们都是各宗的佛学领袖。但是他们不能兼通诸部经典，大、小乘各有侧重，虽然有所专精，终究只是偏长一门。只有法师对各派都十分熟悉，根据他们发问，分别依照各部学说作答，使众人都心悦诚服。这样持续了五天方才散会。国王十分高兴，以纯锦五匹专门供养法师，其他人也得到多少不等的供养。在沙落迦寺安居结束后，慧性法师又受到睹货罗国王的邀请，无法推辞，只好返回，法师和他作别。

东进行六百余里，越黑岭，入北印度境，至滥波国[①]。国周千余里。伽蓝十所，僧徒皆学大乘。停三日，南行至一小岭，岭有窣堵波，是佛昔从南步行到此住立，后人敬恋，故建兹塔。自斯以北境域，皆号“蔑戾车”此言“边地”[②]。如来欲有教化，乘空往来，不复履地，若步行时，地便倾动。

【注释】

①滥波：梵语音译。滥波国在今阿富汗东北的拉格曼一带。

②蔑戾车：梵语音译。又作“弥离车”、“弥戾车”。汉译“垢浊种”，意为“边地的非雅利安的野蛮人”，“不信吠陀的野蛮人或蛮族”，主要的含义为表示不信吠陀的异域人。

【译文】

向东行进六百多里，越过黑岭，进入北印度境，到达滥波国。该国方圆一千多里。佛寺十所，僧徒都学大乘。法师在此停留了三天，南行到达一座小岭，岭上有佛塔，释迦佛昔日从南方步行到此停住站立，后人崇敬怀念佛陀，所以在此建造了这座佛塔。从这里往北的地方，都叫“蔑戾车”汉译“边地”。如来要来这里说法度众，都是运用神通乘空往来，不再步行，如果步行，大地就会震动。

从此南二十余里，下岭渡河，至那揭罗喝国北印度境[①]。大城东南二里有窣堵波，高三百余尺，无忧王所造[②]，是释迦菩萨于第二僧祇遇然灯佛敷鹿皮衣及布发掩泥得受记处[③]。虽经劫坏，此迹恒存，天散众华，常为供养。法师至彼礼拜旋绕，傍有老僧为法师说建塔因缘。法师问曰："菩萨布发之时，既是第二僧祇，从第二僧祇至第三僧祇中间经无量劫，一一劫中世界有多成坏，如火灾起时，苏迷卢山尚为灰烬，如何此迹独得无亏？"答曰："世界坏时，此亦随坏，世界成时，当其旧处迹现如本。且如苏迷卢山坏已还有，在乎圣迹，何得独无？以此校之，不烦疑也。"上为名答。次西南十余里有窣堵波，是佛买华处。

又东南度沙岭十余里，到佛顶骨城[④]。城有重阁，第二阁中有七宝小塔，如来顶骨在中。骨周一尺二寸，发孔分明，其色黄白，盛以宝函。但欲知罪福相者，磨香末为埿[⑤]，以帛练裹，隐于骨上，随其所得，以定吉凶。法师印得菩提树像，所将二沙弥，大者得佛像，小者得莲华像。其守骨婆罗门欢喜，向法师弹指散华[⑥]，云："师所得甚为希有，足表有菩提之分。"复有髑髅骨塔，状如荷叶。复有佛眼，睛大如柰[⑦]，光明晖赫，彻烛函外。复有佛僧伽胝，上妙细氎所作。复有佛锡杖，白铁为环，栴檀为茎[⑧]。法师皆得礼拜，尽其哀敬，因施金钱五十、银钱一千、绮幡四口、锦两端、法服二具[⑨]，散众杂华，辞拜而出。

又闻灯光城西南二十余里[⑩]，有瞿波罗龙王所住之窟[⑪]，如来昔日降伏此龙，因留影在中。法师欲往礼拜，承其道路荒阻，又多盗贼，二三年已来人往多不得见，以故去者稀疏。法师欲往礼拜，时迦毕试国所送使人贪其速还，不愿淹留，劝不令去。法师报曰："如来真身之影，亿劫难逢，宁有至此不往礼拜？汝等且渐进，奘暂到即来。"于是独去。

至灯光城，入一伽蓝问访涂路，觅人相引，无一肯者。后见一小儿，云："寺庄近彼，今送师到庄。"即与同去，到庄宿。得一老人知其处所，相引而发。行数里，有五贼人拔刀而至，法师即去帽，现其法服。贼云："师欲何去？"答："欲礼拜佛影。"贼云："师不闻此有贼耶？"答云："贼者，人也。今为礼佛，虽猛兽盈衢，奘犹不惧，况檀越之辈是人乎！"贼遂发心，随往礼拜。

既至窟所，窟在石涧东壁，门向西开，窥之窈冥[12]，一无所睹。老人云："师直入，触东壁讫，却行五十步许，正东而观，影在其处。"法师入，信足而前，可五十步，果触东壁。依言却立，至诚而礼，百余拜一无所见。自责障累，悲号懊恼，更至心礼诵《胜鬘》等诸经、诸佛偈颂[13]，随赞随礼，复百余拜，见东壁现如钵许大光，倏而还灭。悲喜更礼，复有槃许大光现，现已还灭。益增感慕，自誓若不见世尊影，终不移此地。如是更二百余拜，遂一窟大明，见如来影皎然在壁[14]，如开云雾，忽瞩金山，妙相熙融，神姿晃昱[15]，瞻仰庆跃，不知所譬。佛身及袈裟并赤黄色，自膝已上相好极明，华座已下稍似微昧，左右及背后菩萨、圣僧等影亦皆具有。见已，遥命门外六人将火入烧香。比火至，欻然佛影还隐[16]。急令绝火，更请方乃重现。六人中五人得见，一人竟无所睹。如是可半食顷，了了明见，得申礼赞，供散华香讫，光灭，尔乃辞出。所送婆罗门欢喜，叹未曾有，云："非法师至诚愿力之厚,无致此也。"窟门外更有众多圣迹说如别传。相与归还,彼五贼皆毁刀杖,受戒而别。

【注释】

①那揭罗喝:梵语音译。那揭罗喝国在今阿富汗南加哈尔首府贾拉拉巴德一带。《大唐西域记》卷二:"那揭罗喝国东西六百余里,南北二百五六十里。山周四境,悬隔危险。国大都城周二十余里。无大君长主令,役属迦毕试国。"

②无忧王:即阿育王,为中印度摩揭陀国孔雀王朝第三世王,佛教的护法名王。公元前三世纪在位(约前268—前232),约于公元前270年间,统一北印度,其统辖范围包括北印度全部、大夏的一半,南至案达罗,东达大海,纵横数千里,首都华氏城。初奉婆罗门教,肆行暴虐,后改信佛教,成为大护法,行慈布仁,于国内建八万四千大寺,及八万四千宝塔,并派遣宣教师到四方传播佛法。

③僧祇:即阿僧祇劫,意为"无量劫"。然灯佛:即燃灯佛,又名"锭光佛"、"定光如来"、"普光如来"、"灯光如来"。释迦佛在因行中第二个阿僧祇劫届满时,遇值此佛出世,他买了五茎莲花去供佛,又以头发铺地给佛走路,佛即为他授记。《大智度论》卷九:"如然灯佛,生时一切身边如灯,故名然灯太子。作佛亦名然灯,旧名'锭光佛'。"受记:指从佛陀那里得到未来证果或成佛的预言、记别。

④佛顶骨城:"醯罗城"的意译。醯罗,义为"骨"。在今阿富汗贾拉拉巴德以南五公里处。

⑤埿(ní):泥,湿土。

⑥弹指:佛教礼节。常用来表示欢喜、许诺或告诫。另外,"弹指"也表示时间。

⑦柰：柰树的果实，俗名“花红”，也叫“沙果”。

⑧栴檀(zhān tán)：梵文“栴檀那”的省称。指檀香木，为檀香科常绿乔木，产于印度、中国、泰国等地。

⑨端：古代布帛的长度单位，唐代一端为六丈。

⑩灯光城：古代佛教胜地。在今阿富汗贾拉拉巴德西南。

⑪瞿波罗：梵语音译。义为“牧牛人”。《大唐西域记》卷二：“昔如来在世之时，此龙(瞿波罗龙王)为牧牛之士，供王乳酪，进奉失宜。既获谴责，心怀恚恨，即以金钱买花，供养受记窣堵波，愿为恶龙，破国害王。即趣石壁，投身而死。遂居此窟，为大龙王，便欲出穴，成本恶愿。适起此心，如来已鉴，愍此国人为龙所害，运神通力，自中印度至。龙见如来，毒心遂止，受不杀戒，愿护正法。”

⑫窈(yǎo)冥：阴暗貌。

⑬《胜鬘(mán)》：即《胜鬘经》。全称《胜鬘狮子吼一乘大方便方广经》，又称《狮子吼经》。凡一卷，南朝宋求那跋陀罗译。胜鬘传为古印度拘萨罗国波斯匿王之女，阿逾阇国王后，其母即佛陀堂弟摩诃男的养女末利夫人。本经属如来藏系重要经典之一，主要内容叙述胜鬘夫人对释尊立十大誓愿、三大愿，并自说大乘一乘法门，阐释圣谛、法身、如来藏等。因本经为在家妇女胜鬘夫人劝信佛法的说教，故与维摩诘居士所说的《维摩诘经》，并为居士佛教的经典。

⑭皎然：清晰貌。

⑮昱(yù)：照耀。

⑯欻(xū)然：忽然，很快。

【译文】

从此南行二十多里，下了山岭，渡过一条河，到达那揭罗喝国在北印度境内。都城东南二里处有座佛塔，高三百多尺，为无忧王建造，是释迦在第二阿僧祇劫做菩萨时遇见燃灯佛，把鹿皮大衣铺在地上，并解开头发掩盖泥土，从而得授记成佛的地方。虽然经过劫坏时期，但这圣迹却永恒存在，天人常常散下众多鲜花供养。法师到这里后，礼拜旋绕，旁边有一位老僧为法师解说建塔因缘。法师问道："释迦菩萨布发的时候，那是第二阿僧祇劫，从第二阿僧祇劫至第三阿僧祇劫，中间经历了无量劫，每一劫中世界有多次成坏，譬如火灾起时，须弥山尚且化为灰烬，为何单单这圣迹能够没有损坏？"老僧回答道："世界毁坏的时候，这圣迹也随之毁坏；世界形成时，在当初的地方，圣迹也随之出现，如同原来的一样。如果须弥山毁坏后还能生成，那么为何圣迹单单不能存在呢？以此校验，这不是繁杂疑难之事啊。"老僧的回答真是妙极了。往西南行十多里，有座佛塔，是释迦在因地修行时买花供佛的地方。

又往东南越过沙岭，走了十余里，到达佛顶骨城。城中有座多层楼阁，第二层楼阁中有七宝小塔，如来的顶骨舍利就安放在其中。佛骨周长一尺二寸，发孔很清楚，颜色黄白，装在宝函中。如果想要知道未来的祸福，就把香末研磨成泥，用帛练包裹，放在佛顶骨上面，根据出现形象来预测吉凶。法师印得了菩提树像，随行的两个沙弥，年龄稍大者印得佛像，小者印得了莲花像。守卫佛骨的婆罗门看到非常高兴，向法师弹指散花，说道："法师所印得的菩提树像极为稀有，足以表明法师能证得无上菩提。"又有骷髅骨塔，形状像荷叶。又有佛眼，如同沙果般大小，熠熠放光，透出函外。又有佛的僧伽胝衣，用上好的细棉布制作。又有佛的锡杖，白铁作环，栴檀作杆。法师都一一礼拜，虔诚致敬，并施金钱五十、银钱一千、绮幡四面、锦两端、法服两套，然后散各色花，拜辞而出。

法师又听说灯光城西南二十多里处，有瞿波罗龙王所居住的洞窟，当初如来降伏了此龙，因而在窟中留下了佛陀的影像。法师想去礼拜，但是道路荒凉难行，盗贼又多，两三年以来去那里的人大多看不见佛影，因此去那里的人已经很少了。但法师仍然想去礼拜，当时迦毕试国的陪送使者急着回国，不愿过多停留，劝法师不要去。法师回答道："能看到如来真身的影像，真是亿劫难逢，岂能已经到此而不去礼拜呢？你们暂且慢慢前进，玄奘去去就来。"于是法师独自前去。

到了灯光城，法师进入一座寺院里探问路径，找人带路，没有人肯去。后来见到一个小孩，说道："这座寺院的庄院离洞窟不远，我先送法师到庄院。"法师就与小孩一同前去，到了庄院住宿下来。找到一位老人，他知道洞窟所在，就带引法师出发。走了几里路，碰到五个强盗拔刀挡住去路，法师摘下帽子，露出法服。强盗问道："法师要到哪里去？"法师回答道："我要去礼拜佛影。"强盗说道："法师难道没有听说这里有强盗吗？"法师说道："强盗也是人。如今为了礼佛，即使猛兽满道，玄奘也不畏惧，何况各位檀越还是人呢！"强盗于是发心，随法师一起前往礼拜。

他们来到洞窟所在，洞窟在石涧东边崖壁上，门向西开，只见洞窟内一片幽暗，什么也看不见。老人说道："法师径直走进去，碰到东壁后，再退后五十来步，面向正东观看，佛影就在那里。"法师进去，信步前行，大约走了五十步，果真触及东壁。按照老人的话退后站定，至诚顶礼膜拜，礼拜了一百多遍仍然一无所见。法师责怪自己障业深重，懊恼悲哭，更加诚心地礼诵《胜鬘》等诸经和诸佛偈颂，一边赞颂一边礼拜，又礼拜了一百多遍，看见东壁出现了像钵一般大小的亮光，倏忽之间就熄灭了。法师又悲又喜，继续礼拜，又出现了像盘子一般大小的亮光，闪现后又熄灭了。法师更加感慕，发誓如果不见世尊影像，绝不离开。就这样又礼拜了二百多遍，于是整个洞窟大放光明，看见如来影像清晰地显现在岩壁上，如同拨开云雾，好像云消雾散，忽然见到金山，妙相光明，神姿耀目，瞻仰之欢庆跳跃，不可言喻。佛的身躯和袈裟都是赤黄色，从膝以上相好庄严，极为明晰；莲花座以下则略为暗淡，左右和身后的菩萨、圣僧等影像也都清晰地显现出来。法师看到后，招呼门外六人举火入内烧香。等火一到，佛影立即消失。法师忙叫熄火，又祈请后佛影方才重新显现。六人中有五人都看见了,只有一人怎么也看不到。这样持续了大约半顿饭时间,佛影清晰可见,得以致礼赞颂,散花进香供养完毕,佛影消逝,才拜辞而出。送法师前来的婆罗门十分欢喜,感叹这是前所未有的事情,说道:"如果不是法师至诚愿力深厚,是不会使佛影显现的。"在洞窟门外还有许多圣迹详见《大唐西域记》。法师与众人回去,那五个强盗都毁弃了刀杖,受戒后告辞而去。

从此复与伴合。东南山行五百余里,至健陀逻国旧云"健陀卫",讹也。北印度境也[①]。其国东临信度河[②],都城号"布路沙布罗"[③]。国多贤圣,古来作论诸师那罗延天、无著菩萨、世亲菩萨、法救、如意、胁尊者等[④],皆此所出也。王城东北有置佛钵宝台。钵后流移诸国,今现在波刺拏斯国[⑤]。城外东南八九里有毕钵罗树,高百余尺,过去四佛[⑥],并坐其下,现有四如来像,当来九百九十六佛[⑦],亦当坐焉。其侧又有窣堵波,是迦腻色迦王所造[⑧],高四百尺,基周一里半,高一百五十尺,其上起金刚相轮二十五层,中有如来舍利一斛。大窣堵波西南百余步有白石像,高一丈八尺,北面立,极多灵瑞,往往有人见像夜绕大塔经行。

迦腻色迦伽蓝东北百余里,渡大河至布色羯逻伐底城[⑨],城东有窣堵波,无忧王造,即过去四佛说法处也。城北四五里伽蓝内有窣堵波,高二百余尺,无忧王所立,即释迦佛昔行菩萨道时,乐行惠施,于此国千生为王,即千生舍眼处。此等圣迹无量,法师皆得观礼。自高昌王所施金银、绫绢、衣服等,所至大塔、大伽蓝处,皆分留供养,申诚而去。

【注释】

①健陀逻：梵语音译。又作“健驮逻”等。健陀逻国在今阿富汗境内的库纳尔河与今巴基斯坦的印度河之间。

②信度河：即印度河，又称“徙多河”。

③布路沙布罗：梵语音译。义为“丈夫宫”。故址在今巴基斯坦喀布尔河南岸的白沙瓦市西北部。

④那罗延天：梵语音译。又作“那罗延那天”、“那罗野拏天”，意译为“坚固力士”、“金刚力士”等。天上力士的名字，或说为梵天之别名，或说为欲界之毗纽天。晋僧肇说：“那罗延，天力士名也。端正殊妙，志力雄猛。”据唐慧琳《一切经音义》记载，那罗延为欲界中之天名，又称“毗纽天欲求多力者”，如精诚祈祷、供养此天，则多获神力。无著菩萨（约公元395—470）：瑜伽行派的创始人。相传无著曾上兜率天宫听弥勒宣讲，回来后诵出《瑜伽师地论》作为创立学派的主要依据。大乘瑜伽行派因强调修行瑜伽而得名，又因其在理论上主张“万法唯识”、“识有境无”而被称为“大乘有宗”。著作有《摄大乘论》等。世亲菩萨（约公元400—480）：无著的弟弟。瑜伽行派的重要创始人。世亲最初在小乘的说一切有部出家，受持小乘三藏。其人博学多闻，神才俊朗，曾著多部小乘论书。其中，最有名的是《俱舍论》。后受其兄影响，回小向大，着力弘扬瑜伽、唯识之学。相传他造论甚多，有“千部论师”的雅誉。代表论著有《唯识二十论》、《唯识三十颂》、《大乘百法明门论》等。法救：说一切有部著名论师。他与世友、妙音、觉天号称健陀逻有部的四大论师。如意：梵文意译。为世亲的老师。胁尊者：梵文意译。音译作“波奢”、“波栗湿缚”。小乘有部论师，付法藏之第十祖，第四结集的主要组织者。《大唐西域记》卷二：“初尊者之为梵志师也，年垂八十，舍家染衣。城中少年便诮之曰：‘愚夫朽老，一何浅智！夫出家者，有二业焉：一则

习定，二乃诵经。而今衰耄，无所进取，滥迹清流，徒知饱食。’时胁尊者闻诸讥议，因谢时人而自誓曰：‘我若不通三藏理，不断三界欲，得六神通，具八解脱，终不以胁而至于席。’自尔之后，唯日不足，经行宴坐，住立思惟，昼则研习理教，夜乃静虑凝神。绵历三岁，学通三藏，断三界欲，得三明智，时人敬仰，因号‘胁尊者’。”

⑤波剌拏斯：梵语音译。又作“婆罗痆斯”等，即古代的迦尸国，为古印度十六大国之一，其都城附近的鹿野苑为佛陀初转法轮处。《大唐西域记》卷七：“婆罗痆斯国周四千余里。国大都城临殑伽河，长十八九里，广五六里”，“婆罗痆河东北行十余里，至鹿野伽蓝”。

⑥过去四佛：指贤劫之初所出现之四佛，即俱留孙佛、拘那含佛、迦叶波佛和释迦牟尼佛。

⑦九百九十六佛：贤劫(即现在劫)有千佛出世。已出四佛，余九百九十六佛。

⑧迦腻色迦王：贵霜王朝的第三世王，为阿育王之后的有作为的帝王，统治北印度，但其年代记载不一。在印度佛教史上，与阿育王并称为护持佛法的二王。

⑨布色羯逻伐底城：梵语音译。为健陀逻国的故都，在今巴基斯坦白沙瓦东北的却尔沙达。

【译文】

法师又与同伴会合。从这里向东南山中行走五百多里，到达健陀逻国旧称“健陀卫”，错了。属北印度境内。该国东临信度河，都城叫“布路沙布罗”。自古以来，该国有很多贤圣，作论大师那罗延天、无著菩萨、世亲菩萨、法救、如意、胁尊者等人，都出生在这里。都城东北有一座安置佛钵的宝台。佛钵后来流传到其他各国，现在在波剌拏斯国。都城外东南八九里处，有一棵毕钵罗树，高一百多尺，过去四佛，都坐在此树下成佛，现在显现出四尊佛像，将来还有九百九十六佛，也都将坐在这里成佛。毕钵罗树旁边还有一座佛塔，是迦腻色迦王建造的，高四百尺，塔基周围一里半，高一百五十尺，佛塔上面建造金刚相轮二十五层，里面有如来舍利一斛。大佛塔西南一百多步的地方，有一尊白石佛像，高一丈八尺，向北站立，有很多灵异瑞相，常常有人看见佛像在夜晚围绕大塔经行。

从迦腻色迦佛寺东北行走一百多里，渡过一条大河，到达布色羯逻伐底城。城东有座佛塔，为无忧王所建造，是过去四佛说法的地方。城北四五里处的佛寺内有座佛塔，高二百多尺，为无忧王所建造，即释迦佛昔日修行菩萨道时，乐行惠施，在这个国家为王一千世，也是一千世施舍眼睛的地方。这样的圣迹无量无数，法师都得以瞻仰礼拜。高昌王所布施的金银、绫绢、衣服等物，法师每到大塔、大寺，都分一部分作为供养，表达诚意后离去。

从此又到乌铎迦汉荼城[①]。城北涉履山川，行六百余里，入乌仗那国此言“苑”，昔阿输迦王之苑也。旧称“乌长”，讹也[②]。夹苏婆萨堵河[③]，昔有伽蓝一千四百所，僧徒一万八千，今并荒芜减少。其僧律仪传训有五部焉：一、法密部[④]；二、化地部[⑤]；三、饮光部[⑥]；四、说一切有部[⑦]；五、大众部[⑧]。其王多居瞢揭釐城[⑨]，人物丰盛。城东四五里有大窣堵波，多有奇瑞，是佛昔作忍辱仙人[⑩]，为羯利王此言“斗诤”。旧曰“歌利”，讹也割截身体处[⑪]。

城东北二百五十里入大山，至阿波逻罗龙泉[⑫]，即苏婆河之上源也。西南流。其地寒冷，春夏恒冻，暮即雪飞，仍含五色，霏霏舞乱，如杂华焉。龙泉西南三十余里，水北岸磐石上有佛脚迹，随人福愿，量有修短，是佛昔伏阿波逻罗龙时[13]，至此留迹而去。顺流下三十余里，有如来濯衣石，袈裟条叶文相宛然。城南四百余里至醯罗山[14]，是如来昔闻半偈旧曰“偈”，梵文略也。或曰“偈他”，梵文讹也。今从正，宜云“伽他”。伽他，唐言“颂”，颂有三十二言也[15]，报药叉之恩舍身下处[16]。

瞢揭釐城西五十里渡大河，至卢醯呾迦此言“赤”窣堵波，高十余丈，无忧王造，是如来往昔作慈力王时，以刀刺身饲五药叉处旧云“夜叉”，讹也。城东北三十余里，至遏部多此言“奇特”石窣堵波，高三十尺，在昔佛于此为人、天说法，佛去后自然踊出此塔。塔西渡大河三四里至一精舍，有阿嚩卢枳多伊湿伐罗菩萨像此言“观自在”。合字连声，梵语如上；分文而言，即阿嚩卢枳多，译曰“观”，伊湿伐罗，译曰“自在”。旧云“光世音”，或“观世音”，或“观世音自在”，皆讹也[17]，威灵极著。

城东北闻说有人登越山谷，逆上徙多河[18]，涂路危险，攀缘絙锁[19]，践蹑飞梁，可行十余里，至达丽罗川[20]，即乌杖那旧都也。其川中大伽蓝侧有刻木慈氏菩萨像[21]，金色庄严，高百余尺，末田底迦旧曰“末田地”，讹也阿罗汉所造[22]。彼以神通力，将匠人升睹史多天旧曰“兜率陀”，讹也[23]，令亲观妙相，往来三返，尔乃功毕。

【注释】

①乌铎(duó)迦汉茶城：故址在今巴基斯坦阿托克北面的俄欣特，为印度河的重要渡口。

②乌仗那：梵语音译。义为“花园”。乌仗那国在今巴基斯坦西北部的印度河上游和斯瓦特河地区。

③苏婆萨堵河：即今斯瓦特河，是印度河的一条支流。
④法密部：又作“法藏部”，为小乘部派之一，属于上座部一系。
⑤化地部：即弥沙塞部。参见前注(本卷)。
⑥饮光部：又作“饮光弟子部”、“善岁部”，小乘部派之一，亦为五部律之一，从说一切有部中分出。此部派之祖为迦叶波，据说是上古饮光仙人的后裔，故以“饮光”为姓。
⑦说一切有部：即萨婆多部。参见前注(本卷)。
⑧大众部：即摩诃僧祇部。参见前注(本卷)。
⑨瞢(méng)揭釐城：在今巴基斯坦的芒加洛尔西南。
⑩忍辱仙人：释迦佛的前身之一，当时为修忍辱行的仙人。
⑪羯(jié)利：梵语音译。义为“斗诤”、“恶生”。
⑫阿波逻罗龙泉：在今斯瓦特河源头。斯瓦特河为印度河支流，在巴基斯坦西北边境。阿波逻罗，梵语音译。义为“无苗”。
⑬阿波逻罗龙：《大唐西域记》卷三：“此龙者，迦叶波佛时生在人趣，名曰殑祇，深闲咒术，禁御恶龙，不令暴雨。国人赖之，以稸余粮。居人众庶感恩怀德，家税斗谷以馈遗焉。既积岁时，或有逋课。殑祇含怒，愿为毒龙，暴行风雨，损伤苗稼。命终之后，为此地龙。泉流白水，损伤地利。释迦如来大悲御世，愍此国人独遭斯难，降神至此，欲化暴龙。执金刚神杵击山崖，龙王震惧，乃出归依。闻佛说法，心净信悟，如来遂制勿损农稼。龙曰：‘凡有所食，赖收人田。今蒙圣教，恐难济给，愿十二岁一收粮储。’如来含覆，愍而许焉。故今十二年一遭白水之灾。”
⑭醯(xī)罗山：山名。为释尊于过去世为菩萨时欲闻半偈而舍身处。醯罗，义为“骨”。
⑮半偈：指“诸行无常，是生灭法；生灭灭已，寂灭为乐”一偈的后半偈。据北本《大般涅槃经》卷十四记载，释迦如来于过去世为凡夫时，入雪山修菩萨行，帝释天变成罗刹的模样为其说前半偈，

释迦听了欢喜不已，更求后半偈；罗刹不允，乃誓约舍身与彼，而得闻之。故亦称“雪山半偈”，或“雪山八字”。《心地观经》卷一：“时佛往昔在凡夫，入于雪山求佛道；摄心勇猛勤精进，为求半偈舍全身。”

⑯药叉：又作“夜叉”，通常被视为一种恶鬼，但在佛教中也有护持正法之类。

⑰阿嚩卢枳多伊湿伐罗菩萨：即观自在菩萨，又作“观世音菩萨”、“观音菩萨”等。观世音菩萨以慈悲救济众生之本愿而为人们所熟知。其与大势至菩萨同为西方极乐世界阿弥陀佛之胁侍，世称“西方三圣”。

⑱徙多河：即信度河、印度河。

⑲絙（gēng）：粗绳索。

⑳达丽罗川：指印度河西岸河谷。达丽罗，义为“山”。

㉑慈氏菩萨：即弥勒菩萨。

㉒末田底迦：梵语音译。又作“末田”、“末田提”、“末田地”等，意译为“日中”、“水中”、“河中”等。相传为阿难的最后弟子，付法藏之第三祖，曾赴迦湿弥罗国降伏龙王，宣扬正法。

㉓睹史多天：梵语音译。又作“兜率天”。为欲界六天中的第四天，此天一昼夜，人间四百年，天寿四千岁，合人间五亿七千六百万年。睹史多天有内、外二院，外院为天人所居，内院为补处菩萨的住处，补处菩萨尝由此天下生而成佛，今为弥勒菩萨的净土。

【译文】

从这里又到了乌铎迦汉荼城。从城北跋涉山川，行走了六百多里，进入乌仗那国汉译“苑”，是当年阿输迦王的苑囿。旧译“乌长”，错了。该国横越苏婆萨堵河，当年曾有寺院一千四百所，僧徒一万八千人，如今寺院多已荒芜，僧徒逐渐减少。这里僧人对戒律、教义的理解传承有五个部派：一是法密部，二是化地部，三是饮光部，四是说一切有部，五是大众部。该国国王多住在瞢揭釐城，此城人口众多，物产丰富。城东四五里处，有座大佛塔，常常出现奇异的祥瑞，是佛陀昔日做忍辱仙人时被羯利王汉译“斗诤”。旧称“歌利”，错了割截身体的地方。

从城东北走了二百五十里，进入一座大山，到达阿波逻罗龙泉，就是苏婆河的源头。河水向西南流出。此地气候寒冷，春夏常常冰冻，到晚上就雪花飞扬，雪花呈现五种颜色，纷纷飞舞，犹如杂花一样。龙泉西南三十多里处，河水北岸的磐石上，有佛的足迹，随着各人的福愿的大小，丈量尺寸各有长短，是佛昔日降伏阿波逻罗龙时，来到这里留下足迹而去。顺流而下三十多里的地方，有如来洗衣石，石上的袈裟条纹清晰可见。从该城向南行走四百多里，到达醯罗山，这里是当初如来听闻半偈旧称“偈”，是梵文的略写。或称“偈他”，是梵文的误译。现在根据正确发音，应该称作“伽他”。伽他，汉译“颂”，每颂有三十二个梵文，报答药叉之恩舍身跳崖的地方。

从瞢揭釐城向西行走五十里，渡过一条大河，到达卢醯呾迦汉译“赤”佛塔，塔高十余丈，为无忧王建造，是如来往昔做慈力王时用刀刺身出血，来喂养五个药叉的地方旧称“夜叉”，错了。向城东北行走三十多里，到达遏部多汉译“奇特”石塔，塔高三十尺，往昔佛在这里为人和天神讲说佛法，佛离开后就从地下冒出这座石塔。从石塔向西渡过大河，行走三四里，到达一所精舍，里面有观自在菩萨像汉译“观自在”。合起音节连声诵读，就像上面的梵文；分开音节来说，就是阿嚩卢枳多，译为“观”，伊湿伐罗，译为“自在”。旧称“光世音”，或“观世音”，或“观世音自在”，都错了，极有威灵。

听说有人从城东北方向，登山越谷，沿徙多河逆流而上，道路险阻，手攀铁索，足登飞桥，大约行走了十多里，到达达丽罗川，就是乌仗那国的旧都。达丽罗川的大佛寺旁边有一尊木雕的慈氏菩萨像，金色庄严，高一百多尺，是末田底迦旧称“末田地”，错了阿罗汉建造的。他凭借神通的力把匠人升到睹史多天旧称“兜率陀”，错了，让他亲眼观看到慈氏菩萨的妙相，往来三次，才雕刻成功。

自乌铎迦汉荼城南渡信度河。河广三四里，流极清急，毒龙恶兽多窟其中，有持印度奇宝名华及舍利渡者，船辄覆没。渡此河至呾叉始罗国北印度境[①]。其城北十二三里有窣堵波，无忧王所建，每放神光，是如来昔行菩萨道为大国王，号“战达罗钵刺婆”此言“月光”[②]，志求菩提舍千头处。塔侧有伽蓝，昔经部师拘摩逻多此言“童寿”[③]，于此制造众论。从此东南七百余里，间有僧诃补罗国北印度境[④]。

又从呾叉始罗北界渡信度河，东南行二百余里，经大石门，是昔摩诃萨埵王子于此舍身饲饿乌择七子处[⑤]。其地先为王子身血所染，今犹绛赤[⑥]，草木亦然。又从此东南山行五百余里，至乌剌尸国[⑦]。

【注释】

①呾叉始罗国：故址在今巴基斯坦拉瓦尔品第西北。

②战达罗钵刺婆：梵语音译。义为“月光”。释迦佛的前身之一。

③拘摩逻多：梵语音译。又作“拘摩罗逻多”，义为“童受”。

④僧诃补罗国：故址在今巴基斯坦东北部的开达斯一带。

⑤乌择：指老虎。又作“乌檡（tú）”、“於菟（wū tú）”，古代楚人谓虎为“於菟”、“乌檡”，汉人谓虎为“乌择”。

⑥绛赤：暗红色。

⑦乌剌尸国：故址在今巴基斯坦的哈查拉一带，都城在今哈里浦尔。

【译文】

从乌铎迦汉荼城向南渡过信度河。河宽三四里，水流清澈湍急，很多毒龙恶兽在河中筑有窟穴，如果有人携带印度的奇宝名花及舍利子过河，船就会覆没。渡过这条河到达呾叉始罗国在北印度境内。都城北面十二三里处有座佛塔，无忧王建造，常常放出神光，是如来往昔行菩萨道时，为大国王，号“战达罗钵剌婆”汉译“月光”，立志求取菩提而一千次施舍头颅的地方。佛塔的旁边有座佛寺，昔日经部论师拘摩逻多汉译“童寿”曾在此撰写各种论著。从这里向东南行走七百多里，其间有僧诃补罗国在北印度境内。

又从呾叉始罗国的北界渡过信度河，向东南行走二百多里，经过大石门，是昔日摩诃萨埵王子在此舍身喂养七只饥饿的幼虎的地方。这里的土地被王子身血所染，至今仍是绛红色，草木也是这种颜色。又从这里向东南方的山中行走五百多里，到达乌剌尸国。

又东南登危险，度铁桥，行千余里，至迦湿弥罗国旧曰“罽宾”，讹也[①]。其都城西临大河，伽蓝百所，僧五千余人。有四窣堵波，崇高壮丽，无忧王所建，各有如来舍利升余。

法师初入其境，至石门，彼国西门也，王遣母弟将车马来迎。入石门已，历诸伽蓝礼拜，到一寺宿，寺名护瑟迦罗。其夜众僧皆梦神人告曰：“此客僧从摩诃支那来，欲学经印度，观礼圣迹，师禀未闻。其人既为法来，有无量善神随逐，现在于此。师等宿福为远人所慕，宜勤诵习，令他赞仰，如何懈怠沉没睡眠！”诸僧闻已，各各惊寤，经行禅诵，至旦，并来说其因缘，礼敬逾肃。

如是数日，渐近王城，离可一由旬[②]，到达摩舍罗此言“福舍”，王教所立，使招延行旅，给赡贫乏。王率群臣及都内僧诣福舍相迎，羽从千余人，幢盖盈涂，烟华满路。既至相见，礼赞殷厚，自手以无量华供养散讫，请乘大象相随而进。至都，止阇耶因陀罗寺寺，王舅所立也。明日，请入宫供养，并命大德僧称等数十人。食讫，王请开讲，令法师论难，观之甚喜。又承远来慕学，寻读无本，遂给书手二十人，令写经、论。别给五人供承驱使，资待所须，事事公给。

彼僧称法师者，高行之人。戒禁淳洁，思想淹深，多闻总持，才睿神茂，而性爱贤重士，既属上宾，盱衡延纳[③]。法师亦倾心咨禀，晓夜无疲，因请讲授诸论。彼公是时年向七十，气力已衰，庆逢神器，乃励力敷扬，自午已前讲《俱舍论》，午已后讲《顺正理论》[④]，初夜后讲《因明》、《声明论》。由是境内学人无不悉集。法师随其所说，领悟无遗，研幽击节，尽其神秘。彼公欢喜，叹赏无极，谓众人曰："此支那僧智力宏赡[⑤]，顾此众中无能出者，以其明懿，足继世亲昆季之风[⑥]，所恨生乎远国，不早接圣贤遗芳耳！"

时众中有大乘学僧毗戍陀僧诃此言"净师子"也、辰那饭荼此言"最胜亲"，萨婆多学僧苏伽蜜多罗此言"如来友"、婆苏蜜多罗此言"世友"，僧祇部学僧苏利耶提婆此言"日天"、辰那呾逻多此言"最胜救"。其国先来尚学，而此僧等皆道业坚贞，才解英富，比方僧称虽不及，比诸人足有余。既见法师为大匠褒扬，无不发愤难诘法师。法师亦明目酬酢[⑦]，无所蹇滞[⑧]，由是诸贤亦率惭服。

其国先是龙池，佛涅槃后第五十年，阿难弟子末田底迦阿罗汉教化龙王舍池，立五百伽蓝，召诸贤圣于中住止，受龙供养。其后健陀逻国迦腻色迦王，如来灭后第四百年，因胁尊者请诸圣众，内穷三藏、外达五明者，得四百九十九人，及尊者世友，合五百贤圣于此结集三藏。先造十万颂《邬波第铄论》旧曰《优波提舍》，讹也[9]，释《素呾缆藏》旧曰《修多罗》，讹也[10]。次造十万颂《毗奈耶毗婆沙论》，释《毗奈耶藏》旧曰《毗那耶》，讹也[11]。次造十万颂《阿毗达磨毗婆沙论》，释《阿毗达磨藏》或曰《阿毗昙》，讹也[12]。凡三十万颂，九十六万言。王以赤铜为鍱，镂写论文，石函封记，建大窣堵波而储其中，命药叉神守护。奥义重明，此之力也。如是停留首尾二年，学诸经、论，礼圣迹已，乃辞。

【注释】

①迦湿弥罗：梵语音译。又作“罽（jì）宾”。迦湿弥罗国在今克什米尔一带，其都城在斯利那加。

②由旬：印度古代的计程单位，又译作“逾缮那”。具体长度说法不一。《大唐西域记》卷二：“夫数量之称，谓‘逾缮那’。（旧曰“由旬”，又曰“逾阇那”，又曰“由延”，皆讹略也。）逾缮那者，自古圣王一日军程也。旧传一逾缮那四十里矣，印度国俗乃三十里，圣教所载唯十六里。”

③盱（xū）衡：举眉扬目。

④《顺正理论》：全称《阿毗达磨顺正理论》，又作《正理论》、《随实论》、《俱舍雹论》。印度众贤撰，唐玄奘译。凡八十卷，共二万五千颂，计八十万言，分为八品。作者站在说一切有部的立场驳斥世亲《俱舍论》的观点。《大唐西域记》卷四《大伽蓝及众贤与世亲故事》详细记载了本论的撰述因缘。

⑤宏赡：超群，卓越。

⑥世亲昆季：即无著、世亲兄弟。

⑦酬酢：应对回答。

⑧蹇(jiǎn)滞：不顺利。

⑨《邬波第铄论》：梵语音译。义为“论议”。

⑩《素呾缆藏》：即经藏。

⑪《毗奈耶藏》：即律藏。

⑫《阿毗达磨藏》：即论藏。

【译文】

又向东南行走，登山履险，渡过铁桥，走了一千多里，到达迦湿弥罗国旧称“罽宾”，错了。该国都城西面濒临大河，有佛寺一百所，僧侣五千多人。有四座佛塔，崇高壮丽，是无忧王建造的，每座佛塔里都收藏如来舍利一升多。

法师初入国境，到达石门，这是该国的西门，国王派遣自己的舅舅率领车马前来迎接。进入石门后，遍历诸佛寺一一礼拜，到一所名叫护瑟迦罗的寺院住下。当夜寺中众僧都梦见神人告诉他们道：“这位客僧从大唐而来，想在印度学习佛经，观礼圣迹，禀承未闻之法。他既然为法而来，必有无数善神追随左右，现在就在这里。诸位法师的累世福德为远方而来的人所仰慕，应当勤奋诵习，使他赞美敬仰，怎能懒惰耽于睡眠呢！”众僧听罢，各各从梦中惊醒，起来经行禅诵，天亮后，一起前来向法师诉说因缘，对法师愈加礼敬。

这样过了几天，逐渐走近王城，距离大约还有一天路程，到达达摩舍罗汉译“福舍”，是国王下令设立的，用来招待行人，并接济穷人。国王率领群臣和都城里的僧侣前往福舍迎接，随从仪仗有一千多人，沿途都是幢幡宝盖，香烟缭绕，鲜花满地。到达福舍后和法师相见，先虔诚礼赞，又亲手以无数鲜花供养法师后，再请法师乘坐大象相随前进。到达都城后，安歇在阇耶因陀罗寺这寺是国王的舅舅建立的。第二天，国王请法师入宫供养，并请僧称等数十人作陪。吃完饭，国王请法师开讲，并请法师与众僧论辩，国王观看后甚为欣喜。又因为法师远来求法，无书可读，于是就派了书手二十人，为法师抄写经、论。另外又派了五人侍奉法师，所需财物，都由官府供给。

这位僧称法师是一位高行之人。他戒行淳厚清白，知识深广，多闻总持，才智卓越，精神矍铄，而且生性爱贤重士，法师既为上宾，僧称欣然接纳。法师也倾心请教，昼夜不倦，趁机请他讲授诸论。僧称这时已经年近七十，气力已衰，但庆幸遇上法师这样的佛门神器，就勉力讲解，上午讲授《俱舍论》，下午讲授《顺正理论》，晚上讲授《因明》、《声明论》。因此境内学者都前来听讲。法师随僧称所讲，完全领悟，深入钻研，穷尽奥秘。僧称非常欢喜，叹赏不已，对众人说道："这支那僧人智力卓绝，这里僧众之中没有人能超过他，以他的智慧通达和高尚德行，足以继承无著、世亲兄弟的事业，遗憾的是他生在远方国家，没能早点儿亲近圣贤的遗芳啊！"

当时大众中有大乘学僧毗戍陀僧诃汉译"净师子"、辰那饭荼汉译"最胜亲"，说一切有部学僧苏伽蜜多罗汉译"如来友"、婆苏蜜多罗汉译"世友"，大众部学僧苏利耶提婆汉译"日天"、辰那呾逻多汉译"最胜救"。这些僧人先来此国求学，都道业坚贞，多才善解，虽然比不上僧称，却远超过众人。他们看到法师受到僧称赞扬，都发愤诘难法师。法师条理清晰地酬对应答，毫无凝滞，由此他们也都惭愧钦服。

迦湿弥罗国原先是一个龙池，佛涅槃之后第五十年，阿难的弟子末田底迦阿罗汉教化龙王，让它施舍龙池，建立五百佛寺，召请各位圣贤居住，受龙王供养。其后健陀逻国迦腻色迦王，在如来涅槃之后第四百年，通过胁尊者召请内究三藏、外达五明的圣贤，得四百九十九人，再加上世友尊者，一共五百圣贤在这里结集三藏。首先撰写《邬波第铄论》十万颂旧称《优波提舍》，错了，解释《素呾缆藏》旧称《修多罗》，错了。其次撰写《毗奈耶毗婆沙论》十万颂，解释《毗奈耶藏》旧称《毗那耶》，错了。最后撰写《阿毗达磨毗婆沙论》十万颂，解释《阿毗达磨藏》或称《阿毗昙》，错了。共三十万颂，九十六万字。国王用赤铜铸成金属薄片，在上面镂刻论文，用石函封缄，建造大佛塔，藏在其中，命令药叉神守护。佛法奥义重新申明，依赖众圣贤结集之力啊。就这样法师在这里前后停留了两年，学完各种经、论，礼拜了圣迹，然后离去。

西南逾涉山涧，行七百里，至半笯嵯国[①]。从此东南行四百余里，至曷逻阇补罗国北印度境[②]。从此东南下山渡水行七百余里，至磔迦国北印度境[③]。自滥波至于此土，其俗既住边荒，仪服语言稍殊印度，有鄙薄之风焉。自出曷逻阇补罗国，经二日，渡栴达罗婆伽河此云"月分"，到阇耶补罗城，宿于外道寺。寺在城西门外，是时徒侣二十余人。后日进到奢羯罗城[④]，城中有伽蓝，僧徒百余人，昔者世亲菩萨于中制《胜义谛论》。其侧有窣堵波，高二百尺，是过去四佛说法之处，见有经行遗迹。

从此出那罗僧诃城，东至波罗奢大林中，逢群贼五十余人，法师及伴所将衣资劫夺都尽，仍挥刀驱就道南枯池，欲总屠害。其池多有蓬棘萝蔓，法师所将沙弥遂映刺林[⑤]，见池南岸有水穴，堪容人过，私告法师，即相与透出。东南疾走可二三里，遇一婆罗门耕地，告之被贼。彼闻惊愕，即解牛与法师，向村吹贝，声鼓相命，得八十余人，各将器杖，急往贼所。贼见众人，逃散各入林间。法师遂到池解众人缚，又从诸人施衣分与，相携投村宿。人人悲泣，独法师笑无忧戚。同侣问曰："行路衣资贼掠俱尽，唯余性命，仅而获存。困弊艰危，理极于此，所以却思林中之事，不觉悲伤。法师何因不共忧之，倒为欣笑？"答曰："居生之贵，唯乎性命。性命既在，余何所忧。故我土俗书云：'天地之大宝曰生。'生之既在，则大宝不亡。小小衣资，何足忧吝。"由是徒侣感悟。其澄波之量，浑之不浊如此！

【注释】

①半笯嗟：梵语音译。半笯嗟国在今斯利那加西南的布恩契。

②曷逻阇补罗：梵语音译。曷逻阇补罗国在今克什米尔南部的拉加奥利一带。

③磔迦：梵语音译。磔迦国在今巴基斯坦的旁遮普地区。《大唐西域记》卷四："磔迦国周万余里，东据毗播奢河，西临信度河。"

④奢羯罗：梵语音译。奢羯罗城在今巴基斯坦东北部的锡亚尔科特一带。

⑤沙弥：梵语音译。义为"求寂"、"法公"、"息恶"、"息慈"、"勤策"等，即止恶行慈、觅求圆寂之义，指佛教僧团中，已受十戒，未受具足戒，年龄在七岁以上、未满二十岁的出家男子。为佛教五众或七众之一。

【译文】

向西南翻山涉水，行走七百里，到达半笯嗟国。从这里向东南行走四百多里，到达曷逻阇补罗国在北印度境内。从这里向东南方，下山渡水，行走七百多里，至磔迦国在北印度境内。从滥波国到这个国家，都是边荒风俗，仪服语言和印度稍有差别，民风粗鄙轻薄。从离开曷逻阇补罗国，经过两天，渡过栴达罗婆伽河汉译"月分"，到达阇耶补罗城，住宿在外道的寺院。寺院在城的西门外，当时有徒侣二十多人。又过了一天，行进到奢羯罗城，城中有佛寺，僧徒一百多人，当初世亲菩萨曾在这里撰写《胜义谛论》。寺院旁边有座佛塔，高二百尺，是过去四佛说法的地方，留有经行的遗迹。

从此出了那罗僧诃城，向东进入波罗奢大森林中，碰到盗贼五十多人，把法师和同伴所带的衣服资财统统抢去，还挥刀把他们驱赶到道路南面的枯池，准备统统杀害。枯池中长了很多蓬棘藤萝，法师所带的沙弥躲在刺林里，看到枯池南岸有个水洞，正好能容一人通过，偷偷告诉法师，于是二人从洞中钻出。向东南飞奔了二三里路，遇到一个婆罗门在耕地，就告诉他被盗贼抢劫。他听说后大吃一惊，立即解下牛交给法师，向着村庄的方向吹起螺贝，声鼓相应，召集了八十多人，都拿着武器，急忙赶到遇贼的地方。盗贼看到他们人多势众，一哄而散，分头逃进树林里。法师于是到枯池里给众人松绑，又把村民布施的衣服分给他们，相互搀扶着到村中投宿。大家都伤心落泪，唯独法师面带微笑，毫无愁容。同行的人问道："行路的衣服资财全都被盗贼抢去，只留下性命，仅仅存活下来。艰难困苦已经到了这种地步，所以回想起林中的遭遇，不禁悲伤。法师为何不和我们同忧，反而欣笑呢?"法师回答道："人生最珍贵的只有性命。既然性命已经保全，此外还有什么可忧虑呢？所以我国俗书上说：'天地间的大宝是生命。'生命既然还在，那么大宝就没有亡失。区区衣物资财，何足忧虑吝惜。"同行的人因此受到感动，醒悟过来。法师清波万里的胸怀，是如此浑而不浊啊！

明日到磔迦国东境，至一大城。城西道北有大庵罗林，林中有一七百岁婆罗门，及至观之，可三十许，行质魁梧，神理淹审，明《中》、《百》诸论，善《吠陀》等书[①]。有二侍者，各百余岁。法师与相见，延纳甚欢。又承被贼，即遣一侍者，命城中信佛法者，令为法师造食。其城有数千户，信佛者盖少，宗事外道者极多。法师在迦湿弥罗时，声誉已远，诸国皆知，其使乃遍城中告唱云："支那国僧来，近处被贼，衣服总尽，诸人宜共知时。"福力所感，遂使邪党革心，有豪杰等三百余人，闻已各将斑氎布一端，并奉饮食，恭敬而至，俱积于前，拜跪问讯。法师为咒愿，并说报应因果，令诸人等皆发道意，弃邪归正，相对笑语，舞跃而还。长年叹未曾有。于是以氎布分给诸人，各得数具衣直，犹用之不尽，以五十端布奉施长年。仍就停一月，学《经百论》、《广百论》。其人是龙猛弟子②，亲得师承，说甚明净。

【注释】

①《吠陀》：又作"韦陀"，义为"知识"，系古印度婆罗门教的早期文献。吠陀文献分为四种，即梨俱吠陀、沙摩吠陀、夜柔吠陀和阿闼婆吠陀。《大唐西域记》卷二："其婆罗门学四吠陀论（旧曰"毗陀"，讹也）。一曰寿，谓养生缮性；二曰祠，谓享祭祈祷；三曰平，谓礼仪、占卜、兵法、军阵；四曰术，谓异能、伎数、禁咒、医方。"

②龙猛：即龙树（约150—250），中观学派的创始人，因其在理论上坚持不着有、无二边的"中道"而得名。由于该学派的基本思想是"一切皆空"，因而又被称之为"大乘空宗"。传中说龙树是南印度的婆罗门人，自幼通晓婆罗门经典，后来皈依佛教。著有《中论》、《十二门论》、《大智度论》、《十住毗婆沙》等。

【译文】

第二天来到磔迦国东境，到达一座大城。在城西路北有一大片庵罗树林，林中有一位七百多岁的婆罗门，等走近观看，好像三十多岁，身材魁梧，学识通达，精通《中》、《百》诸论，善解《吠陀》等书。身边有两个侍者，都有一百多岁。法师与他们相见，受到他们的热情接待。又由于法师被盗贼抢劫，就派出一位侍者，请城中信仰佛法的人为法师准备斋饭。城中有几千户人家，信仰佛教的人很少，崇奉外道的人很多。法师还在迦湿弥罗时，就已经声誉远播，印度诸国都知道法师，那位侍者在城中到处高声喊道："支那国高僧来此，在附近被盗贼所劫，衣服尽失，大家应当知道,此正是供养的时候。”由于福德力的感召,于是使信奉外道的邪党改信佛教,有豪杰等三百多人,听说后各持斑氎布一端,并携带饮食,恭恭敬敬地来到法师住所,把所带物品堆积在法师前,跪拜问候。法师为他们祝福,并讲说因果报应的道理,使他们发起求道之心,弃邪归正,相对笑语,舞跃而回。年长的婆罗门感叹说,这是前所未有的事啊。法师于是把氎布分给大家,每人所得之物都够置办几套衣服,还用不完,又把五十端布奉施年长的婆罗门。法师在此停留了一个月,向他学习《经百论》、《广百论》。此人是龙树菩萨的弟子,亲承师说,对经、论的解说甚是简明清楚。

从此东行五百余里,到至那仆底国①。诣突舍萨那寺,有大德毗腻多钵腊婆此云“调伏光”,即北印度王子,好风仪,善三藏,自造《五蕴论释》、《唯识三十论释》,因住四月,学《对法论》、《显宗论》、《理门论》等②。大城东南行五十余里,至答秣苏伐那僧伽蓝此言“闇林”③。僧徒三百余人,学说一切有部。贤劫千佛皆当于此地集人、天说法④。释迦如来涅槃后第三百年中,有迦多衍那旧曰“迦旃延”,讹也论师⑤,于此制《发智论》⑥。

【注释】

①至那仆底:梵语音译。至那仆底国在今巴基斯坦和印度交界处的萨特累季河流域。或说在印度北部的费罗兹普尔一带等。

②《对法论》:即《阿毗达磨杂集论》,凡十六卷,安慧撰,唐玄奘译。该论是解释无著《阿毗达磨集论》的著作。对法,即阿毗达磨。《显宗论》:即《阿毗达磨藏显宗论》,凡四十卷,萨婆多部众贤撰,唐玄奘译。显宗,即显扬诸法实有之宗义。《理门论》:即《因明

正理门论本》，陈那撰，唐玄奘译。该论内容是诠释因明论理之规则，一一论述能立、似能立、现量、似现量、比量、能破、似能破、负处等义旨。异译本为义净的《因明正理门论》。

③答秣苏伐那：梵语音译。义为"阇林"。《大唐西域记》作"荅秣苏伐那"，义为"暗林"。

④贤劫：指有释迦佛等千佛出世的现在劫。与"过去庄严劫"、"未来星宿劫"合称为"三劫"。因为现在劫中有千尊佛出世，故称为"贤劫"，又称"善劫"。

⑤迦多衍那：梵语音译。又作"迦旃延"。古印度阿槃提国人，婆罗门种姓，佛陀十大弟子之一，擅长论议，称"论议第一"，为说一切有部的鼻祖。

⑥《发智论》：全称《阿毗达磨发智论》。

【译文】

从这里向东行走了五百多里，到达至那仆底国。前往突舍萨那寺，寺里有高僧名毗腻多钵腊婆汉译"调伏光"，是北印度王子，风度不凡，精研三藏，自己还撰写了《五蕴论释》、《唯识三十论释》，法师于是在此停住了四个月，向他学习《对法论》、《显宗论》、《理门论》等。从都城向东南行走五十多里，到达答秣苏伐那佛寺汉译"阇林"。僧徒三百多人，学习说一切有部。贤劫中的千佛，都在这里汇集人、天众生，演说佛法。释迦如来涅槃以后第三百年间，有迦多衍那旧称"迦旃延"，错了论师，在这里撰写《发智论》。

从此东北行百四五十里，至阇烂达那国北印度境①。入其国，诣那伽罗驮那寺，有大德旃达罗伐摩此云"月胄"，善究三藏。因就停四月，学《众事分毗婆沙》。

从此东北行登履危险，行七百余里，至屈居勿反露多国北印度境[②]。自屈露多国南行七百余里，越山渡河，至设多图卢国北印度境[③]。从此西南行八百余里，至波理夜呾罗国中印度境[④]。

【注释】

①阇烂达那：梵语音译。又作“阇烂达罗”。阇烂达那国在今印度旁遮普邦的贾朗达尔一带。

②屈露多：梵语音译。屈露多国在今印度北部的屈露地区。

③设多图卢：梵语音译。义为“百川汇流”。设多图卢国在今印度旁遮普邦的沙尔亨德一带。

④波理夜呾罗：梵语音译。波理夜呾罗国在今印度的拉贾斯坦邦，都城在斋浦尔以北的拜拉特。

【译文】

从这里向东北行走一百四五十里，到达阇烂达那国在北印度境内。进入该国后，前往那伽罗驮那寺，寺里有高僧旃达罗伐摩汉译“月胄”，精研三藏。法师在这里停留了四个月，向他学习《众事分毗婆沙》。

从这里向东北行走，登山履险，行走七百多里，到达屈居勿反露多国在北印度境内。从屈露多国向南行走七百多里，翻山渡河，到达设多图卢国在北印度境内。从这里向西南行走八百多里，到达波理夜呾罗国在中印度境内。

从此东行五百余里，至秣菟罗国中印度境[①]。释迦如来诸圣弟子舍利子等遗身窣堵波[②]，谓舍利子旧曰“舍梨子”，又曰“舍利弗”，皆讹也、没特伽罗子旧曰“目乾连”，讹也等塔皆见在[③]。呾丽衍尼弗呾罗此言“满慈子”，旧曰“弥多罗尼子”，讹略也、优婆釐、阿难陀、罗怙罗旧曰“罗睺罗”，又曰“罗云”，皆讹也及曼殊室利此言"妙吉祥",旧曰"濡首",又曰"文殊师利",或言"曼殊尸利",曰"妙德",讹也④,如是等诸窣堵波,每岁修福之日,僧徒相率随所宗事而修供养。阿毗达磨众供养舍利子,习定之徒供养没特伽罗子,诵持经者供养满慈子,学毗奈耶众供养优婆釐,诸比丘尼供养阿难,未受具戒者供养罗怙罗,学大乘者供养诸菩萨。

城东五六里,至一山伽蓝,尊者乌波毱多此言"近护"之所建也⑤。其中爪、发舍利。伽蓝北岩有石室,高二十余尺,广三十余尺,四寸细筹⑥,填积其内。尊者近护说法悟道,夫妻俱证阿罗汉果者,乃下一筹;单己及别族者,虽证不记。

【注释】

①秣菟罗:梵语音译。意译为"孔雀"。秣菟罗国在今印度北方邦的朱姆那河流域。

②舍利子:又作"舍利弗",其母名"舍利",故名。古印度摩揭陀国王舍城人,婆罗门种姓。佛陀的十大弟子之上首,因聪慧出众,在佛弟子中被誉为"智慧第一"。年少时跟从六师外道中的删阇耶毗罗胝子出家学道,仅七日七夜即贯通其教旨,会众二百五十人皆奉之为上首。佛陀成道后不就,五比丘之一的马胜比丘以佛陀所说因缘法示之,令了知诸法无我之理,遂归于佛门。

③没特伽罗子:又作"大目犍连"、"目犍连"、"目乾连"、"目连",意为"采菽氏"。古代印度摩揭陀国王舍城外拘律陀村人,婆罗门种姓,自幼与舍利弗交情甚笃,后同归佛门,成为佛陀十大弟子之一,有"神通第一"之誉。据《盂兰盆经》记载,目犍连曾为救母出离饿鬼道,而于七月十五僧自恣日供养十方大德僧众,遂为后世盂兰盆会的由来。

④呾丽衍尼弗呾罗：又作“富楼那弥多罗尼子”、“弥多罗尼子”、“满慈子”、“满愿子”、“满祝子”等。佛陀十大弟子之一，擅长义理，善于说法，故有“说法第一”之誉。迦毗罗卫人，净饭王国师之子，属于婆罗门种姓。优婆釐：又作“优婆离”、“优波离”、“邬波离”，意译为“近执”、“近取”，佛陀十大弟子之一。印度迦毗罗卫国人，首陀罗种姓，曾为宫廷理发师。优婆釐精于戒律，修持严谨，故有“持律第一”之誉。阿难陀：又作“阿难”，意译为“欢喜”、“庆喜”，佛陀之堂弟，也是佛陀十大弟子之一。随侍佛陀二十余年，因多闻善记，故有“多闻第一”之誉。罗怙罗：又作“罗睺罗”，意为“覆障”、“障月”，佛陀之子，也是佛陀十大弟子之一，素称“密行第一”。曼殊室利：即文殊菩萨。

⑤乌波毱(jú)多：梵语音译。又作“优婆毱多”、“优波毱多”、“优婆崛多”、“优婆笈多”，汉译“近护”，为付法藏第四祖或第五祖。古印度摩突罗国人，商那和修的弟子。他与阿育王同时，曾率众到华氏城为阿育王说法，作偈：“三宝值遇难，王应常供养；世尊付法藏，于王及我等；当守护佛法，为摄受众生。”并示意在佛教圣地蓝毗尼、菩提伽耶、鹿野苑等地建造佛塔，阿育王因此建造八万四千佛塔供养释迦牟尼及其弟子的舍利。

⑥筹：古代的计数用具，多用竹子制成。

【译文】

从这里向东行走五百多里，到达秣菟罗国在中印度境内。释迦如来诸位圣贤弟子舍利子等的遗身佛塔，有舍利子旧称“舍梨子”，又称“舍利弗”，都错了、没特伽罗子旧称“目乾连”，错了等舍利塔还都存在。呾丽衍尼弗呾罗汉译“满慈子”，旧称“弥多罗尼子”，都错了、优婆釐、阿难陀、罗怙罗旧称“罗睺罗”，又称“罗云”，都错了及曼殊室利汉译“妙吉祥”，旧称“濡首”，又称为“文殊师利”，又称为“曼殊尸利”，翻译为“妙德”，错了，如是等等诸座佛塔，每年修福法会之日，僧徒竞相率领四众弟子根据各自所宗奉的法门而分别进行供养。学习议论者供养舍利子，修习禅定者供养没特伽罗子，诵持佛经者供养满慈子，学习戒律者供养优婆釐，诸位比丘尼供养阿难，没有受具戒者供养罗怙罗，修学大乘者供养诸位菩萨。

从城向东行走五六里，到达一座山寺，是尊者乌波毱多汉译“近护”所建造的。其中有如来的爪、发舍利。佛寺北边山岩上有间石室，高二十多尺，宽三十多尺，四寸细竹签堆积其中。尊者近护演说佛法，使众生悟道，如果夫妻都证得阿罗汉果，就放下一筹；单身和非夫妻关系者，虽然证果也不放筹。

从此东北行五百余里，至萨他泥湿伐罗国中印度境[①]。又东行四百余里，至禄勒那国中印度境[②]。东临殑伽河[③]，北背大山，阎牟那河中境而流[④]。又河东行八百余里，至殑伽河源，广三四里，东南流入海处广十余里。其味甘美，细沙随流。彼俗书记谓之“福水”，就中沐浴，罪釁销除[⑤]；啜波嗽流，则殃灾殄灭；没而死者，即生天受福。愚夫愚妇常集河滨，皆外道邪言，无其实也。后提婆菩萨示其正理[⑥]，方始停绝。国有大德名阇耶毱多，善闲三藏。法师遂住一冬半春，就听《经部毗婆沙》讫。

【注释】

①萨他泥湿伐罗：梵语音译。萨他泥湿伐罗国，义为“自在之国”，因其土地肥沃、居民富庶，故名。都城在今印度旁遮普邦的塔内沙尔。

②禄勒那国：又作“窣禄勤那国”。在今印度北方邦西北部的台拉登和喜马偕尔区南部的西木耳一带。

③殑（jìng）伽河：即恒河。

④阎牟那河：即今朱木拿河。

⑤罪釁(xìn)：罪孽，罪过。釁，同“衅”。

⑥提婆菩萨(约170—270)：龙树的弟子，中观学派的重要创始人。付法藏十四祖或第十五祖。又称“圣天”、“圣提婆”、“迦那提婆”，南印度婆罗门种姓。他学识渊博，辩才绝伦，尝访谒龙树，求论议。龙树命弟子将钵盛满水，放在提婆面前。提婆默然投针入水中，二人欣然契合。提婆遂成为龙树弟子，宣扬大乘中观学说，因常挫小乘及外道论师，遭刺杀。著有《百论》等。

【译文】

从这里向东北行走五百多里，到达萨他泥湿伐罗国在中印度境内。又向东行走四百多里，到达禄勒那国在中印度境内。该国东临恒河，北靠大山，阎牟那河从国家中部流过。又沿河向东行走八百多里，到达恒河的源头，源头宽三四里，东南流入大海处宽十几里。水味甜美，细沙随流。印度民俗之书称之为“福水”，认为在恒河中沐浴，可以消除罪孽；饮用河水，可以消灾灭殃；溺死河中，就能升天享福。因此，愚夫愚妇常常聚集在河边，其实这些都是外道邪说，并非事实。后来经国提婆菩萨向他们开示正理，这种风俗方才停绝。该国有位高僧名叫阇耶毱多，精通三藏。法师便在这里住了一个冬天和半个春天，听他讲完《经部毗婆沙论》。

渡河东岸，至秣底补罗国[①]。其王戍陀罗种也[②]。伽蓝十余所，僧徒八百余人，皆学小乘一切有部。大城南四五里有小伽蓝，僧徒五十余人。昔瞿拏钵刺婆此言“德光”论师于此作《辩真》等论，凡百余部。论师是钵伐多国人[③]，本习大乘，后退学小乘。时提婆犀那此言“天军”阿罗汉往来睹史多天，德光愿见慈氏，决诸疑滞，请天军以神力接上天宫。既见慈氏，揖而不礼，言："我出家具戒，慈氏处天同俗，礼敬非宜。"如是往来三返，皆不致礼。既我慢自高，疑亦不决。

德光伽蓝南三四里有伽蓝，僧二百余人，并小乘学。是众贤论师寿终处。论师本迦湿弥罗国人，博学高才，明一切有部《毗婆沙》。时世亲菩萨亦以睿智多闻，先作《阿毗达磨俱舍论》，破毗婆沙师所执。理奥文华，西域学徒莫不钻仰[④]，爰至鬼神亦皆讲习。众贤览而心愤，又十二年，覃思作《俱舍雹论》二万五千颂[⑤]，八十万言。造讫，欲与世亲面定是非，未果而终。世亲后见其论，叹有知解，言："其思力不减《毗婆沙》之众也。虽然甚顺我义，宜名《顺正理论》。"遂依行焉。众贤死后，于庵没罗林中起窣堵波，今犹见在。

林侧又有窣堵波，是毗末罗蜜多罗此言"无垢称"也论师遗身处[⑥]。论师迦湿弥罗国人，于说一切有部出家，游五印度，学穷三藏，将归本国，涂次众贤之塔，悲其著述未及显扬，奄便逝殁。因自誓更造诸论，破大乘义，灭世亲名，使论师之旨永传遐代。说此语已，心智狂乱，五舌重出[⑦]，遍体血流，自知此苦原由恶见，裁书忏悔[⑧]，劝诸同侣，勿谤大乘，言终气绝。当死之处，地陷为坑。

其国有大德名蜜多斯那，年九十，即德光论师弟子，善闲三藏。法师又半春一夏就学萨婆多部《怛埵三弟铄论》此言《辩真论》，二万五千颂，德光所造、《随发智论》等。

【注释】

①秣底补罗国：在今印度北方邦的马达瓦尔。

②戍陀罗种：即首陀罗种姓。

③钵伐多国：都城故址在今巴基斯坦旁遮普的哈拉巴，隶属于磔迦国。

④钻仰：钻研仰望。《论语·子罕》："仰之弥高，钻之弥坚。"

⑤覃思：深思。

⑥遗身：舍身，死亡。

⑦五舌：舌头的五种症状。古人根据舌头表现的症状来推测身体的疾病，这里泛指身体的各种疾病的症状。

⑧裁书：裁笺作书，写信。

【译文】

渡过阎牟那河，沿东岸行走，到达秣底补罗国。该国国王是首陀罗种姓。佛寺十多所，僧徒八百多人，都研习小乘说一切有部。都城南面四五里处有座小佛寺，僧徒五十多人。昔日瞿拏钵剌婆汉译"德光"论师曾在这里撰写《辩真》等论著，共一百多部。论师是钵伐多国人，本来研习大乘，后来退而修学小乘。当时提婆犀那汉译"天军"阿罗汉往来睹史多天，德光想见慈氏菩萨，解决疑难，请天军阿罗汉用神力把他接到天宫。德光见到慈氏菩萨后，只是长揖而不礼拜，说道："我是出家弟子，受具足戒比丘，而慈氏菩萨虽处天宫，同于俗世，要我对他礼拜致敬，恐怕不合适。"就这样往来天宫三次，德光都不向慈氏菩萨礼拜致敬。因为德光自高自大，轻慢菩萨，所以他的疑难也得不到解决。

德光寺南面三四里处有座佛寺，僧徒二百多人，都修学小乘佛教，这里是众贤论师去世的地方。众贤论师本是迦湿弥罗国人，博学高才，明了说一切有部的《毗婆沙论》。当时，世亲菩萨也睿智博学，先作《阿毗达磨俱舍论》，来破除毗婆沙师的观点。该论义理深奥，文辞华彩，西域学徒无不深入钻研，乃至鬼神也都能讲习。众贤论师阅读后，心生愤怒，又过了十二年，深思熟虑后撰写《俱舍雹论》二万五千颂，八十万字。写完后，要与世亲面对面决定孰是孰非，还没有见到世亲菩萨，众贤论师就去世了。世亲菩萨后来看到众贤的《俱舍雹论》，赞叹他有知识见解，说道："众贤的思辨力不弱于《毗婆沙》的众论师。既然很顺承我佛的教义，应改名为《顺正理论》。"于是依言而行。众贤论师死后，他的弟子在庵没罗林中为他建造佛塔，至今还在。

庵没罗林旁边还有一座佛塔，是毗末罗蜜多罗汉译"无垢称"论师舍身的地方。论师是迦湿弥罗国人，依持说一切有部出家，游学五印度，穷尽三藏，将要返回本国，途经众贤论师的佛塔，感伤其著作还没有来得及宣扬，便突然去逝。于是发誓要再撰写各种论著，破斥大乘教义，消除世亲的声名，使论师的法旨永远流传。刚说完这番话，他忽然心智狂乱，各种病症反复出现，遍体流血，自知此苦源自恶见，于是就书写遗言，进行忏悔，劝诫诸位同伴，切勿毁谤大乘佛法，写完就气绝身亡。在他死的地方，大地陷成一个坑。

该国有高僧名叫蜜多斯那，年已九十，是德光论师的弟子，娴熟三藏。法师又花了半个春天和一个夏天的时间，跟他学习说一切有部的就学萨婆多部《怛埵三弟铄论》汉译《辩真论》，二万五千颂，德光撰写、《随发智论》等。

又从此北行三百余里，至婆罗吸摩补罗国中印度境[①]。又此东南行四百余里，至醯掣怛罗国中印度境[②]。又南行二百余里，渡殑伽河，西南至毗罗那拏国中印度境[③]。又东行二百余里，至劫比他国中印度境[④]。城东二十余里有大伽蓝，院内有三宝阶，南北列，面东西下，是佛昔于忉利天为摩耶夫人说法讫[⑤]，归赡部洲下处[⑥]。中是黄金，左是水精，右是白银。如来起善法堂，将诸天众蹑中阶而下，大梵天王执白拂[⑦]，履银阶，处右，天帝释持宝盖，蹈水精阶，居左。是时百千天众、诸大菩萨陪随而下。自数百年前犹有阶级，今并沦没。后王恋慕，累砖石拟其状，饰以杂宝，见高七十余尺。

上起精舍，中有石佛像，左右有释、梵之像，并仿先仪，式彰如在⑧。傍有石柱高七丈，无忧王所立。傍有石基，长五十余步，高七尺，是佛昔经行处。

【注释】

①婆罗吸摩补罗：梵语音译。婆罗吸摩补罗国在今印度北方邦西北部的迦尔瓦尔地区。

②醯掣怛（dá）罗：梵语音译。又作“垩醯掣呾逻”，义为“蛇盖”。醯掣怛罗国在今印度北方邦罗希尔甘德东部的阿希查特拉地区。

③毗罗那拏：梵语音译。又作“毗罗删拿”。毗罗那拏国在今印度北方邦的比尔沙尔。

④劫比他：梵语音译。劫比他国都城在今印度北方邦法鲁迦巴德城西的桑基萨村。

⑤忉利天：又作“三十三天”。在佛教的宇宙观中，此天位于欲界六天之第二天，为帝释天所居之天界，位于须弥山顶；山顶四方各八天国，加上中央帝释天所居住的善见城（喜见城），共有三十三个天国，故称“三十三天”。据说，此间众生身高一由旬，寿一千岁，一日当人间百年，其天寿命合人间三千六百五十万年。摩耶夫人：释迦牟尼的生母。为古印度迦毗罗卫净饭王的王妃。临产前依时俗返回娘家待产，途中在其父天臂城主须菩提的别宫蓝毗尼园休息时，生下释尊。七日后逝世。据传其死后生于忉利天（欲界六天的第二天），释尊曾于某夏，上升至忉利天，为其母说法。

⑥赡部洲：此大地之总名，四大部洲之一。因此地中央有赡部树，故以树名洲。又因赡部树下生好金，名为赡部檀金，故以此金名洲。四洲，即东胜身洲、南赡部洲、西牛货洲、北俱卢洲，位于须弥山四周。

⑦大梵天王：又称“大梵天”、“梵天”、“梵王”、“尸弃”、“世主天”等，为色界初禅天之主。大梵天在印度婆罗门教中，为世界的创造者，是婆罗门教最为推尊的主神。但在佛教里，则视之为佛教的护法神。

⑧式彰：彰显，表现。

【译文】

又从这里向北行走三百多里，到达婆罗吸摩补罗国在中印度境内。又向东南行走四百多里，到达醯掣怛罗国在中印度境内。又向南行走二百多里，渡过恒河，再向西南行走，到达毗罗那拏国在中印度境内。又向东行走二百多里，到达劫比他国在中印度境内。在都城往东二十多里处有座大佛寺，寺院内有三宝台阶，南北排列，面向东方，自西而下，是佛陀昔日在忉利天为母亲摩耶夫人说法完毕后，返回南赡部洲时下来的地方。中间的台阶是用黄金砌成，左边是用水精砌成，右边是白银砌成。如来从善法堂起身，率领诸天众生，从中间黄金台阶蹑足而下；大梵天王手执白拂，脚踏白银台阶，在右边侍奉；天帝释手持宝盖，脚踏水精台阶，在左边侍奉。那时，百千天众和诸位大菩萨陪随佛陀降临人间。到几百年前，还有台阶存在，现在都陷没了。后世国王恋念仰慕，仿照当时宝阶的形状，垒砌砖石，重建台阶，并装饰各种珍宝，现在的宝阶高七十多尺。上面再建精舍，精舍中有石佛像，左右台阶上有帝释天和大梵王的像，都仿照当初的仪式，表现得如同他们还在一样。旁边有根石柱，高七丈，是无忧王建造的。精舍旁边有个石基，长五十多步，高七尺，是佛昔日经行的地方。

从此西北行二百里，至羯若鞠阇国此言“曲女城”，中印度[①]。国周四千里，都城西临殑伽河，长二十余里，广五六里。伽蓝一百余所，僧徒万余人，大小俱学。其王吠奢种也[②]，字曷利沙伐弹那此言“喜增”[③]。父字波罗羯逻伐弹那此言“作增”，兄字遏罗阇伐弹那此言“王增”。喜增在位仁慈，国人称咏。时东印度羯罗拏苏伐剌那此言“金耳”国设赏迦王此言“日”[4]，恶其明略而为邻患，乃诱而害之。大臣婆尼此言“明了”及群僚等，悲苍生之无主，共立其弟尸罗阿迭多此言“戒日”统承宗庙。王雄姿秀杰，算略宏远，德动天地，义感人神，遂能雪报兄仇，牢笼印度，威风所及，礼教所沾，无不归德。天下既定，黎庶斯安，于是戢武韬戈[5]，营树福业，敕其境内无得杀生，凡厥元元[6]，普令断肉。随有圣迹，皆建伽蓝，岁三七日遍供众僧[7]。五年一陈无遮大会[8]，府库所积并充檀舍[9]，详其所行，须达拏之流矣[10]。

城西北有窣堵波，高二百余尺；东南六七里殑伽河南有窣堵波，亦高二百余尺，并无忧王所造，皆是佛昔说法处。法师入其国，到跋达逻毗诃罗寺住三月，依毗离耶犀那三藏读佛使《毗婆沙》、日胄《毗婆沙》讫。

【注释】

①羯若鞠阇：梵语音译。义为“曲女城”。羯若鞠阇国是印度历史上有名的古国，都城位于印度北方邦的卡瑙季。

②吠奢种：指吠舍种姓，是古代印度四种姓中的第三等。

③曷利沙伐弹那：梵语音译。意译为“喜增”，即位后号“尸罗阿迭多”，意译为“戒日”，故称“戒日王”（约590—647），为佛教的护法名王。公元606年即位后，励精图治，盛讲武事，以首都曲女城为中心，征讨四方，威震五印，并多次派遣使臣与唐朝通好。戒日王原来信奉印度教湿婆派，后来改信佛教，修建不少佛塔、伽蓝，并且每隔五年举行一次无遮大会。此外，在印度史上有数人

称戒日王，以此戒日王和摩腊婆国戒日王最为著名。《大唐西域记》卷十一："六十年前，王号'尸罗阿迭多'（唐言"戒日"）。机慧高明，才学赡敏，爱育四生，敬崇三宝。始自诞灵，洎乎没齿，貌无瞋色，手不害生。象马饮水，漉而后饲，恐伤水性也。其仁慈如此。在位五十余年，野兽狎人，举国黎庶，咸不杀害。居宫之侧，建立精舍，穷诸工巧，备尽庄严，中作七佛世尊之像。每岁恒设无遮大会，招集四方僧徒，修施四事供养，或以三衣道具，或以七宝珍奇。奕世相承，美业无替。"

④羯罗拏苏伐剌那：梵语音译。义为"金耳"。羯罗拏苏伐剌那国在今印度西孟加拉邦的穆尔昔达巴德。设赏迦：梵语音译。义为"日"，一说"月"。印度反佛的国王，据说他曾凿斫如来足迹石、砍伐菩提树，并企图毁坏佛像。

⑤韬（tāo）戈：收藏兵器。引申为息兵。韬，装兵器的皮套。

⑥凡厥：凡是。元元：百姓，人民。《战国策・秦策一》："制海内，子元元，臣诸侯，非兵不可！"

⑦岁三七日：每年中有二十一天。《大唐西域记》卷五："岁一集会诸国沙门，于三七日中，以四事供养，庄严法座，广饰义筵，令相摧论，校其优劣，褒贬淑慝，黜陟幽明。"

⑧无遮大会：一种不分一切对象广行布施的大会。有时特指说法大会。《大唐西域记》卷五："于五印度城邑乡聚，达巷交衢，建立精庐，储饮食，止医药，施诸羁贫，周给不殆。圣迹之所，并建伽蓝。五岁一设无遮大会。倾竭府库，惠施群有。唯留兵器，不充檀舍。"

⑨檀舍：布施。

⑩须达拏：又作"须大拏"、"苏达拏"、"须提梨拏"，义为"善牙"、"善施"，佛的前身之一。《太子须大拏经》："如来往昔为叶波国太子，好施。应敌国来求而与以国宝白象，父王怒，放之檀特山。

太子携一妃二子至山中，后复施与之于婆罗门。”《大智度论》十二：“须提梨拏太子，秦言‘好爱’。以其二子布施婆罗门，次以妻施，其心不动。”

【译文】

从此向西北行走二百里，到达羯若鞠阇国汉译“曲女城”，在中印度境内。该国方圆四千里，都城西临恒河，长二十多里，宽五六里。城中有佛寺一百多所，僧侣一万多人，大小乘都修习。国王是吠奢种姓，名字叫曷利沙伐弹那汉译“喜增”。父亲名字叫波罗羯逻伐弹那汉译作“增”，兄长的名字叫遏罗阇伐弹那汉译“王增”。喜增在位时宽厚仁慈，国人称颂。当时东印度羯罗拏苏伐剌那汉译“金耳”国的设赏迦王汉译“日”，忌恨他的智慧谋略，担心成为自己的祸患，于是诱骗并杀害他。大臣婆尼汉译“明了”以及百官等，悲悯百姓没有国王，共同拥立他的弟弟尸罗阿迭多汉译“戒日”继承王位。国王雄姿秀杰，谋略宏远，德动天地，义感人神，终于为兄报仇雪恨，征服全印度，凡兵锋所到之处，礼教沾化之地，无不慕德归附。天下既已平定，百姓安居乐业，于是偃武息兵，营造福业，敕令境内不得杀生，凡是境内人民，一律禁止食肉。凡有圣迹之处，都建立佛寺。每年在二十一天之中，以四事供养一切僧人。五年举办一次无遮大会，府库所积都用来施舍。详细考察他的行为，真是须达拏之类的人物啊！

都城西北有座佛塔，高二百多尺；都城东南六七里处，恒河南岸有座佛塔，也高二百多尺，都是无忧王建造的，也都是佛祖昔日说法的地方。法师进入其国，到跋达逻毗诃罗寺居住了三个月，跟随毗离耶犀那三藏读完了佛使撰写的《毗婆沙》、日胄撰写的《毗婆沙》。

卷第三

起阿逾陀国　终伊烂拏国

【题解】

本卷的记载从玄奘到达阿逾陀国开始，到玄奘抵达伊烂拏国为止(631—636)。本卷大体分为三个部分：

第一部分，记载玄奘从阿逾陀国至摩揭陀国之间的行程。贞观五年(631)秋，玄奘经阿逾陀国(无著、世亲造论处)、阿耶穆佉国、钵罗耶伽国(戒日王五年一施的大施场)、憍赏弥国、鞞索迦国、室罗伐悉底国(舍卫国)、劫比罗伐窣堵国(迦毗罗卫国，释迦故乡)、蓝摩国、拘尸那揭罗国(佛涅槃处)、婆罗痆斯国(迦尸国，鹿野苑，初转法轮处)、战主国、吠舍釐国(毗舍离，第二次结集之地)，终于到达摩揭陀国。摩揭陀国的伽耶(加雅)城为佛陀成道之地，灵鹫山为佛陀传法的主要道场，旧都王舍城为佛教第一次结集之地，新都华氏城为第三次结集之地。

第二部分，记载玄奘抵达摩揭陀国的情况。玄奘先在华氏城观礼圣迹，经七日，至底罗磔迦寺，一一观礼圣迹。约十日，那烂陀寺人来迎，玄奘终于在贞观五年(631)十月抵达西行的目的地那烂陀寺。玄奘以极敬重的礼节拜戒贤为师，师徒二人相见尽欢，各申情谊，彼此两难，以为美谈。玄奘在那烂陀寺安置好后，先去观礼王舍城等处圣迹，然后返回那烂陀寺，方始请戒贤法师讲授。玄奘在那烂陀寺听《瑜伽》三遍，《顺正理》一遍，《显扬》、《对法》各一遍，《因明》、《声明》、《集量》等论各二遍，《中》、《百》二论各三遍，兼学梵书，历时五年。

第三部分，记载玄奘完成学业后，离开那烂陀寺，开始周游五印度。玄奘此次游学路线是从中印度那烂陀寺开始，先至东印，再转向南印，又折往西印，复归中印，最后又回到那烂陀寺。贞观十年(636)初，玄奘欲周游五印，随处问学，遂辞别戒贤，前往伊烂拏钵伐多国。在前往伊烂拏钵伐多国的途中经迦布德迦伽蓝，伽蓝南面的孤山精舍有观自在菩萨像，甚是灵验。玄奘至诚礼赞，跪发三愿："一者，于此学已还归本国，得平安无难者，愿华住尊手；二者，所修福慧，愿生睹史多宫事慈氏菩萨，若如意者，愿华贯挂尊两臂；三者，圣教称众生界中有一分无佛性者，玄奘今自疑不知有不，若有佛性，修行可成佛者，愿华贯挂尊颈项。"由此可见：其一，玄奘对家国、信仰与佛法常常铭刻于心；其二，留学那烂陀寺五年，玄奘对佛法依然存疑。玄奘在伊烂拏国停留了一年，跟怛他揭多毱多和羼底僧诃学习《毗婆沙》、《顺正理》等。

自此东南行六百余里，渡殑伽河，南至阿逾陀国中印度境[①]。寺百余所，僧徒数千人，大小乘兼学。大城中有故伽蓝，是伐苏槃度菩萨此言"世亲"，旧曰"婆薮槃豆"，译为"天亲"，讹也于此制大、小乘论及为众讲处[②]。城西北四五里，临殑伽河岸大伽蓝中，有窣堵波，高二百余尺，无忧王所建，佛昔三月说法处。其傍又有过去四佛经行处。

城西南五六里有故伽蓝，是阿僧伽菩萨说法处[③]。菩萨夜升睹史多天，于慈氏菩萨所受《瑜伽论》、《庄严大乘论》、《中边分别论》[④]，昼则下天为众说法。阿僧伽亦名无著，即健陀逻国人也。佛灭度后一千年中出现于世，从弥沙塞部出家，后信大乘。弟世亲菩萨于说一切有部出家，后信大乘。兄弟皆禀明圣之器，含著述之才，广造诸论，解释大乘，为印度宗匠。如《摄大乘论》、《显扬圣教》、《对法》、《唯识》、《俱舍论》等⑤，皆其笔也。

【注释】

①阿逾陀：梵语音译。阿逾陀国，义为"不可战胜国"。在今印度北方邦的奥德地区，佛教的著名圣地。

②伐苏槃度：梵语音译。又作"伐苏畔度"，即世亲菩萨，无著的弟弟，瑜伽行派的创始人之一，付法藏第二十一祖。初于说一切有部出家，深入经量部，研究《大毗婆沙论》，作《阿毗达磨俱舍论》，抨击大乘。后经无著开示，转而信奉、弘扬大乘要义。著有《俱舍论》、《摄大乘论释》、《广百论》、《菩提心论》、《唯识二十论》、《唯识三十颂》、《大乘百法明门论》等，凡一百多部。《大唐西域记》卷五："世亲菩萨自北印度至于此也，时无著菩萨命其门人，令往迎候，至此伽蓝，遇而会见。无著弟子止户牖外，夜分之后，诵《十地经》。世亲闻已，感悟追悔：'甚深妙法，昔所未闻，诽谤之愆，源发于舌，舌为罪本，今宜除断。'即执铦刀，欲自断舌。乃见无著住立告曰：'夫大乘教者，至真之理也，诸佛所赞，众圣攸宗。吾欲诲汝，尔今自悟。悟其时矣，何善如之？诸佛圣教，断舌非悔。昔以舌毁大乘，今以舌赞大乘，补过自新，犹为善矣！杜口绝言，其利安在？'作是语已，忽不复见。世亲承命，遂不断舌。旦诣无著，谘受大乘。于是研精覃思，制大乘论，凡百余部，并盛宣行。"

③阿僧伽：梵语音译。即无著菩萨。《大唐西域记》卷五："无著菩萨，健陀逻国人也。佛去世后一千年中，诞灵利见，承风悟道，从弥沙塞部出家修学，顷之回信大乘。"又说："无著菩萨夜升天宫，于慈氏菩萨所受《瑜伽师地论》、《庄严大乘经论》、《中边分别论》

等，昼为大众讲宣妙理。”

④《庄严大乘论》：又作《大乘庄严论》、《大乘庄严经论》、《大乘庄严经论颂》，为弥勒五论之一，是无著上升到兜率天请弥勒所说之论，一般认为是无著造。唐波罗颇蜜多罗译，凡十三卷。论述菩萨发心、修行以及相应修行的种种法门、大乘佛教要则等，是唯识宗所依论书之一。《成唯识论述记》卷四（本）：“应言《庄严大乘经论》，能庄严大乘经故；先云《大乘庄严经论》者，非也，无有《大乘庄严经》故。”《中边分别论》：凡二卷，为弥勒五论之一。本论偈颂部分系弥勒所作，长行部分则为世亲所著。南朝陈真谛于永定二年（558）译出，与玄奘翻译的《辩中边论》（三卷）为同本异译。所谓“中”，指中道；所谓“边”，指相互对立之观念；“中边”即指离两极端之对立而回归于中道之意。所谓“分别”，即分别种种立场以把握教义之概念。本论组织严密，叙述简洁，思想丰富，以大乘之立场统摄小乘佛教之教义。注疏有唐窥基的《辩中边论述记》、新罗僧人元晓的《中边分别论疏》等。

⑤《显扬圣教》：即《显扬圣教论》，无著撰，唐玄奘译，凡二十卷。本论显扬《瑜伽师地论》要义，古称瑜伽论十支之一，为法相宗十一论之一。本书凡十一品计，有二百五十二颂半，分别为：一、摄事品，二、摄净义品，三、成善巧品，四、成无常品，五、成苦品，六、成空品，七、成无性品，八、成现观品，九、成瑜伽品，十、成不思议品，十一、摄胜决择品。《唯识》：应指《唯识二十论》。《唯识二十论》，又作《二十唯识论》，世亲撰，唐玄奘译。凡一卷。瑜伽论十支之一，也是为法相宗所依十一论之一。本书阐述唯识教义，宣扬万法唯识，破斥外道及小乘之偏见。

【译文】

自这里往东南行走六百多里，渡过恒河，往南到达阿逾陀国在中印度境内。寺院一百多所，僧徒几千人，大小乘佛法都修习。都城中有座古寺，是伐苏槃度菩萨汉译“世亲”，旧称“婆薮槃豆”，翻译为“天亲”，错了在此撰写大、小乘论以及为大众讲法的地方。城西北四五里，靠近恒河岸边大佛寺中，有座佛塔，高二百多尺，无忧王建造，是佛陀昔日在此用三个月时间说法的地方。佛塔的旁边还有过去四佛经行的地方。

都城西南五六里处有座古寺，是阿僧伽菩萨说法的地方。菩萨夜里升到睹史多天，在慈氏菩萨处听受《瑜伽师地论》、《庄严大乘论》、《中边分别论》，白天就从天上下来为大众说法。阿僧伽也叫无著，是健陀逻国人。在佛灭度一千年后，出现于世，最初在弥沙塞部出家，后来转而信奉大乘佛法。弟弟世亲菩萨在说一切有部出家，后来也信奉大乘佛法。兄弟都是禀赋明达圣哲的神器，含蕴著书立说的奇才，大量撰写各种论著，解释大乘佛法，是印度大乘佛法的宗师巨匠。例如《摄大乘论》、《显扬圣教论》、《对法》、《唯识》、《俱舍论》等，都是他们撰写的。

法师自阿逾陀国礼圣迹，顺殑伽河与八十余人同船东下，欲向阿耶穆佉国[①]。行可百余里，其河两岸皆是阿输迦林[②]，非常深茂。于林中两岸各有十余船贼，鼓棹迎流[③]，一时而出。船中惊扰，投河者数人，贼遂拥船向岸，令诸人解脱衣服，搜求珍宝。然彼群贼素事突伽天神[④]，每于秋中觅一人质状端美，杀取肉血用以祠之，以祈嘉福[⑤]。见法师仪容伟丽，体骨当之，相顾而喜曰：“我等祭神时欲将过，不能得人，今此沙门形貌淑美，杀用祠之，岂非吉也！”法师报：“以奘秽陋之身，得充祠祭，实非敢惜。但以远来，意者欲礼菩提树像、耆阇崛山，并请问经法。此心未遂，檀越杀之，恐非吉也。”船上诸人皆共同请，亦有愿以身代，贼皆不许。于是贼帅遣人取水，于华林中治地设坛，和泥涂扫，令两人拔刀牵法师上坛，欲即挥刃。法师颜无有惧，贼皆惊异。既知不免，语贼："愿赐少时，莫相逼恼，使我安心欢喜取灭。"法师乃专心睹史多宫念慈氏菩萨，愿得生彼恭敬供养，受《瑜伽师地论》，听闻妙法，成就通慧，还来下生，教化此人，令修胜行⑥，舍诸恶业，及广宣诸法，利安一切。于是礼十方佛，正念而坐⑦，注心慈氏⑧，无复异缘。于心想中，若似登苏迷卢山，越一二三天，见睹史多宫慈氏菩萨处妙宝台，天众围绕。此时身心欢喜，亦不知在坛，不忆有贼。同伴诸人发声号哭。须臾之间黑风四起，折树飞沙，河流涌浪，船舫漂覆，贼徒大骇，问同伴曰："沙门从何处来？名字何等？"报曰："从支那国来，求法者此也。诸君若杀，得无量罪。且观风波之状，天神已瞋⑨，宜急忏悔。"贼惧，相率忏谢，稽首归依。时亦不觉，贼以手触，尔乃开目，谓贼曰："时至耶？"贼曰："不敢害师，愿受忏悔。"法师受其礼谢，为说杀盗邪祠诸不善业，未来当受无间之苦。何为电光朝露少时之身，作阿僧企耶长时苦种⑩？贼等叩头谢曰："某等妄想颠倒，为所不应为，事所不应事。若不逢师福德，感动冥祇，何以得闻启诲。请从今日已去，即断此业，愿师证明。"于是递相劝告，收诸劫具总投河流，所夺衣资各还本主，并受五戒，风波还静。贼群欢喜，顶礼辞别。同伴敬叹，转异于常。远近闻者，莫不嗟怪。非求法殷重⑪，何以致兹！

【注释】

①阿耶穆佉：梵语音译。阿耶穆佉国在今印度北方邦的阿拉哈巴德西北。

②阿输迦：梵语音译。又作"阿叔迦"、"阿舒伽"。阿输迦树，豆科

类植物，意译为“无忧树”。相传悉达多太子于蓝毗尼园阿输迦树下出生，由于母子均安，故名“无忧树”。《过去现在因果经》卷一：“夫人见彼园中有一大树，名曰‘无忧’，花色香鲜，枝叶分布极为茂盛，即举右手，欲牵摘之，菩萨渐渐从右胁出。”

③棹(zhào)：船桨。

④突伽天神：意译为“难近母”，印度教的降魔女神。

⑤嘉福：幸福美好。

⑥胜行：即殊胜之行为，指波罗蜜多之行法。《成唯识论》卷九：“十胜行者，即是十种波罗蜜多。”(十波罗蜜多，又作“十波罗蜜”、“十度”，为菩萨到达大涅槃所必备之十种胜行，即六波罗蜜加方便、愿、力、智之四波罗蜜。法相宗以此十波罗蜜对应菩萨十地，说明修行的次第。)

⑦正念：即正确的信念，“八正道”之一。又作“谛意”，指如实忆念诸法之性相而不忘失。《大乘起信论》：“心若弛散，即当摄来住于正念。”

⑧注心：集中心意，专心。

⑨瞋(chēn)：怒。

⑩阿僧企耶：又作“阿僧祇耶”、“阿僧祇”，意为无间、无数，常用来表示极其久远的时间。

⑪殷重：恳切深厚。

【译文】

法师在阿逾陀国礼拜了圣迹，顺着恒河，与八十多人同船东下，准备去阿耶穆佉国。行走大约一百多里，恒河两岸都是阿输迦树，非常茂密。在两岸的树林中各有十多条船盗贼，摇桨迎流，同时杀过来。船上的人惊恐扰乱，有几个人跳进河里。盗贼便迫船靠岸，叫法师一行脱下衣服，并动手搜寻珍宝。这些盗贼还一向信奉突伽天神，每年秋天都要寻找一个形貌端庄俊美之人，杀死后用其血肉祭祀天神，以祈求幸福美好。他们看到法师容貌俊美，形体相称，就相视而笑道："我们祭祀天神的日期将要过去，还没能找到合适的人选，眼前这个和尚形貌端美，杀了用来祭祀，岂非大吉啊！"法师对他们说道："以玄奘污秽丑陋的身体，用来祭祀天神，委实不敢吝惜。只是我远道而来，目的是想要礼敬菩提树像和耆阇崛山，并问经求法。这个心愿尚未达成，你们却把我杀掉，恐怕不吉利吧。"船上众人都一同请求，还有人情愿用自己的身体来代替法师，盗贼概不允许。于是盗贼头目派人取水，在树林中整治土地筑起祭坛，和泥涂扫，叫两个贼人拔刀牵引法师登上祭坛，将要动刀。法师面无惧色，这伙盗贼都很惊异。法师既知不能幸免，就对盗贼说道："希望给我一点儿时间，不要逼迫，使我烦恼，让我安心欢喜地死去。"法师于是专心观想睹史多宫，念诵慈氏菩萨，希望能够往生弥勒内院，恭敬供养慈氏菩萨，受持《瑜伽师地论》，听闻菩萨讲说妙法，使自己成就通达智慧，将来再降生世间，教化这些人，使他们修行胜行，舍弃种种恶业，以及广宣诸法，利乐一切有情众生。于是法师礼拜十方诸佛，集中意念坐定，一心观想慈氏菩萨，不起杂念。在观想中，好像在攀登须弥山，越过一二三重天，看到睹史多宫的慈氏菩萨坐在妙宝台上，天众围绕。这时法师身心欢喜，也不知道自己身在祭坛，不记得有盗贼要杀他。法师的同伴都放声痛哭。忽然间，黑风四起，折树飞沙，河水奔流，波浪汹涌，船舫漂散沉没，盗贼们大为惊骇，问法师的同伴道："和尚是从哪里来的？叫什么名字？"同伴回答道："从支那国前来，求取佛法的就是此人。诸位如果杀了他，将犯下无量大罪。你们且看风波的异状，天神已经震怒了，你们应该赶快忏悔。"盗贼惊惧，都向法师忏悔谢罪，稽首皈依。这时法师毫不知觉，盗贼用手触他，他才睁开眼睛，对盗贼说道："时间到了吗？"盗贼说道："不敢杀害法师，愿向法师忏悔。"法师接受了他们的忏悔，为他们讲说了杀生抢劫和祭祀邪神等种种不善业行，将来必当受无间地狱中的种种诸苦。为何要用像闪电朝露那样短暂的身体，去种下阿僧祇劫那么长时间受罪的苦种呢？盗贼们向法师叩头谢罪，说道：“我们妄想颠倒，做了不应当做的事，侍奉了不应当侍奉的神。如果不是有幸遇上法师，感动了冥冥神灵，怎么能听到这番教诲。请从今日开始，立即断此恶业，愿法师证明。”于是互相劝告，收起抢劫器械，统统投到河里，把抢劫的衣服财物各各归还原主，并受了五戒，这时风波又恢复了。盗贼们非常欢喜，顶礼法师，辞别而去。同伴敬叹不已，对待法师也异于常时。远近听闻这件事的人，无不惊叹。若非法师求法之心殷切厚重，何以致此呢！

从此东行三百余里，渡殑伽河，北至阿耶穆佉国中印度境[①]。从此东南行七百余里，渡殑伽河南、阎牟那河北，至钵罗耶伽国中印度境[②]。城西南瞻博迦华林中有窣堵波[③]，无忧王所造，是佛昔降外道处。其侧有伽蓝，是提婆菩萨作《广百论》，挫小乘外道处。大城东两河交处，其西有墠[④]，周十四五里，土地平正，自古以来诸王豪族仁慈惠施，皆至于此，因号其处为“大施场”。今戒日王亦继斯轨，五年积财，七十五日散施，上从三宝，下至孤穷，无不悉施。

【注释】

①阿耶穆佉国：见前注（本卷）。佛陀驮娑（觉使）论师曾在此制说一切有部《大毗婆沙论》。

②钵罗耶伽：梵语音译。钵罗耶伽国在今印度北方邦的阿拉哈巴德地区，处于恒河和阎牟那河交汇处。

③瞻博迦：树名。又作“占博迦”、“瞻波”、“瞻匐”。意为金色花树，其花香清远。

④墠（shàn）：古代祭祀或会盟用的场地。《礼记·祭法》：“是故王立七庙：一坛，一墠，曰考庙，曰王考庙，曰皇考庙，曰显考庙，曰

祖考庙。皆月祭之。”

【译文】

从这里向东行走三百多里，渡过恒河往北，就到了阿耶穆佉国在中印度境内。从这里向东南行走七百多里，渡过恒河往南，至阎牟那河北岸，就到了钵罗耶伽国在中印度境内。都城西南瞻博迦花树林中有座佛塔，无忧王建造，是佛昔日降服外道的地方。佛塔旁边有座寺院，是提婆菩萨撰写《广百论》，挫败小乘和外道的地方。在都城的东边，两河交汇处的西边，有个大广场，方圆十四五里，土地平正，自古以来，历代诸王和豪门大族仁慈布施，都到这里来，因此这个地方被称为“大施场”。现在的戒日王也继承了这个传统美德，把五年所积蓄的资财，作七十五天的布施，上从佛、法、僧三宝，下至鳏寡孤独贫穷者，无不一一施舍。

从此西南入大林，多逢恶兽、野象。经五百余里，至憍赏弥国旧曰“俱睒弥”，讹。中印度境[①]。伽蓝十余所，僧徒三百余人。城内故宫中有大精舍，高六十余尺，有刻檀佛像，上悬石盖，邬陀衍那王此言“出爱”，旧云“优填王”，讹之所造也[②]。昔如来在忉利天经夏为母说法，王思慕，乃请目连将巧工升天，观佛尊颜容止，还以紫檀雕刻以像真容。世尊下来时，像迎佛，即此也。

城南有故宅，是瞿史罗旧曰“瞿师罗”，讹长者故居也[③]。城南不远有故伽蓝，即长者之园地。中有窣堵波，高二百余尺，无忧王所造。次东南重阁是世亲造《唯识论》处。次东庵没罗林有故基，是无著菩萨作《显扬论》处。

【注释】

①憍(jiāo)赏弥：梵语音译。憍赏弥国在今印度北方邦阿拉哈巴德

西南地区，都城在阿拉哈巴德西南的柯桑村。为古印度十六大国之一，都城为六大都市之一。

②邬陀衍那王：梵语音译。义为“出爱”、“出光”。憍赏弥国国王，为释迦牟尼同时期的印度名王，也是佛教的大护法。

③瞿史罗：梵语音译。又作“具史罗”，本为好声鸟的名字，因为此长者的好声似此鸟，故名。长者：佛教对年高位尊者的称呼。

【译文】

从这里往西南行走，进入一片大森林之中，林中多有恶兽、野象。行走五百多里，到达憍赏弥国旧称“俱睒弥”，错了。在中印度境内。都城有佛寺十多所，僧徒三百多人。都城内的旧王宫中有座大精舍，高六十多尺，里面有一尊栴檀雕刻的佛像，上面悬挂石制伞盖，邬陀衍那王汉译“出爱”。旧称“优填王”，错了建造的。昔日如来在忉利天为母亲说法，经过了一个夏天，王非常想念他，于是就请目连尊者将技艺高超的工匠接到天宫，观看佛祖庄严妙相、仪容举止，回来后用紫檀木雕刻了这尊真容佛像。世尊从天宫下来时，栴檀佛像起身迎接佛祖，就是这尊佛像。

都城南边有座旧宅，是瞿史罗旧称“瞿师罗”，错了长者的故居。都城南边不远的地方有座旧寺院，是长者的园地。园里有座佛塔，高二百多尺，是无忧王建造的。寺院东南边的重阁是世亲撰写《唯识论》的地方。东边庵没罗林中，有一处旧基，是无著菩萨撰写《显扬圣教论》的地方。

从此东行五百余里，至鞞索迦国[①]。伽蓝二十余所，僧三千许人，学小乘正量部[②]。东南道左有大伽蓝，是昔提婆设摩阿罗汉造《识身足论》[③]，说“无我人”；瞿波阿罗汉作《圣教要实论》[④]，说“有我人”。因此法执[⑤]，遂深诤论。又是护法菩萨七日中摧伏小乘一百论师处。其侧又有如来六年说法处。有一树高七十尺余，昔佛因净齿[⑥]，木弃其余枝，遂植根繁茂至今。邪见之徒数来残伐,随伐随生,荣茂如本。

【注释】

①鞞索迦:梵语音译。鞞索迦国,故址不详,其地有乌德、毕塞普尔、锡达普尔等说。

②正量部:梵语意译。又作"正量弟子部"、"一切所贵部",音译"三弥底耶部"、"三摩提部"、"沙摩帝部"等。佛教部派之一。相传在释迦牟尼逝世第三百年中,原来从说一切有部中分化出来的犊子部继续分裂,出现法上部、贤胄部、正量部、密林山部等四部。《异部宗轮论述记》:"正量部者,权衡刊定,名之为量,量无邪谬,故言正也。此部所立,甚深法义,刊定无邪,目称正量,从所立法,以彰部名。""正量"意为正确无误的观点与理论。该部坚持犊子部的"有我"论,认为"我"与"五蕴"非一非异,其性非断非常,而为"不可说法",用意在为"业报"学说安置一个实在的基础,使生死轮回和涅槃解脱的主张得以落实。由此发展为"业"积聚相续说,即一方面"我"对"业"的执持,与生死流转共行,另一方面依"业"的积聚相续而从一种五蕴转化为另一种五蕴,使修持转变成为可能。此说与大乘佛教提出的阿赖耶识种子说类似。但它主张识外有境,心行为刹那灭,色法为"相续灭",色心是分离的,识所取对象是识外之境,而非自识变现的"相分",因而与大乘瑜伽行派关于"所缘缘"的界定和"带相"说有异。印度的部派佛学势力足以和大乘佛学抗衡,开始是说一切有部,后来便是正量部。正量部从龙树时代起逐渐兴盛,直到玄奘、义净去印度的时候仍有相当势力。玄奘在无遮大会上与之发生论争,所著《制恶见论》,所立"真唯识量",亦是针对该部而发。该部现存汉译典籍有《三弥底部论》、《律二十二明了论》等。

③提婆设摩:梵语音译。义为"贤寂"、"天寂",说一切有部论师。

《识身足论》：即《阿毗达磨识身足论》，凡十六卷，为“六足论”之一。

④瞿波：梵语音译。为佛陀入灭后百年，出世于印度的阿罗汉。著有《圣教要实论》，主张“有我人”说，与提婆设摩《识身足论》主张“无我人”的观点相反，遂大起诤论。《圣教要实论》已失传。

⑤法执：又作“法我执”、“法我见”。谓执着于法的实有性，即迷执于万有诸法皆有实体，与“我执”相对应。例如说一切有部主张人我非实有，唯法性实有，因而被其后的大乘诸家称之为“法我执”。此处应指二人各自执着于自己的见解。

⑥净齿：清洁牙齿。

【译文】

从这里往东行走五百多里，到达鞞索迦国。佛寺二十多所，僧徒约三千人，都学习小乘正量部。都城东南道路左侧有座大佛寺，昔日提婆设摩阿罗汉在此撰写《识身足论》，主张“无我人”；瞿波阿罗汉撰写《圣教要实论》，主张“有我人”。因为这种法执，于是二人之间产生了激烈的争论。这里又是护法菩萨在七日内挫败、降服一百位小乘论师的地方。佛寺旁边还有如来演说佛法长达六年之久的地方。有一棵树，高七十多尺，昔日佛因为清洁牙齿，将用过的木枝丢弃在地上，木枝于是植根生长，至今繁荣茂盛。邪见外道之徒多次前来残伐，随伐随生，繁荣茂盛如同原来一样。

从此东北行五百余里，至室罗伐悉底国旧曰“舍卫”，讹也①。周六千余里，伽蓝数百，僧徒数千，并学正量部。佛在时，钵罗斯那恃多此言“胜军”。旧曰“波斯匿”，讹王所居都也②。城内有王殿故基，次东不远有故基，上建窣堵波，胜军王为佛造大讲堂处。次复有塔，是佛姨母钵罗阇钵底此言

“生主”。旧曰“波阇波提”，讹也比丘尼精舍[③]。次东有塔，是苏达多此言“乐施”。旧曰“须达”，讹也故宅[④]。宅侧有大窣堵波，是鸯窶利摩罗旧曰“央崛摩罗”，讹也舍邪之处[⑤]。

城南五六里有逝多林此言“胜林”。旧曰“祇陀”，讹也[⑥]，即给孤独园也。昔为伽蓝，今已颓毁。东门左、右各建石柱，高七十余尺，无忧王所立。诸屋并尽，独一砖室在，中有金像。昔佛升天为母说法，胜军王心生恋慕，闻出爱王刻檀为像，因造此也。

伽蓝后不远是外道梵志杀妇谤佛处[⑦]。伽蓝东百余步有大深坑，是提婆达多以毒药害佛[⑧]，生身入地狱处。其南复有大坑，瞿伽梨比丘谤佛[⑨]，生身入地狱处。坑南八百余步，是战遮婆罗门女谤佛[⑩]，生身入地狱处。凡此三坑，窥不见底。

伽蓝东七十余步，有精舍，伽蓝高大，中有佛像东面坐，如来昔共外道论议处。次东有天祠，量等精舍。日光移转，天祠影不及精舍，精舍影常覆天祠。次东三四里有窣堵波，是舍利子与外道论议处。大城西北六十余里有故城，是贤劫中人寿二万岁时[⑪]，迦叶波佛父城也[⑫]。城南是佛成正觉已，初见父处。城北有塔，塔有迦叶波佛全身舍利。并无忧王所立。

【注释】

①室罗伐悉底：梵语音译。旧称“舍卫”，本是城名，其国本名憍萨罗，为区别南方的憍萨罗国，故以都城代称，为古印度十六大国之一。佛陀在世时，波斯匿王统治此国，城内有祇园精舍，佛陀住此长达二十五年，演说诸多佛经，为佛教著名圣地。故址在今

印度北方邦北部、拉普提河南岸的沙赫特和马赫特一带。

②钵罗斯那恃多：梵语音译。义为“胜军”、“胜光”、“和悦”、“月光”等。舍卫国国王，约与释尊同时，为佛教的大外护，兼领有迦尸国，与摩揭陀国并列为两大强国。

③钵罗阇钵底：梵语音译。又作“波阇波提”，义为“爱道”、“生主”、“世主”，又称“波提夫人”。为古印度天臂城善觉王之女，即佛母摩耶夫人之妹，释迦牟尼佛的姨母，后为净饭王王妃。释迦牟尼出生七天后，母亲摩耶夫人去世，由姨母钵罗阇钵底抚养。释迦牟尼成道后的第五年，净饭王去世，钵罗阇钵底皈依佛教，率耶输陀罗及五百释迦族女，追随释迦牟尼出家，为佛教有比丘尼之始。

④苏达多：梵语音译。又作“须达多”、“须达”，义为“乐施”、“善给”、“善授”等，即舍卫国给孤独长者之本名。他曾从祇陀太子那里买下园林，建立祇洹精舍奉献给佛陀，佛陀于此精舍说《金刚》等经。

⑤鸯窭(jù)利摩罗：梵语音译。又作“央崛摩罗”、“鸯崛利摩罗”，义为“指鬘”、“指髻”。佛陀在世时，住舍卫城，因信邪师之言，嘱其杀人一千，各取一指作鬘，始得授以涅槃之法。于是鸯窭利摩罗遂常杀人，杀害九百九十九人，每杀一人则取一指为华鬘，故称“指鬘”。最后欲弑其母以成一千之数，佛陀怜悯，为说正法，即改过忏悔皈依佛门，后证得罗汉果。《大唐西域记》卷六：“鸯窭利摩罗者，室罗伐悉底之凶人也。作害生灵，为暴城国，杀人取指，冠首为鬘。将欲害母，以充指数。世尊悲愍，方行导化。……指鬘闻诲，悟所行非，因即归命，求入法中，精勤不怠，证罗汉果。”

⑥逝多林：又作“胜林”、“祇陀林”、“祇洹林”。本为逝多(祇陀)太子的园林，故名。须达多长者买下来建造精舍，献给佛陀，即祇

洹精舍。

⑦梵志杀妇谤佛:《大唐西域记》卷六:"如来十力无畏,一切种智,人天宗仰,圣贤遵奉。时诸外道共相议曰:'宜行诡诈,众中谤辱。'乃诱雇淫女,诈为听法,众所知已,密而杀之,埋尸树侧,称怨告王。王命求访,于逝多园得其尸焉。是时外道高声唱言:'乔答摩大沙门常称戒忍,今私此女,杀而灭口。既淫既杀,何戒何忍?'诸天空中随声唱道:'外道凶人,为此谤耳。'"梵志,志求梵天之法者。《瑜伽论记》卷十九:"梵者,西国音,此翻为'寂静',谓涅槃也。'志'是此方语,志求于梵,故云'梵志'也。"又通称一切外道之出家者。《大智度论》卷五十六:"梵志者,是一切出家外道,若有承用其法者,亦名'梵志'。"

⑧提婆达多:梵语音译。又作"调婆达多"、"调达"等,义为"天授"。净饭王弟斛饭王之子,阿难之兄,佛的堂弟。出家学神通,身具三十相,诵六万法藏,为利养造三逆罪,生堕于地狱。然其本地为深位的菩萨,释迦牟尼在法华会上为他授记。在佛教史上,提婆达多是一个有争议的人物。

⑨瞿伽梨:梵语音译。为提婆达多的弟子,因诽谤如来及其弟子而陷入地狱。

⑩战遮:梵语音译。为婆罗门之女,因诽谤如来而陷入地狱。《大唐西域记》卷六:"佛为人天说诸法要,有外道弟子(即婆罗门女战遮)遥见世尊,大众恭敬,便自念曰:'要于今日辱乔答摩,败其善誉,当令我师独擅芳声。'乃怀系木盂,至给孤独园,于大众中扬声唱曰:'此说法人与我私通,腹中之子乃释种也。'邪见者莫不信然,贞固者知为讪谤。时天帝释欲除疑故,化为白鼠,啮断盂系,系断之声震动大众,凡诸见闻增深喜悦。众中一人起持木盂,示彼女曰:'是汝儿耶?'是时也,地自开坼,全身坠陷,入无间狱,具受其殃。"

⑪贤劫中人寿二万岁时：贤劫，即现在劫，为一大劫。一大劫有八十或二十中劫，一中劫有二十小劫。佛教认为，人寿自十岁起，每过百年增一岁，至八万四千岁为增劫之极；又自八万四千岁起，每过百年减一岁，至十岁为减劫之极。此一增一减，共计一千六百八十万年，称为"一小劫"。又人寿二万岁以下时，称为"劫浊"。

⑫迦叶波佛：梵语音译。又作"迦叶"、"迦摄"、"迦摄波"，义为"饮光"。释迦佛前面的一位佛，为"过去七佛"中的第六尊佛。

【译文】

从这里往东北行走五百多里，到达室罗伐悉底国旧称"舍卫"，错了。该国方圆六千多里，佛寺数百座，僧徒数千人，都学习正量部。佛在世的时候，这里是钵罗斯那恃多汉译"胜军"。旧称"波斯匿"，错了王所居住的国都。都城内有胜军王宫殿的旧基，东边不远处有一旧基，上面建有佛塔，是胜军王为佛建造大讲堂的地方。还有一座塔，是佛陀姨母钵罗阇钵底汉译"生主"。旧称"波阇波提"，错了比丘尼的精舍。东边还有一座塔，是苏达多汉译"乐施"。旧称"须达"，错了的故居。故居旁边有座大佛塔，是鸯窭利摩罗旧称"央崛摩罗"，错了舍邪归正的地方。

都城南边五六里处有逝多林汉译"胜林"。旧称"祇陀"，错了，就是给孤独园。昔日为佛寺，现在已经坍塌毁坏了。城东门左、右各建有石柱，高七十多尺，是无忧王建造的。所有房屋都已经毁坏，唯独有一间砖室尚存，里面有一尊金像。昔日佛升到天宫为母亲说法，胜军王心生恋慕，听说出爱王雕刻了栴檀佛像，因此他也铸造了这尊佛像。

佛寺后面不远处，是外道梵志杀害妇女以诽谤佛陀的地方。佛寺东边一百多步处有个大深坑，是提婆达多以毒药害佛，而生身坠入地狱的地方。此坑的南面还有一个大坑，是瞿伽梨比丘毁谤佛陀，而生身坠入地狱的地方。此坑南面八百多步处，是战遮婆罗门女毁谤佛陀，而生身坠入地狱的地方。这三个大坑，都深不见底。

佛寺东边七十多步处，有一所精舍，寺院高大，里面有尊佛像，面朝东而坐，是如来昔日与外道论辩的地方。东边有座天祠，大小与精舍相同。日光移转，天祠的影子不会遮蔽精舍，精舍的影子常常遮蔽天祠。精舍东边三四里处有座佛塔，是舍利子与外道论辩的地方。都城西北六十多里处有座旧城，是贤劫时期人寿二万岁时，迦叶波佛父亲居住的城市。城南是迦叶波佛成就无上正等正觉后，初次见到父亲的地方。城北有座佛塔，佛塔内有迦叶波佛的全身舍利。这两座佛塔都是无忧王建造的。

从此东南行八百余里，至劫比罗伐窣堵国旧曰"迦毗罗卫国"①。国周四千余里，都城数十里②，并皆颓毁③。宫城周十五里，垒砖而成，极牢固。内有故基，净饭王之正殿，上建精舍，中作王像。次北有故基，是摩耶夫人之寝殿，上建精舍，中作夫人之像。其侧有精舍，是释迦菩萨降神母胎处④，中作菩萨降生之像。上座部云⑤，菩萨以唱怛罗颏娑荼月三十日夜降神母胎⑥，当此五月十五日。诸部则以此二十三日，当此五月八日。东北有窣堵波，阿私陀仙相太子处⑦。于城左右有太子共诸释种捔力处⑧。又有太子乘马逾城处⑨，及先于四门见老、病、死及沙门⑩，厌离世间回驾处。

【注释】

①劫比罗伐窣堵：梵语音译。又作"迦毗罗卫"。劫比罗伐窣堵国为净饭王所治之境，释迦牟尼的祖国。

②都城数十里：原作"都城十余里"，下文又作"宫城周十五里"，疑误。《大唐西域记》作"王城颓圮，周量不详。其内宫城周十四五里"。

③颓毁：倒塌，堕落，败坏。

④降神：降下神灵，降下神识。这里指释迦牟尼投胎。传说释迦牟尼从兜率天宫乘六牙白象而下，由摩耶夫人右胁入胎。

⑤上座部：亦称“圣上座部”。佛教根本分裂时出现的与大众部相对的部派。上座，意为“长老”，指在僧团议事时因僧腊较高而座次排在前面的僧人。根本分裂之后，上座部辗转分裂为十一部（或十二部）。其中对后世影响较大的有犊子部、说一切有部、经量部、正量部等。分裂的原因及主要观点见前注“摩诃僧祇部”（卷二）。

⑥嗢怛罗頞(è)娑荼月：梵语音译。为印度佛历夏天第一个月。

⑦阿私陀：梵语音译。又作“阿私多”、“阿私哆”、“阿斯陀”等，义为“不白”、“无比”、“端严”。为中印度迦毗罗卫国的仙人，具有五神通，常自在出入三十三天。释迦诞生时，此仙为之占相，并预言其将成佛。《大唐西域记》卷六：“是时阿私多仙自远而至，叩门请见。王甚庆悦，躬迎礼敬，请就宝座，曰：‘不意大仙今日降顾。’仙曰：‘我在天宫，安居宴坐，忽见诸天群从蹈舞，我时问言：“何悦豫之甚也？”曰：“大仙当知，赡部洲中，释种净饭王第一夫人今产太子，当证三菩提，圆明一切智。”我闻是语，故来瞻仰。所悲朽耄，不遭圣化。’”

⑧捔(jué)力：竞力，斗力。捔，同“角”。

⑨太子乘马逾城：指释迦牟尼二十九岁（一说十九岁）时为出家而半夜乘马出城的故事。

⑩四门见老、病、死及沙门：指悉达多出城游玩时，在东、南、西、北四门分别看见老人、病人、死人以及沙门的故事。悉达多因此厌恶俗世，意欲出家修行。据《方广大庄严经》等记载，老、病、死及沙门者，都是净居天所变化，劝发道意而已。

【译文】

从这里往东南行走八百多里，到达劫比罗伐窣堵国旧称“迦毗罗卫国”。该国方圆四千多里，都城方圆几十里，都已经坍塌毁坏了。宫城方圆十五里，用砖垒砌而成，极为牢固。宫城内有一处旧基，原是净饭王的正殿，上面建有精舍，其中有净饭王像。在其北面有一处旧基，是摩耶夫人的寝殿，上面建有精舍，其中有摩耶夫人像。在其旁边有一所精舍，是释迦菩萨投入母胎的地方，其中有菩萨投胎之像。上座部认为，菩萨在嗢怛罗颏娑荼月三十日晚上投入母胎，相当于唐历五月十五日。其他各部则认为是此月的二十三日，相当于唐历五月八日。东北边有座佛塔，是阿私陀仙人为太子看相的地方。在宫城的左右，有太子与诸释迦族人角力之处。还有太子乘马逾城而出之处，以及先前在东、南、西、北四门分别看见老人、病人、死人和沙门，从而厌离世间，驾车回城之处。

从此东行荒林五百余里，至蓝摩国中印度境[①]。居人稀少。故城东有砖窣堵波，高百余尺。如来涅槃后，此国先王分得舍利，还而造也。每放光明。其侧有龙池，龙数变身为人，绕塔行道。野象衔华，常来供养。

其侧不远有伽蓝，以沙弥知寺任。相传昔有苾刍招命同学[②]，远来礼拜，见野象衔华，安置塔前，复以牙芟草[③]，以鼻洒水，众见无不感叹。有一苾刍便舍大戒[④]，愿留供养，谓众人曰：“象是畜生，犹知敬塔献华洒扫，我居人类，依佛出家，岂可目睹荒残，不供事也！”即辞众住，结宇疏地[⑤]，种华植果，虽涉寒暑，不以劳倦。邻国闻之，各舍财宝，共建伽蓝，仍即屈知僧务。自此相承，遂为故事矣[⑥]。

沙弥伽蓝东大林中行百余里，有窣堵波，无忧王所建，是太子逾城至此，解宝衣、天冠、髻珠付阐铎迦旧曰“车匿”，讹也还处也[⑦]。及剃发，皆有塔记。

【注释】

①蓝摩:梵语音译。又作“罗摩伽”、“阿罗摩”、“蓝莫”,义为“村落”、“聚落”。蓝摩国位于迦毗罗卫城东二百多里处。具体位置说法不一。

②苾(bì)刍:梵语音译。汉译“比丘”,有“乞士”、“破烦恼”、“净持戒”、“能怖魔”四义,指出家修行、受具足戒的成年男子。苾刍原是一种香草,表明比丘之戒德芬芳。在佛典翻译中,若汉语中没有与之相应的语汇,则一般都径取梵音。

③芟(shān):割草,除去。

④大戒:指具足戒。

⑤结宇:建造屋舍。

⑥故事:先例,惯例,制度。

⑦阐铎迦:梵语音译。又作“阐陀迦”、“车匿”等,义为“乐欲”、“乐作”、“欲作”、“覆藏”。为净饭王的仆役,悉达太子逾城出家时,为太子的驭者。佛陀证道归城时,随佛陀出家。初傲慢,恶口之性不改,犯罪亦不悔过,与诸比丘不和,人称“恶口车匿”、“恶性车匿”,六群比丘(恶比丘六人)之一。佛临涅槃时,敕阿难以默摈法治之,后遂证果。

【译文】

从这里往东,在荒林中行走五百多里,到达蓝摩国在中印度境内。蓝摩国居民稀少。旧城东边有座用砖垒砌的佛塔,高一百多尺。如来涅槃后,该国先王分得舍利,返回后建造了这座佛塔。佛塔经常放出光明。佛塔旁边有个龙池,龙时常变成人形,绕塔行道。野象也常常衔着鲜花,前来供养。

佛塔旁边不远处有座佛寺,由沙弥管理寺院事务。传说昔日有位比丘召集同学,从远方来此礼拜佛塔,看见野象衔着鲜花,安置在佛塔前,再用牙除草,用鼻洒水,众人看见无不感叹。有一比丘便舍弃了具足戒，希望留下来供养佛塔，对众人说道："象是畜生，犹知礼敬佛塔，献花洒扫，我是人类，依佛出家，岂能目睹佛塔荒废残破，而不供养侍奉呢！"于是辞别众人，自己留下来，建造屋舍，疏水治地，种花植树，虽然历经寒暑往来，却不觉得劳累疲倦。邻国之人听说后，都竞相施舍财宝，共同建起了佛寺，仍然请他掌管僧务。自此以后，代代相承，于是就形成惯例了。

在沙弥佛寺东边的森林中，行走一百多里，有一座佛塔，无忧王建造，是太子逾城到此，解下宝衣、天冠、髻珠交给阐铎迦旧称"车匿"，错了，让他回去的地方。以及太子剃发处，都建塔纪念。

出此林已，至拘尸那揭罗国[①]。处极荒梗[②]。城内东北隅有窣堵波，无忧王所建，准陀旧曰"纯陀"，讹也故宅[③]。宅中有井，将营献供时凿也，水犹澄映[④]。

城西北三四里，渡阿恃多伐底河此言"无胜"。旧曰"阿利跋提河"，讹也[⑤]。河侧不远至娑罗林[⑥]，有树似槲而皮青叶白[⑦]，甚光润，四双齐高，即如来涅槃处也。有大砖精舍，内有如来涅槃之像，北首而卧。傍有大窣堵波，高二百余尺，无忧王所造。又立石柱记佛涅槃事，不书年月。相传云：佛处世八十年，以吠舍佉月后半十五日入涅槃[⑧]，当此二月十五日。说一切有部复云：佛以迦剌底迦月后半入涅槃[⑨]，当此九月八日。自涅槃已来，或云千二百岁，或千三百，或千五百，或云过九百未满千年。又如来坐金棺为母说法[⑩]，出臂问阿难[⑪]，现足示迦叶[⑫]，香木焚身，八王分骨[⑬]，皆有塔记。

【注释】

①拘尸那揭罗:梵语音译。又作"拘尸那伽罗"、"拘夷那竭"、"俱尸那"、"拘尸那"、"瞿师罗"等,义为"吉祥草都城"。拘尸那揭罗国为古印度十六大国之一,佛陀入灭后,被并入摩揭陀国。拘尸那揭罗城乃佛陀入灭之地,故为著名的佛教圣地。

②荒梗:荒凉闭塞。

③准陀:梵语音译。又作"纯陀"、"淳陀"、"周那",义为"妙义"。拘尸那揭罗城巧师之子。佛陀从他这里接受最后的供养。

④澄映:清澈明净。

⑤阿恃多伐底河:梵语音译。又作"阿利罗跋提河"、"希连河"、"伐提河",义为"无胜"、"金河"。佛在此河西岸入灭。

⑥娑罗林:即坚固林。娑罗为槲树类,冬夏不凋,故意译为"坚固林"。相传释迦牟尼在此林中涅槃。佛陀涅槃处四方各有二株双生的娑罗树,故称"四双齐高"。

⑦槲(hú):树名。即柞栎,落叶乔木,树形高大,坚果卵圆形。

⑧吠舍佉月:梵语音译。指二月。

⑨迦剌底迦月:梵语音译。指八月。

⑩坐金棺为母说法:佛灭度后,摩耶夫人从忉利天下,抚佛金棺恸哭,佛以神力,从棺中合掌而起,放大光明,问询其母,为之说法。《大唐西域记》卷六:"如来寂灭,棺殓已毕,时阿泥律陁(即阿那律)上升天宫,告摩耶夫人曰:'大圣法王今已寂灭。'摩耶闻已,悲哽闷绝,与诸天众至双树间,见僧伽胝、钵及锡杖,拊之号恸,绝而复声曰:'人天福尽,世间眼灭!今此诸物,空无有主。'如来圣力,金棺自开,放光明,合掌坐,慰问慈母:'远来下降,诸行法尔,愿勿深悲。'阿难衔哀而请佛曰:'后世问我,将何以对?'曰:'佛已涅槃,慈母摩耶自天宫降,至双树间,如来为诸不孝众生,从金棺起,合掌说法。'"

⑪出臂问阿难：《经律异相》卷四："如来三从金棺里，出金色臂，问阿难至，平治道路、洒扫烧香未？"佛陀涅槃后，曾三次从金棺中露出身体。《大唐西域记》卷六："如来寂灭，三从棺出：初出臂，问阿难治路；次起坐，为母说法；后现双足，示大迦叶波。"

⑫现足示迦叶：《大唐西域记》卷六："如来金棺已下，香木已积，火烧不然，众咸惊骇，阿泥律陀言：'待迦叶波耳。'时大迦叶波与五百弟子自山林来，至拘尸城，问阿难曰：'世尊之身，可得见耶？'阿难曰：'千氎缠络，重棺周殓，香木已积，即事焚烧。'是时佛于棺内为出双足，轮相之上，见有异色。问阿难曰：'何以有此？'曰：'佛初涅槃，人天悲恸，众泪迸染，致使异色。'迦叶波作礼，旋绕兴赞，香木自然，大火炽盛。"

⑬八王分骨：据《大唐西域记》记载，帝释天、龙王也分得舍利。其卷六："佛入涅槃后，涅叠般那已，诸八国王备四兵至，遣直性婆罗门谓拘尸力士曰：'天人导师，此国寂灭，故自远来，请分舍利。'力士曰：'如来降尊，即斯下土，灭世间明导，丧众生慈父。如来舍利，自当供养，徒疲道路，终无得获。'时诸大王逊辞以求，既不相允，重谓之曰：'礼请不从，兵威非远。'直性婆罗门扬言曰：'念哉！大悲世尊忍修福善，弥历旷劫，想所具闻。今欲相凌，此非宜也。今舍利在此，当均八分，各得供养，何至兴兵？'诸力士依其言，即时均量，欲作八分。帝释谓诸王曰：'天当有分，勿持力竞。'阿那婆答多龙王、文邻龙王、医那钵呾罗龙王复作是议：'无遗我曹，若以力者，众非敌矣。'直性婆罗门曰：'勿喧诤也，宜共分之。'即作三分，一诸天，二龙众，三留人间，八国重分。"

【译文】

出了这片森林，到达拘尸那揭罗国。都城如今极为荒凉闭塞。城内东北角有座佛塔，无忧王建造，是准陀旧称"纯陀"，错了的故居。

宅舍中有一口水井,是准陀将要供养佛陀时开凿的,井水依然清澈明净。

从城西北三四里处,渡过阿恃多伐底河汉译"无胜"。旧称"阿利跋提河",错了。河岸不远处有一片娑罗树林,娑罗和槲树相似,而树皮呈青色,叶为白色,非常光滑润泽,有八棵双生树特别高大齐整,正是如来涅槃的地方。有一座用砖垒砌的大精舍,里面有如来涅槃像,头朝北而卧。旁边有座大佛塔,高二百多尺,是无忧王建造的。塔前建立石柱,上面记载佛陀涅槃的事迹,但没有书写年月。传说:佛陀在八十岁时,于吠舍佉月后半月第十五日入涅槃,相当于唐历二月十五日。说一切有部则说:佛陀于迦剌底迦月后半月入涅槃,相当于唐历九月八日。从佛陀涅槃至今,有说一千二百年,有说一千三百年,有说一千五百年,有说九百多年不满一千年。还有如来从金棺坐起,为母亲说法;伸出手臂,询问阿难;示现双足,给迦叶看;用香木焚烧遗体;八国国王分佛陀舍利等事迹,都建塔纪念。

从此复大林中经五百余里,至婆罗痆音女点反斯国①。国周四千余里,都城西临殑伽河,长十余里,广五六里。伽蓝三十余所,僧二千余人,学小乘一切有部。

渡婆罗痆斯河,东北行十余里,至鹿野伽蓝②。台观连云,长廊四合。僧徒一千五百人,学小乘正量部。大院内有精舍,高百余尺,石阶砖龛,层级百数,皆隐起黄金佛像③。室中有鍮石佛像,量等如来身,作转法轮状④。精舍东南有石窣堵波,无忧王所建,高百余尺。前有石柱,高七十余尺,是佛初转法轮处⑤。其侧有梅怛丽此言"慈氏"。旧曰"弥勒",讹也菩萨受记处⑥。次西有窣堵波,是佛昔为护明菩萨⑦,于贤劫中人寿二万岁时,迦叶波佛所受记处。

释迦受记南，有过去四佛经行处，长五十余步，高七尺，以青石积成，上有四佛经行之像。

伽蓝西有如来澡浴池，又有涤器池，又有浣衣池，并神龙守护，无人秽触。池侧有窣堵波，佛修菩萨行时，为六牙白象施猎师牙处[8]。又为鸟时[9]，与猕猴、白象约尼拘律树，定长幼巡行化人处。又作鹿王[10]，又度憍陈如等五人处。

【注释】

①婆罗痆(niè)斯国：即迦尸国，因该国盛产名为“迦尸”的竹子而得名，为古印度十六大国之一。“婆罗痆斯”为该国的都城，此是将都城名作为国名，佛陀初转法轮处。在今印度北方邦东部恒河岸边的瓦腊纳西地区。

②鹿野伽蓝：鹿野苑中的一座寺院。鹿野苑，释迦成道后，初转法轮度憍陈如等五人处。

③隐起：凸现出，浮现出。常用来描述雕刻镶嵌物品的阳文部分。

④转法轮：演说佛法。法轮，指佛法。

⑤初转法轮：释迦成道后首次说法。释迦在鹿野苑为憍陈如等五比丘演说“四圣谛”、“八正道”，以及不着苦乐两边而行于中道的道理。憍陈如等五人原先随侍释迦，因为见他放弃苦修才失望离去，因此，释迦应该是先批评了苦行和其他学派的主张，然后提出了自己不苦不乐的中道学说，在宣讲了“八正道”之后，才宣讲“四谛法”。

⑥梅怛丽：梵语音译。又作“梅怛丽耶”，汉译为“慈氏菩萨”、“弥勒菩萨”。详见前注(卷二)。

⑦护明菩萨：释迦牟尼在过去世的前身，生于睹史多天，号“护明大士”，为迦叶波佛的弟子。《大唐西域记》卷七：“贤劫中人寿二万

岁，迦叶波佛出现于世，转妙法轮，开化含识，授护明菩萨曰：'是菩萨于当来世众生寿命百岁之时，当得成佛，号释迦牟尼。'"

⑧六牙白象施猎师牙：六牙白象，象有大威力，而且其性柔顺，故菩萨常乘坐六牙白象；或作白象形，表示菩萨性善柔和而有大势。白象的六牙表示六度，四足表示四如意。《大唐西域记》卷七："如来修菩萨行时，为六牙象王，猎人利其牙也，诈服袈裟，弯弧伺捕，象王为敬袈裟，遂捩（折断）牙而授焉。"

⑨又为鸟时：鸟，指迦频阇罗鸟，即鹧鸪。佛本生的故事。《大智度论》卷十二："有时阎浮提人，不知礼敬耆旧有德，以言化之，未可得度。是时菩萨自变其身，作迦频阇罗鸟。是鸟有二亲友：一者、大象，二者、猕猴，共在毕钵罗树下住。自相问言：'我等不知谁应为长？'象言：'我昔见此树在我腹下，今大如是。以此推之，我应为长！'猴言：'我曾蹲地，手挽树头。以此推之，我应为长！'鸟言：'我于毕钵罗林中，食此树果，子随粪出，此树得生。以是推之，我应最长！'象复说言：'先生宿旧，礼应供养！'即时大象背负猕猴，鸟在猴上，周游而行。一切禽兽见而问之：'何以如此？'答曰：'以此恭敬供养长老！'禽兽受化，皆行礼敬，不侵民田，不害物命。众人疑怪，一切禽兽不复为害。猎师入林，见象负猕猴、复戴鸟，行敬化物，物皆修善。传告国人，人各庆曰：'时将太平，鸟兽而仁！'人亦效之，皆行礼敬。自古及今，化流万世，当知是为法身菩萨。"

⑩又作鹿王：佛本生故事之一。《大唐西域记》卷七："昔于此处大林之中，有两群鹿，各五百余。时此国王畋游原泽，菩萨鹿王前请王曰：'大王挍猎中原，纵燎飞矢，凡我徒属，命尽兹晨，不日腐臭，无所充膳。愿欲次差，日输一鹿。王有割鲜之膳，我延旦夕之命。'王善其言，回驾而返。两群之鹿，更次输命。提婆群中有怀孕鹿，次当就死，白其王曰：'身虽应死，子未次也。'鹿王怒

曰：'谁不宝命！'雌鹿叹曰：'吾王不仁，死无日矣。'乃告急菩萨鹿王。鹿王曰：'悲哉慈母之心，恩及未形之子！吾今代汝。'遂至王门。……王闻叹曰：'我人身，鹿也。尔鹿身，人也。'于是悉放诸鹿，不复输命，即以其林为诸鹿薮，因而谓之施鹿林焉。鹿野之号，自此而兴。"

【译文】

从这里回到大森林中，行走五百多里，到达婆罗痆女点反斯国。该国方圆四千多里，都城西临恒河，长十多里，宽五六里。佛寺三十多所，僧徒两千多人，学习小乘说一切有部。

渡过婆罗痆斯河，往东北行走十多里，到达鹿野苑。苑内楼台重重，墙垣相连，长廊四面围合。僧徒一千五百人，学习小乘正量部。大院内有一座精舍，高一百多尺，石砌的台阶和砖砌的佛龛，佛龛有一百来层，都有凸起的黄金佛像。精舍内有黄铜佛像，大小和如来真身相等，作转法轮的姿势。精舍东南边有座石砌的佛塔，是无忧王建造的，高一百多尺。塔前建有石柱，高七十多尺，是佛初转法轮的地方。旁边有梅怛丽汉译"慈氏"。旧称"弥勒"，错了菩萨受记的地方。慈氏菩萨受记处西侧有座佛塔，是佛昔日为护明菩萨，于贤劫中人的寿命二万岁时，迦叶波佛给他授记的地方。

释迦受记处的南边，有过去四佛经行之处，长五十多步，高七尺，用青石堆积而成，上面有四佛经行之像。

鹿野苑的西边有如来洗澡的清池，还有如来洗涤器物的水池，还有如来洗衣服的水池，都有神龙守护，没有人敢弄脏。池边有佛塔，是佛修行菩萨道时，示现为六牙白象，施舍猎人象牙的地方。还有示现为鸟身时，与猕猴、白象相约尼拘律树下，排定长幼之序，巡行教化世人的地方。还有做鹿王的地方，又有度化憍陈如等五人的地方。

从此顺殑伽河流东行三百余里，至战主国[①]。从此东北渡殑伽河行百四五十里，至吠舍釐国旧曰“毗舍离”，讹也[②]。国周五千余里，土壤良沃，多庵没罗果、茂遮果[③]。都城荒毁。故基周六七十里，居人甚少。宫城西北五六里有一伽蓝，旁有窣堵波，是佛昔说《毗摩罗诘经》处[④]。次东北三四里，有窣堵波，是毗摩罗诘故宅，其宅尚多灵异。去此不远有一室，积石所作，是无垢称现疾说法处[⑤]。其侧亦有宝积故宅、庵摩罗女故宅[⑥]。次北三四里，有窣堵波，是佛将往拘尸那国般涅槃[⑦]，天、人随从伫立处。次西复有佛最后观吠舍釐处，次南又有庵摩罗女持园施佛处，又有佛许魔王涅槃处[⑧]。从吠舍釐南境，去殑伽河百余里，到吠多补罗城[⑨]，得《菩萨藏经》[⑩]。

【注释】

①战主国：梵语音译。都城在今印度迦齐浦耳。

②吠舍釐：又作“吠舍离”、“毗耶离”、“毗舍离”等，义为“广博”、“庄严”。吠舍釐国，其都城之名与国名同，古印度十六大国之一，六大城之一。离车族所居之国，维摩诘说法之处，佛灭一百年后七百圣贤第二次结集之地，为佛教著名的圣地，同时也是印度耆那教的圣地。都城在今印度的巴萨尔。

③庵没罗果：又作“阿摩落迦”、“阿摩勒果”、“庵摩勒果”等，指庵没罗树的果实。庵没罗树冬季开花，至五六月时果实成熟；花多而果实甚少，果形似梨而底钩曲；颜色多种，味道佳劣不一，劣者味酸而多纤维，佳者纤维少而味甘。《大唐西域记》卷八：“阿摩落迦，印度药果之名也。”晋僧肇《注维摩诘经·弟子品》：“庵摩勒果，形似槟榔，食之除风冷。”茂遮果：梵语音译。芭蕉科，果实香甜。

④《毗摩罗诘经》：即《维摩诘经》，又名《维摩诘所说经》、《维摩诘说不思议法门经》、《不可思议解脱经》、《说无垢称经》等。凡三卷，共十四品。“维摩诘”为梵语音译，人名。意译为“净名”、“无垢称”。相传是金粟如来的化身，自东方妙喜国化生于此，以居士身份在毗耶离城辅助佛陀摄化群生。《维摩诘经》主要内容为不二法门、净土思想、世间即是出世间以及菩萨行等。

⑤无垢称：“维摩诘”的意译名，又作“净名”、“无垢称”，此指维摩诘“晦迹五欲，超然无染，清名遐布”，故《维摩诘经》又名《说无垢称经》、《无垢称经》。

⑥宝积：毗耶离城的长者之子。释迦牟尼佛在毗耶离城外的庵罗树园与众集会时，他曾与五百长者子一起持七宝盖供养佛陀，说偈赞佛并请佛为与会大众“说诸菩萨净土之行”。《维摩诘经》卷一：“尔时，长者子宝积说此偈已，白佛言：‘世尊！是五百长者子，皆已发阿耨多罗三藐三菩提心，愿闻得佛国土清净，唯愿世尊，说诸菩萨净土之行。’佛言：‘善哉，宝积！乃能为诸菩萨，问于如来净土之行，谛听，谛听！善思念之，当为汝说。’于是宝积及五百长者子，受教而听。”庵摩罗女：又作“庵没罗女”，为摩揭陀国频婆娑罗王之妃，生耆婆。据说此女由庵罗树所生，故名。庵罗树园为庵没罗女献给佛陀的园林，为佛陀经常讲经说法的处所。

⑦般涅槃：即涅槃、入灭。

⑧佛许魔王涅槃：《大唐西域记》卷七：“时魔来请佛曰：‘如来在世，教化已久，蒙济流转，数如尘沙，寂灭之乐，今其时矣。’世尊以少土置爪上，而告魔曰：‘地土多耶？爪土多耶？’对曰：‘地土多也。’佛言：‘所度者如爪上土，未度者如大地土。却后三月，吾当涅槃。’魔闻欢喜而退。”

⑨吠多补罗城：梵语音译。义为“白城”。

⑩《菩萨藏经》:又名《大菩萨藏经》,凡二十卷,唐玄奘译。为玄奘西行求法返国后最先译出的佛经。据《开元释教录》记载,贞观十九年(645)五月二日玄奘法师于长安弘福寺翻经院开始翻译此经,同年九月二日译毕,沙门智证笔受,道宣法师证文。《大菩萨藏经》的主要内容为“四无量”、“六度”、“四摄”等大乘教义。菩提流志后将本经编入《大宝积经》(卷三十五至五十四),称为“菩萨藏会”。另有同名《菩萨藏经》一卷,梁僧伽婆罗译,应非所指。

【译文】

从这里沿着恒河顺流而下,往东行走三百多里,到达战主国。从战主国东北方向渡过恒河,行走一百四五十里,到达吠舍釐国旧称“毗舍离”,错了。该国周五千多里,土壤肥沃,多庵没罗果、茂遮果。都城已经荒废倒塌。城墙旧址方圆六七十里,居住的人很少。宫城西北五六里处有一座佛寺,旁边有座佛塔,是佛昔日演说《毗摩罗诘经》的地方。在此东北三四里处,有座佛塔,是毗摩罗诘的故居,此居舍尚有许多灵异现象。距此不远处,有一间房屋,用石头砌成,是无垢称现身有疾、演说佛法的地方。旁边也有宝积的故居、庵摩罗女的故居。佛寺往北三四里处,有座佛塔,是佛将往拘尸那国涅槃,天、人跟随佛陀,驻足观望的地方。其西边有佛陀最后观望吠舍釐的地方。其南面还有庵摩罗女拿林园施舍给佛陀的地方,又有佛陀向魔王许诺自己涅槃日期的地方。从吠舍釐南境,距离恒河一百多里处,到达吠多补罗城,获得《菩萨藏经》。

又南渡殑伽河,至摩揭陀国旧曰“摩伽陀”,讹也①。周五千余里。俗崇学重贤。伽蓝五十余所,僧万余人,多大乘学。河南有故城,周七十余里,虽复荒颓,犹有雉堞②。昔人寿无量岁时,号“拘苏摩补罗城”此言“香华宫城”③。王宫多华，故致此号。后至人寿数千岁时，更名波吒釐子城旧曰“熙连弗邑”，讹也[4]。复约波吒釐树为名。

至佛涅槃后第一百年，有阿输迦王此言“无忧王”。旧曰“阿育王”，讹也[5]，即频毗娑罗王此言“影坚”之曾孙也[6]，自王舍城迁都来此。年代浸远[7]，今唯故基。伽蓝数百，存者二三。故宫北临殑伽河为小城，城有千余家。宫北有石柱，高数十尺，无忧王作地狱处[8]。

法师在小城停七日，巡礼圣迹。地狱南有窣堵波，即八万四千之一也[9]。王以人功建立，中有如来舍利一斗，每放神光。次有精舍，中有如来所履石，石上有佛双迹，长一尺八寸，广六寸，两足下有千辐轮相[10]，十指端有万字华文及瓶鱼等[11]，皎然明著，是如来将入涅槃，发吠舍釐至此，于河南岸大方石上立，顾谓阿难：“此是吾最后望金刚座及王舍城所留之迹也！”

精舍北有石柱，高三十余尺，书记无忧王三以赡部洲施佛、法、僧[12]，三以珍宝赎嗣也[13]。故城东南有屈屈吒阿滥摩此言“鸡园”僧伽蓝故基[14]，无忧王所造，是召千僧四事供养处[15]。是等圣迹，凡停七日，礼拜方遍。

【注释】

①摩揭陀：梵语音译。又作“摩羯陀”、“摩伽陀”、“摩竭陀”、“摩竭提”、“默竭陀”、“摩诃陀”等，义为“无害”、“不恶处”、“致甘露处”、“善胜”等。摩揭陀国，为著名的佛教圣地，古印度十六大国之一，其领域大致相当于今印度比哈尔邦的巴特那和加雅两地。该国在公元前七世纪已经很强大，至频毗娑罗王在位时，国都为

王舍城，旧城被焚毁后，在旧都的北面建立新王舍城(即今拉查基尔)，并皈依佛陀，成为佛教的大护法，新都也成为佛陀最常说法之处。他的儿子阿阇世王继位后，四处征战，使摩揭陀国领土大为扩张，成为与憍萨罗国对峙的北印度大国。阿阇世王的儿子邬陀耶又在水陆交通便利的要冲之地，建立波吒釐子城(即华氏城)，后成为国都。公元前三世纪，孔雀王朝的阿育王当政，统一北印度，国势大振，在他即位的第十七年，邀请目犍连子帝须为上座，在首都华氏城召集主持了佛教的第三次结集。到四世纪的笈多王朝时代，佛教也很兴盛。五世纪初帝日王创建那烂陀寺，成为印度佛教之中心。至七世纪，王朝衰亡，佛教亦随之衰微。

②雉堞：城上短墙。泛指城墙。

③拘苏摩补罗城：梵语音译。义为"香花宫城"，因为宫中香花繁盛，故名。即华氏城的旧称。

④波吒釐子城：梵语音译。又作"熙连弗邑"、"巴罗利弗"、"波吒罗"等，意译为"华氏城"。故址在巴特那西北部，为佛教第三次结集处，佛教遗迹很多。《大唐西域记》卷八："初有婆罗门，高才博学，门人数千，传以授业。诸学徒相从游观，有一书生徘徊怅望，同俦谓曰：'夫何忧乎?'曰：'盛色方刚，羁游履影，岁月已积，艺业无成，顾此为言，忧心弥剧。'于是学徒戏言之曰：'今将为子求娉婚亲。'乃假立二人为男父母，二人为女父母。遂坐波吒釐树，谓女婿树也。采时果，酌清流，陈婚姻之绪，请好合之期。时假女父攀花枝以授书生曰：'斯嘉偶也，幸无辞焉。'书生之心欣然自得。日暮言归，怀恋而止。学徒曰：'前言戏耳，幸可同归。林中猛兽恐相残害。'书生遂留，往来树侧。景夕之后，异光烛野，管弦清雅，帷帐陈列。俄见老翁策杖来慰，复有一妪携引少女，并宾从盈路，袨服奏乐。翁乃指少女曰：'此君之弱室也。'酣

歌乐宴，经七日焉。学徒疑为兽害，往而求之，乃见独坐树阴，若对上客。告与同归，辞不从命。后自入城，拜谒亲故，说其始末，闻者惊骇。与诸友人同往林中，咸见花树是一大第，僮仆役使，驱驰往来，而彼老翁从容接对，陈馔奏乐，宾主礼备。诸友还城，具告远近。期岁之后，生一子男，谓其妻曰：'吾今欲归，未忍离阻。适复留止，栖寄飘露。'其妻既闻，具以白父。翁谓书生曰：'人生行乐，讵必故乡？今将筑室，宜无异志。'于是役使灵徒，功成不日。香花旧城迁都此邑。由彼子故，神为筑城，自尔之后，因名波吒釐子城焉。"波吒釐，树名。

⑤阿输迦王：梵语音译。即阿育王，又作"无忧王"。

⑥频毗娑罗：梵语音译。义为"影坚"、"影胜"。频毗娑罗王为释迦同时期的摩揭陀国国王。

⑦浸远：久远。

⑧无忧王作地狱：指无忧王建造的监狱宛若地狱。《大唐西域记》卷八："初，无忧王嗣位之后，举措苛暴，乃立地狱，作害生灵。周垣峻峙，隅楼特起；猛焰洪炉，铦锋利刃，备诸苦具，拟像幽涂，招募凶人，立为狱主。初以国中犯法罪人，无校轻重，总入涂炭；后以行经狱次，擒以诛戮，至者皆死，遂灭口焉。"

⑨八万四千：指无忧王建造的八万四千座佛塔。

⑩轮相：佛三十二相之一，指佛足掌有千辐轮形印纹。

⑪万字华文：指佛足指端有"卍"字花纹。

⑫书记：铭文，铭文记载。

⑬嗣：随后。

⑭屈屈吒阿滥摩：梵语音译。汉译为"鸡园"、"鸡林园"等。

⑮四事：指衣服、饮食、卧具和汤药四事。

【译文】

又向南渡过恒河，到达摩揭陀国旧称"摩伽陀"，错了。该国方圆五千多里。其风俗崇尚学问，尊重圣贤。佛寺五十多所，僧徒一万多人，大多学习大乘教法。恒河南边有一座旧城，方圆七十多里，虽然已经荒废了，犹有城墙。往昔人的寿命无量岁时，名叫“拘苏摩补罗城”汉译“香花宫城”。因为王宫多花，所以以此命名。后来到了人的寿命几千岁时，更名为“波吒釐子城”旧称“熙连弗邑”，错了。又以波吒釐树命名。

到佛涅槃之后的第一百年，有一位国君名叫阿输迦王汉译“无忧王”。旧称“阿育王”，错了，就是频毗娑罗王汉译“影坚”的曾孙，从王舍城迁都到此。由于年代久远，如今只剩下旧基。佛寺数百所，保存下来的仅二三成。在旧宫城北边的恒河河畔，有座小城，城里有一千多户人家。宫城北边有一根石柱，高几十尺，是无忧王建造地狱的地方。

法师在小城停留了七天，巡礼圣迹。地狱南边有座佛塔，是无忧王建造的八万四千座佛塔之一。无忧王以人力建造，里面藏有如来舍利一斗，常常发出神光。不远处有一所精舍，里面有如来所踩踏过的石头，石头上面有佛的一双足印，长一尺八寸，宽六寸，两个足印上面有千辐轮形的印纹，十指指端都带有“卍”字花纹以及瓶、鱼花纹等，清晰显著，是如来即将入涅槃，从吠舍釐出发，来到此处，站在恒河南岸的这块大方石上，回头对阿难说道：“这是我最后回望金刚座和王舍城所留下的足迹啊！”

精舍北边有一根石柱，高三十多尺，铭文上记载无忧王三次用赡部洲施舍佛、法、僧，随后又三次用珍宝赎回。旧城东南边有屈屈吒阿滥摩汉译“鸡园”寺的旧基，为无忧王所建造，是召集一千名僧人，四事供养的地方。如是等等，种种圣迹，法师停留了七天，方才一一礼拜完毕。

又西南行六七由旬，至底罗磔迦寺。寺有三藏数十人，闻法师至，皆出迎引。从此又南行百余里，到菩提树。树垣垒砖，高峻极固，东西长，南北稍狭。正门东对尼连禅河，南门接大华池，西带险固，北门通大伽蓝，其内圣迹连接，或精舍，或窣堵波，并诸王、大臣、豪富、长者慕圣营造，用为旌记[①]。正中有金刚座。贤劫初成，与大地俱起，据三千大千之中，下极金轮[②]，上齐地际[③]，金刚所成，周百余步。言金刚者，取其坚固难坏，能沮万物[④]。若不依本际则地不能停[⑤]，若不以金刚为座，则无地堪发金刚定[⑥]。今欲降魔成道，必居于此，若于余地，地便倾昃[⑦]，故贤劫千佛皆就此焉。又成道之处亦曰“道场”，世界倾摇，独此不动。一二百年来众生薄福，往菩提树不见金刚座。佛涅槃后，诸国王以两躯观自在菩萨像南北标界[⑧]，东向而坐。相传此菩萨身没不见，佛法当尽，今南边菩萨已没至胸。其菩提树即毕钵罗树也，佛在时高数百尺，比频为恶王诛伐[⑨]，今可五丈余，佛坐其下，成无上等觉，因谓菩提树。树茎黄白，枝叶青润，秋冬不凋，唯至如来涅槃日，其叶顿落，经宿还生如本。每至是日，诸国王与臣僚共集树下，以乳灌洗，然灯散华，收叶而去。

法师至，礼菩提树及慈氏菩萨所作成道时像，至诚瞻仰讫，五体投地，悲哀懊恼，自伤叹言：“佛成道时，不知漂沦何趣。今于像季，方乃至斯；缅惟业障[⑩]，一何深重。”悲泪盈目。时逢众僧解夏，远近辐凑数千人[⑪]，观者无不呜噎。其处一逾缮那圣迹充满[⑫]，停八九日，礼拜方遍。

至第十日，那烂陀寺众差四大德来迎[⑬]，即与同去。行可七逾缮那至寺庄。庄是尊者目连本生之村。至庄食，须臾，更有二百余僧与千余檀越将幢盖、华、香复来迎引，赞叹围绕入那烂陀。

【注释】

①旌记：纪念。

②金轮：又作“金性地轮”、“地轮”、“地界”等，构成世界的四轮之一。轮，持载之义。按照佛教的世界观构成，地下有空轮、风轮、水轮和金轮四个层次。金轮由金刚构成，居于其他三轮之上，承载大地。

③地际：地表。

④沮(jǔ)：破坏，摧毁。

⑤本际：此地，此处。

⑥金刚定：又名“金刚三昧”、“金刚喻定”，即菩萨于最后位时，断除最后一切最细微烦恼的禅定。

⑦倾昃(zè)：倾斜。

⑧躯：尊，座。佛教塑像量词。

⑨比：近来，接近。

⑩缅惟：遥想，回想。

⑪辐凑：又作“辐辏”，指人或物像车辐集中于车毂一样聚集。辐，连结车辋和车毂的直条。凑，聚合。

⑫逾缮那：即由旬，印度古代计程单位。

⑬那烂陀：梵语音译。义为“施无厌”。那烂陀寺为古代印度摩揭陀国的著名寺院，在今印度比哈尔邦的巴拉贡村。

【译文】

又向西南行走六七由旬，到达底罗磔迦寺。寺中有通晓三藏的僧侣几十人，听说法师来到，都出来迎接。从这里往南行走一百多里，到达释迦成佛的菩提树下。菩提树四周环绕着用砖垒砌的围墙，高大坚固，东西长，南北稍窄。正门向东对着尼连禅河，南门连着大花池，西门地势险要，北门通往大寺院，围墙里面圣迹相连，或是精舍，或是佛塔，都是各国国王、大臣、豪富、长者仰慕佛陀而建造的，用来作为纪念。正中间有金刚座。从前贤劫刚刚形成时，金刚座与大地同时出现，位居三千大千世界的中央，下至金轮，上达地表，由金刚构成，方圆一百多步。称之为金刚，是采取其坚固难坏，而能摧毁万物之义。如来将要证成正觉时，如果不到此处，则大地震动，不能停止；如果不以金刚为座，则没有地方可以进入金刚定。如果要想降魔成道，必须居于此地；如果在其他地方，大地就会倾斜，所以贤劫千佛都是在这里成佛的。另外，成道的地方又称为“道场”，在世界倾斜摇动之时，唯独它安稳不动。近一二百年来众生福薄，来到菩提树下已经看不到金刚座了。佛陀涅槃以后，诸国国王以两尊观自在菩萨像分别标出金刚座的南北边界，面向东而坐。据说当这两尊观自在菩萨像的身躯淹没不见的时候，佛法就会消失，现在南边的菩萨像已经淹没到胸部了。金刚座上面的菩提树，就是毕钵罗树，佛陀住世的时候高达几百尺，近来频频被恶王砍伐，现在只有约五丈多高；当初佛坐在这棵树下，证成无上正等正觉，因而称之为菩提树。树干呈黄白色，枝叶青润，四季不凋，只是每到如来涅槃之日，树叶一下子都全部凋落，过了一夜又复生如初。每年到这一天，诸国国王与群臣一起来到树下，用乳汁浇灌清洗，燃灯散花，收起落叶，然后离开。

法师来到这里，礼拜了菩提树和慈氏菩萨所作的佛成道时像，至诚瞻仰完毕，五体投地，悲哀懊恼，感伤叹息，说道：“佛成道时，我不知尚漂泊沦落在何处。而今只剩有佛像，我才来到这里；回想我的业障是多么深重，竟然到了如此的地步。”说着不禁悲泪盈眶。当时适逢众僧解夏，远近前来这里的有几千人，看见法师这种情形的人，无不为之呜咽悲戚。菩提树周围一由旬都充满圣迹，法师停留了八九日，方才一一礼拜完毕。

至了第十天，那烂陀寺的僧众派遣四位高僧前来迎接，法师即刻和他们一同前往。行走了大约七由旬的路程，来到那烂陀寺的庄院。这个庄园是当年目连尊者出生的村子。到庄院用斋，不一会儿，又有二百多名僧侣和一千多名信众举着幢盖、花、香前来迎接，赞颂围绕着法师进入那烂陀寺。

既至，合众都集。法师与相见讫，于上座头别安床，命法师坐，徒众亦坐。坐讫，遣维那击犍椎唱[①]。法师住寺，寺中一切僧所畜用法物道具咸皆共同。仍差二十人非老非少、闲解经律、威仪齐整者，将法师参正法藏，即戒贤法师也，众共尊重，不斥其名，号为正法藏。于是随众入谒。既见，方事师资，务尽其敬，依彼仪式，膝行肘步，呜足顶礼[②]。问讯赞叹讫，法藏令广敷床座，命法师及诸僧坐。坐讫，问："法师从何处来？"报曰："从支那国来，欲依师学《瑜伽论》。"闻已啼泣，唤弟子佛陀跋陀罗此言"觉贤"，即法藏之侄也，年七十余，博通经、论，善于言谈。法藏语曰："汝可为众说我三年前病恼因缘。"觉贤闻已，啼泣抆泪而说昔缘[③]，云："和尚昔患风病，每发，手足拘急，如火烧刀刺之痛，乍发乍息，凡二十余载。去三年前，苦痛尤甚，厌恶此身，欲不食取尽。于夜中梦三天人，一黄金色，二琉璃色，三白银色，形貌端正，仪服轻明，来问和尚曰：'汝欲弃此身耶？经云[④]："说身有苦，不说厌离于身。"汝于过去曾作国王，多恼众生，故招此报。今宜观省宿愆[⑤]，至诚忏悔，于苦安忍，勤宣经、论，自当销灭。直尔厌身，苦终不尽。'和尚闻已，至诚礼拜。其金色人指碧色者语和尚曰：'汝识不？此是观自在菩萨。'又指银色曰：'此是慈氏菩萨。'和尚即礼拜慈氏，问曰：'戒贤常愿生于尊宫，不知得不？'报曰：'汝广传正法，后当得生。'金色者自言：'我是曼殊室利菩萨。我等见汝空欲舍身，不为利益，故来劝汝。当依我语，显扬正法《瑜伽论》等，遍及未闻，汝身即渐安隐，勿忧不差。有支那国僧乐通大法，欲就汝学，汝可待教之。'法藏闻已，礼拜报曰：'敬依尊教。'言已不见。自尔已来，和尚所苦瘳除⑥。"僧众闻者莫不称叹希有。

法师得亲承斯记，悲喜不能自胜，更礼谢曰："若如所说，玄奘当尽力听习，愿尊慈悲摄受教诲。"法藏又问曰："法师汝在路几年？"答："三年。"既与昔梦符同，种种诲喻令法师欢喜⑦，以申师弟之情。

言讫辞出，向幼日王院安置于觉贤房第四重阁。七日供养已，更安置上房在护法菩萨房北，加诸供给。日得瞻步罗果一百二十枚⑧，槟榔子二十颗，豆蔻二十颗，龙脑香一两，供大人米一升。其米大于乌豆，作饭香鲜，余米不及，唯摩揭陀国有此粳米，余处更无，独供国王及多闻大德，故号为"供大人米"。月给油三升，酥乳等随日取足。净人一人、婆罗门一人⑨，免诸僧事，行乘象舆。那烂陀寺主客僧万，预此供给添法师合有十人。其游践殊方，见礼如此。

【注释】

①维那：又作"都维那"，梵语"羯磨陀那"，指寺院中总管僧众日常事务的僧职，为寺中"三纲"之一。律宗禅宗曰"维那"，教宗曰"都维那"。"维"为纲维、统理之义，"那"取"羯磨陀那"之"那"。犍椎：又作"犍槌"、"揵椎"、"揵槌"、"揵抵"等，指寺院中敲打发声的器具，如木鱼、钟、磬之类。

②鸣足顶礼：佛教礼节。行礼者两肘、两膝和头着地，然后头顶受

礼者的足部。后称为五体投地。

③抆(wěn):揩拭,擦去。

④经:指《维摩诘经》。《维摩诘经》卷二:"维摩诘言:'说身无常,不说厌离于身;说身有苦,不说乐于涅槃;说身无我,而说教导众生;说身空寂,不说毕竟寂灭。'"

⑤愆:罪孽,过失。

⑥瘳(chōu)除:病愈。

⑦诲喻:教诲晓喻。

⑧瞻步罗果:属桃金娘科蒲桃属,形色似葡萄,味道酸甜。

⑨净人:又称"道人"、"苦行"、"寺官",指在佛寺中服役的俗人。因其人能解比丘之净语,故称。

【译文】

到达后,全体僧侣都集合起来。法师与他们见面后,在上座头特别给法师安置了一张床座,请法师就座,徒众们也都入座。大家就座后,派遣维那击犍椎宣唱。法师住在那烂陀寺,寺中一切僧众所畜用法物道具,与大家一样共同使用。又派遣二十位不老不小、娴熟经律、仪容整齐的僧人带领法师前去参谒正法藏,正法藏就是戒贤法师,大众都很尊重他,所以不直呼其名,称之为正法藏。于是法师随同众僧入内谒见。见过面后,法师正式拜戒贤为师,极为尊敬,依照印度的拜师仪式,膝肘着地前行,以头顶礼戒贤双足。问讯赞叹完毕后,戒贤令广设床座,让法师及众僧就座。坐定后,戒贤问道:"法师从何处而来?"法师回答道:"从支那国来,想要跟随老师您学习《瑜伽师地论》。"戒贤听了之后,不禁哭泣,叫来弟子佛陀跋陀罗汉译"觉贤",此人是戒贤的侄子,已经七十多岁了,博通经、论,擅长言谈。戒贤对他说道:"你可以给大家说说我三年前患病的因缘。"觉贤听了,不禁哭泣抹泪,讲述这段因缘,说道:"和尚以前患有风湿病,每当发作时,手脚痉挛抽搐,痛得如同火烧刀割一样,时好时发,已经有二十多年了。三年前痛苦加剧,因此厌恶这身体,想绝食毕命。在夜里梦到三位天人,第一位是黄金色,第二位是琉璃色,第三位是白银色,都形貌端正,法服轻软鲜明,前来问和尚道:'你要舍弃这身体吗?佛经上说:"应该说有身体就有病苦诸患,而不说厌弃摆脱这身体。"你在过去世曾经做过国王,对百姓多有扰害,所以招来这样的苦报。现在你应当反省宿世的罪孽,虔诚忏悔,安心忍受痛苦,勤勉宣讲经、论,痛苦自会消除。如果只是厌弃摆脱这身体,痛苦终究不会消除。'和尚听了,虔诚礼拜。那位金色天人指着碧色天人对和尚说道:'你认识吗?这位是观自在菩萨。'又指着银色天人说道:'这位是慈氏菩萨。'和尚立即礼拜慈氏菩萨,问道:'戒贤常常希望往生到尊宫,不知能否?'慈氏菩萨回答道:'你要广传正法,将来就能往生到我宫。'金色天人自我介绍道:'我是曼殊室利菩萨。我们看见你要白白舍弃这身体,而不是为了众生的利益,因此前来劝诫。你应当按照我们所说的话,显扬正法《瑜伽师地论》等,遍及未闻,你的身体就会逐渐安定,不要担心身体得不到康复。有位支那国僧人渴求大乘佛法,要到你门下求学,你应当安心等着教他。'法藏听了,礼拜并回答道:'恭谨地遵从您的教诲。'说罢三位菩萨就不见了。自那时以来,和尚的苦痛都已经消除。"僧众们听了都无不称颂赞叹这稀有之事。

法师得知菩萨要自己承受正法,悲喜交加,不能自已,再次顶礼致谢,说道:"倘若正如所说,玄奘定当尽力听讲学习,希望大和尚慈悲为怀,传授教诲。"戒贤又问道:"法师在路上走了几年?"法师回答道:"三年。"这正与当初梦境相符,种种教诲晓喻使法师十分欢喜,也申明了二人的师徒之情。

谈话完毕后,法师辞别出来,被安置在幼日王院觉贤房间的第四重阁。供养七日后,又安置到护法菩萨房间北边的上房安歇,增加了各种供给。每天可得到瞻步罗果一百二十枚,槟榔子二十颗,豆蔻二十颗,龙脑香一两,供大人米一升。这种米比乌豆大,煮熟后味道香美,其他米都不能企及,只有摩揭陀国出产这种粳米,别处没有,唯独供给国王和有学问的高僧，因此称之为“供大人米”。每月供给油三升，酥乳等每日随意取用。又派净人一人、婆罗门一人侍奉法师。免除法师一切僧务，出行乘坐象舆。那烂陀寺主客僧一万人中，像这样的待遇，加上法师也不过只有十位。法师游学他国，所得到的礼遇是如此殊胜。

那烂陀寺者，此云“施无厌寺”。耆旧相传[①]，此伽蓝南庵没罗园中有池，池有龙名那烂陀，傍建伽蓝，故以为号。又云是如来昔行菩萨道时，为大国王，建都此地，怜愍孤穷，常行惠舍，物念其恩[②]，故号其处为“施无厌”也。地本庵没罗长者园，五百商人以十亿金钱买以施佛，佛于此处三月说法，商人多有证果。佛涅槃后，此国先王铄迦罗阿迭多此言“帝日”敬恋佛故，造此伽蓝。王崩后，其子佛陀麹多王此言“觉密”纂承鸿业[③]，次南又造伽蓝。至子怛他揭多王此言“如来”，次东又造伽蓝。至子婆罗阿迭多此言“幼日”王[④]，次东北又建伽蓝。后见圣僧从此支那国往赴其供，心生欢喜，舍位出家。其子伐阇罗此言“金刚”嗣位，次北又建伽蓝。其后中印度王于侧又造伽蓝。

如是六帝相承，各加营造，又以砖垒其外，合为一寺，都建一门。庭序别开，中分八院。宝台星列，琼楼岳峙；观竦烟中，殿飞霞上；生风云于户牖[⑤]，交日月于轩檐[⑥]；加以渌水逶迤[⑦]，青莲菡萏[⑧]，羯尼华树晖焕其间[⑨]，庵没罗林森竦其外[⑩]。诸院僧室皆四重重阁，虬栋虹梁[⑪]，绿栌朱柱[⑫]，雕楹镂槛[⑬]，玉础文棍[⑭]；甍接瑶晖[⑮]，榱连绳彩[⑯]。印度伽蓝数乃千万，壮丽崇高，此为其极。僧徒主客常有万人，并学大乘，兼十八部，爰至俗典、《吠陀》等书，因明、声明、医方、术数，亦俱研习。凡解经、论二十部者一千余人，三十部者五百余人，五十部者并法师十人。唯戒贤法师一切穷览，德秀年耆，为众宗匠。寺内讲座日百余所，学徒修习，无弃寸阴。德众所居，自然严肃。建立以来七百余载，未有一人犯讥过者。国王钦重，舍百余邑充其供养，邑二百户，日进粳米、酥乳数百石。由是学人端拱无求而四事自足⑰，艺业成就，斯其力焉。

【注释】

①耆(qí)旧：指年高望重者。《汉书·萧育传》："上以育耆旧名臣，乃以三公使车，载育入殿中受策。"

②物：他人，众人。

③纂(zuǎn)承：继承。

④婆罗阿迭多：梵语音译。婆罗阿迭多王，即幼日王。《大唐西域记》卷九："婆罗阿迭多王之嗣位也，次此东北又建伽蓝。功成事毕，福会称庆，输诚幽显，延请凡圣。其会也，五印度僧万里云集，众坐已定，二僧后至，引上第三重阁。或有问曰：'王将设会，先请凡圣，大德何方，最后而至？'曰：'我至那国也，和上婴疹，饭已方行，受王远请，故来赴会。'闻者惊骇，遽以白王。王心知圣也，躬往问焉。迟上重阁，莫知所去。王更深信，舍国出家。出家既已，位居僧末，心常怏怏，怀不自安：'我昔为王，尊居最上；今者出家，卑在众末。'寻往白僧，自述情事。于是众僧和合，令未受戒者以年齿为次，故此伽蓝独有斯制。"

⑤户牖(yǒu)：门和窗。

⑥轩檐：屋檐。

⑦渌(lù)：水清。逶迤(wēi yí)：蜿蜒曲折。

⑧菡萏(hàn dàn):荷花。

⑨羯尼华树:即羯尼迦树,又称“迦尼迦树”、“尼迦割罗树”,意译为“耳作树”。此树处处成林,发萼开荣,四时无间,叶呈金色。晖焕:同“辉焕”。意为辉煌、灿烂、照耀、映照。

⑩森竦:耸立,挺立。

⑪虬栋:雕刻着虬龙的大梁。栋,屋的正梁,即屋顶最高处的水平木梁。虹梁:高架而拱曲的屋梁,弧形梁。

⑫栌(lú):柱上方木,斗拱。

⑬楹(yíng):厅堂前部的柱子。槛(jiàn):栏杆。

⑭玉础:柱脚石的美称。榥(pí):屋檐前板。东汉张衡《西京赋》:“三阶重轩,镂槛文榥。”

⑮甍(méng):指房屋、屋脊。常用“星甍”来形容屋舍之多。瑶晖:或指瑶光,北斗七星的第七星名,常用来表示祥瑞。东汉张衡《西京赋》:“上飞闼而远眺,正睹瑶光与玉绳。”

⑯榱(cuī):椽(chuán)子。

⑰端拱:闲适自得,清静无为。《晋书·阮孚传》:“日月自朗,臣亦何可爝火不息?正应端拱啸咏,以乐当年耳。”

【译文】

那烂陀寺汉地称之为“施无厌寺”。老人们相传,这座寺院南边的庵没罗园中有个水池,池里有条龙名叫那烂陀,由于寺院建立在池旁,所以就以此为名。又传说是如来昔日修行菩萨道时,当大国的国王,建都在此,他怜悯孤独贫穷者,经常施舍,人们怀念他的恩德,所以就把这个地方称为“施无厌”。这里本来是庵没罗长者的林园,五百商人用十亿金钱买下来供养佛陀,佛陀在这里演说佛法三个月,商人中很多人都证得圣果。佛涅槃以后,该国先王铄迦罗阿迭多汉译“帝日”由于敬恋佛陀,就建造了这座寺院。国王去世后,他的儿子佛陀毱多王汉译“觉密”继承大业,又在其南边建造佛寺。到他的儿子怛他揭多王汉译“如来”,

又在此东边建造佛寺。到他的儿子婆罗阿迭多汉译“幼日”，又在其东北建造佛寺。后来看到有圣僧从此支那国前来接受他的供养，心生欢喜，舍弃王位而出家修行。他的儿子伐阇罗汉译“金刚”继位后，又在此北边建造佛寺。后来中印度王又在旁边建造了佛寺。

这样六帝相承，各加兴建，后来又在这些寺院的外面用砖垒砌了围墙，合成一所大寺，共用一个大门。大寺里面共分八所庭院，各自序列；宝台如天星罗列，琼楼似高山耸立；寺观竦峙于云烟之中，宝殿飞腾于彩霞之上；风云生起于门窗，日月交辉于屋檐；还有清水蜿蜒曲折，青莲荷花、羯尼花树在寺中摇曳绚烂，庵没罗林在寺外密密耸立。诸院的僧室都是四重重阁，里面有雕绘着虬龙的弧形栋梁，绿色斗拱和红色柱子，装饰有浮雕的柱子和栏杆，玉制的柱脚石和雕刻文辞的屋檐前板；屋脊相连闪耀着美玉的光辉，椽木排列宛若空中的彩练。全印度的寺院成千上万，若说壮丽巍峨，当推这座那烂陀寺为第一。寺中主客僧经常有上万人，都学习大乘佛法，兼学小乘十八部，至于俗典、《吠陀》等书，因明、声明、医方、术数等，也都研习。能够解说经、论二十部的有一千多人，三十部的有五百多人，五十部的加上法师有十人。只有戒贤法师尽览一切经、论，年高德重，是众人所宗仰的巨匠。寺内每天都有一百多处讲座，学徒修习，不浪费片刻光阴。在寺中居住的都是有德行的僧侣，自觉严守戒律。建寺七百多年来，没有一人犯过戒律。国王对他们钦仰敬重，布施了一百多邑作为供养，每邑有二百户，每日提供粳米、酥乳数百石。因此学人不用募化而需用充足，在学业上能有所成就，这种供养起了很大的作用。

法师于那烂陀寺安置已，向王舍城观礼圣迹。王舍旧城彼云“矩奢揭罗补罗城”此言“上茅宫城”[①]，城处摩揭陀国之中，古昔君王多住其内。其地又生好香茅，故取为称。四面皆山，峻峭如削，西通小径，北有大门，东西长，南北狭，周一百五十余里。其内更有小城，基周三十余里，羯尼迦树处处成林，发萼开荣，四时无间，叶如金色。

宫城北门外有窣堵波，是提婆达多与未生怨王放护财醉象欲害佛处[②]。此东北有窣堵波，是舍利子闻阿湿婆恃苾刍说法证果处。次北不远有大深坑，是室利毱多此言“胜密”受外道邪言[③]，以火坑、毒饭欲害佛处。次大坑东北山城之曲有窣堵波，是时缚迦大医旧曰“耆婆”，讹也于此为佛造说法堂处[④]。其侧现有时缚迦故宅。

宫城东北行十四五里，至姞栗陀罗矩吒山此言“鹫峰”，亦云“鹫台”。旧曰“耆阇崛山”，讹也[⑤]。其山连岗北岭，隆崛特高，形如鹫鸟，又状高台，故取为称。泉石清奇，林树森郁[⑥]，如来在世多居此山说《法华》、《大般若》等无量众经。

【注释】

①矩奢揭罗补罗城：梵语音译。汉译为“上茅宫城”，因出产香茅而得名。故址在今印度比哈尔邦的腊季吉尔。《大唐西域记》卷九：“上茅宫城，摩揭陁国之正中，古先君王之所都，多出胜上吉祥香茅，以故谓之上茅城也。崇山四周，以为外郭，西通峡径，北辟山门，东西长，南北狭，周一百五十余里。内城余址周三十余里。羯尼迦树遍诸蹊径，花含殊馥，色烂黄金，暮春之月，林皆金色。”

②未生怨王：梵语意译，音译为“阿阇世王”、“阿阇多设咄路王”等。为佛陀时期摩揭陀国国王。父亲频毗娑罗王，母亲韦提希，故亦称“阿阇世韦提希子”。其处于母胎时，占师预言此子将来会弑父，频毗娑罗听说后十分惊恐，遂自楼上将其投弃，然仅折断手指而未死，故又称“婆罗留支”（义为“折指”），又以其未生前即已

结怨，故称为“未生怨”。他弑父自立，征战四方，国势强盛。后因弑父之罪而得重病，至佛前忏悔即平愈，遂皈依佛陀，成为佛教的大护法。佛灭度后，分得舍利，起塔供养，又竭力协助摩诃迦叶等于七叶窟结集佛典。《大唐西域记》卷九：“提婆达多与未生怨王共为亲友，乃放护财醉象，欲害如来。如来指端出五师子，醉象于此驯伏而前。”

③室利毱多：梵语音译。汉译为“胜密”、“吉护”等，为尼犍子外道门徒。《大唐西域记》卷九：“胜密者，宗信外道，深着邪见。诸梵志曰：‘乔答摩国人尊敬，遂令我徒无所恃赖。汝今可请至家饭会，门穿大坑，满中纵火，栈以朽木，覆以燥土。凡诸饭食，皆杂毒药，若免火坑，当遭毒食。’胜密承命，便设毒会。城中之人皆知胜密于世尊所起恶害心，咸皆劝请，愿佛勿往。世尊告曰：‘无得怀忧。如来之身，物莫能害。’于是受请而往。足履门阃，火坑成池，清澜澄鉴，莲花弥漫。胜密见已，忧惶无措，谓其徒曰：‘以术免火，尚有毒食。’世尊饭食已讫，为说妙法，胜密闻已，谢咎归依。”

④时缚迦：梵语音译。旧称“耆婆”，王舍城良医。

⑤姞栗陀罗矩吒山：梵语音译。又作“姞(jí)栗陀罗矩吒山”，即灵鹫山，又称“耆阇崛山”。

⑥森郁：繁密茂盛。

【译文】

法师在那烂陀寺安置妥当后，就前往王舍城观礼圣迹。王舍旧城当地称为“矩奢揭罗补罗城”汉译“上茅宫城”，该城位于摩揭陀国中央，古代君王多住在这座城里。这里出产上好的香茅，因此用其作为名称。上茅宫城四周高山环绕，陡峭犹如刀削一般，西面有条小路，北面有个大门，东西长，南北窄，方圆一百五十多里。里面有座小城，城基方圆三十多里。羯尼迦树漫山遍野，树花盛开，四季不绝，树叶呈金色。

宫城北门外面有座佛塔，是提婆达多和未生怨王放出一头护财醉象，想要加害佛陀的地方。在其东北处有座佛塔，是舍利子听阿湿婆恃比丘说法而证果的地方。再往北不远处，有一个大深坑，是室利毱多汉译“胜密”受外道邪言的蛊惑，用火坑、毒饭想要加害佛陀的地方。在大坑东北山城的角落处有座佛塔，是时缚迦大医旧称“耆婆”，错了在此为佛建造说法堂的地方。旁边现今有时缚迦的故居。

从宫城东北行走十四五里，到达姑栗陀罗矩吒山汉译“鹫峰”，也叫“鹫台”。旧称“耆阇崛山”，错了。鹫峰连接北山，高大奇崛，形状犹如鹫鸟，又像高台，因此就用其作为名称。这里泉水清澈，山石奇异，树林繁密茂盛，如来在世时，大多时间居住在这山上，演说《法华》、《大般若》等无量众经。

山城北门行一里余，至迦兰陀竹园①。今现有砖室，如来在昔多居其中，制诸戒律。园主名迦兰陀，先以此园施诸外道。后见佛，又闻深法，恨不以园得施如来。时地神知其意，为现灾怪怖诸外道，逐之令出，告曰：“长者欲以园施佛，汝宜速去。”外道含怒而出。长者欢喜，建立精舍讫，躬往请佛，佛为受之。竹园东有窣堵波，阿阇多设咄路王此言“未生怨”。旧曰“阿阇世”，讹也之所建②。如来涅槃后，诸王共分舍利，未生怨王得已将归，立塔供养。无忧王发心欲遍造诸塔，开取舍利，尚留少许，今每放光明。

竹园西南行五六里，山侧有别竹林，中有大石室，是尊者摩诃迦叶波于此与九百九十九大阿罗汉，如来涅槃后结集三藏处。当结集时，无量圣众云集，迦叶告曰：“众中自知具三明、六通，总持如来一切法藏无错谬者住，余各随所安。”时简得九百九十九人。阿难在于学地[3]，迦叶语阿难：“汝漏未尽[4]，勿污清众。”阿难惭愧而出。一夜勤修，断三界结[5]，成阿罗汉，还来叩门。迦叶问曰：“汝结尽耶？”答曰：“然！”复曰：“若结尽者，不劳开门，随意所入。”阿难乃从户隙而入，礼拜僧足。迦叶执其手曰：“我欲汝断除诸漏证圣果，故驱逐汝出，汝当知之，勿以为恨。”阿难曰：“若怀恨者，岂名结尽。”于是礼谢而坐。即初安居十五日时也。迦叶语阿难曰：“如来常于众中称汝多闻，总持诸法，汝可升座为众诵《素怛缆藏》，即一切经也。”阿难承命而起，向佛般涅槃山方作礼讫，升座诵经，诸众随口而录。录讫，又命优波离诵《毗奈耶藏》[6]，即一切戒律也。诵讫，迦叶波自诵《阿毗达磨藏》，即一切论议经。三月安居中，集三藏讫，书之贝叶，方遍流通。诸圣相谓曰：“我等集此，名报佛恩，今日得闻，斯其力也。”以大迦叶僧中上座[7]，因名“上座部”。

【注释】

①迦兰陀竹园：迦兰陀长者的竹园。迦兰陀，梵语音译。义为“好声鸟”。《善见律》卷六：“迦兰陀子者，是时村中有一长者，有金钱四十亿。王即赐长者位，因村名故，号‘迦兰陀长者’。”

②阿阇多设咄路王：梵语音译。即阿阇世王，汉译为“未生怨王”。详见前注（本卷）。

③学地：指没有达到究竟的境地，尚处于修学的阶段。就小乘而言，由修戒、定、慧“三学”，而证得须陀洹、斯陀含、阿那含、阿罗汉果；前三果是为有学，第四果为无学；有学的阶段即为学地。

④漏：烦恼之异名。尽：断尽。以圣智断尽烦恼，称为“漏尽”，与

“无漏”同义。《大智度论》卷三:“三界中三种漏已尽无余,故言漏尽。”

⑤三界结:三界的烦恼。三界,指众生所居的欲界、色界、无色界。结,即结缚,烦恼的异称。佛教认为众生由于烦恼的缠缚而于三界生死轮回,不能解脱。

⑥优波离:又作“优婆釐”、“优婆离”、“邬波离”,意译为“近执”、“近取”,佛陀十大弟子之一。印度迦毗罗卫国人,首陀罗种姓,曾为宫廷理发师。优波离精于戒律,修持严谨,故有“持律第一”之誉。

⑦上座:指法腊高而居于上位的僧人。

【译文】

出山城北门行走一里多,到达迦兰陀竹园。现在有所砖砌的屋舍,如来往昔常住在里面,制定了各种戒律。园主名字叫迦兰陀,先将这个竹园施舍给了外道。后来见到佛,又听闻佛法,后悔没有将竹园布施给如来。这时地神知道了他的心思,便变现出灾难怪异来恐吓外道,将他们驱逐出去,并且告诉他们说:“长者迦兰陀要把竹园布施给佛,你们最好快点儿离开。”外道含怒离去。长者迦兰陀十分欢喜,建立精舍后,亲自去请佛,佛接受了他的布施。竹园东边有座佛塔,是阿阇多设咄路王汉译“未生怨”。旧称“阿阇世”,错了所建造的。如来涅槃之后,各国国王一起分舍利,未生怨王分得后带回去,建塔供养。无忧王发心要广建佛塔,开塔取出舍利,仍留下少量在里面,现今常常放出光明。

从竹园往西南行走五六里,山旁边另有一片竹林,林中有个大石室,这里是尊者摩诃迦叶波和九百九十九位大阿罗汉聚在一起,在如来涅槃之后结集三藏的地方。当结集时,无量圣众云集此地,迦叶宣告道:“大众之中凡是自知具有三明、六通,总持如来一切法藏而没有错误的人留在这里,其余的人各自回去。”当时挑选出九百九十九人。阿难还处在有学地,迦叶对阿难说道:“你的烦恼还没有除尽,不要玷污了这里的清净僧众。”阿难惭愧退出。经一夜勤修，断尽烦恼习气，证成阿罗汉，回来敲门。迦叶问道：“你的烦恼去尽了吗？”阿难回答道：“是！”迦叶又说道：“如果烦恼除尽的话，不用开门，可以随意出入。”阿难于是从门缝中进来，礼拜僧众之足。迦叶握着他的手，说道：“我想要你断除各种烦恼证成圣果，所以赶你出去，你应当明白我的心意，不要产生怨恨。”阿难说道：“如果怀恨的话，怎能说烦恼除尽。”于是向迦叶礼谢，然后就座。这时是夏安居的第十五天。迦叶对阿难说道：“如来常在众人面前称赞你多闻第一，总持诸法，你可以升座为众人朗诵《素怛缆藏》，就是佛所说的一切经。”阿难奉命起身，向佛涅槃山的方向行过礼，然后升座诵经，众人随着记录。记录完毕，又让优波离朗诵《毗奈耶藏》，就是佛制定的一切戒律。朗诵完毕，迦叶波自己又朗诵《阿毗达磨藏》，就是佛所说的一切关于论议的经。在三个月的安居中，结集三藏完毕，书写到贝叶之上，使之广为流布。各位圣贤相顾而言道：“我们结集三藏，是为了报答佛恩，如今又得闻三藏，这都是佛的加持力啊。”因为大迦叶是僧人中的上座，所以人们称之为“上座部”。

又此西二十里有窣堵波，无忧王所建，即大众部共集之处①。诸学、无学数千人，大迦叶结集时不预者，共集此中，更相谓曰：“如来在日，同一师学。世尊灭度，驱简我等，我等岂不能结集法藏报佛恩耶？”复集《素怛缆藏》、《毗奈耶藏》、《阿毗达磨藏》、《杂集藏》、《禁咒藏》，别为五藏，此中凡、圣同会，因谓之“大众部”。

【注释】

①大众部：大众部的结集与形成应在佛灭一百年后，而不是当年。参见“摩诃僧祇部”（卷二）。

【译文】

又从此往西二十里处，有一座佛塔，为无忧王建造，是大众部结集的地方。诸学、无学数千人，大迦叶结集时没有参加的人，都来到这里，相互说道："如来在世的时候，跟随同一个导师学习。世尊涅槃后，驱逐排斥我们，我们难道不能自己结集法藏来报答佛恩吗？"于是又结集了《素怛缆藏》、《毗奈耶藏》、《阿毗达磨藏》、《杂集藏》、《禁咒藏》，另为五藏，因为这次结集普通人、圣贤一同聚会，所以人们称之为"大众部"。

次东北三四里至曷罗阇姞利呬多城此言"王舍"[①]。外郭已坏，内城犹峻，周二十余里，面有一门。初频毗娑罗王居上茅宫时，百姓殷稠，居家鳞接，数遭火灾，乃立严制，有不谨慎，先失火者，徙之寒林[②]。寒林即彼国弃尸恶处也。顷之，王宫忽复失火。王曰："我为人王，自犯不行，无以惩下。"命太子留抚，王徙居寒林。时吠舍釐王闻频毗娑罗野居于外，欲简兵袭之。候望者知而奏，王乃筑邑。以王先舍于此，故名"王舍城"，即新城也。后阇王嗣位，因都之。至无忧王迁都波吒釐，以城施婆罗门。今城中无杂人，唯婆罗门千余家耳。宫城内西南隅有窣堵波，是殊底色迦长者此言"星历"。旧云"树提伽"，讹也故宅[③]。傍又有度罗怙罗处即佛子也。

【注释】

①曷罗阇姞利呬多城：梵语音译。汉译"王舍城"。在今印度比哈尔邦的腊季吉尔，在旧城北四公里处。

②寒林：林葬之所。人死之后，弃尸此地，任由鸟兽食用，见者寒栗，故称"寒林"。

③殊底色迦：梵语音译。又作"聚底色迦"、"殊底迦"、"树提伽"、

"殊底穡迦",义为"星历"、"有命"、"火生"。《俱舍论光记》卷五:"佛遣人入火抱取殊底穡迦,此云有命。旧曰'树提迦',讹也。彼之父母,其家巨富,年老无子,忽因怀孕,问诸外道,咸言是女而不长命,及其问佛,佛记是男,长年具德。外道无识,方便药中,母丧毙躯,子安无损。佛遣能活命,入火抱取。"

【译文】

再往东北行走三四里,到达曷罗阇姞利呬多城汉译"王舍"。外城已经毁坏,内城依然高峻,方圆二十多里,每面各有一门。频毗娑罗王居上茅宫城时,城里居民稠密,房屋连接,多次发生火灾,于是制定严格的法律,凡不谨慎而引起火灾的人,就把他放逐到寒林。寒林是该国抛弃尸体的不祥之地。不久,王宫忽然又发生火灾。国王说道:"我作为国王,自己违犯法律而不执行,就不能惩治人民。"于是命太子留守,国王自己迁居寒林。当时吠舍鳌王听到频毗娑罗王居住在野外,想要发兵袭击。边境守望者得知后上奏国王,国王于是修筑城邑。因为国王首先居住在这里,所以称为"王舍城",这就是新城。后来阇王继位,就把这里作为都城。到无忧王迁都波吒鳌城后,把王舍城施舍给婆罗门。如今城里没有其他人,只有婆罗门一千多家。宫城内西南角有座佛塔,是殊底色迦长者汉译"星历"。旧称"树提伽",错了的旧居。旁边还有如来度化罗怙罗之处罗怙罗就是佛的儿子啊。

那烂陀寺西北有大精舍,高三百余尺,婆罗阿迭多王之所建也。庄严甚丽,其中佛像同菩提树像。精舍东北有窣堵波,如来昔于此七日说法处。西北又有过去四佛坐处。其南鍮石精舍,戒日王之所建,功虽未毕,详其图量,限高十余丈。城次东二百余步有铜立佛像,高八十余尺,重阁六层方得覆及,昔满胄王之所作也[①]。又东行数里有窣堵波,佛初成道向王舍城至此，频毗娑罗王与国人百千万众迎见佛处。

又东行三十余里，至因陀罗势罗窭诃山[②]。东峰伽蓝前有窣堵波，谓僧斯赠反娑此言“雁”。昔此伽蓝依小乘渐教，食三净肉。于一时中买赎不得，其检校人傍徨无措，乃见群雁翔飞，仰而戏言曰：“今日僧供有阙，摩诃萨埵宜知是时[③]。”言讫，其引前者应声而回，铩翮高云[④]，投身自坠。苾刍见已惭惧，遍告众僧，闻者惊嗟，无不对之叹泣。各相谓曰：“此菩萨也。我曹何人，敢欲啖食[⑤]？又如来设教，渐次而防，我等执彼初诱之言，便为究竟之说，守愚无改，致此损伤。自今已后，宜依大乘，不得更食三净。”仍建灵塔，以死雁埋中，题表其心，使永传芳烈[⑥]，以故有兹塔也。如是等圣迹，法师皆周遍观礼讫。

【注释】

①满胄王：梵文意译。音译为“补剌拏伐摩王”。他是无忧王的后裔在摩揭陀国的最后一位国王，大约在公元七世纪初。

②因陀罗势罗窭诃：梵语音译。原是一种树名，因窟前有因陀罗势罗窭诃树而得名。汉译为“帝释窟”、“蛇神山”。

③摩诃萨埵：梵语音译。为“菩萨”或“大士”的通称。摩诃，义为“大”；萨埵，义为“有情”、“众生”。或指释迦在因位修菩萨行时的名号。时为萨埵王子，尝舍身饲虎。

④铩翮(hé)：铩羽，摧折羽毛。铩，摧残，伤残。翮，羽毛。晋左思《蜀都赋》：“鸟铩翮，兽废足。”

⑤啖(dàn)：吃。

⑥芳烈：美好的名声，盛美的功业。

【译文】

在那烂陀寺西北有一座大精舍，高三百多尺，是婆罗阿迭多王所建造的。庄严伟丽，里面供奉的佛像与菩提树下的佛像相同。精舍东北有座佛塔，是如来昔日在此说法七天的地方。精舍西北还有过去四佛宴坐之处。南面有鍮石精舍，是戒日王所建造的，虽然还没有完工，审察其设计图，应有十多丈高。精舍东边二百多步的墙外，有铜制立佛像，高八十多尺，六层重阁方能遮覆，是昔日满胄王建造的。又往东行走数里，有一座佛塔，是佛刚成道时，前往王舍城，频毗娑罗王与成千上万的国人前来迎接佛的地方。

又往东行走三十多里，到达因陀罗势罗窭诃山。在东峰的寺院前面有座佛塔，叫作僧斯赠反娑汉译“雁”。往昔这个佛寺属于小乘渐教，可以食用三种净肉。由于一时之间买不到，寺院的管事僧人无计可施，看到群雁飞翔，抬头开玩笑说道：“今天僧人的饭食不足，摩诃萨埵应该知道是时候了。”话音刚落，领头的那只雁应声飞回，在高空中摧折羽翅，投身坠下。管事僧人见了既惭愧又害怕，详细告诉众僧，大家听了无不惊讶嗟叹，对雁叹息落泪。互相说道：“这真是菩萨啊！我辈是何等样人，怎敢吃它？还有，如来设教，戒律渐次严格，我等执着于如来最初诱导愚顽的话，把方便权教当作究竟之说，顽固不化，以致有此损伤。从今以后，应依照大乘的戒律，不能再吃三净肉。”于是建起灵塔，将死雁埋在里边，题写文字来表彰它的志念，使其美名永远流传，这就是雁塔的由来。像这样的圣迹，法师都一一作了瞻仰礼拜。

还归那烂陀寺，方请戒贤法师讲《瑜伽论》，同听者数千人。开题讫，少时，有一婆罗门于众外悲号而复言笑。遣人问其所以。答言：“我是东印度人，曾于布磔迦山观自在菩萨像所发愿为王，菩萨为我现身，诃责我言：‘汝勿作此愿！

后某年月日那烂陀寺戒贤法师为支那国僧讲《瑜伽论》，汝当往听。因此闻法后得见佛，何用王为！’今见支那僧来，师复为讲，与昔言同，所以悲喜。”戒贤法师因令住听经。十五月讲彻，遣人将婆罗门送与戒日王，王封以三邑。

法师在寺听《瑜伽》三遍，《顺正理》一遍，《显扬》、《对法》各一遍，《因明》、《声明》、《集量》等论各二遍，《中》、《百》二论各三遍。其《俱舍》、《婆沙》、《六足》、《阿毗昙》等，已曾于迦湿弥罗诸国听讫，至此寻读决疑而已。兼学婆罗门书[①]。

【注释】

①婆罗门书：指古代印度的语言文字。

【译文】

法师返回那烂陀寺，开始请戒贤法师讲授《瑜伽师地论》，一同听讲者有几千人。刚刚开讲不久，有个婆罗门在人群外边先是悲伤痛哭，接着又谈笑如常。派人问他为什么。他回答道：“我是东印度人，曾在布磔迦山观自在菩萨像那里发愿要成为国王，菩萨为我现出真身，责备我说：‘你不要有这个想法！以后某年月日那烂陀寺戒贤法师为支那国僧讲解《瑜伽师地论》，你应当去听。因为听闻此法，将来就能见佛，何必做国王呢！’如今我见到支那僧前来，戒贤法师又为他讲法，和昔日菩萨的预言一样，所以悲喜交集。”戒贤法师就让他住下听讲。十五个月后，戒贤法师讲完《瑜伽师地论》，派人把婆罗门送到戒日王那里，戒日王封给他三邑之地。

法师在寺里听了《瑜伽》三遍，《顺正理》一遍，《显扬》、《对法》各一遍，《因明》、《声明》、《集量》等论各两遍，《中》、《百》二论各三遍。其余《俱舍》、《婆沙》、《六足》、《阿毗昙》等，法师已经在迦湿弥罗等国听讲过，在这里只是阅读、解决疑难而已。法师在这里还兼学印度的语言文字。

印度梵书名为“记论”，其源无始，莫知作者。每于劫初[①]，梵王先说[②]，传授天人，以是梵王所说，故曰“梵书”。其言极广，有百万颂，即旧译云《毗伽罗论》者是也[③]。然其音不正，若正应云《毗耶羯剌諵》音女咸反，此翻名为《声明记论》，以其广记，诸法能诠，故名《声明记论》。昔成劫之初，梵王先说具百万颂。后至住劫之初，帝释又略为十万颂[④]。其后北印度健驮罗国婆罗门睹罗邑波腻尼仙又略为八千颂，即今印度现行者是。近又南印度婆罗门为南印度王复略为二千五百颂[⑤]，边鄙诸国多盛流行，印度博学之人所不遵习。此并西域音字之本。其支分明相助者，复有《记论略经》[⑥]，有一千颂。又有字体三百颂[⑦]。又有字缘两种[⑧]，一名《间择迦》三千颂；二名《温那地》二千五百颂，此辩字缘、字体。有《八界论》八百颂，此中略合字之缘、体。

【注释】

①劫初：成劫之初，指世界形成之初的远古时代。

②梵王：又作“梵天王”、“大梵天”，婆罗门教和印度教的三大主神之一，主管创造，后被佛教纳入护法神祇。

③毗伽罗论：即语法学，为印度声明学（语言学）的主体内容。

④帝释：指帝释天，即吠陀经典中的因陀罗神。

⑤二千五百颂：指语法学著作《迦丹多罗》，是公元三世纪左右南印度婆罗门摄婆跋摩为教授南印度国王娑那婆诃那王梵语而撰

写的。

⑥《记论略经》：应为《声明记论》的略本。

⑦字体：又作“字界”、“语界”、“字元”，指梵语语法中动词或动词词根。

⑧字缘：又作“语缘”，为形容词、名词的语基构成音，即附于字界上使语体发生变化的助缘；亦即附于动词语根上，使其成为名词、形容词等的接尾辞或接头辞。

【译文】

印度的梵书名字叫做“记论”，它的来源不清楚，也不知道作者是谁。每当世界形成之初，梵王先予讲说，传授给天人，因为是梵王所说，所以叫做“梵书”。梵书的文字极多，有一百万颂，就是旧译的“毗伽罗论”。然而其音声不正，若按正音应叫“毗耶羯剌諵”女咸反，汉译为《声明记论》，以其记载广泛，能诠诸法，所以叫《声明记论》。过去在成劫之初，梵王先说一百万颂。后来到了住劫之初，帝释天就删略为十万颂。再后来北印度健驮罗国婆罗门睹罗邑的波腻尼仙人又删略为八千颂，就是如今印度正在使用的。近来又有南印度婆罗门为南印度王再次删略为二千五百颂，边远地区的国家大多盛传流行，印度博学之人所不遵学。这些都是梵文音韵文字的根本。进行专项诠释的，有《记论略经》，凡一千颂。又有字体三百颂。又有字缘两种：一种名叫《间择迦》，凡三千颂；另一种名叫《温那地》，共二千五百颂，是分辨字缘、字体的。还有《八界论》八百颂，是对字缘和字体的语法运用作了简要解说。

此诸记论辩能诠所诠①，有其两例。一名底丁履反，下同彦多声②，有十八啭③；二名苏漫多声④，有二十四啭。其底彦多声于文章壮丽处用，诸泛文亦少用。其二十四啭者于一切诸文同用。其底彦多声十八啭者，有两：一般罗飒迷⑤，二阿答末涅[6]，各有九啭，故合有十八。初九啭者，如泛论一事，即一事有三。说他有三，自说有三；一一三中，说一、说二、说多，故有三也。两句皆然，但其声别，故分二九耳。

依般罗飒迷声说，有无等诸法。且如说“有”，“有”即三名，一名婆俄之靴反底，二名婆俄破多讹反，三名婆饭底。说他三者，一名婆俄斯，二名婆俄破，三名婆俄他。自说三者，一婆俄弥，二婆俄靴去声，三婆俄摩此第三依《四吠陀论》中说，多言婆俄末斯。依阿答末涅九啭者，于前九啭下各置毗耶底言，余同上。安此者令文巧妙无别义，亦表极美义也。

苏漫多声二十四啭者，谓言总有八啭，于八啭中一一各三。谓说一、说二、说多，故开为二十四。于二十四中一一皆三：谓男声、女声、非男非女声。言八啭者：一诠诸法体，二诠所作业，三诠作具及能作者，四诠所为事，五诠所因事，六诠所属事，七诠所依事，八诠呼召事。且以男声寄“丈夫”上作八啭者，“丈夫”印度语名“布路沙”。体三啭者，一布路杀，二布路筲，三布路沙去声。所作业三者，一布路芟，二布路筲，三布路霜。作具作者三者，一布路铩拏，二布路諵音鞞僣反，下同，三布路铩鞞，或言布铩呬。所为事三者，一布路厦妙诈反邪，二布路沙諵，三布路铩韵鞞约反，下同。所因三者，一布路沙哆他我反，二布路铩諵，三布路铩韵。所属三者一布路铩谓子耶反，二布路铩諵，三布路铩谫安咸反。所依三者，一布路脞所齐反，二布路杀谕，三布路铩铛所乡反。呼召三者，一系布路杀，二系布路稍，三系布路沙。

略举一二如此，余例可知，难为具述。法师皆洞达其词，与彼人言，清典逾妙。如是钻研诸部，及学梵书，凡经五岁。

【注释】

①能诠：指诠释经典之文句。以其能解释、显现经中之义理，故称为“能诠”，与所诠相对而言。所诠：指经文所显之义理。《四教仪》卷一：“夫教是能诠，理是所诠。”唐玄应《一切经音义》卷二十三：“能诠，诠显了义。说文，诠，具也。案具说事理曰诠。”《大乘法苑义林章》卷一本：“所说法者，所诠义也。名句字者，能诠文也。”

②底彦多声：指梵语动词的语法变化。

③啭(zhuàn)：啭音，婉转发音。东汉繁钦《与魏太子书》：“时都尉薛访车子，年始十四，能喉啭引声，与笳同音。”

④苏漫多声：指梵语名词的语法变化。

⑤般罗飒迷：动词的主动语态。依据第一、第二、第三人称的变化(泛论、说他、自说)，再依据单、双、复三种数的变化(说一、说二、说多)，就出现了不同的语尾变化形态，总有九种啭音。

⑥阿答末埿：动词的中间语态。同样依据第一、第二、第三人称的变化，再依据单、双、复三种数的变化，就出现了不同的语尾变化形态，总有九种啭音。

【译文】

这些记论辨明能诠和所诠，有两个例子。一个名叫底丁履反，下同彦多声，即动词的语法变化，有十八种啭音；另一个名叫苏漫多声，即名词的语法变化，有二十四种啭音。底彦多声的十八种啭音多用在文章壮丽之处，一般普通文章用得比较少。苏漫多声的二十四种啭音一切文章通用。底彦多声的十八种啭音，分为两类：一是般罗飒迷，即动词的主动语态；二是阿答末埿，即动词的中间语态；各有九种啭音，所以共有十八种啭音。般罗飒迷九种啭音，譬如泛论一事，即一事有三种情形。说他有三种情形，自说也有三种情形；泛论、说他、自说都有说一、说二、说多三种情形，所以说有三。阿答末埿也是这样，只是由于主动语态与中间语态的差别，所以分为十八种啭音。

根据般罗飒迷的语法学，有很多种说法。譬如动词“有”，“有”即有三个名称，一名婆馂之靴反底，二名婆馂破多讹反，三名婆饭底。说他有三个名称，一名婆馂斯，二名婆馂破，三名婆馂他。自说有三个名称，一名婆馂弥，二名婆馂靴去声，三名婆馂摩此第三依《四吠陀论》中说，一般说婆馂末斯。依照阿答末埿的九个啭音，在前面九个啭音后面各加词缀毗耶底，其余同上。加上词缀毗耶底使文章工巧美妙，表明极美之义，没有别的意思。

苏漫多声二十四种啭音，是说名词总有八类啭音，在此八类啭音中每一啭音又各有三种啭音。即说一、说二、说多，所以总有二十四种啭音。在这二十四种啭音中每一啭音又各有三种：即男声、女声、非男非女声，即阳性、阴性、中性。所谓的八啭音，即：一诠诸法体，二诠所作业，三诠作具及能作者，四诠所为事，五诠所因事，六诠所属事，七诠所依事，八诠呼召事。姑且以男声在“丈夫”一词上的八类啭音为例，“丈夫”印度语名叫“布路沙”。体三啭：一布路杀，二布路筲，三布路沙去声。所作业三啭：一布路芟，二布路筲，三布路霜。作具及能作者三啭：一布路铩拏，二布路谚鞞僭反，下同，三布路铩鞞，或为布铩呬。所为事三啭：一布路厦玅诈反邪，二布路沙谚，三布路铩韵鞞约反，下同。所因三啭，一布路沙哆他我反，二布路铩谚，三布路铩韵。所属三啭，一布路铩谓子耶反，二布路铩谚，三布路铩喃安咸反。所依三啭，一布路膣所齐反，二布路杀谕，三布路铩铛所刍反。呼召三啭，一系布路杀，二系布路稍，三系布路沙。

以上略举一二就是如此，其他可想而知，难以详细陈述。法师通晓梵语各种言词，与当地人交谈，十分准确典雅。法师就这样钻研诸部经、论，并学习梵书，共经历了五年时光。

从此复往伊烂拏钵伐多国①，在路至迦布德迦伽蓝②。伽蓝南二三里有孤山，岩巘崇崒③，灌木萧森④，泉沼清澄，鲜华芬馥。既为胜地，灵庙实繁，感变之奇，神异多种。最中精舍有刻檀观自在菩萨像，威神特尊，常有数十人，或七日、二七日绝粒断浆，请祈诸愿，心殷至者，即见菩萨具相庄严，威光朗曜，从檀像中出，慰喻其人，与其所愿。

如是感见数数有人⑤，以故归者逾众。其供养人恐诸来者坌污尊像⑥，去像四面各七步许竖木构阑，人来礼拜，皆于阑外，不得近像。所奉香华，亦并遥散。其得华住菩萨手及挂臂者，以为吉祥，以为得愿。

法师欲往求请，乃买种种华，穿之为鬘⑦，将到像所，至诚礼赞讫，向菩萨跪发三愿："一者，于此学已还归本国，得平安无难者，愿华住尊手；二者，所修福慧，愿生睹史多宫事慈氏菩萨，若如意者，愿华贯挂尊两臂；三者，圣教称众生界中有一分无佛性者⑧，玄奘今自疑不知有不，若有佛性，修行可成佛者，愿华贯挂尊颈项⑨。"语讫，以华遥散，咸得如言。既满所求，欢喜无量。其傍同礼及守精舍人见已，弹指鸣足，言："未曾有也！当来若成道者，愿忆今日因缘先相度耳。"

【注释】

①伊烂拏钵伐多：梵语音译。又作"伊烂拿钵伐多"、"伊烂拏"，义为"荒山"。伊烂拏钵伐多国都城在今印度比哈尔邦的孟格尔。

②迦布德迦：梵语音译。义为"鸽"。在帝释窟东北，属摩揭陀国。《大唐西域记》卷九："昔佛于此，为诸大众一宿说法。时有罗者，

于此林中网捕羽族，经日不获，遂作是言：‘我惟薄福，恒为弊事。’来至佛所，扬言唱曰：‘今日如来于此说法，令我网捕都无所得，妻孥饥饿，其计安出？’如来告曰：‘汝应蕴火，当与汝食。’如来是时化作大鸽，投火而死，罗者持归，妻孥共食。其后重往佛所，如来方便摄化，罗者闻法，悔过自新，舍家修学，便证圣果。因名所建为鸽伽蓝。”此故事《六度集经》、《大智度论》等均有记载。

③岩巘(yǎn)：岩石山峰。《诗经·大雅·公刘》：“陟则在巘，复降在原。”崇崒(zú)：高耸险峻。

④萧森：茂密。

⑤数数：屡次，常常。

⑥坌(bèn)污：染污，弄脏。坌，尘埃。

⑦鬘(mán)：花环。

⑧一分无佛性：指一部分众生没有佛性，只能在三界轮回生死，永远达不到佛教所谓的解脱。一分无佛性说是“五种姓”之一。五种姓说是瑜伽行派根据唯识理论而提出的一个独特观点。五种姓，亦作“五种性”、“五乘种姓”，意谓一切众生先天具有的本性有五种，由阿赖耶识中清净的无漏种子和染污的有漏种子所决定，不可改变。根据《楞伽经》和《解深密经》等，五种姓的内容为：第一，“声闻种姓”，谓此种姓听闻佛陀说法而得悟道，最高果位为“阿罗汉”。第二，“缘觉种姓”，谓此种姓能“自觉不从他闻”，自己通过观照“十二因缘”等教理而悟道，最高果位为“缘觉”(“辟支佛”)。第三，“菩萨种姓”，谓此种姓修持大乘六度，上求菩提，下化众生，将来成就佛果。第四，“不定种姓”，谓此种姓具有“三乘”本有种子，遇缘熏习，果位不定，故又称“三乘不定姓”。第五“无种姓”，谓此种姓无善根种子，虽可修善得善报，但永远不能达到佛教解脱，故又称“一分无佛性”。

⑨颈项:脖子。脖子前面为颈,后面为项。

【译文】

法师从这里又前往伊烂拏钵伐多国,途中经过迦布德迦寺。寺南面二三里处有孤山,山岩高崇,灌木茂密,泉池清澄,鲜花芳香。既是佛教胜地,灵庙实在繁多,感应变幻之神奇,显现种种灵异现象。正中间的精舍里有檀木雕刻的观自在菩萨像,最有威神,常有几十人在这里,或者七日,或者十四日不饮不食,向菩萨祈请种种心愿,虔诚的人就会见到菩萨妙相庄严,威严的光辉明亮闪耀,从檀像中出来,宽慰晓谕他们,满足他们的愿望。

常常有人这样见到菩萨,所以前来这里祈求的人越来越多。这里的供养人担心来人弄脏菩萨尊像,便在像的四周约七步处竖起木围栏,前来礼拜的人,都在栏杆外面,不能靠近菩萨像。供奉的香花,也只能远远地抛散。如果能够使花落在菩萨手上或挂在臂上,就认为是吉祥,可以如愿。

法师想要前往求请,于是买了各种鲜花,穿成花环,带到菩萨像前,虔诚礼拜赞叹完毕,跪在地上向菩萨发了三个愿:“第一,在这里完成学业返回本国,如果能一路平安无难,愿花落在菩萨手里;第二,所修福慧,希望能往生睹史多宫,侍奉慈氏菩萨,如果能够如愿,愿花贯挂菩萨双臂;第三,圣教说众生界中有一部分众生没有佛性,玄奘如今尚且怀疑不知此类众生有没有佛性,如果有佛性,可以修行成佛,愿花贯挂在菩萨项上。”说罢,法师将花遥遥散上,结果都如愿以偿。法师尽如所愿,欢喜非常。法师旁边一同礼拜的人以及守卫精舍的人见到后,虔敬欢喜,鸣足顶礼,说道:“这是前所未有的事啊!将来法师如果成佛,希望您忆想今天的因缘,先来度化我们啊。”

自此渐去至伊烂拏国。伽蓝十所,僧徒四千余人,多学小乘说一切有部义。近有邻王废其国君,以都城施僧,于中并建二寺，各有千僧。有二大德，一名怛他揭多毱多此云“如来密”，二名羼底僧诃此云“师子忍”也，俱善萨婆多部。又停一年，就读《毗婆沙》、《顺正理》等。

大城南有窣堵波，佛昔于此三月为天、人说法。其傍又有过去四佛遗迹。国西界殑伽河，南至小孤山，佛昔于此三月安居，降薄句罗药叉。山东南岩下大石上有佛坐迹，入石寸余，长五尺二寸，广四尺一寸。又有佛置君稚迦即澡罐也。旧曰“军持”，讹也迹①，深寸余，作八出华文。国南界荒林，多有大象，壮而高大焉。

【注释】

①桾(jūn)稚迦：梵语音译。又作“捃稚迦”、“君持”、“军持”，义为“澡罐”、“澡瓶”。洗澡用的双口瓶，比丘十八物之一。

【译文】

从这里逐步来到伊烂拏钵伐多国。有寺院十所，僧徒四千多人，大多学习小乘说一切有部法义。近来有邻国国王废黜该国国君，把都城施舍给僧众，在城中同时建造了两所寺院，各有僧徒千人。有两位高僧，一个名叫怛他揭多毱多汉译“如来密”，另一个名叫羼底僧诃汉译“师子忍”，都擅长说一切有部。法师又在这里停留了一年，跟他们学习《毗婆沙》、《顺正理》等。

大城南面有座佛塔，佛昔日曾在这里为天、人说法三个月。在佛塔的旁边又有过去四佛的遗迹。该国西界恒河，南至小孤山，佛昔日曾在这里安居三个月，降服薄句罗药叉。山的东南岩下大石上面，有佛的坐迹，印入石头一寸多，坐迹长五尺二寸，宽四尺一寸。又有佛放置桾稚迦就是澡罐。旧称“军持”，错了的印迹，深一寸多，形成八角花纹。该国南境大荒林中，有很多大象，形状粗壮高大。

卷第四

起瞻波国　终迦摩缕波国王请

【题解】

本卷的记载，始于玄奘到达瞻波国，终于迦摩缕波国国王邀请法师(637—640)。本卷可分为两部分：

第一部分，叙述玄奘从瞻波国到那烂陀寺的行历。贞观十一年(637)初，玄奘从伊烂拏国启程，经瞻波国、羯朱嗢祇罗国、奔那伐弹那国，抵达东印度境，又经羯罗拏苏伐剌那国、三摩怛吒国至耽摩栗底国。玄奘本欲从此出海，前往僧伽罗国(今斯里兰卡)，有僧劝其从南印度东南角渡海，遂往西南经乌茶国、恭御陀国，至南印度境，复经羯馂伽国至南憍萨罗国。玄奘在此停留一个多月，从一善解因明的婆罗门学习《集量论》。又经案达罗国至驮那羯磔迦国。玄奘在此停留了数月，从苏部底和苏利耶学大众部《根本阿毗达磨》等论。又经珠利耶国至达罗毗荼国，其国城名为建志补罗，为印度南海的重要关口，往僧伽罗国水路三日即到。因彼国国王死，国内饥乱，不能成行。复往西北，经建那补罗国、摩诃剌侘国、跋禄羯呫婆国、摩腊婆国、伐腊毗国，进入西印度境。又经阿难陀补罗国、苏剌侘国、瞿折罗国、乌阇衍那国、掷枳陀国、摩醯湿伐罗补罗国、阿点婆翅罗国、狼揭罗国、臂多势罗国、阿奢荼国、信度国、茂罗三部卢国，抵达北印度的钵伐多国。玄奘在此学习正量部《根本阿毗达磨》及《摄正法论》、《教实论》等。贞观十三年(639)，玄奘往东南返回那烂陀寺。

第二部分，叙述玄奘返回那烂陀寺发生的事情。玄奘返回那烂陀寺后，前往寺西的低罗择迦寺，就般若跋陀罗咨决所疑。经两月，又前往胜军论师处，学《唯识决择论》等论。贞观十四年(640)初，因思念故国，决意东归，遂返回那烂陀寺，准备回国。当时，戒贤法师让玄奘为众人讲《摄大乘论》、《唯识决择论》，而清辩一系的师子光已先为四众讲《中论》、《百论》，破斥《瑜伽论》。法师以为圣人立教，必不相违，乃作《会宗论》三千颂，会通二家宗义。此前，戒日王征伐恭御陀，行至乌茶国，该国小乘僧众推崇正量部论师般若毱多的《破大乘论》七百颂，要求以此与大乘论师对决是非。戒日王即发使修书与那烂陀寺正法藏戒贤法师。戒贤遣海慧、智光、师子光及法师四人前往论辩。在玄奘待命之际，有位婆罗门顺世外道前来论难，玄奘以诡辩的形式折服顺世论者，并使之成为自己的奴仆。因为要去乌茶国与小乘辩论，故玄奘先寻得《破大乘义》，反复研究，遇到疑难之处，虚心向此婆罗门请教，“遂寻其谬节，申大乘义而破之，为一千六百颂，名《破恶见论》”。玄奘将《论》呈上戒贤并宣示徒众，无不嗟赏。玄奘又将婆罗门放归，婆罗门辞去，前往东印度迦摩缕波国，向鸠摩罗王称赞玄奘的学识，鸠摩罗王深为叹服，派遣使者前来邀请玄奘。

自此顺殑伽河南岸东行三百余里，至瞻波国中印度境[①]。伽蓝十所，僧徒二百余人，习小乘教。城垒砖高数丈，基隍深阔，极为崇固。昔者劫初，人皆穴处，后有天女下降人中，游殑伽河浴，水灵触身，生四子，分王赡部洲，别疆界，筑闾邑，此则一子之都。国南界数十由旬有大山林，幽茂连绵，二百余里，其间多有野象，数百为群，故伊烂拏、瞻波二国象军最多，每于此林令象师调捕充国乘用。又丰豺、兕、黑豹[2]，人无敢行。

相传云，先佛未出之时，有一放牛人牧数百头牛，驱至林中，有一牛离群独去，常失，不知所在，至暮欲归，还到群内，而光色姝悦，鸣吼异常，诸牛咸畏，无敢处其前者。如是多日，牧牛人怪其所以，私候目之，须臾还去，遂逐观之。见牛入一石孔，人亦随入，可行四五里，豁然大明，林野光华，多异华果，烂然溢目，并非俗内所见。牛于一处食草，草色香润，亦人间所无。其人见诸果树黄赤如金，香而且大，乃摘取一颗，心虽贪爱，仍惧不敢食。少时牛出，人亦随归，至石孔未出之间，有一恶鬼夺其果留。牧牛人以此问一大医，并说果状，医言不可即食，宜方便将一出来。后日复随牛入，还摘一颗，怀欲将归，鬼复遮夺，其人以果内于口中，鬼复撮其喉，人即咽之，果既入腹，身遂洪大，头虽得出，身犹在孔，竟不得归。后家人寻访，见其形变，无不惊惧，然尚能语，说其所由。家人归还，多命手力欲共出之，竟无移动。国王闻之自观，虑为后患，遣人掘挽，亦不能动。年月既久，渐变为石，犹有人状。后更有王知其为仙果所变，谓侍臣曰："彼既因药身变，即身是药，观虽是石，其体终是神灵，宜遣人将锤钻斫[3]，取少许将来。"臣奉王命，与工匠往，尽力镌凿[4]，凡经一旬，不得一片。今犹现在。

【注释】

①瞻波：梵语音译。又作“瞻婆”、“瞻匐”、“詹波”、“占波”等，义为“无胜”。瞻波国都城名“瞻波城”，因多瞻波树而得名。在今印度北方邦的巴加尔普尔地区。

②兕(sì)：独角犀牛。一说雌犀牛。《诗经·小雅·何草不黄》：“匪兕匪虎，率彼旷野。”

③斫(zhuó)：砍，斩。

④镌(juān)凿：刻凿。

【译文】

从伊烂拏钵伐多国沿着恒河南岸向东行走了三百多里，到达瞻波国在中印度境内。该国有佛寺十所，僧徒二百多人，修习小乘佛教。用砖垒砌的城墙，有几丈高，墙基宽厚，城壕深阔，极为高峻坚固。当初世界初成之时，人类都居住在洞穴里，后来有天女下降人间，在恒河中游泳沐浴，水中神灵感触到身体后，生下四个儿子，在赡部洲裂地称王，划分疆界，建筑城邑，这里就是其中一个儿子的国都。该国南界几十由旬的地方，有大山林，幽深茂密，连绵二百多里，里面有很多野象，每群有几百头，所以伊烂拏、瞻波两国的象军最多，他们常常派遣象师在这大山林中捕捉驯练大象，以充国家骑乘之用。还有很多豺、兕、黑豹，无人敢在林中通行。

传说，在佛尚未出世的时候，有一个放牛人放牧几百头牛，驱赶到树林里，有一头牛离群独去，常常不见踪影，不知道在哪里，直到黄昏将要回去的时候，它又回到牛群中，却变得毛色美丽悦目，吼叫声也异常洪亮，其他牛都害怕它，不敢走在它的前面。这样过了许多天，牧牛人弄不懂为什么会这样，暗地里留心观察它，很快这头牛又离群而去，于是就跟着前去看个究竟。只见牛进入一个石洞，牧牛人也跟着进去，大约行走了四五里路，眼前豁然开朗，树林山野，光彩绚丽，奇花异果，灿烂夺目，都不是人间所能见到的。牛在一片草地上吃草，草色香润，也是人间所没有的。牧牛人看到果树上的果子黄赤如金，又香又大，就摘取了一颗，心里虽然贪爱，但仍存畏惧不敢吃下去。不久牛从洞中出去，牧牛人也跟着回去，到达洞口还没有出去的时候，有个恶鬼把果子夺回。牧牛人回来后就这件事情请教一位名医，并告诉他果实的形状，医生说不能马上吃，应该乘机带一颗出来。第二天，牧牛人又跟着牛进入洞中，又摘了一颗，藏在怀里想要带回来，鬼又阻拦抢夺，牧牛人把果子塞进嘴里，鬼扼住他的咽喉，牧牛人不慎咽下果子，果子一进入肚里，身体就变得粗大，头虽从石孔中探出，身子还在孔内，竟然无法回去。后来家里人寻找到这里，看见他变成这副模样，无不惊惧，然而他还能说话，讲述了这件事情的缘由。家里人回去后，找来了很多大力士想要协力把他弄出来，竟然无法移动。国王听说这件事后，亲自前来观看，担心留有后患，派人挖掘牵拉，还是不能移动。日久年深，牧牛人逐渐变成石头，但还保留着人的形状。后来又有国王得知这是吞了仙果所变化的，就对侍臣说道："他既是吞食仙药而身变，这身体就是药，虽然看上去是石头，这身体终究还是神灵，应该派人用锤钻砸，取少许带回来。"侍臣奉王命，带领工匠前去，尽力砍凿，花了十天时间，也没能得到一片。如今这块人形石依然还在。

自此东行四百余里，至羯朱嗢祇罗国中印度境[①]。寻礼圣迹[②]，伽蓝六七所，僧徒三百余人。自此东度殑伽河，行六百余里，至奔那伐弹那国南印度境[③]。寻礼圣迹，伽蓝二十余所，僧三千余人，大小乘兼学。城西二十余里有跋姞婆伽蓝[④]，台阁壮峻，僧徒七百人。其侧有窣堵波，无忧王所建，昔如来在此三月说法处，数放光明。又有四佛经行之迹。傍有精舍，中有观自在菩萨像。至诚祈请，无愿不遂。

【注释】

①羯朱嗢(wà)祇罗国:梵语音译。在今印度比哈尔邦东部的拉其马哈地区。

②寻礼:巡礼。

③奔那伐弹那国:梵语音译。在今孟加拉国北部地区,都城在今伯格勒城以北的摩诃斯坦。

④跋姞婆:梵语音译。义为"光焰"、"光辉"。

【译文】

自这里往东行走四百多里,到达羯朱嗢祇罗国在中印度境内。法师巡礼圣迹,该国有佛寺六七所,僧徒三百多人。自这里东渡恒河,行走六百多里,到达奔那伐弹那国在南印度境内。法师巡礼圣迹,该国有佛寺伽蓝二十多所,僧徒三千多人,兼学大、小二乘佛法。城西二十多里处,有跋姞婆寺,楼台壮丽高耸,僧徒有七百人。旁边有佛塔,为无忧王建造,是昔日如来曾在这里说法三个月的地方,常常放出光明。又有四佛经行的遗迹。旁边有座精舍,里面有观自在菩萨像。据说只要至诚祈请菩萨,祈祷者都能满足心愿。

自此东南行九百余里,至羯罗拏苏伐剌那国东印度境[①]。伽蓝十余所,僧徒三百余人,学小乘正量部法。别有三伽蓝,不食乳酪,此承提婆达多遗教也。大城侧有络多末知僧伽蓝此言"赤泥"[②],即往昔此国未有佛法时,南印度沙门客游此国,降挫锛腹外道邪论已[③],国王为立。其侧又有窣堵波,无忧王所建,是佛昔于此七日说法处。

【注释】

①羯罗拏苏伐剌那:梵语音译。义为"金耳"。羯罗拏苏伐剌那国

在今印度西孟加拉邦的穆尔昔达巴德一带，都城在罗杰巴底登迦。

②络多末知：梵语音译。义为“赤泥”。因当地土地红色而得名。

③鍱腹外道：用铜铁片包裹腹部的外道。传说有萨遮祇尼犍子自夸其腹中容纳一切智慧，恐其破裂，就用铜片包裹腹部。《大唐西域记》卷十：“初，此国未信佛法时，南印度有一外道，腹锢铜鍱，首戴明炬，杖策高步，来入此城，振击论鼓，求欲论议。或人问曰：‘首腹何异？’曰：‘吾学艺多能，恐腹拆裂。悲诸愚暗，所以持照。’时经旬日，人无问者，询访髦彦，莫有其人。王曰：‘合境之内，岂无明哲？客难不酬，为国深耻。宜更营求，访诸幽隐。’或曰：‘大林中有异人，其自称曰沙门，强学是务，今屏居幽寂，久矣于兹。非夫体法合德，何能若此者乎？’王闻之，躬往请焉。沙门对曰：‘我南印度人也，客游止此，学业肤浅，恐黜所闻。敢承来旨，不复固辞，论议无负，请建伽蓝，招集僧徒，光赞佛法。’王曰：‘敬闻，不敢忘德。’沙门受请，往赴论场。外道于是诵其宗致三万余言，其义远，其文约，苞含名相，网罗视听。沙门一闻究览，辞义无谬，以数百言辩而释之，因问宗致。外道辞穷理屈，杜口不酬。既折其名，负耻而退。王深敬德，建此伽蓝，自时厥后，方弘法教。”

【译文】

自这里向东南行走九百多里，到达羯罗拏苏伐剌那国在东印度境内。该国有佛寺十多所，僧徒三百多人，学习小乘正量部佛法。另有三座佛寺，不吃乳酪，这是遵循提婆达多的遗教。大城旁边有络多末知寺汉译“赤泥”，是往昔该国还没有佛法的时候，南印度沙门客游此国，降服挫败鍱腹外道的邪论后，国王为其建造的。旁边又有佛塔，为无忧王建造，是佛昔日在这里说法七日的地方。

从此东南出至三摩怛吒国东印度境[①]。滨近大海，气序和畅。伽蓝三十余所，僧徒二千余人，习上座部义。天祠外道其徒亦众。去城不远有窣堵波，无忧王所建，昔佛为诸人、天于此七日说法处。去此不远又有伽蓝，中有青玉佛像，高八尺，相好端严，常有自然妙香，芬馨满院。五色光瑞，往往烛天。凡预见闻，无不深发道意。

【注释】

①三摩怛吒：梵语音译。三摩怛吒国在今孟加拉国达卡西南的柯密拉一带。

【译文】

从这里向东南出离国境，到达三摩怛吒国在东印度境内。该国濒临大海，气候和畅。有佛寺三十多所，僧徒二千多人，修习上座部法义。天祠外道的教徒数量也很多。离城不远处有座佛塔，为无忧王建造，是昔日佛在这里为诸人、天说法七天的地方。距此不远处又有座佛寺，里面有青玉佛像，高八尺，相貌美好，端庄威严，常有自然妙香，芬芳满院。五色吉祥瑞光，常常照亮天空。凡是见闻者，都深深发起道意。

从此东北，海滨山谷间有室利差怛罗国[①]，次东南海隅有迦摩浪迦国[②]，次东有堕罗钵底国[③]，次东有伊赏那补罗国[④]，次东有摩诃瞻波国此云"林邑"[⑤]，次西南有阎摩那洲国[⑥]。凡此六国，山海深远，虽不入其境，而风俗可知。

【注释】

①室利差怛罗：梵语音译。室利差怛罗国在今缅甸伊洛瓦底江畔的骠篾一带。

②迦摩浪迦:梵语音译。迦摩浪迦国地址不定,凡有数说,一说是狼牙修国。

③堕罗钵底:梵语音译。堕罗钵底国在今泰国湄南河下游的古都一带。

④伊赏那补罗:梵语音译。伊赏那补罗国在今柬埔寨,古称"真腊"。

⑤摩诃瞻波:梵语音译。义为"林邑"。摩诃瞻波国在今越南南部,古称"占婆"、"占城"。

⑥阎摩那洲:梵语音译。阎摩那洲国在今爪哇、苏门答腊一带。

【译文】

从这里往东北,海边的山谷之间有室利差怛罗国,再往东南的海湾处有迦摩浪迦国,再往东有堕罗钵底国,再往东有伊赏那补罗国,再往东有摩诃瞻波国汉译"林邑",再往西南有阎摩那洲国。这六个国家,山高水远,虽然不入其境,但风俗可以得知。

自此三摩怛吒国西行九百余里,至耽摩栗底国东印度境①。居近海隅,伽蓝十余所,僧徒千余人。城侧有窣堵波,高二百余尺,无忧王所建,傍有过去四佛经行遗迹。是时,闻海中有僧伽罗国此云"执师子",有明上座部三藏及解《瑜伽论》者,涉海路七百由旬方可达彼。未去间,逢南印度僧,相劝云:"往师子国者不须水路,海中多有恶风、药叉、涛波之难,可从南印度东南角,水路三日行即到。虽复跋履山川,然用为安隐,并得观乌茶等诸国圣迹。"

【注释】

①耽摩栗底:梵语音译。耽摩栗底国都城在今印度西孟加拉邦的

塔姆鲁克。其领地包括今孟加拉西南。

【译文】

法师从三摩怛吒国往西行走九百多里，到达耽摩栗底国在东印度境内。该国临近海边，有佛寺十多所，僧徒一千多人。都城旁边有座佛塔，高二百多尺，为无忧王建造，旁边有过去四佛经行的遗迹。这时，法师听闻海中有僧伽罗国汉译“执狮子”，国中有通晓上座部三藏和懂得《瑜伽师地论》的人，在海上航行七百由旬才能到达那里。在法师还没动身之际，遇到了一位南印度僧人，劝他说道：“前往狮子国不用从这里走水路，海上常有恶风、药叉、波涛之类的灾难，可以从南印度的东南角出发，走水路三天就到了。虽然还要跋涉山川，但是比较安全稳当，并且可以沿途观礼乌茶等国的圣迹。”

法师即西南向乌荼国东印度境①。伽蓝百余所，僧徒万余人，学大乘法。亦有天祠外道，邪正杂居。窣堵波十余所，皆无忧王所建，灵相间起②。国东南境临大海有折利怛罗城此言“发行”③，即入海商人及远方客旅往来停止之路，南去僧伽罗国二万余里。每夜静无云之时，遥望见彼佛牙窣堵波上宝珠光明莹然④，状似空中星烛。

【注释】

①乌荼：梵语音译。乌荼国在今印度奥里萨邦北部一带，都城在今奥里萨邦的布巴内斯瓦尔。

②间（jiàn）：间或，偶尔。

③折利怛罗城：梵语音译。义为“发行”。在今克塔克西南的普里城，濒临大海，是一座重要的海港城市。

④莹然：光洁明亮的样子。

【译文】

法师就前往西南方向的乌茶国在东印度境内。有佛寺一百多所，僧徒一万多人，学习大乘佛法。也有天祠外道，邪正混杂居住。佛塔十多所，都是无忧王建造的，灵异现象偶尔生起。该国东南边境濒临大海处，有折利怛罗城汉译“发行”，是入海商人和远方客旅往来停宿的地方，向南距离僧伽罗国两万多里。每当夜静无云的时候，遥遥望见那里的佛牙塔上的宝珠光明粲然，宛若空中的星光闪耀。

自此西南大林中行千二百余里，至恭御陀国东印度境①。从此西南行大荒林一千四五百里，至羯锬伽国南印度境②。伽蓝十余所，僧五百余人，学上座部法。往昔人极殷稠，为扰触一五通仙人，仙人瞋忿，以恶咒残害，国人少长俱死，后余处稍渐迁居，犹未充实。

【注释】

①恭御陀：梵语音译。恭御陀国在今印度奥里萨邦的甘贾姆一带。

②羯锬伽：梵语音译。羯锬伽国在今南哥达瓦里河下游一带。

【译文】

从这里往西南，在大树林中行走一千二百多里，到达恭御陀国在东印度境内。从这里往西南在大荒林中行走一千四五百里，到达羯锬伽国在南印度境内。有佛寺十多所，僧徒五百多人，学习上座部佛法。该国往昔人口极为稠密，因为触犯一位五通仙人，仙人嗔怒，用恶毒的咒术残害国人，国人无论长幼都死掉了，后来其他地方的人渐渐迁居到这里，但居民还不是很多。

自此西北行千八百余里，至南侨萨罗国中印度境①。王，刹帝利也。崇敬佛法,爱尚学艺。伽蓝百所,僧徒万人。天祠外道,颇亦殷杂。城南不远有故伽蓝,傍有窣堵波,无忧王所立。昔者如来于此处现大神变,降挫外道,后龙猛菩萨止此伽蓝。时此国王号“娑多婆诃”此言“引正”,珍敬龙猛,供卫甚厚。时提婆菩萨自执师子国来求论难,造门请通,门司为白。龙猛素知其名,遂满钵盛水,令弟子持出示之。提婆见水,默而投针。弟子将还,龙猛见已,深加喜叹,曰:“水之澄满,以方我德;彼来投针,遂穷其底。若斯人者,可与论玄议道,嘱以传灯[②]。”即令引入。坐讫,发言往复,彼此俱欢,犹鱼水相得。龙猛曰:“吾衰迈矣,朗耀慧日,其在子乎。”提婆避席礼龙猛足曰:“某虽不敏,敢承慈诲。”其国有婆罗门善解因明,法师就停月余日,读《集量论》[③]。

【注释】

①南憍萨罗:梵语音译。南憍萨罗国在今哥达瓦里河上游的东北地区,都城在今印度马哈拉施特拉邦的昌达。

②传灯:即传法。佛法犹如明灯,能照破世界之冥暗,故将“传法”称为“传灯”。又谓法脉辗转相传不绝,犹如灯火相续不灭。

③《集量论》:陈那所撰的因明学著作,是其量学的重要著作之一。本论系作者晚年将自己的散论集纳而成,故名。有偈颂体文本和长行体的自释,全书分为:现量、为自比量、为他比量、喻、遣他、遮断等六品。各品的前半立自宗,后半破异执。在破异执部分里保存了佛教内部的《论轨》和许多外道派别的学说等历史资料。此书批判研究佛教和外道的各种量论,把量归结为现量和比量两种,分别阐明其性质,提出三分说,把“识”分为相分、见分、自证分三个部分。现量论与三分说发展了唯识学派的认识

论。此书立自宗部分里有陈那对印度古因明的重大发展，即改“五支作法”为“三支作法”，又以“三支作法”为中心，说明“因三相”、“九句因”、同喻的合与异喻的离，并剖析多种似因、似喻与似能破的推理错误等。因此陈那的因明学说被称为“新因明”。

【译文】

自这里往西北行走一千八百多里，到达南憍萨罗国在中印度境内。国王是刹帝利种姓。他崇尚佛法，爱好学术。有佛寺一百所，僧徒上万人。天祠外道，也很繁杂。城南不远处有座古旧的佛寺，旁边有座佛塔，是无忧王建造的。昔日如来曾在这里显示大神通，降服外道，后来龙猛菩萨停驻在这座佛寺。当时，该国国王名叫“娑多婆诃”汉译“引正”，他珍视敬重龙猛菩萨，供养丰厚，护卫严谨。那时提婆菩萨从执狮子国前来要求和龙猛菩萨论辩，登门造访，请求通报，守门人报告了龙猛。龙猛素来知道提婆的名声，就盛满一钵水，让弟子端出去给提婆看。提婆看见这钵水，默然不语，只是投进一枚针。弟子端着钵返回，龙猛看到后，大为赞叹，说道：“水清澄盈满，用来比喻我的德行；他向里面投针，表示要穷尽我的学问。像这样的人，可以和他议论玄道，让他传承佛法。”于是立即让人请提婆进来。即令引入。坐下后，二人言语往来，彼此都很欢喜，犹鱼水相得一般。龙猛说道：“我已经年迈衰老了，弘扬法教，就在你了。”提婆恭敬地离开坐席，顶礼龙猛双足，说道：“我虽然不才，愿意听从您的教诲。”该国有位婆罗门擅长解说因明，法师就在这里停留了一个多月，研读《集量论》。

从此南大林中东南行九百余里，至案达罗国南印度境[1]。城侧有大伽蓝，雕构宏壮，尊容丽肃。前有石窣堵波，高数百尺，阿折罗此言“所行”阿罗汉所造。罗汉伽蓝西南二十余里有孤山，上有石窣堵波，是陈那此言“授”菩萨于此作《因明论》处②。

【注释】

①案达罗：梵语音译。案达罗国在今印度安得拉邦北部，哥达瓦里河与克里希那河之间。

②陈那（约440—约520）：意译“域龙”、“童授”、“授童”等。古印度大乘佛教瑜伽行派论师，唯识今学的主要代表，佛教新因明学的创始人，被后人称为“中世纪正理学之父”。南印度香至国（一说案达罗国）人，婆罗门种姓。出家后为小乘犊子部信徒，后改学大乘，传说他是世亲弟子，曾在那烂陀寺讲《俱舍论》和唯识、因明学说。在认识论方面，立见分、相分、自证分，称“三分家”。他认为“所缘”即“有实体，令能缘识托彼而生”，以及“能缘识带彼相起”，被称作“有相唯识”说，是中国法相宗的重要理论来源之一。他的因明学说与古代正理派等的因明学说相对，称为“新因明”，也是中国法相宗所传因明学的重要依据。陈那开创新因明，将古因明类比推理改造为新因明的演绎推理，改造“五支作法”为“三支作法”，创制“九句因”以充实“因三相”的逻辑内容，实现了印度逻辑史上的一次重要飞跃。其主要著作有《佛母般若波罗蜜多圆集要义论》、《观所缘缘论》、《掌中论》、《取因假设论》、《因明正理门论》、《集量论》等。《因明论》：即《因明正理门论》，又作《理门论》，陈那著，凡一卷，汉译本有玄奘和义净两个译本。本论为陈那前期的重要作品，在因明学理论上有重要创新。

【译文】

从这里南面大林中往东南行走九百多里，到达案达罗国在南印度境内。都城旁边有座大佛寺，楼阁雕琢刻镂，宏大壮丽，佛像容貌庄严端美。佛寺前面有座石塔，高几百尺，都是阿折罗汉译“所行”阿罗汉所建造的。罗汉寺西南二十多里处有孤山，山上有座石塔，是陈那汉译“授”菩萨在这里创作《因明论》的地方。

从此南行千余里，至驮那羯磔迦国南印度境[①]。城东据山有弗婆势罗此言“东山”僧伽蓝[②]，城西据山有阿伐罗势罗此言“西山”僧伽蓝[③]，此国先王为佛建立，穷大厦之规式，尽林泉之秀丽，天神保护，贤圣游居。佛涅槃千年之内，每有千凡夫僧同来安居，竟安居已，皆证罗汉，陵虚而去。千年之后，凡圣同居。自百余年来，山神易质，扰恼行人，皆生怖惧，无复敢往，由是今悉空荒，寂无僧侣。城南不远有一大石山，是婆毗吠迦此言“清辩”论师住阿素洛宫[④]，待慈氏菩萨成佛拟决疑处。法师在其国逢二僧，一名苏部底，二名苏利耶，善解大众部三藏。法师因就停数月，学大众部《根本阿毗达磨》等论，彼亦依法师学大乘诸论。遂结志同行，巡礼圣迹。

【注释】

①驮那羯磔迦：梵语音译。驮那羯磔迦国，在今印度安得拉邦中部克里希那河下游，都城在今印度安得拉邦的阿马拉瓦底。

②弗婆势罗：梵语音译。义为“东山”。弗婆势罗寺为阿马拉瓦底的著名佛教圣地。《大唐西域记》卷十：“城东据山有弗婆势罗（唐言“东山”）僧伽蓝，城西据山有阿伐罗势罗（唐言“西山”）僧伽蓝，此国先王为佛建焉。奠川通径，疏崖峙阁，长廊步檐，枕岩接岫，灵神警卫，圣贤游息。自佛寂灭，千年之内，每岁有千凡夫僧同入安居。其解安居日，皆证罗汉，以神通力，凌虚而去。千

年之后，凡圣同居。自百余年，无复僧侣。而山神易形，或作豺狼，或为猿狖，惊恐行人，以故空荒，阒无僧众。”

③阿伐罗势罗：梵语音译。义为“西山”。阿伐罗势罗寺与弗婆势罗寺同为著名佛教圣地。

④婆毗吠迦（约490—约570）：梵语音译。汉译“清辩”、“清辨”、“分别明”。古印度大乘佛教中观学派论师，也是中观派实际创始人之一。为南印度秣剌耶山刹帝利族人，与护法同时，曾赴中印度学大乘经典和龙树学说，后回南方从事传教，为南方五十伽蓝之主。清辩以继承龙树中观学说自命，对其余各派均采取批判态度。他给《中论》作释，为当时注释《中论》八大家之一，破护法之有宗而立空宗之说。中心围绕遍计所执、依他、圆成实的染、净性质，以及“三自性”真俗等问题展开。清辩主张不论破、立，都应当自己立量，即用因明格式建立适当的比量来积极地表述“空”，反对中观另一学派只破不立的归谬论证法。故后世将其倡导的这一派称作“自立量派”或“自续派”。著有《大乘掌珍论》、《般若灯论释》、《中观宝灯论》、《从中观心论颂》等。《大唐西域记》卷十：“论师雅量弘远，至德深邃，外示僧佉之服，内弘龙猛之学。闻摩揭陁国护法菩萨宣扬法教，学徒数千，有怀谈议，杖锡而往。……竟不会见。论师既还本土，静而思曰：‘非慈氏成佛，谁决我疑？’于观自在菩萨像前诵《随心陀罗尼》，绝粒饮水，时历三岁。观自在菩萨乃现妙色身，谓论师曰：‘何所志乎？’对曰：‘愿留此身，待见慈氏。’观自在菩萨曰：‘人命危脆，世间浮幻，宜修胜善，愿生睹史多天，于斯礼觐，尚速待见。’论师曰：‘志不可夺，心不可贰。’菩萨曰：‘若然者，宜往驮那羯磔迦国城南山岩执金刚神所，至诚诵持《执金刚陀罗尼》者，当遂此愿。’论师于是往而诵焉。三岁之后，神乃谓曰：‘伊何所愿，若斯勤励？’论师曰：‘愿留此身，待见慈氏。观自在菩萨指遣来请，成我愿者，其

在神乎?'神乃授秘方而谓之曰:'此岩石内有阿素洛宫,如法行请,石壁当开。开即入中,可以待见。'论师曰:'幽居无睹,讵知佛兴?'执金刚曰:'慈氏出世,我当相报。'论师受命,专精诵持,复历三岁,初无异想,咒芥子以击石岩壁,豁而洞开。是时百千万众观睹忘返,论师跨其户而告众曰:'吾久祈请,待见慈氏,圣灵警祐,大愿斯遂,宜可入此,同见佛兴。'闻者怖骇,莫敢履户,谓是毒蛇之窟,恐丧身命。再三告语,惟有六人从入。论师顾谢时众,从容而入。入之既已,石壁还合。"阿素洛:梵语音译。又作"阿修罗"、"阿须罗"、"阿苏罗"、"阿素罗"。义为"无端"、"丑陋"。又称"无酒"、"非天",其果报似天而非天,常与帝释战斗。为"六道"、"八部众"之一。

【译文】

从这里往南行走一千多里,到达驮那羯磔迦国在南印度境内。都城东边有依山而建的弗婆势罗汉译"东山"寺,都城西边有依山而建的阿伐罗势罗汉译"西山"寺,都是该国先王为佛祖建造的,寺院穷尽大厦的规式,占尽林泉的秀丽,天神保护,圣贤游览居住。在佛祖涅槃一千年之内,常常有成千普通僧人一起前来安居,在安居结束后,都证得阿罗汉果,凌空而去。千年以后,凡人和圣人一同居住。近一百多年来,山神改变品质,惊扰路人,人们都感到恐怖,不敢前往,因此如今都已荒废,静寂而无僧侣。城南不远处有一座大石山,是婆毗吠迦汉译"清辩"论师住在阿素洛宫,等待慈氏菩萨成佛准备解决疑难的地方。法师在该国遇到两位僧人,一位名叫苏部底,另一位名叫苏利耶,都擅长解说大众部三藏。法师就在这里停留了几个月,学习大众部《根本阿毗达磨》等论。他们也向法师学习大乘诸论。于是法师和他们结伴同行,巡礼各处圣迹。

自此西行千余里,至珠利耶国南印度境[①]。城东南有窣堵波，无忧王所建，是佛昔于此地现大神通，摧伏外道，说法度人、天处。城西有故伽蓝，是提婆菩萨与此寺嗢怛啰此言“上”阿罗汉论议，至第七转已去，罗汉无答，乃窃运神通，往睹史多宫问慈氏菩萨，菩萨为释，因告言：“彼提婆者，植功曩久[②]，当于贤劫成等正觉，汝勿轻也。”既还，复解前难。提婆曰：“此慈氏菩萨义，非仁者自智所得也。”罗汉惭服，避席礼谢之处。

【注释】

①珠利耶：梵语音译。珠利耶国在今印度安得拉邦东南部的内洛尔一带，都城在内洛尔。

②曩（nǎng）：过去，从前。

【译文】

自这里往西行走一千多里，到达珠利耶国在南印度境内。都城东南有座佛塔，为无忧王建造，是佛昔日在这里显现大神通，摧伏外道，说法度人、天的地方。城西有座旧寺，是提婆菩萨和这寺里的嗢怛啰汉译“上”阿罗汉论议的地方。提婆与阿罗汉辩论到第七个回合后，罗汉无言以对，于是暗中运用神通，前往睹史多宫请教慈氏菩萨，菩萨为他解释，并告诉他道：“那提婆，已经修行很久了，应在贤劫之中成就无上正等正觉，你不要轻视他啊。”罗汉回来后，解答了提婆前面提出的疑难。提婆说道：“这是慈氏菩萨的解释，不是仁者您自己智慧所能知道的。”罗汉惭愧拜服，避席顶礼致敬。

从此南经大林，行千五六百里，至达罗毗荼国南印度境[①]。国大都城号“建志补罗”[②]，建志城即达磨波罗此言“护法”菩萨本生之处[③]。菩萨此国大臣之子，少而爽慧[④]，弱冠之后[5]，王爱其才，欲妻以公主。菩萨久修离欲，无心爱染，将成之夕，特起忧烦，乃于佛像前请祈加护，愿脱兹难。而至诚所感，有大神王携负而出，送离此城数百里，置一山寺佛堂中。僧徒来见，谓之为盗，菩萨自陈由委，闻者惊嗟，无不重其高志，因即出家。尔后专精正法，遂能究通诸部。闲于著述[6]，乃造《声明杂论》二万五千颂，又《释广百论》、《唯识论》及《因明》数十部，并盛宣行[7]。其茂德高才[8]，别自有传。

建志城即印度南海之口，向僧伽罗国水路三日行到。未去之间而彼王死，国内饥乱。有大德名"菩提迷祇湿伐罗"此云"觉自在云"、"阿跋耶邓瑟哳罗"此云"无畏牙"，如是等三百余僧，来投印度，到建志城。法师与相见讫，问彼僧曰："承彼国大德等解上坐部三藏及《瑜伽论》，今欲往彼参学，师等因何而来？"报曰："我国王死，人庶饥荒[9]，无可依仗。闻赡部洲丰乐安隐，是佛生处，多诸圣迹，是故来耳。又知法之辈无越我曹，长老有疑，随意相问。"法师引《瑜伽》要文大节征之，亦不能出戒贤之解。

【注释】

①达罗毗荼：梵语音译。达罗毗荼国在今印度安得拉邦南部及泰米尔纳德邦北部一带。

②建志补罗：梵语音译。达罗毗荼国都城，在今印度泰米尔纳德邦的康契普腊姆。

③达磨波罗：梵语音译。汉译"护法"，约六世纪中叶人。古印度大乘佛教瑜伽行派著名学者，印度唯识十大论师之一。护法为南

印度达罗毗荼国建志补罗城大臣之子，出家修学佛法，尝师从陈那，穷究世亲、无著等人的大乘唯识学奥义；弟子很多，戒贤、最胜子、智月等皆出其门下。他曾主持那烂陀寺，二十九岁离那烂陀寺，到菩提伽耶，住大菩提寺三四年，死时年仅三十二岁。他的唯识论学说继承陈那传统，但在认识论方面立见分、相分、自证分、证自证分，称为“四分家”。他提倡“无漏种子”既是本有，又有新意，但认为“种姓”不变，对法相宗窥基一系影响较大。护法本人推崇《密严经》，信仰密严净土。玄奘以其《三十唯识论释》，糅合其他九家之释而编成《成唯识论》，故中国法相宗多以护法的唯识学为正义。著有《广百论释》、《观所缘论释》、《成唯识宝生论》、《二十唯识论释》等。

④爽慧：明慧，聪慧。《晋书·华谭传》：“及长，好学不倦，爽慧有口辩，为邻里所重。”

⑤弱冠：古代男子二十岁行冠礼，以示成人，因体犹未壮，故称“弱冠”。后因称男子年龄二十岁左右为“弱冠”。《后汉书·贾逵传》：“逵悉传父业，弱冠能诵《左氏传》及五经本文。”

⑥闲：同“娴”，熟练，擅长。

⑦宣行：流行，流布。

⑧茂德：盛德。《左传·宣公十五年》：“狄有五罪……怙其儁才而不以茂德，兹益罪也。”

⑨人庶：即庶人，指百姓、平民。《后汉书·刘玄传》：“王莽末，南方饥馑，人庶群入野泽，掘凫茈而食之。”

【译文】

从这里向南经过大森林，行走一千五六百里，到达达罗毗荼国在南印度境内。该国大都城名为“建志补罗”，建志补罗城就是达磨波罗汉译“护法”菩萨出生的地方。护法菩萨是该国大臣的儿子，从小就非常聪慧，成年之后，国王爱惜他的才华，想把公主嫁给他。菩萨久修离欲之法,无心于情爱染着,将要成婚的晚上,特别忧愁烦恼,于是在佛像前诚心祈请加护,希望脱离此难。由于至诚感动神灵,有位大神王背着他出城,送到离此城几百里的地方,放置在一座山寺的佛堂当中。僧徒见到护法,以为他是盗贼,菩萨自述原委,听闻者惊讶嗟叹,无不敬重他高远的志向,于是护法出家。自此以后,护法专心研究正法,于是通晓佛教诸部经、论。他擅长著述,于是撰写了《声明杂论》二万五千颂,又撰写了《释广百论》、《唯识论》及《因明》等几十部著作,都非常盛行。护法菩萨的盛德高才,另有专门的传记记载。

建志补罗城是印度临南海的港口,前往僧伽罗国走水路三天就能到达。法师未去之际,那里的国王去世,国内饥荒动乱。有高僧名叫"菩提迷祇湿伐罗"汉译"觉自在云"、"阿跋耶邓瑟哳罗"汉译"无畏牙",像这样的高僧有三百多人,前来投奔印度,来到建志补罗城。法师与他们相见后,问那些僧人道:"我听说贵国的高僧们通晓上座部三藏和《瑜伽师地论》,我如今正要前往那里学习,各位法师为什么都来到这里呢?"他们回答说:"我国国王去世了,百姓闹饥荒,我们无可依靠。听说赡部洲丰足安乐,又是佛诞生的地方,留有许多圣迹,因此前来。另外那里精通佛法的没有超过我们的,长老若有疑问,尽管随意提问。"法师引用《瑜伽师地论》紧要之处提问,他们的解说并不能超过戒贤。

自此国界三千余里,闻有秣罗矩吒国南印度境[1],既居海侧,极丰异宝。其城东有窣堵波,无忧王所建,昔如来于此说法,现大神变,度无量众处。国南滨海有秣剌耶山[2],崖谷崇深,中有白檀香树、栴檀你婆树[3],树类白杨,其质凉冷,蛇多附之,至冬方蛰,用以别檀也。又有羯布罗香树[4],松身异叶,华果亦殊,湿时无香,采干之后,折之中有香,状类云母,色如冰雪,此所谓龙脑香也。

【注释】

①秣罗矩吒：梵语音译。秣罗矩吒国在今印度半岛的最南端，都城在泰米尔纳德邦的马杜赖。

②秣剌耶：梵语音译。秣剌耶山以盛产檀香树而闻名。

③栴檀你婆树：梵语音译。树类白檀，因有蛇盘卫，又称“蛇卫栴檀”。《大唐西域记》卷十：“树类白檀，不可以别，唯于盛夏，登高远瞻，其有大蛇萦者，于是知之。犹其木性凉冷，故蛇盘也。既望见已，射箭为记，冬蛰之后，方乃采伐。”

④羯布罗香树：梵语音译。义为“龙脑香树”。《大唐西域记》卷十：“羯布罗香树松身异叶，花果斯别，初采既湿，尚未有香，木干之后，循理而析，其中有香，状若云母，色如冰雪，此所谓龙脑香也。”

【译文】

从该国国界往南三千多里，听说有秣罗矩吒国在南印度境内，由于位于海边，奇珍异宝极多。都城东边有座佛塔，为无忧王所建造，昔日如来在这里说法，显现大神通，度化无数众生的地方。该国南部临海处有秣剌耶山，崖高谷深，山中有白檀香树、栴檀你婆树，树类似白杨，木质寒凉，夏天蛇往往攀附树上，到冬天方才蛰伏，人们以此来区别檀木。又有羯布罗香树，树干类似松树但树叶不一样，花果也不同，湿的时候没有香味，采伐晾干之后剖开，里面有香料，形状类似云母，颜色如冰雪，这就是所谓的龙脑香。

又闻东北海畔有城，自城东南三千余里至僧伽罗国此言“执师子”，非印度境也①。国周七千余里，都城周四十余里，人户殷稠，谷稼滋实，黑小急暴，此其俗也。国本宝渚②，多有珍奇。其后南印度有女聘邻国，路逢师子王，侍送之人怖畏逃散，唯女独在车中，师子来见，负女而去，远入深山，采果逐禽以用资给。岁月既淹，生育男女，形虽类人，而性暴恶。男渐长大，白其母曰："我为何类？父兽母人。"母乃为陈昔事。子曰："人畜既殊，何不舍去而相守耶？"母曰："非不有心，但无由免脱。"子后逐父登履山谷，察其经涉。他日伺父去远，即担携母妹，下投人里，至母本国，访问舅氏[3]，宗嗣已绝，寄止村间。其师子王还，不见妻子，愤恚出山，哮吼人里，男女往来多被其害。百姓以事启王，王率四兵[4]，简募猛士[5]，将欲围射。师子见已，发声瞋吼[6]，人马倾坠，无敢赴者。如是多日，竟无其功。王复标赏告令，有能杀师子者赏赐亿金。子语母曰："饥寒难处，欲赴王募，如何？"母曰："不可。彼虽是兽，仍为尔父，若其杀者，岂复名人？"子曰："若不如是，彼终不去，或当寻逐我等来入村间。一旦王知，我等还死，亦不相留。何者？师子为暴，缘娘及我，岂有为一而恼多人？二三思之，不如应募。"于是遂行。师子见已，驯伏欢喜，都无害心，子遂以利刀开喉破腹，虽加此苦，而慈爱情深，含忍不动，因即命绝。王闻欢喜，怪而问之："何因尔也？"竟不实言。种种穷迫，方乃具述。王曰："嗟乎！非畜种者，谁办此心。虽然，我先许赏，终不违言。但汝杀父，悖逆之人，不得更居我国。"敕有司多与金宝，逐之荒外，即装两船，多置黄金及资粮等，送著海中，任随流逝。男船泛海至此宝渚，见丰奇玩[7]，即便止住。后商人将家属采宝，复住其间，乃杀商人，留其妇女。如是产育子孙，经无量代，人众渐多，乃立君臣。以其远祖执杀师子，因为国称。女船泛海至波剌斯西，为鬼魅所得，生育群女，今西大女国是也。又言僧伽罗是商人子名[8]，以其多智，免罗刹鬼害[9]，后得为王，至此宝渚，杀除罗刹，建立国都，因之为名，语在《西域记》。

其国先无佛法，如来涅槃后一百年中，无忧王弟摩醯因陀罗厌舍欲爱[10]，获四沙门果[11]，乘空往来，游化此国，显赞佛教，发示神通，国人信慕，建立伽蓝。见百余所，僧徒万人，遵行大乘及上座部教。缁徒肃穆[12]，戒节贞明[13]，相勖无怠[14]。王宫侧有佛牙精舍，高数百尺，以众宝庄严，上建表柱[15]，以钵昙摩罗伽大宝置之刹端[16]，光曜映空，静夜无云，虽万里同睹。其侧又有精舍，亦以杂宝庄严。中有金像，此国先王所造，髻有宝珠，无知其价。后有人欲盗此珠，守卫坚牢，无由得入，乃潜穴地中入室欲取，而像形渐高，贼不能及。却而言曰："如来昔修菩萨道，为诸众生不惜躯命，无吝国城，何以今日反悭固也？以此思之，恐往言无实。"像乃伛身授珠[17]。其人得已，将出货卖，人有识者，擒之送王。王问所得。贼曰："佛自与我。"乃具说所由。王自观之，像首尚低。王睹灵圣，更发深心，以诸珍宝于贼处赎珠，还施像髻。今犹现在。国东南隅有骏迦山[18]，多神鬼依住。如来昔于此山说《骏迦经》旧曰《楞伽经》，讹也[19]。

国南浮海数千里至那罗稽罗洲[20]，洲人短小，长于三尺，人身鸟喙，无稼穑，食椰子。其国海浪辽长，身不能至，访诸人口，梗概如是。

【注释】

①僧伽罗国:梵语音译。汉译“执狮子国”,即今斯里兰卡。

②宝渚:梵语意译。即宝岛。古印度传说此岛盛产奇珍异宝,故称。

③舅氏:舅父。

④四兵:又作“四军”,指象、马、车、步四个兵种。

⑤简募:简选招募。

⑥瞋(chēn)吼:怒吼。

⑦奇玩:供玩赏的珍品。

⑧僧伽罗:人名。释迦前身之一。《大唐西域记》卷十一:“昔此宝洲大铁城中,五百罗刹女之所居也。城楼之上竖二高幢,表吉凶之相,有吉事吉幢动,有凶事凶幢动。恒伺商人至宝洲者,便变为美女,持香花,奏音乐,出迎慰问,诱入铁城,乐燕会已,而置铁牢中,渐取食之。时赡部洲有大商主僧伽者,其子字僧伽罗。父既年老,代知家务,与五百商人入海采宝,风波飘荡,遇至宝洲。时罗刹女望吉幢动,便赍香花,鼓奏音乐,相携迎候,诱入铁城。商主于是对罗刹女王欢娱乐会,自余商侣,各相配合,弥历岁时,皆生一子。诸罗刹女情疏故人,欲幽之铁牢,更伺商侣。时僧伽罗夜感恶梦,知非吉祥,窃求归路,遇至铁牢,乃闻悲号之声。遂升高树,问曰:‘谁相拘縶而此怨伤?’曰:‘尔不知耶?城中诸女,并是罗刹。昔诱我曹入城娱乐。君既将至,幽牢我曹,渐充所食,今已太半,君等不久亦遭此祸。’僧伽罗曰:‘当图何计,可免危难?’对曰:‘我闻海滨有一天马,至诚祈请,必相济渡。’僧伽罗闻已,窃告商侣,共往海滨,专精求救。是时天马来告人曰:‘尔辈各执我毛鬣不回顾者,我济汝曹,越海免难,至赡部洲,吉达乡国。’诸商人奉指告,专一无贰,执其髦鬣。天马乃腾骧云路,越济海岸。诸罗刹女忽觉夫逃,遂相告语,异其所去,各携稚子凌

虚往来。知诸商人将出海滨，遂相召命，飞行远访。尝未逾时，遇诸商侣，悲喜俱至，涕泪交流，各掩泣而言曰：'我惟感遇，幸会良人，室家有庆，恩爱已久。而今远弃，妻子孤遗，悠悠此心，谁其能忍？幸愿留顾，相与还城。'商人之心未肯回虑，诸罗刹女策说无功，遂纵妖媚，备行娇惑。商侣爱恋，情难堪忍，心疑去留，身皆退堕。罗刹诸女更相拜贺，与彼商人，携持而去。僧伽罗者，智慧深固，心无滞累，得越大海，免斯危难。时罗刹女王空还铁城，诸女谓曰：'汝无智略，为夫所弃，既寡艺能，宜勿居此。'时罗刹女王持所生子，飞至僧伽罗前，纵极媚惑，诱请令还。僧伽罗口诵神咒，手挥利剑，叱而告曰：'汝是罗刹，我乃是人，人鬼异路，非其匹合。若苦相逼，当断汝命。'罗刹女知诱惑之不遂也，凌虚而去，至僧伽罗家，谓其父僧伽曰：'我是某国王女，僧伽娶我为妻，生一子矣，赍持宝货，来还乡国。泛海遭风，舟楫漂没，惟我子母及僧伽罗，仅而获济。山川道阻，冻馁艰辛，一言忤意，遂见弃遗，詈言不逊，骂为罗刹。归则家国辽远，止则孤遗羁旅。进退无依，敢陈情事！'僧伽曰：'诚如所言，宜时即入室。'居未久，僧伽罗至。父谓之曰：'何重财宝，而轻妻子？'僧伽罗曰：'此罗刹女也。'则以先事具白父母，而亲宗戚属，咸事驱逐。时罗刹女遂以诉王，王欲罪僧伽罗。僧伽罗曰：'罗刹之女，情多妖惑。'王以为不诚也，而情悦其淑美，谓僧伽罗曰：'必弃此女，今留后宫。'僧伽罗曰：'恐为灾祸。斯既罗刹，食唯血肉。'王不听僧伽罗之言，遂纳为妻。其后夜分，飞还宝渚，召余五百罗刹鬼女，共至王宫，以毒咒术，残害宫中，凡诸人畜，食肉饮血，持其余尸，还归宝渚。旦日，群臣朝集，王门闭而不开，候听久之，不闻人语。于是排其户，辟其门，相从趋进，遂至宫庭，阒其无人，惟有骸骨。群官僚佐相顾失图，悲号恸哭，莫测祸源。僧伽罗具告始末，臣庶信然，祸自招矣。于是国辅、老臣、群官、宿将，历问明德，推据崇高，咸仰僧伽罗之福智也，乃相议曰：‘夫君人者，岂苟且哉？先资福智，次体明哲，非福智无以享宝位，非明哲何以理机务？僧伽罗者，斯其人矣。梦察祸机，感应天马，忠以谏主，智足谋身。历运在兹，惟新成咏。’众庶乐推，尊立为王。僧伽罗辞不获免，允执其中，恭揖群官，遂即王位。于是沿革前弊，表式贤良。乃下令曰：‘吾先商侣在罗刹国，死生莫测，善恶不分。今将救难，宜整兵甲，拯危恤患，国之福也；收珍藏宝，国之利也。’于是治兵，浮海而往。时铁城上凶幢遂动，诸罗刹女睹而惶怖，便纵妖媚，出迎诱诳。王素知其诈，令诸兵士口诵神咒，身奋武威。诸罗刹女蹎坠退败，或逃隐孤岛，或沉溺洪流。于是毁铁城，破铁牢，救得商人，多获珍宝。招募黎庶，迁居宝洲，建都筑邑，遂有国焉。因以王名而为国号。僧伽罗者，即释迦如来本生之事也。”

⑨罗刹：又作“罗刹娑”、“罗叉娑”等，恶鬼之名，义为“可畏”、“暴恶”、“速疾鬼”等，乃印度神话中之恶魔，最早见于《梨俱吠陀》。相传罗刹原为印度土著民族之名称，雅利安人征服印度后，遂成为恶人之代名词，演变为恶鬼之总名。男罗刹为黑身、朱发、绿眼，女罗刹则如绝美妇人，富有魅人之力，专食人之血肉。唐慧琳《一切经音义》卷二十五：“罗刹，此云恶鬼也，食人血肉，或飞空或地行，捷疾可畏也。”

⑩摩醯（xī）因陀罗：梵语音译。又作“摩呬陀”、“摩呻提”等，汉译“大帝”，无忧王之弟。《大唐西域记》卷八：“初，无忧王有同母弟，名摩醯因陁罗（唐言“大帝”）。生自贵族，服僭王制，奢侈纵暴，众庶怀怨。国辅老臣进谏王曰：‘骄弟作威，亦已太甚。夫政平则国治，人和则主安，古之明训，由来久矣。愿存国典，收付执法。’无忧王泣谓弟曰：‘吾承基绪，覆焘生灵，况尔同胞，岂忘惠爱？不先匡导，已陷刑法。上惧先灵，下迫众议。’摩醯因陁罗稽

首谢曰：‘不自谨行，敢干国宪，愿赐再生，更宽七日。’于是置诸幽室，严加守卫，珍羞上馔，进贡无亏。守者唱曰：‘已过一日，余有六日。’至第六日已，既深忧惧，更励身心，便获果证。升虚空，示神迹，寻出尘俗，远栖岩谷。”

⑪四沙门果：指声闻乘的四种果位，即须陀洹果、斯陀含果、阿那含果、阿罗汉果，略称“四果”。须陀洹，声闻乘四种果位的初位，意为“入流”，即初入圣人之流；既已入圣，已断见惑，故不复有身见。斯陀含，声闻乘第二果位，意为“一来”，即修到此果位者，还未能完全断绝欲界思惑，仍需要在天界、人间各受生一次。阿那含，声闻乘第三果位，意为“不还”，即修到此果位者，不再生于欲界，而生于色界、无色界；不再生于欲界，故不复有入胎之事。阿罗汉，声闻乘第四果位，意为“不生”，即修到此果位者，已经解脱生死，断尽一切烦恼，所作已办，不受后有；已断尽一切烦恼，故不复有贪、瞋、痴三毒。

⑫肃穆：严肃而安静，形容气氛庄重。《后汉书·乐成靖王党传》：“（刘苌）不惟致敬之节，肃穆之慎，乃敢擅损牺牲，不备苾芬。”

⑬贞明：坚贞清白。

⑭相勖（xù）：勉励，互相勉励。

⑮表柱：又作“表刹”，高高竖起的柱子或旗杆。《法华经·分别功德品》：“表刹甚高广。”《维摩诘经·法供养品》：“起七宝塔，纵广一四天下，高至梵天，表刹庄严。”

⑯钵昙摩罗伽：梵语音译。义为“红莲花色”。钵昙摩，义为“红莲花”。罗伽，义为“颜色”。

⑰伛（yǔ）身：俯身。伛，曲身。

⑱骏迦：梵语音译。骏迦山，又作“楞伽山”，义为“难往山”、“不可往山”、“险绝山”、“可畏山”、“庄严山”。相传此山乃佛陀宣讲《楞伽经》处，山顶有佛足石。

⑲《骏迦经》：即《楞伽经》，全称《楞伽阿跋多罗宝经》。楞伽，山名。阿跋多罗，义为“入”。意谓佛陀入此山所说的宝经，为法相宗所依六经之一，也是禅宗的宗经之一。现存三译，一为刘宋求那跋陀罗于公元443年译出，四卷本，也称“宋译”；二为北魏菩提流支于公元513年译出的《入楞伽经》十卷，也称“魏译”；三为唐实叉难陀于公元704年译出的《大乘入楞伽经》七卷，也称“唐译”。经文主旨在以名、相、妄想（分别）、正智、如如等五法和遍计、依他、圆成等三性，说明宇宙万有皆是虚假不实，惟是自心所现，并对如来藏和阿赖耶识问题有重点论述。《楞伽经》自称为众经之纲，既专门讲到禅法，又大谈如来藏清净心，同时又着眼于破除妄想执着以显示真如实相，因此影响很大。据说菩提达摩曾以此经为禅宗“印心”的根据。南北朝时，中国佛教中出现了一批专以四卷本《楞伽经》为印证并递相传授的楞伽师，据说他们都是承菩提达摩而来，并形成了楞伽学派。此经特别强调了宇宙万法皆由心所造，因此认识的对象不在外界而在内心，要求人们专向内心用功夫，这也是中国禅宗的特色。

⑳那罗稽罗：梵语音译。义为“椰子”。那罗稽罗洲，其地凡有数说，一说该地即今印度洋中的马尔代夫群岛。

【译文】

又听说东北海边有座城，从城东南行三千多里可到达僧伽罗国汉译“执狮子”，不在印度境内。该国方圆七千多里，都城方圆四十多里，人口稠密，谷物充实；人种矮黑，性格急暴，这是那里的风俗。该国本是宝岛，多有奇珍异宝。后来南印度有一位女子嫁到邻国，路上遇到狮子王，侍卫护送的人都惊恐逃散，唯有女子一人独自留在车中，狮子上来看见，背着女子离去，远远走入深山，采果捕禽，用以供给女子饮食。岁月久了，便生育一男一女，形状虽然类似人，性格却暴烈凶恶。男孩渐渐长大，问他的母亲道：“我算是什么呢？父亲是野兽，母亲是人。”母亲于是告诉孩子过去的事。儿子说道："人和动物既然不同类，为何不离他而去，反而相守呢？"母亲说道："不是没有这个心思，但是没有办法逃脱。"儿子后来跟踪父亲登越山谷，观察狮子的行动。有一天趁着父亲远行，他就背起母亲和妹妹，下山到人世间，来到母亲原来的国家，访问舅父，宗族已经灭绝，只能寄居在乡村闾巷。狮子王回来后，不见妻子和孩子，愤怒出山，咆哮怒吼，横行人间，很多走路的人被它杀害。百姓就把这件事禀告国王，国王率领四种军队，简选招募勇士，将要围射。狮子看见，发声怒吼，使得人仰马翻，没有人敢上前。这样过了很多天，毫无进展。国王又发布悬赏告示，有能杀死狮子的，赏赐亿金。儿子对母亲说道："饥寒交迫，想要去应募，怎么样？"母亲说道："不可以。它虽然是野兽，却是你的父亲，如果你杀了它，还能叫人吗？"儿子说道："如果不这样，它终究不肯离去，或者为了寻找我们而进入乡村闾巷。一旦国王知道这件事，我们还是死，不会让我们留下。为什么呢？狮子暴虐杀生，是因为娘和我的缘故，岂能为了我们母子而伤害那么多人？思量再三，不如前去应募。"于是前往。狮子见到儿子，驯伏欢喜，毫无加害之心，儿子就用利刀划破它的喉咙，剖开它的肚子，狮子虽然遭受如此痛苦，而慈爱情深，忍痛不动，于是死去。国王听说后，十分欢喜，觉得奇怪就问他："这究竟是什么缘故呢？"儿子居然不肯说实话。种种逼迫，方才详细述说。国王道："哎呀！不是畜生的后裔，谁会如此狠心。虽然这样，我先前许下赏赐，毕竟不会食言。但是你杀害父亲，是悖逆之人，不能再居住在我国。"敕令有司付给他们很多黄金珠宝，将他们驱逐到野外，准备好两艘船，装了很多黄金和资粮等物，送到海上，随波漂荡。儿子的船渡海来到这宝岛，见到很多奇异珍宝，便停留在这里。后来商人带着家属采宝，也到了这个岛上，便杀掉商人，留下他的妇女。就这样繁育子孙，经过无数代，人口逐渐增多，便设立君臣。因为他们的祖先擒杀狮子，因此将"执狮子"作为国名。女儿的船渡海到达波刺斯西，被鬼魅抓获，生育了一群女儿，就形成了如今的西大女国。又传说僧伽罗是商人儿子的名字，因为他足智多谋，逃脱罗刹鬼对他的加害，后来成为国王，来到这个宝岛，杀掉罗刹，建立国都，因此以僧伽罗为国名，传说记载在《大唐西域记》中。

僧伽罗国早先并无佛法，如来涅槃后一百年中，无忧王的弟弟摩醯因陀罗舍弃欲望执着，证得四沙门果，乘空往来，游化此国，显扬赞叹佛教，显示神通，国人信奉仰慕，建立佛寺。现在有佛寺一百多所，僧徒一万人，遵守奉行大乘和上座部教法。僧徒庄严肃穆，持戒坚贞清白，相互勉励，毫不懈怠。王宫旁边有座佛牙精舍，高几百尺，用各种珍宝装饰，精舍上建有表刹，将钵昙摩罗伽大宝放置在表刹顶端，宝光闪耀，辉映天空，静夜无云之时，即使相距万里，也都能看到。佛牙精舍旁边又有一座精舍，也用各种珍宝装饰。里面有座金佛像，是该国的先王所铸造，佛髻上有颗宝珠，为无价之宝。后来有人想要盗取这颗宝珠，但守卫森严，无法入内，便在地下挖洞，进入室内索取宝珠，而佛像身形渐渐升高，贼人不能触及。贼人退而说道："如来昔日修菩萨道时，为了众生不吝惜身命，不吝惜国城，为何今日反而如此悭吝呢？以这件事来思量，恐怕过去所说的话都不真实。"佛像于是俯身把宝珠给他。贼人得到后，便拿出去售卖，有人识得这宝珠，就把他擒拿送到国王那里。国王问他是怎么得到的。贼人说道："是佛像自己给我的。"于是详细陈说缘由。国王亲自观看佛像，佛像依然低着头。国王目睹灵迹，更加发起深心，用各种珍宝从贼人那里赎回宝珠，又放置到佛像髻上。如今还在。该国东南隅有棱迦山，有很多鬼神居住。如来昔日曾在此山上讲说《棱迦经》旧称《楞伽经》，错了。

从该国往南渡海几千里，到达那罗稽罗岛。岛民矮小，身高三尺多，身体同人，嘴巴像鸟，不种庄稼，只吃椰子。该国海浪辽阔长远，不能亲自前往，访察众人，大概就是这样子。

自达罗毗荼与师子国僧七十余人，西北归，观礼圣迹，行二千余里，至建那补罗国南印度境[①]。伽蓝百余所，僧徒万余人，大小乘兼习。天祠外道亦甚众多。王宫城侧有大伽蓝，僧徒三百余人，并博赡文才[②]。其精舍中有一切义成太子旧曰"悉达太子"，讹也宝冠[③]。高减二尺，盛以宝函，每到斋日，出置高台，其至诚观礼者，多感异光。城侧伽蓝有精舍，中有刻檀慈氏菩萨像，高十余尺，亦数有光瑞，是闻二百亿罗汉所造也[④]。城北有多罗树林，周三十余里，叶长色润，诸国抄写，最以为贵。

【注释】

①建那补罗：梵语音译。在今印度西南部的果阿邦，都城在今通加巴德腊河北岸的安纳贡底。

②博赡：渊博，丰富。

③一切义成太子：梵语意译。即悉达多太子。一切义成，又作"一切义成就"。

④闻二百亿罗汉：梵语意译。音译为"室缕多频设底拘胝"。《大唐西域记》卷十："昔此城有长者，豪贵巨富，晚有继嗣，时有报者，辄赐金钱二百亿，因名其子闻二百亿。洎乎成立，未曾履地，故其足跖毛长尺余，光润细软，色若黄金。珍爱此儿，备诸玩好，自其居家以至雪山，亭传连隅，童仆交路，凡须妙药，递相告语，转而以授，曾不逾时。其豪富如此。世尊知其善根将发，因命没特伽罗子往化焉。既至门下，莫由自通。长者家祠日天，每晨朝时，东向以拜。是时尊者以神通力，从日轮中降立于前。长者子疑日天也，因施香饭而归，其饭香气遍王舍城。时频毗娑罗王骇其异馥，命使历问，乃竹林精舍没特伽罗子自长者家持来。因知长者子有此奇异，乃使召焉。长者承命，思何安步？泛舟鼓棹，

有风波之危；乘车驭象，惧蹶踬之患。于是自其居家至王舍城，凿渠通漕，流满芥子，御舟安止，长絙以引。至王舍城，先礼世尊。世尊告曰：'频毗娑罗王命使召汝，无过欲见足下毛耳。王欲观者，宜结跏坐。伸脚向王，国法当死。'长者子受诲而往，引入廷谒。王欲视毛，乃跏趺坐，王善其有礼，特深珍爱。亦既得归，还至佛所。如来是时说法诲喻，闻而感悟，遂即出家。于是精勤修习，思求果证，经行不舍。足遂流血。世尊告曰：'汝善男子，在家之时知鼓琴耶？'曰：'知。''若然者，以此为喻。弦急则声不合韵，弦缓则调不和雅。非急非缓，其声乃和。夫修行者亦然。急则身疲心怠，缓则情舒志逸。'承佛指教，奉以周旋，如是不久，便获果证。"

【译文】

法师与狮子国僧七十多人从达罗毗荼国转向西北，踏上归途，沿路观礼圣迹，行走二千余里，到达建那补罗国在南印度境内。佛寺一百多所，僧徒一万多人，大小乘佛法都修习。天祠外道也很多。王宫城旁边有座大佛寺，僧徒三百多人，都是学识渊博的贤才。寺里的精舍中有一切义成太子旧称"悉达多太子"，错了的宝冠。高不到二尺，用珍贵的盒子盛放，每到斋日，取出放置在高台上，那些至诚观礼的人，多能感觉得奇异的光芒。城旁边佛寺中有座精舍，里面有檀木雕刻的慈氏菩萨像，高十多尺，也常常放出祥瑞之光，是闻二百亿罗汉所建造的。城北有多罗树林，方圆三十多里，树叶宽长，色泽光润，各国都用它书写，最为珍贵。

从此西北经大林暴兽之野，行二千四五百里，至摩诃剌佗国南印度境①。其俗轻死重节。王，刹帝种也。好武尚戎，故其国士、兵马齐整，法令严明，每使将与敌战，虽丧军失利，不加刑罚，但赐女服，使其羞惭，彼人耻愧，多至自死。

常养勇士数千人，暴象数百，临将对阵又多饮酒，量其欲醉，然后麾旗，以此奋冲，未有不溃。恃兹慢傲[②]，莫顾邻敌。戒日王自谓智略宏远，军帅强盛，亲临征伐，亦不能摧制。伽蓝百余所，僧徒五千余人，大小乘兼习。亦有天祠、涂灰之道[③]。大城内外有五窣堵波，皆数百尺，是过去四佛所游之迹，无忧王建也。

【注释】

①摩诃剌佗：梵语音译。摩诃剌佗国，义为“大国”。都城在今印度孟买西北的纳西克。

②慢傲：慢傲，傲慢，轻慢骄傲。

③涂灰：即涂灰外道，又作“灰涂外道”、“兽主外道”、“牛主外道”，古代印度十六外道之一，以遍身涂灰得名。涂灰外道崇拜大自在天，以苦行祈求解脱升天。

【译文】

从这里往西北经过大森林和猛兽暴虐的荒野，行走二千四五百里，到达摩诃剌佗国在南印度境内。该国的风俗轻生死，重名节。国王是刹帝利种姓。好武尚战，所以该国国士、兵马齐整，法令严明，每次派将领与敌人交战，虽然战败失利，也不加以刑罚，只是送给他们妇女的衣服，使他们羞愧，那些人深感耻辱，很多人以致自杀。国内常养勇士几千人，猛象几百头，临阵决战前又喝很多酒，酒至酣畅欲醉，然后麾旗进攻，因此奋勇冲杀，敌人没有不溃败的。该国自恃这些勇士和猛象，轻慢骄傲，蔑视邻敌。戒日王自以为智略宏远，军帅强盛，亲自征伐，也不能取胜。该国有佛寺一百多所，僧徒五千多人，大、小乘佛法都修习。也有天祠、涂灰的外道。大城内外有五座佛塔，都高数百尺，是过去四佛所游历的遗迹，为无忧王建造。

自此西北行千余里，渡耐秣陀河[①]，至跋禄羯呫婆国南印度境[②]。从此西北二千余里，至摩腊婆国南罗罗国也，南印度境[③]。风俗调柔，崇爱艺业，五印度中唯西南摩腊婆、东北摩揭陀二国称为好学尚贤，善言谈，有风韵。此国伽蓝百余所，僧徒二万余人，习小乘正量部教。亦有涂灰外道、事天之众。

相传云，自六十年前有王名"戒日"，高才博学，仁慈惠和[④]，爱育黎元[⑤]，崇敬三宝。始自为王，至于崩逝，口绝粗言，颜无愠色[⑥]，不伤臣庶之意，无损蚊蚁之形。每象、马饮水，漉而后饮[⑦]，恐害水居之命也。爱至国人，亦令断杀。由是野兽附人，豺狼息毒，境内夷静，祥瑞日兴。营构精庐，穷极轮奂[⑧]，造七佛之仪[⑨]，设无遮之会。如是胜业，在位五十余年，无时暂辍，黎庶思慕，于今不止。

大城西北二十余里，婆罗门邑傍有陷坑，是大慢婆罗门谤毁大乘、生身入地狱处，语在《西域记》[⑩]。

【注释】

①耐秣陀：梵语音译。耐秣陀河即今纳巴达河，系印度中西部重要的河流。

②跋禄羯呫婆：梵语音译。跋禄羯呫婆国在今印度西部的古吉拉特邦，都城在今纳巴达河口的布罗奇。

③摩腊婆：梵语音译。摩腊婆国在今印度中央邦马尔瓦到孟买卡奇湾一带，或说在今阿默达巴德一带。

④惠和：仁爱和顺。《左传·昭公四年》："纣作淫虐，文王惠和，殷是以陨，周是以兴，夫岂争诸侯！"

⑤黎元：黎民百姓。

⑥愠(yùn)色：怨怒的神色。《论语·公冶长》："令尹子文，三仕为令尹，无喜色；三已之，无愠色。"

⑦漉(lù)：过滤。

⑧轮奂：形容屋宇高大众多。轮，轮囷，高大。奂，众多。《礼记·檀弓下》："晋献文子成室，晋大夫发焉。张老曰：'美哉轮焉，美哉奂焉。歌于斯，哭于斯，聚国族于斯。'"

⑨七佛：又称"过去七佛"，指释迦牟尼佛及其出世前所出现的佛，共有七位。即毗婆尸佛、尸弃佛、毗舍浮佛、拘留孙佛、拘那含牟尼佛、迦叶佛、释迦牟尼佛。

⑩语在《西域记》：《西域记》卷第十一："昔此邑中有婆罗门，生知博物，学冠时彦，内外典籍，究极幽微，历数玄文，若视诸掌，风范清高，令闻遐被。王甚珍敬，国人宗重。门人千数，味道钦风。每自言曰：'吾为世出，述圣导凡；先贤后哲，无与我比。彼大自在天、婆薮天、那罗延天、佛世尊者，人皆风靡，祖述其道，莫不图形，竞修祇敬。我今德逾于彼，名擅于时，不有所异，其何以显？'遂用赤旃檀刻作大自在天、婆薮天、那罗延天、佛世尊等像，为座四足，凡有所至，负以自随。其慢傲也如此。时西印度有苾刍跋陁罗缕支(唐言"贤爱")。妙极因明，深穷异论，道风淳粹，戒香郁烈，少欲知足，无求于物，闻而叹曰：'惜哉！时无人矣。令彼愚夫，敢行凶德。'于是荷锡远游，来至此国，以其宿心，具白于王。王见弊服，心未之敬，然高其志，强为之礼。遂设论座，告婆罗门。婆罗门闻而笑曰：'彼何人斯，敢怀此志？'命其徒属，来就论场，数百千众，前后侍听。贤爱服弊故衣，敷草而坐。彼婆罗门踞所持座，非斥正法，敷述邪宗。苾刍清辩若流，循环往复，婆罗门久而谢屈。王乃谓曰：'久滥虚名，罔上惑众，先典有记，论负当戮。'欲以炉铁，令其坐上。婆罗门窘迫，乃归命求救。贤爱

愍之，乃请王曰：'大王仁化远洽，颂声载涂，当布慈育，勿行残酷，恕其不逮，唯所去就。'王令乘驴，巡告城邑。婆罗门耻其戮辱，发愤欧血。苾刍闻已，往慰之曰：'尔学苞内外，声闻遐迩，荣辱之事，进退当明。夫名者，何实乎？'婆罗门愤恚，深詈苾刍，谤毁大乘，轻蔑先圣。言声未静，地便坼裂，生身坠陷，遗迹斯在。"

【译文】

自这里往西北行走一千多里，渡过耐秣陀河，到达跋禄羯呫婆国在南印度境内。从这里往西北行走二千多里，到达摩腊婆国即南罗罗国，在南印度境内。该国风俗柔和，崇爱学术，五印度中只有西南的摩腊婆和东北的摩揭陀两国重视学术，崇尚圣贤，善于言谈，风韵雅致。该国有佛寺一百多所，僧徒二万多人，修习小乘正量部教法。也有涂灰外道和事天外道的徒众。

传说，六十年前有国王名叫"戒日"，他博学高才，仁慈和顺，爱护黎民百姓，崇敬三宝。从他当国王开始，直到驾崩去世，从来不说粗言恶语，面无怒色，不伤臣子百姓之心，不害蚊虫蝼蚁的生命。每当象、马饮水，过滤后才饮用，担心伤害水中生物的生命。至于国人，他也下令不要杀生。因此野兽依附人类，豺狼平息伤害，境内平静，祥瑞日兴。建造精舍，极为美轮美奂，塑造七佛圣像，设立无遮大会。这样的殊胜功业，在位五十多年，未曾间断，黎民百姓对他思念仰慕，至今不绝。

大城西北二十多里处有个婆罗门聚落，聚落旁边有个深坑，是一位非常傲慢的婆罗门毁谤大乘而活生生堕入地狱的地方，故事记载在《大唐西域记》中。

自此西北行二千四五百里，至阿吒釐国南印度境[①]。土出胡椒树[②]，树叶似蜀椒；出薰陆香树[③]，树叶类此棠梨也[④]。自此西北行三日，至契吒国南印度境[⑤]。自此北行千余里，至伐腊毗国南印度境[⑥]。伽蓝百余所，僧众六千余人，学小乘正量部法。如来在日，屡游此国，无忧王随佛至处皆有表记。今王，刹帝利种也。即羯若鞠阇国尸罗阿迭多王之女婿，号“杜鲁婆跋吒”此言“帝胄”。性躁急，容止疏率，然贵德尚学，信爱三宝，岁设大会七日，延诸国僧，施以上味奇珍，床座、衣服，爰至药饵之资，无不悉备。

【注释】

①阿吒釐国：在今印度西部的卡提阿瓦半岛。

②胡椒树：梵文意译。指灌木长胡椒，为印度西海岸特产。

③薰陆香树：梵文意译。由于此树的树脂汁液可制成薰陆香，故名。

④棠梨：即野梨。

⑤契吒：梵语音译。契吒国地址未定。一说在今卡奇地区。据梁启超考据，玄奘似乎未至阿吒釐、契吒二国。

⑥伐腊毗：梵语音译。伐腊毗国在今卡提阿瓦半岛，都城在今包纳加尔西北的伐腊。

【译文】

从这里往西北行走两千四五百里，到达阿吒釐国在南印度境内。该国土地生长胡椒树，树叶像蜀椒；生长薰陆香树，树叶类似汉地野梨。自这里往西北行走三天，到达契吒国在南印度境内。自这里往北行走一千多里，到达伐腊毗国在南印度境内。那里佛寺一百多所，僧徒六千多人，学习小乘正量部佛法。如来在世的时候，曾多次游化此国，无忧王在佛所到之处，都建塔纪念。现在的国王是刹帝利种姓。是羯若鞠阇国尸罗阿迭多王的女婿，名叫“杜鲁婆跋吒”汉译“帝胄”。他性格急躁，举止轻率，然而重视道德，崇尚学问，信奉三宝，每年举办大法会七天，延请各国僧侣，布施美味奇珍，床座、衣服，以及药品等物资，无不全都具备。

自此西北行七百余里，至阿难陀补罗国西印度境[①]。又西北行五百余里，至苏剌侘国西印度境[②]。自此东北行千八百里，至瞿折罗国[③]。又东南行二千八百余里，至乌阇衍那国南印度境[④]。去城不远有窣堵波，是无忧王作地狱处。从此东北行千余里，至掷枳陀国南印度境[⑤]。从此东北行九百余里，至摩醯湿伐罗补罗国中印度境[⑥]。从此又西还苏剌侘国。自此复西行，至阿点婆翅罗国西印度境[⑦]。如来在日，频游其地，无忧王随有圣迹之处皆起窣堵波，今皆具在。

【注释】

①阿难陀补罗：梵语音译。阿难陀补罗国在今印度古吉拉特邦的瓦德纳加尔一带。

②苏剌侘：梵语音译。苏剌侘国在今卡奇湾的苏拉特一带，都城在今朱纳加德。

③瞿折罗：梵语音译。瞿折罗国在今拉吉普特那州西南、库区以北地区，都城在今巴尔默尔。

④乌阇衍那：梵语音译。乌阇衍那国，又作“邬阇衍那国”，在今印度中央邦西南部，都城在今乌贾因。

⑤掷枳陀：梵语音译。掷枳陀国在今印度中央邦的彭德尔甘德地区，都城在今卡朱拉霍。

⑥摩醯湿伐罗补罗：梵语音译。义为“大自在城”。摩醯湿伐罗补罗国在今印度拉贾斯坦的瓜寥尔一带，都城即瓜寥尔。

⑦阿点婆翅罗：梵语音译。阿点婆翅罗国在今巴基斯坦南部卡拉奇一带。

【译文】

从这里往西北行走七百多里，到达阿难陀补罗国在西印度境内。又往西北行走五百多里，到达苏剌侘国在西印度境内。自这里往东北行走一千八百里，到达瞿折罗国。又往东南行走两千八百多里，到达乌阇衍那国在南印度境内。离城不远有座佛塔，是无忧王建造牢狱的地方。从这里往东北行走一千多里，到达掷枳陀国在南印度境内。从这里往东北行走九百多里，到达摩醯湿伐罗补罗国在中印度境内。从这里又往西回到苏剌侘国。从这里又往西行走，到达阿点婆翅罗国在西印度境内。如来在世的时候，常常游化此地，无忧王在有圣迹的地方都建造佛塔，如今都还在。

从此西行二千余里，至狼揭罗国西印度境[①]。临近大海，向西女国之路。自此西北至波剌斯国非印度境[②]，闻说之，其地多珠宝、大锦、细褐，善马、骆驼其所出也。伽蓝二三，僧徒数百，学小乘教说一切有部，释迦佛钵在此王宫。国东境有鹤秣城[③]，西北接拂懔国[④]，西南海岛有西女国，皆是女人，无男子，多珍货，附属拂懔。拂懔王岁遣丈夫配焉，其俗产男，例皆不举[⑤]。

又从狼揭罗国东北行七百余里，至臂多势罗国西印度境[⑥]。中有窣堵波，高数百尺，无忧王所建，中有舍利，数放光明。是如来昔作仙人，为国王害处也。

【注释】

①狼揭罗：梵语音译。狼揭罗国在今巴基斯坦俾路支省东南部一带。

②波剌斯：梵语音译。又作“波斯”，即今伊朗。玄奘在印度时，正值萨珊王朝末期，玄奘回国不久，公元651年，波斯即被兴起的大食（阿拉伯人建立的伊斯兰哈里发国家）所灭。

③鹤秣城：即今伊朗著名港口霍尔木兹。

④拂懔国：即东罗马帝国。

⑤不举：不抚养。《汉书》卷九十七下《外戚列传下·孝成赵皇后》："孝成赵皇后(赵飞燕)，本长安宫人(省中侍使官婢)。初生时，父母不举，三日不死，乃收养之。"

⑥臂多势罗：梵语音译。臂多势罗国在今巴基斯坦信德省南部，都城在今海德拉巴德。

【译文】

从这里往西行走两千多里，到达狼揭罗国在西印度境内。该国临近大海，在通向西女国的路上。从这里往西北到达波剌斯国不在印度境内，听说该国盛产珠宝、大锦、细褐，多产良马、骆驼。佛寺二三所，僧徒几百人，学习小乘说一切有部教法，释迦牟尼佛的钵在该国的王宫中。该国东部边境有鹤秣城，西北与拂懔国接壤，拂懔国西南海岛有西女国，都是女人，没有男子，珍宝很多，附属于拂懔国。拂懔王每年派男子过去交配，当地风俗生了男孩，都不抚养。

又从狼揭罗国往东北行走七百多里，到达臂多势罗国在西印度境内。国中有座佛塔，高几百尺，无忧王建造，塔中有舍利，常常放出光明。是如来昔日做忍辱仙人时，被国王杀害的地方。

从此东北行三百余里，至阿軬荼国西印度境①。城东北大林中有伽蓝故基，是佛昔者于此处听诸比丘著亟缚屣此言"靴"②。有窣堵波，无忧王所建。傍有精舍，中有青石立佛像，数放光明。次南八百余步大林中，有窣堵波，无忧王所建，是如来昔日止此，夜寒，乃以三衣重覆③，至明旦开诸苾刍著复纳衣处④。

【注释】

①阿夆(fàn)荼:梵语音译。阿夆荼国在今巴基斯坦信德省北部,都城在今开尔普尔。

②听:允许,许可。亟缚屣(xǐ):梵语音译。即靴子。

③三衣:佛教僧尼穿的三种衣服。一种叫"僧伽梨",意为"大衣"、"重在"、"杂碎衣"、"高胜衣"、"入王宫聚落衣"。进王宫和出入城镇村落时穿用。用九条布乃至二十五条布缝制而成。一种叫"郁多罗僧",意为"七条衣"、"上衣"、"中价衣"、"入众衣"等。在礼诵、听讲、布萨时穿用。用七条布缝制而成。一种叫"安陀会",意为"五条衣"、"内衣"、"中宿衣"等。日常作业和就寝时穿用。用五条布缝制而成。缝制时布条须纵横交错,拼成"田"字形。

④旦:早上。开:允许。《南齐书·豫章文献王传》:"初,沈攸之欲聚众,开民相告,士庶坐执役者甚众。"

【译文】

从这里往东北行走三百多里,到达阿夆荼国在西印度境内。城东北大林中有佛寺遗址,是佛昔日在这里允许比丘们穿亟缚屣汉译"靴"的地方。有座佛塔,是无忧王建造的。旁边有座精舍,精舍中有青石立佛像,时常放出光明。往南八百多步的大林中,有座佛塔,无忧王建造,是如来昔日住在这里,夜里寒冷,便将三衣重叠覆盖,到了第二天早上,便允许比丘们重叠穿着法衣的地方。

从此又东行七百余里,至信度国西印度境①。土出金、银、鍮石、牛、羊、骆驼、赤盐、白盐、黑盐等,余处取以为药。如来在日,数游此国,所有圣迹,无忧王皆建窣堵波以为表记。又有乌波毱多大阿罗汉游化之迹。

从此东行九百余里，渡河东岸，至茂罗三部卢国西印度境[②]。俗事天神，祠宇华峻，其日天像铸以黄金[③]，饰诸杂宝，诸国之人多来求请。华林池沼，接砌萦阶。凡预瞻观，无不爱赏。

【注释】

①信度：梵语音译。信度国在今巴基斯坦旁遮普省西南部地区。

②茂罗三部卢：梵语音译。茂罗三部卢国在今巴基斯坦旁遮普省中部地区，都城在今切纳布河下游的木尔坦。

③日天：梵文意译。即太阳神。又作“日神”、“日天子”，音译为“苏利耶”、“修利”等。佛教以之为居住在日宫的日天子，隶属四天王，后世密教以日天为十二天之一。一说日天为观世音菩萨的变化身之一，居住在太阳之中。

【译文】

从这里又往东行走七百多里，到达信度国在西印度境内。该国出产金、银、鍮石、牛、羊、骆驼、赤盐、白盐、黑盐等，其他地方取盐当作药品。如来在世的时候，多次游化此国，所有的圣迹，无忧王都建佛塔以为纪念。又有乌波毱多大阿罗汉游化的遗迹。

从此往东行走九百多里，渡过信度河到东岸，来到茂罗三部卢国在西印度境内。该国风俗信奉天神，天祠华丽高峻，其中日天像用黄金铸成，装饰着各种珍宝，各国的人常常来这里求愿。花林池沼，台阶萦绕。凡是观看的人，无不喜爱赞赏。

从此东北行七百余里，至钵伐多国北印度境[①]。城侧有大伽蓝，百余僧皆学大乘，是昔慎那弗怛罗此言“最胜子”论师于此制《瑜伽师地论释》[②]，亦是贤爱论师、德光论师本出家处[3]。又其国有二三大德，并学业可遵。法师因停二年，就学正量部《根本阿毗达磨》及《摄正法论》、《教实论》等。

【注释】

①钵伐多：梵语音译。钵伐多国在今巴基斯坦旁遮普省的哈拉巴一带。

②慎那弗怛罗：梵语音译。又作"慎那弗呾罗"、"辰那弗多罗"，义为"最胜子"。护法之弟子，唯识十大论师之一。著有《瑜伽师地论释》、《唯识三十颂释》等，汉译本仅存《瑜伽师地论释》一卷，唐玄奘译。

③贤爱：梵文意译。音译为"跋陁罗缕支"。事迹详见前注（本卷）。德光：梵文意译。音译"瞿拏钵剌婆"。秣底补罗国人，博闻强识，硕学多闻。原本修学大乘，因为未能穷尽玄奥，所以在披览《大毗婆沙论》之后，就退而研习小乘，并作数十部论书以破大乘。玄奘在秣底补罗国师从其弟子蜜多斯那学《辩真论》、《随发智论》等。其事迹见卷二。

【译文】

从此往东北行走七百多里，到达钵伐多国在北印度境内。城边有座大佛寺，一百多位僧人都修学大乘佛法，是昔日慎那弗怛罗汉译"最胜子"论师在这里创作《瑜伽师地论释》，也是贤爱论师、德光论师出家的地方。该国又有二三位高僧，都有学问可以请教。法师于是在此停留了两年，跟他们学习正量部的《根本阿毗达磨》和《摄正法论》、《教实论》等。

从此复东南，还摩揭陀施无厌寺，参礼正法藏讫。闻寺西三逾缮那有低罗择迦寺，有出家大德名般若跋陀罗，本缚罗钵底国人，于萨婆多部出家，善自宗三藏及《声明》、《因明》等。法师就停两月，咨决所疑。

从此复往杖林山居士胜军论师所。军本苏剌佗国人，刹帝利种也。幼而好学，先于贤爱论师所学《因明》，又从安慧菩萨学《声明》、大小乘论[①]，又从戒贤法师学《瑜伽论》，爰至外籍群言，四《吠陀》典、天文、地理、医方、术数，无不究览根源，穷尽枝叶，既学该内外，德为时尊。摩揭陀主满胄王钦贤重士，闻风而悦，发使邀请，立为国师，封二十大邑，论师不受。满胄崩后，戒日王又请为师，封乌荼国八十大邑，论师亦辞不受。王再三固请，亦皆固辞。谓王曰："胜军闻受人之禄，忧人之事。今方救生死荣缠之急，岂有暇而知王务哉[②]？"言罢揖而出，王不能留。自是每依杖林山养徒教授，恒讲佛经，道俗宗归[③]，常逾数百。法师就之，首末二年，学《唯识决择论》、《意义理论》、《成无畏论》、《不住涅槃》、《十二因缘论》、《庄严经论》，及问《瑜伽》、《因明》等疑已。

于夜中忽梦见那烂陀寺房院荒秽，并系水牛，无复僧侣。法师从幼日王院西门入，见第四重阁上有一金人，色貌端严，光明满室。内心欢喜，欲登上无由，乃请垂引接。彼曰："我曼殊室利菩萨也。以汝缘业未可来也。"乃指寺外曰："汝看是。"法师寻指而望，见寺外火焚烧村邑，都为灰烬。彼金人曰："汝可早归。此处十年后，戒日王当崩，印度荒乱，恶人相害，汝可知之。"言讫不见。法师觉已怪叹，向胜军说之。胜军曰："三界无安[④]，或当如是。既有斯告，任仁者自图焉。"是知大士所行，皆为菩萨护念。将往印度，告戒贤而驻待；淹留未迹[5]，示无常以劝归。若所为不契圣心，谁能感此？及永徽之末，戒日果崩，印度饥荒，并如所告。国家使人王玄策备见其事[6]。

当此正月初时也。西国法以此月菩提寺出佛舍利，诸国道俗咸来观礼，法师即共胜军同往。见舍利骨或大或小，大者如圆珠，光明红白，又肉舍利如豌豆大，其状润赤。无量徒众献奉香华赞礼讫，还置塔中。

至夜过一更许，胜军共法师论舍利大小不同。云："弟子见余处舍利大如米粒，而此所见何其太大？师意有疑不？"法师报曰："玄奘亦有此疑。"更经少时，忽不见室中灯，内外大明，怪而出望。乃见舍利塔光晖上发，飞焰属天，色含五彩，天地洞朗，无复星月，兼闻异香，氛氲溢院[7]。于是递相告报，言舍利有大神变，诸众乃知，重集礼拜，称叹希有。经食顷，光乃渐收，至于欲尽，绕覆钵数匝，然始总入，天地还暗，辰象复出。众睹此已，咸除疑网。礼菩提树及诸圣迹，经八日，复还那烂陀寺。

【注释】

①安慧(475—555)：音译"悉耻罗末底"，南印度伐腊毗国人。大乘佛教瑜伽行派著名学者。他是德慧的弟子，真谛的老师，精通唯识、因明等学，善于议论，唯识十大论师之一。安慧与护法同时，但与护法的主张有不少相异之处。例如，在心识作用的四分问题上，安慧只承认自证分为实有，认为其他诸分"情有理无"，故被称为"一分家"；而护法则立相分、见分、自证分、证自证分等四分，被称为"四分家"。安慧著作很多，现存有《唯识三十颂释

论》、《大乘阿毗达磨杂集论》、《大乘广五蕴论》、《大乘中观释论》、《阿毗达磨俱舍论实义疏》等。

②王务：朝廷的公务。东汉班固《为第五伦荐谢夷吾疏》："据其道德，以经王务。"

③宗归：宗尚，归依。

④三界：指有情众生所居住的欲界、色界、无色界，合称"三界"。

⑤淹留：长期逗留，羁留。

⑥王玄策：生卒年不详，洛阳(今属河南)人。是唐初贞观十七年至龙朔元年间(643—661)三次出使印度的使节。贞观十七年(643)三月，王玄策为副使，率随从二十二人，送戒日王使节回国。十二月，王玄策一行抵达印度，游历各地，并在那烂陀寺外的灵鹫山勒铭留念。贞观二十一年(647)，王玄策为正使，率副使蒋师仁等三十余人，再次出使印度。此时戒日王已死，时局动荡，王玄策一行刚到达中印度，便受到帝那伏帝(今印度比哈尔邦北部的蒂鲁特)王阿罗那顺的进攻，王玄策被俘后逃走。随后王玄策以大唐帝国的名义征召泥婆罗国和吐蕃军队，借得尼泊尔骑兵七千及吐蕃骑兵一千二百名，大破阿罗那顺大军，生擒敌酋，献于帝阙，立下旷世奇功。公元658年，王玄策第三次出使印度，巡游各地，于661年回国。王玄策根据见闻撰成《中天竺国行记》。这里是指王玄策第二次出使印度时的所见所闻。

⑦氛氲(yūn)：繁盛的样子。南朝宋谢惠连《雪赋》："霰淅沥而先集，雪纷糅而遂多，其为状也，散漫交错，氛氲萧索。"

【译文】

从这里再往东南，回到摩揭陀国的那烂陀寺，参谒礼拜戒贤法师完毕。听说寺西三由旬处有低罗择迦寺，寺中有出家修行的高僧名叫般若跋陀罗，本是缚罗钵底国人，在说一切有部出家，通晓本宗三藏及《声明》、《因明》等。法师就到那里住了两个月，咨询解决疑难。

从这里又前往杖林山居士胜军论师处。胜军论师本是苏剌佗国人，刹帝利种姓。从小好学，先在贤爱论师那里学习《因明》，又跟从安慧菩萨学习《声明》和大、小乘论，又跟从戒贤法师学习《瑜伽师地论》，及至教外典籍，四《吠陀》典、天文、地理、医方、术数，无不探究根源，穷尽枝叶，既已学通内外，道德又受时人推崇。摩揭陀国国主满胄王钦贤重士，听说后非常高兴，派人前来邀请，要立他为国师，赐封他二十大邑，胜军论师辞谢不受。满胄王驾崩后，戒日王又邀请他做国师，赐封乌茶国八十大邑，胜军论师还是辞谢不受。戒日王再三邀请，他依然坚决推辞。胜军论师对戒日王说道："我听说受人之禄，就要忧人之事。如今正忙于解脱生死烦恼，哪有时间管理国家事务呢？"说罢作揖而去，国王无法挽留。从此他经常居住在杖林山教授学生，常讲佛经，僧俗前来归依的常常超过几百人。法师就到他那里，前后历时两年，学习了《唯识决择论》、《意义理论》、《成无畏论》、《不住涅槃》、《十二因缘论》、《庄严经论》，还请教了《瑜伽》、《因明》等论典中的疑难问题。

有一天夜里法师忽然梦见那烂陀寺房院荒芜污秽，并拴着水牛，没有僧侣。法师从幼日王院西门进入，看见第四层楼阁上有一位金人，仪态庄严，光明照耀房间。法师内心欢喜，想要登上楼阁却没有路径，于是请金人接引。金人说道："我是曼殊室利菩萨。由于你业缘未尽，还不可以上来。"又指着寺外说道："你看那里。"法师顺着他手指的方向望去，只见寺外大火焚烧村邑，都化为灰烬。那位金人说道："你要尽早回去。这里十年之后，戒日王就会驾崩，印度将一片荒乱，恶人恣意屠害，你应该知道。"说完就不见了。法师醒来后惊叹不已，向胜军讲述了梦中情景。胜军说道："三界本来就难以安隐，也许将来真会这样。菩萨既已预先如此告知，任凭仁者你自行安排吧。"由此可知，法师的行为都受到菩萨的护念加持。法师将要前往印度，菩萨预先告知戒贤，于是戒贤留守等待法师；羁留印度还没有回去的打算，菩萨示显无常，劝导法师回国。如果不是法师的行为契合圣心，怎会有这种感应呢？到了唐高宗永徽末年,戒日王果然驾崩,印度发生饥荒,都如同菩萨所预先告知的那样。唐朝使臣王玄策在印度目睹了此事。

按照印度当地的习惯,正月要从菩提寺请出佛舍利,各国僧俗都前来观礼。月初,法师就同胜军一同前往。他们看见舍利骨有大有小,大的像圆珠,晶莹红白,又有肉舍利,如同豌豆般大小,色泽红润。无数信众供奉香花,赞叹礼拜,完毕后再放回塔中。

当夜一更过后,胜军与法师议论舍利的大小不同。胜军说道:"我在其他地方看见的舍利如米粒大小,而在这里看到的怎么特别大?法师有疑惑吗?"法师回答道:"玄奘也有这样的疑问。"又过了一会儿,忽然看不见室内的灯光,屋内屋外一片大明,两位法师感到奇怪就出去观望。只见舍利塔放出光明,光焰冲天,色有五彩,天地明亮,不见星月,还闻到一股奇异的香味,芬芳满园。于是奔走相告,说舍利有大神变,大家才都知晓,又重新聚集礼拜,称叹这稀有之事。过了一顿饭的时间,光芒才渐渐收敛,到将要熄灭时,环绕放置舍利的覆钵几圈,然后都进入塔里,天地恢复黑暗,星月又显现夜空。众人看到这番景象后,对舍利的种种疑惑都消除了。法师礼拜了菩提树和各处圣迹,历经八天,又返回那烂陀寺。

时戒贤论师遣法师为众讲《摄大乘论》、《唯识决择论》。时大德师子光先已为四众讲《中》、《百》论,述其旨,破《瑜伽》义。法师妙闲《中》、《百》,又善《瑜伽》,以为圣人立教,各随一意,不相违妨,惑者不能会通,谓为乖反,此乃失在传人,岂关于法也。愍其局狭,数往征诘,复不能酬答,由是学徒渐散,而宗附法师。法师又以《中》、《百》论旨唯破遍计所执[①],不言依他起性及圆成实性[②],师子光不能善悟,见《论》称:"一切无所得",谓《瑜伽》所立圆成实等亦皆须遣,所以每形于言。法师为和会二宗言不相违背,乃著《会宗论》三千颂[③]。《论》成,呈戒贤及大众,无不称善,并共宣行。师子光惭赧[④],遂出往菩提寺,别命东印度一同学名旃陀罗僧诃来相论难,冀解前耻[⑤]。其人既至,惮威而默,不敢致言,法师声誉益甚。

【注释】

①遍计所执:又称“遍计所执性”、“遍计所执相”、“分别性”、“分别相”、“妄分别性”等,唯识宗所立三性之一。意谓世界万法并非真实的存在,由于人们“周遍计度”、虚妄分别而产生实有我、实有法之妄执性。《成唯识论》卷八:“周遍计度,故名遍计,品类众多,说为彼彼。谓能遍计,虚妄分别,即由彼彼虚妄分别,遍计种种所遍计物,谓所妄执蕴、处、界等,若法、若我自性差别。此所妄执自性差别,总名遍计所执自性。如是自性,都无所有。”

②依他起性:又作“依他起相”、“缘起自性”等,唯识宗所立三性之一,意谓诸法皆是“依他众缘而得起”。诸法虽非真实,既然已经生起,就不是绝对的空无,而是作为“假有”而存在。“他”,指“众缘”,即因缘、等无间缘、所缘缘和增上缘“四缘”,特指阿赖耶识种子的活动。《成唯识论》卷八:“众缘所生心、心所体,及相、见分,有漏、无漏,皆依他起,依他众缘而得起故。”圆成实性:又作“圆成实相”、“圆成自性”、“第一义谛体性”,唯识宗所立三性之一。意谓根据“依他起性”破斥“遍计所执性”,认识到万法既无“人我”又无“法我”的真实本性,唯有识性,由此显示真如实性即为“圆成实性”。《成唯识论》卷八:“二空所显圆满成就诸法实性,名圆成实。……二空所显,真如为性。”

③《会宗论》:凡三千颂,唐玄奘著,已佚。玄奘为回应中观学者师

子光对瑜伽行学说的非难，撰写了《会宗论》三千颂以会通瑜伽、中观二宗。玄奘相信，佛法必定是一个圆融统一的知识体系，他西行求学的原因之一即是："双林一味之旨，分成当、现二常；大乘不二之宗，析为南、北两道。"

④惭赧(nǎn)：羞愧脸红。

⑤冀：希望。

【译文】

这时戒贤论师派法师为大众讲解《摄大乘论》、《唯识决择论》。当时高僧师子光已经先为四众讲解《中论》、《百论》，阐发空宗要旨，破斥《瑜伽》义理。法师精通《中论》、《百论》，又擅长《瑜伽师地论》，认为圣人立教，各自阐发一义，并不矛盾，迷惑的人不能融会贯通，认为是相互矛盾，这是传法者的过失，岂关乎佛法。法师怜悯他见解狭隘，几次前往辩难，师子光不能应答，因此他的学徒渐渐散去，转而归宗到法师门下。法师又认为《中论》、《百论》的论旨只是破斥遍计所执性，而不是要破斥依他起性和圆成实性，师子光不能领悟，看见《论》中说道："一切无所得"，就认为《瑜伽》所立的圆成实性等也都要否定，所以常常发表这样的言论。法师为了会通二宗学说，明其不相违背，于是撰写了《会宗论》三千颂。《论》写成后，呈送戒贤以及大众审阅，无不称善，并一同宣传流通。师子光感到惭愧，于是离开那烂陀寺，前往菩提寺，另让东印度的一位名叫旃陀罗僧诃的同学前来与法师辩论，希望一雪前耻。那人来到后，忌惮法师的威名而默然不语，不敢发言，法师的声誉日益隆盛。

初师子光未去前，戒日王于那烂陀寺侧造鍮石精舍，高逾十丈，诸国咸知。王后自征恭御陀，行次乌荼国，其国僧皆小乘学，不信大乘，谓为空华外道，非佛所说。既见王来，讥曰："闻王于那烂陀侧作鍮石精舍，功甚壮伟，何不于迦波鬘外道寺造[①]，而独于彼也？”王曰：“斯言何甚？”答曰：“那烂陀寺空华外道，与迦波鬘不殊故也。”

先是，南印度王灌顶师老婆罗门，名般若毱多，明正量部义，造《破大乘论》七百颂，诸小乘师咸皆叹重。因取示王曰：“我宗如是，岂有大乘人能难破一字者？”王曰：“弟子闻狐行鼷鼠之群[②]，自谓雄于师子。及其见也，则魂亡魄散。师等未见大乘诸德，所以固守愚宗。若一见时，恐还同彼。”彼曰：“王若疑者，何不集而对决是非？”王曰：“此亦何难。”即于是日发使修书与那烂陀寺正法藏戒贤法师，曰：“弟子行次乌荼，见小乘师恃凭小见，制论诽谤大乘，词理切害，不近人情，仍欲张鳞，共师等一论。弟子知寺中大德并才慧有余，学无不悉，辄以许之，谨令奉报。愿差大德四人，善自他宗兼内外者，赴乌荼国行从所。”正法藏得书，集众量择，乃差海慧、智光、师子光及法师为四人，应王之命。其海慧等咸忧，法师谓曰：“小乘诸部三藏，玄奘在本国及入迦湿弥罗以来遍皆学讫，具悉其宗。若欲将其教旨能破大乘义，终无此理。奘虽学浅智微，当之必了。愿诸德不烦忧也。若其有负，自是支那国僧，无关此事。”诸人咸喜。后戒日王复有书来，云：“前请大德未须即发，待后进止。”

【注释】

①迦波鬘：梵语音译。义为“结蔓”，以佩带人头骨而得名，古印度九十六种外道之一。唐窥基《因明入正理论疏》卷五：“迦婆离，此云结鬘。穿人髑髅，以为鬘饰。人有诮者，遂立量言：‘人顶骨净（宗），众生分故（因），犹如螺贝（喻），因喻虽无有过，宗违世间

共为不净。'"

②鼷(xī)鼠:鼠科中最小的一种,啮人不痛。

【译文】

起初,师子光还没离去时,戒日王在那烂陀寺旁边建造了一座鍮石精舍,高度超过十丈,诸国都知道此事。戒日王后来亲征恭御陀国,路过乌荼国,该国僧人都学习小乘,不信大乘,认为大乘是空花外道,不是佛所说的法。他们看到戒日王来临,讽刺说道:"听说大王在那烂陀寺旁边建造了鍮石精舍,极为壮丽,何不在迦波釐外道寺旁边建造,却唯独建在那里呢?"戒日王说道:"这是什么话?"他们回答道:"那烂陀寺是空花外道,和迦波釐外道没有区别啊。"

先前,南印度国王的灌顶师老婆罗门名叫般若毱多,通晓正量部义理,撰写了《破大乘论》七百颂,小乘论师都赞叹推重。这时他们取出来呈给戒日王看,说道:"我们宗派的论据就是这些,难道大乘有能驳倒其中一个字的人吗?"戒日王说道:"弟子听说狐狸行走在鼷鼠中间,自认为比狮子还要凶猛。等见到真的狮子,就吓得魂飞魄散。各位法师还没见过大乘的各位高僧,所以固守愚陋的小乘。倘若一旦见到,恐怕还会像狐狸那样。"他们说道:"大王如果信不过,何不召集两派论辩,当面决定是非?"戒日王说道:"这有什么难办的。"就在当天修书并派遣使者把书信送到那烂陀寺正法藏戒贤法师那里,信中说道:"弟子路过乌荼国,见到小乘论师依恃浅陋的见识,撰论诽谤大乘,词理切中要害,不近人情,他们气焰嚣张,还要同你们辩论。弟子知道寺中高僧都是才智有余,无所不学,就应允此事,谨此奉告。希望派遣四位精通各宗、兼学内外的高僧,前来乌荼国驻跸之所。"正法藏戒贤收到信后,召集僧众评量选拔,选出海慧、智光、师子光和法师四人,准备应召王命。海慧等人都有些担忧,法师对他们说道:"小乘诸部三藏,玄奘在本国以及进入迦湿弥罗以来全都学过了,完全了解它们的宗义。如果要用小乘教旨来摧破大乘法义,终究没有这种道理。玄奘虽然学识微浅,对付他们必能取胜。希望诸位不要烦恼了。如果万一输了，自是我这个大唐僧人的事情，与你们无关。”海慧等人都很高兴。后来戒日王又有书信来，信中说：“前面所请的高僧们不要立即动身，等以后再决定行止。”

时复有顺世外道来求论难[1]，乃书四十条义，悬于寺门，曰：“若有难破一条者，我则斩首相谢。”经数日，无人出应。法师遣房内净人出，取其义毁破，以足蹉蹑。婆罗门大怒，问曰：“汝是何人？”答曰：“我是摩诃耶那提婆奴[2]。”婆罗门亦素闻法师名，惭耻更不与论。法师令唤入，将对戒贤法师及命诸德为证，与之共论，征其宗本历外道诸家所立。

其词曰：

如铺多外道、离系外道、髅鬘外道、殊征伽外道，四种形服不同；数论外道旧曰“僧佉”、胜论外道旧曰“卫世师”也[3]，二家立义有别。铺多之辈以灰涂体，用为修道，遍身艾白[4]，犹寝灶之猫狸。离系之徒则露质标奇，拔发为德，皮裂足皴[5]，状临河之朽树。髅鬘之类，以髅骨为鬘，装头挂颈，陷枯磈磊[6]，若冢侧之药叉。征伽之流披服粪衣，饮啖便秽，腥臊臭恶，譬溷中之狂豕[7]。尔等以此为道，岂不愚哉！

至如数论外道，立二十五谛义[8]，从自性生大，从大生我执，次生五唯量，次生五大，次生十一根，此二十四并供奉于我，我所受用；除离此已则我得清净。胜论师立六句义[9]，谓实、德、业有同异性、和合性，此六是我所受具，未解脱已来受用前六；若得解脱，与六相离，称为“涅槃”。

今破数论所立，如汝二十五谛中，我之一种是别性，余二十四展转同为一体，而自性一种以三法为体，为萨埵、剌阇、答摩[10]。此三展转合成大等二十三谛，二十三谛一一皆以三法为体。若使大等一一皆揽三成，如众如林，即是其假，如何得言一切是实？又此大等各以三成，即一是一切。若一则一切，则应一一皆有一切作用。既不许然，何因执三为一切体性？又若一则一切，应口、眼等根，即是大小便路。又一一根有一切作用，应口、耳等根闻香见色。若不尔者，何得执三为一切法体？岂有智人而立此义？又自性既常，应如我体，何能转变作大等法？又所计我其性若常，应如自性，不应是我。若如自性，其体非我，不应受用二十四谛。是则我非能受，二十四谛非是所受，既能所俱无，则谛义不立。

如是往复数番，婆罗门默无所说，起而谢曰："我今负矣，任依先约。"法师曰："我曹释子，终不害人，今役汝为奴，随我教命。"婆罗门欢喜敬从，即将向房。闻者无不称庆。

【注释】

①顺世外道：梵语意译。音译为"路伽耶派"、"卢迦耶陀派"、"路歌夜多派"、"路迦也底迦派"，为古印度婆罗门教支派，主张随顺世俗，倡导极端的物质快乐主义，故名。此派站在唯物论立场，主张地、水、火、风等四大合成人之身心，人若命终，"四大"则随之离散，五官之能力也还归虚空，故人死后一切归无，灵魂亦不存在。因此，此派否认轮回、业，否认祭祀、供仪、布施的价值意义。

在认识论上主张感觉论,在实践生活上主张快乐论,反对婆罗门的祭祀万能。

②摩诃耶那提婆:梵语音译。义为"大乘天"。指玄奘。

③数论:即数论派,婆罗门教正统派,古印度六大宗教哲学派别之一。相传其创始人为公元前四世纪(一说公元前六世纪)迦毗罗。公元三四世纪时该派臻于全盛,成为佛教与吠檀多派的最大论敌。现存主要著作有自在黑(约五六世纪)所著的《数论颂》,内容与南朝陈真谛所译《金七十论》大致相似。数论的理论基础是"因中有果论",认为任何结果实际上只是原因的另一种表现形式,原因和结果在本质上是相同的,只是同一事物的隐伏状态和显现状态。由此,他们逻辑地认为世界万物也有一个终极原因,万物与产生它们的终极原因本性一致,他们将这一终极原因称作"自性"。"自性"是世界物质性的本源,本身不能单独活动,根据世界精神性本源"神我"的作用而依"二十五谛"的顺序演化为整个世界。该派认为,人之所以在这世界上轮回不休,就是因为不明白"二十五谛"的道理,混淆物质性的自我意识和真正的自我,使神我被物质所束缚,不得解脱。只有明白"二十五谛"的道理,不再执着于自我意识,认识到"神我"是本然存在的,通过禅定、诵经、布施等宗教修行方法使神我脱离自性的束缚,回归其如如不动的状态,即是解脱。胜论:即胜论派,婆罗门教正统派,古印度六大宗教哲学派别之一。相传其创始人为公元前二世纪的迦那陀。其主要著作有《胜论经》,内容论述原子论、六句义、因中无果论等。胜论的理论基础是"因中无果论"。该派认为世界万物均由各要素聚合而成,要素(原因)与事物(结果)性质迥然不同,并没有必然的联系,因此称为"因中无果论"。该派认为,结果不能没有原因而存在,但原因可以没有结果而独立。因此,他们认为聚合成世界万物的最基本的要素是原子,原

子是永恒不灭的最小微粒，各具特征，互不相同，独立存在，不可分割，其基本形式是地、水、火、风，原子之间是一种机械的并列，并可以相互以各种方式结合。他们用六句义理论来解释原子结合创造世界万物的各种表现。胜论认为，促使原子运动的动力是“不可见力”，这种“不可见力”也操纵着人的生死轮回，因此，只有通过学习六句义，修习瑜伽禅定，遵守吠陀规定的生活规范，断灭这一“不可见力”，才能获得解脱。

④艾：苍白色。

⑤皴(cūn)：干裂。

⑥磈磊：垒积不平的石块。比喻郁积在心中的气愤或愁闷。

⑦溷(hùn)：粪便。

⑧二十五谛义：古印度数论派的基本哲学理论。该派主张“因中有果论”，故主张世界万物有一个终极的原因，称为“自性”，亦即原初物质。“自性”是一种极精微的、最高的物质性实体，它处于混沌状态中。“自性”由“三德”构成。当“三德”处于平衡状态时，“自性”不变异；当“三德”失去平衡时，“自性”便发生变异并演化为世界万物。使“三德”失去平衡的原因是存在着一个最高的精神性实体，即“神我”。“神我”是独立自存、无始无终的绝对精神，它与“自性”并列，为组成世界的两个基本要素。“神我”既不创造也不被创造。它可破坏“自性”中“三德”的平衡，促使“自性”产生变异；而一旦“自性”产生变异后，“神我”便不再起作用，只处于观照的地位。“自性”起变异后，首先产生“统觉”。“统觉”原本是物质性的，但由于“神我”的观照，也就具有精神的作用，故被视为是完满的智慧。从“统觉”中又演化出“自我意识”，即区别主体、客体，区别自、他的意识。从“自我意识”进一步演化出主体的十一个器官，即眼、耳、鼻、舌、身等五知根；舌、手、足、排泄器官、生殖器官等五作根以及心。另一方面，自我意识

还产生色、声、香、味、触等五唯和火、空、地、水、风等五大。神我、自性、统觉、自我意识、十一器官、五唯、五大，共计二十五个基本因素，合称“二十五谛”。

⑨六句义：古印度胜论派的基本哲学理论。胜论认为组成万物的有六种最基本要素，即实、德、业、同、异、和合，称为“六句义”。一、实句义，即主谛，又作“所依谛”，指诸法的实体，有地、水、火、风、空、时、方、我、意等九种，其中，地、水、火、风四种是原子结合的基本形式。二、德句义，即依谛，指实句义的属性功能，说明物质的特性、状态、容量等，如色、香、味、触、数、量、别体、合、离、彼体、此体、觉、乐、苦、欲、瞋、勤勇等十七德；十句义增加到二十四德。三、业句义，即作谛，指实体的功用，有取、舍、屈、伸、行等五种。四、同句义，即总相谛，又作“总谛”，指使事物具有共性的原因。五、异句义，即别相谛，又作“别谛”，指使事物具有个性的原因。六、和合句义，又作“无障碍谛”，指使物质实体与其他各句义所代表的物质的性质相互摄属、密不可分的原因。胜论“六句义”后来发展为“七句义”、“十句义”。

⑩萨埵、刺阇、答摩：数论“二十五谛”中自性谛的“三德”。该派认为世界万物的生成，是“自性”自我异化的结果。自性之所以具有自我异化的能力，是因为它由萨埵、刺阇、答摩三种元素构成，这三种元素称为“三德”。“萨埵”代表了自性光明、纯洁的一面，它具有轻、光的性质和照耀的作用，可表现为喜悦、聪慧，故亦译作“喜”。“刺阇”代表自性运动、创造的一面，它具有运动的性质，有造作的作用，可表现为恼忧、激奋，故亦译作“忧”。“答摩”代表了自性黑暗、迟重的一面，它具有重复的性质和系缚的作用，可表现为愚钝、迷惑，故亦译作“暗”。该派认为，“自性”具此“三德”，故生一切万物，使所生之万物，千差万别。“三德”永远同处于“自性”及由“自性”所演化的一切事物中，并贯穿于事物

生灭变化的全过程。

【译文】

这时又有个顺世外道前来要求辩论，他书写了四十条顺世外道的教义，悬挂在寺门，说道："如果有人驳倒其中一条，我就斩首谢罪。"过了几天，无人出来应战。法师派遣房里的侍者出去，取下他的论义撕毁，用脚践踏。婆罗门大怒，问道："你是什么人？"侍者回答道："我是摩诃耶那提婆的奴仆。"婆罗门也素闻法师大名，感到惭愧耻辱，便不与侍者争论。法师让人带他进来，到戒贤法师面前并让各位高僧作证，与他辩论，论证顺世外道的根本宗旨是外道各家所创立。

法师说道：

如铺多外道、离系外道、髅鬘外道、殊征伽外道，四种外道形服不同；数论外道旧称"僧佉"、胜论外道旧称"卫世师"，两家在立义上有区别。铺多教徒把灰涂在身上，用来修道，浑身白惨惨的，犹如睡在炉灶旁边的猫狸。离系教徒则以袒露身体为神奇，拔掉头发为道德，皮开肉裂，形状如同河边的朽树。髅鬘外道，以髅骨为鬘，戴在头上，挂在脖子上，身体干枯，心积愤怒，如同坟墓旁边的药叉。殊征伽外道，穿着粪衣，喝尿吃屎，腥臊臭恶，譬如粪坑里发狂的猪。你们以此为道，难道不是很愚蠢吗！

至于数论外道，立二十五谛义，从自性生起觉知，从觉知生起我执，从我执再生起色、声、香、味、触五唯量，从五唯量再生起地、水、火、风、空五大，从五大再生起眼、耳、鼻、舌、身、语、手、足、生殖器、排泄器和心十一根，这二十四谛都供奉于神我，为神我所受用；除离这些，则神我得清净。胜论师立六句义，认为实、德、业具普遍性、特殊性与和合性，这六种要素都是为我所具有，没有解脱以前享用这六种要素；如果得到解脱，就与这六种要素相分离，称之为"涅槃"。

现在破除数论所立之论，譬如你们教派二十五谛中，神我是另外一种性，其余二十四谛辗转同为一体，而自性这一种是以三法为体性，为萨埵、剌阇、答摩。这三法辗转合成觉知等二十三谛，二十三谛中每一谛都以三法为体性。如果觉知等二十三谛中每一谛都是揽取三法而成，那么由此衍生的种种法就会多如丛林，便知道它们是假有，如何能说一切都是真实的呢？此外，这觉知等二十三谛各各以三法而成，就是一即一切。如果一即一切，就应每一谛都应具有一切作用。既然不是这样，为何强调这三法为一切法的体性呢？还有，如果一即一切，那么口、眼等根就应该是生殖器、排泄器。还有，如果每一根具有一切功用，那么口、耳等根就应该能闻香见色。如果不是这样，为何强调这三法为一切法的体性呢？有智慧的人岂能设立这种理论？还有，自性既然恒常不变，应该如同神我的体性，怎么能变化生起觉知等种种法呢？还有，所执取的神我，如果它的本性是恒常不变的，应该如同自性，不应该是神我。如果神我如同自性，那么它的体性就是非我，不应该受用二十四谛。因此神我并非能受，二十四谛也不是所受，既然能受所受都没有，那么数论所谓的谛义也就不能成立。

就这样往来几番辩论，最后婆罗门默然不语，起身向法师谢罪，说道：“我今天输了，依照先前约定来任由处置。”法师说道：“我们佛门弟子，终不害人，如今要你作为奴仆，供我使唤。”婆罗门十分欢喜，恭敬地依从，法师就把他带进僧房。听说这件事的人无不称赞祝贺法师。

时法师欲往乌荼，乃访得小乘所制《破大乘义》七百颂者。法师寻省有数处疑[①]，谓所伏婆罗门曰：“汝曾听此《义》不？”答曰：“曾听五遍。”法师欲令其讲。彼曰：“我今为奴，岂合为尊讲？”法师曰：“此是他宗，我未曾见，汝但说无苦。”彼曰：“若然，请至夜中，恐外人闻，从奴学法，污尊名称。”于是至夜，屏去诸人，令讲一遍，备得其旨。遂寻其谬节，申大乘义而破之，为一千六百颂，名《破恶见论》[②]。将呈戒贤法师及宣示徒众，无不嗟赏，曰："以此穷覈[③]，何敌不亡。"其论如别。因谓婆罗门曰："仁者论屈为奴，于耻已足，今放仁者去，随意所之。"婆罗门欢喜辞出，往东印度迦摩缕波国[④]，向鸠摩罗王谈法师德义。王闻甚悦，即发使来请焉。

【注释】

①寻省(xǐng)：推求省察。

②《破恶见论》：又名《制恶见论》，是玄奘为破斥小乘正量部学者般若毱多撰的《破大乘论》(七百颂)而创作的论书。《制恶见论》凡一千六百颂，影响极大，为玄奘赢得了极高荣誉，可惜未能流传下来。傅新毅通过梳理相关文献，认为《制恶见论》主要包括以下内容：一是论证大乘经为佛说，二是从学理上证成阿赖耶识，三是改进唯识理论的"带相说"。吕澂认为，"唯识比量"应是《制恶见论》的主要内容和纲要，其论文的组织形式就犹如清辩的《掌珍论》。

③穷覈(hé)：详细核验，详尽审核。覈，研究，核实。东汉张衡《东京赋》："研覈是非。"

④迦摩缕波：梵语音译。迦摩缕波国在今印度阿萨姆邦西部，都城在今印度阿萨姆邦的高哈蒂。

【译文】

这时法师将要前往乌荼国，便找到小乘所著的《破大乘义》七百颂。法师推寻省察尚有几处疑问，对被他降伏的婆罗门说道："你听过这《破大乘义》吗？"这个婆罗门回答道："曾经听过五遍。"法师要他讲解。他说道："我如今是奴仆，岂能给您讲解？"法师说道："这是他宗学说，我未曾见过，你但说无妨。”他说道：“如果这样，请等到夜间为您讲说，我担心外人知道您跟奴仆学习，有损法师声誉。”到了夜间，法师摒去其他人，让他讲解一遍，法师就完全理解了论旨。于是找出错谬之处，用大乘教义来破斥它，撰写了一千六百颂，名为《破恶见论》。法师将《破恶见论》呈送戒贤法师，并宣示徒众，众人无不赞赏，说道：“如此详尽核验，什么样的论敌不会失败。”法师《破恶见论》犹如别出机杼，成一家风骨。法师就对这个婆罗门说道：“仁者你论辩失败成为我的奴仆，耻辱已经受够了，现在放你离去，随你想去哪里。”婆罗门高兴地辞别离去，前往东印度迦摩缕波国，向鸠摩罗王称赞法师的德义。国王听说后甚是喜悦，就派使者前来邀请法师。

卷第五

起尼乾占归国　终至帝城之西漕

【题解】

本卷的记载始于尼乾子为法师占卜归国，终于法师到达长安城西的漕河(640—645)。本卷大体可分为两部分：

第一部分，从露形尼乾子为玄奘占卜回国，到玄奘与戒日王等辞别东归。在鸠摩罗王的使者还未来到时，玄奘请一位尼乾教徒占卜回国吉凶。尼乾教徒回答说，法师留在这里最好，想要回国也能如愿到达，但还是不如留在这里。玄奘思乡心切，遂决定回国，众僧都来劝阻，玄奘以弘法利生为由婉拒大家的好意。然后，玄奘应邀前往迦摩缕波国，会见鸠摩罗王，为之讲经说法一月有余，并为之作《三身论》三百颂(已佚，本《传》略)。戒日王征讨恭御陀国回来，诚邀玄奘前来相见，玄奘遂与鸠摩罗王一同前往戒日王处，至羯朱嗢祇罗国，戒日王亲来礼谒，倍极尊敬。言及《秦王破阵乐》歌舞曲，玄奘盛赞唐太宗的文治武功，戒日王钦慕之下即派使节访问，于次年冬抵达长安。翌日，戒日王索阅玄奘所著的《制恶见论》，大为激赏，决定在曲女城举行论辩大会，当天发布敕令，通告各国国王及懂得义理的人，齐聚曲女城，观看玄奘的《制恶见论》。贞观十五年(641)初，论辩大会开始，五印度英才云集，仪式极为隆重。戒日王恭请玄奘为论主，在会场门外悬挂《制恶见论》遍示一切人，十八日来竟无一人发论。于是众人为法师竞立美名，大乘众号之为“摩诃耶那提婆”(大乘天)，小乘众称之为“木叉提婆”(解脱天)。自此玄奘声震五印。玄奘欲辞行，戒日王又坚请法师参加在钵罗耶伽国举办的第六次无遮大施会。会后，戒日王、鸠摩罗王与大众相送数十里才挥泪而别。

第二部分，从钵罗耶伽国启程到抵达长安城西的漕河。贞观十五年(641)夏，玄奘自钵罗耶伽国出发，经㤭赏弥国、毗罗那拏国、阇烂达那国、僧诃补罗国等，至呾叉始罗国，停七日，又西北行三日至印度河，因风浪骤起，摇动船舫，数将覆没，守经者惶惧堕水，遂失五十夹经本及花种等。这时迦毕试王在乌铎迦汉荼城，听说玄奘来临，亲自到河边迎接。玄奘与迦毕试王相伴往西北前行，走了一月余到达滥波国，迦毕试王在此举办了七十五天的无遮大施会。又经伐剌拏国、阿薄健国、漕矩吒国、佛栗氏萨傥那国，至迦毕试国境。迦毕试王又举办了七日大施会。会后，往东北行至瞿卢萨谤城，迦毕试王才与玄奘辞别，并派一大臣带领一百多人，护送法师度过艰险的大雪山。越过雪山，进入睹货罗故地，经安怛罗缚婆国、阔悉多国、活国，见到叶护可汗孙，是时为睹货罗王，亦自称“叶护”。叶护派兵护送，经瞢健国、呬摩怛罗国(雪山下)、淫薄健国、屈浪拏国、达摩悉铁帝国(护密)，出睹货罗故地，又经尸弃尼国、商弥国，至波谜罗川。又往东行至朅盘陀国，遇群贼，大象被逐，溺水而死。又东行八百余里，出葱岭，经乌铩国、佉沙国(疏勒)、斫句迦国(沮渠)，到达瞿萨旦那国(于阗)。于阗王闻讯亲自前来，将玄奘迎入都城，安置在小乘萨婆多寺。玄奘在于阗派高昌人马玄智随商队上表，陈述自己“冒越宪章，私往天竺”求法，今已回到于阗，敬候太宗敕令。玄奘在于阗等候了七八个月，才奉到敕令，即辞别于阗王，经媲摩城、泥壤城、大流沙、折摩驮那故国(沮沫)、纳缚波故国(楼兰，鄯善)，抵达沙州(敦煌)。玄奘又上表，获知太宗欲问罪辽东，恐不及与太宗会面，乃兼程而行，终于在贞观十九年(645)正月二十四日抵达长安西郊的漕河。

鸠摩罗使未至间，有一露形尼乾子名伐阇罗[①]，忽入房来。法师闻尼乾善于占相，即请坐，问所疑。曰："玄奘支那国僧，来此学问，岁月已久。今欲归还，不知达不？又去住二宜，何最为吉？及寿命长短。愿仁者占看。"尼乾乃索一白石，画地而筮[②]，报法师曰："师住时最好，五印度及道俗无不敬重；去时得达，于敬重亦好，但不如住。师之寿命，自今已去，更可十年。若凭余福转续，非所知也。"法师又问："意欲思归，经、像既多，不知若为胜致？"尼乾曰："勿忧，戒日王、鸠摩罗王自遣人送师，必达无苦。"法师报曰："彼二王者从来未面，如何得降此恩？"尼乾曰："鸠摩罗王已发使来请，二三日当到，既见鸠摩罗，亦便见戒日。"如是言讫而去。

【注释】

①露形尼乾子：即露形外道，又作"裸形外道"、"离系外道"，为故印度九十六种外道之一。该教派以脱衣露形为正行，能生一切智。尼乾子是对该教教徒的称呼。露形外道又分为白衣派和空衣派两派，白衣派为尼乾子外道，空衣派特称为裸形外道。

②筮(shì)：占算。

【译文】

鸠摩罗王的使者还未到达时，有一个露形外道、尼乾教徒名叫伐阇罗，忽然来到法师房里。法师听说尼乾教徒善于占相，就请他坐下，请教自己的疑问。说道："玄奘是支那国的僧人，来这里求学，时间已经很长了。如今想要回去，不知能否顺利到达？还有，回去还是留在这里，哪个最好？以及玄奘的寿命长短。希望仁者你给占卜看看。"尼乾教徒就要过一块白石，画地占卜，回答法师道："法师留在这里最好，五印度各国和僧俗大众对您无不敬重；想要回国也能如愿到达，在那里也会受到人们的敬重，但还是不如留在这里。法师的寿命，从现在算起，大约还有十年时间。倘若靠其他福德延续，那就不是我所能知道的了。"法师又问道："我想要回去，但是经书圣像很多，不知道怎样才能带回去？"尼乾教徒说道："不用担心，戒日王、鸠摩罗王自会派人护送法师，一定能够顺利返回。"法师回答道："我从来没有见过那二位国王，他们怎会施予我这样的恩惠呢？"尼乾教徒说道："鸠摩罗王已经派遣使者前来邀请，两三天内就会到达，一旦见到鸠摩罗王，也就会见到戒日王了。"说完这些话后就离去了。

法师即作还意，庄严经、像。诸德闻之，咸来劝住，曰："印度者，佛生之处。大圣虽迁，遗踪具在，巡游礼赞，足豫平生[①]，何为至斯而更舍也？又支那国者，蔑戾车地，轻人贱法，诸佛所以不生；志狭垢深，圣贤由兹弗往。气寒土险，亦焉足念哉！"法师报曰："法王立教，义尚流通，岂有自得沾心而遗未悟。且彼国衣冠济济，法度可遵，君圣臣忠，父慈子孝，贵仁贵义，尚齿尚贤[②]。加以识洞幽微，智与神契。体天作则，七耀无以隐其文[③]；设器分时[④]，六律不能韬其管[⑤]。故能驱役飞走，感致鬼神，消息阴阳，利安万物。自佛遗法东被，咸重大乘，定水澄明[⑥]，戒香芬馥[⑦]。发心造行，愿与十地齐功[⑧]；敛掌熏修[⑨]，以至三身为极[⑩]。向蒙大圣降灵，亲麈法化；耳承妙说，目击金容，并辔长涂，未可知也！岂得称佛不往，遂可轻哉！"

彼曰："经言：'诸天随其福德，共食有异。'[⑪]今与法师同居赡部，而佛生于此，不往于彼，以是将为边恶地也。地既无福，所以劝仁勿归。”法师报曰：“无垢称言[12]：‘夫日何故行赡部洲？’答曰：‘为之除冥。’今所思归，意遵此耳。”

诸德既见不从，乃相呼往戒贤法师所，具陈其意。戒贤谓法师曰：“仁意定何如？”报曰：“此国是佛生处，非不爱乐。但玄奘来意者，为求大法，广利群生。自到已来，蒙师为说《瑜伽师地论》，决诸疑网，礼见圣迹，及闻诸部甚深之旨，私心慰庆，诚不虚行。愿以所闻，归还翻译，使有缘之徒同得闻见，用报师恩，由是不暇停住。”戒贤喜曰：“此菩萨意也！吾心望尔亦如是。任为装束，诸人不须苦留。”言讫还房。

【注释】

①豫：快乐，安适。

②尚齿：尊重老年人。齿，岁数，年龄。

③七耀：又称“七曜”、“七政”、“七纬”，指日（太阳）、月（太阴）与金（太白）、木（岁星）、水（辰星）、火（荧惑）、土（镇星、填星）七大行星。文：文德，礼仪教化。

④设器：选拔人才。器，人才。分时：量才使用。分，等级名分。时，时政，适时的政治措施。

⑤六律：指古代六种律法，即吏律、户律、礼律、兵律、刑律、工律。“六律”也指古代的六个音律，即黄钟、太蔟、姑洗、蕤宾、夷则、无射六阳律和大吕、夹钟、仲吕、林钟、南吕、应钟六阴律。由于“六律”的发音，阴阳相生，周而复始，循环无端，所以用“六律”引申出十二月、十二时、十二经脉等等。《灵枢·经别》：“六律建阴阳诸经，而合之十二月、十二辰、十二节、十二经水、十二时、十二经脉。”“设器分时”或亦有此意。韬（tāo）：掩藏。管：管理，治理。

⑥定水:澄静之水。譬喻禅定之心。

⑦戒香:戒律。佛教认为戒律能涤除烦恼污秽,故以“香”来譬喻戒律。也可指所燃之香。

⑧十地:大乘菩萨道修行的十个阶位。分别为:欢喜地、离垢地、发光地、焰慧地、难胜地、现前地、远行地、不动地、善慧地、法云地。此处指法云地。

⑨熏修:焚香礼佛,净心修行。

⑩三身:指佛之三身,即法身、报身、应(化)身。法身,即诸佛所证的真如法性之身;报身,功德圆满而显现相好庄严之身;应身,顺应所化众生之机性而显现之身。

⑪“经言”以下二句:经,指《维摩诘经》。《维摩诘经·佛国品》:“譬如诸天,共宝器食,随其福德,饭色有异。”

⑫无垢称:即维摩诘的异名。玄奘此语出自《维摩诘经·见阿闳佛品》,奘译本则为《见如来品》。

【译文】

法师就开始作回国的准备,整理装好经书、圣像。各位高僧知道了这件事,都来挽留法师,说道:“印度是佛降生的地方。佛祖虽然已经迁化,但圣迹都在,巡游礼赞,足以安乐一生,为什么还要回去而舍弃这里呢?再说,支那国乃是边远恶地,轻蔑人才,贱视大法,所以诸佛都不在那里降生;志量狭小,罪孽深重,圣贤因此不前往那里。气候寒冷,地理险恶,又有什么值得怀念呢!”法师回答道:“佛祖创立宗教,重在弘扬法义,岂能自己浸润佛法而抛弃那些尚未觉悟的人。况且大唐人才济济,法度清明,君圣臣忠,父慈子孝,贵仁尚义,尊老爱贤。此外,国人的见识洞察幽微,智慧遥契神灵。体察天道,以身作则,七耀之光不能遮蔽他们的文德;任用贤才,分理时政,六律之法不能隐藏他们的德治。故能役使飞禽走兽,感动鬼神;平和阴阳,利安万物。自从佛法东流,都推崇大乘,禅定之心澄清明亮,戒律之香芬芳浓郁。发菩提心,精进修行,期望位登十地;皈依我佛,净心修行,追求圆满佛身。近来承蒙菩萨降灵,亲自说法教化;玄奘亲承菩萨妙说,目睹菩萨金容,一起长途远行,也说不定啊!岂能说佛不前往,就可以轻视呢!”

高僧们说道:“佛经中说:‘诸天神因各自的福慧功德的不同,在同一宝器中饮食,看到饭色却有差异。’如今与法师同居南赡部洲,而佛降生于这里,又不前往汉地教化,认为那里是边远恶地。国土既然无福,所以劝您不要回去。”法师回答道:“无垢称说:‘太阳为什么运行于赡部洲呢?’舍利弗回答道:‘欲以光明除去赡部洲的黑暗。’如今我之所以想回去,正是此意啊。”

各位高僧看到法师不肯听从,就叫上法师一起到戒贤法师的居所,详细陈述他们的心意。戒贤对法师说道:“你的心意究竟是什么呢?”法师回答道:“这个国家是佛降生的地方,我不是不爱恋。但是玄奘来这里的目的是为了求取大法,利乐众生。自从来到这里以后,承蒙师尊为玄奘解说《瑜伽师地论》,排解种种疑难,又瞻仰礼拜了圣迹,以及听闻了各部的精深奥义,内心十分欣慰,觉得真是不虚此行。玄奘希望将自己在这里的见闻,带回去翻译,使有缘之人都能得以见闻,以此用来报答师尊的恩德,因此没有时间继续停留。”戒贤高兴地说道:“这是菩萨的意愿啊!我也希望你能这样。听凭你打点行装,大家不用苦苦挽留了。”说完就回房了。

经二日,东印度鸠摩罗王遣使奉书与戒贤法师,曰:“弟子愿见支那国大德,愿师发遣,慰此钦思。”戒贤得书,告众曰:“鸠摩罗王欲请玄奘,但此人众差拟往戒日王所,与小乘对论,今若赴彼,戒日傥须[①],如何可得?不宜遣去。”乃谓使曰:“支那僧意欲还国,不及得赴王命。”使到,王更遣来请,曰:“师纵欲归,暂过弟子,去亦非难。必愿垂顾,勿复致违。”

戒贤既不与遣，彼王大怒，更发别使赍书与戒贤法师，曰：“弟子凡夫，染习世乐，于佛法中未知回向[②]。今闻外国僧名，身心欢喜，似开道芽之分，师复不许其来，此乃欲令众生长沦永夜，岂是大德绍隆遗法[③]，汲引物哉[④]？不胜渴仰，谨遣重咨。若也不来，弟子则分是恶人，近者设赏迦王犹能坏法毁菩提树，师谓弟子无此力耶？必当整理象军，云萃于彼[⑤]，踏那烂陀寺，使碎如尘。此言如日，师好试看。”

戒贤得书，谓法师曰：“彼王者善心素薄，境内佛法，不甚流行。自闻仁名，似发深意。仁或是其宿世善友，努力为去，出家以利物为本，今正其时。譬如伐树，但断其根，枝修自殄。到彼令王发心，则百姓从化。若违不赴，或有魔事。勿惮小劳。”

法师辞师，与使俱去。至彼，王见甚喜，率群臣迎拜赞叹，延入宫，日陈音乐，饮食华香，尽诸供养，请受斋戒。如是经月余。

【注释】

①须：等待。

②回向：回转自己所修的善根功德以趋向于其他方面。回，回转。向，趋向，施向。

③绍：继承。隆：使盛大。

④汲引：引导，开导。南朝梁沈约《为竟陵王发讲疏并颂》：“无相非色空不可极，而立言垂训，以汲引为方。”

⑤云萃：指从四面八方聚集在一起。晋葛洪《抱朴子·博喻》：“繁

林翳荟，则羽族云萃。”

【译文】

过了两天，东印度鸠摩罗王派使者送信给戒贤法师，信中说：“弟子愿见支那国高僧，希望法师派他前来，以慰我钦仰思念之心。”戒贤得到书信后，对大家说道：“鸠摩罗王想要邀请玄奘，但是玄奘与其他三人准备派往戒日王那里，和小乘辩论，如今如果去鸠摩罗王那里，倘若戒日王等着，怎么办呢？不应派他前去。”于是对使者说道：“支那国僧想要回国，来不及应赴王命。”使者返回，鸠摩罗王再次派人来请，说道：“法师纵使要回国，也请暂时先到弟子处，然后回国也不是难事。请您一定前来，不要再推辞了。”

戒贤仍不让法师前去，鸠摩罗王大怒，又派来一位使者送信给戒贤法师，说道：“弟子是个凡夫，习染世俗逸乐，未能亲近佛法。如今听闻外国高僧大名，身心欢喜，似乎萌发了向佛之心，法师却又不许他来，这是要让众生永远沉沦在长夜之中啊，难道法师就是这样继承弘扬佛法，教化众生的吗？不胜渴求仰慕，谨遣使者，再次提出请求。如果还是不来，弟子分明就是恶人，近来设赏迦王尚能败坏佛法，毁伐菩提树，法师难道认为弟子没有这个能力吗？弟子定当整理象军，云集到法师那里，踏平那烂陀寺，让它碎如微尘。这话如日当空，法师好好等着看吧。”

戒贤收到书信，对法师说道：“鸠摩罗王素来善心微薄，境内佛法也不是很盛行。自从听到你的名字，似乎发起了深深道心。你或许是他宿世善友，辛苦点儿去吧，出家人以利物济世为本，现在正是时候。譬如伐树，只要斩断树根，枝叶自会枯死。到了那里让鸠摩罗王发起菩提心，百姓也就随之从化。如果违抗不去，或许会有灾难。不要畏惧一点儿小小的劳烦。”

法师辞别戒贤，与来使一同前去。到达鸠摩罗王那里，鸠摩罗王十分欢喜，率领群臣迎拜赞叹，请入宫中，每天为法师奏乐，饮食、花香，极尽一切供养，并请求接受斋戒。这样过了一个多月。

戒日王讨恭御陀还，闻法师在鸠摩罗处，惊曰：“我先频请不来，今何因在彼？”发使语鸠摩罗王：“急送支那僧来！”王曰：“我头可得，法师未可即来。”使还报。戒日王大怒，谓侍臣曰：“鸠摩罗王轻我也，如何为一僧发是粗语！”更遣使责曰：“汝言头可得者，即付使将来。”鸠摩罗深惧言失，即命严象军二万，乘船三万艘，共法师同发，溯殑伽河以赴王所，至羯朱嗢祇罗国，遂即参及。

鸠摩罗王将欲发引，先令人于殑伽河北营行宫。是日渡河至宫，安置法师讫，自与诸臣参戒日王于河南。戒日王见来甚喜，知其敬爱于法师，亦不责其前语，但问：“支那僧何在？”报曰：“在某行宫。”王曰：“何不来？”报曰：“大王钦贤爱道，岂可遣师就此参王？”王曰：“善。且去，某明日自来。”鸠摩罗还谓法师曰：“王虽言明日来，恐今夜即至，仍须候待。若来，师不须动。”法师曰：“玄奘佛法，理自如是。”至夜一更许，王果来。有人报曰：“河中有数千炬烛，并步鼓声。”王曰：“此戒日王来。”即敕擎烛，自与诸臣远迎。其戒日王行时，每将金鼓数百，行一步一击，号为“节步鼓”。独戒日王有此，余王不得同也。既至，顶礼法师足，散华瞻仰，以无量颂赞叹讫，谓法师曰：“弟子先时请师，何为不来？”报曰：“玄奘远寻佛法，为闻《瑜伽师地论》。当奉命时，听论未了，以是不遂参王。”

王又问曰：“师从支那来，弟子闻彼国有《秦王破阵乐》歌舞之曲，未知秦王是何人？复有何功德，致此称扬？”法师曰：“玄奘本土见人怀圣贤之德，能为百姓除凶翦暴，覆润群生者，则歌而咏之，上备宗庙之乐，下入闾里之讴[①]。秦王者，即支那国今之天子也。未登皇极之前，封为秦王。是时天地版荡[②]，苍生乏主，原野积人之肉，川谷流人之血，妖星夜聚[③]，沴气朝凝[④]，三河苦封豕之贪[⑤]，四海困长蛇之毒。王以帝子之亲，应天策之命[⑥]，奋威振旅，扑翦鲸鲵[⑦]，杖钺麾戈，肃清海县，重安宇宙，再耀三光[⑧]。六合怀恩[⑨]，故有兹咏。"王曰："如此之人，乃天所以遣为物主也。"又谓法师曰："弟子且还。明日迎师，愿不惮劳[⑩]。"于是辞去。

【注释】

①闾里：乡里，泛指民间。《战国策·齐策四》："今夫士之高者，乃称匹夫，徒步而处农亩，下则鄙野、监门、闾里，士之贱也，亦甚矣。"讴(ōu)：民歌，歌谣。《汉书·艺文志》："自孝武立乐府而采歌谣，于是有代赵之讴，秦楚之风，皆感于哀乐，缘事而发。"

②版荡：动乱不安。《诗经·大雅》中有《板》、《荡》两篇，都是讽刺周厉王暴虐无道，而导致社会动荡。版，同"板"。

③妖星：指预兆灾祸的星，如彗星等。《左传·昭公十年》："居其维首，而有妖星焉。"

④沴(lì)气：灾害不祥之气。北周庾信《哀江南赋》："况以沴气朝浮，妖精夜陨，赤乌则三朝夹日，苍云则七重围轸，亡吴之岁既穷，入郢之年斯尽。"

⑤三河：指河东、河内、河南三郡，后泛指这一地区。《史记·货殖列传》："昔唐人都河东，殷人都河内，周人都河南，夫三河在天下之中，若鼎足，王者所更居也，建国各数百千岁。"唐李峤《城》："四塞称天府，三河建洛都。"封豕之贪：《左传·定公四年》："吴为封豕长蛇，以荐食上国。"譬喻恶人贪婪如大猪，残暴如大蛇。

封豕，大猪。比喻贪暴者。《左传·昭公二十八年》："实有豕心，贪惏无餍，忿颣无期，谓之封豕。"

⑥应天策之命：武德四年(621)，李世民受封为天策上将，地位仅次于高祖李渊、太子李建成。

⑦鲵：雌鲸。

⑧三光：指日、月、星。

⑨六合：指上下和四方，泛指天地或宇宙。

⑩惮(dān)：怕。

【译文】

戒日王讨伐恭御陀国后返回，听说法师在鸠摩罗王那里，吃惊地说道："我先前屡次邀请不来，如今怎么会在那里？"派使者对鸠摩罗王说道："赶快把支那僧人送来！"鸠摩罗王对法师爱恋不舍，说道："我的头可以拿去，法师不能马上就来。"使者回报。戒日王大怒，对侍臣说道："鸠摩罗王轻视我啊，怎么会为一个僧人说出这种粗鲁的话！"再派使者去指责道："你说头可以给我，就交给使者带来。"鸠摩罗王自觉失言，深感恐惧，迅即传令整备象军二万，乘船三万艘，和法师一同出发，溯恒河而上，赶赴戒日王那里，到达羯朱嗢祇罗国，就与戒日王相遇了。

鸠摩罗王将要出发时，先派人在恒河北岸营建行宫。这日渡河来到宫中，安置好法师后，自和群臣到恒河南岸参见戒日王。戒日王见他前来十分高兴，知道他敬爱法师，也不责怪他前面说过的话，只是问道："支那僧在哪里？"回答道："在我的行宫。"戒日王说道："为何不来？"回答道："大王钦慕贤士，尊崇道法，怎么能让法师来这里参见大王呢？"戒日王说道："好啊。你先回去，我明天亲自前往。"鸠摩罗王回来对法师说道："戒日王虽然说他明天来，恐怕他今夜就到，还得等候。如果他来，法师不要动。"法师说道："玄奘遵行佛教规矩，理当如此。"到了夜里约一更时分，戒日王果然前来。有人禀报道："河中有几千炬烛，和步鼓声。"鸠摩罗王说道："这是戒日王来了。"即刻下令举起火炬，亲自率领群臣远迎。戒日王出行时，常常带着几百面金鼓，行走一步敲击一下，叫做“节步鼓”。只有戒日王有这“节步鼓”，其他各国国王不能仿效。戒日王到达后，顶礼法师双足，散花瞻仰，再用无数偈颂赞叹完毕后，对法师说道：“弟子先前邀请法师，法师为何不来呢？”法师回答道：“玄奘远来寻求佛法，是为了听闻《瑜伽师地论》。当接到大王的命令时，听讲还没有结束，所以不能前来参见大王。”

戒日王又问道：“法师从支那国来，弟子听说那里有《秦王破阵乐》歌舞之曲，不知道秦王是什么样的人？又有什么功德，受到如此颂扬？”法师说道：“玄奘本国见到有人怀圣贤之德，能为百姓除凶剪暴，润泽苍生，就作歌颂扬他，上达宗庙乐制，下入民间传唱。秦王是支那国当今的天子。在未登皇位之前，被封为秦王。当时天下动乱，百姓无主，原野尸积如山，川谷流血成河，灾祸之星夜晚聚集，不祥之气早晨凝结，中原苦于暴虐者的贪婪，天下困于残暴者的毒害。秦王身为皇帝的儿子，出任天策上将，振奋军威，剪灭群雄；杖钺挥戈，肃清海内；重安社稷，再现天日。天下感怀秦王恩德，所以有这首颂歌。”戒日王说道：“这样的人，真是上天派来做万物之主的。”又对法师说道：“弟子暂且回去。明天再来迎接法师，希望您勿辞辛劳。”于是告辞而去。

诘旦使来[1]，法师共鸠摩罗同去。至戒日宫侧，王与门师二十余人出迎。入坐，备陈珍膳，作乐散华，供养讫。王曰：“闻师作《制恶见论》，何在？”法师报：“在此。”因取观。观讫，王甚悦，谓其门师等曰：“弟子闻日光既出则萤烛夺明，天雷震音而锤凿绝响。师等所守之宗，他皆破讫，试可救看？”诸僧无敢言者。王曰：“师等上座提婆犀那，自云解冠群英，学该众哲，首兴异见，常毁大乘。及闻客大德来，即往吠舍釐礼观圣迹，托以逃潜，故知师等无能也。”王有妹聪慧利根，善正量部义，坐于王后。闻法师序大乘，宗涂奥旷，小教局浅，夷然欢喜[②]，称赞不能已。

王曰："师《论》大好，弟子及此诸师普皆信伏，但恐余国小乘外道尚守愚迷，望于曲女城为师作一会，命五印度沙门、婆罗门、外道等，示大乘微妙之理，绝其毁谤之心；显师盛德之高，摧其我慢之意。"是日发敕，告诸国及义解之徒，集曲女城，观支那国法师之《论》焉。

【注释】

①诘：翌日，第二天。

②夷然：平静镇定的样子。《晋书·谢安传》："坚后率众，号百万，次于淮肥，京师震恐。加安征讨大都督。玄入问计，安夷然无惧色，答曰：'已别有旨。'"

【译文】

第二天清晨，戒日王的使者来到，法师和鸠摩罗王一同前往。到达戒日王的行宫外，戒日王和门师二十多人出来迎接。进入宫中就座，陈设各种精美的食物，奏乐散花，供养完毕。戒日王说道："听说法师撰写了《制恶见论》，现在在哪里呢？"法师回答道："就在这里。"戒日王取来观看。看完后，戒日王十分高兴，对他的门师们说道："弟子听说日光一出，萤烛就会失去光亮；天雷轰鸣，锤凿就会失去响声。各位法师所信奉的宗派，他都已经破斥了，你们试试看能挽救吗？"门师们没有敢说话的。戒日王说道："你们的长老提婆犀那，自诩解经冠绝群英，学通众家，首先提出异见，常常毁谤大乘。一听说远方高僧来到，立即前往吠舍釐观礼圣迹，托辞逃避，因此知道你们真是无能啊。"戒日王有个妹妹聪慧有利根，精通正量部义理，坐在戒日王身后。听说法师讲述大乘，宗义深奥宽广，小乘教义局促浅薄，内心欢喜，称赞不已。

戒日王说道："法师的《制恶见论》极好，弟子和在座的各位法师都已信服，但恐其他国家的小乘外道还执迷不悟，希望能在曲女城为法师举行一次大会，让五印度的沙门、婆罗门、外道等前来参加，展示大乘微妙之理，断绝他们毁谤之心；显示法师盛德之高，摧灭他们的我慢之意。"当天发布敕令，通告各国国王和懂得解释义理的人，齐聚曲女城，观看支那国法师的《制恶见论》。

法师自冬初共王逆河而进，至腊月方到会场。五印度中有十八国王到，谙知大、小乘僧三千余人到，婆罗门及尼乾外道二千余人到，那烂陀寺千余僧到。是等诸贤，并博蕴文义，富赡辩才[①]，思听法音，皆来会所。兼有侍从，或象或舆，或幢或幡，各自围绕，峨峨岌岌[②]，若云兴雾涌，充塞数十里间。虽六齐之举袂成帷，三吴之挥汗为雨[③]，未足方其盛也。

王先敕会所营二草殿，拟安像及徒众，比到并成。其殿峻广，各堪坐千余人。王行宫在会场西五里。日于宫中铸金像一躯，装一大象，上施宝帐，安佛在其中。戒日王作帝释形，手执白拂侍右，鸠摩罗王作梵王形，执宝盖侍左，皆著天冠华鬘，垂缨佩玉。又装二大象，载宝华逐佛后，随行随散。令法师及门师等各乘大象，次列王后。又以三百大象，使诸国王、大臣、大德等乘，鱼丽于道侧[④]，称赞而行。从旦装束，自行宫引向会所，至院门各令下乘，捧佛入殿，置于宝座。王共法师等以次供养。然后命十八国王入，诸国僧名称最高、文义赡博者，使千余人入，婆罗门、外道有名行者，五百余人入；诸国大臣等二百余人入。自外道俗，各令于院门外部伍安置。王遣内外并设食。

食讫，施佛金槃一、金椀七、金澡灌一、金锡杖一、金钱三千、上氎衣三十[⑤]。法师及诸僧等施各有差。施讫，别设宝床，请法师坐，为论主，称扬大乘，序作《论》意，仍遣那烂陀寺沙门明贤法师读示大众。别令写一本悬会场门外示一切人，若其间有一字无理能难破者，请斩首相谢。如是至晚，无一人致言。戒日王欢喜，罢会还宫，诸王、诸僧各归所止，次法师共鸠摩罗王亦还自宫。明旦复来，迎像送引，聚集如初。

经五日，小乘、外道见毁其宗，结恨，欲为谋害。王知，宣令曰："邪党乱真，其来自久。埋隐正教，误惑众生，不有上贤，何以鉴伪。支那法师者，神宇冲旷[⑥]，解行渊深，为伏群邪，来游此国，显扬大法，汲引愚迷，妖妄之徒，不知惭悔，谋为不轨，翻起害心，此而可容，孰不可恕！众有一人伤触法师者斩其首，毁骂者截其舌。其欲申辞救义，不拘此限。"自是邪徒戢翼[⑦]，竟十八日无一人发论。将散之夕，法师更称扬大乘，赞佛功德，令无量人返邪入正，弃小归大。

戒日王益增崇重，施法师金钱一万，银钱三万，上氎衣一百领；十八国王亦各施珍宝。法师一皆不受。王命侍臣庄严一大象，施幢请法师乘，令贵臣陪卫，巡众告唱，表立义无屈。西国法，凡论得胜如此。法师让不行。王曰："古来法尔，事不可违。"乃将法师袈裟遍唱曰："支那国法师立大乘义，破诸异见，自十八日来无敢论者，普宜知之。"诸众欢喜。为法师竞立美名，大乘众号曰"摩诃耶那提婆"，此云

"大乘天";小乘众号曰"木叉提婆",此云"解脱天"。烧香散华,礼敬而去。自是德音弥远矣⑧。

【注释】

①富赡:丰富充足。

②峨峨:态度庄重严肃的样子。岌岌:高高的样子。《楚辞·离骚》:"高余冠之岌岌兮,长余佩之陆离。"

③"六齐"两句:形容人口众多。汉刘向《战国策·齐策一》:"临淄之涂,车毂击,人肩摩,连衽成帷,举袂成幕,挥汗成雨。"《晏子春秋》也有类似记载。六齐,指齐国,泛指山东地区。汉高祖刘邦封其子刘肥为齐王,至汉文帝时,乃分齐为六,分别封给刘肥的六个儿子,并皆称王,称"六齐"。举袂成帷,举起衣襟可以连接成帷幕。袂,衣袖。帷,帷幕。三吴:指吴郡、吴兴、会稽,泛指长江下游江南地区。

④鱼丽:军阵名。似鱼之比附而行。

⑤槃:同"盘"。椀:同"碗"。锡杖:又作"声杖"、"智杖"、"德杖"、"鸣杖"、"金锡"等,为比丘行路时所应携带的道具,属比丘十八物之一。其由三部分组成,上部即杖头,由锡、铁等金属制成,呈塔婆形,附有大环,大环下亦系数个小环;中部为木制;下部或为镎、镈、铁等金属所造,或为牙、角造。原用于驱赶毒蛇、害虫等,或乞食之时,振动锡杖,使人远闻即知。后世则成为法器之一。《南海寄归内法传》卷四:"西方所持锡杖,头上唯有一股铁卷,可容三二寸。安其镎管,长四五指。其竿用木,粗细随时。高与肩齐,下安铁纂,可二寸许。其环或圆或偏,屈合中间可容大指,或六或八,穿安股上,铜、铁任情。"

⑥神宇:神态器宇。冲旷:淡泊旷达。

⑦戢翼:收敛羽翅。比喻归隐或谦卑自处。

⑧德音：美好的声誉。《诗经·狼跋》："德音不瑕。"也指善言。

【译文】

法师从初冬和戒日王一起逆河而行，至腊月方才到达会场。此外，到达会场的有五印度中的十八国国王，精通大、小乘的僧侣三千多人，婆罗门和尼乾外道二千多人，那烂陀寺的一千多僧人。这样的诸位圣贤，都学识渊博，极具辩才，想聆听大法之音，所以都来到会场。还有他们的侍从，有的驭象，有的驾车，有的举幢，有的擎幡，各自围绕，庄严巍峨，宛若云兴雾涌，充塞方圆几十里的地方。即使六齐的举袂成帷，三吴的挥汗为雨，也不足以形容这种盛况啊。

戒日王预先敕令会场营建两座草殿，准备安置佛像和与会徒众，等到大家到达后都已建成。草殿高大宽广，每座能坐下一千多人。戒日王行宫在会场西边五里的地方。当天在宫中铸成金像一尊，装饰了一头大象，在象背上架起宝帐，把佛像安放在帐中。戒日王扮作帝释的形象，手执白拂侍立在佛像右侧，鸠摩罗王扮作梵王的形象，手执宝盖侍立在佛像左侧，都是头戴天冠，身着华鬘，颈挂瓔珞，腰佩宝玉。又装饰两头大象，满载宝花跟在佛像后面，一边行进一边散花。让法师和门师等都乘坐大象，排列在两位国王后面。又用三百头大象，让各国国王、大臣、高僧等乘坐，排列在道路两侧，一边称赞一边前行。从清晨进行准备，队列从行宫走向会场，到达院门都下了象乘，捧着佛像进入殿内，安置在宝座上。戒日王、鸠摩罗王与法师等依次供养礼拜。然后传令十八国国王进入，一千多名各国名声最高、学识渊博的僧人，五百多名有名望品行的婆罗门、外道，二百多名各国大臣等依次进入。其余僧俗人等，都令在院门外布置安排。戒日王派人在院内院外都准备了饭食。

吃罢饭，供养佛像金盘一个、金碗七个、金澡灌一个、金锡杖一柄、金钱三千枚、上等氎衣三十件。法师和各位僧人等也各有供养。布施完毕，另设宝床，请法师升座，为论主，称扬大乘，讲述创作《制恶见论》的本意，再让那烂陀寺沙门明贤法师向大众宣读。另外让人抄写了一本《制恶见论》悬挂在会场门外让大家观看，倘若其中有一个字没有道理能被人驳倒，玄奘法师愿斩首谢罪。这样到了晚上，还没有人敢和法师辩论。戒日王很高兴，休会回到行宫，诸位国王和诸位僧人也都回到了各自的住所，法师和鸠摩罗王也返回行宫。第二天早上大家又前来会场，依旧迎接佛像，送往导引，各安其位，举行集会。

过了五天，小乘和外道看到法师摧毁他们的宗义，怀恨在心，想要谋害法师。戒日王得知，发布命令道："邪党乱真，由来已久。埋没正教，迷误众生，如果没有上贤，何以鉴别真伪。支那法师，器宇旷达，学识渊深；为伏群邪，来游我国；显扬大法，化导愚迷，妖妄之徒，不知惭悔，意欲图谋不轨，生起害人之心，如果这都可以容忍，那还有什么不可以容忍！如果众人中有人伤害法师的，砍掉他的头；毁骂法师的，割掉他的舌头。如果要进行正当的义理辩论，不受此局限。"从此之后，邪徒隐匿，过了十八天，没有一人对法师表示异议。将要散会的那天傍晚，法师又称扬大乘，赞叹佛的功德，使无数人都放弃邪道而入于正道，放弃小乘而归依大乘。

戒日王对法师愈发尊重，施舍给法师金钱一万枚、银钱三万枚和上等氎衣一百件；十八国国王也都施舍珍宝。法师分毫不取。戒日王命侍臣装饰了一头大象，在大象背上张起幢盖，请法师乘坐，又令贵臣陪从护卫，在大众中巡行告唱，以表示法师所立之义无人驳倒。按照印度的习俗，凡是辩论获胜者都要举行这种仪式。法师辞让不肯巡行。戒日王说道："这是自古以来的礼法，不好违逆。"于是戒日王手捧法师的袈裟，到处高声喊道："支那国法师立大乘义，破除各种异见，十八天来没有敢辩论的人，大家都应当知道。"大家都很高兴。争相为法师送上美名，大乘信众称法师为"摩诃耶那提婆"，汉译"大乘天"；小乘信众称法师为"木叉提婆"，汉译"解脱天"。他们都向法师烧香散花，礼敬后离去。从此法师的德音美名更加远扬了。

王行宫西有一伽蓝，王所供养，中有佛牙，长可寸半，其色黄白，每放光明。昔迦湿弥罗国讫利多种灭坏佛法[1]，僧徒解散。有一苾刍远游印度。其后睹货罗国雪山下王忿诸贱种毁灭佛法，乃诈为商旅，率三千勇士，多赍珍宝，伪言献奉。其王素贪，闻之甚喜，遣使迎接。但雪山王禀质雄猛，威肃如神，既至其座，去帽而叱之，讫利多王睹便惊慑，颠仆于地。雪山王按其首而斩之，谓其群臣曰："我雪山下王。念尔诸奴毁坏佛法，故来罚汝。然则过在一人，非关汝辈，各宜自安，唯扇惑其王首为恶者逐之他国，余无所问。"既歼丑孽，建立伽蓝，召集僧徒，奉施而返。

前投印度苾刍闻国平定，杖锡旋归，路逢群象鸣吼而来。苾刍见已，升树藏避，象乃吸水灌树，以牙排掘，须臾树倒。象以鼻卷苾刍，置背上负载而去。至一大林，中有病象，患疮而卧。象引苾刍手触其苦处，见疮有竹刺，为拔刺引去脓血，裂衣为裹，象得渐安。明日诸象竞求果味，奉施苾刍，苾刍食已，有一象将金函授于病者，病象得已，授与苾刍，苾刍受已，诸象载送出林，到旧处，置于地，跪拜而去。苾刍开函，乃佛牙也，将归供养。

近戒日王闻迦湿弥罗有佛牙，亲至界首，请看礼拜。诸众吝惜，不听将出，乃别藏之。但其王惧戒日王之威，处处掘觅，得已将呈。戒日见之，深生敬重，倚恃强力，遂夺归供养，即此牙也。散会后，王以所铸金像、衣、钱等付嘱伽蓝，令僧守护。

【注释】

①讫利多：梵语音译。义为“买得”、“买来的”，即奴隶之意。

【译文】

戒日王行宫西边有一座佛寺，由戒日王供养，寺里有佛牙舍利，长约一寸半，颜色黄白，时时放出光明。昔日迦湿弥罗国讫利多种毁灭佛法，僧徒离散。有一位比丘远游到印度。后来睹货罗国雪山下王愤恨贱种们毁灭佛法，就装扮成商人，率领三千勇士，带了很多珍宝，假意说是要奉献。讫利多王生性贪婪，听说了此事很高兴，派使者迎接。但雪山下王天生雄猛，威武如神，来到讫利多王座前，摘下帽子大声呵斥，讫利多王见此情形大为惊惧，跌倒在地。雪山下王按住他的头挥刀将他斩杀，对他的群臣说道：“我是雪山下王。因为你们这伙贱奴毁灭佛法，所以前来惩罚你们。然而过错在国王一人，与你们无关，你们应该安心，只有为首煽惑国王作恶的要驱逐出境，其余的人概不追究。”消灭了这些丑陋的孽障后，雪山下王在这里建立佛寺，召集僧徒，供养布施后回国。

前面远游印度的那位比丘听说国内平定，就杖锡返回，路上遇到一群大象吼叫着走过来。比丘看到后，爬到树上躲避，大象就用鼻子吸水灌树，又用牙挖掘，不一会儿树就倒了。大象用鼻子卷起比丘，放到背上，驮着而去。走到一片大树林中，里面有一头病象，身患疮伤，卧在地上。大象用鼻子牵引比丘的手抚摸病象的疮口，见疮口里有根竹刺，比丘就为它拔出竹刺，挤出脓血，又撕开自己的衣服为它包扎疮口，病象渐渐好起来。第二天，群象竞相寻求各味鲜果，奉献给比丘，比丘吃罢，有一头大象将一个金盒交给病象，病象拿到后，又交给比丘，比丘接受后，群象再驮着他送出树林外，回到原先的地方，把他放到地上，跪拜后离去。比丘打开金盒，里面是一枚佛牙，就带回到迦湿弥罗国供养。

近来戒日王听说迦湿弥罗有佛牙，就亲自来到边界上，请求观瞻礼拜。那里的僧人们吝惜，不肯把佛牙拿出来，就藏了起来。但是迦湿弥罗国国王畏惧戒日王的声威，到处挖掘寻觅，找到后将佛牙呈上。戒日王见到后，深生敬重，依恃强力，就夺回供养，就是现在寺里供养的这枚佛牙。散会后，戒日王将所铸金佛像、衣物和金银钱等交给这所佛寺，让僧人们好好守护。

法师先已辞那烂陀诸德，及取经、像讫，罢论竟，至十九日辞王欲还。王曰："弟子嗣承宗庙，为天下主，三十余年，常虑福德不增广，往因不相续，以故积集财宝，于钵罗耶伽国两河间立大会场[①]，五年一请五印度沙门、婆罗门及贫穷孤独，为七十五日无遮大施。已成五会，今欲作第六会，师何不暂看随喜。"法师报曰："菩萨为行，福慧双修，智人得果，不忘其本。王尚不吝珍财，玄奘岂可辞少停住，请随王去。"王甚喜。

至二十一日，发引向钵罗耶伽国就大施场。殑伽河在北，阎牟那河在南，俱从西北东流至此国而会。其二河合处，西有大墠，周围十四五里，平坦如镜，自昔诸王皆就其地行施，因号"施场"焉。相传云，若于此地施一钱，胜余处施百千钱，由是古来共重。王敕于墠上建施场，竖芦为篱，面各千步，中作草堂数十间，安贮众宝，皆金、银、真珠、红玻璃、宝帝青珠、大青珠等，其傍又作长舍数百间，贮憍奢耶衣、斑氎衣、金银钱等。篱外别作造食处，于宝库前更造长屋百余行，似此京邑肆行[②]，一一长屋可坐千余人。

【注释】

①钵罗耶伽：梵语音译。钵罗耶伽国在今印度北方邦的阿拉哈

巴德。

②肆行：店铺。

【译文】

法师先前已经辞别那烂陀寺诸位高僧，并取得佛经、圣像，辩论大会结束后十九天就向戒日王辞行，准备回国。戒日王说道："弟子继承宗庙，成为天下之主，三十多年来，常常忧虑福德不能增广，夙因不能相续，所以积集财宝，在钵罗耶伽国两河之间设立大会场，每五年都要召请五印度的沙门、婆罗门及贫穷孤独者，举办七十五天的无遮大施。已经举办过五次大会了，如今正要举办第六次大会，法师何不暂时留下来随喜观看。"法师回答道："菩萨行道，福慧双修，智人得果，不忘善本。大王尚且不吝惜财宝，玄奘岂可不稍作停留，愿随大王前去。"戒日王很高兴。

到第二十一天，法师和戒日王等出发前往钵罗耶伽国大施场。恒河在北边，阎牟那河在南边，都是从西北往东流到该国汇合。在两河交汇处的西边，有一个大广场，方圆十四五里，平坦得如同镜子一样，因为自古诸王都在这里举行布施，因此就叫作"施场"。据说，如果在这里施舍一钱，胜过在其他地方施舍百千钱，因此自古以来这里一直都受到重视。戒日王敕令在这广场上建立施场，竖起芦苇作为篱笆，每面各长一千步，中间营建草堂几十间，里面储藏各种珍宝，都是金、银、珍珠、红玻璃、宝帝青珠、大青珠等，在旁边又建造了长舍几百间，存放憍奢耶衣、斑氎衣、金银钱等。篱笆外面另外建造食堂，又在宝库前面建造长屋一百多行，类似大唐京城的市街店铺，每一行长屋可坐一千多人。

先是王敕告五印度沙门、外道尼乾、贫穷孤独，集施场受施。有因法师曲女城会不归便往施所者，十八国王亦便逐王行。比至会场，道俗到者五十余万人。戒日王营殑伽河北岸，南印度王杜鲁婆跋吒营合河西，鸠摩罗王营阎牟那河南华林侧，诸受施人营跋吒王西。

辰旦，其戒日王与鸠摩罗王乘船军，跋吒王从象军，各整仪卫，集会场所，十八国诸王以次陪列。初一日，于施场草殿内安佛像，布施上宝、上衣及美馔，作乐散华，至日晚归营。第二日，安日天像，施宝及衣半于初日。第三日，安自在天像[①]，施如日天。第四日，施僧万余人，百行俱坐，人施金钱百，文珠一枚，氎衣一具，及饮食香华，供养讫而出。第五番施婆罗门，二十余日方遍。第六番施外道，十四方遍。第七番施远方求者，十日方遍。第八番施诸贫穷孤独者，一月方遍。至是，五年所积府库俱尽，唯留象、马、兵器，拟征暴乱，守护宗庙。自余宝货及在身衣服、璎珞、耳珰、臂钏、宝鬘、颈珠、髻中明珠[②]，总施无复孑遗[③]。

一切尽已，从其妹索粗弊衣著，礼十方佛，踊跃欢喜，合掌言曰："某比来积集财宝[④]，常惧不入坚牢之藏。今得贮福田中，可谓入藏矣。愿某生生常具财法，等施众生，成十自在[⑤]，满二庄严[⑥]。"

会讫，诸王各将诸宝钱物，于诸众边赎王所施璎珞、髻珠、御服等还将献王。经数日，王衣服及上宝等服用如故。

【注释】

①自在天：又作"大自在天"、"摩醯首罗天"、"湿婆"，婆罗门教的三大主神之一，被视为毁灭之神、苦行之神、舞蹈之神。

②自余：其余，此外。

③孑(jié)遗：残存，遗留。《诗经·大雅·云汉》："周余黎民，靡有孑遗。"

④比来：近来。

⑤十自在：指佛菩萨所具有的十种通达无碍的自由境界。即寿自在、心自在、庄严自在(众具自在)、业自在、生自在、解脱自在(胜解自在)、欲自在、神力自在、法自在和智自在。

⑥二庄严：即两种庄严。一般指智慧庄严与福德庄严。谓智慧、福德二种，皆能庄严法身。另有形相庄严与第一义庄严。

【译文】

在此之前，戒日王就已经敕告五印度的沙门、外道尼乾、贫穷孤独者，都前往施场接受施舍。有人在参加法师为论主的曲女城大会之后，没有返回就直接前往施场，十八国国王也跟随着戒日王同行。等他们到了会场，道俗前来的已有五十多万人。戒日王住在恒河北岸，南印度王杜鲁婆跋吒住在两河交汇处的西边，鸠摩罗王住在阎牟那河南边的花林旁边，那些准备接受布施的人住在跋吒王的西边。

清晨，戒日王和鸠摩罗王乘船率领水军，跋吒王率领象军，各整仪仗卫队，来到会场，十八国国王依次陪列。第一天，在施场草殿内安置佛像，供养上宝、上衣和美味佳肴，奏乐散花，到天晚才各自回到行营。第二天，安置日天像，供养的珍宝和衣服相当于第一天的一半。第三天，安置自在天像，供养同日天一样。第四天，供养僧侣一万多人，僧侣分一百行就座，每人施给金钱以百、文珠一枚、氎衣一件和饮食香花，受供养完毕后出去。第五回是施舍婆罗门，二十多天方才布施完毕。第六回是施舍外道，十四天方才布施完毕。第七回是施舍远方前来求布施的人，十天方才布施完毕。第八回是施舍诸贫穷孤独的人，一月方才布施完毕。到这时，五年来府库所积蓄的财物都施舍一空，只留下象、马和兵器，这是为了征讨暴乱，保卫国家之用。其余各种宝货以及身上的衣服、璎珞、耳环、臂钏、宝鬘、颈珠、髻中的明珠等，全部施舍，什么也没有留下。

一切施舍完毕后，戒日王向他的妹妹讨来粗弊的衣服穿上，礼赞十方诸佛，欢喜踊跃，合掌说道："我近来积蓄财宝，常常担心不能放入坚固的藏府。如今能够储存在福田里，可以说是放入坚固的藏府了。愿我生生世世常具财、法，平等布施一切众生，成就十种自在，圆满两种庄严。"

大会结束后，国王们各自用自己的珍宝钱物，向众人赎回戒日王所施舍的璎珞、髻珠、御服等，拿回来再献给戒日王。过了几天，戒日王的衣服以及佩戴的宝物等都回复，和原来一样。

法师辞欲归，王曰："弟子方欲共法师阐扬遗法，何遽即归[①]？"如是留连复十余日，鸠摩罗王殷勤亦如是，谓法师曰："师能住弟子处受供养者，当为师造一百寺。"法师见诸王意不解，乃告以苦言，曰："支那国去此遐远，晚闻佛法，虽沾梗概，不能委具，为此故来访殊异耳。今果愿者，皆由本土诸贤思渴诚深之所致也，以是不敢须臾而忘。经言：'障人法者，当代代无眼。'若留玄奘，则令彼无量行人失知法之利，无眼之报宁不惧哉！"

王曰："弟子慕重师德，愿常瞻奉，既损多人之益，实惧于怀，任师去住。虽然，不知师欲从何道而归？师取南海去者，当发使相送。"法师报曰："玄奘从支那来，至国西界，有国名高昌，其王明睿乐法，见玄奘来此访道，深生随喜，资给丰厚，愿法师还日相过，情不能违，今者还须北路而去。"王曰："师须几许资粮？"法师报："无所须。"王曰："何得尔？"于是命施金钱等物，鸠摩罗王亦施众珍，法师并皆不纳。唯受鸠摩罗王曷剌釐帔即粗毛下细者所作[②]，拟在涂防雨。于是告别，王及诸众相饯数十里而归。将分之际，呜噎各不能已。

【注释】

①遽(jù):急忙,迅速。《国语·晋语四》:"公遽出见之。"

②帔(pèi):披肩。

【译文】

法师要辞行归国,戒日王说道:"弟子正要同法师一起阐扬佛法,为什么又急着回去呢?"法师因而又停留了十多天,鸠摩罗王也同样殷勤,对法师说道:"法师如果能住在弟子那里接受供养,定当为法师建造一百座佛寺。"法师看到诸位国王固执己见,就向他们倾诉苦衷,说道:"支那国距此遥远,很晚才听闻佛法,虽然略沾梗概,却不能备悉原委,为此我才远游异域,访求佛法。如今能够得偿所愿,都是由于本国诸位贤士思慕深切所致啊,因此不敢片刻忘怀。佛经上说:'障碍他人学法,必定生生世世遭受没有眼睛的报应。'就会使无数修行人失去听闻佛法的利益,无眼的报应岂不使人畏惧!"

戒日王说道:"弟子仰慕敬重法师的德行,愿意常常瞻仰供奉,既然要损害那么多人的利益,内心确实畏惧,任凭法师去留。虽然如此,只是不知法师打算从哪条道路回国?法师如果取道南海回去,当派使者相送。"法师回答道:"玄奘从支那国来的时候,到达国家的西部边界,有个国名叫高昌,高昌王明达聪睿,敬重佛法,看到玄奘来这里访道求学,深生随喜,资给丰厚,希望我返回时再去那里,情义不能违逆,如今返回还须走北路。"戒日王说道:"法师需要多少资粮?"法师回答道:"无所需。"王曰:"哪能无所需呢?"于是下令奉上金钱等物,鸠摩罗王也布施各种珍宝,法师都不接受。只接受了鸠摩罗王的一件曷剌釐披肩就是用粗毛下的细绒制作的,以备途中防雨之用。于是告别,国王和诸大众相送几十里后返回。将要分别之际,都呜咽不能自已。

法师以经、像等附北印度王乌地多军①,鞍乘渐进。后戒日王更附乌地王大象一头、金钱三千、银钱一万,供法师行费。别三日，王更与鸠摩罗王、跋吒王等各将轻骑数百复来送别，其殷勤如是。仍遣达官四人名“摩诃怛罗”类此散官也。王以素氎作书，红泥封印，使达官奉书送法师，所经诸国，令发乘递送，终至汉境。

【注释】

①乌地多：人名。北印度阇烂达那国国王。

【译文】

法师把经书、佛像等放在北印度王乌地多的军马上，骑马缓缓前行。后来戒日王又交给乌地多王大象一头，金钱三千，银钱一万，供法师旅途使用。分手三天后，戒日王又和鸠摩罗王、跋吒王等各率几百轻骑前来送别，他们殷勤到如此地步。又派遣四名达官，官名叫“摩诃怛罗”类似大唐的散官。戒日王用素氎写了信，盖上红泥封印，让达官带着书信护送法师，所经各国，都叫调发骑乘递送法师，一直送到大唐边境。

自发钵罗耶伽国西南大林野中[①]，行七日，到憍赏弥国[②]。城南劬师罗长者施佛园处[③]。礼圣迹讫，复与乌地多王西北行。一月余日，历数国，重礼天梯圣迹。复西北行三逾缮那，至毗罗那拏国都城[④]。停两月日，逢师子光、师子月同学二人，讲《俱舍》、《摄论》、《唯识论》等，皆来迎接甚欢。法师至，又开《瑜伽决择》及《对法论》等[⑤]，两月讫，辞归。

【注释】

①钵罗耶伽国：见前注（卷三）。

②憍赏弥国：见前注（卷三）。

③劬师罗长者：又作“瞿史罗长者”、“具史罗长者”。见前注（卷三）。

④毗罗那拏：又作“毗罗那拿”。见前注（卷二）。

⑤《瑜伽决择》：指《瑜伽师地论》中的《摄决择分》，凡三十卷。内容为显扬十七地之深义。

【译文】

法师一行从钵罗耶伽国西南的大森林出发，走了七天，到达憍赏弥国。都城南面是劬师罗长者把园林布施给佛的地方。法师礼拜圣迹后，又和乌地多王往西北行走。走了一个多月，经过几个国家，再次礼拜了天梯圣迹。再往西北行走三由旬，到达毗罗那拏国的都城。在这里停留了两个月，遇到师子光、师子月两位同学，正在讲解《俱舍》、《摄论》、《唯识论》等，都来迎接法师，相见都很高兴。法师来到后，又在这里开讲《瑜伽师地论·摄决择分》和《对法论》等，两个月讲完后，辞别而去。

复西北行一月余日，经数国，至阇兰达国[①]，即北印度王都，复停一月。乌地王遣人引送，西行二十余日，至僧诃补罗国[②]，时有百余僧皆北人，赍经、像等依法师而还。如此复二十余日，山涧中行，其处多贼，法师恐相劫掠，常遣一僧预前行，若逢贼时，教说：“远来求法，今所赍持并经、像、舍利，愿檀越拥护，无起异心。”法师率徒侣后进。时亦屡逢，然卒无害。

【注释】

①阇兰达国：即阇烂达那国。见前注（卷二）。

②僧诃补罗国：见前注（卷二）。

【译文】

法师又往西北行走了一个多月，经过几个国家，到达阇兰达国，就是北印度王的都城，在这里又停留了一个月。乌地多王派人护送法师，往西行走二十多天，到达僧诃补罗国。当时这里有一百多名僧人都是北方人，带着经、像等跟随法师一起返回。这样又走了二十多天，在山涧中前行，这里盗贼很多，法师担心盗贼前来劫掠，常派一名僧人走在前面，倘若遇上盗贼，就对他们说："我们是远来求法的僧人，如今所携带的都是经书、佛像和舍利，希望檀越维护，不要打什么主意。"法师率领徒侣随后。当时也常常遇上盗贼，但始终没有受到损害。

如是二十余日行，至呾叉尸罗国[①]，重礼月光王舍千头处。国东北五十逾缮那即迦湿弥罗国，其王遣使迎请，法师为象行辎重不果去。停七日，又西北行三日至信度大河，河广五六里，经、像及同侣人并坐船而进，法师乘象涉渡。时遣一人在船看守经及印度诸异华种，将至中流，忽然风波乱起，摇动船舫，数将覆没，守经者惶惧堕水，众人共救得出，遂失五十夹经本及华种等，自余仅得保全。

时迦毕试王先在乌铎迦汉荼城[②]，闻法师至，躬到河侧奉迎，问曰："承师河中失经，师不将印度华果种来？"答曰："将来。"王曰："鼓浪倾船，事由于此。自昔以来，欲将华种渡者，并然。"因共法师还城。寄一寺，停五十余日，为失经本，更遣人往乌长去声那国抄写迦叶臂耶部三藏[③]。迦湿弥王闻法师渐近，亦忘远躬来参拜，累日方归。

法师与迦毕试王相随西北行，一月余日，至蓝波国境[④]。王遣太子先去，敕都人及众僧装办幢幡，出城迎候。王与法师渐发。比至，道俗数千人，幢幡甚盛，众见法师，欢喜礼拜讫，前后围绕赞咏而进。至都，停一大乘寺，时王亦为七十五日无遮大施。

【注释】

①呾叉尸罗国:即呾叉始罗国。见前注(卷二)。

②乌铎迦汉荼城:见前注(卷二)。

③乌长那国:即乌仗那国。见前注(卷二)。迦叶臂耶部:梵语音译。即饮光部。详见前注(卷二)

④蓝波国:即滥波国。见前注(卷二)。

【译文】

这样走了二十多天,到达呾叉尸罗国,再次礼拜礼月光王一千次施舍头颅的地方。该国东北五十由旬处就是迦湿弥罗国,国王派使者前来迎请,法师因为大象驮着辎重就没有前往。停留了七天,又往西北行走了三天,到达印度河,河宽五六里,经、像与同伴都坐船过河,法师乘象涉水而过。当时派遣一人在船上看守佛经和印度各种奇异花种,将到河中间,忽然风波乱起,摇动船舫,几次险些沉没,守经人惊慌落水,众人一起把他从河里救出来,但损失了五十夹经本和花草种子等,其余的东西物品都得到保全。

这时迦毕试王已在乌铎迦汉荼城,听说法师来到,亲自到河边迎接,问法师道:"听说法师在河中丢失经书,不知法师是否带来印度的花果种子?"法师回答道:"带来了。"国王说道:"风浪把船掀翻,就是由此引起的。自古以来,想要带花种渡河的都是这样。"于是和法师一起回城。法师寄住在一座佛寺里,停留了五十多天,由于失去了部分经本,又派人前往乌长去声那国去抄写了饮光部三藏。迦湿弥王听说法师渐渐临近本国,也不辞路远亲自前来参拜,几天后才返回。

法师与迦毕试王相伴往西北行走,走了一个多月,到达蓝波国国境。迦毕试王派遣太子先去,敕令都城居民和众僧准备幢幡,出城迎候。国王与法师渐渐进发。等到了城郊,道俗几千人已在那里等候,幢幡隆盛，众人见到法师，欢喜礼拜后，前后围绕法师赞叹吟咏前进。到达都城后，停驻在一座大乘寺，这时迦毕试王也在这里举办了七十五天的无遮大会。

自此复正南行十五日，往伐剌拏国[①]，礼圣迹。又西北，往阿薄健国[②]。又西北，往漕矩吒国[③]。又北行五百余里，至佛栗氏萨傥那国[④]。从此东出，至迦毕试国境。王又为七日大施。讫，法师辞发。

东北行一逾缮那，至瞿卢萨谤城，与王别，北行。王遣一大臣将百余人，送法师度雪山[⑤]，负刍草粮食资给。行七日，至大山顶。

其山叠嶂危峰，参差多状，或平或耸，势非一仪，登陟艰辛，难为备叙。自是不得乘马，策杖而前。复经七日，至一高岭，岭下有村，可百余家，养羊畜，羊大如驴。其日宿于此村，至夜半发，仍令村人乘山驼引路。其地多雪涧凌溪，若不凭乡人引导，交恐沦坠。至明昼日，方渡凌险，时唯七僧并雇人等有二十余，象一头、骡十头、马四匹。明日到岭底，寻盘道复登一岭，望之如雪，及至，皆白石也。

此岭最高，虽云结雪飞，莫至其表。是日将昏，方到山顶，而寒风凄凛，徒侣之中无能正立者。又山无卉木，唯积石攒峰，岌岌然如林笋矣。其处既山高风急，鸟将度者皆不得飞，自岭南岭北各行数百步外，方得舒其六翮矣[⑥]。寻赡部洲中岭岳之高，亦无过此者。

【注释】

①伐刺拏:梵语音译。伐刺拏国在今巴基斯坦西北边境省的班努一带。

②阿薄健:梵语音译。阿薄健国在今阿富汗与巴基斯坦交界处的瓦齐利斯坦。或谓此国即稽疆那国,玄奘不曾前往。《大唐西域记》卷十一:"闻诸土俗曰:从此国(伐刺拏国)西接稽疆那国,居大山间,川别立主,无大君长。多羊、马,有善马者,其形殊大,诸国希种,邻境所宝。"

③漕矩吒:梵语音译。漕矩吒国在今阿富汗东部的加兹尼一带。

④佛栗氏萨傥那:梵语音译。佛栗氏萨傥那国,又作"弗栗恃萨傥那国",在今阿富汗喀布尔河流域。

⑤雪山:指兴都库什山脉东部一带。玄奘走的是大雪山婆罗犀那大岭,即今阿富汗东北部的卡瓦克山口,海拔约3500米。

⑥六翮(hé):谓鸟类双翅中的正羽。用以指鸟的两翼。《战国策·楚策四》:"奋其六翮而凌清风,飘摇乎高翔。"

【译文】

法师又从这里向正南行走十五天,前往伐刺拏国,礼拜圣迹。又向西北行走,前往阿薄健国。又向西北行走,前往漕矩吒国。又往北行走五百多里,到达佛栗氏萨傥那国。从这里往东离开国境,到达迦毕试国国境。迦毕试王又举办了七天的布施大会。布施完毕,法师辞别出发。

法师往东北行走一由旬,又到达瞿卢萨谤城,与迦毕试王辞别,往北行进。迦毕试王派遣一名大臣率领一百多人,护送法师翻越雪山,背负畜草粮食以备供给。走了七天,到达大山顶上。

这座雪山峰峦叠嶂,参差多样,有的平缓,有的高耸,各不相同,攀登艰难,难以详细叙述。在这里无法骑马,只能拄着手杖前行。又走了七天,到达一座高岭,岭下有个村子,约有一百多户人家,养着羊,羊像驴子一般大。当天就住在这个村子里,到半夜出发,还让村里人骑着山驼带路。这里有很多雪涧冰溪，如果不依靠当地人带路，恐怕就会掉下去。到天亮后才渡过这片冰山险地，这时只剩下七个僧人和二十多个雇来的人，还有大象一头、骡十头、马四匹。第二天到达岭底，寻索盘道再登上一座山岭，山岭远望漫山白雪，来到跟前才知道原来都是白色石头。

这座山岭最高，就是凝结的云雾和飘飞的雪花，也不能到达它的顶部。快要天黑时候，法师一行方才到达山顶，然而寒风凛冽，众人之中没有能够站直的。而且山上又没有花草树木，只见积石堆峰，高高耸起犹如树林竹笋一般。由于这里山高风急，鸟要过去都不能飞翔，要从岭南到岭北各走几百步，方能振翅翱翔。寻查赡部洲的山岳，没有高过这座山岭的。

法师从西北下数里，有少平地，施帐宿，旦而进，经五六日下山，至安怛罗缚婆国[①]，即睹货罗之故地[②]。伽蓝三所，僧徒数十，习大众部法。有一窣堵波，无忧王建也。法师停五日。西北下山行四百余里，至阔悉多国[③]，亦睹货罗之故地。从此西北复山行三百余里，至活国，居缚刍河侧，即睹货罗东界，都城在河南岸。因见叶护可汗孙王睹货罗，自称“叶护”。至衙停一月，叶护遣卫送，共商侣东行。

二日，至瞢健国[④]。其傍又有阿利尼国、曷逻胡国、讫栗瑟摩国、钵利曷国[⑤]，皆睹货罗故地也。

自瞢健复东行入山三百余里，至呬摩怛罗国[⑥]，亦睹货罗故地。风俗大同突厥，而尤异者，妇人首冠木角，高三尺余，前有两岐，表夫父母，上岐表父，下岐表母，随先丧亡，除去一岐；若舅姑俱殁[⑦]，则举冠全弃。自此复东行二百余里，至钵创那国[⑧],亦睹货罗故地也。为寒雪,停月余日。

【注释】

①安怛罗缚婆:波斯语音译。安怛罗缚婆国在今卡瓦克山口以西的印达拉布一带。

②睹货罗:梵语音译。又作“吐火罗”。见前注(卷二)。

③阔悉多国:在今阿富汗东北部阿姆河上游支流霍斯特河流域。

④瞢健:梵语音译。瞢健国在今阿富汗东北部的巴达赫尚省,都城地址说法不一,一说在今阿富汗东北部的门兼城。

⑤阿利尼国:在今哈兹拉特·伊芒一带。曷逻胡国:在今阿富汗东北部的阿姆河与科克查河之间。讫栗瑟摩国:在今阿富汗东北部的基希姆地区。钵利曷国:在今阿富汗东北部基希姆以北的科克查河一带。

⑥呬摩怛罗:梵语音译。义为“雪山下”。呬摩怛罗国在今兴都库什山北麓地区,都城在今阿富汗东北部的达赖姆。

⑦舅姑:指公婆或岳父母。通常称公婆为“舅姑”。

⑧钵创那国:在今阿富汗东北部的巴达赫尚地区。

【译文】

法师向西北往下走了几里,有一小片平地,就在这里搭起帐篷过夜,破晓后继续前行,经过五六天方才下山,到达安怛罗缚婆国,过去是睹货罗国的领土。有佛寺三所,僧徒数十人,修习大众部佛法。有一座佛塔,是无忧王建造的。法师在这里停留了五天。又从西北下山,行走了四百多里,到达阔悉多国,过去也是睹货罗的领土。从这里往西北又走了三百多里山路,到达活国,位于缚刍河旁边,是睹货罗的东部边界,都城在河的南岸。法师见到叶护可汗孙子统治睹货罗,自称“叶护”。法师到他的衙所,停留了一个月,叶护派人护送法师,和商侣一同向东行进。

走了两天，到达瞢健国。该国旁边还有阿利尼国、曷逻胡国、讫栗瑟摩国、钵利曷国，过去都是睹货罗的领土。

从瞢健国又往东行走，进入山区，走了三百多里，到达呬摩怛罗国，过去也是睹货罗的领土。风俗大体上和突厥相同，而特别不同之处是这里的妇女头上戴着木角，高三尺多，前面有两个分枝，代表丈夫的父母，上枝代表父亲，下枝代表母亲，谁先去世，就相应除去一枝；如果公婆都去世了，那就整个木角都不戴了。从这里又往东行走了二百多里，到达钵创那国，过去也是睹货罗的领土。因为下雪寒冻，在这里停留了一个多月。

从此又东南山行二百余里，至淫薄健国[①]。又东南履危蹑险，行三百余里，至屈居勿反浪拏国[②]。从此又东北山行五百余里，至达摩悉铁帝国亦名"护密"也[③]。国在两山间，临缚刍河，出善马，形小而健。俗无礼义，性暴形陋，眼多碧绿，异于诸国。伽蓝十余所。昏驮多城[④]，国之都也，中有伽蓝，此国先王所立。伽蓝中石佛像上有金铜圆盖，杂宝庄莹，自然住空，当于佛顶，人有礼旋，盖亦随转，人停盖止，莫测其灵寺立因缘广如别传。

【注释】

①淫薄健国：在今阿富汗境内的科克查河流域的哲尔姆地区。

②屈浪拏国：在今阿富汗境内的科克查河上游的库兰地区。

③达摩悉铁帝：波斯语音译。义为"铁门"，又叫"护密"。达摩悉铁帝国在今在阿富汗东北部的瓦罕一带，地势狭长。

④昏驮多城：达摩悉铁帝国的都城，在今喷赤河南岸的汗杜德。

【译文】

从这里又往东南走了二百多里山路，到达淫薄健国。又往东南翻山越岭，历经艰险，走了三百多里，到达屈居勿反浪拏国。从这里又往东北走了五百多里山路，到达达摩悉铁帝国也叫“护密国”。该国在两山之间，濒临缚刍河，出产良马，体形矮小却很强健。习俗不讲礼义，人们性格粗暴，相貌丑陋，眼睛多是碧绿色，与其他国家不同。有佛寺十多所。昏驮多城是该国的都城，城中有座佛寺，是该国的先王建造的。佛寺中的石佛像上面有个金铜圆盖，用各种珍宝装饰，晶莹光洁，自然悬浮于空中，在佛像头顶的正上方，人围着佛像旋绕礼拜，圆盖也随之转动，人停盖就停，灵异的感应难以捉摸佛寺建造的因缘详见《大唐西游记》卷十二。

从此国大山北至尸弃尼国①。又越达摩悉铁帝国至商弥国②。从此复东山行七百余里，至波谜罗川③。川东西千余里，南北百余里，在两雪山间，又当葱岭之中，风雪飘飞，春夏不止，以其地寒烈，卉木稀少，稼穑不滋，境域萧条，无复人迹。中有大池，东西三百里，南北五十余里，处赡部洲中，地势高隆，瞻之漭漭④，目所不能极。水族之类千品万种，喧声交聒⑤，若百工之肆焉。复有诸鸟，形高丈余，鸟卵如瓮。旧称“条支巨鷇”⑥，或当此也。池西分出一河，西至达摩悉铁帝国东界，与缚刍河合而西流赴海，以右诸水亦皆同会。池东分一大河，东至佉沙国西界，与徙多河合而东流赴海，以左诸水亦并同会。川南山外有钵露罗国⑦，多金、银，金色如火。又此池南北与阿耨池相当⑧。

【注释】

①尸弃尼国：在今塔吉克斯坦的舒格南地区。

②商弥国：在今巴基斯坦北部的奇特拉尔和马斯图吉之间。

③波谜罗川：即今帕米尔高原。

④漭漭：形容水广阔无际的样子。

⑤聒（guō）：声音吵闹。

⑥条支：西亚古国名。在今伊拉克境内底格里斯河和幼发拉底河之间。鷇（què）：卵。

⑦钵露罗国：在今克什米尔西北部的巴尔帖斯坦。

⑧阿耨池：又作“阿耨达池”、“阿耨达多池”、“阿那婆达多池”、“阿那陀答多池”，义为“无热恼池”、“无热池”、“清凉池”，相传为阎浮提四大河的发源地，位于赡部洲之中心，香山之南，大雪山之北，方圆八百里。八地菩萨以愿力之故，化为龙王，中有潜宅，出清泠水供给赡部洲。

【译文】

从该国的大山往北到达尸弃尼国。又越过达摩悉铁帝国边境到达商弥国。从这里又往东在山中行走七百多里，到达波谜罗川。波谜罗川东西长一千多里，南北宽一百多里，在两雪山之间，又处于葱岭之内，风雪飘飞，春夏不止，由于这里极度严寒，花木稀少，不长庄稼，境内萧条，没有人迹。波谜罗川中有个大水池，东西长三百里，南北宽五十多里，处于赡部洲中央，地势高高隆起，举目望去，白茫茫一片，看不到边际。水族类生物千品万种，喧闹声交相聒噪，宛若百工的作坊一样。还有各种鸟类，有一种鸟身高一丈多，鸟卵像瓮一样大。旧称“条支巨卵”，或许就是指这种卵吧。水池西面分出一条河，往西通到达摩悉铁帝国的东部边界，与缚刍河汇合后，再往西流入大海，所以从这里往右的河水也都往西流入大海。水池东面分出一条大河，往东通到佉沙国的西部边界，与徙多河汇合后，再往东流入大海，所以从这里往左的河水也都往东流入大海。波谜罗川南面的大山外面有钵露罗国，多产金、银，金的颜色像火。此外，这个大水池的南北宽度和阿耨池相当。

从此川东出，登危履雪，行五百余里，至朅盘陀国[①]。城依峻岭，北背徙多河，其河东入盐泽，潜流地下，出积石山，为此国河源也。其王聪慧，建国相承多历年所，自云本是支那提婆瞿怛罗此言“汉日天种”。王故宫有故尊者童寿论师伽蓝[②]。尊者，怛叉始罗国人也。神悟英秀，日诵三万二千言，兼书亦尔，游戏众法，雅闲著述，凡制论数十部，并盛宣行，即经部本师也。是时，东有马鸣，南有提婆，西有龙猛，北有童寿，号为“四日”，能照有情之惑。童寿声誉既高，先王躬伐其国，迎而供养。城东南三百余里，至大石壁，有二石室，各一罗汉于中入灭尽定[③]，端坐不动，视若羸人，而竟无倾朽，已经七百余岁矣。法师在其国停二十余日。

【注释】

①朅盘陀国：在今我国新疆的塔什库尔干地区。

②童寿：即拘摩罗逻多，经量部的创始人。

③灭尽定：又作“灭定”、“灭受想定”，与无想定合称为“二无心定”，乃是在四无色定过程中，已完成第三无所有处定，住非想非非想处定中，为四禅中最高定境，是已得阿那含果位的圣者所修的禅定。“灭尽”，意为心念都灭，妄想全息。

【译文】

从这条川谷东面出来，登山踏雪，行走五百多里，到达朅盘陀国。都城建在峻岭之上，北依徙多河，河水向东流入盐泽，潜流到地下，再流积石山，是该国的河源。该国的国王都很聪慧，自建国以来，代代相承，已经很多年了，自称本是支那提婆瞿怛罗汉译“汉日天种”。国王原来的宫殿有以前尊者童寿论师的寺院。尊者是怛叉始罗国人。聪颖神悟，德行高尚，每天诵读三万二千字，同时也书写三万二千字，博览众法，善于著述，共创作论著几十部，全都盛传流行，他就是经量部的祖师。当时，东有马鸣，南有提婆，西有龙猛，北有童寿，号称“四日”，能朗照众生的无明惑染。童寿声誉高远，先王亲自率军攻打怛叉始罗国，把他迎请到本国供养。从都城往东南行走三百多里，到达大石壁，有两个石室，各有一位罗汉在里面进入灭尽定，端坐不动，看起来像枯瘦的人，而不腐朽倾倒，已经七百多岁了。法师在该国停留了二十多天。

复东北行五日，逢群贼，商侣惊怖登山，象被逐，溺水而死。贼过后，与商人渐进东下，冒寒履险，行八百余里，出葱岭至乌铩国[①]。城西二百里有大山，峰崿甚峻[②]，上有窣堵波。闻之旧说曰：数百年前，雷震山崩，中有苾刍，身量枯伟，冥目而坐，须发鬖鬖[③]，垂覆肩面。有樵者见而白王，王躬观礼，士庶传闻，远近同集，咸申供养，积华成篑[④]。王曰：“此何人也？”有苾刍对曰：“此出家罗汉，入灭尽定者，岁月滋淹，故发长耳。”王曰：“若何警悟令其起也？”对曰：“段食之身[⑤]，出定便坏，宜先以酥乳灌洒，使润沾腠理[⑥]，然后击揵椎，感而悟之，或可起也。”王曰：“善哉！”遂依僧语，灌乳击椎。罗汉举目而视，曰：“尔辈何人，形被法服？”对曰：“我辈苾刍也。”彼曰：“我师迦叶波如来，今何所在？”对曰：“久入涅槃。”闻之愀然[⑦]。重曰：“释迦文佛成无上等觉未？”答曰：“已成。利物斯周，亦从寂灭。”闻已低眉良久，以手举发，起升虚空，作大神变，化火焚身，遗骸堕地。王与大众收骨，起窣堵波，即此塔也。

【注释】

①乌铩国:在今新疆莎车。

②峰崿(è):险峻的山崖。

③蔘蔘(sān):下垂貌。

④箦(zé):堆积。

⑤段食:“四食”之一,又作“抟食”、“团食”,指常人日常所吃的食物。日常食物以香、味、触为体,分段受用,故称“段食”。《俱舍论》卷十:“香、味、触三,一切皆为段食自体,可成段别而饮啖故,谓以口鼻分分受之。”

⑥腠(còu)理:指皮肤、肌肉的纹理和肌肤之间的空隙。

⑦愀(qiǎo)然:形容神色变得严肃或不愉快。

【译文】

又往东北走了五天,遇到一伙盗贼,同行的商人惊恐登山,大象被驱逐,掉到水里淹死了。盗贼走了以后,法师与商人们缓缓向东前进,冒着严寒和危险,走了八百多里,才走出葱岭到达乌铩国。城西二百里的地方有座大山,山崖险峻,上面有座佛塔。听当地人说:几百年前,天雷震动,山体崩塌,里面现出一位比丘,身体高大而枯槁,闭目盘坐,胡须下垂,遮住面部和肩膀。有个砍柴的见到后报告国王,国王亲自前往观瞻礼拜,士人庶民听到传言,无论远近一同赶来,都献上供养,香花积聚成堆。国王问道:“这是什么人呢?”有位比丘回答道:“这是出家的阿罗汉,已经证入灭尽定,岁月已久,所以须发很长了。”国王说道:“如何才能使他警悟出定呢?”回答道:“依靠食物的身体,出定便会毁坏,应当先用酥乳灌洒,滋润腠理,然后敲击揵椎,使他感觉到声音而醒悟,或许可以出定。”国王说道:“好啊!”就依照僧人的话,灌洒酥乳,敲击揵椎。罗汉睁开眼睛观看,说道:“你们是什么人,竟然身穿法服?”回答道:“我们是比丘啊。”罗汉说道:“我师父迦叶波如来,如今在哪里?”回答道:“他涅槃已经很久了。”罗汉听到后,神色怅然。又问道:“释迦牟尼佛成就无上正等正觉了吗?”回答道:“已经成就了。他利益群生,也入于涅槃了。”罗汉听了后,低头沉思了很久,用手拨开面前的头发,升到空中,作大神通,化出烈火焚烧身体,遗骸坠落在地。国王和众人收起骸骨,建塔供奉,就是这座佛塔。

从此北行五百余里,至佉沙国旧曰“疏勒”,乃称其城号也。正音宜云“室利讫栗利多底”。疏勒之言,尚讹也[1]。又从此东南行五百余里,渡徙多河,逾大岭,至斫句迦国旧曰“沮渠”[2]。国南有大山,山多龛室,印度证果人多运神通,就之栖止,因入寂灭者众矣。今犹有三罗汉住岩穴,入灭心定,须发渐长,诸僧时往为剃。又此国多大乘经典,十万颂为部者,凡有数十。

【注释】

①佉沙:梵语音译,汉译“疏勒”。佉沙国在今新疆喀什地区。

②斫句迦:梵语音译,汉译“沮渠”。斫句迦国今新疆叶城一带。

【译文】

从这里往北行走五百多里,到达佉沙国旧称“疏勒”,“疏勒”是该国都城的名字。正音应该叫“室利讫栗利多底”。“疏勒”这种叫法还是错了。又从这里往东南行走五百多里,渡过徙多河,越过大沙岭,到达斫句迦国旧称“沮渠”。该国南部有座大山,山上有很多龛室,印度已经证果的人,有很多运用神通,到这里停驻,因此在这里入于寂灭的罗汉很多。如今仍有三位罗汉住在岩穴中,进入灭心定,须发渐渐生长,僧人们时常前往给他们剃发。此外,该国有很多大乘经典,十万颂为一部的,共有几十部。

从此东行八百余里,至瞿萨旦那国此言“地乳”,即其俗之雅言也。俗谓"涣那国",匈奴谓之"于遁",诸胡谓之"豁旦",印度谓之"屈丹"。旧曰"于阗",讹也[①]。沙碛大半,宜谷丰果。出氍毹、细毡、氎[②],工绩絁绸[③]。又土多白玉、瑿玉[④]。气序和调,俗知礼义,尚学好音韵,风仪详整,异诸胡俗。文字远遵印度,微有改耳。重佛法,伽蓝百所,僧五千余人,多学大乘。其王雄智勇武,尊爱有德,自云毗沙门天之胤也。

王之先祖即无忧王之太子[⑤],在怛叉始罗国,后被谴出雪山北,养牧逐水草,至此建都,久而无子,因祷毗沙门天庙,庙神额上剖出一男,复于庙前地生奇味,甘香如乳,取而养子,遂至成长。王崩后,嗣立,威德遐被,力并诸国,今王即其后也。先祖本因地乳资成,故于阗正音称"地乳国"焉。

法师入其境,至勃伽夷城[⑥],城中有坐佛像,高七尺余,首戴宝冠,威颜圆满。闻诸旧说:像本在迦湿弥罗国,请来到此。昔有罗汉,有一沙弥身婴疹疾[⑦],临将舍寿,索酢米饼,师以天眼观见瞿萨旦那有,潜运神足,乞而与之。沙弥食已欢喜,乐生其国,愿力无违,命终即生王家。嗣立之后,才略骁雄,志思吞摄,乃逾雪山伐其旧国。时迦湿弥王亦简将练兵,欲事攘拒。罗汉曰:"不劳举刃,我自遣之。"即往瞿萨旦那王所,为说顶生贪暴之失[⑧],及示先身沙弥衣服。王见便得宿命智,深生愧恧[⑨],与迦湿弥王结好而罢,仍迎先所供像,随军还国。像至此城住而不进,王与众军尽力移转,卒不能动,即于像上营构精庐,招延僧侣,舍所爱冠庄严佛顶。其冠见在,极多贵宝,睹者叹焉。

法师停七日。于阗王闻法师到其境,躬来迎谒。后日发引，王先还都，留儿侍奉。行二日，王又遣达官来迎，离城四十里宿。明日，王与道俗将音乐香华接于路左。既至，延入城，安置于小乘萨婆多寺。

王城南十余里有大伽蓝，此国先王为毗卢折那此言“遍照”阿罗汉造也[10]。昔此国法教未沾，而罗汉自迦湿弥罗至此，宴坐林中。时有见者，怪其形服，以状白王。王闻亲往观其容止，问曰：“尔何人，独栖林野？”曰：“我如来弟子，法尔闲居。”王曰：“称如来者，复何义也？”答曰：“如来者即佛陀之德号。昔净饭王太子一切义成，愍诸众生沉没苦海，无救无归，乃弃七宝千子之资，四洲轮王之位，闲林进道，六年果成，获金色之身，证无师之法[11]，洒甘露于鹿苑，耀摩尼于鹫峰[12]，八十年中，示教利喜，化缘既尽，息应归真，遗像遗典，传通犹在。王以宿福位为人主，当法轮之付嘱，作有识之归依，冥而不闻，是何理也？”王曰：“某罪累淹积，不闻佛名。今蒙圣人降德，犹是余福。既有遗像、遗典，请奉修行。”罗汉报曰：“必愿乐者，当先建立伽蓝，则灵像自至。”王于是旋驾，与群臣详择胜地，命选匠人，问罗汉造立之式，因而建焉。寺成，王重请曰：“伽蓝已就，佛像何在？”报曰：“王但至诚，像至非远。”王共大臣及士庶等各烧香捧华，一心而立。须臾间有佛像自空而来，降于宝座，光晖晃朗，容颜肃然。王见欢喜，称庆无极，并请罗汉为众说法，因与国人广兴供养。故此伽蓝即最初之立也。

【注释】

①瞿萨旦那：梵语音译，汉译“于阗”。瞿萨旦那国在今新疆和田地区。

②氍毹(qú shū)：毛织的毯子。

③绝䌷(shī chōu)：粗质的丝织品。

④瑿(yī)玉：黑色的玉石。

⑤无忧王之太子：《大唐西域记》卷三、卷十二分别记载无忧王太子的两个故事，都和此处不同。《大唐西域记》卷十二：“昔者，此国虚旷无人，毗沙门天子此栖止。无忧王太子在怛叉始罗国被抉目已，无忧王怒谴辅佐，迁其豪族，出雪山北，居荒谷间。迁人逐牧，至此西界，推举酋豪，尊立为王。当是时也，东土帝子蒙谴流徙，居此东界，群下劝进，又自称王。岁月已积，风教不通。各因田猎，遇会荒泽，便问宗绪，因而争长。忿形辞语，便欲交兵。或有谏曰：‘今可遽乎？因猎决战，未尽兵锋。宜归治兵，期而后集。’于是回驾而返，各归其国，校习戎马，督励士卒。至期兵会，旗鼓相望。旦日合战，西主不利，因而逐北，遂斩其首。东主乘胜，抚集亡国。迁都中地，方建城郭，忧其无土，恐难成功，宣告远近，谁识地理。时有涂炭外道，负大瓠，盛满水而自进曰：‘我知地理。’遂以其水屈曲遗流，周而复始，因即疾驱，忽而不见。依彼水迹，峙其基堵，遂得兴工，即斯国治，今王所都于此城也。城非崇峻，攻击难克，自古已来，未能有胜。其王迁都作邑，建国安人，功绩已成，齿耋云暮，未有胤嗣，恐绝宗绪。乃往毗沙门天神所，祈祷请嗣。神像额上，剖出婴孩，捧以回驾，国人称庆。既不饮乳，恐其不寿，寻诣神祠，重请育养。神前之地忽然隆起，其状如乳，神童饮吮，遂至成立。智勇光前，风教遐被，遂营神祠，宗先祖也。自兹已降，奕世相承，传国君临，不失其绪。故今神庙多诸珍宝，拜祠享祭，无替于时。地乳所育，因为国号。”

⑥勃伽夷城：在今新疆皮山东南。

⑦婴：遭受。

⑧顶生：即顶生王，印度太古时期的转轮圣王，释迦前身之一。昔有转轮圣王名乌逋沙他（又作“布杀陀”，义为“斋戒”、“长净”），顶上忽生疱，自疱中生一子。此子长大为金轮圣王，号为“顶生王”。顶生金轮王既已征服四天下，遂上升忉利天，帝释分半座与王，王欲夺另外半座，忽失如意足，坠阎浮洲，重病而死。

⑨愧恧（nǜ）：惭愧。

⑩毗卢折那：梵语音译。又作“毗卢遮那”、“毗卢舍”等，汉译“遍照”。

⑪无师之法：指无师独悟之佛智。佛智通常指无上正智，又名“阿耨多罗三藐三菩提”。

⑫摩尼：宝珠。

【译文】

从这里往东行走八百多里，到达瞿萨旦那国汉译“地乳”，这是当地习俗的雅称。俗称为“涣那国”，匈奴称之为“于遁”，其他胡国称之为“豁旦”，印度称之为“屈丹”。旧称“于阗”，错了。大半是沙漠，适宜谷物生长，出产很多果类。生产氍毹、细毡、氎，善于纺织粗绸。该国又盛产白玉、黑玉。气候和调，习俗讲礼义，崇尚学问，爱好音乐，举止得体，行为规范，与其他胡人习俗不同。文字则远承印度，稍有变化。敬重佛法，佛寺一百所，僧徒五千多人，多数学习大乘佛法。国王雄智勇武，尊爱有德行的人，自称是毗沙门天的后裔。

国王的先祖是无忧王的太子，原来在怛叉始罗国，后来被遣送到雪山以北，养牧为生，逐水草而居，来到这里建立国都，很长时间没有儿子，因此前往毗沙门天神庙祈祷，庙里神像的额头裂开，出来一个男孩，庙前地上又生出奇异的美味，甘香如同乳汁，取来喂养男孩，男孩得以成长。国王死后，男孩继承王位，威德远扬，武力吞并周边各个国家，如今的国王就是此人的后代。因为先祖是由地里涌出的乳汁养大，所以于阗的正音应该称为“地乳国”。

法师进入于阗国境，来到勃伽夷城，城中有尊佛的坐像，高七尺多，头戴宝冠，威严圆满。听当地人说：此佛像本来在迦湿弥罗国，后来被请到这里来。昔日有位罗汉，他的一个沙弥弟子身患疾病，临将去世，想吃酢米饼，罗汉用天眼看到瞿萨旦那国有这种饼，便暗运神足通，乞讨来给他吃。沙弥吃了很高兴，发愿生在该国，愿力强大，命终之后就投生在国王家里。继位之后，才略深茂，勇猛威武，志在吞并，就越过雪山攻打他以前的国家。当时，迦湿弥罗国国王也整顿兵马，意欲抗拒敌寇。罗汉说道：“不用劳烦举兵交战，我自能退敌。”就往瞿萨旦那王处，为他讲说顶生王贪暴的过失，并拿出他前世的沙弥衣服给他看。瞿萨旦那王见到衣服，便证得了宿命智，深生惭愧，就与迦湿弥罗王结好，罢兵而还，还迎请他前世所供奉的佛像，随军还国。佛像到达这座城时，便停下不再前进，国王与众军士尽力移转，终究不能挪动，于是就在佛像上面建造精庐，招请僧侣，施舍自己所珍爱的宝冠来庄严佛像的头顶。宝冠现在还在，上面有很多珍贵的宝物，看到的人都感叹不已。

法师停留了七天。于阗王听说法师进入国境，亲自前来迎接拜谒。第三天法师出发，国王先回都城，留下儿子侍奉法师。走了两天，国王又派达官前来迎接，在离城四十里的地方歇宿。第二天，国王与僧俗奏着音乐，捧着香花，站在道路的左侧迎接法师。法师到达后，被迎入城内，安置在小乘说一切有部的寺院里。

王城南面十几里处，有座大佛寺，是该国的先王为毗卢折那汉译“遍照”阿罗汉建造的。昔日该国没有佛教，而罗汉从迦湿弥罗来到这里，宴坐在树林中。当时，有看到的人，对他的样貌服饰感到很奇怪，就把这种情况禀告国王。国王听说后亲自前往，观看他的容貌举止，问道：“你是什么人，独自栖居在野外的树林之中？”罗汉说道：“我是如来的弟子，在这里闲居修行。”国王说道：“称为如来，又是什么意思呢？”罗汉回答道:“如来就是佛陀的尊号。昔日净饭王太子一切义成,怜悯各类众生沉没苦海,无人拯救,没有归宿,便放弃七宝千子的福报,四洲轮王的宝座,走进山林,修行佛道,六年时间修成正果,成就如来金身,证得无上正等正觉,在鹿野苑洒下佛法甘露,在灵鹫峰显耀摩尼宝珠,八十年中,弘扬教法,利乐群生,教化因缘已尽,便舍弃应身而入于涅槃,遗留下来佛像佛典,如今还在传承流通。大王因宿世福业,位为人主,应当接受法轮的付嘱,作为有识之人的皈依。为何暗昧而不听闻佛法,是什么道理呢?”国王说道:“我罪孽深重,不曾听闻佛的名字。如今承蒙圣人降下福德,犹是我的余福啊。既然有遗像、遗典,请供奉修行。”罗汉回答道:“如果是诚心归信佛法,应当先建立佛寺,那么佛像自会来到。”国王于是返回,与群臣认真选择了一块殊胜之地,下令选拔工匠,请教罗汉建造佛寺的规式,然后开始建造佛寺。佛寺建成后,国王再次迎请佛像,说道:“佛寺已经建好了,佛像在哪里呢?”罗汉回答道:“大王只要至诚祈求,佛像不久就会来到。”国王和大臣、士人庶民等都烧香捧花,站立祈祷,一心求佛。忽然之间,有佛像自空中而来,降落在宝座上,光辉朗照,容貌庄严。国王见到,十分欢喜,称赞不已,并请罗汉为大众讲说佛法,从此和国人大力弘扬佛教。因此这座佛寺是最早建立的。

法师前为渡河失经,到此更使人往屈支、疏勒访本,及为于阗王留连,未获即还,因修表使高昌小儿逐商伴入朝,陈已昔往婆罗门国求法,今得还归到于阗。其表曰:

沙门玄奘言:奘闻马融该赡[①],郑玄就扶风之师[②];伏生明敏[③],晁错躬济南之学[④]。是知儒林近术,古人犹且远求,况诸佛利物之玄踪,三藏解缠之妙说,敢惮涂遥而无寻慕者也。玄奘往以佛兴西域,遗教东传,然则胜典虽来,而圆宗尚阙,常思访学,无顾身命。遂以贞观三年四月[5]，冒越宪章[6]，私往天竺。践流沙之浩浩，陟雪岭之巍巍[7]；铁门巉险之涂[8]，热海波涛之路。始自长安神邑，终于王舍新城，中间所经五万余里。虽风俗千别，艰危万重，而凭恃天威，所至无鲠，仍蒙厚礼；身不辛苦，心愿获从，遂得观耆阇崛山，礼菩提之树；见不见迹，闻未闻经；穷宇宙之灵奇，尽阴阳之化育；宣皇风之德泽[9]，发殊俗之钦思，历览周游一十七载。今已从钵罗耶伽国经迦毕试境，越葱岭，渡波谜罗川归还，达于于阗。为所将大象溺死，经本众多，未得鞍乘，以是少停，不获奔驰早谒轩陛，无任延仰之至[10]。谨遣高昌俗人马玄智随商侣奉表先闻。

是后为于阗诸僧讲《瑜伽》、《对法》、《俱舍》、《摄大乘论》，一日一夜，四论递宣，王与道俗归依听受，日有千数。时间经七八月，使还，蒙恩敕降使迎劳，曰："闻师访道殊域，今得归还，欢喜无量，可即速来与朕相见。其国僧解梵语及经义者，亦任将来。朕已敕于阗等道，使诸国送师，人力鞍乘应不少乏，令敦煌官司于流沙迎接[11]，鄯善于沮沫迎接[12]。"法师奉敕已，即进发，于阗王资饯甚厚。

【注释】

①马融(79—166)：字季长，扶风茂陵(今陕西兴平东北)人。东汉著名经学家。唐代配享孔庙，宋代被追封为扶风伯。马融长于注书，尤善古文经学，门人常有千人。卢植、郑玄等都是其门徒。该赡：详备丰富。南朝梁刘勰《文心雕龙·总术》："博者该赡，芜者亦繁。"

②郑玄(127—200):字康成,北海高密(今山东潍坊)人。东汉末年著名儒家学者。家贫好学,曾到陕西扶风师从马融学习古文经学。后聚众教学,弟子达数千人。著有《天文七政论》、《中侯》等。唐代配享孔庙,宋代被追封为高密伯。他与晏婴、刘墉并称为"高密三贤"。

③伏生(前260—前161):又作"伏胜",字子贱,济南(今属山东)人。曾为秦国博士,精研《尚书》。据说秦始皇焚书,他在墙壁中藏了《尚书》,到了汉初,仅存二十九篇。汉初,他在齐鲁之间教学,研究《尚书》的学者,大都出自他的门下。文帝时求能治《尚书》的学者,伏生时年已经九十多岁了,不能成行,遂派晁错前往受学。明敏:聪明机敏。《北齐书·文宣帝纪》:"(文宣)内虽明敏,貌若不足,世宗每嗤之。"

④晁错(前200—前154):颍川(今河南禹县)人。西汉政治家、文学家。汉文帝时,历任太常掌故、太子舍人、博士、太子家令,曾奉命前往山东师从伏生学习《尚书》。景帝即位后,任为内史,后迁至御史大夫。因上书建议削弱诸侯王势力、加强中央集权,引发"七王之乱",被腰斩于市。

⑤四月:应为"八月"。

⑥宪章:典章制度。

⑦陟(zhì):攀登。

⑧巉(chán):山势高峻。

⑨皇风:皇帝的教化。德泽:恩泽,恩德,恩惠。《管子·形势解》:"故德泽加于天下,惠施厚于万物,父子得以安,群生得以育,故万民骧尽其力而乐为上用。"

⑩延仰:引颈仰望。

⑪官司:官府,官吏。

⑫鄯善:在今新疆若羌境内。沮沫:即且末,在今新疆且末西南。

【译文】

法师因为前面渡河时失落了部分经书，到这里后又派人前往屈支国、疏勒国访求，又受到于阗王的挽留，不能马上回国，于是写了表文派遣一名高昌少年随同商队到长安，向朝廷陈述自己当年前往婆罗门国求法，如今已经回到于阗。表文说：

沙门玄奘言：玄奘听说马融博学多识，郑玄就到扶风拜他为师；伏生聪明机敏，晁错就前往济南向他学习。由此可知，儒家近世学术，古人尚且远游求学，况且诸佛利益万物的玄旨，三藏解脱烦恼的妙说，哪敢畏惧路途遥远而不去寻求。玄奘过去以为佛法兴盛于西域，然后再向东流传；虽然佛典传播到我国，但是圆宗经、论还有缺失，时常考虑前往访学，毫不顾惜自己的生命。于是在贞观三年八月，违反法令，私自前往天竺。踏过浩浩漫漫的流沙，攀登巍巍荡荡的雪岭；穿越高耸险峻的铁门，途经波涛汹涌的热海。从长安都城出发，到达于王舍新城，中间历经五万多里。虽然民风习俗千差万别，艰险危难重重无尽，然而凭借陛下天威，所到之处并无阻碍，还蒙受厚礼；身体也不辛苦，心愿得到满足，于是得以观瞻耆阇崛山，礼拜菩提树；见到所未曾见到过的圣迹，听闻所未曾听闻过的佛经；穷究宇宙的灵异神奇，极尽阴阳的化生长育；宣扬陛下教化的恩德惠施，抒发身处异乡的钦慕思念，历览周游一十七年。如今已从钵罗耶伽国经过迦毕试境，翻越葱岭，穿过波谜罗川回国，到达了于阗。因为所带大象溺死，经本太多，又未得马匹，只好暂时停留，不能从速谒见陛下，不禁引颈远望，急切之至。谨派高昌平民马玄智随同商侣奉表先奏闻陛下。

此后法师给于阗僧众讲解《瑜伽》、《对法》、《俱舍》、《摄大乘论》，一天一夜，四论依次宣讲，国王和僧俗都皈依信奉，每天都有上千人。经过了七八月的时间，使者返回，太宗皇帝敕令派遣使者前来迎接慰劳，说道："听说法师前往异域求法，如今归来，朕欢喜无量，请即速前来与朕相见。他国僧人懂得梵语和经义的,也听凭带来。朕已经命令于阗等处,让各国护送法师,人力、马匹应不缺少,还命令敦煌官吏在流沙迎接,鄯善官吏在沮沫迎接。"法师接到敕令后,就启程出发,于阗王资送极为丰厚。

自发都三百余里,东至媲摩城[①]。城有雕檀立佛像,高三丈余,姿状端严,甚多灵应。人有疾病,随其苦处以金箔贴像,病即瘳愈;凡有愿求,多蒙果遂。相传云:昔佛在世,憍赏弥国邬陀衍那王所作,佛灭度后,自彼飞来,至此国北曷劳落迦城[②],后复自移到此因缘如别传。又相传有记云:释迦法灭,像入龙宫。

从媲摩城东入沙碛,行二百余里,至泥壤城[③]。又从此东入大流沙,风动沙流,地无水草,多热毒鬼魅之患。无径路,行人往返,望人畜遗骸以为标帜,硗确难涉[④],委如前序。又行四百余里,至睹货罗故国。又行六百余里,至折摩驮那故国[⑤],即沮沫地。又东北行千余里,至纳缚波故国[⑥],即楼兰地,展转达于自境。得鞍乘已,放于阗使人及驼马还。有敕酬其劳,皆不受而去。

【注释】

①媲摩城:在今新疆策勒北。《大唐西域记》卷十二:"媲摩城,有雕檀立佛像,高二丈余,甚多灵应,时烛光明。凡在疾病,随其痛处,金薄贴像,即时痊复。虚心请愿,多亦遂求。闻之土俗曰:此像,昔佛在世憍赏弥国邬陁衍那王所作也。佛去世后,自彼凌空至此国北曷劳落迦城中。初,此城人安乐富饶,深著邪见,而不

珍敬。传其自来，神而不贵。后有罗汉礼拜此像。国人惊骇，异其容服，驰以白王。王乃下令，宜以沙土坌此异人。时阿罗汉身蒙沙土，糊口绝粮。时有一人，心甚不忍，昔常恭敬尊礼此像，及见罗汉，密以馔之。罗汉将去，谓其人曰：'却后七天，当雨沙土，填满此城，略无遗类。尔宜知之，早图出计。犹其坌我，获斯殃耳。'语已便去，忽然不见。其人入城，具告亲故，或有闻者，莫不嗤笑。至第二日，大风忽发，吹去秽壤，雨杂宝满衢路。人更骂所告者。此人心知必然，窃开孔道，出城外而穴之。第七日夜，宵分之后，雨沙土满城中。其人从孔道出，东趣此国，止媲摩城。其人才至，其像亦来，即此供养，不敢迁移。"

②曷劳落迦城：地址不详。

③泥壤城：又作"尼壤城"，在今新疆民丰县以北的沙漠中。

④硗（qiāo）：指土地坚硬、瘠薄、多石。

⑤折摩驮那：即今且末县城。

⑥纳缚波：即鄯善，又称"楼兰"。

【译文】

从于阗都城出发，走了三百多里，向东到达媲摩城。城中有一尊檀木雕刻的立佛像，高三丈多，形貌端庄威严，非常灵验。有疾病的人，根据自己疼痛的部位，用金箔帖在佛像相应的位置，病就会痊愈；凡是诚心祈求，大多能遂愿。传说：往昔佛祖在世的时候，憍赏弥国邬陀衍那王雕刻了这尊佛像；佛灭度以后，佛像从憍赏弥国飞来，到达该国北边的曷劳落迦城，后来又从曷劳落迦城移到媲摩城此事因缘详见《大唐西域记》卷十二。又据文献记载：佛法消亡后，这尊佛像就进入了龙宫。

从媲摩城向东进入沙碛，行走二百多里，到达泥壤城。又从这里往东进入大流沙，风动沙流，地无水草，多有热毒鬼魅为患。没有路径，行人往返，只能望着人畜的遗骸作为标记，土地多石而坚硬，举步艰难，确实如同前面说过的那样。又行走了四百多里，到达从前的睹货罗国。

又行走了六百多里，到达从前的折摩驮那国，就是沮沫国。又往东北行走一千多里，到达从前的纳缚波国，就是楼兰国，辗转到达了大唐边境。在这里得到了唐朝的马匹，打发于阗国的使者和骆驼、马匹返回。朝廷有敕令给予酬劳，他们都不接受就走了。

既至沙州[①]，又附表。时帝在洛阳宫，表进，知法师渐近，敕西京留守左仆射梁国公房玄龄使有司迎待[②]。法师承上欲问罪辽滨，恐稽缓不及，乃倍涂而进，奄至漕上。官司不知迎接，威仪莫暇陈设，而闻者自然奔凑[③]。观礼盈衢，更相登践，欲进不得，因宿于漕上矣。

【注释】

①沙州：即今甘肃敦煌。

②房玄龄（579—648）：名乔，字玄龄，齐州临淄（今山东淄博）人。自幼聪慧，博览经史，十八岁时本州举进士。隋末天下大乱，他投奔秦王李世民，为李世民出谋划策，典管书记，成为李世民最得力的谋士之一。武德九年（626），在玄武门之变中，发挥了重要作用。李世民即位后，房玄龄历任中书令、尚书左仆射、司空等，综理朝政。《新唐书》评价他“夙夜勤强，任公竭节”，“议法处令，务为宽平”，堪为典范。去世后，谥文昭。有司：指官吏。古代设官分职，各有专司，故称“有司”。

③奔凑：会合，会聚，聚集。

【译文】

到达沙州后，法师又向朝廷上表。当时太宗皇帝在洛阳宫，接到表文后，知道法师快到了，敕令西京留守左仆射梁国公房玄龄派官员迎接。法师得知皇上正准备征伐辽东，唯恐迟缓了见不到，于是兼程前进，来到长安城西的漕河边上。官府尚不知道，没有迎接，仪仗也来不及陈设，但听闻法师回来的人都自发赶来。观礼的人充满街道，互相攀登践踏，法师无法前进，只得歇宿在漕河岸边。

卷第六

起十九年春正月入西京
终二十二年夏六月谢御制经序并答

【题解】

本卷的记载始于贞观十九年正月法师进入长安，终于二十二年六月法师上表致谢御制经序并皇帝答书(645年1月至648年6月)。

贞观十九年(645)正月二十五日，玄奘回到长安。玄奘回国，共带回佛典五百二十夹，六百五十七部，以及大量的佛舍利和佛像等。当时，京城士庶、官员竞相聚集在路边观瞻，烧香散花者连绵不绝，可谓盛况空前。二月一日，玄奘在洛阳仪鸾殿谒见唐太宗。太宗询问西域的情况，玄奘皆一一酬答。太宗发现法师有公卿之才，就劝他还俗辅政，法师坚决辞谢，太宗只得作罢。三月一日，法师从洛阳回到长安，住进弘福寺，着手准备翻译工作。七月一日，正式开译。翌年七月，玄奘上《进新译经论表》、《进〈大唐西域记〉表》，向太宗汇报翻译工作，并请太宗为新译经、论撰写序文，太宗婉拒。玄奘再次上表祈请，太宗方才答应。贞观二十二年(648)六月，玄奘在玉华宫谒见太宗。此时，太宗以法师学识渊博，又逼劝其归俗，共谋朝政，玄奘以“太宗五义”予以婉辞。太宗很高兴，并许诺“助师弘道”。玄奘又呈上新译的《瑜伽师地论》，太宗大为激赏，并使其流布全国。玄奘趁机再次启请太宗撰序，太宗运思运笔，写下了著名的《大唐三藏圣教序》，共七百八十一字，对玄奘极尽褒扬之词，并敕令置于众经之首。

本卷以下，主要记载玄奘回国后的译经、弘法以及各种社会活动。玄奘的译经事业得益于唐太宗、唐高宗的鼎力支持。但是，他们对待玄奘和佛教主要采取的是实用主义的态度，并随着政局的变化而时或改变。在本卷中，唐太宗先后两次劝玄奘还俗辅政，自是有其强烈的政治意义与外交意义。在玄奘表明其矢志于佛典翻译后，太宗对玄奘的笼络与支持不仅有助于控制和利用教界势力，炫耀大唐盛世之文治伟业，同时也可满足自身不可或缺的信仰需求。早在贞观十五年(641)五月，唐太宗亲临弘福寺，为太穆皇后追福，手制愿文，自称菩萨戒弟子，“以丹诚归依三宝”，“今李家据国，李老在前；若释家治化，则释门居上”。至贞观二十二年六月，他读了玄奘翻译的《瑜伽师地论》，感慨地说：“朕观佛经，譬犹瞻天俯海，莫测高深。……其儒道九流之典比之，犹汀滢之池方溟渤耳。而世云三教齐致，此妄谈也。”因此，唐太宗晚年转向佛教信仰，这是事实。

贞观十九年春正月二十四日[①]，京城留守左仆射梁国公房玄龄等承法师赍经、像至，乃遣右武侯大将军侯莫陈实、雍州司马李叔昚、长安县令李乾祐奉迎。自漕而入，舍于都亭驿，其从若云。

是日，有司颁诸寺，具帐舆、华幡等，拟送经、像于弘福寺，人皆欣踊，各竞庄严。翌日，大会于朱雀街之南，凡数百件，部伍陈列。即以安置法师于西域所得如来肉舍利一百五十粒；拟摩揭陀国前正觉山龙窟留影金佛像一躯，通光座高三尺三寸；拟婆罗痆斯国鹿野苑初转法轮像，刻檀佛像一躯，通光座高三尺五寸[②]；拟憍赏弥国出爱王思慕如来刻檀写真像，刻檀佛像一躯，通光座高二尺九寸；拟劫比他国如来自天宫下降宝阶像，银佛像一躯，通光座高四尺；拟摩揭陀国鹫峰山说《法华》等经像，金佛像一躯，通光座高三尺五寸；拟那揭罗喝国伏毒龙所留影像，刻檀佛像一躯，通光座高尺有三寸；拟吠舍釐国巡城行化，刻檀像等。又安置法师于西域所得大乘经二百二十四部，大乘论一百九十二部，上座部经、律、论一十五部，大众部经、律、论一十五部，三弥底部经、律、论一十五部，弥沙塞部经、律、论二十二部，迦叶臂耶部经、律、论一十七部，法密部经、律、论四十二部，说一切有部经、律、论六十七部，因明论三十六部，声论一十三部，凡五百二十夹，六百五十七部，以二十匹马负而至。其日所司普颁诸寺，俱有宝帐、幢、幡供养之具，限明二十五日旦并集朱雀街[③]，拟迎新至经像于弘福寺。

【注释】

①贞观十九年：即645年。二十四日：原作“景子”，即丙子，避高祖李渊父亲李昞讳。下同。另，本《传》卷十，及《续高僧传》等记载，玄奘到达长安西郊的时间为正月二十四日。正月景子，当为“正月七日”，误。

②三尺五寸：一说尺五寸。

③二十五日：原作“二十八日”，误。

【译文】

贞观十九年春正月二十四日，京城留守左仆射梁国公房玄龄等听说法师带着佛经、佛像到达，就派遣右武侯大将军侯莫陈实、雍州司马李叔眘、长安县令李乾祐前去迎接。法师沿漕河进入长安城，住在都亭驿，随从法师的人群集聚如云。

当天，官府传命各寺，置办帐舆、华幡等，准备将法师带回的经本、佛像送到弘福寺，人人欢欣踊跃，争相装饰得端庄威严。第二天，大家会集到朱雀街的南头，共几百件帐舆、华幡，排列整齐。要用来安置法师从西域带回的如来肉舍利一百五十粒；仿照摩揭陀国前正觉山龙窟留影，制作的金佛像一躯，连佛光底座高三尺三寸；仿照婆罗痆斯国鹿野苑初转法轮像，雕刻的檀木佛像一躯，连佛光底座高三尺五寸；仿照㤭赏弥国出爱王因思慕如来而雕刻的檀木写真像，雕刻的檀木佛像一躯，连佛光底座高二尺九寸；仿照劫比他国如来从天宫下降宝阶像，制作银佛像一躯，连佛光底座高四尺；仿照摩揭陀国鹫峰山说《法华》等经像，制作金佛像一躯，连佛光底座高三尺五寸；仿照那揭罗喝国伏毒龙所留影像，雕刻的檀木佛像一躯，连佛光底座高尺有三寸；仿照吠舍釐国巡城行化，雕刻的檀木像等。又准备安置法师从西域带回的大乘经二百二十四部，大乘论一百九十二部，上座部经、律、论一十五部，大众部经、律、论一十五部，三弥底部经、律、论一十五部，弥沙塞部经、律、论二十二部，迦叶臂耶部经、律、论一十七部，法密部经、律、论四十二部，说一切有部经、律、论六十七部，因明论三十六部，声论一十三部，一共五百二十夹，六百五十七部，这些都是法师用二十匹马驮来的。这天官府通令诸寺，都配上宝帐、幢盖、幡旗等供养用具，规定二十五日早晨都会集到朱雀街，准备迎送这些新来的经本、佛像到弘福寺。

于是人增勇锐，各竞庄严，穷诸丽好。幡帐、幢盖、宝案、宝舆，寺别将出分布讫，僧尼等整服随之，雅梵居前，薰炉列后，至是并到朱雀街内，凡数百事。布经、像而行，珠佩流音，金华散彩，预送之俦莫不歌咏希有，忘尘遣累，叹其希遇。始自朱雀街内，终届弘福寺门，数十里间，都人士子、内外官僚，迾道两傍[1]，瞻仰而立，人物阗闉[2]。所司恐相腾践，各令当处烧香散华，无得移动，而烟云赞响，处处连合。昔如来创降迦毗[3]，弥勒初升睹史，龙神供养，天众围绕，虽不及彼时，亦遗法之盛也。其日众人同见天有五色绮云现于日北，宛转当经、像之上[4]，纷纷郁郁[5]，周圆数里，若迎若送，至寺而微。

释彦悰笺述曰："余考寻图史[6]，此盖谓天之喜气[7]，识者嘉焉。昔如来创降迦维，慈氏将升睹史，龙神供养，天众奉迎，虽不及往时，而遗法东流，未有若兹之盛也。"

【注释】

①迾（liè）：通"列"，有护卫之义。

②阗闉（yē）：填塞，充满。闉，同"噎"。

③迦毗："迦毗罗卫"的略称，释迦牟尼所出生的国家，在今尼泊尔的西部。

④宛转：回旋，盘旋。

⑤纷纷郁郁：云气浓盛的样子。《史记·天官书》："若烟非烟，若云非云，郁郁纷纷，萧索轮囷，是谓卿云。"

⑥考寻：考察探求，研求。《后汉书·张敏传》："愿陛下留意下民，考寻利害。"

⑦喜气：祥瑞之气。

【译文】

于是众人更加出力，争相装饰得端庄威严，穷尽各种华丽美好。这天，幡帐、幢盖、宝案、宝舆，各寺都拿出来分布排列整齐，僧尼等衣服整齐地跟随在后面，前面演奏梵乐，后面手捧香炉，一同来到朱雀街，共有几百件案、舆之类的用具。将经本、佛像安放在上面向弘福寺行进，珠佩铿锵作响，金花散发流彩，参与迎送的人们无不歌咏这稀有之事，忘掉烦恼尘累，感叹自己遇上这稀有之事。从朱雀街出发，到达弘福寺门，几十里之间，京城的百姓士人和朝廷的内外官员，都站列在道路两旁瞻仰，人群十分拥挤。官府担心人们互相践踏，通知大家就地烧香散花，不要移动，于是到处香烟缭绕，赞颂交响，连绵不绝。昔日如来刚降生在迦毗罗卫，弥勒刚升到睹史天宫，龙神供养释迦，天众围绕慈氏；此时虽然比不上那时，也是佛法的隆盛啊。当天，众人都看见天上有美丽如绮的五色彩云出现在太阳的北边，宛转盘旋在经本、佛像的正上方，极为浓盛，方圆好几里，若迎若送，到达弘福寺就渐渐微弱。

释彦悰笺述道："我考察研究图书史册，这就是所谓上天的祥瑞之气，知道的人都极为赞美。昔日如来刚降生到迦毗罗卫，慈氏将要升至睹史天宫，龙神供养太子，天众奉迎弥勒，此时虽不及往时，然而佛法东流至今，没有像这样的盛况啊。"

安置讫[①]，法师谒文武圣皇帝于洛阳宫。二月己亥，见于仪鸾殿，帝迎慰甚厚。既而坐讫，帝曰："师去何不相报？"法师谢曰："玄奘当去之时，已再三表奏，但诚愿微浅，不蒙允许。无任慕道之至，乃辄私行，专擅之罪，唯深惭惧。"帝曰："师出家与俗殊隔，然能委命求法，惠利苍生。朕甚嘉焉，亦不烦为愧。但念彼山川阻远，方俗异心，怪师能达也。"

法师对曰："玄奘闻乘疾风者，造天池而非远；御龙舟者，涉江波而不难。自陛下握乾符[②]，清四海；德笼九域[③]，仁被八区。淳风扇炎景之南[④]，圣威镇葱山之外。所以戎夷君长，每见云翔之鸟自东来者，犹疑发于上国，敛躬而敬之[⑤]，况玄奘圆首方足，亲承育化者也。既赖天威，故得往还无难。”

帝曰：“此自是师长者之言，朕何敢当也。”因广问彼事。自雪岭已西，印度之境，玉烛和气[⑥]，物产风俗，八王故迹，四佛遗踪，并博望之所不传[⑦]，班、马无得而载[⑧]。法师既亲游其地，观觌疆邑[⑨]，耳闻目览，记忆无遗，随问酬对，皆有条理。

帝大悦，谓侍臣曰：“昔苻坚称释道安为神器[⑩]，举朝尊之。朕今观法师词论典雅，风节贞峻，非惟不愧古人，亦乃出之更远。”时赵国公长孙无忌对曰[⑪]：“诚如圣旨。臣尝读《三十国春秋》，见叙安事，实是高行博物之僧。但彼时佛法来近，经、论未多，虽有钻研，盖其条叶，非如法师躬窥净域，讨众妙之源，究泥洹之迹者矣。”帝曰：“公言是也。”

帝又谓法师曰：“佛国遐远，灵迹法教，前史不能委详，师既亲睹，宜修一传，以示未闻。”帝又察法师堪公辅之寄，因劝罢道，助秉俗务。法师谢曰：“玄奘少践缁门，服膺佛道，玄宗是习，孔教未闻。今遣从俗，无异乘流之舟使弃水而就陆，不唯无功，亦徒令腐败也。愿得毕身行道，以报国恩，即玄奘之幸甚。”如是固辞乃止。

【注释】

①安置讫：原作“壬辰”。壬辰为“二十三日”，误。

②乾符：指帝王受命于天的吉祥征兆。《晋书·慕容儁载记》：“寡君今已握干符，类上帝，四海悬诸掌，大业集于身。”

③九域：即九州。《汉书·律历志》：“《祭典》曰：‘共工氏伯九域。’”

④炎景：炎热的日光。三国魏曹植《槐树赋》："覆阳精之炎景，散流耀以增鲜。"

⑤敛躬：弯腰缩身，表示敬意或行踪隐秘。《淮南子·人间训》："（子贡）敛躬而行，至于吴，见太宰嚭。"

⑥玉烛：指四时之气和畅。《尔雅·释天》："四气和，谓之玉烛。"

⑦博望：指西汉张骞。张骞（前164—前114），字子文，汉中郡城固（今陕西汉中城固县）人。西汉杰出的外交家、旅行家、探险家。他曾奉汉武帝之命两次出使西域，因功被封为博望侯。

⑧班、马：指班固和司马迁。班固（32—92），字孟坚，扶风安陵（今陕西咸阳东北）人。东汉著名史学家、文学家，《汉书》的作者。司马迁（前145—不详），字子长，夏阳（今陕西韩城南）人。西汉著名史学家、散文家，《史记》的作者。

⑨觌（dí）：观察，看见。

⑩苻坚（338—385）：字永固，氐族，略阳临渭（今甘肃秦安）人。十六国时期前秦皇帝。苻坚在位期间（357—385）励精图治，重用汉人王猛，推行一系列改革政策，富国强兵，逐步消灭北方割据政权，统一北方，并攻占了东晋的蜀地，对东晋形成强大的军事压力。公元383年，淝水之战爆发，前秦战败，国家陷入内乱，北方又复归分裂，苻坚最终被羌人姚苌所杀，谥号宣昭帝，庙号世祖。释道安（314—385）：俗姓卫，常山扶柳（今河北冀州）人。幼年时父母双亡，由外兄抚养。十二岁出家为僧，二十岁受具足戒。随后外出求学，约公元335年，道安游学至邺，遇到了服务于后赵政权的高僧佛图澄。从此，他便师事佛图澄，"服膺终身"，直至佛图澄去世。道安跟随佛图澄研习佛学，以小乘为主，兼学大乘般若学，很快就崭露头角。每逢佛图澄开讲，都由道安复述。众人提出种种疑难，道安"挫锐解纷，行有余力"。时人语曰："漆道人，惊四邻。"佛图澄去世后，石氏内乱，道安离开邺地，

先后在河北、山西和河南一带弘法传教，颠沛流离约十余年。东晋兴宁三年(365)前后，为避北方连年战乱，道安率徒南下，准备前往襄阳。行至河南新野，他对众人说："今遭凶年，不依国主，则法事难立。又教化之体，宜令广布。"遂分张徒众，派遣一部分弟子到各地去弘法传教，自己则带领慧远等四五百人，直抵襄阳。在襄阳的十五年里，道安在经典整理、佛理阐发、僧规订立等方面为中国佛教的发展作出了重要贡献，其思想重心开始由禅学转向般若学，并创立般若学"六家七宗"中的本无宗，大大推进了佛教中国化的进程。前秦苻坚素仰道安之名，派苻丕率兵攻下襄阳，迎道安至长安。在苻坚的支持下，道安在长安组织译场，译出佛典约十四部，一百八十三卷，百万余言；并对译经的经验作了认真总结，提出了著名的"五失本，三不易"的说法，对后来的佛经翻译影响很大。道安勤于著述，一生共有著作六十多种，现存约二十多种，涉猎佛教大小乘理论、禅修、律仪等广泛领域。详见《高僧传》卷五《道安传》。神器：神物，神一样的人物。《太平广记·异僧》："时苻坚素闻安名，每云：'襄阳有释道安足神器，方欲致之，以辅朕躬。'后遣苻平南攻襄阳，安与朱序俱获于坚，坚谓仆射权翼曰：'朕以十万之师取襄阳，唯得一人半。'翼曰：'谁耶？'坚曰：'安公一人，习凿齿半人也。'"习凿齿，东晋名士，闻道安至襄阳，即前往拜谒。既坐称言："四海习凿齿。"安曰："弥天释道安。"时人以为名答。

⑪长孙无忌(594—659)：字辅机，洛阳(今属河南)人。唐初宰相，文德皇后之兄。长孙无忌和唐太宗乃布衣之交。隋末天下大乱，他追随李世民南征北战，成为其心腹谋臣，并参与策划玄武门事变，后被任命为中书令，封赵国公，在凌烟阁功臣中位列第一。高宗时期，因反对立武则天为皇后，遭到贬黜，最终自缢而死。

【译文】

安置妥当，法师前往洛阳宫谒见太宗皇帝。二月一日，在仪鸾殿相见，太宗对法师欢迎和慰问极为殷勤丰厚。就座后，太宗说道："法师离去时为什么不通报？"法师谢罪道："玄奘在离去之前，曾再三上表奏请，只是诚愿微浅，未能蒙恩允准。玄奘不胜求法之心急切，就私自出走，专擅之罪，深感惭惧。"太宗说道："法师是出家人，已和尘俗脱离，然而能舍身求法，惠利苍生。朕极为赞许，法师不必烦恼愧疚。只是想到这一路山高水远，风俗各异，奇怪法师竟能到达。"

法师回答道："玄奘听说乘御疾风，造访天池也不算远；驾驭龙舟，涉渡江海也不算难。自从陛下手握乾符，廓清四海；德治布于九州，仁政被于八方。淳朴之风扇至炎热的南方，圣德之威安定葱山之外的区域。所以戎夷的君长，每看见在空中翱翔的飞鸟从东方而来，犹且怀疑它是来自大唐上国，弯腰鞠躬向它表达敬意，况且玄奘圆头方足，亲自承受陛下教化的呢。依仗陛下天威，所以得以往返毫无困难。"

太宗说道："这是法师客气的话，朕那里敢当呢。"于是广泛询问西域的情况。自雪岭以西，印度之境，四时气候，物产风俗，八王故迹，四佛遗踪，都是西汉博望侯张骞所不知晓，班固、司马迁不能得知而无法记载的。法师既已亲身游历西域，观看各国的疆土城邑，耳闻目睹，都记忆得很清楚，随问酬答，很有条理。

太宗大为高兴，对侍臣说道："昔日苻坚称释道安为神器，满朝都尊崇他。朕今天观看法师词论典雅庄严，风节坚贞严谨，不仅无愧于古人，而且超出古人更远。"当时赵国公长孙无忌对答说："诚如陛下所言。臣曾经阅读《三十国春秋》，看到里面叙述释道安的事迹，实乃是品行高洁、博学多识的僧人。但那时佛法传来不久，经、论不多，虽然钻研，不过是佛法的枝叶，不如法师亲身窥察佛国，探求各种奥妙的源头，尽览诸佛涅槃的圣迹啊。"太宗说道："您的话说得对啊。"

太宗又对法师说道："佛国遥远，那里的灵迹和法教，前代史书不能详细陈述其原委，法师既然目睹，应该写一部专著，给未曾听闻的人观看。”太宗又发现法师有担任公卿的才能，就劝他还俗，协助自己处理世俗事务。法师辞谢道：“玄奘从小皈依释门，虔诚信奉佛道，修习佛法，未曾听学儒家的学问。如今让我还俗，无异使河流里的船弃水登陆，不仅没有功用，而且只能使它腐朽啊。希望终身弘扬佛法，以报国恩，就是玄奘最大的福气。”法师就这样坚决辞谢，太宗才作罢。

时帝将问罪辽滨，天下兵马已会于洛，军事忙迫，闻法师至，命引入朝，期暂相见，而清言既交，遂不知日昃[①]。

赵国公长孙无忌奏称法师停在鸿胪[②]，日暮恐不及。帝曰：“匆匆言犹未尽意，欲共师东行，省方观俗，指麾之外，别更谈叙，师意如何？”法师谢曰：“玄奘远来，兼有疾疹[③]，恐不堪陪驾。”帝曰：“师尚能孤游绝域，今此行盖同跬步[④]，安足辞焉？”法师对曰：“陛下东征，六军奉卫[⑤]，罚乱国，诛贼臣，必有牧野之功[⑥]，昆阳之捷[⑦]。玄奘自度，终无裨助行阵之效，虚负涂路费损之惭。加以兵戎战斗，律制不得观看。既佛有此言，不敢不奏。伏愿天慈哀矜[⑧]，即玄奘幸甚。”帝信纳而止。

法师又奏云：“玄奘从西域所得梵本六百余部，一言未译。今知此嵩岳之南、少室山北有少林寺，远离鄽落[⑨]，泉石清闲，是后魏孝文皇帝所造[⑩]，即菩提留支三藏翻译经处。玄奘望为国就彼翻译，伏听敕言。”帝曰：“不须在山，师西方去后，朕奉为穆太后于西京造弘福寺[⑪]，寺有禅院甚虚静，法师可就翻译。”

法师又奏曰：“百姓无知，见玄奘从西方来，妄相观看，遂成阛阓[12]，非直违触宪纲[13]，亦为妨废法事，望得守门，以防诸过。”帝大悦，曰：“师此意可谓保身之言也，当为处分。师可三五日停憩，还京就弘福安置。诸有所须，一共玄龄平章[14]。”自是辞还矣。

【注释】

①日昃(zè)：太阳偏西。

②鸿胪：即鸿胪寺，朝廷负责接待来宾及外交礼仪的官署。

③疾疢(chèn)：疾病。疹，同“疢”，疾病。

④跬(kuǐ)步：半步，步。指极近的距离。《大戴礼记·劝学》：“是故不积跬步，无以致千里；不积小流，无以成江海。”

⑤六军：指天子所统领的军队。《周礼·夏官·司马》：“凡制军，万有二千五百人为军。王六军，大国三军，次国二军，小国一军。”《左传·襄公十四年》：“周为六军，诸侯之大者，三军可也。”

⑥牧野之功：周武王联军在牧野(今河南淇县西南)与商朝军队进行决战，帝辛兵败自焚，商朝灭亡。

⑦昆阳之捷：新朝末年，新、汉两军在中原地区进行战略决战，绿林军在昆阳(今河南叶县)以少胜多消灭了王莽的主力。不久绿林军攻入长安，王莽被杀，新朝灭亡。

⑧哀矜：哀怜，怜悯。《尚书·吕刑》：“皇帝哀矜庶戮之不辜。”

⑨廛(chán)落：指居民区。

⑩后魏孝文皇帝：即北魏孝文帝。北魏孝文帝拓跋宏(467—499)，杰出的政治家、改革家。即位时年仅5岁，公元490年亲政。亲政后积极推行汉化改革，并将都城从山西大同迁至河南洛阳。去世后谥孝文皇帝，庙号高祖。

⑪穆太后：指唐高祖李渊的皇后窦氏，李世民的生母。

⑫阛阓(huán huì)：街市。

⑬非直：不但，不仅。《史记·淮南衡山列传》："今吾国虽小，然而胜兵者可得十余万，非直适戍之众，𨭉凿棘矜也。"宪纲：法纪，法度。

⑭平章：商议，商酌。

【译文】

当时太宗正准备用兵辽东，天下兵马已经会集到洛阳，军务繁忙紧迫，听说法师来到，请入朝廷，本想只作短暂会见，然而清音妙语，相谈甚欢，便不知不觉太阳已经偏西。

赵国公长孙无忌启奏称说法师在鸿胪寺住宿，天晚恐怕赶不回去。太宗说道："时间仓促还有想说的话没有说完，想请法师随我东行，领略地方上的风光民俗，在我指挥用兵之外，抽时间再作进一步详谈，法师您意下如何？"法师辞谢道："玄奘刚从远方归来，身体又有疾病，恐怕不能陪同陛下东行。"太宗说道："法师孤身尚且能够远游异域，如今东行如同举步，还用得着推辞吗？"法师回答道："陛下东征，六军奉卫，征伐乱国，诛讨贼臣，一定会有牧野之功，昆阳之捷。玄奘认为自己对行军作战无能为力，白白增加路途上的耗损。再说兵戎战斗，戒律禁止观看。既然佛说过这话，玄奘不敢不奏。俯伏祈愿陛下慈悲怜悯，那玄奘非常庆幸了。"太宗听从作罢。

法师又启奏道："玄奘从西域所获得梵本有六百多部，一个字都没有翻译。如今得知嵩山之南、少室山之北有座少林寺，远离村落，泉石清幽，是北魏孝文皇帝所建造的，也是当年菩提留支三藏翻译佛经的地方。玄奘希望能在那里为国翻译佛经，俯伏听候陛下的敕令。"太宗说道："不需要到山里译经，法师当年去西方后，朕为穆太后在西京建造了弘福寺，寺中的禅院十分清静，法师可以到那里翻译。"

法师又启奏道："百姓无知，见到玄奘从西方回来，都想前来观看，弄得像闹市一样，不但违反法纪，也会妨碍法事，希望派人守护，以防止出现什么过错。"太宗大悦，说道："法师所说真可谓是保身之言啊，朕定当妥善安排。法师可在这里休息三五天，然后再回京住进弘福寺。如果有什么需要，都请和房玄龄商量。”法师于是告辞，返回长安。

三月己巳，法师自洛阳还至长安，即居弘福寺。将事翻译，乃条疏所须证义、缀文、笔受、书手等数[①]，以申留守司空梁国公房玄龄，玄龄遣所司具状发使定州启奏。令旨依所须供给，务使周备。

夏六月戊戌，证义大德谙解大小乘经论、为时辈所推者，一十二人至，即京弘福寺沙门灵润、沙门文备，罗汉寺沙门慧贵、实际寺沙门明琰、宝昌寺沙门法祥、静法寺沙门普贤、法海寺沙门神昉、廓州法讲寺沙门道琛、汴州演觉寺沙门玄忠、蒲州普救寺沙门神泰、绵州振音寺沙门敬明、益州多宝寺沙门道因等。又有缀文大德九人至，即京师普光寺沙门栖玄、弘福寺沙门明璿、会昌寺沙门辩机、终南山丰德寺沙门道宣、简州福聚寺沙门静迈、蒲州普救寺沙门行友、栖岩寺沙门道卓、豳州昭仁寺沙门慧立、洛州天宫寺沙门玄则等。又有字学大德一人至，即京大总持寺沙门玄应。又有证梵语、梵文大德一人至[②]，即京大兴善寺沙门玄谟。自余笔受、书手，所司供料等并至。

丁卯，法师方操贝叶开演梵文[③]，创译《菩萨藏经》、《佛地经》、《六门陀罗尼经》、《显扬圣教论》等四部。其翻《六门经》当日了，《佛地经》至辛巳了，《菩萨藏经》、《显扬论》等岁暮方讫。二十年春正月甲子，又译《大乘阿毗达磨杂集论》，至二月讫。又译《瑜伽师地论》。

【注释】

①证义：译主的助手，负责审察，译文与原文的意义如有出入，则与译主商定。缀文：负责连缀译文文句，使之符合汉语习惯。笔受：负责记录按照梵语原文句式译成的汉语。书手：负责抄写。玄奘译场有以下分工：译主、证义、证文、度语、笔受、缀文、参译、刊定、润文、梵呗、监护大使等十一个职务。

②证梵语、梵文：即证文、证梵本，负责检验译主所读梵文有无讹误的僧侣。

③贝叶：即贝叶经。贝叶经就是书写在贝多罗树叶子上的经文。贝叶经多为佛教经典，还有一部分为古印度梵文文献，故常用"贝叶"泛称佛经。

【译文】

三月一日，法师从洛阳回到长安，住进弘福寺。准备进行翻译工作，就列出所需的证义、缀文，笔受、书手等人数，报告留守司空梁国公房玄龄，房玄龄叫人写好文书派使者去定州启奏太宗。太宗传旨依照法师所需供给，务必周全。

夏六月二日，熟悉了解大小乘经论、为时人所推崇的证义高僧十二人来齐，他们是京弘福寺沙门灵润、沙门文备，罗汉寺沙门慧贵、实际寺沙门明琰、宝昌寺沙门法祥、静法寺沙门普贤、法海寺沙门神昉、廓州法讲寺沙门道琛、汴州演觉寺沙门玄忠、蒲州普救寺沙门神泰、绵州振音寺沙门敬明、益州多宝寺沙门道因等。又有缀文高僧九人来到，是京师普光寺沙门栖玄、弘福寺沙门明璿、会昌寺沙门辩机、终南山丰德寺沙门道宣、简州福聚寺沙门静迈、蒲州普救寺沙门行友、栖岩寺沙门道卓、豳州昭仁寺沙门慧立、洛州天宫寺沙门玄则等。又有字学高僧一人来到，即京城大总持寺沙门玄应。又有证梵语、梵文高僧一人来到，是京城大兴善寺沙门玄谟。此外，笔受、书手以及官府所供给的物资等也都到达弘福寺。

七月一日，法师手持经本口译梵文，开始翻译《菩萨藏经》、《佛地经》、《六门陀罗尼经》、《显扬圣教论》等四部经、论。其中《六门陀罗尼经》当天译完，《佛地经》到十五日译完，《菩萨藏经》、《显扬论》等到年终方才译完。贞观二十年正月初一，又开始翻译《大乘阿毗达磨杂集论》，到二月译完。又开始翻译《瑜伽师地论》。

秋七月辛卯，法师进新译经、论现了者，表曰：

沙门玄奘言：窃闻八正之旨，实出苦海之津梁[①]；一乘之宗，诚升涅槃之梯隥[②]。但以物机未熟，致蕴葱山之西，经胥庭而莫闻[③]，历周、秦而靡至。暨乎摩腾入洛，方被三川[④]；僧会游吴[⑤]，始沾荆楚。从是已来，遂得人修解脱之因，家树菩提之业，固知传法之益，其利博哉。次复严、显求经[⑥]，澄、什继译[⑦]，虽则玄风日扇，而并处伪朝。唯玄奘轻生，独逢明圣，所将经、论咸得奏闻。蒙陛下崇重圣言，赐使翻译，比与义学诸僧等专精夙夜[⑧]，无堕寸阴，虽握管淹时[⑨]，未遂终讫。已绝笔者，见得五部五十八卷，名曰《大菩萨藏经》二十卷、《佛地经》一卷、《六门陀罗尼经》一卷、《显扬圣教论》二十卷、《大乘阿毗达磨杂集论》一十六卷，勒成八帙[⑩]，缮写如别[⑪]，谨诣阙奉进。玄奘又窃见弘福寺尊像初成，陛下亲降銮舆，开青莲之目[⑫]。今经、论初译，圣为代新文，敢缘前义，亦望曲垂神翰[⑬]，题制一序，赞扬宗极。冀冲言奥旨与日月齐明，玉字银钩将乾坤等固，使百代之下诵咏不穷，千载之外瞻仰无绝。

【注释】

①津梁：渡口和桥梁。比喻能起桥梁作用的人或事物。此处比喻济度众生的方法、手段。南朝宋刘义庆《世说新语·言语》："庾公尝入佛图，见卧佛，曰：'此子疲于津梁。'"

②梯隥(dèng)：台阶，阶梯。隥，同"磴"。

③胥庭：太古帝王赫胥氏和大庭氏的并称。《后汉书·王充王符等传论》："世非胥庭，人乖彀饮。"

④三川：指三河或三江。历史上说法不一。西周以泾、渭、洛为三川。战国时期指太湖附近的松江、钱塘江、浦阳江。唐代《元和郡县图志》将岷江、澧江、湘江称为西、中、南"三江"。此处应指以洛阳为中心的中原地区。

⑤僧会：康僧会。详见前注(卷一)。

⑥严、显：智严和法显。详见前注(卷一)。

⑦澄、什：佛图澄和鸠摩罗什。详见前注(序和卷一)

⑧专精：专心一志。夙夜：朝夕，日夜。《尚书·旅獒》："夙夜罔或不勤，不矜细行，终累大德。"

⑨淹时：移时，经过了一段时间。北魏郦道元《水经注·江水二》："今上在西忽有一洲自生，沙流回薄，成不淹时，其后未几，龙飞江汉矣。"

⑩帙(zhì)：古代帛书用囊盛放，叫做"帙"，即今所谓的函。

⑪缮写：誊写，编录。

⑫开青莲之目：即佛教所谓的开眼、开光，一种佛教仪式。《佛说一切如来安像三昧仪轨经》："复为佛像，开眼之光明，如点眼相似，即诵开眼光真言二道。"

⑬曲垂：俯赐，俯降。用于称颂君上颁赐的敬辞。北周庾信《谢赵王赉丝布启》："远降圣慈，曲垂矜赈。"

【译文】

秋七月一日，法师进呈已完成的新译经、论，表文说：

沙门玄奘言：我听说八正道的要旨，确实是出离人生苦海的桥梁；大乘不二之宗，诚然是升入涅槃彼岸的阶梯。但是因为机缘尚未成熟，致使佛法蕴藏在葱山的西边，在赫胥氏和大庭氏时代没有听闻，又经过周朝和秦朝还没有到来。等到竺摩腾来到洛阳，佛法方才泽被三川地区；康僧会游历东吴，圣教开始浸润荆楚之地。从此以后，才使人们修行解脱之善因，家家培植菩提的慧业，由此可知，弘扬佛法的利益，功德是非常大的。后来严佛调、法显又去印度求取佛经，佛图澄、鸠摩罗什相继译介，虽然不间断地弘扬佛法，但是他们都是身处伪朝。只有玄奘卑微之人，独独遇上明君盛世，所带回的经、论都得以启奏陛下。承蒙陛下崇敬圣言，让玄奘翻译，玄奘与诸位义学高僧专心一志，日夜勤瘁，不荒废片刻光阴，虽然已经翻译了一段时间，但还没有全部完成。现在已经完成的有五部五十八卷，名为《大菩萨藏经》二十卷、《佛地经》一卷、《六门陀罗尼经》一卷、《显扬圣教论》二十卷、《大乘阿毗达磨杂集论》一十六卷，分装成八函，另外誊写一份，谨呈送宫阙敬献陛下。玄奘又看到弘福寺佛像建成，陛下亲临到此，为佛像开青莲眼目。如今经、论刚开始翻译，是大唐盛世新译的经文，敢于缘求先圣之义理，也希望陛下俯降神笔，撰写一篇序文，赞扬佛教至理。希望陛下的玄言奥旨与日月齐明，文字墨宝和乾坤等固，使百代以后仍然诵咏不穷，千年之外亦是瞻仰无绝。

前又洛阳奉见日，敕令法师修《西域记》，至是而成。乙未，又表进曰：

沙门玄奘言：窃寻蟠木、幽陵[1]，云官纪轩皇之壤[2]；流沙沧海[3]，夏载著伊尧之域[4]。西母白环[5]，荐垂衣之主[6];东夷楛矢[7],奉刑措之君[8]。固以飞英曩代[9],式徽前典[10]。伏惟陛下,握纪乘时,提衡范物。刳舟弦木[11],威天下而济群生;鳌足芦灰[12],堙方舆而补圆盖[13]。耀武经于七德[14],阐文教于十伦[15]。泽遍泉源,化沾萧苇;芝房发秀[16],浪井开华[17]。乐囿驯班[18],巢阿响律[19];浮紫膏于贝阙[20],霏白云于玉检[21]。遂苑弱水而池蒙汜[22],圃炎火而照积冰[23],梯赤坂而承朔[24],泛沧津而委赆[25]。史旷前良,事绝故府[26]。岂如汉开张掖[27],近接金城[28];秦戍桂林[29],才通珠浦而已[30]。玄奘幸属天地贞观[31],华夷静谧;冥心梵境[32],敢符好事。命均朝露[33],力譬秋螽[34]。徒以凭假皇灵[35],飘身进影;展转膜拜之乡[36],流离重驿之外[37]。条支巨縠,方验前闻;罽宾孤鸾,还稽曩实。时移岁积,人愿天从,遂得下雪岫而泛提河,窥鹤林而观鹫岭[38]。祇园之路,仿像犹存[39];王城之基,坡陀尚在[40]。寻求历览,时序推迁;言返帝京,淹逾一纪。所闻所履,百有三十八国[41]。

窃以章、亥之所践藉[42],空陈广袤;夸父之所陵厉[43],无述土风。班超侯而未远[44],张骞望而非博[45]。今所记述,有异前闻。虽未极大千之疆,颇穷葱外之境,皆存实录,匪敢雕华[46]。谨具编裁,称为《大唐西域记》,凡一十二卷,缮写如别。望班之右笔[47],饰以左言[48];掩《博物》于晋臣[49],广《九丘》于皇代[50]。但玄奘资识浅短,遗漏实多;兼拙于笔语,恐无足观览。

景申[51],神笔自答书曰:“省书具悉来意。法师夙标高行，早出尘表[52]，泛宝舟而登彼岸，搜妙道而辟法门。弘阐大猷[53]，荡涤众罪。是故慈云欲卷，舒之荫四空[54]；慧日将昏，朗之照八极[55]。舒朗之者，其唯法师乎！朕学浅心拙，在物犹迷，况佛教幽微，岂能仰测？请为经题，非己所闻。又云新撰《西域记》者，当自披览。敕奘尚。"

【注释】

①寻：寻思，考察。蟠木、幽陵：传说中的山名。《大戴礼记·五帝德》："（颛顼）乘龙而至四海，北至于幽陵，南至于交趾，西济于流沙，东至于蟠木。"

②云官：黄帝时期的官员。黄帝以云纪事，百官师长皆以云为名号，故称"云官"。《晋书·张协传》："教清于云官之世，治穆乎鸟纪之时。"轩皇：黄帝轩辕。

③流沙：指西部沙漠。沧海：指东部大海。《尚书·禹贡》："东渐于海，西被于流沙。"

④夏载：夏禹所乘坐的交通工具。指舟、车、輴、樏，即水乘舟，陆乘车，泥乘輴，山乘樏。南朝宋颜延之《应诏观北湖田收》："周御穷辙迹，夏载历山川。"伊尧：即唐尧。汉王符《潜夫论》卷八："后嗣庆都，与龙合婚，生伊尧。代高辛氏。其眉八彩。世号'唐'。作乐大章。始禅位。武王克殷，而封其胄于铸。"

⑤西母：西王母。晋傅玄《正都赋》："东父翳青盖而遐望，西母使三足之灵禽。"白环：白玉环。《竹书纪年·五帝纪》："六年，西王母之来朝，献白环玉玦。"《后汉书·马融传》："纳僬侥之珍羽，受王母之白环。"

⑥荐：进献。垂衣：无为而治之义。《周易·系辞下》："黄帝、尧、舜垂衣裳而天下治，盖取诸乾坤。"汉王充《论衡·自然》："垂衣裳

者，垂拱无为也。”

⑦东夷：古代对中原以东各族的统称。楛(hù)矢：以楛木做杆的箭。指代东北藩属的贡物。晋孙楚《为石仲容与孙皓书》：“东夷献其乐器，肃慎贡其楛矢。”

⑧刑措：又作“刑厝”、“刑错”，即置刑法而不用。比喻太平盛世。《史记·周本纪》：“故成、康之际，天下安宁，刑错四十余年不用。”

⑨飞英：扬名。曩代：前代。

⑩式徽：效法美善。

⑪刳(kū)舟：凿木头为舟。刳，剖，剖开。《周易·系辞下》：“刳木为舟，剡木为楫，舟楫之利，以济不通。致远以利天下，盖取诸涣。”弦木：用木制作弓箭。《周易·系辞下》：“弦木为弧，剡木为矢，弧矢之利，以威天下，盖取诸睽。”

⑫鳌足：传说中女娲补天时用作天柱的大龟四足。《淮南子·览冥训》：“往古之时，四极废，九州裂，天不兼覆，地不周载。火爁炎而不灭，水浩洋而不息。猛兽食颛民，鸷鸟攫老弱。于是女娲炼五色石以补苍天，断鳌足以立四极，杀黑龙以济冀州，积芦灰以止淫水。苍天补，四极正，淫水涸，冀州平，狡虫死，颛民生。”

⑬堙(yīn)：填，堵塞。方舆：指大地。圆盖：指苍天。

⑭七德：指武功的七种德行。《左传·宣公十二年》：“夫武，禁暴、戢兵、保大、定功、安民、和众、丰财者也。故使子孙无忘其章……武有七德，我无一焉，何以示子孙？”

⑮十伦：即“十义”，指儒家提倡的十种伦理道德。《礼记·礼运》：“何谓人义？父慈、子孝、兄良、弟悌、夫义、妇听、长惠、幼顺、君仁、臣忠……故圣人之所以治人七情，修十义，讲信修睦，尚辞让，去争夺，舍礼何以治之？”

⑯芝房：指成丛的灵芝。东汉张衡《南都赋》：“芝房菌蠢生其隈，玉

膏滵溢流其隅。"发秀:开花。汉王延寿《鲁灵光殿赋》:"圆渊方井,反植荷蕖。发秀吐荣,菡萏披敷。"

⑰浪井:自然生成的井。南朝梁简文帝《七励》:"漾醴泉于浪井,拂垂杨于御沟。"开华:开花。比喻井水像花蕾绽放一样踊出。

⑱乐囿(yòu):乐府。囿,指事物萃聚之处。驯班:训练编排。

⑲巢阿:指巢阿阁,四面有檐之阁。阿,屋檐。阁有四阿,谓之阿阁,指帝王所居之所。《宋书·符瑞上》:"(黄帝时有大鸟)或上帝之东园,或巢阿阁。"

⑳贝阙:用贝壳装饰的宫殿。

㉑霏(fēi):飘扬。玉检:玉牒检,指玉牒书的封箧,或指玉牒文。玉牒文,泰山封禅之用,功成治定,告成功于天,刻石纪号,有金策石函,金泥玉检之封焉。

㉒弱水:指西方遥远的河流。《山海经·大荒西经》:"(昆仑之丘)其下有弱水之渊。"《史记·大宛列传》:"安息长老传闻条支有弱水、西王母。"《后汉书·西域传·大秦》:"(大秦国)西有弱水、流沙,近西王母所居处。"蒙汜:蒙水之边涯,传说中太阳没入之处。《楚辞·天问》:"出自汤谷,次于蒙汜。"

㉓炎火:传说中的火焰山。《山海经·大荒西经》:"有大山名曰昆仑之丘……其下有弱水之渊环之,其外有炎火之山,投物辄然。"积冰:大雪山。

㉔赤坂:西方酷热之地。南朝宋鲍照《苦热行》:"赤阪横西阻,火山赫南威。"承朔:秉承中国的正朔,指归顺。

㉕沧津:指海上桥梁。委赆(jìn):进贡的财物。指归附。

㉖故府:旧府库。《国语·鲁语下》:"君若使有司求诸故府,其可得也。"

㉗张掖:张掖郡,汉武帝元鼎六年(前111)置,在今甘肃张掖。以"张国臂掖,以通西域",故名。

㉘金城：金城郡，在今甘肃兰州之西北。汉陈琳《檄吴将校部曲文》："超之妻孥，焚首金城。"

㉙桂林：桂林郡，秦始皇三十三年（前214）置。以"江源多桂，不生杂木"，故名。

㉚珠浦：汉代合浦郡因产珍珠，故名。《后汉书·孟尝传》："（孟尝）迁合浦太守，郡不产谷实，而海出珠宝。"

㉛天地贞观：指天下澄清、正道恢宏。《周易·系辞下》："天地之道，贞观者也。"谓以正道示人。贞，正，常。观，示。《后汉书·党锢传·李膺》："以为天子当贞观二五，利见大人，不谓夷之初旦，明而未融，虹蜺扬辉，弃和取同。"唐李华《含元殿赋》："王临于朝，天地贞观。"

㉜冥心：专心致志。《晋书·隐逸传·辛谧》："是故不婴于祸难者，非为避之，但冥心至趣而与吉会耳。"梵境：指印度地界。《翻译名义集·宗翻译主》："（玄奘）于是杖锡裹足，履险若夷，既戾梵境，筹咨无倦。"

㉝命均朝露：指人生短促。《汉书·苏武传》："人生如朝露，何久自苦如此！"

㉞秋螽（zhōng）：秋天的蝗虫。

㉟皇灵：皇帝的威灵。

㊱膜拜之乡：指印度。

㊲流离：游走奔波。重驿：重重的驿站。

㊳鹤林：指佛入灭之处。佛于娑罗双树间入灭时，树一时开花，林色变白，如白鹤之群栖，故云"鹤林"。《涅槃经》卷一："尔时，拘尸那城娑罗树林，其林变白，犹如白鹤。"南朝齐王融《法门颂启》："鹿苑金轮，弘汲引以济俗；鹤林双树，显究竟以开氓。"

㊴仿像：隐隐约约的样子。《文选·海赋》："且希世之所闻，恶审其名？故可仿像其色，叆𩂯其形。"南朝齐王融《巫山高》："仿像巫

山高,薄暮阳台曲。”

㊵坡陀:不平坦的样子。引申为遗址、遗迹。

㊶百有三十八国:原作“百有二十八国”,误。

㊷章、亥:指大章和竖亥。古代传说中善走的人。晋张协《七命》:“蹑章亥之所未迹。”

㊸夸父:中国上古神话传说人物。《列子·汤问》:“夸父不量力,欲追日影,逐之于隅谷之际。渴欲得饮,赴饮河渭。河渭不足,将走北饮大泽。未至,道渴而死。弃其杖,尸膏肉所浸,生邓林。邓林弥广数千里焉。”《山海经·海外北经》:“夸父与日逐走,入日;渴,欲得饮,饮于河渭;河渭不足,北饮大泽。未至,道渴而死。弃其杖,化为邓林。”

㊹班超(32—102):字仲升,扶风平陵(今陕西咸阳)人。班固的弟弟。他经营西域三十一年,使西域五十多个国悉数归附汉朝,被封为定远侯。

㊺张骞:西汉人。因出使西域之功被封为博望侯。详见前注(本卷)。

㊻雕华:雕丽,加以修饰。《旧唐书·德宗纪下》:“加以天才秀茂,文思雕华。”

㊼右笔:右史之笔,专以记事。

㊽左言:左史所记之言。左史之笔,专以记言。

㊾《博物》:即《博物志》。西晋张华撰,共十卷,分类记载了山川地理、飞禽走兽、人物传记、神话古史、神仙方术等,为继《山海经》后,我国又一部包罗万象的奇书。该书《自序》:“余视《山海经》及《禹贡》、《尔雅》、《说文》、地志,虽曰悉备,各有所不载者,作略说。出所不见,粗言远方,陈山川位象,吉凶有征。诸国境界,犬牙相入。春秋之后,并相侵伐,其土地不可具详,其山川地泽,略而言之,正国十二。博物之士,览而鉴焉。”

㊿《九丘》:传说中我国最古的书名。《尚书·序》:“九州之志,谓之

《九丘》，丘，聚也。言九州所有，土地所生，风气所宜，皆聚此书也。"《左传·昭公十二年》："（楚）左史倚相趋过，王曰：'是良史也，子善视之。是能读《三坟》、《五典》、《八索》、《九丘》。'"皇代：当代，当今之世。

㉛景申：丙申。

㉜尘表：尘世之外，世俗之外。常用来比喻人品超世绝俗。《晋书·王戎传》："王衍神姿高彻，如瑶林琼树，自然是风尘表物。"

㉝大猷（yóu）：指治国之大道。《诗经·小雅·巧言》："奕奕寝庙，君子作之；秩秩大猷，圣人莫之。"

㉞四空：四方的天空。《宋书·乐志二》："延八虚，辟四空。"

㉟八极：八方极远之地。《淮南子·坠形训》："八纮之外，乃有八极。自东北方曰方土之山，曰苍门；东方曰东极之山，曰开明之门；东南方曰波母之山，曰阳门；南方曰南极之山，曰暑门；西南方曰编驹之山，曰白门；西方曰西极之山，曰阊阖之门；西北方曰不周之山，曰幽都之门；北方曰北极之山，曰寒门。"

【译文】

此前法师在洛阳觐见太宗的时候，太宗敕令法师撰修《西域记》，这时候也已经完成。五日，又上表说：

沙门玄奘言：玄奘寻思，蟠木和幽陵，云官记载着黄帝轩辕的领地；流沙和沧海，夏禹的交通工具遍历唐尧的疆域。西王母的白玉环，献给垂衣而治的帝王；东夷的楛矢，送给以善道治人的君主。古人流传的美名已经成为美德的典范载入前代的典籍。俯伏思维，陛下掌控纲纪，顺应天时；提领度衡，制定规范。刳木为舟，弦木为弧，威震天下而济度苍生；断鳌足以立四极，积芦灰以止淫水，填大地而补苍天。闪耀武经的七德之光，阐扬文教的十伦之义。恩泽遍及泉源，德化沾及萧苇；成丛的灵芝绽放着鲜花，自然形成的井流淌着清泉。乐府里编排训练，重阁中响起音律；紫贝装饰在宫阙之上，白云飘荡在玉函上空。于是以弱水为苑囿，而以蒙汜作池塘；以炎火为园圃，而以积冰作光照。天下之人穿越西方酷热之地前来归顺，跨过东方海上桥梁前来依附。如此盛世伟业以前史书没有记载，也不见于旧府的文册中。怎么会像西汉开拓的张掖，不过在金城的附近；秦朝所戍守的桂林，也才通到珠浦而已啊。玄奘有幸身处天地澄清的贞观年代，华夷地区都很安定；所以能专心前往印度，实现求法的事业。玄奘生命犹如早晨的露水，力量好似秋天的蚂蚱。只是凭借皇帝的威灵，一路前行；辗转游走于异国他乡，奔波流离在重重驿站之外。看到条支的巨卵，方能验证以前的听闻；见到罽宾的孤鸾，才得以稽考从前的事实。年月已久，天从人愿，方得翻越雪山，泛游提河，瞻仰鹤林，观礼鹫岭。祇园的道路，隐隐约约；王城的城基，遗址还在。寻求历览，岁月流转；等返回长安，已经历时一十七年了。所到过和听说的国家，共有一百三十八国。

玄奘以为大章和竖亥走过的地方，只留下白茫茫一片空旷；夸父凌厉地奔跑，却没有叙述所过之处的民俗风情。班超经营西域却未达到远方，张骞出使西域却并不博闻。如今玄奘所记述的内容，与前人有所不同。虽然没有极尽大千疆域，却也详细记述了葱岭以西的各个国家，且都如实记录，不敢妄加修饰。根据编裁，称为《大唐西域记》，共一十二卷，另外誊写一份。这部书以史家之笔翔实撰写，其内容远超西晋《博物志》和古书《九丘》的记载。但是玄奘资识短浅，遗漏很多；而且拙于文笔语言，恐怕不值得观阅。

六日，太宗亲笔书写敕书答复道：“观览书文已详知您的意思。法师向来品行高尚，早已超出世俗之外，乘坐宝舟而登临彼岸，搜寻妙道去开辟法门。弘扬大乘佛法，荡涤众生之罪。因此慈云欲要卷收，舒张开就会荫蔽四方天空；慧日将要昏暝，朗澈它就会照耀八方极远之地。舒张慈云、朗澈慧日的人，只有法师啊！朕学问粗浅，心思笨拙，对具体事物尚且迷惑，况且佛教幽微，岂能测度？为新译经、论撰写序文的事，不是我可以胜任的。法师又说新近撰写了一部《西域记》，朕当会阅读。敕令玄奘呈上。”

丁酉，法师重表曰：

沙门玄奘言：伏奉墨敕，猥垂奖喻，祗奉纶言[①]，精守振越。玄奘业行空疏[②]，谬忝缁侣。幸属九瀛有截[③]，四表无虞[④]。凭皇灵以远征，恃国威而访道。穷遐冒险，虽励愚诚；纂异怀荒[⑤]，实资朝化[⑥]。所获经、论，蒙遣翻译，见成卷轴，未有铨序[⑦]。伏惟陛下睿思云敷，天华景烂[⑧]。理包《系》、《象》[⑨]，调逸《咸》、《英》[⑩]；跨千古以飞声[⑪]，掩百王而腾实[⑫]。窃以神力无方[⑬]，非神思不足铨其理；圣教玄远，非圣藻何以序其源[⑭]？

故乃冒犯威严，敢希题目。宸眷冲邈[⑮]，不垂矜许[⑯]，抚躬累息[⑰]，相顾失图[⑱]。玄奘闻日月丽天[⑲]，既分晖于户牖；江河纪地，亦流润于岩崖。云和广乐[⑳]，不秘响于聋昧；金璧奇珍，岂韬彩于愚瞽？敢缘斯理，重以干祈。伏乞雷雨曲垂，天文俯照[㉑]，配两仪而同久[㉒]，与二曜而俱悬[㉓]。然则鹫岭微言，假神笔而弘远；鸡园奥典[㉔]，托英词而宣畅。岂止区区梵众，独荷恩荣；蠢蠢迷生，方超尘累而已。

自此方许。

【注释】

①祗(zhī)：敬，恭敬。纶言：诏令。《礼记·缁衣》："王言如丝，其出

如纶；王言如纶，其出如綍。”后世常用“纶言”来代称帝王的诏令。

②业行：学业和德行。也常指行为、言语、思想等方面的身心活动。《后汉书·张霸传》：“（霸）永元中为会稽太守，表用郡人处士顾奉、公孙松等……其余有业行者，皆见擢用。”空疏：空虚浅薄。

③九瀛：指九州与环其外的瀛海。有时指代九州或海外各国。有截：整齐、齐一的样子。《诗经·商颂·长发》：“苞有三蘖，莫遂莫达，九有有截。韦顾既伐，昆吾夏桀。”

④四表：指四方极远之地，也泛指天下。《尚书·尧典》：“光被四表，格于上下。”

⑤纂（zuǎn）异：聚集异族。怀荒：怀柔边远之民。

⑥朝化：朝廷的政教和风化。《三国志·蜀书·马超传》：“其明宣朝化，怀保远迩，肃慎赏罚，以笃汉祜，以对于天下。”

⑦铨序：评论文章的序文。铨，衡量，铨度。

⑧天华：天花，指天上之妙花。

⑨《系》、《象》：指《周易》中的《系辞》和《象传》。

⑩逸：超出。《咸》、《英》：尧乐《咸池》和帝喾乐《六英》。南朝梁刘勰《文心雕龙·乐府》：“自《咸》《英》以降，亦无得而论矣。”泛指古乐。

⑪飞声：名声飞扬。

⑫腾实：功绩传扬。《北史·周宗室传论》：“飞声腾实，不灭于百代之后。”

⑬无方：没有边际。《周易·益卦》：“天施地生，其益无方。”

⑭圣藻：帝王的文辞。

⑮宸眷：帝王的恩宠、关怀。《北史·儒林传下·刘炫》：“以此庸虚，屡动宸眷；以此卑贱，每升天府。”冲邈：深远宏大。三国魏卫觊《汉金城太守殷华碑》：“幼膺琼兰之美，长有冲邈之志。”

⑯矜许:怜悯垂许。

⑰抚躬:反躬,反躬自问。累息:长叹。汉刘向《九叹·离世》:“立江界而长吟兮,愁哀哀而累息。”

⑱失图:失去主意。《左传·昭公七年》:“孤与其二三臣悼心失图,社稷之不皇,况能怀思君德?”

⑲丽天:光华照耀天宇。晋葛洪《抱朴子·博喻》:“日月挟虫鸟之瑕,不妨丽天之景。”

⑳云和:琴、瑟、琵琶等乐器的代称。《晋书·张协传》:“吹孤竹,抚云和。”唐王昌龄《西宫春怨》诗:“斜抱云和深见月,朦胧树色隐昭阳。”广乐:盛大的音乐。也指阐发音乐的意蕴,称赞雅乐。《穆天子传》卷一:“天子乃奏广乐。”《史记·赵世家》:“我之帝所甚乐,与百神游于钧天,广乐九奏万舞,不类三代之乐,其声动人心。”

㉑天文:皇帝的文辞。

㉒两仪:指天、地,阴、阳。

㉓二曜:指日、月。《南齐书·王融传》:“偶化两仪,均明二耀。”

㉔鸡园:梵名“屈屈吒阿滥摩”,在摩揭陀国波吒釐子城之侧,无忧王(阿育王)所建,著名佛教圣地。

【译文】

七日,法师重表曰:

沙门玄奘言:俯伏敬奉敕书,承蒙陛下谬赞,谨奉陛下诏令,玄奘必精守道业,振作奋起。玄奘的学业和德行空虚浅薄,忝列僧侣。庆幸九州一同,四方无虞。凭借皇帝的威灵而远游异域,依恃国家的威望而访学求道。冒险遍游远方异域,虽说是勉励我的愚诚;归化异族,安抚荒远,实际上是依托朝廷的政教和风化。所获得的经、论,承蒙陛下派遣我翻译,现已成函,还没有相关评论的文章。俯伏思维陛下聪明睿智,思虑周远,宛如天上妙花,景致灿烂。

义理包容《系》、《象》，格调超越《咸》、《英》；跨越千古而声名飞扬，掩遮百王而功绩流传。玄奘以为神力无边无际，非神思不足以铨度它的道理；圣教玄之又玄，非圣藻何以叙述它的源头？

所以才冒犯陛下天威，斗胆祈求陛下撰写经文要旨。陛下的圣恩宏大深远，倘若不怜悯垂许，玄奘不由得反躬叹息，相视而顾失去主意。玄奘听说日月的光华照耀天宇，且分出光辉给门窗；江河之水奔腾大地，也流淌滋润着岩石。琴、瑟、琵琶等演奏的盛大之乐，不会对聋哑暗昧的人隐藏声响；黄金玉璧，奇珍异宝，岂会对愚蠢眼瞎之人隐藏光彩？据此道理，玄奘再次至诚祈求。俯伏乞求陛下赐降雷雨恩泽，圣文俯照，和天地一样长久，与日月一样同悬于天空。那么鹫岭微妙之言，假借陛下的神笔而宏大深远；鸡园深奥的佛典，依托陛下的文才而宣扬畅行。岂只区区的僧众，独独荷承恩荣；平凡普通的迷惑众生，方能超脱烦恼尘累啊。

自此太宗方才许诺作序。

二十二年春[①]，驾幸玉华宫。夏五月甲午，翻《瑜伽师地论》讫，凡一百卷。六月庚申[②]，敕追法师赴宫。比发在涂，屡有使至，令缓进，无得劳损。既至，见于玉华殿，甚欢。帝曰："朕在京苦暑，故就此山宫，泉石既凉，气力稍好，能省览机务。然忆法师，故遣相屈，涉涂当大劳也。"法师谢曰："四海黎庶依陛下而生，圣躬不安则率土惶灼[③]。伏闻銮舆至此，御膳顺宜，凡预含灵，孰不蹈舞。愿陛下永保崇高，与天无极。玄奘庸薄[④]，猥蒙齿召[⑤]，衔荷不觉为劳[⑥]。"

帝以法师学业该赡，仪韵淹深，每思逼劝归俗，致之左右，共谋朝政。往于洛阳宫奉见之际，已亲论之，至是又言曰："昔尧、舜、禹、汤之君，隆周、炎汉之主，莫不以为六合务广，万机事殷[7]，两目不能遍鉴，一心难为独察，是以周凭十乱[8]，舜托五臣[9]，翼亮朝猷[10]，弼谐邦国[11]。彼明王圣主犹仗群贤，况朕寡暗而不寄众哲者也？意欲法师脱须菩提之染服，挂维摩诘之素衣，升铉路以陈谟[12]，坐槐庭而论道[13]，于意何如？"

法师对曰："陛下言：六合务广，三五之君不能独守[14]，寄诸贤哲共而成之。仲尼亦云：君失臣得，故君为元首，臣为股肱。玄奘谓，此言将诫中庸，非为上智。若使有臣皆得，桀、纣岂无臣耶？以此而推，不必由也。仰惟陛下上智之君，一人纪纲[15]，万事自得其绪，况抚运已来，天地休平[16]，中外宁晏[17]，皆是陛下不荒、不淫、不丽、不侈，兢兢业业，虽休勿休，居安思危，为善承天之所致也，余何预哉！请辩二三以明其事。陛下经纬八纮之略[18]，驱驾英豪之才，克定祸乱之功[19]，崇阐雍熙之业[20]，聪明文思之德[21]，体元合极之姿[22]，皆天之所授，无假于人，其义一也。敦本弃末[23]，尚仁尚礼，移浇风于季俗[24]，反淳政于上皇，赋遵薄制，刑用轻典，九州四海禀识怀生[25]，俱沐恩波，咸遂安乐，此又圣心至化[26]，无假于人，其义二也。至道旁通[27]，深仁远洽，东逾日域[28]，西迈昆丘，南尽炎洲[29]，北穷玄塞[30]。雕蹄鼻饮之俗[31]，卉服左衽之人[32]，莫不候雨瞻风，稽颡屈膝，献珍贡宝，充委夷邸，此又天威所感，无假于人，其义三也。猃狁为患[33]，其来自久，五帝所不臣，三王所不制，遂使河、洛为被发之野，酆、鄗为鸣镝之场[34]，中国陵迟[35]，匈奴得志，殷周已来不能攘弭。至汉武穷兵，卫、霍尽力[36]，虽毁枝叶，根本犹存。自后已来，未闻良策。及陛下御图，一征斯殄，倾巢倒穴，无复孑遗[37]，瀚海、燕然之域并入提封[38]，单于弓骑之人俱充臣妾。若言由臣，则虞、夏已来贤辅多矣，何因不获？故知有道斯得，无假于人，其义四也。高丽小蕃[39]，失礼上国，隋帝总天下之师，三自征伐[40]，攻城无伤半堞，掠卒不获一人，虚丧六军，狼狈而反。陛下暂行[41]，将数万骑，摧驻跸之强阵，破辽盖之坚城[42]，振振凯旋[43]，俘馘三十万众[44]。用兵御将，其道不殊，隋以之亡，唐以之得，故知由主，无假于人，其义五也。又如天地交泰，日月光华，和气氤氲，庆云纷郁，四灵见质[45]，一角呈奇[46]，白狼、白狐、朱鸾、朱草，昭彰杂沓，无量亿千，不能遍举，皆是应德而至，无假于人。乃欲比喻前王，寄功十乱，窃为陛下不取。纵复须人，今亦伊、吕多矣[47]。玄奘庸陋，何足以预之？至于守戒缁门，阐扬遗法，此其愿也，伏乞天慈，终而不夺。”

帝甚悦。谓法师曰：“师向所陈[48]，并上玄垂祐，及宗庙之灵，卿士之力，朕安能致也。既欲敷扬妙道，亦不违高志，可努力，今日已后，亦当助师弘道。”

释彦悰笺述曰：“法师才兼内外，临机酬答，其辩洽如是，难哉！昔道安陈谏，苻坚之驾不停[49]；恒、标奋词，姚兴之心莫止[50]。终致败军之辱，逃遁之劳。岂如法师雅论才申，皇情允塞[51]，清风转洁[52]，美志逾贞[53]。以此而言，可不烦月旦而优劣见矣[54]。”

【注释】

①二十二年：即贞观二十二年(648)。

②庚申：原作“庚辰”，为七月一日，疑误。

③惶灼：惶恐焦急。

④庸薄：平庸浅薄。南朝宋颜延之《谢子竣封建城侯表》："岂竣庸薄，所能奉服。"

⑤齿召：录用征召。三国魏曹植《上责躬应诏诗表》："不图圣诏，猥垂齿召。"《宋书·谢晦传》："童稚之目，猥荷齿召，荐女迁子，合门相送。"

⑥衔荷：感恩戴德。《晋书·慕容德载记》："若使彼而有知，宁不衔荷矣。"

⑦万机：指当政者处理的各种重要事务。《尚书·皋陶谟》："亡敖佚欲有国，兢兢业业，一日二日万机。"

⑧十乱：指十个辅佐周武王治国平乱的大臣，即周公旦、召公奭、太公望、毕公、荣公、太颠、闳夭、散宜生、南宫适、文母（一说为文王之妻太姒，一说指武王之妻邑姜）。后泛指辅佐皇帝的有才能的人。《尚书·泰誓》："予（周武王）有乱臣十人，同心同德。"

⑨五臣：指辅佐舜的五位大臣，即禹、稷、契、皋陶、伯益。《论语·泰伯》："舜有臣五人，而天下治。"

⑩翼亮：辅佐。《三国志·魏书·高堂隆传》："可选诸王，使君国典兵，往往棋跱，镇抚皇畿，翼亮帝室。"

⑪弼谐：辅佐协调。《尚书·皋陶谟》："允迪厥德，谟明弼谐。"

⑫铉路：指三公之位。铉，举鼎的器具。南朝梁江淹《萧骠骑让封第二表》："且麟阁之臣，尚有位不及铉。"陈谟：陈献谋划。谟，计谋，策略。

⑬槐庭：种植槐树的庭院。代指三公之位，亦指三公。《晋书·王戎王衍传论》："濬冲善发谈端，夷甫仰希方外，登槐庭之显列，顾漆园而高视。"

⑭三五之君：指三皇五帝，泛指上古圣贤君主。三皇，传说中的上古部落首领，指伏羲、神农、少典（黄帝或共工）。五帝，传说中的

上古帝王,具体说法不一,常指颛顼、帝喾、尧、舜、禹。另有以黄帝、颛顼、帝喾、尧、舜为五帝等说。

⑮纪纲:纲领。指起纪纲作用的人物。《荀子·尧问》:"其知至明,循道正行,足以为纪纲。"

⑯休平:指时世太平。南朝陈徐陵《为贞阳侯答王太尉书》:"自皇家祸乱,亟积寒暄,九州万国之人,蟠木流沙之地,莫不行号卧泣,想望休平。"

⑰宁晏:安定,平静。晋陆云《祖考颂》:"咸黜凶丑,区域宁晏。"

⑱经纬:规划治理。《左传·昭公二十九年》:"夫晋国将守唐叔之所受法度,以经纬其民。"八纮(hóng):八方极远的地方。常用来指代天下。

⑲克定:平定,安定。《诗经·周颂·桓》:"桓桓武王,保有厥士,于以四方,克定厥家。"

⑳雍熙:指和乐升平。东汉张衡《东京赋》:"百姓同于饶衍,上下共其雍熙。"

㉑聪明:指明察事理。《荀子·王霸》:"聪明君子者,善服人者也。"文思:指才智与道德。专用于称颂帝王。《尚书·尧典》:"曰若稽古帝尧,曰放勋,钦明文思安安。"陆德明释文:"经天纬地谓之文,道德纯备谓之思。"

㉒体元:谓以天地之元气为本。东汉班固《东都赋》:"体元立制,继天而作。"

㉓敦本:注重根本。本,古代多指农业或德性。《宋书·武帝纪中》:"公抑末敦本,务农重积,采蘩实殷,稼穑惟阜。"

㉔浇风:指轻浮庸俗的社会风气。季俗:指末世颓败的社会风俗。《宋书·明帝纪》:"庶淳风至教,微遵太古,阜财兴让,少敦季俗。"

㉕怀生:指有生命之物。《史记·司马相如列传》:"怀生之类,沾濡

浸润。"

㉖至化：极美好的教化，至高无上的教化。《后汉书・仲长统传》："今欲张太平之纪纲，立至化之基址。"

㉗至道：大道，至善至美之道。《礼记・学记》："虽有嘉肴，弗食，不知其旨也；虽有至道，弗学，不知其善也。"

㉘日域：日出之处。比喻极东之地。

㉙炎洲：神话中的南海炎热岛屿。《海内十洲记・炎洲》："炎洲在南海中，地方二千里，去北岸九万里。"

㉚玄塞：指长城。北方色黑，故曰"玄"。三国魏曹植《求自试表》："西望玉门，北出玄塞。"

㉛雕蹄：纹脚胫。鼻饮：用鼻饮水。《汉书・贾捐之传》："骆越之人，父子同川而浴，相习以鼻饮。"

㉜卉服：用绨葛做的衣服。借指边远地区的少数民族或岛民。《尚书・禹贡》："岛夷卉服。"左衽：衣襟左掩。衽，衣襟。北方少数民族尚左，衣襟左掩，是为左衽。

㉝猃狁(xiǎn yǔn)：即犬戎，又作"西戎"，中国古代一个少数民族，活动于今陕、甘一带，猃、岐之间。

㉞鸣镝(dí)：响箭。镝，箭，箭头。《史记・匈奴列传》："单于有太子名冒顿。后有所爱阏氏，生少子。而单于欲废冒顿而立少子，乃使冒顿质于月氏。冒顿既质于月氏，而头曼急击月氏。月氏欲杀冒顿，冒顿盗其善马，骑之亡归。头曼以为壮，令将万骑。冒顿乃作为鸣镝，习勒其骑射，令曰：'鸣镝所射而不悉射者，斩之。'行猎鸟兽，有不射鸣镝所射者，辄斩之。已而冒顿以鸣镝自射其善马，左右或不敢射者，冒顿立斩不射善马者。居顷之，复以鸣镝自射其爱妻，左右或颇恐，不敢射，冒顿又复斩之。居顷之，冒顿出猎，以鸣镝射单于善马，左右皆射之。于是冒顿知其左右皆可用。从其父单于头曼猎，以鸣镝射头曼，其左右亦皆随

鸣镝而射杀单于头曼,遂尽诛其后母与弟及在臣不听从者。冒顿自立为单于。"《周书·突厥传》:"兵器有弓矢、鸣镝、甲矟、刀剑。"因此,鸣镝常指战乱或异族之祸。《晋书·后妃传论》:"中原陷于鸣镝,其兆彰于此焉。"

㉟陵迟:衰微。《史记·张释之冯唐列传》:"以故不闻其过,陵迟而至于二世,天下土崩。"

㊱卫、霍:卫青和霍去病。卫青(?—前106),字仲卿,河东平阳(今山西临汾)人。西汉名将。汉武帝元光六年(前129)至元狩四年(前119)间,多次率军对匈奴作战,颇有战功,因功封长平侯。元狩四年春,卫青率军西出定襄,行一千余里,击溃单于主力,匈奴向西北迁徙,十几年内无力南下。后官至大司马大将军。元封五年(前106)去逝,谥号"烈"。霍去病(前140—前117),河东平阳(今山西临汾)人。西汉名将。元朔六年(前123),年仅十七岁的霍去病随卫青攻打匈奴,立下战功,被封为冠军侯。此后,在对匈奴的作战中屡立战功。元狩四年春,霍去病率军东出代郡,北进两千多里,大败匈奴左贤王部,乘胜追杀至狼居胥山,兵锋直逼瀚海。经此一役,"匈奴远遁,而漠南无王庭"。后官至大司马骠骑将军。元狩六年(前117)去世,年仅24岁。

㊲孑遗:残存,遗留。《诗经·大雅·云汉》:"周余黎民,靡有孑遗。"

㊳瀚海:指北方的大湖,有呼伦湖、贝尔湖、贝加尔湖等说。后泛指蒙古大漠及以北地区。燕然:指燕然山,即今蒙古国境内的杭爱山。提封:版图,疆域。

㊴高丽:即高句丽,位于我国东北地区和朝鲜半岛。公元前37年建国,之后不断扩张,公元四世纪至六世纪达至鼎盛,公元668年被唐所灭。

㊵三自征伐:指隋炀帝杨广三次亲征高句丽。大业八年(612)二

月，隋炀帝第一次征讨高句丽，因隋炀帝指挥错误，致使隋军大败，损失惨重，并导致国内发生农民起义。翌年正月，隋炀帝征召天下兵马齐聚涿郡（今北京），第二次讨伐高句丽，但因杨玄感叛乱而最终退兵。大业十年（614）四月，隋炀帝第三次发动战争，高句丽国王遣使诈降，隋炀帝退兵。三次征讨失败，是由于隋炀帝的政治和军事策略的失误，并不是因为隋朝军队战斗力不强。

㊶暂行：指刚上路，没走多久。

㊷辽盖：高句丽的盖苏文。盖苏文（603—666），又名“渊盖金”、“渊盖苏文”，姓渊，高句丽末期的军事独裁者。

㊸振振：振旅，整队班师。

㊹馘（guó）：古代战争中割取敌人的首级以计功，后以割取敌人的左耳以计功。此处应指俘虏。《左传·宣公二年》：“俘二百八十人，馘百人。”

㊺四灵：神话传说中四大神兽。一说为青龙、白虎、朱雀、玄武。《三辅黄图》卷三：“苍龙、白虎、朱雀、玄武，天之四灵，以正四方。”另说为麟、凤、龟、龙。《礼记·礼运》：“麟、凤、龟、龙，谓之四灵。”

㊻一角：古代神话传说的独角兽。有白泽、麒麟、獬豸等说。

㊼伊、吕：指伊尹和吕望。伊尹（前1649—前1549），名挚，小名阿衡。“尹”为右相之义。约公元前16世纪初，他辅助商汤灭掉夏朝；在任丞相期间，他整顿吏治，体察民情，被视为著名贤相。他也是早期的道家人物之一。吕望（约前1156—约前1017），又称“吕尚”、“姜尚”、“姜子牙”，商末周初人。姜姓，因其先祖辅佐大禹治水有功被封于吕，故以“吕”为氏。他辅佐周武王灭掉商朝，被封于齐地。

㊽向：刚才。

㊾“道安陈谏”二句：苻坚欲伐晋，道安谏阻，苻坚不听，终致淝水

之败。

㊿"恒、标"二句:恒、标,指道恒和道标。道恒和道标都是鸠摩罗什门下高足,后秦君主姚兴因见二人神气俊朗,有治理国家的才能,于是敦逼他们罢道还俗,共理国政。道恒和道标屡次上书陈情,姚兴不许,经众人求情得免。后担心再被强征,遂终身隐居深山。奋辞,慷慨陈词。三国魏嵇康《明胆论》:"陈义奋辞,胆气凌云。"

51允塞:充满,充实。《尚书·禹贡》:"浚哲文明,温恭允塞。"《诗经·大雅·常武》:"王犹允塞,徐方既来。"

52清风:清惠的风化。东汉张衡《东京赋》:"清风协于玄德,淳化通于自然。"亦指高洁的品格。南朝梁刘勰《文心雕龙·诔碑》:"标序盛德,必见清风之华。"

53美志:美好的志向。三国魏曹丕《与吴质书》:"美志不遂,良可痛惜。"

54月旦:每月初一。

【译文】

贞观二十二年春天,太宗驾幸玉华宫。五月十四日,法师翻译完《瑜伽师地论》,共有一百卷。六月十一日,太宗敕令法师前往玉华宫。中途还几次派使者来,叫法师慢慢地走,不要累坏身体。法师到达后,在玉华殿谒见太宗,二人相见都很高兴。太宗说道:"朕在京城怕热,因此来到这山里的离宫,泉石清凉,气力稍微好些,能够处理重大政务。然而思念法师,所以派人迎请,路上辛苦了。"法师致谢道:"天下苍生都依赖陛下生活,倘若圣体不安,则天下万民都惶恐焦急。听说陛下在这里饮食适宜,一切有情无不欢欣舞蹈。祈愿陛下永保安康,寿与天齐。玄奘平庸浅薄之人,承蒙陛下征召,心怀感恩之情,不觉得辛苦。"

太宗觉得法师学识渊博,仪轨通达,因此常常想劝法师还俗,留在自己身边,共同治理国家事务。过去在洛阳宫召见法师的时候,已经亲口提及此事，这时候又对法师说道："昔日尧、舜、禹、汤之君，隆周、炎汉之主，无不以为天下事务繁广，各种重要机务成千上万，君主一人不能全部明鉴察断，所以周武王凭借十位贤才，帝舜依托五位大臣，辅佐朝政，治理国家。那些明王圣主尚且仰仗群贤，何况朕见识浅薄，不明事理，怎么能不依靠众位贤哲呢？意欲法师脱去须菩提的染服，穿上维摩诘之素衣，位列三公，出谋划策，坐而论道，法师你意下如何呢？"

法师回答道："陛下说：天下事务繁广，三皇五帝不能独自治理，依靠诸位贤哲共同辅助才能治理好。孔子也说：君主的过失，大臣能够直谏，所以君主为元首，大臣为股肱。玄奘认为，这些话是为了警戒中庸之主，不是为上智君主所说的。假使有大臣进谏就能没有过失，桀、纣难道没有大臣吗？以此推论，这个不是理由啊。仰望思维陛下乃是上智君主，一人举纲提领，万事自然安排妥当，况且自陛下登基以来，顺应时运，天下太平，四海安定，都是陛下不逸乐、不放纵、不华靡、不奢侈，兢兢业业，废寝忘食，居安思危，顺承天命，修治善政的结果啊，关他人什么事呢！请举二三例以辨明此事。陛下经纬天地之伟略，驾驭英豪之雄才，平定祸乱之功绩，成就盛世之帝业，明察事理、才智兼备之品格，以天地元气为本、究极万物之理的禀赋，都是上天所授，不假借他人，此为第一义。注重根本，放弃枝末，崇尚仁义礼智，改变末世轻浮庸俗的社会风气，回归上古帝王的淳朴政教，轻徭薄赋，宽刑省法，天下有情众生都沐浴圣上的恩泽，享受安乐的太平盛世，这是陛下至高无上的教化，不假借他人，此为第二义。至善之道，触类旁通，深厚的仁爱远泽四方，东方越过日出之处，西方迈过昆仑山，南方囊括炎洲，北方穷极玄塞。雕蹄、鼻饮之俗，卉服、左衽之人，无不冒着风雨，俯首屈膝，进献珍宝，住进京城的客舍，这又是陛下天威所感，不假借他人，此为第三义。犬戎为患，由来已久，五帝不能使之臣服，三王不能克敌制胜，遂使中原大地成为他们的郊野，京城重地成为他们的猎场，中国衰微，匈奴得志，殷周以来一直不能消除祸乱。至汉武帝时期，穷兵黩武，卫青、霍去病竭尽全力，虽然毁去枝叶，但根本还在。自那以后，没有听说什么良策。等到陛下登基以后，一次征伐，直捣巢穴，予以全歼，毫无遗漏，瀚海、燕然之地都并入大唐疆域，单于那些骑马弯弓之人都充作臣妾。如果说需要贤臣，那么虞、夏以来贤臣良将太多了，为什么不能获取大功呢？由此可知，只有有道之君才能成就这样的功业，而不假借他人，此为第四义。高句丽小小番邦，失礼于天朝上国，隋炀帝纠集天下兵马，三次亲自征伐，攻城不能伤损半截短墙，劫掠兵卒不能获取一人，白白丧失六军，狼狈而返。陛下出发不久，率数万骑兵，摧毁敌酋的强大军阵，攻破盖苏文的坚固城池，振旅凯旋，俘敌三十万人。用兵御将，方法没有什么不同，隋朝因此灭亡，而大唐却获得大功，由此可知，此事在于君主，而不假借他人，此为第五义。又譬如天地交泰，日月光华；和气氤氲，祥云纷郁；四灵显现形体，独角显示不凡，白狼、白狐、朱鸾、朱草，祥瑞昭彰，纷至沓来，无量亿千，不能一一列举，都是感应陛下盛德而来，不假借他人。陛下想要自比前王，将功业托付给十位贤臣，私以为陛下不足取。即使陛下需要有人辅佐，如今伊尹、吕望之辈太多啦。玄奘平庸浅陋，怎么能够参与国事呢？至于说在佛门持守戒律，阐扬佛陀遗法，这才是我的本愿啊，祈求陛下慈悲，让我坚持到底而不要夺志。”

太宗听了很高兴。对法师说道：“法师刚才所说的，都是上天的垂佑，以及宗庙之灵、卿士之力，朕怎么能做得到。法师既然想要敷扬妙道，朕也不能违背你的高远志向，勉励而行吧，从今以后，朕也要协助法师弘扬佛道。”

释彦悰笺述道：“法师学通内外，临机酬对，辩才无碍，就是这样啊，真是太难得了！昔日道安上表谏阻，苻坚征伐的车驾毫不停留；道恒、道标慷慨陈词，姚兴劝归的心意不能停止，终于导致前秦败军之辱，道恒、道标逃遁之劳。怎比得上法师才刚刚申述高雅的论说，皇帝已然情意满满，清惠的风化更加纯洁，美好的志向愈加坚定。以此而言，不用仔细比较而优劣已经很明显了。”

时中书令褚遂良奏曰[①]："今四海廓清，九域宁晏，皆陛下圣德，实如师言，臣等备位而已[②]。日月之下，萤爝何功[③]？"帝笑曰："不如此。夫珍裘非一狐之腋，大厦必众材共成。何有君能独济？师欲自全雅操，故滥相光饰耳。"

帝又问法师："比翻何经、论？"答："近翻《瑜伽师地论》讫，凡一百卷。"帝曰："此论甚大，何圣所说？复明何义？"答曰："论是弥勒菩萨说，明十七地义[④]。"又问："何名十七地？"答："谓五识相应地、意识相应地、有寻有伺地、无寻唯伺地、无寻无伺地、三摩呬多地、非三摩呬多地、有心地、无心地、闻所成地、思所成地、修所成地、声闻地、独觉地、菩萨地、有余依地、无余依地。"及举纲提目，陈列大义。

帝甚爱焉，遣使向京取《瑜伽论》。《论》至，帝自详览，睹其词义宏远，非从来所闻，叹谓侍臣曰："朕观佛经，譬犹瞻天俯海，莫测高深。法师能于异域得是深法。朕比以军国务殷，不及委寻佛教。而今观之，宗源杳旷，靡知涯际，其儒道九流之典比之[⑤]，犹汀滢之池方溟渤耳[⑥]。而世云三教齐致，此妄谈也！"因敕所司简秘书省书手写新翻经、论为九本，与雍、洛、并、兖、相、荆、杨、凉、益等九州展转流通，使率土之人同禀未闻之义。

时司徒赵国公长孙无忌、中书令褚遂良等奏曰："臣闻佛教冲玄，天人莫测，言本则甚深，语门则难入。伏惟陛下至道昭明，飞光昱日[⑦]；泽沾遐界，化溢中区[⑧]；拥护五乘，建立三宝。故得法师当葳叶而秀质[⑨]，间千载而挺生；陟重阻以求经，履危涂而访道；见珍殊俗，具获真文。归国翻宣，若庵园之始说；精文奥义，如金口之新开。皆是陛下圣德所感。臣等愚瞽[10]，预此见闻，苦海波澜，舟航有寄。又天慈广远，使布之九州；蠢蠢黔黎，俱餐妙法。臣等亿劫希逢，不胜幸甚！”帝曰：“此是法师大慈愿力，又卿等宿福所逢，非朕独所致也。”帝先许作新经序，国务繁剧，未及措意。至此法师重启，方为染翰[11]。少顷而成，名《大唐三藏圣教序》，凡七百八十一字，神笔自写，敕贯众经之首。

【注释】

①褚遂良(596—659)：字登善，杭州钱塘(今浙江杭州)人。唐代政治家、文学家。他博学多才，精通文史。唐朝立国后，历任谏议大夫、中书令，位高权重。贞观二十三年(649)，他与长孙无忌同受太宗遗诏辅政，升尚书右仆射，封河南郡公。后因反对立武则天为皇后，遭到贬黜。卒于显庆四年(659)。天宝六年(747)，配祀高宗庙庭。

②备位：指愧居其位，不过聊以充数而已。《汉书·王莽传上》：“于是莽上书曰：‘臣以外属，越次备位，未能奉称。’”

③萤爝：萤火烛光。指微弱的光，比喻能力薄弱。《南齐书·王俭传》：“太阳跻景，无俟萤爝之晖。”萤，萤火。爝，烛光。

④十七地：指修瑜伽行可以达至的十七种境界。

⑤九流：古代中国学术流派总称，通常指儒家、道家、阴阳家、法家、名家、墨家、纵横家、杂家、农家。《汉书·艺文志》：“诸子十家，其可观者九家而已。”

⑥汀滢(tīng yíng)：小水流。晋葛洪《抱朴子·极言》：“不测之渊，起于汀滢；陶朱之资，必积百千。”

⑦飞光：耀光。南朝梁江淹《别赋》：“日下壁而沉彩，月上轩而飞

光。”昱(yù):照耀。《太玄·玄告》:“日以昱乎昼,月以昱乎夜。”

⑧中区:人世间。东汉蔡邕《释诲》:“纳玄策于圣德,宣太平于中区。”

⑨菽叶:菽草。又名“白车轴草”、“白三叶”、“白三草”、“荷兰翘摇”等,多年生草本植物;其适应性广,抗热抗寒性强,可在酸性土壤中旺盛生长。《汉书·五行志》:“菽,草之难杀者也。”菽,豆类的总称。《春秋纬·春秋考异邮》:“菽者稼最强。”

⑩愚瞽(gǔ):愚昧,愚蠢。瞽,昏昧,不明事理。

⑪染翰:以笔蘸墨。翰,笔。晋潘岳《秋兴赋序》:“于是染翰操纸,慨然而赋。”

【译文】

这时中书令褚遂良启奏说:“如今四海廓清,天下安宁,都是陛下的圣德所致,确实如法师所言,臣等不过聊以充数而已。日月光辉之下,萤火烛光能有什么用呢?”太宗笑着说道:“不是这样。珍贵的皮衣并非一只狐狸的腋毛制成,高楼大厦也必须有众多材料才能建成。哪里是君主一个人能够独自成就呢?法师想要保全自己高雅的节操,所以夸张饰美罢了。”

太宗又问法师道:“近来翻译什么经、论?”法师回答道:“近来已经译完《瑜伽师地论》,有一百卷。”太宗说道:“这部论很大,哪位圣者所说?其中又阐明什么义理?”法师回答道:“这部论是弥勒菩萨所说,阐明十七地义。”太宗又问道:“什么叫十七地?”法师回答道:“十七地指五识相应地、意识相应地、有寻有伺地、无寻唯伺地、无寻无伺地、三摩呬多地、非三摩呬多地、有心地、无心地、闻所成地、思所成地、修所成地、声闻地、独觉地、菩萨地、有余依地、无余依地。”接着法师向太宗提纲挈领、简要地叙述了这部《论》的主要内容。

太宗很感兴趣,派人去京城取《瑜伽论》。取来后,太宗仔细阅读,发现此《论》词旨宏阔深远,闻所未闻,不禁对侍臣感叹地说:“朕观览佛经，譬如瞻天俯海，莫测高深。法师竟然能在异域获得如此甚深微妙之法。朕一向军务国务繁忙，没时间研究佛教。如今观之，宗源杳渺旷远，不知其边际，儒道九流的典籍与之相比，犹如小水池与渤海啊。而世人却说三教齐致，真是妄谈啊！”于是敕令官府挑选秘书省的书手把法师所译的经、论抄成九部，交给雍、洛、并、兖、相、荆、杨、凉、益等九州辗转流通，让天下臣民都来听闻过去所没有听过的道理。

这时司徒赵国公长孙无忌、中书令褚遂良等启奏道：“臣听说佛教虚空玄妙，天人莫测，其根本甚为深邃，其门径难以进入。俯伏思维陛下大道光明，飞光照耀太阳；恩泽沾润远方，德化洋溢人间；拥护五乘法教，设置佛教三宝。所以使得法师具有菽叶般的秀美品质，历经千载而能挺拔生长；翻越重重险阻去求取佛经，踏上危险的路途去访寻道法；看见珍奇的异国风俗，获得全部真经。回国翻译宣扬，仿若佛在庵园首次演说；精美的经文、深奥的义理，犹如金口初次开讲。这都是陛下圣德所感啊。臣等愚昧，有幸见闻此事；人生苦海，波涛起伏，可以寄托佛法舟航。而且陛下仁慈广远，使其流布九州，让普通百姓都能修学妙法。臣等亿劫难逢，不胜幸运啊！”太宗说道：“这是法师的大慈愿力，又是卿等由于宿世福业所以遇上，不是朕一人之力啊。”太宗先前已应允为新译经、论作序，但由于国务繁忙，尚无暇构思。这时法师再次启请，方才准备。太宗运思运笔，少顷写成，名叫《大唐三藏圣教序》，共七百八十一字，御笔亲书，敕令置于众经之首。

帝居庆福殿，百官侍卫，命法师坐，使弘文馆学士上官仪以所制《序》对群僚宣读[①]，霞焕锦舒，极褒扬之致。其词曰：

盖闻二仪有象，显覆载以含生；四时无形，潜寒暑以化物。是以窥天鉴地，庸愚皆识其端；明阴洞阳，贤哲罕穷其数。然而天地包乎阴阳而易识者，以其有象也；阴阳处乎天地而难穷者，以其无形也。故知象显可征，虽愚不惑；形潜莫睹，在智犹迷。况乎佛道崇虚，乘幽控寂[2]；弘济万品，典御十方[3]。举威灵而无上，抑神力而无下；大之则弥于宇宙，细之则摄于毫釐[4]。无灭无生，历千劫而不古；若隐若显，运百福而长今。妙道凝玄，遵之莫知其际；法流湛寂，挹之莫测其源[5]。故知蠢蠢凡愚，区区庸鄙，投其旨趣，能无疑惑者哉？然则大教之兴，基乎西土，腾汉庭而皎梦[6]，照东域而流慈。昔者分形分迹之时[7]，言未驰而成化；当常、现常之世[8]，民仰德而知遵。及乎晦影归真，迁仪越世。金容掩色，不镜三千之光；丽像开图[9]，空端四八之相[10]。于是微言广被，拯含类于三涂[11]；遗训遐宣，导群生于十地。然而真教难仰，莫能一其旨归；曲学易遵[12]，邪正于焉纷纠。所以空有之论，或习俗而是非；大、小之乘，乍沿时而隆替[13]。

有玄奘法师者，法门之领袖也。幼怀贞敏，早悟三空之心[14]；长契神情，先包四忍之行[15]。松风水月，未足比其清华；仙露明珠，讵能方其朗润[16]！故以智通无累，神测未形；超六尘而迥出[17]，只千古而无对。凝心内境，悲正法之陵迟；栖虑玄门，慨深文之讹谬。思欲分条析理，广被前闻；截伪续真，开兹后学。是以翘心净土[18]，往游西域；乘危远迈，杖策孤征[19]。积雪晨飞，涂间失地；惊沙夕起，空外迷天。万里山川，拨烟霞而进影；百重寒暑，蹑霜露而前踪。诚重劳轻，求深愿达。周游西宇，十有七年；穷历道邦，询求正教。双林、八水[20]，味道餐风；鹿苑、鹫峰，瞻奇仰异。承至言于先圣，受真教于上贤；探赜妙门[21]，精穷奥业[22]。一乘五律之道[23]，驰骤于心田；八藏三箧之文[24]，波涛于口海。爰自所历之国，总将三藏要文，凡六百五十七部，译布中夏，宣扬胜业。引慈云于西极，注法雨于东垂；圣教缺而复全，苍生罪而还福。湿火宅之干焰，共拔迷涂；朗爱水之昏波，同臻彼岸[25]。是知恶因业坠，善以缘升；升坠之端，唯人所托。譬夫桂生高岭，零露方得泫其华[26]；莲出绿波，飞尘不能污其叶。非莲性自洁，而桂质本贞，良由所附者高，则微物不能累；所凭者净，则浊类不能沾。夫以卉木无知，犹资善而成善，况乎人伦有识，不缘庆而成庆[27]？方冀兹经流施，将日月而无穷；斯福遐敷，与乾坤而永大。

【注释】

①弘文馆学士：唐朝掌管校正图书，教授学生，并参与讨论修订朝廷礼仪制度的一种官职。《新唐书·志·百官二》："弘文馆：学士，掌详正图籍，教授生徒；朝廷制度沿革、礼仪轻重，皆参议焉。武德四年，置修文馆于门下省；九年，改曰弘文馆。贞观元年，诏京官职事五品已上子嗜书者二十四人，隶馆习书，出禁中书法以授之。其后又置讲经博士。仪凤中，置详正学士，校理图籍。武德后，五品以上曰学士，六品已下曰直学士，又有文学直馆，皆它官领之。"上官仪（608—665）：字游韶，陕州陕县（今河南三门峡

陕州区)人。唐朝宰相、诗人。进士及第,历任弘文馆直学士、秘书郎、起居郎、秘书少监、太子中舍人。龙朔二年(662)拜相,授为西台侍郎、同东西台三品。麟德元年(664),唐高宗命他起草废后诏书,因而得罪了武则天。同年十二月被诬谋反,不久处死。神龙元年(705),唐中宗李显复位后,上官仪得以平反,被追赠为中书令、秦州都督、楚国公。

②乘幽:修行幽静之法。控寂:观照寂灭之境。

③典御:统御。典,主持,主管。御,统治,治理。

④毫氂(lí):同“毫厘”。比喻极细微。《汉书·郊祀志下》:“旷日经年,靡有毫氂之验。”

⑤挹(yì):把液体盛出来。

⑥腾汉庭而皎梦:指汉明帝夜梦金人之事。详见前注(序)。

⑦分形分迹:指四处游化,宣扬佛法。

⑧当常、现常:指佛性学说。详见前注(卷一)。

⑨丽像:庄严华丽的佛像。

⑩四八之相:即三十二相,指佛陀具有的三十二种祥瑞美好之相。

⑪三涂:指三恶道,即地狱道、饿鬼道、畜生道。

⑫曲学:囿于一隅的学说,邪说。

⑬隆替:盛衰,兴衰。

⑭三空:指空、无相、无愿三解脱门,即三种证入涅槃而获得解脱的法门,此三者共明空理,故名“三空”。一、空解脱门,谓了达诸法本空,皆无自性,则于诸法而得自在。二、无相解脱门,谓了知诸法本来无相,则离差别相而得自在。三、无相解脱门,又作“无作解脱门”,谓知诸法幻有而无所愿求;无所愿求,则不造作生死之业;无生死之业,则无果报之苦而得自在。又,唯识依遍计所执性、依他起性、圆成实性三性立三空之义,即:无性空、异性空、自性空;依所执而分空为三种,即:我空、法空、我法俱空。

⑮四忍之行:菩萨修行的四种安忍之行。一、无生法忍,谓一切诸法自性空寂,本来不生;菩萨证知此法,是为得无生忍。二、无灭忍,谓一切诸法,本来不生,今亦无灭;菩萨证知此法,是为得无灭忍。三、因缘忍,谓六根为因,六尘为缘;菩萨了知一切诸法,皆从因缘和合而生,本无自性,是为得因缘忍。四、无住忍,谓一切诸法,本来无住;菩萨心不住着,则无异念相续,是为得无住忍。《思益经》:"梵天菩萨有四忍法,善出毁犯禁戒之罪。"

⑯讵能:岂能。南朝梁江淹《休上人怨别》:"宝书为君掩,瑶瑟讵能开。"

⑰六尘:指色、声、香、味、触、法"六境"。尘,染污之义,谓能染污人们清净的心灵,使真性不能显发。又名"六境",即六根所缘之外境。迥出:超出,高出。

⑱翘心:仰慕,渴慕。《南齐书·王融传》:"北地残氓,东都遗老,莫不茹泣吞悲,倾耳戴目,翘心仁政,延首王风。"

⑲杖策:拄杖。

⑳八水:印度的八条大河。据《涅槃经·长寿品》载,"八河"为恒河、阎摩罗河、萨罗河、阿夷罗跋提河、摩诃河、辛头河(信度河)、博叉河、悉陀河。

㉑赜(zé):深奥,奥秘。《周易·系辞上》:"探赜索隐,钩深致远,以定天下之吉凶,成天下之亹亹者,莫大乎蓍龟。"

㉒精穷:精心钻研探求。

㉓一乘:即佛乘,指唯一能令人成佛的教法。乘,是车乘,以喻佛的教法;教法能乘载人至涅槃的彼岸,所以叫做"乘"。五律:指五部律,即昙无德部、萨婆多部、弥沙塞部、迦叶遗部、婆蹉富罗部。佛灭后百年,付法藏第五祖优婆毱多门下有昙无德等五弟子,同时此律藏中衍出五部派别,统称"五部律"。五部律均属小乘律。

㉔八藏:指胎化藏、中阴藏、摩诃衍方等藏、戒律藏、十住菩萨藏、杂

藏、金刚藏、佛藏。又,大、小乘各有经、律、论、咒四藏,合称"八藏"。三箧(qiè):即三藏,指声闻藏、缘觉藏和菩萨藏。箧,箱子。

㉕臻(zhēn):到达。彼岸:指不生不灭的涅槃。

㉖零露:降落的露水。《诗经·郑风·野有蔓草》:"野有蔓草,零露漙兮。"泫(xuàn):水珠滴落。

㉗庆:吉祥,福泽。

【译文】

太宗坐在庆福殿里,百官侍卫,请法师就座,命弘文馆学士上官仪将御制《序》文向百官宣读,文辞华美,对法师极尽褒扬之词。《序》文说:

听说天地有形象,显现为覆盖和承载两种形式,来含藏一切生命;四季没有形状,却暗中运用寒暑交替的方式来化育世间万物。因此,窥察天地,常人都能识别其中的端倪;洞鉴阴阳,贤哲却很难穷尽其中的理数。然而,天地包含阴阳却能被轻易认知,是因为天地有形象;阴阳处在天地之间而难以被穷尽,是因为阴阳没有形状。由此可知,形象显现可以考证,即使愚人也不会迷惑;形象潜隐无法看见,即使智者也会迷昧。何况佛法崇尚虚空,修行道途幽远,观照寂灭之境;普度众生,统御十方。佛之威灵至高无上,神力无出其右;其大则能充满整个宇宙,细之则能纳于毫厘之中。不生不灭,历经千劫而不老;若隐若显,运转百福而常新。微妙的道理深奥玄秘,可以遵循却不知它的边际;佛法的河流湛然寂静,可以挹取却无法探测它的源头。所以知道那些平凡愚蠢之人,以及平庸鄙俗之辈,如果要窥测佛教的宗旨义趣,怎么能没有疑惑呢?佛教的兴起虽然始于西方的印度,然而佛却皎然入梦,飞腾在汉朝宫廷的上空,从而流布慈悲,照耀东方。从前,当佛到处教化天、人的时候,他的言教尚未流传而众生已然归化;在佛演说当常、现常的时候,人们敬仰佛的智德而知道遵行。等到佛舍弃应身,入于涅槃，仪容迁化，出离世间。他的金容失去光彩，不再照耀三千世界；他的辉丽画像被画出来，空有三十二种殊胜妙相。于是，佛的微妙言论广泽有情，从三恶道中拯救众生；佛的遗训流传极远，引导众生修行菩萨十地。然而，佛教的真正教义难以钻仰，各宗各派的宗旨无法统一；偏执一端的学说容易遵行，于是正确的学说和错误的理论便纷争不已。因此，空宗和有宗或许是因为习俗不同而有了是非之分；大乘和小乘也随着时代变迁而有了兴衰交替。

有位玄奘法师，是佛门的领袖。自幼坚贞聪敏，早就彻悟了三空的道理；长大后契合佛教精神，首先修证了四种菩萨忍行。松风水月，不足以与法师的清秀华美相比；仙露明珠，岂能譬喻法师的明朗润泽！因此，玄奘法师智慧通达，没有累障，能够认识到没有形象的玄理；超出六尘缠缚，千古只此一人。法师专注于内心境界，为正法的衰微而悲伤；定心思考玄妙法门，为经文的讹谬而慨叹。他想要对佛教经、论有条有理地精研分析，扩大以前听闻的佛法；除去伪滥的邪说，继承真正的佛法，使后来学者能够悟解。因此法师渴望佛法净土，前往西域游学；冒着危险，向远方迈进，拄着手杖，孤身远征。早晨积雪纷飞，中途迷失道路；黄昏惊沙扬起，遮住了天隐蔽了太阳。万里山川，拨开烟雾云霞而只身迈进；百重寒暑，踏着霜露而艰苦前行。诚心深重而辛劳为轻，祈求深虔而心愿达成。法师周游印度一十七年，游遍了五印度有佛法的国家，咨询请教佛法。法师在双林和八河流域学习佛法，体察民俗；在鹿野苑和灵鹫峰瞻仰神奇的圣迹。法师在先圣那里继承至理真言，在上贤那里接受真正的教义；探索深奥的微妙法门，精心钻研玄奥的学问。一乘五律的教法，奔驰在法师胸中；八藏三箧的经文，像波涛一样从法师口中涌出。法师从他所游历的国家中，搜集了三藏中重要的经文，共六百五十七部，翻译流布华夏，宣扬如来胜业。法师从西方的尽头引来慈悲的祥云，将佛法的甘雨洒在东方边陲；佛教残缺的经典由此恢复完整，苍生苦难的罪业由此得到福德的回报。浇湿火宅中的干柴烈焰，共同从生死迷途中拔离出来；朗照欲海中的昏暗波涛，共同抵达涅槃彼岸。我们知道，作恶就会因为业力坠入地狱，行善就会因善缘而升入天堂；升入天堂和坠入地狱的原因，只是由人的行为决定的。譬如桂树生长在高岭之上，落下的露水才能滴落在它的花上；莲花从绿波中长出来，飞尘才不能污染它的叶子。这并不是莲花的本性自然洁净，也不是桂树的质地本来贞洁，实在是因为其所依附的地方高，那么微小的物质就不能障碍它；所凭借的东西清净，那么污浊的东西就不能沾污它。那些花卉草木没有知觉，还能借助善因使自己成就善果，何况人类有认知，怎能不去借助福泽来成就自己的福泽呢？因此希望这些佛经广为流传，将和日月一样长存无穷；这种福德流布到远方，与乾坤一样永远宏大。

时法师既奉《序》，表谢曰：

沙门玄奘言：窃闻六爻探赜[①]，局于生灭之场；百物正名[②]，未涉真如之境。犹且远征牺册[③]，睹奥不测其神；遐想轩图[④]，历选并归其美。伏惟皇帝陛下玉毫降质[⑤]，金轮御天[⑥]。廓先王之九州，掩百千之日月；广列代之区域，纳恒沙之法界。遂使给园精舍并入提封[⑦]，贝叶灵文咸归册府[⑧]。玄奘往因振锡，聊谒崛山。经涂万里，恃天威如咫步[⑨]；匪乘千叶[⑩]，诣双林如食顷[⑪]。搜扬三藏，尽龙宫之所储；研究一乘，穷鹫岭之遗旨。并已载于白马[⑫]，还献紫宸[⑬]。寻蒙下诏，赐使翻译。玄奘识乖龙树，谬忝传灯之荣；才异马鸣，深愧泻瓶之敏。所译经、论，纰舛尤多。遂荷天恩，留神构序。文超

《象》、《系》之表[14]，理括众妙之门[15]。忽以微生亲承梵响[16]，踊跃欢喜，如闻受记，无任欣荷之极[17]。谨奉表诣阙陈谢以闻。

帝看表后，手报书曰："朕才谢圭璋[18]，言惭博达。至于内典，尤所未闲。昨制序文，深为鄙拙；唯恐秽翰墨于金简[19]，标瓦砾于珠林。忽得来书，谬承褒赞；循躬省虑，弥益厚颜。盖不足称，空劳致谢。"

【注释】

①六爻(yáo)：指从下向上排列的六个阴阳符号的组合，也泛指借用这种组合进行占卜的方法。爻，《周易》中组成卦的长短符号，"—"代表阳爻，用"九"表示；"— —"代表阴爻，用"六"表示。每三爻合称一卦，一共八卦。又以两卦相重，变成六十四卦，每卦六爻。《周易·乾卦》："六爻发挥，旁通情也。"

②百物：指万物。正名：辨正名称、名分，使名实相符。《礼记·祭法》："黄帝正名百物以明民共财，颛顼能修之。"

③犹且：尚且，还。牺册：伏羲时期的典籍。或指洛书。传说伏羲氏时有龙马从黄河出现，背负"河图"；有神龟从洛水出现，背负"洛书"。伏羲据此画成八卦。

④轩图：指轩辕的河图。亦指轩辕的图谋。《史记音义》："黄帝东巡河过洛，修坛沉璧，受龙图于河，龟书于洛。"《史记·五帝本纪》："生而神灵，弱而能言，幼而徇齐，长而敦敏，成而聪明。轩辕之时，神农氏世衰。诸侯相侵伐，暴虐百姓，而神农氏弗能征。于是轩辕乃习用干戈，以征不享，诸侯咸来宾从。而蚩尤最为暴，莫能伐。炎帝欲侵陵诸侯，诸侯咸归轩辕。轩辕乃修德振兵，治五气，蓺五种，抚万民，度四方，教熊罴貔貅貙虎，以与炎帝

战于阪泉之野。三战，然后得其志。”

⑤玉毫：指佛眉间白毫，佛教谓其有巨大神力。此处指代佛。《法华经·序品》：“尔时，佛放眉间白毫相光，照东方万八千世界，靡不周遍，下至阿鼻地狱，上至阿迦尼吒天。”南朝宋鲍照《佛影颂》：“金光绝见，玉毫遗觌。”

⑥金轮：“金轮宝”的略称，指转轮圣王手持的金刚轮宝。传说转动轮宝，所向之处悉皆归伏。持金轮宝的转轮圣王，称为“金轮王”。御天：控御天道，统治天下。《周易·乾卦》：“时乘六龙，以御天。”

⑦提封：版图，疆域。隋薛道衡《老氏碑》：“牂牁、夜郎之所，靡漠、桑榆之地，咸被声教，并入提封。”

⑧册府：指帝王藏书之所。《晋书·葛洪传》：“紬奇册府，总百代之遗编；纪化仙都，穷九丹之秘术。”

⑨咫步：距离短。《列子·杨朱》：“及其游也，虽山川阻险，涂径修远，无不必之，犹人之行咫步也。”

⑩千叶：即千叶莲花，为佛所坐之莲台。

⑪食顷：吃一顿饭的时间，形容时间很短。

⑫白马：白色的马。东汉明帝永平十年(67)，摄摩腾与竺法兰携带佛像、经典，乘白马从西而来，止住洛阳，这是佛教传入汉地之始。后世多用白马西来代指佛教的传入。

⑬紫宸：天子所居的宫殿，在大明宫内。唐代时为接见群臣及外国使者朝见庆贺的内朝正殿。

⑭《象》、《系》：指《周易》的《象传》和《系辞》。借指《周易》。《隋书·隐逸传·崔赜》：“若乃理高《象》、《系》，管辂思而不解；事富《山海》，郭璞注而未详。”

⑮众妙之门：所有奥妙的门径。《老子》一章：“道可道，非常道；名可名，非常名。无名，万物之始；有名，万物之母。故常无欲，以

观其妙;常有欲,以观其徼。此两者,同出而异名,同谓之玄。玄之又玄,众妙之门。”

⑯梵响:如来梵音的声响。佛陀之说法,以微妙清净之梵音,响彻十方,故称“梵响”。

⑰欣荷:因身受福惠而欢欣。

⑱谢:不如。圭璋:指杰出的才识。圭,瑞玉。璋,玉器名。举行典礼时拿在手上,表示瑞信。

⑲金简:金质的简册。常指道教仙简或帝王诏书。此处指佛经。

【译文】

当时,法师敬奉《序》文后,就上表致谢说:

沙门玄奘言:我听说《易经》的八卦六爻探赜索隐,仅局限于生灭的场所;黄帝给万物辨正名称,使名实相符,也未涉及真如的境界。尚且远征伏羲的文册,目睹奥妙却不能探测它的神奇;遥想轩辕的河图,将历代的美德都归功于它。俯伏思维皇帝陛下佛祖转世,手持金轮统御天下。廓清先王统治的九州之地,遮掩百千日月的光芒;开拓历代所不及的疆域,容纳恒河沙般的法界。遂使给园精舍并入自己的疆土,贝叶灵文都归入朝廷的册府。玄奘过去游历印度,拜谒耆阇崛山。途经万里,依恃陛下的天威,如同咫尺之遥;没有乘坐千叶莲台,前往佛陀涅槃的双林,如同吃顿饭的工夫。搜集弘扬三藏经文,竭尽了龙宫里的全部储藏;研究一乘教理,穷究了佛在鹫岭上宣说的全部法旨。这些经文都已经由白马载驮,返回后献给朝廷。不久承蒙皇帝下诏,让我翻译佛经。玄奘的见识不及龙树,有愧于得到传扬佛法的荣耀;才能不如马鸣,深深地惭愧自己没有如瓶泻水般的聪敏。所翻译出来的经、论,纰漏舛错很多。承蒙皇帝陛下的浩荡天恩,专门为此撰写了序文。《序》的文辞超出了《象传》和《系辞》所能测量的范围,义理总括了所有奥妙的门径。忽然以自己卑微的生命,亲自听受陛下天音声响,不禁欢喜踊跃，如同听到佛给自己授记一样，不胜欣喜庆荷之至。谨奉此表递呈宫阙，向陛下表示感谢。

太宗看了表文后，亲自回书说道："朕的才识不够丰富精深，言辞不能博闻通达。至于佛典，自己尤其不熟悉。昨天撰写的序文，非常鄙陋拙劣；唯恐自己的笔墨污秽佛经，自己瓦砾般的文辞混杂在珍珠般的佛经之中。忽然收到法师的来信，承蒙您的谬赞褒奖；反躬自省，更加感到惭愧。我的序文不足称道，空劳法师来信致谢。"

卷第七

起二十二年夏六月皇太子制《述圣记》
终永徽五年春二月法师答书

【题解】

本卷的记载始于贞观二十二年六月皇太子制《述圣记》，终于永徽五年二月法师答智光、慧天法师书(648年6月至654年2月)。本卷大致分为两部分：

第一部分，从贞观二十二年(648)六月太子李治作《述圣记》到贞观二十三年(649)五月唐太宗李世民去世。这部分主要记述以下几件事：第一，唐太宗晚年更加归心佛教。太宗自征伐辽东之后，“气力颇不如平昔，有忧生之虑”，数次敕召玄奘入宫，谈论法义，“福田功德，无辍于口”，迷恋因果报应之说，并在玄奘的劝说下广度僧尼。第二，在太宗作《圣教序》后，太子李治撰《述圣记》称颂佛教、太宗和玄奘，文辞华丽，极尽誉美。后又奉旨作《菩萨藏经后序》赞扬之。第三，贞观二十二年(648)七月，李治为他的母亲文德皇后追修福业，始建大慈恩寺。十二月，玄奘法师移住慈恩寺。李治令玄奘任上座，辞不获免。

第二部分，自贞观二十三年(649)五月太宗去世至永徽五年(654)二月，法师给智光、慧天法师回信。太宗去世后，玄奘回到大慈恩寺，专务翻译，无弃寸阴。每天斋饭后和黄昏时为僧众讲解经、论，解答疑难。因玄奘名声高远，王公大臣来寺礼佛时，常来拜谒，玄奘皆循循善诱，使他们都发起信心，这些人无不对法师肃然起敬，称扬赞叹。永徽三年（652）三月，玄奘上表提议修建佛塔，用来安放从西域带回来的经像，高宗敕令在慈恩寺西园建造砖塔，塔有五级，举高一百八十尺，即今大雁塔之初形。永徽四年（653）五月，玄奘收到摩揭陀国大菩提寺大德智光、慧天等人的来信，信中殷勤问候，备至仰慕之情。五年（654）二月，玄奘复信，先呈报朝廷，然后交付信使。在给智光的复信中，玄奘抒发其对戒贤去世的无限痛惜之情，勉励智光绍宗洪业，并称颂大唐帝王对佛教的护持。有趣的是，在给慧天法师的回信中，玄奘对其执着于小乘佛法进行了毫不客气的批评："所谓耽玩羊鹿，弃彼白牛；赏爱水精，舍颇胝宝。明明大德，何此惑之滞欤？又坏器之身，浮促难守，宜早发大心，庄严正见。勿使临终，方致嗟悔。"这反映出玄奘一以贯之的宗教立场。

二十二年夏六月，天皇大帝居春宫[①]，奉睹圣文，又制《述圣记》，其词曰：

夫显扬正教，非智无以广其文；崇阐微言，非贤莫能定其旨。盖真如圣教者，诸法之玄宗，众经之轨躅也[②]。综括宏远，奥旨遐深；极空有之精微，体生灭之机要。词茂道旷，寻之者不究其源；文显义幽，履之者莫测其际。故知圣慈所被，业无善而不臻；妙化所敷，缘无恶而不翦。开法网之纲纪，弘六度之正教；拯群有之涂炭，启三藏之秘扃[③]。是以名无翼而长飞，道无根而永固。道名流庆，历遂古而镇常；赴感应身，经尘劫而不朽。晨钟夕梵，交二音于鹫峰；慧日法流，转双轮于鹿苑[④]。排空宝盖，接翔云而共飞；庄野春林，与天华而合彩。

伏惟皇帝陛下，上玄资福[5]，垂拱而治八荒[6]；德被黔黎，敛衽而朝万国[7]。恩加朽骨，石室归贝叶之文；泽及昆虫，金匮流梵说之偈。遂使阿耨达水通神甸之八川[8]，耆阇崛山接嵩、华之翠岭。窃以法性凝寂，靡归心而不通；智地玄奥[9]，感恳诚而遂显。岂谓重昏之夜，烛慧炬之光；火宅之朝，降法雨之泽。于是百川异流，同会于海；万区分义，总成乎实。岂与汤、武校其优劣，尧、舜比其圣德者哉？

玄奘法师者，夙怀聪令[10]，立志夷简[11]；神清龆龀之年[12]，体拔浮华之世。凝情定室，匿迹幽岩；栖息三禅，巡游十地。超六尘之境，独步迦维[13]；会一乘之旨，随机化物。以中华之无质[14]，寻印度之真文。远涉恒河，终期满字；频登雪岭，更获半珠[15]。问道往还，十有七载；备通释典，利物为心。以贞观十九年二月六日，奉敕于弘福寺翻译圣教要文，凡六百五十七部。引大海之法流，洗尘劳而不竭；传智灯之长焰，皎幽暗而恒明。自非久植胜缘，何以显扬斯旨？所谓法性常住，齐三光之明；我皇福臻，同二仪之固。伏见御制众经、论序，照古腾今，理含金石之声，文抱风云之润。治辄以轻尘足岳[16]，坠露添流；略举大纲，以为斯记。

【注释】

①天皇大帝：即唐高宗李治(628—683)，唐朝第三位皇帝(649—683在位)，其母为文德皇后长孙氏，是为唐太宗嫡三子。高宗是

他死后的庙号，天皇大帝是死后的谥号。春宫：即东宫，为太子所居之处。

②轨躅（zhú）：法则，规范。《汉书·叙传上》："伏周、孔之轨躅，驰颜（颜回）、闵（闵损）之极挚。"躅，痕迹，足迹。

③扃（jiōng）：从外面关门的门闩。《礼记·曲礼上》："将入户，视必下，入户奉扃。"又作"门户"。南朝宋鲍照《野鹅赋》："瞰东西之绣户，眺左右之金扃。"

④双轮：即止与观。止，是止息一切妄念；观，是观照一切真理。止，属于定，观，属于慧，止观就是定慧双修。隋智顗《修习止观坐禅法要》："若夫泥洹之法，入乃多涂，论其急要，不出止、观二法。……当知此之二法，如车之双轮，鸟之两翼，若偏修习，即堕邪倒。故经云：若偏修禅定福德，不学智慧，名之曰愚；偏学智慧，不修禅定福德，名之曰狂。狂、愚之过，虽小不同，邪见轮转，盖无差别。若不均等，此则行乖圆备，何能疾登极果？"

⑤上玄：上天。《周书·王悦传》："梁主内亏刑政，外阙藩篱，匹夫攘袂，举国倾覆。非直下民离心，抑亦上玄所弃。"

⑥垂拱：垂衣拱手。比喻无为而治。《尚书·武成》："惇信明义，崇德报功，垂拱而天下治。"八荒：即八方极远之地，常指代"天下"。

⑦敛衽：整理衣襟，形容毫不费力。

⑧阿耨达：阿耨达池。详见前注（卷五）。神甸：神州。《梁书·武帝纪上》："廓清神甸，扫定京宇。"甸，本义指王田。八川：指古代关中地区灞、浐、泾、渭、酆、镐、潦、潏等八条河流。

⑨智地：指证入佛教真理的境界。

⑩聪令：聪明而有美才。《北史·李彪传》："彪有女，幼而聪令，彪每奇之，教之书学，读诵经传。"

⑪夷简：佛经。若形容性格则指平易质朴。《晋书·曹志传》："（志）少好学，以才行称，夷简有大度，兼善骑射。"

⑫神清：心神清朗。《淮南子·齐俗训》："是故凡将举事，必先平意清神，神清意平，物乃可正。"龆龀（tiáo chèn）：垂发换牙。指童年，幼年。龆，通"髫"。龀，小孩换牙。《东观汉记·伏湛传》："龆龀励志，白首不衰。"

⑬迦维：即"迦维罗卫国"的略称。此处指佛门。

⑭无质：没有实体。此处指没有圆满究竟的佛法。南朝梁沈约《难范缜〈神灭论〉》："形既无知，神本无质。"

⑮半珠：半偈，指佛教精义。

⑯治：李治的自称。足：增益。

【译文】

贞观二十二年夏六月，当时天皇大帝还是皇太子，居住在东宫，恭敬地读完御制序文后，又撰写了《述圣记》，其文说：

宣扬佛教圣业，非智慧通达者不能广大其经典；阐扬微言大义，非德才兼备者不能申明其宗旨。真如圣教是诸法的本源，众经的规范。内容博大宏远，教旨玄奥幽深；极尽空与有的精深微妙，体悟生与灭的精义要旨。词章华茂，法理恢弘，探求者难以穷究其源头；文字显明，义理幽深，修学者无法探测它的边际。由此可知，诸佛慈悲所被覆之处，行善业必得善果；圣教教化所敷施之处，行恶者必断恶缘。开示佛教法网的纲纪，弘扬大乘六度的正教；拯救众生于涂炭之中，开启三藏的神秘之门。因此，佛教的圣名没有羽翼而飞遍天下，佛教的道理没有根基而永远坚固。佛道流播吉祥幸福，历经千古而恒常不变；应化之身赴感显现，经历尘劫而永远不朽。早晨的钟声，黄昏的梵呗，两种声音交响回荡在灵鹫山上；慧日朗照，佛法流润，转动定慧双轮在鹿野苑中。排列在天空的宝盖，与天上翔云连接，一起飞舞；庄野里春天的树林，与天上散落的鲜花合成缤纷的色彩。

俯伏思维，皇帝陛下，秉承天赐之福，垂衣拱手则治理八荒极远之地;德政施于百姓,整理衣襟则万国来朝。陛下的恩惠施及死去之人,贝叶经文藏于石室之中;德泽遍及昆虫,梵说偈颂收入金匮之内。于是使阿耨达的池水通达神州之八川,耆阇崛山连接嵩岳、华山的翠岭。我以为法性湛然凝寂,没有虔心皈依而不能通达的;境界玄奥深妙,至诚修行就能感悟证入。难道是说,在十分昏暗的夜晚,点燃智慧火炬之光;在家宅着火的时候,降下佛法甘雨之泽。于是,百条江河虽然流径不同,同会于大海;万类事物虽然义理不同,总归于真实。这又岂是和汤、武比较优劣,与尧、舜比较圣德的呢?

玄奘法师自幼聪慧,而有美才,立志研学佛典;童年时期就心神清朗,超拔浮华尘世。注心禅定,隐迹幽岩;栖息于三禅之境,游心于菩萨十地。超出六尘所触之境,独步佛门;会通一乘佛法之旨,随机化物。因为中华没有圆满究竟的佛法,所以前往印度寻求真经。远涉恒河,终于获得完满的经文;频登雪岭,又获得雪山半偈。求学问道,往返历时十七年;精通了全部佛教典籍,以利益众生为自己的志愿。于贞观十九年二月六日,遵照敕令在弘福寺翻译圣教经、论,共六百五十七部。引来大海般的佛法之水,洗去众生的烦恼而永不枯竭;传扬赫赫光焰的智慧之灯,朗照幽暗而恒常光明。如果不是长久培植殊胜的因缘,如何能够显扬佛教的宗旨呢?所谓法性常住,与日、月、星辰的光明相等;我皇福报,同天地一样永固。俯伏拜读陛下撰写的众经、论序文,该序文照烁古今,义理包含金石铿锵的声响,文辞具有风云际会的润泽。李治只能用轻微的尘埃增益高高的山岳,坠落的一滴露珠添入奔腾的河流;略举大纲,写下这篇序记。

法师进启谢曰:

玄奘闻七耀摛光[①],凭高天而散景;九河洒润[②],因厚地而通流。是知相资之美，处物既然；演法依人，理在无惑。伏惟皇太子殿下，发挥睿藻，再述天文；赞美大乘，庄严实相。珠回玉转，霞烂锦舒；将日月而联华，与《咸》、《英》而合韵[③]。玄奘轻生多幸，沐浴殊私；不任铭佩，奉启陈谢。

时降令答法师书曰："治素无才学，性不聪敏；内典诸文，殊未观览。所作序记，鄙拙尤繁。忽得来书，褒扬赞述；抚躬自省，惭悚交并。劳师等远臻，深以为愧。"

释彦悰笺述曰："自二圣序文出后，王公、百辟、法、俗、黎庶手舞足蹈[④]，欢咏德音，内外揄扬[⑤]，未及浃辰而周六合[⑥]；慈云再荫，慧日重明，归依之徒波回雾委[⑦]。所谓上之化下，犹风靡草[⑧]，其斯之谓乎！如来所以法付国王，良为此也。"

【注释】

①摛(chī)光：放射光芒。《后汉书·马融传》："旃旝掺其如林，错五色以摛光。"

②九河：古代黄河下游众多支流的总称。也泛指黄河。《尚书·禹贡》："九河既道。"《尔雅·释水》："徒骇、太史、马颊、覆鬴、胡苏、简、洁、钩盘、鬲津，九河。后之说者不一。"

③《咸》、《英》：尧乐《咸池》和帝喾乐《六英》。见前注(卷六)。

④百辟：百官。《宋书·孔琳之传》："(徐)羡之内居朝右，外司辇毂，位任隆重，百辟所瞻。"

⑤揄扬：宣扬、赞扬。东汉班固《两都赋·序》："雍容揄扬，著于后嗣，抑亦《雅》《颂》之亚也。"南朝宋鲍照《河清颂》："坐朝陪宴之臣，怀揄扬于内。"

⑥浃辰：十二天。古代以干支纪日，称自子至亥一周十二日为“浃辰”。

⑦雾委：聚集，充盛的样子。南朝梁沈约《内典序》：“感降参差，云霏雾委。”

⑧犹风靡草：犹如风吹倒草一样。《论语·颜渊》：“子欲善而民善矣。君子之德风，人小之德草，草上之风，必偃。”靡，散乱，顺风倒下。

【译文】

法师上书致谢道：

玄奘听说七耀放出光芒，凭借高天才能散发光明；九河滋润万物，凭借大地才能通畅流动。由此可知，相互资用的美德，万物本来就是这样的；敷演佛法需要依靠人，而佛理本来在于消除困惑。俯伏思维皇太子殿下，发挥睿智的文采，再次撰写帝王文章；赞美大乘佛法，庄严真如实相。珠玉之言，文辞华美；和日月并放光华，与《咸》、《英》同一音韵。玄奘卑微之人多么庆幸，沐浴如此殊胜之荣；不胜感念钦佩，恭敬地上书致谢。

当时，皇太子李治降令答法师书，说道：“李治素无才学，禀性又不聪敏；尤其佛教诸多经文，未曾观览。所写的序记，鄙陋粗拙，尤其繁杂。忽然得到法师来书，对我褒扬称赞；反躬自省，惭惧交加。劳烦法师等远道送来，深感愧疚。”

释彦悰笺述道：“自二圣序文发布以后，王公、百官、僧侣、居士、百姓都手舞足蹈，欢喜咏颂如来德音，教内教外称扬不已，不到十几天的时间就传遍全国；慈被之云再次荫蔽众生，智慧之日重放光明，皈依的徒众如同波浪云雾一般。所谓的上之化下，犹如大风吹倒小草一样，大概就是这个意思吧！如来所以将佛法付嘱国王，正是因为这个原因。”

时弘福寺寺主圆定及京城僧等，请镌二序文于金石，藏之寺宇。帝可之。后寺僧怀仁等乃鸠集晋右军将军王羲之书[①]，勒于碑石焉。

庚辰，皇太子以文德圣皇后早弃万方[②]，思报昊天，追崇福业，使中大夫守右庶子臣高季辅宣令曰："寡人不造[③]，咎谴所钟；年在未识，慈颜弃背。终身之忧，贯心滋甚；风树之切[④]，刻骨冥深。每以龙忌之辰，岁时兴感。空怀陟屺之望[⑤]，益疚寒泉之心[⑥]。既而笙歌遂远，瞻奉无逮[⑦]；徒思昊天之报，罔寄乌鸟之情[⑧]。窃以觉道洪慈，实资冥福；冀申孺慕，是用归依[⑨]。宜令所司，于京城内旧废寺，妙选一所，奉为文德圣皇后，即营僧寺。寺成之日，当别度僧。仍令挟带林泉，务尽形胜。仰规忉利之果，副此罔极之怀。"

于是有司详择胜地，遂于宫城南晋昌里，面曲池，依净觉故伽蓝而营建焉。瞻星揆地[⑩]，像天阙，仿给园，穷班、倕巧艺[⑪]，尽衡霍良木[⑫]，文石、梓桂、橡樟、栟榈充其材，珠玉、丹青、赭垩、金翠备其饰。而重楼复殿，云阁洞房，凡十余院，总一千八百九十七间，床褥器物，备皆盈满。

【注释】

①鸠集：聚集，搜集。《抱朴子内篇·金丹》："余考览养性之书，鸠集久视之方，曾所披涉篇卷，以千计矣。"王羲之（303—361，一说321—379）：字逸少，琅琊临沂（今山东临沂）人。后迁会稽山阴（今浙江绍兴），晚年隐居剡县金庭（今浙江嵊州金庭镇）。东晋时期著名书法家。历任秘书郎、宁远将军、江州刺史，后为会稽内史，领右将军，故称"王右军"。王羲之七岁善书，十二岁时精

心研究《用笔法》，不盈期月，书法大进。卫夫人见了，语太常王策曰："此儿必见《用笔诀》，近见其书，便有老成之智。"流涕曰："此子必蔽吾名。"后世有"学书初学卫夫人，但恨无过王右军"（杜甫）之语。王羲之善草、隶、八分、飞白、章、行，备精诸体，广采众长，自成一家，影响深远，有"书圣"之誉。

②万方：万国，全国各地，天下各地。《汉书·张安世传》："圣王褒有德以怀万方，显有功以劝百寮，是以朝廷尊荣，天下乡风。"

③不造：不幸。《诗经·周颂·闵予小子》："闵予小子，遭家不造。"

④风树：指逝去的母亲。《韩诗外传》卷九："树欲静而风不止，子欲养而亲不待也。"故后世常以"风树"来指代父母死亡，不能奉养。

⑤陟屺（qǐ）：指思念母亲。《诗经·魏风·陟岵》："陟彼屺兮，瞻望母兮。"故后世常用"陟屺"来指代思念母亲。

⑥寒泉：黄泉，九泉。

⑦瞻奉：恭敬侍奉。《南史·谢弘微传》："性严正，举止必循礼度，事继亲之党，恭谨过常。伯叔二母，归宗两姑，晨夕瞻奉，尽其诚敬。"

⑧乌乌：乌鸦。

⑨是用：因此。《左传·襄公八年》："如匪行迈谋，是用不得于道。"

⑩瞻星揆地：上观天候，下察地形。南朝梁陆倕《石阙铭》："陈圭置臬，瞻星揆地。兴复表门，草创华阙。"

⑪班、倕：古代工匠公输班和倕的合称，常泛指能工巧匠。《后汉书·崔骃传》："应规矩之淑质兮，过班、倕而裁之。"公输班，春秋战国时期鲁国人。倕，舜帝时为共工（舜立九官之一）的官员。

⑫衡霍：衡山。

【译文】

当时弘福寺寺主圆定以及京城的僧人等，请求将两篇序文镌刻在碑石上，保存在佛寺里。太宗准许了。后来该寺僧怀仁等搜集晋右军将军王羲之的字，把序记刻在碑石上。

七月一日，皇太子因母亲文德圣皇后早辞尘世，为了要报答养育之恩，想要给她追修福业，让中大夫守右庶子臣高季辅宣令说："寡人不幸，灾难降到我所钟爱的人身上；在我小的时候，母亲就去世了。终生的忧伤，痛彻肺腑；对母亲思念之情，刻骨铭心。每年母亲的忌日，心中都会生起无尽的感伤。空怀思念母亲之情，心里对九泉之下的母亲更加愧疚。不久笙歌越来越远，来不及恭敬侍奉；徒然盼望回报母亲的养育之恩，罔然寄托乌鸦反哺之情。我以为觉悟之教大慈大悲，确实有助于冥冥之中的福业；希望申述孺子仰慕之情，因此皈依我佛。命令官府在京城里废弃的旧佛寺中，认真选择一所，给文德圣皇后营建佛寺。佛寺建成后，再专门剃度一批僧人。还要求寺院挟带林泉，务必是块极好的风水宝地。按照忉利天宫的规式建设，以符合皇太子对母亲无穷哀思的情怀。"

于是官府精心选择了好地方，在宫城南面的晋昌里内，面对曲江池，依净觉寺旧址动工营建。上观天候，下察地形；模拟天宫，仿效给园；穷极能工巧匠的技艺，用尽衡山上的良木；文石、梓桂、橡樟、栟榈，充作建筑材料；珠玉、丹青、赭垩、金翠，用作装饰品。重楼复殿，高阁深房，有十几个院落，总共一千八百九十七间屋舍，床褥器具，到处都安放得满满的。

文武圣皇帝又读法师所进《菩萨藏经》，美之，因敕春宫作其经后序。其词曰：

盖闻羲皇至赜①，精粹止于龟文②；轩后通幽③，雅奥穷于鸟篆④。考丹书于索隐⑤，殊昧实际之源；征绿错以研几⑥，盖非常乐之道。犹且事光图史⑦，振薰风于八埏⑧；德洽生灵，激尧波于万代⑨。

伏惟皇帝陛下，转轮垂拱，而化渐鸡园；胜殿凝旒[10]，而神交鹫岭。总调御于徽号[11]，匪文思之所窥；综波若于纶言[12]，岂《系》、《象》之能拟。由是教覃溟表，咸传八解之音[13]；训浃寰中[14]，皆践四禅之轨[15]。遂使三千法界，尽怀生而可期；百亿须弥，入提封而作镇。尼连德水，迩帝里之沧池[16]；舍卫庵园，接上林之茂苑。虽复法性空寂，随感必通；真乘深妙，无幽不阐。所谓大权御极[17]，导法流而靡穷；能仁抚运，拂劫石而无尽[18]。体均具相，不可思议；校美前王，焉可同年而语矣！爰自开辟，地限流沙，震旦未融[19]，灵文尚隐。汉王精感，托梦想于玄宵；晋后翘诚[20]，降修多于白马[21]。有同蠡酌，岂达四海之涯；取譬管窥，宁穷七曜之隩[22]。暨乎皇灵遐畅，威加铁围之表[23]；至圣发明，德被金刚之际。恒沙国土，普袭衣冠[24]；开解脱门，践真实路。龙宫梵说之偈，必萃清台；猊吼贝叶之文，咸归册府。洒兹甘露，普润芽茎；垂此慧云，遍沾翾走[25]。岂非归依之胜业，圣政之灵感者乎！

《大菩萨藏经》者，大觉义宗之要旨也。佛修此道，以证无生；菩萨受持，咸登不退。六波罗蜜[26]，关键所资；四无量心[27]，根力斯备。盖彼岸之津涉[28]，正觉之梯航者焉。

贞观中年，身毒归化[29]，越热坂而颁朔[30]，跨悬度以输赆[31]。文轨既同，道路无壅。沙门玄奘，振锡寻真，出自玉关，长驱奈苑，至于天竺，力士生处，访获此经，归而奏上，降诏翻译，于是毕功。余以问安之暇，澄心妙法之宝[32]，奉述天旨，微表赞扬，式命有司，缀于终卷。

自是帝既情信日隆，平章法义，福田功德，无辍于口，与法师无暂相离。敕加供给，及时服卧具数令换易。秋七月景申[33]，夏罢，又施法师衲袈裟一领，价直百金。观其作制，都不知针线出入所从。帝库内多有前代诸衲，咸无好者，故自教后宫造此，将为称意，营之数岁方成，乘舆四巡，恒将随逐。

【注释】

①羲皇：伏羲氏。至赜(zé)：极其深奥微妙，亦指极深奥微妙的道理。《周易·系辞上》："言天下之至赜而不可恶也。"

②龟文：龟背的纹理。伏羲制八卦，用龟纹来表达。东汉蔡邕《篆势》："文体有六篆，要妙入神，或象龟文，或比龙鳞。"

③轩后：黄帝轩辕氏。

④鸟篆：鸟迹文字。据说黄帝时期左史官仓颉根据鸟的足迹，创造了文字。鸟迹文字是最早记载日常生活事件的文字，然后才逐渐演化出古代象形文字。

⑤丹书：指"洛书"之类的图谶。传说夏禹(又说伏羲、轩辕)治水时，洛水神龟负之而出，故称《洛书》。《周易·系辞上》："河出图，洛出书，圣人则之。"索隐：探求隐微奥秘的道理。《周易·系辞上》："探赜索隐，钩深致远，以定天下之吉凶，成天下之亹亹者，莫大乎著龟。"

⑥绿错：指"河图"之类的图谶。也指丹书上交错的绿色文字。《淮南子·俶真训》："洛出丹书，河出绿图。"古代帝王认为"丹书"、"绿错"是他们天赐的符命之书，即谶纬书。此类谶纬被视为福

瑞，是国祚兴盛、天下太平的征兆与应验。研几：穷究精微的道理。亦作“研机”。《周易·系辞上》：“夫易，圣人之所以极深而研几也。”

⑦图史：图书和史籍。

⑧薰风：指治安之风，即赞颂政治清明、社会安定的民俗歌谣之诗。《孔子家语·辩乐解》：“昔者舜弹五弦之琴，造《南风》之诗，其诗曰：‘南风之熏兮，可以解吾民之愠兮；南风之时兮，可以阜吾民之财兮。’唯修此化，故其兴也勃焉，德如泉流。”故后世以“薰风”来指称舜的《南风歌》。八埏（yán）：八方。《汉书·司马相如传下》：“上畅九垓，下泝八埏。”

⑨尧波：指尧的德治。

⑩凝旒：冕旒静止不动，形容帝王态度肃穆专注。旒，古代皇帝礼帽前后的玉串。

⑪调御：“调御丈夫”的略称，佛的十大名号之一。义为“可化导一切丈夫的调御师”。南朝陈徐陵《东阳双林寺傅大士碑》：“劝请调御，常住世间，救现在之兵灾，除当来之苦集。”徽号：褒扬赞美的称号。古代专指加给帝王及皇后的尊号，一般每次加两个字。

⑫波若：般若。

⑬八解：八解脱，又作“八背舍”，指八种舍弃各种贪着之心而获得解脱的禅定。即：一、内有色想观外色解脱；二、内无色想观外色解脱；三、净解脱；四、空无边处解脱；五、识无边处解脱；六、无所有处解脱；七、非想非非想处解脱；八、灭尽定解脱。

⑭训浃：训诲周遍，义为教无遗类。浃，周匝，整个儿。寰中：宇内，天下。

⑮四禅：梵文意译。又译“四禅定”、“四静虑”、“四色界定”、“四天道”等，即四种禅那，属于“八等至”、“九次第定”、“十二门禅”之一。“四禅”是在排除欲界烦恼干扰的基础上获得的心绪宁静、

思维清晰的专注状态，也是保证正确思维、成就诸种功德的心理条件。在佛教诸禅定中，“四禅”是最具典型并极受重视的一种禅法。“四禅”主要内容诸经所说略有差别。例如，《长阿含经》卷八：“除欲恶不善法，有觉有观，离生喜乐，入于初禅；灭有觉观，内信一心，无觉无观，定生喜乐，入第二禅；离喜修舍，念进自知身乐，诸圣所求忆念、舍、乐，入第三禅；离苦乐行，先灭忧喜，不苦不乐，舍、念清净，入第四禅。”

⑯帝里：帝都，京都。沧池：汉未央宫内的池名。《三辅黄图·沧池》：“未央宫有沧池，言池水苍色，故曰‘沧池’。”东汉张衡《西京赋》：“沧池漭沆，渐台立于中央。”

⑰御极：登极，即位。南朝梁刘勰《文心雕龙·时序》：“明帝秉哲，雅好文会，升储御极，孳孳讲艺。”

⑱劫石：指时间极为久远。《大智度论》卷五：“佛以譬喻说劫义。四十里石山，有长寿人，百岁一来，以细软衣拂拭，此大石尽，而劫未尽。”

⑲震旦：古代印度人称中国。宋沈括《梦溪笔谈·杂志》：“阿罗汉诺矩罗居震旦东南大海际雁荡山芙蓉峰龙湫。”

⑳翘诚：虔诚。

㉑修多：即修多罗，指佛经。

㉒隩：同“奥”，奥秘。

㉓铁围：即铁围山。佛教认为南赡部洲等四大部洲之外有铁围山，其中心为须弥山，外有七山八海，铁围山围绕其外。北周王褒《善行寺碑》：“尘沙日月，同渤澥之轮回；百亿铁围，等阎浮之数量。”

㉔衣冠：指文明礼教。

㉕翾(xuān)走：飞禽走兽。翾，轻柔地飞，低空飞翔。南朝宋鲍照《谢随恩被原表》：“仁道毓物，泽洎翾走。”

㉖六波罗蜜：即“六度”，指布施、持戒、忍辱、精进、禅定、般若等六种从生死此岸到达解脱彼岸的方法或途径。波罗蜜，译为“度”，到彼岸之意。

㉗四无量心：即慈、悲、喜、舍“四梵行”。慈无量心，给人悦乐之心；悲无量心，救人苦难之心；喜无量心，见人离苦得乐而生喜悦之心；舍无量心，能舍以上三心之心，又对于一切众生，能舍弃怨亲分别而平等对待之心。

㉘津涉：渡口。比喻为学的门径。

㉙身毒：即印度。

㉚颁朔：古代帝王在每年冬季将来年的历日布告天下诸侯，谓之“颁朔”。《周礼·春官·大史》：“颁告朔于邦国。”

㉛賝(chēn)：珍宝。

㉜澄心：静心，使心情清静。晋陆机《文赋》：“罄澄心以凝思，眇众虑而为言。”

㉝景申：十七日。一说为十三日。

【译文】

太宗皇帝又阅读了法师呈进的《菩萨藏经》，十分赞赏，就敕令皇太子为这部经作了一篇后序。其文说：

听说伏羲极深奥微妙的道理，精美纯粹仅限于龟背上的纹理；轩辕通达幽远深邃的境地，典雅深奥也只是尽在于鸟迹的文字。考究丹书去探索隐秘的道理，却暗昧于真如实际的本源；征寻绿错去穷究精微的道理，也不是恒常快乐的途径。尚且事迹光耀图书和史籍，振发治安之风于八方；德政遍及生灵，激扬道德教化于万代。

俯伏思维，皇帝陛下乃是当今的转轮圣王，垂拱而治，德化渐及鸡园；安然静坐在天子殿堂中，神识交接鹫岭。陛下的尊号包含调御丈夫，不是文思所能窥知；辞令综括般若智慧，岂是《系》、《象》

所能比拟。因此，圣教遍及四海，到处都传来八解脱的声音；训诲周遍寰宇，人人都在践行四禅定的轨持。于是使三千法界中的一切众生都可期待解脱；百亿须弥归入疆域以镇守四方。尼连德的河水，流入帝都的沧池；舍卫国的庵园，连接上林的茂苑。虽说法性空寂，却有感必应；虽说真乘深妙，但无幽不阐。所谓帝道永昌，引导佛法之水永远流淌；法轮常转，拂拭劫石而永无尽头。身体具有不可思议之庄严妙相；与前王相比美，岂可同年而语啊！自开天辟地以来，地域受流沙限制，中国尚未通达印度，经文还隐藏未见。汉王精诚感应，金人在深夜托梦给他；晋帝虔诚，白马驮着经书来到洛阳。如同以蠡酌水，岂能达到四海的边际；譬如用管窥天，难道能穷尽七曜的奥秘。等到皇帝威灵远扬，威力达到铁围山的外缘；陛下挥发英明，德泽被及金刚的边际。恒沙般的国土，都承袭大唐的文明礼教；开启解脱之门，践履真实之路。龙宫里梵说偈颂，必然荟萃到清台；佛所说的贝叶经文，都归入了册府。洒下佛法甘露，普遍滋润幼芽根茎；垂挂圣教智慧祥云，周遍施与飞禽走兽。难道不是皈依佛教的殊胜功业，陛下善政的灵德感应吗？

《大菩萨藏经》是大乘佛教的宗要旨趣。佛修行这个法门，证得无生法忍；菩萨受持这种法门，都能位登不退转地。六波罗蜜的关键所在，四无量心的根力尽备。是到达涅槃彼岸的渡口途径，成就正等正觉的阶梯舟船。

贞观年间，印度归化，越过茫茫沙漠颁告朔政，跨过高高雪岭输入珍宝。文轨已然相同，道路不再壅阻。沙门玄奘，振锡寻求真经，出自玉门关，长驱直往奈苑，到达天竺佛祖出生的地方，访获这部经书，返回后启奏皇帝，皇帝降诏翻译，玄奘法师就把它译成汉文。我在向陛下问安之后的闲暇时间，静心此妙法宝典，遵照陛下的旨意，稍微表达赞扬之意，命令相关官员，将之放在经书的末尾。

从此，太宗对法师日益崇信，常常和法师探讨佛教义理，福田功德赞口不绝，和法师形影不离。还敕令增加供养，多次催促法师更换应季的衣服和卧具。七月十七日，夏安居结束后，太宗又供养法师纳袈裟一件，价值百金。观看这件袈裟的精巧做工，竟看不出针线怎么出入。皇宫内库中有许多前代留下来的衲衣，但太宗认为都不是太好，所以亲自命后宫制作了这件衲衣，才算称心如意。这件衲衣制作了几年方才完成，太宗乘舆四处出巡，常常将这件衲衣带在身边。

二十二年，驾幸洛阳宫，时苏州道恭法师、常州慧宣法师并有高行，学该内外，为朝野所称。帝召之。既至，引入坐，言讫。时二僧各披一衲，是梁武帝施其先师，相承共宝。既来谒龙颜，故取披服。帝哂其不工[①]，取衲令示，仍遣赋诗以咏。恭公诗曰："福田资象德[②]，圣种理幽薰。不持金作缕，还用彩成文。朱青自掩映，翠绮相氤氲，独有离离叶，恒向稻畦分。"宣公诗末云："如蒙一披服，方堪称福田。"意欲之。帝并不与，各施绢五十匹，即此纳也。传其丽绝，岂常人所服用，唯法师盛德当之矣。

时并赐法师剃刀一口。法师表谢曰：

沙门玄奘，伏奉敕赐衲袈裟一领、剃刀一口。殊命荐臻[③]，宠灵隆赫[④]；恭对惶悸[⑤]，如履春冰。玄奘幸遭邕穆之化[⑥]，早预息心之侣。三业无纪[⑦]，四恩靡答[⑧]；谬回天眷，滥叨云泽。忍辱之服，彩合流霞；智慧之刀，铦逾切玉[⑨]。谨当衣以降烦恼之魔，佩以断尘劳之网。起余讥于彼己，惧空疏于冒荣。惭恧屏营[⑩]，趋承俯偻，鞠心踊踖[⑪]，精爽飞越[⑫]，不任悚荷之至。谨奉表谢闻。尘黩圣鉴[⑬]，伏深战栗。

帝少劳兵事，纂历之后又心存兆庶，及辽东征罚，栉沐风霜，旋旆已来，气力颇不如平昔，有忧生之虑。既遇法师，遂留心八正，墙堑五乘，遂将息平复。帝因问曰："欲树功德，何最饶益？"法师对曰："众生寝惑，非慧莫启。慧芽抽殖，法为其资。弘法由人，即度僧为最。"帝甚欢。

秋九月己卯，诏曰："昔隋季失御，天下分崩，四海涂炭，八埏鼎沸。朕属当戡乱，躬履兵锋；亟犯风霜，宿于马上。比加药饵，犹未痊除；近日已来，方就平复。岂非福善所感，而致此休征耶[14]？京城及天下诸州寺宜各度五人，弘福寺宜度五十人。"计海内寺三千七百一十六所，计度僧尼一万八千五百余人。未此已前，天下寺庙遭隋季凋残，缁僧将绝，蒙兹一度，并成徒众。美哉！君子所以重正言也。

帝又问："《金刚般若经》一切诸佛之所从生[15]，闻而不谤，功逾身命之施，非恒沙珍宝所及。加以理微言约，故贤达君子多爱受持，未知先代所翻，文义具不？"法师对曰："此经功德实如圣旨。西方之人咸同爱敬。今观旧经，亦微有遗漏。据梵本具云'能断金刚般若'，旧经直云'金刚般若'。欲明菩萨以分别为烦恼，而分别之惑，坚类金刚，唯此经所诠无分别慧，乃能除断，故曰'能断金刚般若'，故知旧经失上二字。又如下文，三问阙一，二颂阙一，九喻阙三，如是等。是法师所翻舍卫国也，留支所翻婆伽婆者，少可。"帝曰："师既有梵本，可更委翻，使众生闻之具足。然经本贵理，不必须饰文而乖义也。"故今新翻《能断金刚般若》，委依梵本。奏之，帝甚悦。

【注释】

①哂(shěn):讥笑。《列子·杨朱》:"众哂而怨之,其人大惭。"

②象德:指佛祖之德。

③殊命:指特殊恩宠的诰命。《宋书·始平孝敬王子鸾传》:"宣贵妃既加殊命,礼绝五官。"荐臻:接连到来,屡次降临。《诗经·大雅·云汉》:"天降丧乱,饥馑荐臻。"

④宠灵:恩宠光耀,使得到恩宠福泽。《左传·昭公七年》:"今君若步玉趾,辱见寡君,宠灵楚国,以信蜀之役,致君之嘉惠,是寡君既受贶矣,何蜀之敢望!"隆赫:高贵显赫。《陈书·周迪传》:"富贵隆赫,超绝功臣。"

⑤惶悸:惊恐。东汉王逸《九思·悼乱》:"惶悸兮失气,踊跃兮距跳。"

⑥邕穆:和睦敬肃。《晋书·孝友传·桑虞》:"虞五世同居,闺门邕穆。"

⑦三业:指身业、口业和意业。

⑧四恩:指父母恩、众生恩、国王恩、三宝恩等四种恩。

⑨铦(xiān):锋利,锐利。

⑩惭恧(nǜ):羞惭。《汉书·王莽传上》:"敢为激发之行,处之不惭恧。"

⑪跼蹐(jú jí):局促不安、小心戒惧的样子。跼,曲,屈曲。蹐,用小步走路。《后汉书·循吏传·秦彭》:"于是奸吏跼蹐,无所容诈。"

⑫精爽:精神,魂魄。飞越:飞扬。晋刘琨《劝进表》:"承问震惶,精爽飞越。"《左传·昭公七年》:"用物精多,则魂魄强,是以有精爽至于神明。"

⑬尘黩:玷污。《晋书·孝友传·何琦》:"一旦茕然,无复恃怙,岂可复以朽钝之质尘黩清朝哉!"

⑭休征：吉祥的征兆。《汉书·终军传》："故周至成王，然后制定，而休征之应见。"

⑮《金刚般若经》：又称《金刚般若波罗蜜经》、《能断金刚般若波罗蜜多经》，简称《金刚经》，总一卷。凡有六译，分别为：后秦鸠摩罗什《金刚般若波罗蜜经》、北魏菩提流支《金刚般若波罗蜜经》、南朝陈真谛《金刚般若波罗蜜经》、隋达摩笈多《金刚能断般若波罗蜜经》、唐玄奘《能断金刚般若波罗蜜多经》、唐义净《能断金刚般若波罗蜜多经》等，以罗什译本最为流行。若依《金刚般若波罗蜜经》，"金刚"喻般若，具有稀有、坚、利、明等四义，指用金刚般的般若智慧来破除无明惑痴，成就解脱。若依梵语原典经名，则应如玄奘所译的《能断金刚般若波罗蜜多经》。"金刚"喻烦恼，"能断金刚"意为般若智慧能够断除如金刚般的分别烦恼，"菩萨以分别为烦恼，而分别烦恼类如金刚。唯此经所诠无分别慧，乃欲明能除断，故云《能断金刚般若波罗蜜多经》"。《金刚经》的主要内容是"性空幻有"、"扫相破执"的般若思想，实质上是大乘佛教所倡导的特殊的认知方式和思维方式，它认为只有把握"般若性空"之理，才能抛弃世俗的妄见妄念、妄想执着，才能证悟到佛门的真谛。

【译文】

贞观二十二年，太宗驾幸洛阳宫，当时苏州的道恭法师、常州的慧宣法师都有很高的修行，学通内外，为朝野所称誉。太宗召见他们。到来后，引入就座，说完话。当时，二位高僧各披一件衲衣，是梁武帝布施给他们的祖师的，都当做宝贝代代相传。因为前来谒见皇帝，所以取出来穿上。太宗嘲笑他们的衲衣做工不好，取出自己那件衲衣给他们看，并让他们赋诗吟咏。恭公诗云："福田资象德，圣种理幽薰。不持金作缕，还用彩成文。朱青自掩映，翠绮相氤氲，独有离离叶，恒向稻畦分。"宣公诗的末句云："如蒙一披服，方堪称福田。"他们都想要这件衲衣。

太宗不给他们,给每人布施了五十匹绢,将这件衲衣供养给玄奘法师。据说这件衲衣华丽奇绝,岂是一般僧人所穿的,只有法师的盛德才能够领受啊。

当时还赐给法师剃刀一口。法师上表致谢说:

沙门玄奘,伏奉敕赐衲袈裟一件、剃刀一口。陛下的殊胜恩宠的诰命屡次降临,对玄奘的恩宠福泽高贵显赫;玄奘恭敬面对陛下的诏令,感到惊恐不已,如履春天的薄冰。玄奘庆幸受到和睦敬肃的教化,早年就出家为僧。三业没有记录,四恩没有报答;没有回报陛下的眷顾,频繁承受皇帝的恩泽。忍辱的僧服,飞彩流霞;智慧的剃刀,锋利得轻松切玉。恭谨地穿上这件衲衣以降烦恼之魔,佩上这把剃刀以断尘劳之网。彼我生起对此我的责难,害怕自己的空虚浅薄愧于陛下对我的殊胜恩宠。惭愧惶恐,行走坐卧,内心局促不安,魂魄飞扬,不胜惊恐之至。谨奉表致谢以闻。玷污陛下圣鉴,俯伏战栗不已。

太宗早年戎马倥偬,继位之后又劳心万民,后来又征伐辽东,栉风沐雨,回师以来,感觉气力已颇不如从前,开始忧虑人生的无常了。遇到法师后,便留心八正道,栖身于五乘法门,身体逐渐好起来。太宗于是问法师道:“想要培植功德,做什么事最为饶益?”法师回答道:“众生愚迷已久,没有智慧就不能觉悟。培植智慧之芽,要依赖于佛法。弘扬佛法还须依靠人,所以度僧的功德最大。”太宗听了十分高兴。

九月一日,太宗下诏说:“往昔隋朝失去统治能力,天下分崩离析,四海生灵涂炭,八方乱兵鼎沸。朕正当戡乱,亲自指挥战斗;冒着风霜,歇宿在马上。服用药物,犹未能痊愈;直到近日,方才康复。岂不是福善所感,才会出现这样吉祥的征兆吗?京城以及全国各州佛寺应各度僧五人,弘福寺应度僧五十人。”当时全国佛寺有三千七百一十六所,合计剃度僧尼一万八千五百多人。在这次剃度之前,天下寺庙遭受隋末战乱的摧残,僧众几乎绝迹,经过这次剃度后,人数又多了起来。真是美事啊！所以君子们重视正确的言论。

太宗又问法师道："《金刚般若经》，一切诸佛都是从此经中产生，听闻此经而不毁谤，功德超过用身命布施，不是恒沙珍宝所能企及。又因为该经义理微妙，言辞简约，所以贤达君子大多喜欢受持此经，不知道前贤所翻译的经本，文义完备吗？"法师回答道："此经的功德正如陛下所说。西方人也都同样爱敬此经。如今观阅此经以前的译本，也稍微有些遗漏。据梵本全称为'能断金刚般若'，旧译本直接称'金刚般若'。意思是要表明菩萨以分别为烦恼，而对分别的痴惑，坚若金刚，只有此经所诠释的无分别慧，才能除断，故称'能断金刚般若'，由此可知，旧译本上缺少'能断'两个字。又譬如下文，三问阙一，二颂阙一，九喻阙三，如是等等。鸠摩罗什所翻译的舍卫国，菩提流支所翻译的婆伽婆，尚可。"太宗说道："法师既然有梵本，可再委实翻译，使众生听闻此完满具足的经典。然而，经本贵在义理，不必强调文辞修饰而导致义理错误。"所以如今新翻译的《能断金刚般若》，委实依据梵本。译完呈奏，太宗很高兴。

冬十月，车驾还京，法师亦从还。先是敕所司于北阙紫微殿西别营一所，号"弘法院"。既到，居之。昼则帝留谈说，夜乃还院翻经。更译无性菩萨所释《摄大乘论》十卷、世亲所释《摄大乘论》十卷、《缘起圣道经》一卷、《百法明门论》一卷。

戊申，皇太子又宣令曰："营慈恩寺，渐向毕功，轮奂将成，僧徒尚阙，伏奉敕旨度三百僧，别请五十大德，同奉神居，降临行道。其新营道场，宜名大慈恩寺，别造翻经院。虹梁藻井[①]，丹青云气[②]；琼础铜踏[③]，金环华铺，并加殊丽。令法师移就翻译，仍纲维寺任[④]。"

法师既奉令旨，令充上座，进启让曰：

沙门玄奘启：伏奉令旨，以玄奘为慈恩寺上座。恭闻嘉令，心灵靡措[5]，屏营累息[6]，深增战悚[7]。玄奘学艺无纪，行业空疏，敢誓捐罄，方期光赞[8]。凭恃皇灵，穷遐访道；所获经、论，奉敕翻译。诚冀法流渐润，克滋鼎祚[9]；圣教绍宗，光华史册。玄奘昔冒危涂，久婴痾疹[10]；驽蹇力弊[11]，恐不卒业；孤负国恩，有罚无赦。命知僧务，更贻重谴；鱼鸟易性，飞沉失路。伏惟皇太子殿下，仁孝天纵，爱敬因心[12]；感风树之悲，结寒泉之痛。式建伽蓝，将弘景福；匡理法众，任在能人；用非其器，必有蹎仆[13]。伏愿睿情远鉴，照弘法之福因；慈造曲垂[14]，察愚诚之忠款。则法僧无晦老之咎[15]，鱼鸟得飞沉之趣。不任诚恳之至，谨奉启陈情，伏用惭惶，追赠悚悸[16]。

【注释】

①虹梁：即弧形梁。东汉班固《西都赋》："因瑰材而究奇，抗应龙之虹梁。"藻井：位于室内的上方，呈伞盖形，由细密的斗栱承托，象征天宇的崇高。藻井上一般都绘有彩画、浮雕。

②丹青：指绘画。"丹"指丹砂，"青"指青雘，本是两种矿物颜料，因为我国古代绘画常用朱红色和青色两种颜色，故丹青成为绘画艺术的代称。《汉书·苏武传》："竹帛所载，丹青所画。"

③铜锴(tà)：指用铜包裹。锴，指用金属包裹，原作"撘"。

④纲维：指纲领寺众，维持佛事。寺内有三纲，即寺主、上座、维那。此指上座。

⑤靡措:不知所措。

⑥屏营累息:因恐惧而不敢喘息。屏营,惶恐。累息,屏气。东汉蔡邕《表贺录换误上章谢罪》:"臣邕怔营惭怖,屏气累息,不知所自投处。"

⑦战悚:害怕而发抖。

⑧光赞:光辅,多方面辅佐。东汉杨修《答临淄侯笺》:"宣昭懿德,光赞大业。"

⑨鼎祚:国祚,国运。《晋书·列传第二十九·序》:"光武雄略纬天,慷慨下国……休祉盛于两京,鼎祚隆于四百。"

⑩婴:缠绕。痾瘆:一种热性病。

⑪驽蹇:劣马。比喻能力低劣。

⑫因心:指亲善仁爱之心。《诗经·大雅·皇矣》:"维此王季,因心则友。"

⑬踬仆:跌倒。《汉书·贡禹传》:"诚恐一旦踬仆气竭,不复自还。"

⑭慈造:指慈亲的养育之恩。《隋书·庶人秀传》:"秀既幽逼,愤懑不知所为,乃上表曰:'……犹望分身竭命,少答慈造。'"

⑮晦老:悔吝,悔恨。

⑯悚悸:心惊胆战。

【译文】

冬十月,太宗车驾返回长安,法师也随同返回。此前太宗敕令官府在宫城北阙的紫微殿西边,单独建造一所精舍,叫做"弘法院"。法师回来后就居住在这里。白天留在宫里和太宗谈话,夜晚就回院译经。又翻译了无性菩萨所释《摄大乘论》十卷、世亲所释《摄大乘论》十卷、《缘起圣道经》一卷、《百法明门论》一卷。

早在十月一日,皇太子又传令说:"正在营建的慈恩寺,已接近完工,美轮美奂的佛寺将要落成,但还缺少僧徒,已奉皇帝敕旨剃度三百名僧人,再请五十位高僧,都住在这座佛寺,降临行道。这所新修建的道场，应命名为大慈恩寺，另外建造翻经院。虹形的房梁，华丽的藻井，丹青绘出缥缈的云气；琼玉为础，铜皮包裹，金色铜环华丽地铺开，更加壮丽。请法师搬到这里译经，并主持寺院事务。”

法师接到太子令旨，让他出任慈恩寺上座，就上书推辞说：

沙门玄奘启：敬奉皇太子令旨，让玄奘出任慈恩寺上座。恭闻太子的嘉令，心里不知所措，惶恐屏气，愈发战悚。玄奘学艺不精，德行和学业都空虚浅陋，只是不惜身命，期望有助于圣教。凭恃皇帝的威灵，远行访道；所获得的经、论，敬奉陛下敕令翻译。真诚希望佛法之水润泽苍生，永昌国祚；圣教绍续宗旨，光华史册。玄奘因为昔日求法不顾危险的路途，因此久患痾疹；劣马力疲，担心不能完成译经事业；辜负国恩，有罚无赦。如今任命我主持僧务，又赋予我重任；如果鱼和鸟改变本性，那么飞翔和浮沉就会失去路途。俯伏思维皇太子殿下，天纵仁孝，爱敬仁心；因为不能奉养去世母亲而感到悲伤，因为九泉之下的母亲而凝结痛苦。营建伽蓝，将要弘大景福；匡正治理法众，关键在于任用能人；任用的人不适合其才能，一定会出差错。伏愿太子殿下睿情远鉴，观照弘法的福因；慈恩俯赐，体察玄奘一片赤诚。如此则玄奘不必为此事而追悔，鱼鸟各得飞翔和浮沉的乐趣。不胜诚恳之至，谨奉启陈情，内心惭愧惶恐，更加心惊胆战。

十二月戊辰，又敕太常卿江夏王道宗将九部乐，万年令宋行质、长安令裴方彦各率县内音声，及诸寺幢帐，并使务极庄严，己巳旦，集安福门街，迎像送僧入大慈恩寺。至是陈列于通衢，其锦彩轩槛①，鱼龙幢戏，凡千五百余乘，帐盖三百余事。

先是内出绣画等像二百余躯，金银像两躯，金缕绫罗幡五百口，宿于弘福寺；并法师西国所将经、像、舍利等。爰自弘福引出，安置于帐座及诸车上，处中而进。又于像前两边各丽大车[②]，车上竖长竿悬幡，幡后布师子神王等为前引仪。又庄宝车五十乘，坐诸大德；次京城僧众执持香华，呗赞随后；次文武百官各将侍卫部列陪从，太常九部乐挟两边，二县音声继其后。而幢幡钟鼓，訇磕缤纷[③]，眩日浮空，震耀都邑，望之极目，不知其前后。

皇太子遣率尉迟绍宗、副率王文训，领东宫兵千余人充手力，敕遣御史大夫李乾祐为大使，与武侯相知检校[④]。帝将皇太子、后宫等，于安福门楼，执香炉目而送之，甚悦。衢路观者数亿万人。经像至寺门，敕赵公、英公、中书褚令执香炉引入，安置殿内，奏九部乐、破阵舞及诸戏于庭，讫而还。

【注释】

①轩槛：长廊的栏杆。

②丽：成对，成双。南朝梁刘勰《文心雕龙·丽辞》："丽辞之体，凡有四对。"

③訇磕(hōng kē)：形容名声极大。西汉司马相如《上林赋》："沉沉隐隐，砰磅訇礚。"

④检校：唐中前期，加"检校"官职虽非正式拜授，但有权行使此职事，相当于"代理"官职。

【译文】

十二月二十二日，太宗又敕令太常卿江夏王李道宗率领宫廷的九部乐，万年令宋行质、长安令裴方彦各率本县音乐，以及各寺的幢帐等物件，要求务必极其庄严，在二十三日早晨都集中在安福门街，迎送佛像和僧人进入大慈恩寺。到了这天，仪仗都陈列在大道上，五彩缤纷的锦绣长廊槛栏，鱼龙嬉戏的幢帐伞盖，共一千五百余乘，帐盖三百多件。

先是从弘福寺送出绣像二百多尊，金银像两尊，金缕绫罗幡五百张，这些都是前一天晚上放好的；以及法师从印度带回的经、像、舍利等。从弘福寺领出来，安放在帐座和各车上，处在中间前进。又在像前两边各列大车，车上竖着长竿，悬挂幢幡，幢幡后面布置狮子神王等，走在前面引路。又装饰宝车五十乘，让各位高僧乘坐；接着是京城的僧众手持香花，唱着呗赞跟在后面；再后面是文武百官各个率领侍卫列队陪从，太常九部乐分列两边，万年、长安两县的音声跟在后面。当时幢幡钟鼓，声响缤纷，眩日浮空，震耀京城，极目而望，看不到头尾。

皇太子派太子卫率尉迟绍宗、副率王文训，带领东宫兵一千多人充当杂役，太宗敕令御史大夫李乾祐任大使，和武侯大将军共同维持秩序。太宗率领皇太子、后宫等人，在安福门楼上，手执香炉目送队伍前进，十分高兴。沿路观看的人数以万计。经、像送到慈恩寺门口，太宗敕令赵国公长孙无忌、英国公李勣和中书令褚遂良手执香炉领入寺内，安置在殿内，并在庭院演奏九部乐、破阵舞和各种戏曲，演毕返回。

壬申，将欲度僧。辛未，皇太子与仗卫出宿故宅。后日旦，从寺南列羽仪而来，至门，下乘步入，百僚陪从。礼佛已，引五十大德相见，陈造寺所为意，发言呜噎，酸感傍人，侍臣及僧无不哽泣，观烝烝之情[①]，亦今之舜也。言讫，升殿东阁，令少詹事张行成宣恩宥降京畿见禁囚徒[②]，然后剃发观斋，及赐王公已下束帛讫[③]。屏人下阁礼佛，与妃等巡历廊宇。至法师房，制五言诗贴于户，曰："停轩观福殿，游目眺皇畿。法轮含日转，华盖接云飞。翠烟香绮阁，丹霞光宝衣。幡虹遥合彩，空外迥分晖。萧然登十地，自得会三归。"

观讫还宫。是时缁素欢欣，更相庆慰，莫不歌玄风重盛，遗法再隆，远近已来未曾有也。其日，敕追法师还北阙。

【注释】

①烝烝：形容孝德美厚。《尚书·尧典》："父顽，母嚚、象傲，克谐，以孝烝烝，乂不格奸。"

②宥（yòu）降：降恩宽宥。宥，宽恕。

③束帛：捆为一束的五匹帛。

【译文】

二十六日，将要举行剃度仪式。在二十五日这天，皇太子就率领仪仗、卫队出了东宫，住宿在从前做晋王时的旧宅里。第二天早晨，从大慈恩寺南边陈列仪仗前来，到了寺门，下车步行，百官陪同进入寺内。礼佛完毕，请五十位高僧大德前来相见，皇太子讲述了建造大慈恩寺的缘由，说着呜咽不已，悲切之情感动旁人，侍臣和僧众无不哽咽哭泣，看太子对母亲的孝德之情，真是当今孝道的典范啊。说完话，在东阁升殿，让少詹事张行成宣降恩旨，宽宥京畿现被监禁的囚徒，然后剃发观看斋祭，并赏赐王公以下束帛。然后摒去众人，下阁礼佛，与嫔妃等参观寺院。到了法师的房间，作了一首五言诗，写完后挂在门上，诗云："停轩观福殿，游目眺皇畿。法轮含日转，华盖接云飞。翠烟香绮阁，丹霞光宝衣。幡虹遥合彩，空外迥分晖。萧然登十地，自得会三归。"观览完毕后返回东宫。这时僧俗欢喜欣悦，相互庆贺慰问，无不歌颂佛法再次兴旺发达，真是自古以来未曾有过的盛事啊。当天，太宗敕令法师返回北阙。

二十三年夏四月，驾幸翠微宫，皇太子及法师并陪从。既至，处分之外，唯谈玄论道，问因果报应，及西域先圣遗芳故迹，皆引经酬对。帝深信纳，数攘袂叹曰："朕共师相逢晚，不得广兴佛事。"

帝发京时，虽少违和，而神威睿虑，无减平昔。至五月己巳，微加头痛，留法师宿宫中。庚午，帝崩于含风殿。时秘不言，还京发丧，殡太极殿。其日皇太子即皇帝位于梓宫之侧[①]。逾年改元曰永徽。万方号恸，如丧考妣[②]。

【注释】

①梓宫：天子之棺。

②考妣(bǐ)：父母。考，父亲；妣，母亲。《尚书·舜典》："二十有八载，帝乃殂落，百姓如丧考妣。"

【译文】

贞观二十三年夏四月，太宗驾幸翠微宫，皇太子和法师都陪同前往。到达后，太宗在处理政务之外，只和法师谈论佛法，问起因果报应和西域先圣的遗迹，法师都引经作答。太宗深信不疑，多次捋起衣袖感叹道："朕和法师相逢恨晚，没有能广兴佛事。"

太宗从京城出发时，虽然身体稍感不适，而神威睿虑，但精神思虑，都不减平时。到了五月二十六日，又有点儿头痛，就留法师住在宫里。二十七日，太宗在含风殿驾崩。当时秘而不宣，回到京城后才正式发丧，灵柩停放在太极殿。当天，皇太子在太宗的灵柩旁即皇帝位。第二年改年号为永徽。太宗驾崩，万民号啕痛哭，如同死了父母那样悲痛。

法师还慈恩寺。自此之后，专务翻译，无弃寸阴。每日自立程课，若昼日有事不充，必兼夜以续之。遇乙之后[①]，方乃停笔。摄经已，复礼佛行道，至三更暂眠。五更复起，读诵梵本，朱点次第，拟明旦所翻。每日斋讫、黄昏二时，讲新经、论，及诸州听学僧等恒来决疑请义。既知上座之任，僧事复来咨禀。复有内使遣营功德，前后造一切经十部，夹纻宝装像二百余躯[2]，亦令取法师进止。日夕已去，寺内弟子百余人咸请教诫，盈廊溢庑[3]，皆酬答处分，无遗漏者。虽众务辐凑，而神气绰然[4]，无所拥滞。犹与诸德说西方圣贤立义，诸部异端，及少年在此周游讲肆之事，高论剧谈，竟无疲怠，其精敏强力，过人若斯。复数有诸王卿相来过礼忏，逢迎诱导，并皆发心，莫不舍其骄华，肃敬称叹。

【注释】

①乙：天干的第二位，用于作顺序第二的代称。

②夹纻（zhù）：又叫“夹纾”、“挟纻”，我国古代塑像的一种工艺。又叫“干漆法”，先塑泥胎，然后蒙麻布涂漆加工成像，再取出内胎，就成空心的造像。

③廊：指屋檐下的过道或独立有顶的通道。庑：堂下周围的廊屋。

④绰（chuò）然：神态从容不迫的样子。绰，宽，缓。

【译文】

法师回到大慈恩寺。从此以后，专心从事翻译，不浪费片刻光阴。每天自定课程，用笔在经本上作一标记，如果白天有事没能完成，也必定连夜继续翻译。译到标记之处，方才停笔。收起经本后，再礼佛绕行，到三更才睡一会儿。五更又起床，读诵梵本，用朱笔点定翻译次第，准备天亮后翻译。每天斋饭后和黄昏时为寺众讲解新译的经、论，以及为各州前来听讲的僧人等解决疑难问题。法师还主持寺院事务，寺里的事情都要向他请示。又有宫中宦官奉命前来营造功德，先后抄写一切经十部，制作用珍宝装饰的夹纻佛像二百多尊，也都听从法师安排。到了夜里，寺内弟子一百多人都来请教，挤满了堂前的过道廊屋，法师都一一回答指点，无所遗漏。尽管事务繁忙，法师仍应付自如，毫无迟滞。还常和高僧们谈论西方圣贤的论义，诸部异说，以及少年时在国内周游学习的经历，高谈阔论，竟然不感到疲倦，精细敏锐，精力充沛，如此超越常人。王公大臣也常来寺里礼佛，法师招待应酬，循循善诱，使他们都发起信心，这些人无不舍弃他们的骄慢奢侈，对法师肃然起敬，称扬赞叹。

二年春正月壬寅，瀛州刺史贾敦颐、蒲州刺史李道裕、谷州刺史杜正伦、恒州刺史萧锐因朝集在京，公事之暇，相命参法师请受菩萨戒。法师即授之，并为广说菩萨行法，劝其事君尽忠，临下慈爱。群公欢喜，辞去。

癸卯，各舍净财，共修书遣使参法师，谢闻戒法。其书曰：

窃闻身非欲食，如来受纯陀之供[①]；法师所求，净名遂善德之请[②]。皆为显至理之常恒，示凡圣之无二。又是因机以接物，假相而弘道，为之者表重法之诚，受之者为行檀之福，岂曰心缘于彼此，情染于名利者哉！

仰惟宿殖德本，非于三四五佛；深达法相[③]，善识十二部经[④]。独悟真宗，远寻圣迹；游崛山之净土，浴恒水之清流。入深法界，求善知识；收至文于百代之后，探玄旨于千载之前。津梁庶品，不皦不昧[⑤]；等施一切，无先无后。颐等识蔽二空，业沦三界；犹蚕丝之自缠，如井轮之不息。虽复顺教生信，随缘悟解，顶礼归依，受持四句[⑥]，隐身而为宴坐，厌苦而求常乐；而远滞无明，近昏至理；未能悟佛性之在身，知境界之唯识；心非去取，义涉有无；不能即八邪而入八正，行非道而通佛道。譬涉海而无津，犹面墙而靡见。昨因事隙，遂得参奉，曲蒙接引，授菩萨戒。施以未曾有法，发其无上道心。一念破于无边，四心尽于来际⑦。菩提之种起自尘劳，火中生莲曷足为喻！始知如来之性即是世间，涅槃之际不殊生死，行于般若便是不行，得彼菩提翻为无得。忽以小机预闻大教，顶受寻思，无量欢喜。然夫檀义摄六，法施为优⑧；尊位有三⑨，师居其一。弘慈利物，虽类日月之无心；仰照怀恩，窃同葵藿之知感⑩。大士闻法捐躯，非所企及；童子见佛奉土⑪，辄敢庶几⑫。谨送片物表心，具如别疏。所愿照其诚恳，生其福田，受兹微施，随意所与，使夫坠露添海，将浡澥而俱深⑬；飞尘集岳，与须弥而永固。可久可大，幸甚幸甚！春寒尚重，愿动止休宜。谨遣白书，诸无所具。贾敦颐等和南。

其为朝贤所慕如是。

【注释】

①纯陀：又作“准陀”、“淳陀”、“周那”，义为“妙义”。拘尸那揭罗那城工巧师之子。佛陀从他这里接受最后的供养。

②善德：即“须达多”，意为善施。在其他经典中，“须达多”又号称“给孤独长者”，因此有人认为善德为“给孤独长者”之子。《维摩诘经·菩萨品》：“善德白佛言：‘世尊，我不堪任诣彼问疾。所以者何？忆念我昔，自于父舍设大施会，供养一切沙门、婆罗门及诸外道、贫穷、下贱、孤独、乞人。期满七日，时维摩诘来入会中，谓我言：长者子！夫大施会不当如汝所设。当为法施之会，何用

是财施会为？’”

③法相：指诸法种种差别相状、本质及相互关系。一切诸法就其本质说，都是无自性的空性；从现象上看，则表现为种种相状差别，各具其特殊性。

④十二部经：又名“十二分教”、“十二分圣教”，佛经的一种组织形式，即将佛陀所说法，依其叙述形式与内容分成的十二个类别。分别为：一、修多罗，意译“契经”、“长行”，即以散文形式直接记载佛陀的教说，也就是一般所说的“经”。二、祇夜，意译“应颂”、“重颂”，指以偈颂的形式对契经所说的内容进行概括和阐发。三、和伽罗那，意译“记别”、“授记”，本是对教义的解说，后特指佛陀对众弟子的未来所作的预言。四、伽陀，又作“讽颂”、“孤起”，即全部以偈颂的形式来记载佛陀之教说。与应颂不同的是，应颂是重述契经的内容，伽陀是以颂文的形式颂出教义，故称“孤起”。五、优陀那，意译“自说”，即佛陀未待他人问法，而自行开示的教说。六、尼陀那，意译“因缘”，指记载佛说法教化的因缘，例如诸经的序品。七、阿波陀那，意译“譬喻”，指以譬喻宣说法义。八、伊帝曰多伽，意译“本事”、“如是语”，指记载本生经以外佛陀的教化故事以及佛说的其众弟子前生的行谊。九、阇陀伽，意译“本生”，指记载佛陀前生修行的种种大悲行。十、毗佛略，意译“方广”，指佛所说的广大深奥的佛法教义。十一、阿浮陀达磨，意译“希法”、“未曾有法”，指记载佛陀及诸弟子的稀有之事。十二、优波提舍，意译“论议”，指记载佛论议抉择诸法体性，分别明了其义。此十二部，大、小乘共通，但分类及所属说法各有不同。

⑤皦(jiǎo)：光亮洁白。

⑥四句：即四句偈。此处应指四弘誓愿，为一切菩萨在因位时所应发起的四种广大之愿，故又称“总愿”，即众生无边誓愿度，烦恼

无尽誓愿断，法门无量誓愿学，佛道无上誓愿成。《心地观经》卷七："一切菩萨复有四愿，成熟有情，住持三宝，经大劫海，终不退转。云何为四？一者誓度一切众生，二者誓断一切烦恼，三者誓学一切法门，四者誓证一切佛果。"

⑦四心：即四无量心。

⑧法施：即法布施。"六度"之中，布施居首；布施之中，法施为先。

⑨尊位有三：即佛、法、僧。

⑩葵藿：原指葵与霍，后常用来单指葵。因葵性向日，古人多用以比喻下对上的忠诚渴慕。《三国志·魏书·陈思王植传》："若葵藿之倾叶太阳，虽不为之回光，然向之者，诚也。窃自比于葵藿，若降天地之施，垂三光之明者，实在陛下。"

⑪童子见佛奉土：指童子捧土供佛。据《阿育王传》卷一记载，佛住在王舍城迦兰陀竹林，一日佛入城乞食，当时德胜童子正在玩土，看见佛相好庄严，生欢喜心，以土作面，奉上世尊；佛即欢喜纳受，以沙乃童子力所能办，其供养至诚，与供无上珍馐妙味等无有异，佛为他授记，佛灭百年后，做转轮圣王。童子，即阿育王前身。

⑫庶几：差不多，或许可以。《史记·秦始皇本纪》："寡人以为善，庶几息兵革。"

⑬浡澥(bó xiè)：即渤海。

【译文】

永徽二年春正月八日，瀛州刺史贾敦颐、蒲州刺史李道裕、谷州刺史杜正伦、恒州刺史萧锐因为朝集来到京城，公事之余，一同前来参谒法师，请求受菩萨戒。法师就给他们授戒，并为他们演说菩萨行法，劝他们事君要尽忠，治下要慈爱。诸公很高兴，告辞而去。

第二天，他们都施舍净财，还修书派人来参见法师，感谢法师为他们授戒传法。信中说：

听说：并非想要饮食，如来接受纯陀的供养；法师无所希求，净名接受善德的邀请。这都是为了显示佛教至理的恒常不变，表达凡圣不二的道理。又是根据机缘来接引众生，借助外在的假相来弘扬佛道，布施者表现出尊重佛法的诚意，接受者成就布施者的福业，难道说他们心里有人我彼此之分，贪图名利吗！

恭敬思维：法师累世培植德本，不止三四五佛；洞达诸法的相状，娴熟十二部经。为了彻悟佛法，独自一人到远方寻访圣迹；游历崛山的净土，沐浴恒河的清流。进入甚深法界，遍访善知识；收集佛涅槃百代之后的经文，探寻千载之前的玄宗奥旨。为芸芸众生指明解脱生死的桥梁渡口，既不明亮，也不暗昧；等施一切众生，无先无后。我等不识二空，沉沦三界，犹如春蚕吐丝自我缠缚，又如井轮转动永不停息。虽然顺承教训，发起信心，随缘悟解，顶礼皈依，受持四句，隐身静坐，厌苦而求常乐；然而长久以来困于无明，近来也不明白佛教的真谛；不能领悟佛性就在自己身上，不知晓万法唯识的道理；心里并非没有取舍，义理关涉有无分别；不能从八邪法进入八正道，不能行于非正道而通达佛道。譬如涉渡大海而没有渡口，犹如面对墙壁什么也看不见。昨天趁着公事之暇，得以参拜法师，承蒙法师接引，授菩萨戒。施给我等未曾有之法，使我等发起无上道心。一念相应破除无边幽冥，四无量心穷尽未来之际。菩提的种子，从尘劳烦恼中生长；火中生出莲花，何足为喻！我等方才知道，如来的体性就是世间的本性，涅槃与生死本无差别，行于般若便是不行，证得菩提便是无证无得。我等忽然以小根机听闻大道理，顶受寻思，欢喜无量。然而，檀义有六种，法施为最；尊位有三个，法师居其一。法师慈悲度人，虽然像日月经天那样无心而普照万物；我等敬仰感恩，如同葵藿向阳一样有感知。大士听闻佛法而勇于捐躯，这不是我等能企及的；童子见到佛便皈依，我等敢说或许可以。谨送片物略表心意，具体详见另外文疏。

希望您顺应我等的诚恳之心,培植我等的福田,接收这微小的供养,随意处置。使坠下的露珠落入大海,和渤海一样深广;让飞舞的尘埃凝聚成山岳,与须弥山一样永远坚固。可久可大,幸甚幸甚!春天寒气还很重,希望您起居作息适宜。恭敬地向您呈书禀告,别的没什么了。贾敦颐等和南。

法师就是这样被朝廷的贤士所仰慕。

三年春三月,法师欲于寺端门之阳造石浮图①,安置西域所将经、像。其意恐人代不常,经本散失,兼防火难。浮图量高三十丈,拟显大国之崇基,为释迦之故迹。将欲营筑,附表闻奏。

敕使中书舍人李义府报法师云:“所营塔功大,恐难卒成②,宜用砖造。亦不愿师辛苦,今已敕大内、东宫、掖庭等七宫亡人衣物助师③,足得成办。”于是用砖,仍改就西院。其塔基面各一百四十尺,仿西域制度,不循此旧式也。塔有五级,并相轮、露盘,凡高一百八十尺。层层中心皆有舍利,或一千、二千,凡一万余粒。上层以石为室。南面有两碑,载二圣《三藏圣教序》、《记》,其书即尚书右仆射河南公褚遂良之笔也。

【注释】

①端门:南门。浮图:梵语音译。又作“浮屠”、“佛图”等,指佛寺、佛塔、窣堵波,亦指佛陀。

②卒(cù):同“猝”,快,突然。

③大内:指皇宫。掖庭:宫中旁舍,嫔妃及宫女所居住的地方。掖庭宫区和帝后寝宫相辅相成,又像两腋般护卫着帝后的寝宫,故

名。《后汉书·班固传》:“后宫则有掖庭、椒房,后妃之室。”

【译文】

永徽三年春三月,法师想要在慈恩寺南门外建造一座石塔,安放从西域带回来的经、像。建塔的目的是担心人世无常,避免经本散失,还要防御火灾。石塔按照印度佛塔的样式,设计为三十丈高,欲彰显大唐上国的崇伟基业,并成为释迦牟尼佛的遗迹。在建造之前,玄奘上表启奏,并附上设计图表。

高宗派中书舍人李义府来答复法师道:“所营石塔工程浩大,恐怕难以很快建成,应用砖建造。也不愿法师辛苦,如今已敕令大内、东宫、掖庭等七宫,将已去世者的衣物捐助法师,足够办成此事。”于是用砖,并改在寺内西院建造。塔基每面长一百四十尺,仿照西域制度,不依循国内旧式。塔有五层,加上相轮、露盘,总高一百八十尺。每层中心都藏有舍利,或一千,或二千,总共一万多粒。最上层用石头砌成一间石室。佛塔的南面有两块石碑,分别镌刻着太宗、高宗两位皇帝撰写的《三藏圣教序》和《述圣记》,上面的文字是由尚书右仆射河南公褚遂良书写的。

初基塔之日,三藏自述诚愿,略曰:

玄奘自惟薄祜①,生不遇佛;复乘微善,预闻像教②。傥生末法,何所归依?又庆少得出家,目睹灵相③。幼知来慕法,耳属遗筌④。闻说菩萨所修行,思齐如不及;闻说如来所证法,仰止于身心。所以历尊师授,博问先达。信夫!汉梦西感,正教东传;道阻且长,未能委悉⑤。故有专门竞执⑥,多滞二常之宗;党同嫉异,致乖一味之旨。遂令后学相顾,靡识所归。是以面鹫山以增哀,慕常啼而假寐⑦,潜祈灵祐,显恃国威,决志出一生之域，投身入万死之地。经是圣迹之处，备谒遗灵[8]，但有弘法之人，遍寻正说。经一所，悲见于所未见；遇一字，庆闻于所未闻。故以身命余资，缮写遗阙。既诚遂愿，言归本朝，幸属休明[9]，诏许翻译。

先皇道跨金轮[10]，声振玉鼓[11]；绍隆像季，允膺付嘱[12]。又降发神衷[13]，亲裁《三藏》之序，今上春宫讲道，复为《述圣》之记，可谓重光合璧，振彩联华，涣汗垂七曜之文[14]，铿锵韵九成之奏[15]。自东都白马，西明草堂[16]，传译之盛，讵可同日而言者也！但以生灵薄运，共失所天。唯恐三藏梵本，零落忽诸[17]，二圣天文，寂寥无纪，所以敬崇此塔，拟安梵本，又树丰碑，镌斯《序》、《记》，庶使巍峨永劫，愿千佛同观，氤氲圣迹，与二仪齐固。

时三藏亲负篑畚[18]，担运砖石，首尾二周，功业斯毕。

【注释】

①祜(hù)：福，福气。

②像教：像法时代的佛教。

③灵相：神佛的妙相。南朝梁沈约《释迦文佛像铭》："仰寻灵相，法言攸吐。"

④耳属：窃听。《诗经·小雅·小弁》："君子无易由言，耳属于垣。"遗筌：《庄子·外物》："筌者所以在鱼，得鱼而忘筌。"筌，捕鱼器具。后世以"遗筌"表示丢失根本。

⑤委悉：详尽知晓。《魏书·韩显宗传》："卿等之文，朕自委悉；中省之品，卿等所闻。"

⑥专门：各专一门，专主一论。《大唐西域记》卷二："部执峰峙，诤论波涛，异学专门，殊涂同致。"

⑦常啼：常啼菩萨，又作"波仑"，即"萨陀波仑菩萨"的略称，为求般若七日七夜啼哭，故称。假寐：打盹儿，打瞌睡。表示小睡或难以入睡。

⑧遗灵：留下的灵验或前贤的神灵。晋夏侯湛《东方朔画赞》："昔在有德，罔不遗灵；天秩有礼，神监孔明。"

⑨休明：美好清明。用以赞美明君或盛世。《史记·秦始皇本纪》："大义休明，垂于后世，顺承勿革。"

⑩金轮：此处应指金轮圣王所持的金轮宝。详见前注（卷六）。

⑪玉鼓：玉石制作的乐器，类玉磬。《吕氏春秋·古乐》："帝尧立，乃命质为乐。质乃效山林溪谷之音以歌，乃以麋辂置缶而鼓之，乃拊石击石，以象上帝玉磬之音，以致舞百兽。"

⑫允膺：承当。南朝梁沈约《齐故安陆昭王碑文》："公以宗室羽仪，允膺嘉选。"

⑬神衷：神明的内心。常用来称颂帝王的意旨。南朝梁简文帝《上皇太子玄圃园讲颂启》："从容雅论，实会神衷。"

⑭涣汗：光亮鲜丽。《西京杂记》卷六："文章璀璨，彪炳涣汗。"

⑮铿訇（kēng hōng）：形容声音洪亮或文词铿锵有力。东汉班固《东都赋》："钟鼓铿訇，管弦烨煜。"九成：指九阕。乐曲终止为"成"，此处指文章写成。《尚书·益稷》："箫韶九成，凤凰来仪。"

⑯西明草堂：长安的西明阁草堂寺，后秦皇帝姚兴所建。弘始三年（401），姚兴迎请鸠摩罗什入关，居于此处，苫草为堂，翻译佛经，故名"草堂寺"。

⑰忽诸：忽然，忽然而亡。

⑱篑（kuì）：盛土的竹筐。畚（běn）：竹编的簸箕。

【译文】

当初，在佛塔奠基的那天，玄奘法师自述诚愿，扼要地说：

玄奘自以为福气浅薄，生不遇佛；又有少许善报，得以听闻佛法。假如生在末法时代，将要皈依何处呢？又庆幸自己少年出家，目睹诸佛妙相。自幼就倾心佛法，偷偷地听讲却不得要旨。听说了菩萨的修行，想要达到那样高度却不能达到；听说了如来所证之法，也只能身心向往。所以玄奘历来尊重师父的教导，广泛请教有德行学问的前辈。玄奘认为，汉帝夜梦金人，佛教方始东传，但是由于道路险阻而且漫长，不能详尽知晓佛法。所以才各专一门，竞相争执，大多滞惑于当常、现常的宗义；党同伐异，导致乖谬一佛乘的宗旨。遂使后学相顾茫然，不知所归。因此，每当面对灵鹫山的方向就会更加哀伤，常常思慕常啼菩萨而难以入睡，默默祈祷神灵护佑，并依仗显赫的国威，决心离开此出生之地，前往危险重重的异国他乡。经过有圣迹的地方，就去拜谒前贤的神灵，只要有弘法的人，就前往寻觅正确的解说。经过一所佛寺，为自己以前从未见过而感到伤悲；遇到一字经文，庆幸听闻以前从未曾听闻过的佛法。所以玄奘用侥幸保存下来的生命，誊写遗缺的经文。诚恳的心愿得到满足，玄奘返回本国，幸逢盛世明君，下诏命我翻译。

先皇的至道超越金轮，德音震动玉鼓，绍隆佛法，承当付嘱。又降下旨意，亲自撰写了《三藏圣教序》。当今皇帝在东宫讲道时，也撰写了《述圣记》，真可谓是辉光相承，珠联璧合，文采震铄，精华联袂，光亮鲜丽地流传下七曜般的文章，铿锵有力地谱写成九阙那样的乐曲。东汉的洛阳白马寺和后秦的长安西明阁草堂寺都曾是译介佛经的重要道场，但与大唐慈恩寺翻译佛经、弘扬佛教的盛况相比，哪能同日而语啊！只是众生运气浅薄，失去了他们所共同依靠的人。玄奘唯恐三藏梵本，忽然散落消失，二圣的天文，缺少记录，因此建造了这座佛塔，打算安放梵本，再树立丰碑，镌刻二圣的《三藏圣教序》和《述圣记》。希望这座佛塔能够永远巍峨耸立，千佛都能观瞻，氤氲的圣迹和天地一样永远坚固。

在建塔过程中，法师亲自背着竹筐，端着畚箕，搬运砖石，前后历时两年，佛塔建成。

夏五月乙卯，中印度国摩诃菩提寺大德智光、慧天等致书于法师。智光于大、小乘及彼外书、四《韦陀》、五明论等莫不洞达[①]，即戒贤法师门人之上首，五印度学者咸共宗焉。慧天于小乘十八部该综明练，匠诱之德亦所推重，法师游西域日常共切磋。彼虽半教有功[②]，然未措心于方等[③]，为其执守偏见，法师恒诋诃。曲女城法集之时，又深折挫，彼亦愧伏。自别之后，钦伫不忘[④]，乃使同寺沙门法长将书，并赍赞颂及氎两端，揄扬之心甚厚。

其书曰：

微妙吉祥世尊金刚座所、摩诃菩提寺、诸多闻众所共围绕、上座慧天，致书摩诃支那国于无量经律论妙尽精微木叉阿遮利耶[⑤]：敬问无量，少病少恼。我慧天苾刍，今造《佛大神变赞颂》，及诸经、论比量智等[⑥]，今附苾刍法长，将往此无量多闻老大德阿遮利耶。智光亦同前致问，邬波索迦日授稽首和南[⑦]。今共寄白氎一双，示不空心，路远莫怪其少，愿领。彼须经、论，录名附来，当为抄送木叉阿遮利耶，愿知。

其为远贤所慕如此。

【注释】

①《韦陀》：即《吠陀》。见前注(卷二)。

②半教：即小乘佛法。又作“半字教”。半字，原指梵语之生字根本，即字母；满字，则指集合字母所构成之文字。南朝宋澄观《大方广佛华严经疏》：“西秦昙牟谶三藏，立半满教，即声闻藏，为半字教；菩萨藏，为满字教。隋远法师，亦同此立。”隋吉藏《净名玄论》卷七：“二藏义有三双：一、声闻藏、菩萨藏，此从人立名；二、大乘藏、小乘藏，从法为称；三、半字、满字，就义为目。此三犹一义耳。”

③措心：用心。

④钦伫：敬仰。《隋书·炀帝纪上》：“周称多士，汉号得人，常想前风，载怀钦伫。”

⑤木叉：指解脱天。玄奘在印度时，小乘众尊之为“木叉提婆”，意谓已获解脱的最胜者。阿遮利耶：又作“阿阇黎”、“阿阇梨”等，义为“轨范师”、“应供养”、“教授”等，指教授弟子，使之行为端正合宜，而自身又堪为弟子之楷模，故又称“导师”。《南海寄归内法传》卷三：“阿遮利耶，译为轨范师，是能教弟子法式之义。先云阿阇梨，讹也。”

⑥比量智：指由推理而得的知识。

⑦邬波索迦：又作“乌波索迦”、“优婆塞”，指在家受持三归、五戒的男居士，“四众”之一。

【译文】

永徽四年夏五月五日，中印度国大菩提寺高僧智光、慧天等人寄信给法师。智光对大、小二乘以及他们那里的教外典籍、四《吠陀》、五明论等无不通晓，是戒贤法师门下学问最高的人，为五印度学者所尊崇。慧天对小乘十八部博通精熟，作为宗匠导师也为人们所推重，法师游学印度时常常和他切磋讨论。他虽然在小乘方面功底深厚，但对大乘经典并不用心，由于他固守偏见，法师常常呵责他。曲女城大会时，他又深受挫折，也有所惭服。自从和法师分别以后，敬仰想念，就请同寺僧人法长带来书信、赞颂和两端细棉布，对法师极为称扬。

信中说：

微妙吉祥世尊金刚座所、大菩提寺、诸多闻众所共围绕、上座慧天，致书大支那国、无量经律论妙尽精微、解脱天、阿遮利耶：致以无量的敬意，祝您无病无恼。我慧天比丘，如今撰写了《佛大神变赞颂》和关于诸经、论的想法等，现交给比丘法长，带给无量多闻、阿遮利耶、尊者玄奘。智光也向您致以无量敬意，优婆塞日授稽首和南。现寄去两端细棉布，略表心意，路途遥远不要嫌少，希望您收下。如果您那边需要什么经、论，请写下名录带来，我们会为您抄写后送过去，希望您明白我们的心意。

远方贤者对法师是如此仰慕。

五年春二月，法长辞还，又索报书。法师答，并信物。其书写文录奏，然后将付使人。其词曰：

大唐国苾刍玄奘，谨修书中印度摩揭陀国三藏智光法师座前：自一辞违，俄十余载。境域遐远，音徽莫闻[①]。思恋之情，每增延结[②]。彼苾刍法长至，蒙问，并承起居康豫[③]，豁然目朗，若睹尊颜。踊跃之怀，笔墨难述。节候渐暖，不审信后何如？又往年使还，承正法藏大法师无常，奉问摧割，不能已已。呜呼！可谓苦海舟沉，天人眼灭；迁夺之痛，何期速欤！惟正法藏，植庆曩晨，树功长劫，故得挺冲和之茂质，标懿杰之宏才。嗣德圣天[④]，继辉龙猛；重然智炬，再立法幢。扑炎火于邪山，塞洪流于倒海；策疲徒于宝所，示迷众于大方。荡荡焉！巍巍焉！实法门之栋干也。又如三乘半满之教，异道断常之书，莫不韫综胸怀[5]，贯练心腑[6]。文盘节而克畅，理隐昧而必彰，故使内外归依，为印度之宗袖。加以恂恂善诱，晓夜不疲，罇樽自盈[7]，酌而不竭。玄奘昔因问道，得预参承，并荷指诲，虽曰庸愚，颇亦蓬依麻直。及辞还本邑，嘱累尤深，殷勤之言，今犹在耳。方冀保安眉寿，式赞玄风，岂谓一朝奄归万古，追惟永往，弥不可任。

伏惟法师，夙承雅训，早升堂室，攀恋之情，当难可处，奈何奈何？有为法尔，当可奈何？愿自裁抑。昔大觉潜晖[8]，迦叶绍宗洪业；商那迁化[9]，毱多阐其嘉猷[10]。今法将归真，法师次任其事，唯愿清词妙辩，共四海而恒流，福智庄严，与五山而永久。玄奘所将经、论，已翻《瑜伽师地论》等大小三十余部，其《俱舍》、《顺正理》，见译未周，今年必了。即日大唐天子圣躬万福，率土安宁，以轮王之慈，敷法王之化，所出经、论，并蒙神笔制序，令所司抄写，国内流行，爰至邻邦亦俱遵习。虽居像运之末，而法教光华，雍雍穆穆[11]，亦不异室罗筏誓多林之化也[12]，伏愿照知。又前渡信渡河失经一驮，今录名如后，有信请为附来。并有片物供养，愿垂纳受。路远不得多，莫嫌鲜薄。玄奘和南。

【注释】

①音徽：音讯，书信。晋陆机《拟庭中有奇树》："欢友兰时往，迢迢匿音徽。"

②延结：指思念之情长期郁结。

③康豫：康健。

④圣天：提婆，龙树的弟子，中观学派的重要创始人。详见前注（卷二）。

⑤韫（yùn）：收藏，蕴藏。

⑥贯练：贯通熟练。南朝梁刘勰《文心雕龙·练字》："张敞以正读传业，扬雄以奇字纂训，并贯练《雅》《颂》，总阅音义，鸿笔之徒，莫不洞晓。"

⑦衢樽：大道上的酒樽。指在通衢大道设酒，令行人自饮。《淮南子·缪称训》："圣人之道，犹中衢而致尊邪？过者斟酌，多少不同，各得其所宜。"

⑧大觉：指佛的觉悟，亦指佛。凡夫无觉悟，声闻、缘觉、菩萨虽有觉悟但不大，唯佛觉悟实相，彻底尽源，故称"大觉"。又，声闻虽自觉，而不使他觉；菩萨虽自觉亦使他觉，而觉事尚未圆满；唯佛自觉觉他，觉事圆满，故称"大觉"。潜晖：遮蔽光辉，即灭度、入寂、涅槃之义。

⑨商那：即商那和修，又作"商诺迦缚"，阿难的弟子，为付法藏的第三祖。迁化：迁移化灭之义，指僧侣之示寂，与"涅槃"、"圆寂"、"灭度"等同义。或谓有德之人在此世界教化众生之缘已尽，而迁移于他方世界度化众生。

⑩毱多：即乌波毱多，汉译"近护"，商那和修的弟子，为付法藏的第四祖。

⑪雍雍穆穆：和谐融洽的样子。雍雍，指声音和谐。《礼记·少仪》："鸾和之美，肃肃雍雍。"东汉蔡邕《祖饯祝》："鸾鸣雍雍，四牡彭彭，君既升舆，道路开张。"穆穆，端庄恭敬。《尚书·舜典》："宾于四门，四门穆穆。"

⑫室罗筏：梵语音译。即舍卫国。誓多林：又作"逝多林"、"祇洹

林”，汉译“胜林”，本为祇陀太子的园林。祇陀，义为“战胜”，故名。须达多从祇陀太子那里买下园林，建立祇洹精舍奉献给佛陀。详见前注（卷三）。

【译文】

永徽五年春二月，法长辞还，并向法师索取回信。法师写了信，并附上礼物。先抄录上报朝廷，然后交给法长带往中印度。在给智光法师的信中说：

大唐国比丘玄奘，谨修书中印度摩揭陀国三藏智光法师座前：自从上次一别，一晃十几年了。相距遥远，不闻音讯。思恋之情，与日俱增。你们那里的比丘法长来到这里，感谢您的问候，祝我身体健康，我眼睛豁然开朗，仿佛看见了您的尊颜。欢喜踊跃，难以用笔墨描述。天气渐渐变暖，不知您现在怎么样了？还有，前些年使者回来，听说正法藏大法师去世，听到这个噩耗，心如刀割，不能自已。呜呼！可谓是苦海舟沉，天人眼灭；无常的痛苦，怎么这么快啊！想那正法藏法师，累世培植功德福业，所以具有淡泊平和的茂德品质、优秀杰出的宏伟才能。嗣至德于圣天，继辉光于龙猛；重燃智慧的火炬，再立大法的幢幡。扑灭邪山的炎火，阻塞倒海的洪流；鞭策疲怠的徒众到达宝藏的处所，示现大乘佛法给迷惑的众生。浩浩荡荡啊！巍巍峨峨啊！真是佛门的栋梁啊。又如三乘半满的教法，异道断常的经、论，无不蕴藏在胸怀，贯通在心中。经文盘根错节而能畅达无碍，义理隐晦暗昧而能彰显无遗，所以教内教外无不皈依，为印度的佛门领袖。再加上他老人家循循善诱，日夜不知疲倦，犹如罇樽自然盈满，酌之不竭。玄奘昔日因为求学问道，得以参谒侍奉，并承蒙教诲，虽然玄奘平庸愚钝，也颇似蓬生麻中，不扶而直。等到将要辞别，返回本国，嘱咐尤为深切，殷勤的话语，如今犹在耳畔。正希望他老人家健康长寿，赞扬玄风，岂料忽然一朝归于寂灭，追思过往，不胜悲痛。

俯伏思维,法师平素承蒙正法藏雅训,早已登堂入室,您对正法藏的眷恋之情,必当难以忍受这种苦痛。怎么办呢?对有为法能有什么办法呢?希望您节哀保重。往昔佛祖入寂,迦叶绍隆圣教;商那去世,毱多阐扬大法。如今正法藏舍应归真,法师您继承他的事业,只愿清雅文辞,绝妙辩才,和四海一样恒常奔流;福德智慧,庄严妙相,与五山一样永久耸立。玄奘所带回的经、论,已翻译《瑜伽师地论》等大小三十多部,其中《俱舍论》、《顺正理论》,现在还没有译完,今年一定译完。当今大唐天子圣体万福,国家安宁,以转轮圣王的慈悲,敷扬佛陀的教化,所翻译的经、论,都蒙御笔撰写序文,令官府抄写,在国内流布,还流传邻国,他们也都遵照学习。现在虽然是像法时代的末期,然而佛教光辉闪耀,音声雍雍,仪轨穆穆,也不异于佛在室罗筏国的誓多林演法教化的盛况啊,希望您知晓。还有,前面渡过印度河时遗失了一驮经本,现将书单附录于后,找到的话请寄来。还有少许物品供养您,希望您收下。路远不能多带,不要嫌少。玄奘和南。

又答慧天法师书曰:

大唐国苾刍玄奘谨致书摩诃菩提寺三藏慧天法师足下:乖别稍久,企仰唯深;音寄不通,莫慰倾渴。彼苾刍法长至,辱书敬承休豫,用增欣悦。又领白氎两端、赞颂一夹,来意既厚,寡德愧无以当,悚息悚息!节气渐和,不知信后体何如也?想融心百家之论,栖虑九部之经。建正法幢,引归宗之客;击克胜鼓,挫锞腹之宾。颉颃王侯之前[①],抑扬英俊之上[②],故多欢适也。玄奘庸弊,气力已衰,又加念德钦仁,唯丰劳积[③]。昔因游方在彼,遇瞻光仪[④]。曲女城会,又亲交论。当对诸王及百千徒众，定其深浅。此立大乘之旨，彼竖半教之宗，往复之间，词气不无高下。务存正理，靡护人情，以此辄生凌触[5]。罢席之后，寻已豁然。今来使犹传法师，寄申谢悔，何怀固之甚也！法师学富词清，志坚操远。阿耨达水，无以比其波澜；净末尼珠，不足方其皦洁。后进仪表，属在高人。愿勖良规，阐扬正法。至如理周言极，无越大乘，意恨法师未为深信。所谓耽玩羊鹿[6]，弃彼白牛；赏爱水精，舍颇胝宝[7]。明明大德，何此惑之滞欤？又坏器之身，浮促难守，宜早发大心，庄严正见。勿使临终，方致嗟悔。今使还国，谨此代诚，并附片物，盖欲示酬来意，未是尽其深心也。愿知。前还日渡信渡河，失经一驮，今录名如别，请为附来。余不能委述。苾刍玄奘谨呈。

【注释】

①颉颃(xié háng)：原指鸟上下翻飞，泛指不相上下，互相抗衡。《诗经·邶风·燕燕》："燕燕于飞，颉之颃之。"

②抑扬：称扬。

③劳积：劳结，指郁结于心的思念之情。三国魏曹植《与吴季重书》："虽燕饮弥日，其于别远会稀，犹不尽其劳积也。"

④光仪：尊颜，光彩的仪容。东汉祢衡《鹦鹉赋》："背蛮夷之下国，侍君子之光仪。"

⑤凌触：冒犯，触犯。

⑥耽玩：专心研习，深切玩赏。

⑦颇胝：梵语音译。又作"颇胝迦"、"颇置迦"、"迦颇梨"、"颇黎"、"玻璃"等，一种状如水晶的宝石。《大唐西域记》卷八："四天王

舍金钵，奉银钵，乃至颇胝、琉璃、马脑、车渠、真珠等钵，世尊如是皆不为受。”

【译文】

在给慧天法师的复信中说：

大唐国比丘玄奘谨致书大菩提寺三藏慧天法师足下：和您离别已经有一段时间了，只能对您深深地仰慕；音讯不通，不能安慰我对您的渴仰之情。你们那里的比丘法长来到这里，承蒙您来信问候，祝我悠闲安适，这让我欢欣喜悦。又领受细棉布两端、赞颂一夹，来意殷勤深厚，玄奘寡德愧不敢当。惶恐！惶恐！天气渐渐暖和，不知您现在身体如何呢？遥想法师融心于百家之论，栖虑于九部之经。建立正法幢，引导归宗之人；敲击得胜鼓，挫败镤腹外道。抗衡于王侯之前，称扬于英俊之上，所以很欢乐惬意啊。玄奘平庸粗鄙，气力已经衰退，再加上钦慕仁者大德，就更加想念您了。昔日玄奘因为云游印度，幸遇法师，目睹尊颜。曲女城大会，又亲自与法师谈法论道。当时面对各国国王和百千徒众，勘定论旨深浅。玄奘要建立大乘宗旨，法师主张小乘教法，往复论辩之间，言词的气势遂有高下差别。务必要保存正理，来不及维护人情，因此就触犯了您。大会结束后，玄奘经反复寻思，豁然开朗。如今法师又派人传达您的道歉悔改之意，为何要如此感怀至深呢！法师学问广博，文辞清雅，志向坚定，品行高远。阿耨达的池水，比不上你学识的波澜壮阔；清净的末尼宝珠，不如你品行的明亮洁白。实在是一代高僧、后学的典范啊。希望您能以有益的规谏来勉励自己，阐扬正法。至于义理周遍圆通，言语登峰造极，没有超过大乘佛法的，玄奘很遗憾法师不能深信。所谓只研究小乘之羊鹿，而舍弃大乘之白牛；只玩赏方便之水精，而舍弃究竟之颇胝宝。您明明是一位高僧，为什么偏执于这种迷惑呢？还有，人的身体犹如易坏的器物，虚浮短促，难以坚守，应尽早发起大乘心，庄严如来正见。不要到了临终之际，方才叹息悔恨。如今使者回国，谨以这些话来代表我的诚意，并附上少许物品，略表酬酢之意而已，不代表我对您的深心本愿。希望您知道。前面返回渡印度河时，遗失了一驮经本，现另附书单，请您寄来。其余不能详尽陈述。比丘玄奘谨呈。

卷第八

起永徽六年夏五月译《理门论》
终显庆元年春三月百官谢示御制寺碑文

【题解】

本卷的记载始于永徽六年五月法师译《理门论》,终于显庆元年三月百官表谢御制大慈恩寺碑文(655年6月至656年3月)。本卷的内容分为两部分:

第一部分的主要内容是由于《因明论》、《理门论》的译介而引发的争论。吕才阅读此两论后,议论其优劣长短,创《因明注解立破义图》,率先向玄奘发难。七月,本《传》的作者沙门慧立致书左仆射燕国于志宁,此事逐渐平息。十月,柳宣作《归敬书偈》,向译经众僧发出挑战。不得已,译经僧明濬撰《还述颂》指出柳宣言论的错误。事情闹到高宗那里,高宗敕令众人前往慈恩寺,请玄奘与吕才当面辩论。吕才理屈词穷,认错而去。吕才可谓是一位怪才,“生平未见《太玄》,诏问须臾即解,由来不窥象戏,试造旬日复成”,但观其文辞,狂妄不羁,拖沓累赘,似非上乘,在惜墨如金的玄奘传记中收入此类言辞,背后似有深意。而慧立既不去正面回应吕才的挑战,也不采取极高明而默然无言之策略,而是致书高官于志宁,将此事强行压下来,显然绝非明智之举。柳宣敢于再次发声，很明显背后有人支持，译经僧明濬不得不予以反击。最后，此事以玄奘与吕才当面辩论收场。关于柳宣与明濬的史料很少，玄奘与吕才辩论的内容同样讳莫如深。在这场因《因明论》而诱发的儒、释、道三教辩论的背后，是已经发生根本变化的大唐政局。是年，高宗已经当了六年皇帝，与权势熏天的关陇贵族集团发生抵牾，而永徽六年(655)六月至十月，正是高宗借助"废王立武"重振皇权的关键时期。以上种种，使人不得不对这一简单的学理论争产生联想，并对此后玄奘的困顿处境抱以同情。

第二部分记载显庆元年(656)初的几件事。显庆元年正月，李治和武则天的心腹薛元超、李义府拜谒玄奘，问及翻译仪式，玄奘答以"外护建立属在帝王"，需要朝廷委派官员协助译经，并撰写碑文传芳后世。二人将这两件事呈奏高宗，高宗都答应了。建碑传芳，自是好事，但主动延请朝廷官员参与译场，史上似未有闻，大多是官员甚至帝王主动要求参与。况且，玄奘自贞观十九年(645)首译，至显庆元年(656)已经译经十余年，此时提出这种要求，似乎是有意将译场置于朝廷的严格监控之下。二月，玄奘为高祖的婕妤、薛道衡之女、比丘尼宝乘等授具足戒。不久，大慈恩寺碑文制成，称颂玄奘"孤标一代"，"迥秀千龄"，"研穷智境，探赜至真；心罄玄津，研几秘术"，云云，同样也反映出高宗对待法师的矛盾心态。

六年夏五月庚午[①]，法师以正译之余，又译《理门论》。又先于弘福寺译《因明论》。此二论各一卷，大明立、破方轨、现比量门[②]，译寮僧伍竞造文疏[③]。时译经僧栖玄将其论示尚药奉御吕才，才遂更张衢术[④]，指其长短，作《因明注解立破义图》，序曰：

盖闻一消一息，范围天地之仪[⑤]；大哉至哉[⑥]，变通爻画之纪[7]。理则未弘于方外，事乃犹拘于域中。推浑元而莫知[8]，穷阴阳而不测。岂闻《象》、《系》之表，犹开八正之门；形器之先，更弘二智之教者也[9]。故能运空有而双照，冥真俗而两夷；泛六度于爱河，驾三车于火宅。是知法王法力，超群生而自在；自觉觉人，摧众魔而独悟。业运将启，乃雷震而电耀；化缘斯极，亦火灭而薪尽。观其应迹，若有去来；察此真常，本无生住。但以宏济之道，有缘斯应；天祚明德，无远不臻。是以萌蒂畴昔，神光聊见于曩时；祥瑞有归，净土咸欢于兹日。

伏惟皇唐之有天下也，运金轮而临四有，握璇极而抚万方[10]。耀慧日于六天[11]，蒸法云于十地。西越流沙，遂荒妙乐之域[12]；东渐于海，掩有欢喜之都[13]。振声教于无边，通车书于有顶。遂使百亿须弥[14]，既咸颁于望袟[15]；三千法界，亦共沐于皇风。故令五方印度，改荒服于藁街[16]；十八韦陀[17]，译梵文于秘府[18]。

乃有三藏玄奘法师者，所谓当今之能仁也。聪慧夙成[19]，该览宏赡，德业纯粹，律禁翘勤，实三宝之栋梁，四众之纲纪者也。每以释教东迁，为日已久，或恐邪正杂扰，水乳不分，若不稽实相于迦维[20]，验真文于摩揭，何以成决定之藏，为毕竟之宗者乎？幸逢二仪交泰，四海无尘，遂得拂衣玄漠，振锡葱岭。不由味于蒟酱[21]，直路夷通；岂藉佩于杜衡[22]，遥涂近易。于是穷河源于西域，涉恒水于东维；采贝叶于鹫山，窥金文于鹤树。所历诸国百有余都，所获经、论向七百部，并传以番驲[23]，聿归上京[24]，因得面奉圣颜，对扬宗极。

此《因明论》者，即是三藏所获梵本之内之一部也。理则包括于三乘，事乃牢笼于百法；研机空有之际，发挥内外之宗。虽词约而理弘，实文微而义显。学之者当生不能窥其奥，游之者数载未足测其源。以其众妙之门，是以先事翻译。其有神泰法师、靖迈法师、明觉法师等，并以神机昭晰[25]，志业兼该，精习群经，多所通悟，皆蒙别敕，追赴法筵，遂得函丈请益[26]，执卷承旨。三藏既善宣法要，妙尽幽深，泰法师等，是以各录所闻，为之义疏。诠表既定，方拟流通，无缘之徒，多未闻见。

复有栖玄法师者，乃是才之幼少之旧也。昔栖遁于嵩岳，尝枉步于山门[27]；既筮仕于上京[28]，犹曲睠于穷巷[29]。自蒙修摄[30]，三十余年，忉怛之诚[31]，二难俱尽[32]。然法师节操精洁，戒行冰霜，学既照达于一乘，身乃拘局于《十诵》[33]。才既睹其清苦，时以开遮拆之[34]。但以内外不同，行已各异，言戏之间，是非蜂起。师乃从容谓才曰："檀越复研味于六经[35]，探赜于百氏，推阴阳之愆伏[36]，察律吕之忽微[37]。又闻生平未见《太玄》[38]，诏问须臾即解，由来不窥象戏[39]，试造旬日复成。以此有限之心，逢事即欲穿凿，但以佛法玄妙，量谓未与彼同。虽复强学推寻，恐非措心之所。何因今将内论，翻用见讥者乎？"法师后逢《因明》创行，义趣幽隐，是以先写一通，故将见遗。仍附书云："此论极难，深究玄妙，比有聪明博识，听之多不能解，今若复能通之，可谓内外俱悉矣。”其论既近至中夏，才实未之前闻，耻于将试不知，为复强加披阅。

于是依极成而探深义[40]，凭比量而求微旨，反复再三，薄识宗趣。后复借得诸法师等三家义疏，更加究习。然以诸法师等，虽复序致泉富[41]，文理会通，既以执见参差，所说自相矛盾。义既同禀三藏，岂合更开二门，但由衅发萧墙，故容外侮窥测。然佛以一音演说，亦许随类各解，何必独简白衣，不为众生之例？

才以公务之余，辄为斯注，至于三法师等所说，善者因而成之，其有疑者，立而破之，分为上、中、下卷，号曰《立破注解》。其间墨书者，即是论之本文；朱书注者，以存师等旧说；其下墨书注者，是才今之新撰，用决师等前义，凡有四十余条；自郐已下[42]，犹未具录。至于文理隐伏，稍难见者，仍画为《义图》，共相比校，仍更别撰一方丈大图，独存才之近注。论既外无人解，无处道听涂说。若言生而知之[43]，固非才之望也。然以学无再请，尚曰“传灯”；闻一知十，方称“殆庶”[44]。况乎生平不见，率尔辄事含毫[45]；今既不由师资，注解能无纰紊？

窃闻雪山夜叉，说生灭法；丘井野兽，叹未曾有。苟令所言合理，尚得天仙归敬。才之所注，庶几于兹。法师等若能忘狐鬼之微陋，思句味之可尊，择善而从，不简真俗，此则如来之道，不坠于地。弘之者众，何常之有[46]？必以心未忘于人我，义不察于是非，才亦扣其两端[47]，犹拟质之三藏。

【注释】

①六年：永徽六年(655)。

②现比量：现量和比量。量，即尺度、标准之意，指知识之来源、认识形式，及判定知识真伪的标准。因明论式中，凡构成知识的过程或知识本身，皆称为“量”。现量，又称“真现量”，指由感官和对象(所量)接触所产生的知识。比量，又作“真比量”，指由已知之因(理由)比证未知之宗(命题)，以生决定之正智。

③译寮：译场。

④衢术：亦作“术衢”。原指道路，引申为方法、方向。《墨子·号令》：“环守宫之术衢，置屯道，各垣其两旁，高丈，为埤院。”

⑤范围：效法。《周易·系辞上》：“范围天地之化而不过。”

⑥大哉至哉：指乾元、坤元。《周易·乾卦》：“大哉乾元，万物资始，乃统天。”《周易·坤卦》：“至哉坤元，万物资生，乃顺承天。”

⑦爻画：《易》卦。《梁书·昭明太子传》：“驰神图纬，研精爻画。”

⑧浑元：指天地或天地之气。《汉书·叙传上》：“浑元运物，流不处兮。”

⑨二智：即两种智慧。有多种分类：尽智与无生智、根本智与后得智、实智与方便智、如理智与如量智、一切智与一切种智、法住智与涅槃智。

⑩璇极：指皇帝之位或皇室。南朝梁江淹《建平王庆少帝登祚章》：“肇嗣天震，云飞璿极，戎夏归服，民灵以戴。”

⑪六天：指欲界六天，即四王天、忉利天、夜摩天、兜率天、乐变化天、他化自在天。

⑫妙乐之域：指西方极乐世界，阿弥陀佛所化之佛土，比喻西方极远之地。一说为西印度国名。

⑬欢喜之都：指东方妙喜世界，阿閦佛所化之佛土，比喻东方极远处。

⑭百亿须弥：百亿须弥构成一个三千大千世界，为一佛所化国土。

⑮望秩：按等级次序望祭山川。《尚书·舜典》："岁二月，东巡守，至于岱宗，柴，望秩于山川。"

⑯荒服："五服"之一，指距离京城二千到二千五百里的边远地方。亦泛指边远地区。五服，古代王畿外围，以五百里为一区划，由近及远分为甸服、侯服、绥服、要服、荒服，合称"五服"。服，服事天子之意，亦指五百里。《尚书·益稷》："弼成五服，至于五千。""五服"四方相距为方五千里。藁街：汉时街名。在长安城南门内，为属国使节馆舍所在地。晋陆机《饮马长城窟行》："振旅劳归士，受爵藁街传。"

⑰韦陀：佛的护法神，四天王三十二将之首。据说韦陀常住娑婆世界，拥有三洲大法轮，十八世为将军身，护持佛法，故称"十八韦陀"。此处比喻翻译佛经的弘法高僧。

⑱秘府：古代禁中藏图书秘记之所。《汉书·艺文志》："于是建藏书之策，置写书之官，下及诸子传说，皆充秘府。"

⑲夙成：早成，早熟。《后汉书·袁术传》："又闻幼主明智聪敏，有夙成之德，天下虽未被其恩，咸归心焉。"

⑳实相：一切诸法的真实体相，又名"诸法实相"，是佛教所说的绝对真理。实，谓真实；相，谓相状或本性。佛教认为，宇宙间一切事物都是因缘和合的产物，都没有永恒不变的自体，这就是"空"，"空"就是宇宙万有的"真性"，亦即诸法实相。《大涅槃经》卷四十："无相之相，名为实相。"《中论·观法品》："诸法毕竟空，不生不灭，名诸法实相。"

㉑蒟(jǔ)酱：一种槟榔子的加工品，指代天竺的佛学。又说是一种用胡椒科植物做的酱，味香。

㉒杜衡：即杜若。常用来比喻君子、贤人。《楚辞·离骚》："畦留夷与揭车兮，杂杜衡与芳芷。"

㉓驲（rì）：古代驿站专用的车，亦指驿马。

㉔聿（yù）：助词。用在句首，无实义。

㉕神机：神异的禀赋。昭晰：清晰，明亮。三国魏曹丕《济川赋》："美玉昭晰以曜晖，明珠灼灼而流光。"

㉖函丈：原指老师讲席与学生坐席之间要留出一丈的空地，后用来代指讲学的坐席或对老师的尊称。《礼记·曲礼上》："若非饮食之客，则布席，席间函丈。"

㉗枉步：劳步。

㉘筮仕：指出仕做官。

㉙曲睠（juàn）：回视，返顾。

㉚修摄：指道教的修炼摄生。

㉛忉怛（dá）：忧伤，悲痛。《吴越春秋·王僚使公子光传》："父系三年，中心忉怛，食不甘味，尝苦饥渴，昼夜感思，忧父不活。"

㉜二难：指贤主嘉宾。因二者难以并得，故称。

㉝《十诵》：指《十诵律》，又称《萨婆多部十诵律》。凡六十一卷，姚秦弗若多罗、鸠摩罗什合译。本书将戒律分为十项（十诵）叙述，故有此称，为萨婆多部的广律。

㉞开遮：许可与阻止。《高僧传·明律论》："开遮废立，不无小异，皆由如来往昔善应物机。"

㉟六经：六部儒家经典，即《诗》、《书》、《礼》、《易》、《乐》、《春秋》。

㊱愆伏：指阴阳失调。

㊲律吕：古代汉族乐律的统称，可分为阳律（六律、六阳律）和阴律（六吕、六阴律）。

㊳《太玄》：即《太玄经》，扬雄著。本书将源于老子之道的"玄"作为最高范畴，并以"玄"为中心构建宇宙生成图式，进而探索事物的

发展规律。

㊴象戏：一种棋局游戏，为北周武帝宇文邕所造。天和四年（569）五月，武帝制成《象经》，召集百僚讲说。北周庾信《进象经赋表》："臣伏读圣制《象经》，并观象戏，私心踊跃，不胜抃舞。"

㊵极成：因明学术语。义为"至极成就"。因明论式中，所立之宗（命题）应真实无误，且为立（立论者）敌（问难者）双方所共许（共同认可）而无异论者。《因明大疏》卷一："至极成就，故名极成。"

㊶序致：诠释。

㊷自郐（kuài）已下：微不足道，不值得评论。吴国的季札在鲁国看周代的乐舞，对于各诸侯国的乐曲都有评论，但从郐国以下他就不再发表意见。《左传·襄公二十九年》："自郐以下无讥焉。"

㊸生而知之：指天生本能的知性、天赋。《论语·述而》："我非生而知之者，好古，敏以求之者也。"

㊹殆庶：贤德者。《周易·系辞下》："子曰：'颜氏之子，其殆庶几乎！'"

㊺含毫：含笔于口中。比喻构思为文或作画。晋陆机《文赋》："或操觚以率尔，或含毫而邈然。"

㊻何常之有：哪能长久呢？《魏书·贾思伯传》："衰至便骄，何常之有？"

㊼扣其两端：从问题的首尾两端去盘问，就能够完全理解认识问题。《论语·子罕》："吾有知乎哉？无知也。有鄙夫问于我，空空如也。我叩其两端而竭焉。"

【译文】

永徽六年夏五月一日，法师在翻译主要经、论的余暇，又翻译了《理门论》。先前在弘福寺时还翻译了《因明论》。这两部论著各一卷，阐述了因明中的立、破规则和现量、比量两种方法，译场里的僧众争相给这两部论撰写文疏。当时，译经僧栖玄把这两部论给尚药奉御吕才看，吕才阅后提出异说，议论两论的优劣长短，创作《因明注解立破义图》，序文说：

听说一生一死，效法天地的变化；乾元坤始，推演《易》爻的终纪。所说的道理尚未触及世界之外，论及的事物仍然局限在天地之间。推究天地而不能知晓，穷究阴阳而不能窥测。或许听说《象传》和《系辞》所进行的测量，犹如开启了八正道的门径；形器形成之前的阴阳，也能弘扬提倡两种智慧的佛教啊。所以能够空、有双照，住于真俗不二之境；泛六度之舟在生死欲河之上，驾三乘之车在三界火宅之中。由此可知，法王法力无边，超度群生而证得大自在；佛陀自觉觉人，摧服众魔而领悟大智慧。佛法将要兴起之时，天雷震动，闪电闪耀；教化任务完成后，也就如同薪尽火灭一样了。观看佛的应化事迹，好像有来有去；体察佛的真常不变的本性，本来就没有生住异灭。但是佛大慈大悲，普度众生，应缘而来；天赋光明之德，无所不至。昔日道心萌发，人们常常能看见佛光照耀；如今人们都渴望往生佛国净土。

俯伏思维：大唐皇帝据有天下，运转金轮，统御四海；身居帝位，君临万国。佛的光辉照耀六天，佛法之云荫蔽十方世界。向西越过流沙，扩至天竺的疆域；向东抵达大海，延及阿闳佛国。声威教化激扬无边无际，车乘文书通达有顶之天。于是使百亿须弥，都按等级次序排列朝拜大唐；三千法界，也都共同沐浴皇上的教化。所以，让五印度的人来到藁街换上唐装；十八韦陀，翻译梵文收藏到内府。

三藏玄奘法师可谓是当今在世的佛祖啊。聪明智慧，早已成就，通览内外，学识渊博，德行纯粹，戒律严谨，实在是三宝的栋梁、四众的典范啊。他认为佛教流布华夏时间已经很久了，常常担心佛教邪正相杂，水乳不分，如果不去迦维罗卫探究佛法真谛，不去摩揭陀国验证真正的佛教经文，如何成就决定实相、究竟圆满的佛法宝藏？幸亏遇上天地交泰、四海无虞的清平世界，玄奘法师才得以远涉大漠，翻越葱岭。倾心研味天竺之学，直接通达佛教正说；或许是敬慕圣贤的缘故，遥远艰险的路途变得又近便又容易。于是穷尽西域的河源，跋涉东方的恒河；采集灵鹫山的贝叶，目睹双林的经文。一共游历了一百多个国家，获得经、论近七百部，并用番国的驿马驮运，回到了长安，于是觐见皇帝，酬对佛法。

这部《因明论》就是三藏法师所带回来的梵本中的一部佛教论典。义理包含三乘教法，事相囊括五位百法；研究精微的空有之理，发挥教内教外的宗义。虽然文辞简约而理论宏伟，确实是文句精微而义理显耀。学习这部论的人终生不能窥测其中的奥妙，游心这部论的人几年不能探测到它的源头。因为这部论是各种奥妙的门径，所以优先翻译。译场中有神泰法师、靖迈法师、明觉法师等，都是天赋异禀，德行昭彰，学业兼通内外诸典；精心研习各种经、论，大都能够彻悟；他们都接到皇帝敕令，让他们加入译场，因此他们得以执卷承旨，跟随玄奘研习佛法。三藏法师擅长演说法要，微妙幽深，泰法师等人根据各自的听闻，分别为《因明论》作义疏。诠释完成后，才打算流通，无缘的人大多没有听说。

还有一位栖玄法师，是我小时候的老相识了。昔日我在嵩山隐居，他曾劳步到山门拜访；后来我到长安做官，他仍然到偏僻的小巷看望我。我修炼摄生，已经三十多年了，彼此怜惜，相互酬对，极尽贤主嘉宾之情。然而栖玄法师节操纯洁，戒行清净，学问通达一佛乘，身、口、意严守《十诵律》。我看到法师很清苦，时常以许可与禁止的道理来开导他。但是内教外教各不相同，修行也有差异，言谈之间，是是非非纷然并起。法师于是从容地对我说道："施主你研习六经，探究诸子百家，推演出阴阳的失调，察知乐律的细微错误。又听说你生平从来没有见过《太玄》，皇帝诏问，须臾就能理解；从来没有看过象戏，试着研读，几天就能作图解释。你以有限的心量，遇事就想穿凿附会，对于这些外典或许可以，但是佛法玄远深妙，与那些外典不同。你即使努力学习，推求寻索，恐怕也不是你能研究明白的。如今你为什么讥讽佛教内典呢?”法师后来遇到《因明论》的翻译流通，因为这部论义理幽隐，所以法师就为该论作了注疏，并赠送给我。还附书信说：“这部论极难，深刻推究玄妙的义理，即使那些聪明博识的人，听学了这部论也大多不能通解，如果你今天又能通解这部论，那你可谓是内外诸典全都通晓了。”这部论是最近才到大唐，我以前确实没有听说过，法师送书给我，而我为自己看不懂感到羞愧，为了答复法师就强行阅读。

于是依据“极成”来探察深邃的义理，凭借“比量”来寻求微妙的意旨，反复再三，略微了解宗趣。后来又借来三位法师的义疏，作进一步研究学习。然而各位法师虽然诠释详尽，文理会通，但是各自所秉持的观点却参差不一，所说的话也自相矛盾。既然他们所学的义理都是禀承三藏法师，怎么能得出不一样的理解，但是由于争端起于萧墙之内，所以教外的人看到这种情况后会轻慢佛教。然而，佛演说同一种佛法，也允许众生依据自己的根机而有各种的理解，何必单单鄙视白衣，而不像佛那样为一切众生解说呢?

我在公事之外，给《因明论》作注，至于三位法师的解说，我觉得正确的就顺承下来，觉得错误的，就立论破斥，分为上、中、下三卷，叫做《立破注解》。其中用黑字书写的，是《因明论》的原文；红字注解的，是各位法师的解说；红字下面的黑字注解，是我现如今新撰写的，用来判定各位法师的注解，共有四十多条；一些细微的问题尚没有完全注解。至于那些文理隐伏、比较难以发现的内容，就画了一张《义图》，以便相互比较勘验，又另外制作了一平方丈的大图，上面单独书写我新近的注解。此论既然教外无人能解，所以我也没地方道听途说。如果说我是生而知之，这当然不是我所期望的。然而，学问不用再请益，尚可称为“传灯”；闻一以知十，方称得上“殆庶”。更何况这部论是我生平所没有见过，轻率地运思运笔；既然现如今我并没有师承，注解能没有纰缪错乱吗？

听说雪山上的夜叉演说生灭法，枯井中的野兽赞叹这是从未曾听闻过的佛法。如果所说的话合乎佛教义理，还可以得到天仙的归心敬仰。我的注解但愿和夜叉说法差不多。三藏法师等人如果不计较我鄙陋的注解，认为文句有所得的话，请采纳正确的见解，不要有僧俗之分，如此则如来之道就不会没落。弘法的人众多，难道能保持长久吗？那一定是内心里还没有破除人我差别，道理上还没有察知是非对错。我为了能够完全理解这部《因明论》，打算拿我的《立破注解》向三藏法师质询。

秋七月己巳，译经沙门慧立闻而愍之，因致书于左仆射燕国于公，论其利害，曰：

立闻诸佛之立教也，文言奥远，旨义幽深；等圆穹之廓寥，类沧波之浩汗。谈真如之性相，居十地而尚迷；说小草之因缘，处无生其犹昧[①]。况有萦缠八邪之网[②]，沉沦四倒之流[③]，而欲窥究宗因[④]，辩彰同异者，无乃妄哉。

窃见大慈恩寺翻译法师，慧基早树，智力夙成[⑤]；行洁圭璋，操逾松杞；遂能躬游圣域，询禀微言。总三藏于胸怀，包《四含》于掌握，嗣清徽于曩哲[⑥]，扇遗范于当今[⑦]，实季俗之舟航[⑧]，信缁林之龟镜者也[⑨]。所翻圣教已三百余轴，中有小论，题曰《因明》，诠论难之指归，序折邪之轨式，虽未为玄门之要妙[⑩]，然亦非造次之所知也。

近闻尚药吕奉御以常人之资，窃众师之说，造《因明图》，释宗因义。不能精悟，好起异端；苟觅声誉，妄为穿凿。诽众德之正说，任我慢之褊心[11]；媒炫公卿之前，嚣喧闾巷之侧。不惭颜厚，靡倦神劳；颇历炎凉，情犹未已。然奉御于俗事少闲，遂谓真宗可了。何异鼷鼠见釜灶之堪陟，乃言昆阆之非难[12]；蛛蝨睹棘林之易罗[13]，亦谓扶桑之可网[14]。不量涯分[15]，何殊此焉！抑又闻之，"大音希声"[16]，"大辩若讷"[17]。所以净名会理，杜口毗城；尼父德高[18]，恂恂乡党[19]。又叔度汪洋之称[20]，元礼模楷之誉[21]，亦未闻夸竞自媒而获搢绅之推仰也云。

立致书，其事遂寝。

【注释】

①无生：即"无生法忍"，与"菩提"同义，指了悟诸法不生不灭的智慧，七地以上菩萨所证。晋僧肇《注维摩诘经》卷一："忍，即无生慧也，以能堪受实相，故以忍为名。得此忍，则无取无得，心相永灭，故曰：无所得，不起法忍也。"

②八邪：指与"八正道"相对应的八种邪道，即邪见、邪思惟、邪语、邪业、邪命、邪精进、邪念、邪定。

③四倒：即"四颠倒"，指四种颠倒妄见。"四颠倒"有两种：一、凡夫四颠倒（亦称"有为四颠倒"），指世俗凡夫以无常为常，以苦为乐，以无我为我，以不净为净；二、二乘四颠倒（亦称"无为四颠倒"），指声闻、缘觉二乘人把涅槃四德"常、乐、我、净"误认为"无常、无乐、无我、不净"。

④宗因：佛教因明学说中的第一和第二支，借指佛学逻辑。佛教因

明学依宗(命题)、因(理由)、喻(譬喻)等三支而成立因明论式。

⑤智力:指正智之力用或正智与神通力。《无量寿经》卷上:“魔率官属,而来逼试,制以智力,皆令降伏。”《法华经·普门品》:“观音妙智力,能救世间苦。”

⑥清徽:清操。《晋书·宗室传论》:“(安平)清徽至范,为晋宗英。”

⑦遗范:指前人遗留下来可做楷模的法式、规范、标准等。《晋书·乐志上》:“武皇帝采汉魏之遗范,览景文之垂则,鼎鼐唯新,前音不改。”

⑧季俗:指末世颓败的社会风俗。可引申为末法时代。《宋书·明帝纪》:“庶淳风至教,微遵太古,阜财兴让,少敦季俗。”(卷六已注,无引申)

⑨缁林:僧界,僧众。龟镜:警戒,教训,榜样,楷模。龟可卜吉凶,镜能辨美丑,比喻可供人参照学习的榜样或引以为戒的教训。《隋书·魏澹传》:“五帝之圣,三代之英,积德累功,乃文乃武,贤圣相承,莫过周室,名器不及后稷,追谥止于三王,此即前代之茂实,后人之龟镜也。”

⑩要妙:精深微妙。《老子》二十七章:“不贵其师,不爱其资,虽智大迷,是谓要妙。”

⑪褊(biǎn)心:狭隘之心,狭窄的心胸。

⑫昆阆(làng):指昆仑之巅的阆苑,传说中为神仙所居之地。南朝宋鲍照《舞鹤赋》:“指蓬壶而翻翰,望昆阆以扬音。”

⑬蛛蟊(máo):即蜘蛛。

⑭扶桑:古代神话传说中的地名。《梁书·诸夷传·扶桑国》:“扶桑在大汉国东二万余里,地在中国之东,其土多扶桑木,故以为名。”《山海经·海外东经》:“汤谷上有扶桑,十日所浴,在黑齿北。”

⑮涯分:限度,本分。《隋书·董纯传》:“先帝察臣小心,宠逾涯分,

陛下重加收采，位至将军。”

⑯大音希声：最大的乐音没有声响。希声，无声。听之不闻曰“希”。《老子》四十一章：“大方无隅，大器免成，大音希声，大象无形。”

⑰大辩若讷：大辩才好像木讷。《老子》四十五章：“大直若屈，大巧若拙，大辩若讷。”

⑱尼父：对孔子的尊称。

⑲恂恂：和顺谦恭。乡党：家乡或乡亲。这里指家乡。《论语·乡党》：“孔子于乡党，恂恂如也，似不能言者。其在宗庙朝廷，便便言，唯谨尔。”

⑳叔度：黄宪。黄宪（75—122），字叔度，号征君，慎阳（今河南正阳）人。东汉著名贤士。家世贫贱，父为牛医，而黄宪以学行见重于时。时人赞其“汪汪若千顷波，澄之不清，淆之不浊，不可量也”。详见《后汉书·黄宪传》。

㉑元礼：王筠。王筠，字元礼，一字德柔，琅邪临沂（今山东临沂）人。南朝梁文学家。自幼机警敏悟，七岁能写文章；十六岁时，创作了《芍药赋》，十分优美，为时人所推重。晚年自编文集，以历任官职为集名，凡一百卷。王筠以仕历为断限，按任官顺序编定系列文集的体例，即“一官一集”体，引来后人追随、模仿，盛于唐宋，延及明清，历代不绝，故有“楷模”之誉。详见《梁书·王筠传》。

【译文】

秋七月一日，译经僧慧立觉得吕才挺可怜，就写信给左仆射燕国公于志宁，指出《立破义图》的问题，信中说：

慧立听说诸佛创立宗教，文辞奥妙深远，义趣幽深难测；和苍穹一样寥廓，像沧海那样浩瀚。谈论真如的性相，即使十地菩萨还有些疑惑；言及小草的因缘，即使证得无生法忍的菩萨也有些不清楚。况且，是那些缠绕在八邪见、沉沦于四颠倒之中的人，想要窥测佛教因明，还要辨别异同，真是无知狂妄啊。

大慈恩寺的玄奘法师，累世培植慧根，正智之力用早已成就；品行高尚纯洁，坚贞的节操超过松杞；方能亲自游历天竺，请教微言大义。胸中囊括三藏经、论，娴熟四部《阿含》；在当今弘扬从先哲那里继承来的高尚清操；真是末法时代济度众生的舟船、佛教界的楷模啊。所翻译的佛教经、论已有三百多轴，其中有部小论，名叫《因明论》，诠释辩论诘难的主旨，叙述摧折邪说的规式，虽然不是佛法最核心的精深微妙之处，但也不是随便就能理解的。

最近听说尚药奉御吕才凭借常人的才能，剽窃众位法师的解说，创作了《因明图》，解释佛教因明义理。不能好好地理解，喜欢创立异说；沽名钓誉，胡乱牵强附会。诽谤众位高僧正确的解说，放任我慢的错误想法；在公卿面前谋求进身，在大街小巷喧嚣吵闹。厚颜无耻，乐此不疲；经历了多次冷嘲热讽，心意还是不能停止。吕才对俗事稍微熟悉，于是也认为自己可以了解佛法宗趣。何异于鼷鼠看到自己能登上釜灶，就说攀越昆仑之巅也不是难事；蜘蛛见到自己在棘林丛中容易织网，也就认为可以在扶桑林中织网。不估量自己的本分，与鼷鼠、蜘蛛又有什么差别呢！我又听说“大音希声”，“大辩若讷”。所以维摩诘精通佛理，在毗耶离城闭口不言；孔夫子德高望重，在家乡和顺谦恭。还有黄叔度有汪洋的美称，王元礼有楷模的声誉，也没有听说他们竞相夸耀自荐，去获得搢绅的推重敬仰啊。

慧立写了信，这件事就渐渐平息了。

冬十月丁酉，太常博士柳宣闻其事寝，乃作《归敬书偈》，以檄译经僧众。曰：

稽首诸佛，愿护神威；当陈诚请，罔或尤讥。

沉晦未悟，圆觉所归；久沦爱海，舟楫攸希。

异执乖竞，和合是依。玄离取有，理绝过违。

慢乖八正，戏入百非。取舍同辩，染净混微。

简金去砾，琢玉裨辉。能仁普鉴，凝虑研几。

契诚大道，孰敢毁诽。谔谔崇德[①]，唯唯浸衰。

惟愿留听，庶有发挥。望矜悃悃[②]，垂诲斐斐[③]。

《归敬》曰：

昔能仁示现王宫，假殁双树；微言既畅，至理亦弘。刹土蒙摄受之恩，怀生沾昭苏之惠[④]。自佛树西荫，塔影东临；汉、魏实为滥觞，苻、姚盛其风彩。自是名僧间出，贤达连镳[⑤]；慧日长悬，法轮恒驭。开凿之功，始自腾、显；弘阐之力，仍资什、安。别有单开远适罗浮[⑥]，图澄近现赵、魏；粗言圭角，未可缕陈。莫不辩空有于一乘，论苦集于四谛。假铨明有，终未离于有为；息言明道，方契证于凝寂。犹执玄以求玄，是玄非玄；理因玄以忘玄，玄或是玄。

义虽冥会幽涂，事理绝于言象，然摄生归寂，终藉筌蹄[⑦]。亦既立言，是非蜂起；如彼战争，干戈竞发；负者屏气，胜者先鸣。故尚降魔，制诸外道，自非辩才无畏[⑧]，答难有方，则物辈喧张，我等耻辱。是故专心适道，一意总持，建立法幢，祇植法鼓。旗鼓既正，则敌者残摧；法轮既转，能威不伏。若使望风旗靡，对难含胶，而能阐弘三宝，无有是处。

尚药吕奉御入空有之门，驰正见之路；闻持拟于昔贤，洞微侔于往哲[⑨]。其词辩，其义明，其德真，其行著。

已沐八解之流，又悟七觉之分[⑩]。影响成教，若净名之诣庵园；闻道必求，犹波仑之归无竭[⑪]。意在弘宣佛教，立破《因明》之疏。若其是也，必须然其所长；如其非也，理合指其所短。今见僧徒云集，并是采石他山。朝野俱闻吕君请益，莫不侧听泻瓶，皆望荡涤掉悔之源[⑫]，销屏疑忿之聚。

有太史令李淳风者，闻而进曰："仆心怀正路，行属归依，以实慧为大觉玄躯[⑬]，无为是调御法体。然皎日丽天，实助上玄运用；贤僧阐法，实裨天师妙道。是所信受，是所安心。但不敢以黄叶为金，山鸡成凤，南郭滥吹，淄渑混流耳[⑭]。或有异议，岂仆心哉！岂仆心哉！"然鹤林已后，岁将二千，正法既萎，末法初践，玄理郁而不彰，觉道浸将湮落。

玄奘法师头陀法界[⑮]，远达迦维，目击道树金流[⑯]，仍睹七处八会。毗城、鹫岭，身入彼邦；娑罗宝阶，仍验虚实。至于历览王舍、檀特、恒河，如斯等辈，未易具言也。加之西域名僧，莫不面论般若；东国疑义，悉皆质之彼师。毗尼之藏[⑰]，既奉持而不舍；毗昙明义，亦洞观而为常。苏妒路既得之于声明[⑱]，耨多罗亦剖断于疑滞[⑲]。法无大小，莫不韫之胸怀；理无深浅，悉能决之敏虑。故三藏之名，振旦之所推定[⑳]；摩诃之号，乃罗卫之所共称。名实之际，何可称道？

然吕君学识该博，义理精通，言行枢机，是所详悉。至于陀罗佛法[㉑]，禀自生知；无碍辩才，宁由伏习。但以

《因明》义隐，所说不同，触象各得其形，共器饭有异色。吕君既已执情，道俗企望指定。秋霜已降，侧听钟鸣；法云既敷，雷震希发。但龙象蹴蹋[22]，非驴所堪，犹缁服壸奥[23]，白衣不践。脱如龙种抗说[24]，无垢释疑，则苾刍悉昙[25]，亦优婆能尽。辄附微志，请不为烦；若有滞疑，望咨三藏裁决。以所承禀，传示四众，则正道克昌，覆障永绝[26]。绍隆三宝，其在兹乎？过此已往，非复所悉。弟子柳宣白。

【注释】

①谔谔：直言争辩的样子。《史记·商君列传》："千人之诺诺，不如一士之谔谔。"

②悃悃(kǔn)：忠诚的样子。《楚辞·卜居》："吾宁悃悃款款朴以忠乎？将送往劳来斯无穷乎？"

③斐斐(fēi)：往来的样子。《汉书·扬雄传上》："昔仲尼之去鲁兮，斐斐迟迟而周迈。"

④昭苏：苏醒，恢复生机。《礼记·乐记》："蛰虫昭苏，羽者妪伏。"

⑤连镳(biāo)：骑马同行。镳，马勒。南朝宋刘义庆《世说新语·捷悟》："王东亭作宣武主簿，尝春月与石头兄弟乘马出郊，时彦同游者连镳俱进。"

⑥单开：即单道开。俗姓孟，敦煌人。东晋高僧。少怀栖隐之志，诵经四十余万言。山居行道，不畏寒暑，昼夜不卧。后赵建武十二年(346)，到达邺都，居临漳照德寺。至石虎太宁元年(349)，单道开与弟子南下许昌。是年，石虎死，子侄相杀，邺都大乱。晋穆帝升平三年(359)，率徒南渡到达建康，不久又到广东罗浮山，独处茅茨，萧然物外。寿百余岁，卒于山舍。详见《高僧传》

卷九。罗浮：即罗浮山，在今广东惠州博罗县西北部。

⑦筌蹄：筌，捕鱼的竹器。蹄，捕兔的器具。“筌蹄”比喻达到目的的手段或工具。《庄子·外物》：“筌者所以在鱼，得鱼而忘筌；蹄者所以在兔，得兔而忘蹄。”

⑧辩才：指无碍辩才。佛、菩萨等在无量劫中，由于口业庄严而具足种种无碍辩才，如四无碍辩、七辩、八辩、九辩等。无畏：即无所畏怖之意，根据境界差别而分为“佛无畏”和“菩萨无畏”，各有四种。佛四无畏：一切智无所畏、漏尽无所畏、说障道无所畏、说尽苦道无所畏；菩萨四无畏：总持无畏、决疑无畏、知根无畏、答报无畏。

⑨侔：相等，齐肩。

⑩七觉之分：即“七觉分”，又作“七菩提分”、“七觉支”、“七觉意”、“七觉”等，指趋向菩提的七种修行法，即择法觉分、精进觉分、喜觉分、除觉分、舍觉分、定觉分、念觉分。

⑪波仑：即常啼菩萨。《道行般若经》卷九载其事迹。详见前注（卷一）。无竭：即昙无竭，全称“达摩郁伽陀”，译为“法盛”、“法勇”、“法上”、“法起”。为众香城之主，在家菩萨，常宣说般若波罗蜜多。常啼菩萨得诸佛、菩萨之助力而到彼国，听昙无竭作宣说般若。详见《道行般若经》卷十。

⑫掉悔：泛指烦恼。掉，指心躁动不安。悔，于所做之事心怀忧恼。此二者都能使人的心不得安宁和烦恼。

⑬实慧：实智，指证悟诸法实相的智慧，为佛所证得的智慧。大觉：又作“正觉”、“大悟”，指佛之觉悟。佛觉行圆满，故称其觉悟为“大觉”。

⑭淄渑：淄水和渑水，在今山东省。相传二水的味道各不同，混合则难以辨别，比喻性质截然不同的两种事物。

⑮头陀：汉译“抖擞”、“抖拣”等，义为“抖擞烦恼”。离诸滞着，修十

二头陀行。世人常把行脚乞食的僧人称为“头陀”,亦称“行者”。

⑯金流:指印度恒河的支流尼连禅河。释迦放弃苦行时,曾至此沐浴,沐浴后接受牧女供养的乳糜,然后到河对岸的毕钵罗树下,端坐思维,得成正觉。《无量寿经》卷上:“现五浊刹,随顺群生。示有尘垢,沐浴金流。”

⑰毗尼之藏:即律藏。毗尼,戒律。

⑱苏妒路:又作“修多罗”,指佛经。

⑲耨多罗:全称“阿耨多罗三藐三菩提”,汉译“无上正等正觉”,即真正平等觉知一切真理的无上智慧。

⑳振旦:震旦。

㉑陀罗:即陀罗尼,为总持义,谓能总摄一切佛法。

㉒蹴(cù)踏:践踏。

㉓壸(kǔn)奥:壸,宫巷。奥,室隅。比喻事理的奥妙精微。

㉔脱如:假如,如果。龙种:全称“龙种上智尊王佛”,又称“龙种净智尊王佛”、“龙种上佛”、“龙种尊”等,为文殊菩萨的本地名。

㉕悉昙:又作“悉旦”、“悉谈”等,汉译“成就”、“成就吉祥”,指梵文字母。唐玄应《一切经音义》卷二:“悉昙,此云成就。”

㉖覆障:即五种覆障,指修行中的五种障碍。《大日经疏》卷一谓:一、烦恼障,根本烦恼的障碍;二、业障,过去罪业的障碍;三、生障,由于过去业因而生于恶劣的环境的障碍;四、法障,因前世因缘,此生不遇善知识,不得听闻佛法的障碍;五、所知障,虽闻正法,但由于因诸种因缘而无法修行般若波罗蜜。

【译文】

冬十月一日,太常博士柳宣听说这件事平息了,就写了《归敬书偈》,向译经众僧挑战。偈语说:

稽首诸佛,愿护神威;当陈诚请,罔或尤讥。

沉晦未悟,圆觉所归;久沦爱海,舟楫攸希。

异执乖竞，和合是依。玄离取有，理绝过违。
慢乖八正，戏入百非。取舍同辩，染净混微。
简金去砾，琢玉禅辉。能仁普鉴，凝虑研几。
契诚大道，孰敢毁诽。谔谔崇德，唯唯浸衰。
惟愿留听，庶有发挥。望矜悃悃，垂诲斐斐。

《归敬书》说：

往昔佛祖示现生长在王宫，又示现涅槃于双树；佛教微言既然已经畅达，至理也得到了弘扬。无量刹土都蒙受佛法摄受的恩泽，三界众生都润沾智慧觉悟的惠赐。自从佛法西来，东至我国；汉地佛教发端于汉、魏，大盛于苻秦、姚秦时期。从此之后，高僧辈出，贤达相续；慧日长悬，法轮常转。开创译经的先河，始于摄摩腾、法显，大力弘扬佛教仍然依靠鸠摩罗什、道安。还有单道开远行到达罗浮山，佛图澄现身在赵、魏之地；这里只是简单说说知名高僧，没有详细陈述。他们都无不辩论大乘佛教的空、有之说，议论苦、集、灭、道四谛。借助假有的言语来铨衡佛道，终究还是没有离开有为法；平息言论，显明佛道，才能契入寂静的真如之境。犹如用玄妙之道来寻求玄妙的理，那么这种玄妙并非真的是玄妙；因为道理玄之又玄，以致连玄妙本身也忘掉了，这种玄妙或许是真正的玄妙。

虽然佛法义趣是通过幽深的方法来领悟，事物的道理却靠言象来表达，然而摄化众生归于佛道，终究还是要凭借方法和手段。一旦创论立说，是非就会纷然并起；如同战争一样，干戈竞相发生；失败者谨慎畏惧，胜利者首先显露。昔日的风尚是降服种种魔说，制伏各种外道，倘若不是无碍辩才，安住无畏，回答诘难很有办法，那么异端邪说喧嚣张狂，这是我们的耻辱。所以，专心向道，总持一切法义，建立法幢，树立法鼓。旗鼓充满正气，敌人就会被摧残；佛法之轮恒常转动，就能威慑一切异端邪说。假如见到异说就望风披靡，辩难时张口结舌，却能弘扬三宝，没有这种道理啊。

尚药奉御吕才深入佛教研究领域，走的是正见之路；听闻修持比拟先贤，洞察幽微比肩往哲。他的文辞善辩，义理明白，德性率真，品行显著。已经通晓了八种解脱，又悟解了七菩提分。对佛教的影响，好似维摩诘前往庵罗树园那样；听闻道法必要求取，犹如波仑皈依无竭一样。吕才为了宣扬佛教，撰写了破斥《因明论》的注疏。如果他说得对，那必须肯定他的长处；如果他说得不对，理应指出他的错误。如今见到僧徒云集，都是精通佛教经、论的大德高僧。朝野都听说吕才向你们发出挑战，无不洗耳恭听高僧们演说佛法，毫无遗漏，也都渴望清除掉追悔的根源，消解疑忌愤恨的积聚。

太史令李淳风听说这件事后，进一步说道："我心怀正路，皈依修行，把真实慧视为大觉的玄躯，将无为法当作调御的法体。然而白日附着天空，实借助于天道的运用；高僧阐扬佛法，实有助于天师的妙道。这是我所信受的佛法，用以安住内心。但是不敢把黄叶当作黄金，把山鸡看成凤凰，南郭先生滥竽充数，淄水和渑水混合啊。或者有人持有异议，难道是我的本意吗！难道是我的本意吗！"自从佛在双林涅槃以来，将近两千年了，正法已经萎靡，末法时代业已开启，玄妙之理郁抑而不能彰显，觉悟之道渐渐将要被埋没。

玄奘法师是佛教界的头陀，游历远方，抵达迦维，目睹菩提树和尼连河，还目睹七处八会之所。只身进入毗城、鹫岭的疆界，还亲自勘验娑罗宝阶的虚实。至于历览王舍城、檀特山、恒河，如此等等圣迹，真是不容易详细叙述啊。加上西域的名僧，无不与法师当面谈论般若；我国佛教界的疑义，全都向那里的法师请教。严格奉持律藏，决不舍弃；对阿毗昙的要旨也洞若观火，习以为常。对佛经的理解直接源自于印度的声明之学，用无上正觉剖明决断一切疑难。大、小二乘佛法，无不蕴藏在法师心中；无论义理深浅，都能用他的机敏思虑来判决。所以法师三藏的名号，是中国所推举决定的；摩诃的称号，是迦维罗卫国对法师的共同称誉。名实相符，有什么可说的呢？

然而吕才学识渊博，义理精通，谨言慎行，这是我们都知道的。至于总持佛法，禀自生而知之；无碍辩才，也不是由学习获得的。但是，因为《因明》义理隐微，各家解说不同，接触同一形象而形象各不相同，用同一器皿盛饭，而饭色各有差异。吕君既然已经提出质询，道俗都盼望确定是非。秋霜已然降临，侧耳聆听佛法的钟声敲响；法云既已敷演，希望发出雷霆震动的声响。但是龙象践踏的气势，并非驴子所能做到的，犹如僧众的学识奥妙精微，白衣居士是做不到的。假如文殊菩萨抗辩演说，无垢称解释疑难，那么比丘的成就，居士也能做到。顺带表达我微小的心愿，请不要为之烦恼；如果有疑难问题，希望咨询三藏法师予以裁判决定。将法师所禀承的正法流传展示给佛教四众，如此正道就会繁荣昌盛，众生的盖障就会永远断绝，绍隆三宝，就在此吗？除此之外，就不是我所知道的了。弟子柳宣禀告。

庚子，译经僧明濬答柳博士宣，以《还述颂》言其得失，曰：

于赫大圣，种觉圆明；无幽不察，如响酬声。
弗资延庆，孰悟归诚；良导可仰，实引迷生。
百川邪浪，一味吞并；物有取舍，正匪亏盈。
八邪驰锐，四句争名；饰非滥是，抑重为轻。
照日冰散，投珠水清；显允上德，体道居贞。
纵加誉毁，未动遗荣；昂昂令哲，郁郁含情。
俟诸达观，定此权衡；聊申悱悱，用简英英。

《还述》曰：

顷于望表预瞩《归敬》之词。览其雄文，焕乎何伟丽也！详其雅致，诚哉！岂不然欤！悲夫！爱海滔天，邪山概日。封人我者，颠坠其何已？恃慢结者[①]，沉沦而不穷。故六十二见争翳荟而自处[②]，九十五道竞扶伏以忘归[③]。如来以本愿大悲，亡缘俯应，内圆四智[④]，外显六通，运十力以伏天魔[⑤]，飞七辩而摧外道[⑥]。竭兹爱海，济稟识于三空[⑦]；殄彼邪山，驱肖形于八正。指因示果，返本还源。大矣哉！悲智妙用，无得而言焉。昔道树登庸[⑧]，被声教于百亿；坚林寝迹，振遗烈于三千。自佛日西倾，余光东照；周感夜明之瑞，汉通宵梦之征。腾、兰爇慧炬于前[⑨]，澄、什嗣传灯于后。其于译经弘法，神异济时，高论摧邪，安禅肃物。缉颓网者接武[⑩]，继绝纽者肩随[⑪]，莫不夷夏钦风，幽明翼化，联华靡替[⑫]。可略而详。

惟今三藏法师，蕴灵秀出。含章而体一味[⑬]，瓶泻以赡五乘。悲去圣之逾远，愍来教之多阙。缅思圆义，许道以身；心口自谋，形影相吊。振衣警锡[⑭]，讨本寻源；出玉关而远游，指金河而一息[⑮]。稽疑梵宇，探幽洞微；旋化神州，扬真殄谬。遗诠阙典，大备兹辰；方等圆宗，弥广前烈。所明胜义，妙绝环中之中[⑯]；真性真空[⑰]，极逾方外之外[⑱]。以有取也，有取丧其真；就无求之，无求翥其实。拂二边之迹，忘中道之相，则累遣未易洎其深[⑲]，重空何以臻其极？要矣！妙矣！至哉！大哉！契之于心，然后以之为法。在心为法，形言为教；法有自相、共相[20]，教乃遮诠、表诠[21]。粹旨冲宗，岂造次所能觊缕。法师凝神役智，详本正末，缉熙玄籍[22]，大启幽关。秘希声，应扣击之大小；廓义海，纳朝宗之巨细[23]。于是殊方硕德，异域高僧，服膺问道，蓄疑请益。固已饮河满腹，莫测其浅深；聆音骇听，孰知其远迩。

至于因明小道，现比盖微，斯乃指初学之方隅，举立论之幖帜[24]。至若灵枢秘键，妙本成功，备诸奥册，非此所云也。而吕奉御以风神爽拔，早擅多能，器宇该通[25]，夙彰博物。戈猎开坟之典，钩深坏壁之书，触类而长，穷诸数术。振风飙于辩囿[26]，摛光华于翰林，骧首云中[27]，先鸣日下。五行资其笔削，六位伫其高谈[28]，一览《太玄》，应问便释，再寻象戏，立试即成。实晋代茂先、汉朝曼倩[29]，方今蔑如也。既而翱翔群略，绰有余功，而敬慕大乘，夙敦诚信，比因友生戏尔，忽复属想因明，不以师资，率己穿凿，比决诸疏，指斥求非。諠议于朝廷[30]，形言于造次。考其志也，固已难加；核其知也，诚为可惑！

此论以一卷成部，五纸成卷，研机三疏，向已一周。举非四十，自无一是。自既无是而能言是；疏本无非而能言非。言非不非，言是不是。言是不是，是而恒非；言非不非，非而恒是。非非恒是，不为是所是；是是恒非，不为非所非。以兹贬失，致或病诸。且据生因了因[31]，执一体而亡二义；能了所了，封一名而惑二体。又以宗依宗体[32]，留依去体以为宗；喻体喻依[33]，去体留依而为喻。缘斯两系，妄起多疑；迷一极成，谬生七难。但以赞穷二论，师己一心，滞文句于上下，误字音于平去。复以“数论”为“声论”，举“生城”为“灭城”。岂唯差离合之宗因，盖亦违倒顺之前后。又探鄙俚讹韵，以拟梵本啭音，虽复广援七种，而只当彼一啭。然非彼七所目，乃是第八呼声。舛杂乖讹，何从而至？

又案：

《胜论》立常极微，数乃无穷，体唯极小；后渐和合，生诸子微。数则倍减于常微，体又倍增于父母。迄乎终已，体彼大千；究其所穷，数唯是一。吕公所引《易·系辞》云：“太极生两仪，两仪生四象，四象生八卦，八卦生万物。”云此与彼，言异义同。今案太极无形，肇生有像，元资一气，终成万物，岂得以多生一，而例一生多？引类欲显博闻，义乖复何所托？设引大例，生义似同；若释同于邪见，深累如何自免？岂得苟要时誉，混正同邪，非身之仇，奚至于此！凡所纰紊，胡可胜言！特由率已，致斯狼狈。根既不正，枝叶自倾，遂误生疑，随疑设难，曲形直影，其可得乎？试举二三，冀详大意，深疵繁诸，委答如别。寻夫吕公达鉴，岂孟浪而至此哉！示显真俗，云泥难易，楚越因彰；佛教弘远，正法凝深，譬洪炉非掬雪所投，渤澥岂胶舟能越也？

太史令李君者，灵府沉秘[34]，襟期邈远[35]；专精九数[36]，综涉六爻。博考坟图，瞻观云物；鄙卫宏之失度[37]，陋禅灶之末工[38]。神无滞用，望实斯在。既属吕公余论，复致问言。以实际为大觉玄躯，无为是调御法体。此乃信熏修容有分证[39]，禀自然约不可成。良恐言似而意违，词近而旨远。天师妙道，幸以再思。且寇氏天师[40]，崔君特荐[41]；共贻伊咎，夫复何言？虽谓不混于淄、渑，盖已自滥于金鍮耳。

惟公逸宇寥廓，学殚坟索，庇身以仁义，应物以枢机。肃肃焉！汪汪焉！擢劲节以干云，淡清润而镇地。腾芳文苑，职处儒林，捃摭九畴之宗[42]，研详二戴之说。至于《经礼》三百，《曲礼》三千，莫不义符指掌，事如俯拾。樽俎咸推其准的，法度必待其雌黄，遂令《相鼠》之诗绝闻于野[43]，《鱼丽》之咏盈耳于朝[44]。惟名与实尽善尽美。而诚敬之重，禀自夙成，弘护之心，实惟素蓄。属斯谊议，同耻疚怀。故能投刺含胶，允光大义。非夫才兼内外，照实邻几，岂能激扬清浊，济俗匡真者耶！

昔什公门下，服道者三千；今此会中，同德者如市。贫道猥以庸陋，叨厕末筵，虽庆朝闻，终惭夕惕[45]。详以造疏三德，并是贯达五乘，墙仞罕窥[46]，词峰难仰。既属商羊鼓舞[47]，而霈泽必沾；疾雷迅发，恐无暇掩耳。佥议，古人曰："一枝可以戢羽，何繁乎邓林[48]；潢洿足以沉鳞[49]，岂俟于沧海。"故不以愚懦[50]，垂逼课虚。辞弗获免，粗陈梗概。虽文不足取，而义或可观。顾已庸疏，弥增栗恧，指述还答，余无所申。释明濬白。

癸卯，宣得书，又激吕奉御因奏其事。敕遣群公学士等往慈恩寺,请三藏与吕公对定。吕公词屈,谢而退焉。

【注释】

①慢结:傲慢结缚,九种结缚之一。“慢结“又分为七种,即慢、过慢、慢过慢、我慢、增上慢、卑慢、邪慢。

②六十二见:指外道的六十二种见解。翳(yì)荟:草木茂盛。晋张华《鹪鹩赋》:“翳荟蒙茏,是焉游集。”

③九十五道:九十五种外道。关于外道的总数,佛典有多种说法,最常见的是九十五种、九十六种之说。

④四智:指佛果四智,唯识宗所立,即将有漏的第八识、第七识、第六识,及前五识转变为四种无漏智,即大圆镜智、平等性智、妙观察智、成所作智。另有菩萨四智、罗汉四智等多种说法。

⑤十力:指佛具有的十种智力。一、“知觉处非处智力”,即知道事物之理与非理的智力,“处”,指道理所在处;二、“知三世业报智力”,即知一切众生三世因果业报的智力;三、“知诸禅解脱三昧智力”,即知诸禅定、八解脱、三三昧等智力;四、“知众生上下根智力”,即知各类众生根机优劣的智力;五、“知种种解智力”,即知各类众生种种知解的智力;六、“知种种界智力”,即知众生种种界别的智力;七、“知一切至所道智力”,即知一切众生善恶行为及其所趣向的智力;八、“知天眼无碍智力”,即以天眼彻知众生的生老病死及善恶业报的智力;九、“知宿命无漏智力”,即知众生宿命和如何证得无漏涅槃的智力;十、“知永断习气智力”,即知永远断除烦恼业障,不再流转生死的智力。菩萨也具有“十力”:“深心力”、“增上深心力”、“方便力”、“智力”、“愿力”、“行力”、“乘力”、“神变力”、“菩提力”、“转法轮力”。

⑥七辩:指佛、菩萨所具有的七种殊胜辩慧,即捷疾辩(迅辩)、利辩(无碍辩)、不尽辩(无断尽辩)、不可断辩(无疏谬辩)、随应辩(应辩)、义

辩(诸所演说义味辩)、一切世间最上辩(一切世间最胜妙辩)。

⑦三空:即三解脱门。详见前注(卷六)。

⑧登庸:原指登帝位,此处比喻悟道成佛。汉扬雄《剧秦美新》:"臣伏惟陛下以至圣之德,龙兴登庸,钦明尚古,作民父母,为天下主。"

⑨爇(ruò):点燃。

⑩接武:指步履相连。比喻弘扬佛法的人相续不断。《礼记·曲礼上》:"堂上接武,堂下布武。"

⑪绝纽:断绝。纽,连接。《穀梁传注疏序》:"昔周道衰陵,乾纲绝纽。"

⑫联华:原指花开并蒂,比喻佛教兴盛。南朝梁刘勰《文心雕龙·丽辞》:"炳烁联华,镜静含态。"靡替:不衰,不废。南朝陈徐陵《禅位陈王玺书》:"虽复质文殊轨,沿革不同,历代因循,斯风靡替。"

⑬含章:含有文章,饱读诗书。《周易·坤卦》:"六三:含章,可贞。或从王事,无成有终。"

⑭警锡:振锡。谓僧人出行。

⑮金河:又作"希连河"、"伐提河"、"阿恃多伐底河"、"阿利罗跋提河",义为"无胜"。佛在此河西岸入灭(拘尸那国境)。一息:一呼一吸。比喻极短的时间。《汉书·王褒传》:"追奔电,逐遗风,周流八极,万里一息。何其辽哉!"

⑯环中之中:空中之空,佛法中最精微绝妙的义理。环中,原指圆环的中心,比喻无是无非的空灵超脱境界。《庄子·齐物论》:"彼是莫得其偶,谓之道枢。枢始得其环中,以应无穷。"环中,原作"寰中",误。

⑰真性:指众生本具的不妄不变的心体。《楞严经》卷一:"此是前尘虚妄相想,惑汝真性。"真空:真如理体远离一切迷情所见之

相，破除空、有相对，非空之空，故称“真空”。

⑱方外：世俗之外，天外。

⑲洎(jì)：到，及。

⑳自相：指不与他相共通，即自体独有的体相。《杂阿毗昙心论》卷一：“自相者不共，即此非余。如碍相是色。”共相：指共通之相，即一切诸法共通之义相。

㉑遮诠：因明学中的否定性判断及其相关概念。表诠：因明学中的肯定性判断及其相关概念。遮诠可不包含表诠，但表诠则一定包含遮诠。

㉒缉熙：光明。《诗经·周颂·敬之》：“学有缉熙于光明。”

㉓朝宗：水流归向大海。《尚书·禹贡》：“江汉朝宗于海。”

㉔幖(biāo)帜：高耸的旗帜。此指前提条件。

㉕该通：博通。东汉蔡邕《翟先生碑》：“该通五经，兼洞坟籍。”

㉖风飙(biāo)：狂风、暴风。《吴子·论将》：“居军荒泽，草楚幽秽，风飙数至，可焚而灭。”

㉗骧(xiāng)首：抬头。比喻意气轩昂。西汉邹阳《上书吴王》：“臣闻蛟龙骧首奋翼，则浮云出流，雾雨咸集。”

㉘六位：六爻。《周易·说卦》：“故《易》六位而成章。”

㉙茂先：张华(232—300)，字茂先，范阳方城(今河北固安)人。西晋著名政治家、文学家。他学业优博，辞藻温丽，朗赡多通，图纬方伎之书莫不详览，器识弘旷，时人罕能测之，编纂了中国第一部博物学著作《博物志》。曼倩：东方朔(前154—前93)，字曼倩，平原郡厌次县(今山东德州)人。西汉著名文学家。汉武帝时历任常侍郎、太中大夫等职，曾上言政治得失，陈农战强国之计，但始终不受重用。他著述甚丰，有《答客难》、《非有先生论》、《神异经》等。

㉚諠(xuān)议：大声而嘈杂的议论。諠，吵闹，嘈杂。

㉛生因：生起之因，“三支作法”中的因支，与“了因”相对。生因如

种子，能生物，故称“生因”。因其功用分为三种，即言生因、智生因、义生因。了因：了悟之因，“三支作法”中的因支，与“生因”相对。了因如灯光照物，可令人明了一切，故称“了因”。其功用不同分为三种，即智了因、言了因、义了因。

㉜宗依：即宗之所依，“三支作法”中的宗支，与“宗体”相对，构成宗体的部分，又称“别宗”。“宗依”随在论题中位置和论谓关系的不同，分别形成了前陈（说在前面）和后陈（说在后面）的主谓之间的三种关系。宗体：即整个待证的判断命题，“三支作法”中的宗支，与“宗依”相对，亦称“总宗”。依因明法则，宗体必须“违他顺自”，即命题为立论人所主张而敌证者反对；“宗依”划应当立敌共许极成，即概念为双方共识。《因明入正理论》：“此中宗者，谓极成有法（主词），极成能别（谓词），差别性故，随自乐为所成立性，是名为宗。”

㉝喻体：指所喻之义理，因明“三支作法”的喻支，与“喻依”相对。喻依：指喻体之所依，因明“三支作法”的喻支，与“喻体”相对。

㉞灵府：指心。《庄子·德充符》：“故不足以滑和，不可入于灵府。”

㉟襟期：襟怀、志趣。北齐高澄《与侯景书》：“缱绻襟期，绸缪素分。”《北史·李庶传》：“庶弟蔚，少清秀，有襟期伦理，涉观史传，兼属文词。”

㊱九数：“数”学的九个细目，即方田、粟米、差分、少广、商功、均输、方程、赢不足、旁要。后增加重差、夕桀、勾股为十二数。《周礼·地官·司徒·保氏》：“保氏掌谏王恶而养国子以道，乃教之六艺：一曰五礼，二曰六乐，三曰五射，四曰五御，五曰六书，六曰九数。”

㊲卫宏：字敬仲，东海（今山东郯城）人。东汉著作家、学者。著有《毛诗序》，有一定影响。

㊳裨灶：春秋时期郑国星占家。有一次裨灶预言郑将发生大火，子产说道：“天道远，人道迩，非所及也。何以知之？”（见《左传·昭

公十八年》)

㊴熏修:指净心修行。南朝陈徐陵《东阳双林寺傅大士碑》:“既而四空妙定,熏修已成;八解明心,庄严斯满。”

㊵寇氏天师:寇谦之。寇谦之(365—448),名谦,字辅真,上谷昌平(今北京昌平)人。北魏时期道教的改革者和代表人物。太武帝始光元年(424),寇谦之献道书于太武帝,倡导改革道教,去除三张伪法,制订乐章,建立诵戒新法。寇谦之的新道教大量汲取了佛教的思想和仪轨,其本人对待佛教护持有加。

㊶崔君:崔浩。崔浩(?—450),字伯渊,清河郡东武城(今山东武城)人。北魏著名军事谋略家,对促进北魏统一北方作出了贡献。后因国史案罹祸,死于太平真君十一年(450)。一般认为,崔浩是太武帝灭佛的主要支持者和推动者,但这种说法尚待商榷。

㊷捃摭(jùn zhí):采取,采集。《史记·十二诸侯年表序》:“及如荀卿、孟子、公孙固、韩非之徒,各往往捃摭《春秋》之文以著书。”九畴:又称“洪范九畴”,指传说中天帝赐给禹治理天下的九类大法,亦即《洛书》。畴,类。《尚书·洪范》:“天乃锡禹洪范九畴,彝伦攸叙。初一曰五行,次二曰敬用五事,次三曰农用八政,次四曰协用五纪,次五曰建用皇极,次六曰乂用三德,次七曰明用稽疑,次八曰念用庶徵,次九曰向用五福、威用六极。”

㊸《相鼠》之诗:指《诗经·鄘风·相鼠》。《相鼠》是一首讽刺诗,讽刺高高在上的统治者卑鄙无耻的行径。《相鼠》言辞激烈,充满厌恶:“相鼠有皮,人而无仪!人而无仪,不死何为?相鼠有齿,人而无止!人而无止,不死何俟?相鼠有体,人而无礼!人而无礼,胡不遄死?”

㊹《鱼丽》之咏:指《诗经·小雅·鱼丽》。《鱼丽》是一首描写贵族宴飨宾客的诗。诗中赞美宴中鱼的品种丰富,反映出贵族生活

的优渥。

㊺夕惕：指到夜晚仍然深怀忧惧，工作不懈。晋葛洪《抱朴子外篇·吴失》："吴主不此之思，不加夕惕，佞谄凡庸，委以重任，危机急于矿弩，亡征著于日月。"

㊻墙仞：几丈高的墙。比喻贤者的才德。《论语·子张》："夫子之墙数仞，不得其门而入，不见宗庙之美，百官之富。"

㊼商羊鼓舞：商羊，传说中的神鸟。商羊在大雨前，常屈一足起舞，比喻重大变故发生之前的预兆。《孔子家语·辩政》："齐有一足之鸟，飞集于宫朝下，止于殿前，舒翅而跳。齐侯大怪之，使使聘鲁问孔子。孔子曰：'此鸟名曰商羊，水祥也。昔童儿有屈其一脚，振讯两眉而跳，且谣曰：天将大雨，商羊鼓舞。今齐有之，其应至矣。急告民趋治沟渠，修堤防，将有大水为灾。'顷之大霖雨，水溢泛。"

㊽邓林：桃林，树林。《列子·汤问》："夸父不量力，欲追日影，逐之于隅谷之际。渴欲得饮，赴饮河渭。河渭不足，将走北饮大泽。未至，道渴而死。弃其杖，尸膏肉所浸，生邓林。邓林弥广数千里焉。"

㊾潢洿（wū）：池塘。《汉书·食货志下》："绝民用以实王府，犹塞川原为潢洿也。"《抱朴子外篇·嘉遁》："潢洿足以泛龙鳞，岂事乎沧海。"沉鳞：在水中潜游的鱼。

㊿愞（nuò）：同"懦"。

【译文】

四日，译经僧明濬答复博士柳宣，用自己撰写的《还述颂》来指出他的错误。偈颂说：

于赫大圣，种觉圆明；无幽不察，如响酬声。

弗资延庆，孰悟归诚；良导可仰，实引迷生。

百川邪浪，一味吞并；物有取舍，正匪亏盈。

八邪驰锐，四句争名；饰非滥是，抑重为轻。

照日冰散，投珠水清；显允上德，体道居贞。

纵加誉毁，未动遗荣；昂昂令哲，郁郁含情。

俟诸达观，定此权衡；聊申悱悱，用简英英。

《还述》文中说：

近日收到柳宣的来信，先看了下《归敬》的文辞。阅览其雄健的文章，真是光彩四射，何其宏伟壮丽啊！详考其高雅的意趣，真是讲得太好了！难道不对吗！太可悲了！爱欲之海浊浪滔天，邪恶之山遮蔽日月。执着于人我差别的人，要颠倒坠落到什么时候？倚仗慢结的人，沉沦苦海永无穷尽。所以六十二种邪见争相竞发以安置自己，九十五种外道竞相牵扶而忘却归途。如来以自己的大悲本愿，无缘大慈，俯应众生，在内圆满具足四种智慧，于外显现六种神通，运用十力以降服天魔，激扬七种辩才来摧伏外道。穷竭这爱欲大海，用三空门济度含识众生；殄灭那些异端邪说，用八正道引导有情生命。指示因果，返本还源。真是伟大啊！大悲大智的妙用，真是无法用语言文字来表述啊。昔日佛在菩提树下证得正果，使圣教恩泽遍及百亿须弥山；双林树下涅槃归真，振扬佛教伟业于三千大千世界。自从佛教西来，光耀东土；周庄王时东土就感应到夜里大放光明的祥瑞，汉代的明帝在晚上梦见金人飞升的征兆。最早摄摩腾、竺法兰点燃了佛法智慧的火炬，后有佛图澄、鸠摩罗什传承佛法灯炬，大盛佛道。他们翻译经、论，大力弘法，以神异的道理济度时人，用高明的议论摧伏邪说，安于禅定，整肃万物。弘扬佛法的人相续不断，维护圣教的人比肩相随，海内外无不敬慕其德风，天人也都辅助教化，因此佛教事业繁荣兴旺，长盛不衰。关于这一点，大家都能略知梗概。

当今的三藏法师，蕴含着神异的品质，特别优秀突出。饱读经、论，体察一味之旨；遍览五乘教法，无有遗漏。因为距离佛住世的时代十分遥远而感到悲伤，因为东土的佛教典籍缺失很多而感到惋惜。遥思圆宗义趣，于是以身许道；独自筹划，孤身上路。整衣振锡，寻究佛法的本源；出了玉门关，远游印度，很快到达尼连河畔。向天竺贤哲请教疑难，探寻幽深微妙的佛理；旋即回到大唐，教化神州苍生，弘扬真正的佛法，殄灭异端邪说。诠释从前缺失的佛典，使佛教经、论完备于当今；方等大乘的圆满宗义，较之从前也更加广大。法师所弘扬的殊胜教义，绝妙至极，契合环中之中；心体真性，理体真空，超越天外之天。如果有所执取，有执取就会迷失心之真性；如果无所求取，没有求取就会滞惑于真如实际。不着两边，就连中道实相也要忘掉，即使遣除烦恼也不容易达至这样的修为程度，空之又空怎么能到达如此的至高境界？太重要了！太精妙了！真是至理啊！真是广大啊！妙契于心，然后将其当作法。从心识方面而言称之为“法”，就言语方面而论称之为“教”；法有自相、共相之分，教分遮诠、表诠之别。纯粹玄妙的佛法宗旨，岂是随随便便就能了解的呢？法师专心致志，详细考察佛法的根本和枝末，光明佛教典籍，打开进入佛道之门。大音稀声，应答大小问难；辽阔义海，容纳大小水流。于是海内外各地的高僧大德都服膺法师，纷纷前来问道，请教疑难问题。固然已经饱读经、论，不能探测法师学问的深浅；认真听学，也不知道法师见解的远近。

至于因明这种小道理，现量、比量微浅的概念，不过是初学者的基本常识、立论的前提条件而已。至若佛法核心的深秘奥义，微妙本体的成就功用，都在各部深奥的经、论之中，不是因明所论及的。吕才风采出众，早年就擅长多种才能；器宇轩昂，博通诸家之说，向来以知道许多事情而知名。阅览古典书籍，研究坏壁中的残书；触类旁通，穷究各家数术。在辩论的场所刮起暴风骤雨，在文翰荟萃之所发出熠熠光辉；意气风发，超乎青云之上，在当今率先显露声名。五行之说依靠他的解说，六爻之辞等候他的高论，一阅览《太玄》，便能解释疑问，再研究象戏，立马就获得成功。晋代的张华、汉朝的东方朔，确实也不如当今的吕才啊。不久博览群书，取得了不少成就，因为敬慕大乘，一向敦诚信奉，只因老朋友的出言相戏，忽然想要研究因明，不去请教老师，自己率性穿凿附会，比较判决各家注疏，妄加指责是非。在朝廷上喧哗议论，言辞形貌轻浮随便。考究他的志向，实在是难以嘉美；核查他的知识，真是愚惑啊！

该论共一卷，用五张纸写成，研究三种注疏的微妙之处，自己也解说了一遍。列举出错误四十条，当然没有一条是正确的。自己的见解既然没有正确之处而认为自己是正确的，法师们的注疏本来没有错误而认为他们是错误的。认为是错的却不是真的错了，认为是对的却不是真的对了。认为对的却不是真的对了，那么所谓对的也恒常是错的了；认为错的却不是真的错了，那么所谓错的也恒常是对的了。否定错误的观点恒常是正确的，不因为你错误的肯定而肯定；肯定自以为是的观点恒常是错误的，不因为你错误的否定而否定。吕才由于贬斥失当，导致各种错误。首先，从生因和了因关系来看，吕才认为两者是一回事而不知道二者的含义不同；不能区分能了和所了，使用同一个名称来表述而不知道它们是两种不同的法。还有，不能区分宗依和宗体，根本就不知道什么是宗体，误以为宗依就是宗体；不能区分喻体和喻依，根本就不知道什么是喻体，误以为喻依就是喻体。从以上两方面来看，真是白白生起种种疑误啊；从一开始的立论前提就错了，于是便生起各种错误的论点。吕才只因喜欢而研究因明二论，但是他师心自用，没有弄明白上下文句的语意，混淆字音的平声去声。又把“数论”误作“声论”，将“生城”误作“灭城”。岂止误解了因明格式的离合关系，就连语言文字的前后顺序都搞错了。又用汉语的民间俚语和讹传的音韵，来比拟梵语的啭音，虽然广引七种，而只相当梵语的一啭。但却不是梵语种的七啭音，仅是第八呼声而已。错讹杂乱如此之多，真不知道他是怎么做到的?

又案:

《胜论》主张世界是由极微的原子组成的,原子数量无穷无尽,体积又极其微小;后来两个原子之间逐渐结合,形成二重原子。恒常存在的原子数量则减半,体积则比原来增大一倍。如此原子之间不断结合,多重原子的集聚便形成了各种形态的大千世界;穷究胜论的核心理论,只是无穷无尽的、单一的、不可分割的原子。吕才引用《周易·系辞》中所说:"太极生两仪,两仪生四象,四象生八卦,八卦生万物。"认为这两种理论言语虽有差异而道理相同。如今考察太极无形生成有形,元气生成万物,岂能把一生多的太极说来比附多生一的原子说呢?旁征博引来显示自己见识广博,但是由于义理相违背,这种征引又有什么用呢?所征引的著名例证,生生之义貌似相同;如果解释的如同邪见,因而被深深拖累,又如何自免呢?岂能苟且贪图时下的虚名,混淆正邪是非,如果不是对自身有仇,怎么会到这种地步呢!凡所纰漏错误,怎么能说得完!只是由于率性而为,导致如此狼狈。树根既然不正,枝叶自然倾倒,于是便产生各种疑误,又随疑设难;身体弯曲而去求直立的影子,能得到吗?试举二三个例子,希望你能详察大意,不着调的错误很多,委婉答复如上。寻思吕才聪敏达鉴,怎么孟浪到这种地步啊!示显真俗之间的差别,犹如云泥难易,楚越一样显明;佛教宏大辽远,正法凝寂深邃,譬如洪炉并非掬一捧雪所能扑灭,渤海又岂是胶黏的舟所能渡越的呢?

太史令李淳风李君者,内心深沉神秘,襟怀邈远超世;专心精研九数,综览涉猎六爻。博考典籍图书,观瞻云气风水;鄙薄卫宏的气度不够宏大,轻视裨灶的预言不够精巧。神采飞扬,毫无凝滞;仰望实际,如同就在那里一样。既然属于吕才的余论,那我就回复他的问难。以真如实际作为大觉的玄躯,把无为法当作调御的法体。如果起信熏修或许可以证得，禀承自然恐怕不能成就。这恐怕是言语相似而意思却相违背，文辞相近而旨趣却差距很大。天师绝妙的道理，希望您再考虑。况且寇谦之天师，是崔浩特别推荐的；二人共同导致了佛教浩劫，还有什么可说的呢？虽说并不是像淄水和渑水混合那样，难以分辨，也是自降身份，将黄金混同于铜矿啊。

博士柳宣器宇恢弘寥廓，学问竭尽典籍索隐，用仁义庇护身体，待人接物谨言慎行。恭谨严肃啊！汪洋浩博啊！擢拔刚正的节操高入云霄，淡泊清润的名声安定地方。芳声飞扬文苑之中，身处儒林之中，采集九畴的宗义，详细研究二戴的学说。至于《经礼》三百，《曲礼》三千，无不了如指掌，俯拾即是。樽俎都推行其标准，法度必定等待其决定，遂令《相鼠》那样的诗歌在民间消失，《鱼丽》那样的咏叹盈满于朝堂。真是名实相副，尽善尽美啊。至诚敬重之意，禀自平素的成就；弘护圣教之心，实在是由于素怀此志。你参与这种喧哗议论，我也为之感到羞耻，耿耿于怀。所以笨拙地写了这封回信，希望能发扬光大佛教法义。如果不是学通内外，洞察他学，怎么能激扬清浊，济度世俗，匡扶佛教呢！

昔日鸠摩罗什门下，精通佛法的高僧有三千人；如今在大慈恩寺的译场中，像那样的高僧如同市场上的人一样多。我的才识平庸浅陋，忝居译场末位。早上还庆幸有所听闻，到了晚上却感到忧惧惭愧。就我所知，撰写注疏的三位高僧，都是学贯五乘之人，他们的才德难以窥测，他们的词峰难以仰望。类似商羊飞舞，必然天降大雨；词语的迅雷发出声响，恐怕连捂住耳朵的时间都没有了。大家认为，古人说："一根树枝就可以让鸟儿敛翅栖息，何必使用繁茂的邓林；小小池塘足以让鱼儿在水中潜游，何必需要苍茫的大海。"所以大家不以我愚钝懦弱，责令我完成回复的任务。推辞不能获免，大略陈述梗概。虽然文辞不足为取，而义理或许可以一看。回顾自己平庸才疏，更增惊悚惭愧，直接陈述答复，别的没什么可说的了。释明濬陈述。

七日，柳宣收到明濬的回信，又挑唆吕才将此事上奏朝廷。高宗敕令各位公卿学士等前往大慈恩寺，请法师与吕才当面辩论。吕才词穷理屈，认错而去。

显庆元年春正月景寅[①]，皇太子忠自以非嫡，不敢久处元良，乃慕太伯之规[②]，陈表累让。大帝从之，封忠为梁王，赐物一万段、甲第一区。即以其月册代王弘为皇太子。

戊子，就大慈恩寺为皇太子设五千僧斋，人施布帛三段，敕遣朝臣行香。时黄门侍郎薛元超、中书侍郎李义府因参法师，遂问曰："翻经固法门之美，未审更有何事可以光扬？又不知古来翻译仪式如何？"

法师报曰："法藏冲奥，通演实难，然则内阐住持由乎释种，外护建立属在帝王。所以泛海之舟能驰千里，依松之葛遂竦万寻，附托胜缘，方能广益。今汉、魏遥远，未可详论。且陈苻、姚已来翻宣经、论。除僧之外，君臣赞助者，苻坚时昙摩难提译经，黄门侍郎赵政执笔[③]；姚兴时鸠摩罗什译经，姚主及安城侯姚嵩执笔[④]；后魏菩提流支译经，侍中崔光执笔及制经序。齐、梁、周、隋并皆如是。贞观初波颇罗那译经，敕左仆射房玄龄、赵郡王李孝恭、太子詹事杜正伦、太府卿萧璟等监阅详缉。今独无此。又慈恩寺，圣上为文德圣皇后营建，壮丽轮奂，今古莫俦，未得建碑传芳示后，显扬之极莫过于此。公等能为致言，则斯美可至。"二公许诺而去。明日因朝，遂为法师陈奏，天皇皆可之。

【注释】

①显庆元年：即 656 年。

②太伯：又称“泰伯”，周太王（古公亶父）的长子，太王欲立幼子，他主动避居吴地，建国勾吴，史称“吴太伯”。

③执笔：谓书写或作文。

④姚主：姚兴。《高僧传》卷二：“更令出大品，什持梵本，兴执旧经，以相雠校，其新文异旧者，义皆圆通，众心惬伏，莫不欣赞。”

【译文】

显庆元年正月一日，皇太子李忠认为自己不是武皇后所生，不敢久居其位，于是追慕吴太伯让位的先例，屡次上表要求让出太子之位。高宗依从了他，改封他为梁王，赏赐绢帛一万段，上等宅第一所。就在当月册封代王李弘为皇太子。

二十三日，在大慈恩寺为皇太子李弘设斋僧五千人，还给每人布施布帛三段，又敕令朝臣到寺中进香。当时，黄门侍郎薛元超、中书侍郎李义府借此机会参谒法师，并问道：“译经固然是佛门的盛事，不知道还可做什么事情来弘扬佛教？又不知道古来翻译仪式是怎样的？”

法师回答道：“佛法玄远深奥，融通宣扬确实不易。在内住持阐扬，自然是僧众的事，在外护持成就则要依靠帝王。正如舟船进入大海才能驰行千里，藤葛攀附巨松才能高耸万寻，佛教只有附托胜缘，才能广益群生。汉、魏距今遥远，已不是很清楚。且说苻秦、姚秦以来翻译、宣扬经、论的事迹。除僧人之外，赞助翻译经、论的君臣：苻坚时昙摩难提译经，黄门侍郎赵政执笔；姚兴时鸠摩罗什译经，姚主及安城侯姚嵩执笔；北魏菩提流支译经，侍中崔光执笔并撰写经序。齐、梁、周、隋也都是这样的。贞观初年，波颇罗那译经，太宗敕令左仆射房玄龄、赵郡王李孝恭、太子詹事杜正伦、太府卿萧璟等人监阅编辑。唯独如今没有这么做。还有，大慈恩寺是圣上为文德圣皇后营建的，雄伟壮丽，美轮美奂，古今无对，但是还没有建立石碑，垂芳后世，如今要显扬佛法，莫过于做这件事。诸公如果能向皇帝进言,这两件美事定能办到。"两人许诺而去。第二天上朝时,就为法师陈奏,高宗都同意了。

壬辰,光禄大夫中书令兼检校太子詹事监修国史柱国固安县开国公崔敦礼宣敕曰:"大慈恩寺僧玄奘所翻经、论,既新翻译,文义须精,宜令太子太傅尚书左仆射燕国公于志宁、中书令兼检校吏部尚书南阳县开国男来济、礼部尚书高阳县开国男许敬宗、守黄门侍郎兼检校太子左庶子汾阴县开国男薛元超、守中书侍郎兼检校右庶子广平县开国男李义府、中书侍郎杜正伦等,时为看阅,有不稳便处,即随事润色[①]。若须学士,任量追三两人[②]。"罢朝后,敕遣内给事王君德来报法师云:"师须官人助翻经者,已处分于志宁等令往,其碑文朕望自修,不知称师意不?且令相报。"

法师既奉纶旨,允慰宿心,当对使人悲喜,不觉泪流襟袖。翌日,法师自率徒众等诣朝堂奉表陈谢[③]。

【注释】

①随事:随时随地。

②任量:酌情,根据实际情况。

③表:应指《谢许制〈大慈恩寺碑文〉及得宰相助译经表》,见附录一。此处原注有"表文失"。

【译文】

二十七日,光禄大夫中书令兼检校太子詹事监修国史柱国固安县开国公崔敦礼宣布敕令道:"大慈恩寺僧玄奘翻译经、论,既是新译,文义必须精当,宜令太子太傅尚书左仆射燕国公于志宁、中书令兼检校吏部尚书南阳县开国男来济、礼部尚书高阳县开国男许敬宗、守黄门侍郎兼检校太子左庶子汾阴县开国男薛元超、守中书侍郎兼检校右庶子广平县开国男李义府、中书侍郎杜正伦等人，随时查阅，如有不妥当之处，就随即修改润色。如果需要学士，再酌情追加两三人。”罢朝后，敕令内给事王君德前来答复法师道：“法师所需协助译经的官员，已安排于志宁等人前来，其碑文朕想亲自撰写，不知法师对此是否满意？先派人报知。”

法师接到圣旨，得偿夙愿，对着使者悲喜交集，不觉泪水沾湿襟袖。第二天，法师亲自率领徒众到朝堂上表陈谢。

二月，有尼宝乘者，高祖神尧皇帝之婕妤、隋襄州总管临河公薛道衡之女也[①]。德芬彤管[②]，美擅椒闱[③]。父既学业见称，女亦不亏家训。妙通经史，兼善文才。大帝幼时，从其受学，嗣位之后，以师傅旧恩，封河东郡夫人，礼敬甚重。夫人情慕出家，帝从其志，为禁中别造鹤林寺而处之，并建碑述德。又度侍者数十人，并四事公给，将进具戒。至二月十日，敕迎法师将大德九人，各一侍者，赴鹤林寺为河东郡夫人薛尼受戒。又敕庄校宝车十乘、音声车十乘，待于景曜门内。先将马就寺接入城门已，方乃登车发引，大德居前，音声从后。是时春之仲月，景物妍华，柳翠桃红，松青雾碧，锦轩紫盖交映其间，飘飘然犹给园之众适王城矣[④]。既到，安置别馆，设坛席，为宝乘等五十余人受戒。唯法师一人为阇黎[⑤]，诸德为证而已。三日方了。受戒已，复命巧工吴智敏图十师形，留之供养。

其鹤林侧先有德业寺，尼众数百人，又奏请法师受菩萨戒，于是复往德业寺，事讫辞还。嚫施隆重，敕遣内给事王君德将手力执华盖引送，衢路观者极生善矣。鹤林后改为隆国寺焉。

【注释】

①高祖神尧皇帝：即李渊，高祖是他死后的庙号，神尧皇帝是唐高宗时给他追上的尊号。薛道衡（540—609）：字玄卿，河东汾阴（今山西万荣）人。六岁而孤，专精好学。历仕北齐、北周。隋朝建立后，历任内史侍郎，加开府仪同三司、司隶大夫等职。他为人耿介，因得罪杨广被杀，时年七十，天下冤之。薛道衡与卢思道齐名，在隋代诗人中艺术成就最高，著有文集七十卷（今佚），仅存《薛司隶集》一卷。有“暗牖悬蛛网，空梁落燕泥”诗句脍炙人口。

②彤管：红色笔管，女史所用之笔。《诗经·邶风·静女》：“静女其娈，贻我彤管。”《后汉书·皇后纪序》：“女史彤管，记功书过。”

③椒闱：宫内后妃居处。

④王城：指舍卫城。为憍萨罗国的都城。

⑤阇黎：即阿阇黎，义为“导师”。详见前注（卷七“阿遮利耶”）。

【译文】

二月间，有位法号宝乘的比丘尼，原是高祖皇帝的婕妤、隋朝襄州总管临河公薛道衡的女儿。史笔芳德，美冠后宫。父亲既以学业见称，女儿也秉承家训。精通经史，又具文才。高宗幼年时曾跟她学习，即位之后，念师傅旧恩，封她为河东郡夫人，对她极为礼敬。她思慕出家，高宗遵从她的志愿，特地在宫中建造了一座鹤林寺让她居住，并建碑表彰她的德行。还为她剃度了侍者几十人，四事供养都由国家支付，她将要受具足戒。到了二月十日，高宗请法师率领九位高僧，每位高僧各带一名侍者，往赴鹤林寺为河东郡夫人薛尼授具足戒。又敕令装饰宝车十乘，乐车十乘，在景曜门内等候。先派人到慈恩寺用马将他们接到城内，然后再坐车出发，高僧们走在前面，乐队跟在后面。当时正是阳春二月，景物美丽，柳翠桃红，松青雾碧，锦车紫盖交映其间，飘飘然犹如给园的僧众前往舍卫城啊。到达后，安排在客馆休息，设置坛席，为宝乘等五十多人授戒。只有法师一人为阿阇黎，其余九位高僧为证明师而已。三日才结束。受戒仪式结束后，高宗又命当时的著名画家吴智敏绘制十位法师的画像，留在寺中供养。

鹤林寺旁边原先有一座德业寺，有尼众几百人，又奏请法师来给她们授菩萨戒，法师等人于是又前往德业寺，办完事告辞返回。两处的供养十分丰厚，高宗敕令内给事王君德带人举着华盖引送，沿路观众都为之发起善心。鹤林寺后来改名为隆国寺。

无几，御制碑文成，敕遣太尉长孙无忌，以碑宣示群公。其词曰：

朕闻乾坤缔构之初，品物权舆之始[①]，莫不载形后土，藉覆穹苍。然则二曜辉天，靡测盈虚之象；四溟纪地，岂究波澜之极。况乎法门冲寂，现生不灭之前；圣教牢笼[②]，示有无形之外。故以道光尘劫，化洽含灵者矣。缅惟王宫发迹，莲披起步之华；神沼腾光，树曲空低之干。演德音于鹿苑，会多士于龙宫；福已罪之群生，兴将灭之人代。能使下愚挹道，骨碎寒林之野；上哲钦风，魂沉雪山之偈。丝流法雨，清火宅而辞炎；轮升慧日，皎重昏而归昼。朕逖览缃史[③]，详观道艺，福崇永劫者，其唯释教欤！

文德皇太后，凭柯琼树，疏派璇源[④]，德照涂山[⑤]，道光妫汭[⑥]。流芬彤管，彰懿则于八纮[⑦]；垂训紫宫，扇徽猷于万古[8]。遽而阴精掩月，永戢贞辉；坤维绝纽，长沦茂迹。抚奁镜而增感，望陟屺而何追？昔仲由兴叹于千钟[9]，虞丘致哀于三失[10]。朕之罔极，实有切于终身，故载怀兴葺，创兹金地。却背邠郊，点千庄之树锦；前临终岳，吐百仞之峰莲。左面八川，水皎地而分镜；右邻九达[11]，羽飞盖而连云。抑天府之奥区，信上京之胜地。示其雕轩架迥，绮阁陵虚[12]。丹空晓乌，焕日宫而泛彩；素天初兔，鉴月殿而澄辉。薰径秋兰，疏庭佩紫；芳岩冬桂，密户丛丹。灯皎繁华，焰转烟心之鹤；幡标回刹，彩萦天外之虹。飞陛参差，含文露而栖玉；轻帘舒卷，网靥宿而编珠。霞班低岫之红，池泛漠烟之翠；鸣佩与宵钟合韵[13]，和风共晨梵分音。岂直香积天宫，远惭轮奂；阆风仙阙，遥愧雕华而已哉[14]！

有玄奘法师者，实真如之冠冕也。器宇凝邃，若清风之肃长松；缛思繁蔚，如绮霞之辉迥汉。腾今照古之智，挺自生知；蕴寂怀真之诚，发乎龆龀。孤标一代[15]，迈生、远以照前；迥秀千龄，架澄、什而光后。以为淳风替古，浇俗移今；悲巨夜之长昏，痛微言之永翳[16]。遂乃投迹异域，广餐秘教；乘杯云汉之外[17]，振锡烟霞之表。滔天巨海，侵惊浪而羁游；亘地严霜[18]，犯凄氛而独逝。平郊散绪，衣单雪岭之风；旷野低轮，肌弊流沙之日。遐征月路，影对宵而暂双；远迈危峰，形临朝而永只。研穷智境[19]，探赜至真；心罄玄津[20]，研几秘术。通昔贤之所不逮，悟先典之所未闻。遂得金牒东流[21]，续将断之教；宝偈西徙，补已缺之文。于时眷彼灵基[22]，栖心此地。弘宣奥旨，叶方翠于祇林；远辟幽关，波再清于定水[23]。

朕所以虔诚八正，肃志双林，将延景福，式资冥助。奉愿皇太后逍遥六度，神游丹阙之前[24]；偃息四禅，魂升紫极之境[25]。悲夫！玉烛易往[26]，促四序于炎凉；金箭难留[27]，驰六龙于晷漏[28]。恐波迁树在，夷溟海于桑田；地是势非，沦高岸为幽谷，于是敬刊贞石，式旌真境。其铭曰：

三光昭象，万品流形；人涂超忽，时代虚盈。
淳风久谢，浇俗潜生；爱波滔识，业雾昏情。
猗欤调御，迦维腾迹；妙道乘幽，玄源控寂。
鹫峰遐峙，龙宫广辟；慧日舒光，慈云吐液。
眷言圣教，载想德音；义崇往劫，道冠来今。
腾神九域，晦迹双林；汉梦如在，周星遽沉。
悲缠夜镜，哀深栋宇；濯龙潜润，椒风韬绪，
霜露朝侵，风枝夕举；云车一驾，悠哉万古。
乃兴轮奂，实构雕华；紫栋留月，红梁藻霞，
云窗散叶，风沼翻华；盖低凤偃，桥侧虹斜。
爰有慧命，英器虚冲；孤标千载，独步三空，
给园味道，雪岭餐风；智灯再朗，真筌重宗。
四运流速，六龙驰骛；巨夜销氛，函关启曙，
茂德垂范，微尘表誉；勒美披文，遐年永著。

【注释】

①权舆：起始，当初。《诗经·秦风·权舆》："今也每食无余，于嗟乎！不承权舆。"

②牢笼：包罗，容纳。《淮南子·本经训》："牢笼天地，弹压山川，含吐阴阳，伸曳四时，纪网八极，经纬六合。"

③逖（tì）览：纵览。逖，远。

④派（pài）：分支，派别。璇源：原指产珠的水流，此处指皇族。

⑤涂山：山名。具体地址颇有异说。此处指代禹的妻子。《越绝书·越绝外传记地传》："涂山者，禹所取妻之山也，去县五十里。"

⑥妫汭（guī ruì）：妫水隈曲之处，传说舜居于此，尧将两个女儿嫁给他。此处借指舜的妻子娥皇与女英。

⑦懿则：指《女则》。长孙皇后"撰古妇人善事，勒成十卷"，名为《女则》。

⑧徽猷：美善之道。《诗经·小雅·角弓》："君子有徽猷，小人与属。"

⑨仲由兴叹于千钟：仲由感叹尧、舜千钟的酒量。仲由（前542—前480），字子路，又字季路，春秋末期鲁国人。孔子的弟子。《孔丛子·儒服》："尧、舜千钟，孔子百觚；子路嗑嗑，尚饮十榼。古之圣贤，无不能饮者。"

⑩虞丘致哀于三失：虞丘悲哀自己的三种过失。虞丘，又称"虞丘伯"、"虞丘子"，楚庄王时楚国大夫。《荆州府志》："子奚辞为伯曰：'久固禄位者，贪不进贤能者，诬不让厥位，不廉不能，三者不忠臣，固耻之。'"汉刘向《新序·杂事》："樊姬，楚国之夫人也，楚庄王罢朝而晏，问其故？庄王曰：'今日与贤相语，不知日之晏也。'樊姬曰：'贤相为谁？'王曰：'为虞丘子。'樊姬掩口而笑。王问其故。曰：'妾幸得执巾栉以侍王，非不欲专贵擅爱也，以为伤王之义，故能进与妾同位者数人矣。今虞丘子为相十数年，未尝

进一贤,知而不进,是不忠也;不知,是不智也。不忠不智,安得为贤?'明日朝,王以樊姬之言告虞子,虞丘子稽首曰:'如樊姬之言。'于是辞位而进孙叔敖。孙叔敖相楚,国富兵强,庄王卒以霸,樊姬与有力焉。"

⑪九达:四通八达。汉荀悦《申鉴·杂言下》:"圣人之道其中道乎,是为'九达'。"

⑫陵虚:飞行于空际。晋潘岳《寡妇赋》:"如涉川兮无梁,若陵虚兮失翼。"

⑬鸣佩:佩玉。南齐谢朓《直中书省》:"兹言翔凤池,鸣佩多清响。"

⑭雕华:精美华丽。《西京杂记》卷四:"山池玩好,穷尽雕丽。"

⑮孤标:形容品行高洁。《旧唐书·杜审权传》:"冲粹孕灵岳之秀,精明涵列宿之光,尘外孤标,云间独步。"

⑯翳(yì):遮蔽,隐藏。

⑰乘杯:指乘坐木杯渡水。《高僧传·神异下·宋京师杯度》:"杯度者,不知姓名。常乘木杯度水,因而为目。"后泛指乘船。云汉:高空。

⑱亘地:极地,地之终极处。

⑲智境:智与境。"智"为能观之心,"境"为所观之法。

⑳玄津:指佛法。王中《头陀寺碑文》:"释网更维,玄津重枻。"

㉑金牒:指佛教经典。南朝梁武帝《金刚般若忏文》:"得金刚之妙宝,见金牒之深经。"

㉒灵基:指弘法事业。

㉓定水:定心湛然,犹如止水。

㉔丹阙:赤色的宫阙。借指皇帝所居的宫廷。

㉕紫极:道教称天上仙人居所。晋葛洪《抱朴子内篇·微旨》:"但彼人之道成,则蹈青霄而游紫极。"

㉖玉烛:谓四时之气和畅。此处指时间。

㉗金箭：漏箭的美称。漏箭是漏壶的部件，借指光阴。

㉘六龙：太阳。神话传说日神乘车，羲和为御者，驾驭六龙。汉刘向《九叹·远游》："贯澒蒙以东朅兮，维六龙于扶桑。"晷漏：晷与漏。古代测时的仪器。指时刻，时间。

【译文】

不久，高宗御制碑文写成，敕令太尉长孙无忌将碑文宣示群臣。碑文说：

朕听说乾坤缔造之初，万物形成之始，有形之物无不戴天履地，出乎其间。日月照耀天空，不能测量盈虚的形象；四海纲纪大地，难以穷究波澜的极远。何况佛法玄远凝寂，显现有生有灭的无常道理；圣教包容天地，示现非有非无的真如佛性。所以佛法光辉照耀尘劫，使教化普沾一切众生啊。遥思佛祖刚刚诞生之时，步步生起莲花；神池流光飞舞，道树弯腰致敬。在鹿野苑演说佛法音响，在龙宫会见诸位大士；赐福已经获罪的众生，兴旺即将灭亡的人世。宁愿在野外的寒林粉身碎骨，故能使最愚蠢的人归向佛道；敢于舍身求取雪山半偈，最聪明的人也钦慕其道风。法雨流润，清凉三界火宅，退去炎热；慧日升起，照亮重重黑暗，回归光明。朕纵览史书，详细观察各种道术，福报崇盛，永劫长存，只有佛教啊！

文德皇太后，出身名门，掌管皇族；德化照耀涂山，道义光大妫汭。史笔流芳，《女则》之文彰显八方；垂训后宫，美善之道流传万古。突然之间母亲去世，她贞洁的光辉永远敛藏，她美好的形象永远消失。抚摸母亲用过的奁镜而徒增感伤，遥思母亲而又如何去追寻呢？昔日子路感叹尧、舜的千钟酒量，虞丘悲哀自己的三种过失。朕对母亲的无穷哀思，实在是刻骨铭心，所以一心想要兴建佛寺，于是就建造了这所大慈恩寺。背靠邠州之郊，点缀着千庄的锦树；面对终南山，耸立着百仞山峰。左面是八条河流，河流纵横流过大地；右边是四通八达的道路，羽书华盖连接云天。这真是天下之中，长安的胜地啊。只见大慈恩寺，雕刻的栏杆高高架起，华美的楼阁凌空飞升。早晨的太阳焕发七彩光芒，映红天空；初升的明月散发清光，天空一片银白。疏阔的庭院秋兰飘香，密闭的门户冬桂芬芳，万紫千红，岫岩幽径。鹤形灯发出光焰，灯火辉映着似锦的繁花；幢幡高高飘扬在佛刹顶上，萦绕着天边的彩虹。通往高处的台阶错落有致，上面刻着明显的纹理；轻便的帘子时卷时舒，里面住着得道的高僧。红霞萦绕低处的峰峦，翠池泛起淡淡的云烟；佩玉和晚钟同一音律，和风与晨梵分音和鸣。何止香积天宫，远不及大慈恩寺的美轮美奂；即使阆风仙阙，也远不如大慈恩寺的精美华丽啊！

玄奘法师真是佛门的领袖啊。器宇深邃，宛若清风拂过长松；幽思繁广，犹如彩霞辉映天空。照烁古今的智慧，源自生而知之；内心对佛教的虔诚，始于幼年时代。品行高洁，一代宗匠，弘扬佛法的事业远超前代的道生、慧远；出类拔萃，千古一人，光大佛教的功绩凌驾于佛图澄、鸠摩罗什之上。法师认为古代淳朴之风业已衰微，想要使今天风俗回归淳朴；悲伤漫漫长夜的无尽黑暗，痛惜微言大义被永远障蔽。于是远赴异域，广泛学习各种法门；乘船远渡至天空之外，振锡行走于烟霞之上。在滔天的大海中，法师顶着惊浪，羁旅远游；在寒冷的极地，法师冒着严寒，独自行走。在平坦的郊外发散思绪，雪岭之风肆虐着袈裟；在空旷的田野里低头前行，沙漠里的酷日炙烤着肌肤。披星戴月，孤身远游，夜里只有自己的身影陪伴；翻越远方险峻的山峰，每天清晨总是独自上路。研究微妙法门，探赜至真之理，穷尽了一切佛法。通达了前贤所不知道的义理，领悟了古典所没有记载的佛法。遂使佛教经典东流华夏，延续将要断绝的圣教；宝偈西来，补全已经缺失的经文。当时，法师想要从事佛经翻译，就住在大慈恩寺。弘扬玄奥义趣，法音微妙，宛若祇园；开启进入佛道之门，使定心湛然，譬如止水。

朕之所以虔诚遵行八正道，立志弘扬佛法，是要依靠诸佛的护佑，以延续太后的洪福。祈愿皇太后修行六度，神识降临到皇宫；息心四禅，魂魄上升到紫极。太伤悲了！岁月易逝，四时炎凉轮转不息；光阴难留，日月旋转毫不停歇。担心沧海变成桑田，高岸沦为幽谷，于是敬刻石碑，赞扬真境。铭文说：

三光昭象，万品流形；人途超忽，时代虚盈。
淳风久谢，浇俗潜生；爱波滔识，业雾昏情。
猗欤调御，迦维腾迹；妙道乘幽，玄源控寂。
鹫峰遐峙，龙宫广辟；慧日舒光，慈云吐液。
眷言圣教，载想德音；义崇往劫，道冠来今。
腾神九域，晦迹双林；汉梦如在，周星遽沉。
悲缠奁镜，哀深栋宇；濯龙潜润，椒风韬绪，
霜露朝侵，风枝夕举；云车一驾，悠哉万古。
乃兴轮奂，实构雕华；紫栋留月，红梁藻霞，
云窗散叶，风沼翻华；盖低凤偃，桥侧虹斜。
爰有慧命，英器虚冲；孤标千载，独步三空，
给园味道，雪岭餐风；智灯再朗，真筌重宗。
四运流速，六龙驰骛；巨夜销氛，函关启曙，
茂德垂范，微尘表誉；勒美披文，遐年永著。

三月丁亥，群公等奉圣制，咸诣朝堂上表陈谢曰：

跪发天华，观河宗之奇宝[①]；虔开秘篆，聆《云》、《英》之丽曲[②]。包万叶之鸿规[③]，笼千祀之殊观；相趋庆抃[④]，莫知所限。

窃以慧日西照，朗巨夜而开冥；法流东徙，洽陈荄而挺秀[⑤]。无方之化不一，应物之理同归；历代迄兹，咸

崇斯典。伏惟陛下垂衣截海，作镜中区。锡类之道弥光，出要之津尤重。开给园于胜境，延称首以闲居。地穷轮奂，人标龙象。重兹濬发冲旨，爰制丰碑。妙思难涯，玄襟独王；义超系表，理邃环中。臣等夙蔽真宗，幸窥天藻。以坳堂之量，揣灵鳌之浚壑；蜉蝣之情，议仙骥之遐寿。式歌且舞，咸诵在心，循览周遍[6]，不胜欣跃。

【注释】

①河宗：指黄河。古代以黄河为四渎之宗，因称黄河为“河宗”。

②《云》、《英》：指黄帝《云门》乐和帝喾或颛顼《六英》乐。

③万叶：万世。

④庆抃：庆幸，喜悦。

⑤陈荄：宿草之根，多年生草之根。荄，根。晋潘岳《怀旧赋》：“陈荄被于堂除，旧圃化而为薪。”

⑥周遍：原作“周遑”，误。

【译文】

三月二十三日，群臣等接到御制碑文，都到朝堂上表致谢，说道：

跪拜领受陛下圣文，看到黄河的奇珍异宝；虔诚开启神秘的篆刻，聆听《云》、《英》的华丽歌曲。包含万世的根本宏规，容纳千年的殊胜景观；不禁奔走欢庆，不知该如何表达。

我等私下里以为佛法西来，智慧之光朗照漫漫长夜，消除幽冥黑暗；法流东渐，化洽陈年宿根，使其挺拔秀丽。佛教法门众多，随缘应物，普度群生；自古至今，历代都崇敬佛典。俯伏思维，陛下垂衣而治，统御天下。使佛教之道更加光大，对解脱生死的法门尤为尊重。在长安开设给园道场，延请高僧大德前来弘法。道场穷极美轮美奂,僧众都是法界龙象。又挥发玄旨,撰写丰碑。精妙的玄思难测边际,深奥的胸襟堪为第一;思想超越了《系辞》的内容,义理达至空灵的境界。臣等平素不了解佛教,庆幸看到陛下的圣文。以小水坑的器量,去揣测灵鳌的深谷;以蜉蝣的情思,来谈论仙鹤的长寿。载歌载舞,都记诵在心,反复阅览,不胜欢欣踊跃。

卷第九

起显庆元年二月谢慈恩寺碑成
终二年十二月表贺洛阳为东都

【题解】

本卷的记载始于显庆元年二月法师上表陈谢大慈恩寺御制碑文，终于二年十二月上表庆贺洛阳成为东都(656 年 2 月—657 年 12 月)。本卷的主要内容分为五部分：

第一，高宗撰《大慈恩寺碑文》，因关乎佛教，且对自己褒扬有加，玄奘上表致谢。此后，玄奘又两次上表请高宗亲自书写碑文，言辞恳切，高宗终于答应了。玄奘复上表陈谢。四月十四日，玄奘率慈恩徒众及京城僧尼，迎御笔亲书的碑刻至大慈恩寺，三十里间烂然盈满，亦是一时之盛事。

第二，玄奘因少年游学及往游西方，涉凌山、雪岭，身体得了一种冷病，屡遭痛苦。显庆元年(656)五月间，旧疾复发，病得很厉害。高宗派御医前往诊治，殷勤问候。

第三，因为这一次病得很重，玄奘担心以后没有机会发言，遂上书言及“佛道名位”与“僧道同依俗法”二事，意欲为佛教争名分，给僧侣争特权。高宗给了僧人免于俗法之特权，但以“佛道名位，先朝处分，事须平章”，坚持道先佛后的宗教政策。

第四，显庆元年(656)十月，皇后武则天将要分娩，皈依三宝；十一月一日，施玄奘衲袈裟一领，以及各种杂物等数十件。十一月五日，李显出生，赐号“佛光王”。三天后，玄奘为其授三皈依，服袈裟，确定师徒名分。十二月五日，李显满月，高宗敕请玄奘为佛光王剃发，并为佛光王度七人。

第五，显庆二年(657)二月，玄奘陪同高宗前往洛阳，借机回乡省亲，亲朋故友，沦丧将尽，不胜感伤。亲自前去祭扫父母坟茔，但见坟墓年久荒颓，玄奘意欲另择墓地迁葬，遂上表陈情。高宗许可，并敕令有关官员供给营葬所需。九月二十日，法师上表请入少林寺翻译，高宗不同意，答以“道德可居，何必太华叠岭；空寂可舍，岂独少室重峦”。十二月，改洛阳为东都，因嫌封畿狭隘，于是扩大洛阳辖区，玄奘的故乡遂隶属东都洛阳。法师以乡邑增贵，于是上表庆贺，为李治、武氏歌功颂德。

在本卷中，玄奘上表共计二十五次，与上卷的默然无言形成鲜明的对比。玄奘似乎在极力调和自己与李治、武氏的关系，以确保译经事业得以继续，但高宗对玄奘管控似乎日益严格。尤其是显庆二年，高宗携玄奘前往东都洛阳，而玄奘事事需要向高宗汇报，这显然既不利于玄奘的译经事业，也与玄奘的自由意志背道而驰。玄奘遂萌生退隐之意，上表请求入少林寺译经，意欲远离尘嚣，逍遥山林，但被高宗断然拒绝了，玄奘想要归隐的心愿遂成泡影。

显庆元年春二月癸亥[①]，御制大慈恩寺碑文讫。时礼部尚书许敬宗遣使送碑文与法师，鸿胪寺又有符下寺。

甲子，法师率寺众诣阙陈谢，曰：

沙门玄奘言：被鸿胪寺符，伏奉敕旨，亲纡圣笔，为大慈恩寺所制碑文已成。睿泽傍临[②]，宸词曲照；玄门益峻，梵侣增荣。踽厚地而怀惭[3]，负层穹而寡力。玄奘闻造化之功，既播物而成教[4]；圣人之道，亦因辞以见情。然则画卦垂文，空谈于形器；设爻分象，未逾于寰域。羲皇之德，尚见称于前古；姬后之风，亦独高于后代。岂若开物成务，阐八政以摛章[5]；诠道立言，证三明而导俗。理穷天地之表，情该日月之外，较其优劣，斯为盛矣。

伏惟皇帝陛下金轮在运，玉历乘时[6]；化溢四洲，仁覃九有[7]。道包将圣，功茂乃神，纵多能于生知，资率由于天至。始悲奁镜，即创招提[8]；俄树胜幢[9]，更敷文律。若乃天华颖发，睿藻波腾。吞笔海而孕龙宫，掩词林而包鹤树。内该八藏[10]，外覈六经[11]，奥而能典，宏而且密。固使给园遗迹，托宝思而弥高；奈苑余芳，假琼章而不昧。岂直抑扬梦境，昭晰迷涂，谅以镕范四天[12]，牢笼三界者矣！玄奘言行无取，猥预缁徒；亟叨恩顾[13]，每谓多幸。重忝曲城之造，欣逢像法之盛，且惭且跃，实用交怀。无任竦戴之诚，谨诣朝堂，奉表陈谢。

【注释】

①二月：原作“三月”，误。

②睿泽：皇帝的恩泽。

③踽（jú）：曲，屈曲。《后汉书·李固传》：“居非命之世，天高不敢不踽，地厚不敢不蹐。”

④播物：养育万物。西汉贾谊《鹏鸟赋》：“云蒸雨降兮，纠错相纷；大钧播物兮，坱圠无垠。”

⑤八政：指古代国家施政的八个方面，即食、货、祀、司空、司徒、司寇、宾、师。《尚书·洪范》："八政：一曰食，二曰货，三曰祀，四曰司空，五曰司徒，六曰司寇，七曰宾，八曰师。"八政多指此而言。另有，《礼记·王制》："八政：饮食、衣服、事为、异别、度、量、数、制。"摛(chī)章：即摛藻，铺陈辞藻，意为施展文才。摛，铺陈。东汉班固《答宾戏》："虽驰辩如涛波，摛藻如春华，犹无益于殿最也。"

⑥玉历：历数、国运。汉焦赣《易林·屯之蒙》："山崩谷绝，大福尽竭。泾渭失纪，玉历尽已。"

⑦九有：九州。引申为三界九地，与四大部洲对应。《诗经·商颂·玄鸟》："方命厥后，奄有九有。"

⑧招提：梵文略译。全译"柘斗提舍"、"招斗提舍"，简称"柘斗"、"招提"，义为"四方"，游化四方或召集四方之义。因此称四方之僧为"招提僧"，四方僧之施物为"招提僧物"，四方僧之住处为"招提僧坊"。魏太武帝始光元年(424)创立伽蓝为招提之寺，故"招提"遂为寺院之异名。后人亦将民间私造的寺院称为"招提"、"兰若"。

⑨幢：刻着经咒的石柱。

⑩该：尽，精通。

⑪覈(hé)：研究，核实。东汉张衡《东京赋》："研覈是非。"

⑫镕(róng)范：规范，模式。南朝梁刘勰《文心雕龙·定势》："镕范所拟，各有司匠。"

⑬亟(qì)：屡次，每每。

【译文】

显庆元年春二月二十九日，高宗撰写的大慈恩寺碑文完稿。当时，礼部尚书许敬宗派人将碑文送给法师，鸿胪寺又有相关公文送到寺里。

三十日，法师率领寺里众僧前往宫阙致谢，说道：

沙门玄奘言：收到鸿胪寺公文，俯伏敬奉敕旨，获知陛下亲笔为大慈恩寺撰写的碑文已经完成。皇帝的恩泽无所不至，陛下的文辞无微不至；佛门更加崇峻，僧众益增荣耀。俯身大地而心怀惭愧，背对苍穹而感觉无力。玄奘听说造化之功，能够养育万物而成就教化；圣人之道，也能根据言辞而明鉴情理。然而推演八卦，创造文字，不过是空谈形器；设置六爻，表达物象，也没有超出寰宇。即便如此，羲皇的德化在古代还受到称誉；文王的风俗也超过了后世。哪里比得上，通晓万物之理，办成各种事情，用美好的文辞来阐述八政；诠释道法，创立言说，证得三明来化导民俗。道理穷极天地之上，心意通达日月之外，比较两者的优劣，显然后者更为隆盛啊。

俯伏思维，皇帝陛下运转金轮，顺应历数；德化洋溢四大部洲，仁义延及三界九地。圣贤之道，功德神奇，天赋异禀，生而知之。由于怀念自己已经去世的母亲，就建造了大慈恩寺；很快又树立贞石，并亲自撰写碑文。仿佛天人散花，文采翻腾。吞吐文海而孕育龙宫之文，掩映词林而蕴含双林之旨。精通佛教八藏之学，研究儒家六经之典，深奥又典雅，宏伟又周密。故使给园的圣迹，依托陛下的睿思而更加崇高；柰苑的余芳，凭借陛下的华章而不被隐没。何止是称扬胜境，照亮迷途，谅必规范四天，包罗三界啊！玄奘的言行没有可取之处，却有幸成为僧侣；屡次承受皇恩，每次都感到非常庆幸。如今欣逢佛法隆昌，又遇上像曲女城大会那样的盛况，真是又惭愧又兴奋，百感交集啊。不胜诚敬拥戴，恭谨地来到朝堂，上表致谢。

乙丑，法师又惟主上文明天纵，圣而多能，非直文丽魏君，亦乃书迈汉主。法师以见碑是圣文，其书亦望神笔，诣阙请皇帝自书。表曰：

沙门玄奘等言：窃以应物垂象，神用溥该[①]；随时设教，圣功毕尽。是知日月双朗，始极经天之运；卉木俱秀，方穷丽地之德。伏惟皇帝陛下，智周万物，仁沾三界；既隆景化[②]，复阐玄风。鄙姬穆之好道[③]，空赏瑶池之咏；蔑汉明之崇法，徒开白马之祠。遂乃俯降天文，远扬幽旨；用雕丰琬，长垂茂则。同《六英》之发音[④]，若五纬之摛曜[⑤]；敷至怀而感俗，弘大誓以匡时。岂独幽赞真如[⑥]，显扬玄赜者也！虽玉藻斯畅[⑦]，翠版将刊，而银钩未书，丹字犹韫。

然则夔乐已箕[⑧]，匪里曲之堪预；龙乡既昼[⑨]，何爝火之能明[⑩]？非夫牙、旷抚律[⑪]，羲和总驭，焉得扬法鼓之大音，裨慧日之冲彩。敢缘斯义，冒用干祈，伏乞成兹具美，勒以神笔。庶陵云之妙，迈迹前王；垂露之奇，腾芬后圣。金声玉振，即悟群迷；凤翥龙蟠，将开众瞽。岂止克隆像教，怀生沾莫大之恩；实亦聿赞明时，宗社享无疆之福。玄奘禀识愚浅，谬齿缁林，本惭窥涉，多亏律行，猥辱紫宸[⑫]，词过褒美。虽惊惕之甚，措颜无地；而慊恳之勤，翘诚有日。重敢尘黩，更怀冰火。

表奏不纳。

【注释】

①溥该：博大，广大。

②景化：敬仰。《后汉书·刘恺传》："景化前修。"

③姬穆：即周穆王（约前1054—前949），姬姓，名满。周昭王之子，西周第五位君主。据说在位55年，是西周在位时间最长的周

王。周穆王是中国古代历史上颇具传奇色彩的帝王，世称“穆天子”。他曾北伐犬戎，西征昆仑，东攻徐国，巡游天下。周穆王十三年(943)，周穆王西征昆仑，见西王母，执璧帛之好，献锦组之属。周穆王享王母于瑶池之上，赋诗往来，辞义可观。其中有诗：“予归东土，和治诸夏。万民平均，吾顾见汝。比及三年，将复而野。”遂袭昆仑之丘，游轩辕之宫，眺钟山之岭，玩帝者之宝，勒石王母之山，纪迹玄圃之上。周穆王十七年(947)，西王母入周朝见，穆王待之以礼，赐居昭宫。详见《穆天子传》。

④《六英》：相传为帝喾之乐。《吕氏春秋·古乐》：“帝喾令咸黑作为声歌：《九招》、《六列》、《六英》。”

⑤五纬：指五星，即金星、木星、水星、火星、土星。

⑥幽赞：指显扬隐微难见者。《汉书·兒宽传》：“六律五声，幽赞圣意。”

⑦玉藻：天子冠冕上的垂饰。此代指天子。

⑧夔(kuí)乐：指庙堂雅乐。夔，舜时乐官。参见《尚书·虞书·舜典》。簨(sǔn)：古代悬挂钟、磬、鼓的架子上的横梁。

⑨龙乡：在今河南开封。因出产鸣鸡，故指鸡或鸡鸣。南朝宋谢庄《宋孝武宣贵妃诔》：“律谷罢暖，龙乡辍晓。”

⑩爝火：烛火，炬火。《庄子·逍遥游》：“日月出矣，而爝火不息；其于光也，不亦难乎！”

⑪牙、旷：伯牙和师旷，二人都是春秋时著名乐师。后泛指精通音律之人。《汉书·叙传上》：“若乃牙、旷清耳于管弦，离娄眇目于豪分；逢蒙绝技于弧矢，班输榷巧于斧斤。”

⑫紫宸：天子所居的宫殿。借指皇帝。《晋书·后妃传上》：“若乃作配皇极，齐体紫宸；象玉床之连后星，喻金波之合羲璧。”

【译文】

三月一日，法师又想皇上天纵文采，圣明而又有多种才能，不仅文章赛过魏文帝，而且书法也超过汉章帝。法师看到皇帝撰写了碑文，也希望他能亲自御笔书写，于是就上表请皇帝亲笔书写碑文。表文说道：

沙门玄奘等言：窃以为顺应事物显示形象，神明的作用真是博大精深；顺应时势实施教化，圣人的功业就能全都穷尽。由此可知，日月双照，才能穷极天道的运数；草木繁盛，方能穷尽地道的厚德。俯伏思维皇帝陛下，天下万物无所不知，仁政润泽三界众生；既隆重敬仰，又阐扬玄风。鄙薄周穆王的好道之风，空有欣赏瑶池的歌咏；蔑视汉明帝的崇法之举，只是建造了白马寺而已。陛下亲自撰写圣文，远扬佛法幽深玄妙的旨趣；陛下鸿笔圣藻，足以垂范后世，惠泽将来。如同演奏《六英》发出的音响，宛若五星洒下的光芒；敷演大慈大悲来感化风俗，弘扬宏愿大誓以匡扶时势。何止是显扬幽微深奥的真如佛性啊！虽然说陛下撰写的碑文已经完成，即将刊行，然而还没有亲笔书写啊。

既然庙堂雅乐已经演奏，就不是乡村里曲可以参与的了；天已经亮了，炬火的光明还有什么用呢？如果不是伯牙、师旷演奏音律，羲和任总指挥，焉能演奏法鼓的大音声，裨益慧日炫丽的光彩。正是从这种意义上，祈请陛下亲笔书写碑文，成全这件美事。希望陛下的凌云妙笔超越前代帝王，神奇的书法流芳后世。金玉之声振响，就会使迷途众生开悟；凤凰飞舞，蛟龙盘曲，将要开导无知众生。岂止能昌隆佛教，有情众生都会沾润陛下莫大的恩泽；事实上也是赞扬大唐开明盛世，有助于宗庙社稷享受无量福报啊。玄奘的资质愚钝浅陋，谬忝缁林，涉猎不多，律行有亏，真是有愧于陛下对我的褒奖赞美啊。玄奘虽然非常惊惧，又极其惭愧；然而内心虔诚期盼陛下亲书碑文已经好多天了。因此，再次斗胆辛苦陛下，内心忐忑不安。

表文上奏后，高宗不同意。

景寅，法师又请曰：

昨一日蒙赍天藻，喜戴不胜；未允神翰，翘丹尚拥。窃以攀荣奇树，必含笑而芬芳；跪宝玉岑，亦舒渥而贻彩。伏惟陛下提衡执粹，垂拱太宁；睿思绮毫，俯凝多艺。鸿范光于洛浦①，草圣茂于临池②。玄奘肃荷前恩，奉若华于金镜③；冒希后泽，伫桂影于银钩。岂直含璧相循，联辉是仰，亦恐非天翰无以悬日月之文，唯丽则可以摅希微之轨④。驰魂泥首⑤，非所敢望；不胜积慊，昧死陈请。

表奏，帝方运神笔。

【注释】

①鸿范：指治理天下的大法。《史记·宋微子世家》："在昔鲧陻鸿水，汩陈其五行，帝乃震怒，不从鸿范九等，常伦所斁。鲧则殛死，禹乃嗣兴。"也即《洪范》，又称"洛书"。《汉书·五行志》曰："禹治洪水，赐《洛书》，法而陈之，《洪范》是也。"《易经·系辞上》："河出图，洛出书，圣人则之。"故有"洪范九畴"。参见前注（卷八）。

②草圣茂于临池：草圣，张芝（？—约192），字伯英，瓜州（今甘肃安西东南）人。东汉书法家。张芝擅长草书，将古时字字区别、笔画分离的草法，改为上下连贯富于变化的新写法，富有独创性，有"草圣"之称。他与钟繇、王羲之和王献之并称"书中四贤"。张芝练习书法与常人不同，他在家中的衣帛上反复书写，写完后，再染色裁衣；他坚持每天在池塘磨墨写字，久而久之，池塘里的水都变成黑色了。《晋书·卫恒传》："弘农张伯英者，因而转精甚巧。凡家之衣帛，必书而后练之。临池学书，池水尽黑。"后

世遂以“临池”指学习书法，或作为书法的代称。北宋曾巩《墨池记》：“羲之尝慕张芝，临池学书，池水尽黑。”

③若华：神话中若木的花。《楚辞·天问》：“羲和之未扬，若华何光？”金镜：指帝王的文章。

④摅（shū）：抒发，表达。希微：无声无形，空寂玄妙。《老子》十四章：“听之不闻，名曰‘希’；搏之不得，名曰‘微’。”

⑤泥首：以泥涂首，表示自辱服罪。后指顿首至地。

【译文】

二日，法师又请求道：

昨天收到陛下回复，喜不自胜；所请求的事情虽然未获允许，心里还是非常希望您能同意。窃以为攀登繁茂的奇树，树木必然含笑而散发芬芳；跪坐宝玉山上，玉山也会浸润而赠送光彩。伏惟陛下选贤任能，垂拱天下；圣明的思虑，华丽的文字，专心致志于各种才能。治理天下的大法在洛水河畔发扬光大，研习书法的圣贤在池塘边茁壮成长。玄奘向来深受陛下隆恩，已经收到了陛下的神文；还希望陛下能再赐恩泽，亲笔书写碑文。岂止是双璧辉映，万世尊仰，恐怕只有陛下的翰墨才能悬垂这日月般的碑文，只有华丽的文辞才可以表达空寂玄妙的道理。玄奘俯伏顿首，惊悚不已，真不敢有所奢求；但又不胜渴仰，冒死向您陈请。

表文上奏后，高宗才同意亲笔书写。

法师既蒙帝许，不胜庆抃。表谢曰：

沙门玄奘言：伏奉敕旨，许降宸笔，自勒御制大慈恩寺碑文。玺诰爰臻，纶慈猥集；祇荷惭惕，罔知攸措。玄奘闻强弩在彀[①]，鼯鼠不足动其机；鸿钟匿音，纤莛无以发其响[②]。不谓日临月照，遂回景于空门；雨润云蒸，乃昭感于玄寺。是所愿也,岂所图焉?伏惟陛下履翼乘枢,握符缵运[③]。追轩迈顼,孕夏吞殷;演众妙以陶时,总多能而景俗;九域之内既沐仁风,四天之表亦沾玄化。

然则津梁之法,非至圣无足阐其源;幽赞之工,非至人何以敷其迹?虽追远所极,自动天情,而冥祐可祈,即回宸眷。英词曲被,已超希代之珍;秘迹行开,将逾绝价之宝。凡在群品,靡弗欣戴;然彼梵徒,倍增庆跃。梦钧天之广乐[④],匹此非奇;得轮王之髻珠,畴兹岂贵[⑤]?庶当刊以贞石[⑥],用树福庭[⑦]。蠢彼迷生,方开耳目;盛乎法炬,传诸未来。使夫瞻宝字而企银钩,发菩提于此日;讽遒文而探至赜,悟般若于斯地。劫城穷芥[⑧],昭昭之美恒存;迁海还桑,蔼蔼之风无朽。

玄奘出自凡品,夙惭行业;既蒙落饰,思阐玄猷。往涉迦维,本凭皇化;追兹翻译,复承朝奖。而贞观之际,滥沐洪慈;永徽以来,更叨殊遇。二主神笔,猥赐褒扬;两朝圣藻,亟垂荣饰。顾循愚劣[⑨],实怀兢惧。输报之诚,不忘昏晓。但以恩深巨壑,岂滴水之能酬;施厚崧丘,匪纤尘之可谢。唯当凭诸慧力[⑩],运以无方;资景祚于园寝[⑪],助隆基于七百[⑫]。不任竦戴之至,谨附内给事臣王君德奉表陈谢以闻。轻犯威严,伏深战栗。

【注释】

①彀(gòu):张满弓。

②纤莛:细小的草茎。莛,草茎。

③缵(zuǎn)运:继承国祚。缵,继续,继承。

④钧天之广乐:指神话中盛大的音乐。详见前注(卷六)。

⑤畴:同“俦”,同类,相等,相比。与“匹”相应。《国语·齐语》:“人与人相畴,家与家相畴。”

⑥刊:刻。

⑦福庭:指神佛所居之处,寺庙。

⑧劫城穷芥:又作“芥子劫”、“芥城劫”,即以芥子来比喻时间极为长久。《大智度论》卷五:“四十里大城满芥子,有长寿人,百岁一来取一芥子,芥子尽而劫尚不尽。”

⑨顾循:眷念安抚。南朝梁沈约《和谢宣城朓诗》:“顾循良菲薄,何以俪玙璠。”

⑩慧力:智慧有消除烦恼之力用,为“五力”之一。“五力”即信力、精进力、念力、定力、慧力。

⑪园寝:指建在帝王墓地上的庙。《后汉书·祭祀志下》:“古不墓祭,汉诸陵皆有园寝,承秦所为也。说者以为古宗庙前制庙,后制寝,以象人之居前有朝,后有寝也。”

⑫七百:周朝国祚七百年,后用来称颂封建王朝国祚绵长。《左传·宣公三年》:“成王定鼎于郏鄏,卜世三十,卜年七百,天所命也。”

【译文】

高宗答应了法师的请求,法师不胜欢喜。上表致谢道:

沙门玄奘言:敬奉圣旨,陛下已经答应御笔亲书大慈恩寺碑文。诏书已经收到,陛下真是太仁慈了;心中惭愧惶恐,惘然不知所措。玄奘听说强弩张满弓,小小的松鼠不足以使其扣动扳机;洪钟隐藏音声,细小的草茎不能使其发出声响。不料皇帝日月雨露般的恩德屡次惠泽佛门。这是我的愿望,岂是我的贪图啊?俯伏思维陛下位居至尊,掌控乾坤,手握玄符,继承国祚。功业超过轩辕、颛顼、夏禹、商汤等历代圣明君主；敷演众妙之门来陶冶时俗，使用各种才能来教化民俗；九州之内都沐浴陛下的仁义之风，四天之外也都沾润陛下的圣德教化。

然而，不是至圣之人不能阐明解脱法门的本源，不能敷演神明护佑的事迹。追思极远之境，自然是发乎天意，我等只能祈祷冥冥之中诸佛的护佑，以此回报天子的恩德。陛下优美的文辞洞悉幽微，已经超过稀世奇珍；神秘的手迹公开颁布，必将超过无价瑰宝。所有群生，无不悦服拥戴；那些僧侣，更是欢庆跳跃。想那天上的音乐，与此相比不算神奇；获得轮王的髻珠，与此相比哪里算珍贵？应当刻在贞石之上，安置在佛寺之中，让那些痴惑的众生能够耳闻目睹，使昌盛佛法的火炬流传到无穷的未来。让人们瞻仰陛下雄劲的墨宝，当下就发起菩提之心；吟咏陛下雄健的文章，从而探究深奥的至理，获得般若智慧。即使经历芥子劫那么长的时间，昭昭功业之美恒常存在；纵然沧海变成桑田，蔼蔼长者之风永垂不朽。

玄奘天资平庸，修行微浅；既然落饰出家，就想要阐扬先圣的大道。凭借皇帝的威德教化，前往迦维；等到开始翻译佛经，又承蒙朝廷的奖勉。在贞观年间，玄奘受到先皇太多的眷顾；永徽以来，更是承受陛下特殊的恩遇。先皇和陛下屡次亲笔撰文，用华美的文辞褒扬玄奘。先皇和陛下如此眷念安抚愚劣之人，玄奘内心实在惶恐。只有时刻铭记陛下洪恩，念念不忘输诚报答。但是陛下的恩德像大海一样深广，岂是一滴水所能酬报的；布施像嵩山一样厚重，也不是小尘土可以酬谢的。只有凭借诸佛无与伦比的智慧之力，匡助大唐国祚绵长。不胜恭敬爱戴之至，谨请内给事臣王君德上表陈谢。冒犯陛下的威严，内心深感恐惧。

夏四月八日，帝书碑并匠镌讫，将欲送寺，法师惭荷圣慈，不敢空然待送，乃率慈恩徒众及京城僧尼，各营幢盖、宝帐、幡华，共至芳林门迎。敕又遣太常九部乐，长安、万年二县音声共送。幢最卑者上出云霓，幡极短者犹摩霄汉，凡三百余事，音声车千余乘[①]。至七日暝集城西安福门街[②]。其夜雨。八日，路不堪行，敕遣且停，仍迎法师入内。至十日，天景晴丽，敕遣依前陈设。十四日旦，方乃引发，幢幡等次第陈列，从芳林门至慈恩寺，三十里间烂然盈满。帝登安福门楼，望之甚悦，京都士女观者百余万人。至十五日，度僧七人，设二千僧斋，陈九部乐等于佛殿前，日晚方散。

【注释】

①千余乘：一说，百余乘。

②暝(míng)集：云集。暝，天色昏暗。

【译文】

夏四月八日，高宗御笔所书碑文已经镌刻完工，准备送往寺中。法师感戴圣恩，不敢在寺中坐等，就率领大慈恩寺僧众以及京城各寺僧尼，带着幢盖、宝帐、旗幡、鲜花等物，一同前往芳林门迎接。高宗又敕令太常寺九部乐和长安、万年两县的乐队一同陪送。最矮的幢盖高出云霓，最短的旗幡犹连接天空，共三百多件，乐队车一千多乘。到了七日那天，都聚集在城西的安福门街。当天夜里下大雨。八日，道路泥泞不能行走，高宗敕令暂停迎送，迎请法师到宫廷。到了十日，天气放晴，太宗敕令照旧陈设准备。到了十四日清晨，方才出发，幢盖、旗幡等依次排列，从芳林门到慈恩寺，三十里之间灿烂夺目，充满道路。高宗登上安福门城楼，见到这种盛况十分高兴，京城士女前来观看的有一百多万人。到了十五日，剃度僧徒七人，举办二千人的僧斋，在佛殿前陈设九部乐等，直到天晚才散去。

至十六日，法师又与徒众诣朝堂陈谢碑至寺。表曰：

沙门玄奘等言：今月十四日，伏奉敕旨，送御书大慈恩寺碑，并设九部乐供养。尧日分照[1]，先增慧炬之晖；舜海通波，更足法流之广。丰碣岩跱，天文景烛；状彩霞之映灵山，疑缛宿之临仙峤[2]。凡在缁素，电激云奔，瞻奉惊跃，得未曾有。窃以八卦垂文，六爻发《系》；观鸟制法[3]，泣麟敷典[4]；圣人能事，毕见于兹。将以轨物垂范，随时立训；陶铸生灵，抑扬风烈。然则秦皇刻石[5]，独昭美于封禅；魏后刊碑，徒纪功于《大飨》[6]。犹称题目，高视百王。岂若亲纡睿藻，俯开仙翰[7]，金奏发韵[8]，银钩绚迹。探龙宫而架三玄[9]，轶凤篆而穷八体[10]；扬春波而骋思[11]，滴秋露以标奇[12]。弘一乘之妙理，赞六度之幽赜；化总三千之域，声腾百亿之外。奈苑微言，假天词而更显；竹林开士，托神笔而弥尊。固使梵志归心，截疑网而祇训[13]；波旬革虑[14]，偃邪山而徇道。岂止尘门之士，始悟迷方；滞梦之宾，行超苦际。像教东渐，年垂六百，弘阐之盛，未若于兹。至如汉明通感，尚咨谋于傅毅[15]；吴主归宗，犹考疑于阚泽[16]。自斯已降，无足称者。随缘化物，独推昭运；为善必应，克峻昌基。若金轮之王，神功不测；同宝冠之帝[17]，休祚方永[18]。玄奘等谬忝朝恩，幸登玄肆[19]，属慈云重布，法鼓再扬。三明之化既隆，八正之门长辟，而顾非贞恳，虚蒙奖导。仰层旻而荷泽[20]，俯浚谷以怀惭。无任竦戴之诚，谨诣阙陈谢以闻。

【注释】

①尧日：尧时的风俗。比喻太平盛世。下文“舜海”同义。

②缛宿：美梦。仙峤：仙山。

③观鸟制法：黄帝时期左史官仓颉观察鸟的足迹，创造了文字，具六书之法。

④泣麟敷典：悲泣世衰道穷之典。《春秋公羊传》卷二十八：“西狩获麟。孔子曰：‘吾道穷矣。春秋何以始乎隐？祖之所逮闻也。’”南朝梁刘勰《文心雕龙·史传》：“昔者夫子闵王道之缺，伤斯文之坠，静居以叹凤，临衢而泣麟。”

⑤秦皇刻石：秦始皇于统一六国后，数次出巡各地，群臣为歌颂其功德，在其经过的地方镌刻石碑。共有七处，即绎山刻石、泰山刻石、琅邪刻石、之罘刻石、东观刻石、碣石刻石、会稽刻石，总称“秦七刻石”。

⑥《大飨(xiǎng)》：即《大飨碑》。建安二十五年(220)三月，曹操卒，改元延康。八月，曹植撰《大飨碑》为曹操歌功颂德。同年十二月，曹丕称帝，改国号为魏，改元黄初。

⑦仙翰：指天子的书简、书法。

⑧金奏：敲击钟镈以奏乐，常用以指庙堂音乐。《周礼·春官·钟师》：“钟师掌金奏。”此处指文章韵律。

⑨架：同“驾”，凌驾。三玄：指日、月、星。《云笈七签》卷五十：“天有三玄，谓日、月、星也。”

⑩轶：超过。凤篆：对古文字的美称。唐太宗《帝京篇》之二：“玉匣启龙图，金绳披凤篆。”八体：指八种书法，即大篆、小篆、刻符、虫书、摹印、署书、殳书(一说“左书”)、隶书。

⑪春波：春水的波澜，春水。常用来形容情感思绪的发散。南朝宋谢灵运《孝感赋》：“荑柔叶于枯木，起春波于寒川。”

⑫秋露：秋日的露水。常用来形容书法圆润下垂之势。晋王羲之

《用笔赋》:“滴秋露而垂玉,摇春条而不长。”

⑬疑网:令人迷惑的境界,迷津。祇训:恭敬地聆听教诲。祇,恭敬。

⑭波旬:即魔波旬,意为“杀生”、“恶者”,欲界第六天他化自在天的魔王。

⑮傅毅(?—约90):字武仲,扶风茂陵(今陕西兴平)人。东汉辞赋家。他自幼勤奋,尝作《迪志诗》以自勉。明帝求贤无诚意,作《七激》以讽谏。建初(76—84)中,肃宗(汉章帝)广召文学之士,任命傅毅为兰台令史,拜郎中,与班固、贾逵共典校书,作《显宗颂》十篇,文名显于朝廷。傅毅学识渊博,通达古今,是与班固齐名的著名学者。《牟子理惑论》:“昔孝明皇帝梦见神人,身有日光,飞在殿前,欣然悦之。明日,博问群臣:‘此为何神?’有通人傅毅曰:‘臣闻天竺有得道者,号之曰佛,飞行虚空,身有日光,殆将其神也。’于是上悟。”

⑯阚(kàn)泽(?—243):字德润,会稽郡山阴县(今浙江绍兴)人。三国时期吴国著名学者、政治家。汉末举孝廉,任钱塘长,升郴县令。孙权时期,历任西曹掾、中书令、太子太傅,封都乡侯。卒于赤乌六年(243),孙权痛惜感悼,食不进者数日。著有《乾象历注》、《九章算术》等。康僧会入吴,孙权曾咨询于阚泽。唐道宣《广弘明集》卷十四:“吴尚书令阚泽对吴主孙权曰:‘孔老二家比方佛法优劣远矣。何以言之?孔老设教,法天以制,不敢违天。诸佛说法,天奉而行,不敢违佛。’”

⑰宝冠之帝:帝释天。亦可指转轮圣王。二者都头戴宝冠。

⑱休祚:指美好的福祚,也是对帝位的美称。晋陆云《张二侯颂序》:“(张定侯)重规继体,而大业晖荣,故休祚频繁,宠灵仍世。”

⑲玄肆:道场。晋丘道护《道士支昙谛诔》:“开道玄肆,肇辟灵扉。”

⑳层旻:苍天。

【译文】

到了十六日，法师又和僧众前往朝堂，向高宗致谢送碑到寺中。表文说：

沙门玄奘等言：本月十四日，敬奉圣旨，感谢陛下送御书大慈恩寺碑，并设九部乐供养。日月朗照，益增慧炬光辉；大海通波，更使法流广阔。丰碑耸峙，天文照耀；状似彩霞辉映灵山，疑似梦里光临仙山。所有信众，无不奔走相告，瞻仰惊叹，赞叹这从未曾有过的盛事啊。窃以为演八卦而垂文辞，推六爻而制《系辞》；观察鸟迹，制定文法，哭泣麒麟，敷演《春秋》；圣人所做的著名事迹，大概都在这里。为的是规定万物，垂留示范，因此随时随地制定教训；并且陶冶生灵，发扬风教德业。然而，秦始皇泰山刻石，只是为了炫耀封禅之事；魏文帝曹丕刻《大飨碑》，也不过是为了纪念他父亲曹操的功绩。就这样还称为最优秀的碑文，傲视百王。哪里比得上陛下亲自书写的天子文章，文辞铿锵流韵，书法遒媚刚劲，极尽绚丽华美。探取龙宫丽珠而凌驾于日月星辰之上，超过凤篆而穷尽八体；激扬春波而驰骋思虑，滴落秋露以标榜神奇。弘扬大乘佛法绝妙之理，赞颂六度的幽深精微；圣德化育三千大千世界，声威飞扬百亿须弥山之外。奈苑里的微妙之言，凭借陛下的言辞而愈加彰显；竹林里的菩萨，依托陛下的御笔而更加尊贵。因此使外道梵志归心圣教，断除疑网而恭听教诲；魔王波旬消除顾虑，偃息谬论而维护正道。岂止世俗之人能够迷途醒悟，那些困滞于幻境的外道也能超出无尽的苦界。佛教东来已经六百多年了，弘扬之盛，没有超过现在这个时候的。至于汉明帝夜梦有感，尚且向傅毅咨询；吴主归心佛教，还向阚泽请教。从那时起，就没有什么可以称道的了。随缘化导万物，必然国运遐昌；为善必有善报，能够基业永固。如同金轮圣王的神功一样不可揣测，又如同帝释天的福祚一样永无穷尽。玄奘等承蒙朝廷恩德，有幸参与道场，真是慈悲之云重新流布，佛法大鼓再次激扬。三明之化既已昌隆，八正之门长久开启，此乃是陛下的恩德所致，而不是我等诚恳所致啊，却白白地承蒙陛下勉励。我等仰望苍天而承受恩泽，俯视深谷而心怀惭愧。不胜感戴之至，恭谨地前往宫阙上表致谢。

碑至，有司于佛殿前东南角别造碑屋安之。其舍复栱重栌①，云楣绮栋，金华下照，宝铎上晖②，仙掌露盘，一同灵塔。

帝善楷、隶、草、行，尤精飞白③。其碑作行书，又用飞白势作“显庆元年”四字，并穷神妙。观者日数千人。文武三品以上表乞模打，许之。自结绳息用，文字代兴，二篆形殊，楷、草势异；悬针垂露④，云气偃波⑤，铭石章程⑥，八分行隶⑦，古人互有短长，不能兼美。至如汉元称善史书⑧，魏武工于草、行⑨；钟繇闲于三体⑩，王仲妙于八分⑪；刘劭、张弘发誉于飞白⑫，伯英、子玉流名于“草圣”⑬。唯中郎、右军稍兼众美⑭，亦不能尽也。故韦文休见二王书曰⑮：“二王自可称能，未是知书也。”若其天锋秀拔，颓郁遒健⑯，该古贤之众体，尽先哲之多能，为毫翰之阳春、文字之寡和者⑰，信归之于我皇矣。

【注释】

①栱：立柱与横梁间向外伸出的弓形承重木。栌：柱上方木，斗栱。

②铎：木铃。

③飞白：书法中的一种笔法，笔画中丝丝露白，似枯笔所写。

④悬针：书法中的一种笔法，意指竖画下端出锋，其锋如悬针。垂

露：书法中的一种笔法，其收笔处如下垂露珠，垂而不落，故名。具藏锋之势，与悬针相反。

⑤云气：指飞白一类的笔墨效果，若隐若现、似断还连。亦比喻书法之意境如缥缈云气。此处与偃波相应。偃波：偃波书，即版书，犹如波浪起伏的连文，故称。一般为颁发诏命所用。

⑥铭石：即刻在碑石上的书体，为表示庄重，一般用正体。自武则天以后，才见有行书、草书入碑。章程：即八分书，指带有明显波磔特征的隶书，亦称"分书"、"分隶"，时人用来写篇章、法令，故谓之章程书。

⑦八分：即八分书。行隶：指用行书笔法写隶书。

⑧汉元：汉元帝刘奭（shì，前74—前33），汉宣帝刘询之子，西汉第十一位皇帝（前49—前33在位），庙号高宗。汉元帝多才艺，善史书，通音律，少好儒术，尤其擅长篆书。但为人柔懦，宠信宦官，导致皇权式微，朝政混乱，社会危机日益严重，西汉遂衰。

⑨魏武：曹操（155—220），字孟德，沛国谯县（今安徽亳州）人。东汉末年杰出的政治家、军事家、文学家。东汉末年，天下大乱，曹操任东汉丞相，以汉天子的名义征讨四方，统一了中国北方，后为魏王，奠定了曹魏的立国基础。去世后谥号为武王。曹丕称帝后，追尊为武皇帝，庙号太祖。曹操也是一代书法家，西晋张华《博物志》："汉世，安平崔瑗、瑗子寔、弘农张芝、芝弟昶并善草书，而太祖亚之。"后世更是赞誉有加，称其"隶墨雄瞻"，"尤工章草，雄逸绝伦"，书如"金花细落，遍地玲珑，荆玉分辉，遥岩璀粲"。

⑩钟繇（yáo，一作yóu，151—230）：字元常，颍川长社（今河南许昌）人。三国时期曹魏著名书法家、政治家。东汉末年，历任尚书郎、黄门侍郎、司隶校尉等职，功勋卓著。曹魏立国后，迁太尉，与华歆、王朗并为三公；明帝继位，迁太傅，进封定陵侯。太和四年（230）卒，谥号成，配享曹操庙庭。钟繇在书法方面造诣极深，

擅长篆、隶、真、行、草多种书体，又推动了楷书（小楷）的发展，被尊为“楷书鼻祖”，对后世书法影响深远，与王羲之并称“钟王”。南朝庾肩吾将其书法列为“上品之上”，唐张怀瓘评其书法为“神品”，“元常隶行入神，草、八分入妙。钟书有十二种，意外巧妙，绝伦多奇”。三体：即铭石书、章程书、行书。南朝宋羊欣《古来能书人名》：钟书“有三体：一曰铭石之书，最妙者也。二曰章程书。三曰押书，相闻者也”。

⑪王仲：字次仲，上谷郡沮阳县（今河北怀来）人。东汉书法家。少有异志，年及弱冠，因古代书法局促，增广隶书为八分，将仓颉旧文改造为今隶书。《晋书·卫恒传》：“上谷王次仲，始作楷法。”《书概》卷五：“（王）次仲始以古书方广少波势；建初中以隶草作楷法，字方八分，言有楷模。”一说为秦代人，是八分体的创始人。

⑫刘劭：字彦祖，彭城（今江苏徐州）人。东晋成帝咸康年间（335—342）任御史中丞、侍中尚书、豫章太守。善小篆，工飞白，虽不及张、毛，亦一时之秀，作《飞白势》。卒于永和八年（352）。劭，原作“邵”，误。张弘：字敬礼，三国时期吴郡（今江苏苏州）人。笃学不仕，恒着乌巾，时号“张乌巾”。善篆、隶，其飞白书妙绝当时，飘若云游，激如惊电，飞仙舞鹤之态。自作《飞白序势》，备说其美。欧阳询曰：“飞白张乌巾冠世，其后逸少、子敬，亦称妙绝。”

⑬伯英：即张芝，字伯英。有草圣之称。详见前注（本卷）。子玉：崔瑗，字子玉，涿郡安平（今河北安平）人。东汉著名书法家、文学家。崔瑗官至济北相，文章盖世，撰有各种文体五十七篇。善章草，书法师从杜度，时称“崔杜”。其书法点画精微，神变无碍，利金百炼，美玉天姿，可谓冰寒于水也，是中国历史上第一个被称为“草圣”的书法家。后世评价其章草“如危峰阻日，孤松一枝”。

⑭中郎：王献之(344—386)，字子敬，祖籍琅玡临沂(今山东临沂兰山区)，生于会稽山阴(今浙江绍兴)。东晋著名书法家，“书圣”王羲之第七子、晋简文帝司马昱之婿。官至中书令，故称“中郎”，与其父王羲之并称为“二王”，与张芝、钟繇、王羲之并称“书中四贤”。王献之自幼随父练习书法，穷微入圣，筋骨紧密，后兼取张芝，自创新体，率尔师心，冥合天矩。其隶、行、草、章草、飞白五体皆为神品，八分体也功底深厚，但诸体稍逊其父，故称“小圣”。

⑮韦文休：即晋代韦昶，字文休。唐张怀瓘《书断》：“晋韦昶，字文休、仲将。兄康，字元将。凉州刺史之玄孙，官至颍川太守、散骑常侍。善古文大篆及草，状貌尤古，亦犹人则抱素，木则封冰，奇而且劲。太元中，孝武帝改治宫室及庙诸门，并欲使王献之隶草书题榜，献之固辞。乃使刘环以八分书之，后又使文休以大篆改八分焉。或问：‘王右军父子书，君以为云何？’答曰：‘二王自可谓能，未是知书也。’又妙作笔，王子敬得其笔，叹为绝世。义熙末卒，年七十岁余。文休古文大篆、草书并入妙。”

⑯頵(jūn)郁：文采斐然的样子。

⑰毫翰：毛笔。借指书法。南朝梁庾肩吾《书品》：“此十九人，并擅毫翰，动成楷则。”

【译文】

石碑迎到大慈恩寺，官府在佛殿前面东南角上专门建了间房屋来安放石碑。只见该房间，拱形的屋顶和层层的斗栱，彩云般的横梁和华美的正梁，金花照耀，宝铃辉映，承露盘等，都和灵塔一样。

高宗擅长楷、隶、草、行等各种书体，尤其精通飞白。此碑文是用行书书写，又用飞白体书写了“显庆元年”四个大字，都极为精妙。前来观看的人每天都有几千人。三品以上的文武官员上表请求摹拓，高宗允准。自从不再使用结绳记事，文字代之兴起，大篆和小篆字体不同，楷书和草书形状各异；悬针、垂露，云气、偃波，铭石、章程，八分、行隶，古人各有长短，不能兼取诸美。譬如汉元帝刘奭的篆书称善史书，魏武帝曹操擅长草书和行书；钟繇娴熟铭石、章程、行书三体，王次仲精于八分书；刘劭、张弘以飞白体为人称誉，张芝、崔瑗有“草圣”之称。只有王献之、王羲之稍兼众体之美，但也不算尽善尽美啊。所以韦昶见到二王的书法时说：“二王可以称得上有才能，但还算不上通晓书法啊。”如果说到笔锋清秀挺拔，文采雄健有力，博综古贤的各种书体，穷尽先哲的各种才能，以及阳春白雪的书法、曲高和寡的文辞，相信都归于我皇帝陛下了。

法师少因听习，及往西方，涉凌山、雪岭，遂得冷病，发即封心，屡经困苦。数年已来，凭药防御得定。今夏五月，因热追凉，遂动旧疾，几将不济。道俗忧惧，中书闻奏，敕遣供奉上医尚药奉御蒋孝璋、针医上官琮专看，所须药皆令内送。北门使者日有数般遣伺气候，递报消息。乃至眠寝处所，皆遣内局上手安置。其珍惜如是，虽慈父之于一子，所不过也。孝璋等给侍医药，昼夜不离，经五日方损，内外情安。

法师既荷圣恩，翌日进表谢曰：

沙门玄奘言：玄奘拙自营卫[①]，冷疹增动，几至绵笃[②]，殆辞昭运。天恩矜愍，降以良医，针药才加，即蒙瘳愈。驻颓龄于欲尽[③]，反营魄于将消[④]，重睹昌时，复遵明导，岂止膏肓永绝，腠理恒调而已。顾循庸菲，屡荷殊泽，施厚命轻，罔知输报。唯凭慧力，庶酬冥祉。玄奘犹自虚惙，未堪诣阙陈谢，无任悚戴之至。谨遣弟子大乘光先奉表以闻⑤。

帝览表，遣给事王君德慰问法师曰："既初服药后，气力固当虚劣，请法师善自摄卫，未宜即用心力。"

法师又蒙圣问，不胜喜惧之至，又表谢曰：

> 沙门玄奘言：玄奘业累所婴，致招疾苦，呼吸之顷，几隔明时。忽蒙皇帝、皇后降慈悲之念，垂性命之忧。天使频临，有逾十慰；神药俯救，若遇一丸。饮沐圣慈，已祛沉痛；承荷医疗，遂得痊除。岂期已逝之魂，见招于上帝；将夭之寿，重禀于洪炉⑥。退省庸微⑦，何以当此！抚膺愧越，言不足宣。荷殊泽而讵胜，粉微躯而靡谢。方冀勖兹礼诵，罄此身心，以答不次之恩，少塞无穷之责。无任感戴之极，谨附表谢闻。喜惧兼并，罔知攸措；尘黩听览，伏增惶悚。

【注释】

①营卫：营气与卫气。二者都是由水谷精气所化生，营气行于脉中，具有营养周身的作用；卫气行脉外，具有捍卫躯体的功能。引申为调理、保养。《黄帝内经·灵枢》第十八篇："营卫者，精气也；血者，神气也。故血之与气，异名同类焉。"

②绵笃：指病势垂危。《晋书·陶侃传》："不图所患，遂尔绵笃，伏枕感结，情不自胜。"

③颓龄：垂暮之年，衰年。晋陶潜《九日闲居》："酒能祛百虑，菊解制颓龄。"

④营魄：魂魄。晋陆机《吊魏武帝文》："迨营魄之未离。"

⑤大乘光：即普光。普光，唐代僧人，生平籍贯不详，玄奘的上首弟子，人称"大乘光"。自贞观十九年(645)，玄奘首创译场，至麟德

元年(664)终于玉华宫,凡十九载,出经七十四部,一千三百三十五卷,大多为普光笔受。他师事玄奘,精苦恪勤,闻少证多,为玄奘所默许,故与玄奘的译事相始终。永徽五年(654),玄奘译出《俱舍论》,首先密授普光。普光撰写的《俱舍论记》三十卷为俱舍论三大疏之一;后由弟子圆晖略作十卷,俱舍宗奉为要典。另著有《俱舍论法宗原》、《百法明门论疏》等。

⑥洪炉:天地。晋葛洪《抱朴子外篇·勖学》:"鼓九阳之洪炉,运大钧乎皇极。"

⑦退省:反省。《论语·为政》:"子曰:'吾与回言终日,不违,如愚。退而省其私,亦足以发。'"

【译文】

法师早年因为勤苦学习,以及后来前往西方,跋涉冰山、雪岭,得了一种冷病,每当发作时就感到心口堵塞,痛苦不堪。多年以来,依靠药物方得安定。这年夏天五月,因暑热乘凉,旧疾发作,病重垂危。僧俗都为之担忧,中书省也为之上奏高宗,高宗派遣名医尚药奉御蒋孝璋和针医上官琮专门诊治,所需药物都由宫内送达。宫里每天数次派人前去探望病情,递报消息。甚至连睡眠的寝室,也都由宫里派遣宫内专职人员料理。对法师这般的珍爱,即使慈父怜爱自己的独子,也不过如此啊。蒋孝璋等人侍奉医药,昼夜不离,过了五天病情方才好转,内外始得安心。

法师蒙受皇恩,第二天就上表陈谢道:

沙门玄奘言:玄奘不善于自我调理,致使冷疾发作,几乎病重垂危,差点儿辞世。陛下垂悯,派遣良医前来为我诊治,刚刚针灸吃药,病就痊愈了。陛下真是挽救垂暮老人于油尽灯枯之时,回返魂魄于将要消亡之际,使我重新目睹这大唐盛世,再次尊听明主的教导,岂止是疾病永除,腠理调和而已。陛下眷念安抚平庸菲薄之人,使玄奘屡次蒙受陛下殊胜恩泽,陛下施予厚重而玄奘性命微轻，真不知该如何报答。只有凭借诸佛智慧之力，希望能报以冥冥之中的福祉。玄奘的身体还很虚弱，不能前往宫阙当面致谢，不胜感戴之至。谨派弟子大乘光，先向您上表陈情。

高宗看了表文，派遣给事王君德前往慰问法师，说道："刚吃了药，自是气虚体弱，请法师自己好好护理，不宜马上劳心劳力。"

法师又蒙圣上垂问，不胜喜惧之至，又上表陈谢道：

沙门玄奘言：玄奘为累世宿业所缠缚，导致疾病痛苦，呼吸之间，几乎与此盛世相分离。皇帝、皇后心怀慈悲之念，关心玄奘的性命。频频派人前来探视慰问，有十几次之多；又赐药治病，如同一粒仙药。沐浴圣上仁慈之光，已然祛除病痛；又蒙名医诊疗，遂得痊愈。怎么也想不到已然逝去的魂魄，却被上帝召回；将要夭折的寿命，天地又重新赋予生命。反省自己平庸微轻，怎么能担当如此厚恩呢！抚摸胸口愈加惭愧，不能用言语表达。玄奘实在是难以承受如此特殊的恩惠，即使粉碎这微贱的身躯也不能报答啊。正希望勉力礼拜诵经，尽此身心，以报答陛下天高地厚的恩情，稍稍应付一下玄奘无穷无尽的责任。不胜感戴至极，谨上表致谢。心里喜惧交集，不知所措；有碍观瞻，心里更加惶恐。

往贞观十一年中[①]，有敕曰："老子是朕祖宗，名位称号宜在佛先。"时普光寺大德法常、总持寺大德普应等数百人于朝堂陈诤，未蒙改正。法师还国来已频内奏，许有商量，未果而文帝升遐。永徽六年[②]，有敕："道士、僧等犯罪，情难知者，可同俗法推勘[③]。"边远官人不闲敕意，事无大小动行枷杖，亏辱为甚。法师每忧之，因疾委顿[④]，虑更不见天颜，乃附人陈前二事于国非便："玄奘命垂旦夕，恐不获后言，谨附启闻，伏枕惶惧。"

敕遣报云:“所陈之事闻之。但佛道名位,先朝处分,事须平章[5]。其同俗敕,即遣停废。师宜安意,强进汤药。”至二十三日,降敕曰:“道教清虚,释典微妙,庶物藉其津梁,三界之所遵仰。比为法末人浇[6],多违制律,且权依俗法,以申惩诫,冀在止恶劝善,非是以人轻法。但出家人等具有制条,更别推科,恐为劳扰。前令道士、女道士、僧、尼有犯依俗法者,宜停。必有违犯,宜依条制。”

【注释】

①贞观十一年:即637年。

②永徽六年:即655年。

③推勘:审问,审讯。

④委顿:衰弱,病困。《三国志·魏书·高贵乡公髦纪》:“臣(华歆)老病委顿,无益视听。”

⑤平章:商议处理。

⑥人浇:人心浇薄。

【译文】

早在贞观十一年间,太宗曾有敕令说:“老子是朕的祖宗,因此名位称号应当排在佛的前面。”当时普光寺高僧法常法师、总持寺高僧普应法师等数百人在朝堂诤谏,但没能够改正。法师回国后屡次为此上奏,太宗曾应允可以商量,但还没有结果就去世了。到了永徽六年,高宗曾有敕令说:“道士、僧人等犯罪,而案情难以弄清楚的,可以用世俗的法律审问。”边远地区的官吏不明白敕令的用意,事无大小动辄铐上枷锁,实施杖刑,侮辱太甚。法师常常为此忧虑,因此这次实在病得厉害,担心以后没有机会再见到皇帝,于是请人向皇帝陈奏这两件事对国家不利:“玄奘命在旦夕,担心以后不能再向陛下进言,恭敬地向您禀告,内心惶恐不安。”

高宗派人对法师说道：“法师所陈述的事情朕已知悉。只是佛、道名位排序问题，是先朝所定的，还须从长商议。朕以前发布僧、道犯罪同俗审问的敕令，既行废止。法师可以安心，请好好服药调理。”到了二十三日，高宗发布敕令：“道教清虚无为，佛典微妙玄奥，都是化导万民的方法和手段，为三界众生共同推崇敬仰。到了末法时代人心浇薄，很多僧、道违背戒律，权且依据世俗法律治理，以示惩罚警戒，希望能够止恶劝善，并不是轻慢道法。但是出家人等都有清规戒律，若再施以俗法，担心劳苦烦扰他们。先前敕令道士、女道士、僧、尼等有犯法者依据俗法处置，应该停止。如果有违反戒律者，应当依据宗教条例制度执行。”

法师既荷兹圣泽，奉表诣阙陈谢曰：

沙门玄奘言：伏见敕旨，僧尼等有过，停依俗法之条，还依旧格[①]。非分之泽，忽委缁徒；不訾之恩[②]，复沾玄肆。晞旸沐道[③]，实用光华；跼地循躬[④]，唯增震惕。窃以法王既没，像化空传[⑤]；宗绍之规，寄诸明后。伏惟皇帝陛下，宝图御极，金轮乘正；眷兹释教，载怀宣阙。以为落饰玄门[⑥]，外异流俗，虽情牵五浊[⑦]，律行多亏，而体被三衣，福田斯在。削玉条之密网，布以宽仁；信金口之直词，允兹回向。斯固天祇载悦，应之以休征[⑧]；岂止梵侣怀恩，加之以贞确。若有背兹宽贷，自贻伊咎，则违大师之严旨，亏圣主之深慈。凡在明灵，自宜谴谪。岂待平章之律，方科奸妄之罪？玄奘庸昧，猥厕法流，每忝鸿恩，忌怀惭惕，重祇殊奖，弥复兢惶。但以近婴疾疹[⑨]，不获随例诣阙。无任悚戴之至，谨遣弟子大乘光先奉表，陈谢以闻。

自是僧徒得安禅诵。

【注释】

①旧格：旧有的规章、条文。南朝梁江淹《萧骠骑发徐州三五教》："咸依旧格，以赴戎麾。"

②不訾(zī)：数量很大，无法估计。

③晞旸(xī yáng)：比喻沐受恩德。南齐谢朓《拜中军记室辞随王笺》："沐发晞阳，未测涯涘；抚臆论报，早誓肌骨。"旸，太阳。

④跼(jú)：屈曲不伸。

⑤像化：指像法时代之教化。

⑥落饰：指出家。原指王公之出家，剥落身上之严饰，后泛指出家。

⑦五浊：指五欲，即色欲、声欲、香欲、味欲、触欲。原指恶世中的五种滓浊，即劫浊、见浊、烦恼浊、众生浊、命浊。

⑧休征：吉兆。

⑨婴：遭受。此指得了疾病。

【译文】

法师既然蒙受皇帝如此恩泽，就上表致谢说：

沙门玄奘言：敬奉圣旨，僧尼等有过错，不再按照俗法惩戒，还依据原先的规章条文。浩荡的恩泽，忽然降临到僧徒身上，再次润泽道场。沐浴圣恩，浸润正道，真是光彩绚丽啊；伏地反思，更加惶恐警惕。窃以为法王已逝，像法时代的教化流传，绍隆佛法的清规付嘱来者。俯伏思维皇帝陛下，受命于天，践祚帝位，秉持正道，心中常常眷念释教。认为既然出家修道，就和世俗之人不同，虽然被五欲所牵绊，律行也不圆满，然而既然身穿三衣，即是福田所在之处。去除密网般的世俗律法，施以宽厚仁慈；发出金口玉言般的正直言辞，回向给僧众。这自然使天神欢悦，为之降下吉祥的征兆；岂止僧侣感怀陛下恩德，而且信仰会更加坚定。如果有人辜负了陛下的宽贷，自取其咎，那就不仅违背了祖师的严明意旨，也对不住陛下的仁慈之心。圣明的神灵自当给予惩处。岂能等到国家严明的法律来判定其奸诈虚妄的罪过？玄奘平庸愚昧，侧身僧侣，常常辜负陛下浩荡天恩，心中惭愧，再次受到陛下特别的勉励，更加惊惧惶恐。但是因为近来身染疾病，不能像往常那样前往宫廷谢恩。不胜感戴之至，谨派弟子大乘光先上表陈谢。

从此以后，僧徒得以安心坐禅诵经。

法师悲喜交集，不觉泪沾襟袖，不胜抃跃之至[①]。又重进表谢曰：

沙门玄奘言：伏奉恩敕，除僧等依俗法推勘条章。喜戴之诚，莫知准譬。窃寻正法隆替，随君上所抑扬；彝伦薄厚[②]，俪玄风以兴缺[③]。自圣运在璇，明皇执粹；甄崇道艺，区别玄儒。开不二之键，广唯一之辙；写龙宫于蓬阁，接鹫壤于神皋[④]。俾夫钟梵之声，洋溢区宇；福善之业，濯沐黎氓。实法门之嘉会，率土之幸甚。顷为僧徒不整，诲驭乖方[⑤]，致使内亏佛教，外犯王法；一人获罪，举众蒙尘。遂触天威，令依俗法；所期清肃，志在惩诫。僧等震惧，夙夜惭惶，而圣鉴天临，仁泽昭被。笃深期于玄妙，掩纤垢于含弘[⑥]，爰降殊恩，释兹严罚。非其人之足惜，顾斯法之可尊。遂令入网之鱼复游江汉，触笼之鸟还飏杳冥，法水混而更清，福田卤而还沃。僧等各深荷戴，人知自勉，庶当励情去恶，以副天心；专精礼念，用答鸿造。伏惟皇帝、皇后以绍隆之功，永凝百福；乘慈悲之业，端拱万春。震域缔祥，维城具美。不胜舞跃感荷之至，谨重附表陈谢以闻。轻黩冕旒⑦，伏增惶恐。

帝览表，知法师病愈，遣使迎法师入，安置于凝阴殿院之西阁供养。仍彼翻译，或经二旬、三旬方乃一出。

【注释】

①抃(biàn)跃：犹言手舞足蹈，表示欢欣鼓舞。

②彝伦：伦常。《尚书·洪范》："帝乃震怒，不畀洪范九畴，彝伦攸斁。"

③俪：附着，随。

④神皋：京畿。北周庾信《哀江南赋》："践长乐之神皋，望宣平之贵里。"

⑤乖方：违背法度，失当。乖，不顺，不和谐。南朝梁陆倕《新刻漏铭》："世道交丧，礼术销亡……击刀舛次，聚木乖方。"

⑥含弘：包容博厚。《周易·坤卦》："(彖曰)至哉坤元，万物资生……含弘光大，品物咸亨。"

⑦冕旒：指皇冠。借指皇帝、帝位。《南齐书·郁林王纪》："冕旒属念，无忘夙兴。"

【译文】

法师不由得悲喜交集，泪水沾湿衣袖，不胜欢欣鼓舞之至。又上表致谢，表文说：

沙门玄奘言：敬奉恩旨，陛下除去僧人等依俗法审讯的条例。欢喜感戴之情，真不知该如何表达。窃以为佛教正法的兴衰是随着君主的褒扬或贬抑而变化的；法度伦理的轻重是伴着清静无为的教化的兴起或消失而更替的。自我皇登基以来，执掌乾坤，推崇学问和技能，区分玄门与儒家。开启不二之门，广大一乘教法；在蓬莱阁上撰写龙宫之文，使鹫岭和京畿相连接。使寺院的钟声和诵经之声，充满寰宇；让福善之业果，教化黎民百姓。这实在是法门的盛会，华夏的幸运啊。近来有些僧徒行为不端，加之教导无方，致使在内对不起佛的教法，在外触犯国家的法律；一人获罪，所有的僧众都为之蒙羞。触犯了天子的威严，敕令依俗法处置；期望僧团清净严肃，意在惩处警戒。僧众等都大为震惧，日夜羞愧惶恐，而圣上明鉴，仁德恩泽照耀。对于玄妙的佛法怀有深切的期望，兼之宽厚仁慈，遮掩微尘般的瑕疵，于是赐以隆恩，解除了僧人等依俗法处置的严厉措施。并不是说犯法之人值得怜悯，而是考虑到佛法值得尊敬。遂使已经入网的鱼儿又畅游于江河之中，笼中的鸟儿又翱翔于云汉之上，浑浊的佛法之水变得清澈，贫瘠的福田变成沃壤。僧众等都感戴之至，人人都知道自我勉励，定当磨砺性情，去除邪恶，以符合陛下圣心；专心礼佛诵经，以报答陛下鸿恩。俯伏思维皇帝、皇后以绍隆佛法之功，永固百世之福；乘大慈大悲之力，永昌万年帝业。震旦缔结吉祥，和迦维罗卫一样华美。不胜欢舞感激之至，谨再次上表致谢。轻慢亵渎皇帝、皇后，心里更加惶恐。

高宗看了表文，知道法师已经病愈，派人迎接法师入宫，安置在凝阴殿院的西阁内供养。法师就在这里继续翻译，过二三十天才出去一次。

冬十月[①]，中宫在难，归依三宝，请垂加祐。法师启：“圣体必安和无苦，然所怀者是男，平安之后愿听出家。”当蒙敕许。十一月一日[②]，皇后施法师衲袈裟一领，并杂物等数十件。法师启谢曰：

沙门玄奘启：垂赐衲并杂物等，捧对惊惭，不知比喻。且金缕上服，传自先贤，或无价衣，闻诸圣典，未有穷神尽妙，目击当如今之赐者也。观其均彩浓淡，敬君不能逾其巧[3]；裁缝婉密，离娄无以窥其际[4]。便觉烟霞入室，兰囿在身，旋俯自瞻，顿增荣价。昔道安言珍秦代，未遇此恩；支遁称礼晋朝[5]，罕闻斯泽。唯玄奘庸薄，独窃洪私，顾宠循躬，弥深战汗。伏愿皇帝、皇后富众多之子孙，享无疆之福祚，长临玉镜，永御宝图，覆育群生，与天无极。不任惭佩之至。谨启谢闻。施重词轻，不能宣尽。

【注释】

①十月：一说为“十一月”，待考。

②十一月一日：原作“其月一日”，似有十月一日之嫌，不妥。《丽》本作“至十一月五日”，十一月五日为李显生日，亦不妥。故以“十一月一日”为宜。

③敬君：据西汉刘向《说苑》记载，敬君为战国时齐国人，善于绘画，家境贫寒，其妻端正。齐王起九重之台，重金招募国中能画者，敬君遂往。敬君离家日久，思念其妻，遂画妻像，每日面对。旁人看到后报告齐王，齐王因睹其妻貌美，赐金百万，遂纳其妻。

④离娄：传说中视力特别强的人。《孟子·离娄上》：“孟子曰：‘离娄之明，公输子之巧，不以规矩，不能成方圆。’”

⑤支遁（314—366）：俗姓关，字道林，陈留（今河南开封）人。东晋学僧。后从师改姓，世称“支道人”、“支道林”。家世事佛，自幼读经，尤精《般若道行品经》及《慧印三昧经》。二十五岁出家，“每至讲肆，善标宗会，而章句或有所遗，时为守文者所陋”，颇为

名士所激赏。与谢安、王羲之等交游，以好谈玄理闻名当世。后投迹剡山，又至石城山，游心禅苑。隆和元年(362)，受晋哀帝召请，居京师东安寺，三年辞归东山。所注《庄子·逍遥游》，“群儒旧学莫不叹服”，时称“支理”。东晋孙绰《道贤论》将其比之向秀：“支遁、向秀雅尚庄、老，二子异时，风好玄同矣。”作《即色游玄论》等，创般若学即色义，主张“即色本空”思想，为般若学“六家七宗”之一；其主要观点是：“夫色之性也，不自有色。色不自有，虽色而空。故曰：色即为空，色复异空。”晋僧肇评价说：“直语色不自色，未领色之非色也。”此外还著有《圣不辩知论》、《道行旨归》、《学道诫》等。

【译文】

冬十月，皇后武氏产期临近，皈依三宝，祈求垂恩护佑。法师启禀道：“圣体必定平安无恙，然而倘若所怀的是个男孩，平安降生之后希望让他出家。”高宗当即就答应了。十一月一日，皇后施给法师袈裟一领，以及各种杂物等几十件。法师上书致谢道：

沙门玄奘启奏：皇后赏赐袈裟以及各种杂物，玄奘对此十分惭愧，不知道该如何表达感激之情。况且，从先贤那里流传下来的上好的金缕衣，或者在各种圣典中听说的无价宝衣，都没能尽穷神妙，像如今皇后赐给我的这件袈裟一样啊。看这件袈裟，色彩均匀，浓淡相宜，敬君的画功也不如它巧妙；裁剪缝制婉丽细密，离娄也不能看清它的边际。穿在身上，便觉烟霞入室，身在兰苑，旋俯自视，顿觉身价倍增。昔日道安被称为前秦的珍宝，尚没有如此的恩遇；支遁受到晋朝的礼敬，也没听说承受这样的恩泽。只有平庸浅薄的玄奘，单单受到如此鸿恩，顾念圣宠，反省自身，更加战战兢兢，汗出如浆。伏愿皇帝、皇后多子多孙，享受无量的福祚，长久逢遇清明之世，永远掌控天命图箓，抚育众生，和苍天一样没有尽头。不胜惭愧感佩之至，恭谨地上书致谢。布施厚重，言词轻微，不能完全表达心意。

五日申后，忽有一赤雀飞来止于御帐，玄奘不胜喜庆，陈表贺曰：

沙门玄奘言：玄奘闻白鸠彰瑞，表殷帝之兴[①]；赤雀呈符，示周王之庆[②]。是知穹昊降祥以明人事，其来久矣。玄奘今日申后酉前，于显庆殿庭帷内见有一雀，背羽俱丹，腹足咸赤，从南飞来，入帐止于御座，徘徊踊跃，貌甚从容。见是异禽，乃谓之曰："皇后在孕未遂分诞，玄奘深怀忧惧，愿乞平安；若如所祈，为陈喜相。"雀乃回旋蹀足[③]，示平安之仪，了然解人意。玄奘深心欢喜，举手唤之，又徐徐相向，乃至逼之不惧，抚之不惊，左右之人咸悉共见。玄奘因为受三归，报其雅意。未及执捉，从其徘徊，遂复飞去。伏惟皇帝、皇后德通神明，恩加兆庶，礼和乐洽，仁深义远，故使羽族呈祥，神禽效质，显子孙之盛，彰八百之隆，既为曩代之休符，亦是当今之灵贶[④]。玄奘轻生有幸，肇属嘉祥，喜忭之深，不敢缄默，略疏梗概，谨以奏闻。若其羽翼之威仪，阳精之淳伟，历代之稽古，出见之方表[⑤]，所不知也。谨言。

表进已，顷间有敕令使报法师："皇后分娩已讫，果生男，端正奇特，神光满院，自庭烛天。朕欢喜无已，内外舞跃。必不违所许，愿法师护念，号为'佛光王'[⑥]。"

【注释】

①白鸠彰瑞，表殷帝之兴：殷帝，指成汤，商王朝的建立者。成汤时，有白鸠献瑞，以为祯祥，后不断积聚力量，作《汤誓》，攻灭夏

朝，史称“汤武革命”。《吴录·孙策使张纮与袁绍书》：“殷汤有白鸠之祥。”

②赤雀呈符，示周王之庆：周王，指周文王。周文王时，有赤雀呈瑞，颇有异载，“文王有至诚，招赤雀之瑞也”，“文王厄于羑里，赤雀方来”，“文王时，赤雀衔书集户”。李显出生第二年(457)，封周王，授洛州牧。仪凤二年(477)，徙封英王，授雍州牧。李显为周王二十年。

③蹀足：踏足，顿脚。《列子·黄帝》：“康王蹀足謦欬疾言曰：‘寡人之所说者，勇有力也，不说为仁义者也。’”

④灵贶(kuàng)：指神灵赐福。《后汉书·光武纪赞》：“光武诞命，灵贶自甄。”

⑤方表：四方之外，指极远之地。《后汉书·和帝纪》：“文加殊俗，武畅方表，界惟人面，无思不服。”

⑥佛光王：唐中宗李显(656—710)，唐朝第四位皇帝，唐高宗李治第七子，武则天第三子。683年至684年、705年至710年两度在位，共计五年半。初封周王，后改封英王。永隆元年(680)，章怀太子(李治第六子，武则天第二子)被废，李显被立为皇太子。弘道元年(683)即皇帝位，武后临朝称制。光宅元年(684)，被废为庐陵王，先后迁于均州、房州等地。圣历二年(699)召还洛阳复立为皇太子，神龙元年(705)复位。卒于景龙四年(710)。

【译文】

当天申时后半，忽然有一只赤雀飞来停在御帐中，玄奘不胜喜悦，上表祝贺说：

沙门玄奘言：玄奘听说，白鸠彰显祥瑞，代表殷帝的兴起；赤雀呈现符应，显示了周王的隆庆。由此可知，苍天降下祥瑞，以显明人事，由来已久了。玄奘今天申后酉前之时，在显庆殿庭帷之内见到一只雀鸟，背部的羽毛都是红色，腹足也是红色，从南边飞来，进入帐中，停在御座之上，徘徊踊跃，形貌十分从容。玄奘见到这只异禽，就对它说道："皇后怀有身孕，还没有分娩，玄奘深怀忧惧，希望乞求平安；如果能如愿以偿，希望为我示现喜相。"赤雀于是回旋、顿足，表示平安的仪态，好像很善解人意。玄奘深心欢喜，就举手召唤，又慢慢走近赤雀，甚至逼近它也不畏惧，抚摸它也不惊怕，身边的人都看见了。玄奘因而为它授三皈依，以回报它的雅意。没有去执捉，任其徘徊，从容飞去。俯伏思维皇帝、皇后德通神明，恩泽加被亿兆黎民，礼乐和洽，仁义深远，所以使羽族前来呈现吉祥，神禽报效其直质之心，显示子孙的昌盛，彰显大周八百的隆庆，既是前代的吉祥符兆，也是当今的神灵赐福。玄奘平生有幸，遇此嘉应祥瑞，深生欢喜，不敢缄默不语，所以略说梗概，恭谨地奏闻。如果说到羽翼的威仪、阳精的淳伟，以及历代的古事、天下的奇闻，那就不是我所知道的了。玄奘恭谨地陈言。

贺表刚呈上不久，就有敕令向法师报喜："皇后已经分娩，果然生了一个男孩，相貌端正奇伟，神光充满庭院，照耀天空。朕欢喜不已，内外也欢舞喜跃。朕必不违背许诺，愿法师护念加持，加名号为'佛光王'。"

法师进贺曰：

沙门玄奘言：窃闻至道攸敷[①]，启天人于载算[②]；深期所感，诞玄圣于克岐[③]。伏惟皇帝、皇后，情镜三空[④]，化孚九有[⑤]，故能辟垂旒于二谛[⑥]，却走马于一乘。兰殿初歆[⑦]，爰发俱胝之愿[⑧]；珽柯在孕[⑨]，便结逾城之征。俾夫十号降灵[⑩]，弘兹摄受；百神翼善，肃此宫闱。所以灾厉克清，安和载诞。七华俨以承步，九龙低而濯质。玄门伫迹，道树灵阴，虽昔之履帝呈祥[⑪]，扪天表异[⑫]，宁足以方斯感贶，匹此英猷[⑬]？率土咏歌，喜皇阶之纳祐[14];缁林勇锐,欣绀马之来游[15]。伏愿无替前恩[16],特令法服,靡局常恋,迴构良因。且帝子之崇,出处斯在;法王之任,高尚弥隆。加以功德无边,津梁载远,傥圣泽无舛,弘誓不移。窃谓殚四海之资,不足比斯檀行[17];倾十地之业,无以譬此福基[18]。当愿皇帝、皇后百福凝华,齐辉北极;万春表寿,等固南山。罄娱乐于延龄,践萨云于遐劫[19]。储君允茂,绥绍帝猷[20];宠番惟宜,翊亮王室[21]。禯褓英胤,休祉日繁;标峻节于本枝[22],嗣芳尘于草座[23]。玄奘滥偶丕运,局影禁门[24];贵匪德升,宠缘恩积。幸属国庆惟始,净业开基,踊跃之怀,尘粉无恨。不胜喜贺之至,谨奉表以闻。轻触威严,伏增战越。

【注释】

①攸:所。

②载算:推演,推算。载,助词,加强语气。晋陶渊明《归去来兮辞》:"乃瞻衡宇,载欣载奔。"

③克岐:懂事,分辨事物。克,能。岐,聪明,懂事。《诗经·大雅·生民》:"诞实匍匐,克岐克嶷。"

④三空:指我空、法空、我法俱空。

⑤化孚:化育。孚,同"孵"。

⑥二谛:指真谛与俗谛。真谛,又作"胜义谛"、"第一义谛",即出世间之真理。俗谛,又作"世俗谛"、"世谛",指世间之真理。谛,谓真实不虚之理。

⑦歆(xīn):欢喜,喜讯。

⑧俱胝:梵语音译。印度的数量词,有十万、百万、千万、亿,甚至百

亿之说。

⑨珽(tǐng)柯:指皇子。珽,天子所持的玉笏,指天子。

⑩十号:指佛的十大名号,即如来、应供、正遍知、明行足、善逝、世间解、无上士、调御丈夫、天人师、佛世尊。此处指佛。

⑪履帝:踩了上帝的足迹。《诗经·大雅·生民》:"克禋克祀,以弗无子。履帝武敏歆,攸介攸止,载震载夙。载生载育,时维后稷。"(武,足迹。敏,大脚趾。)

⑫扪天:摸天,极言其高。《楚辞·九章·悲回风》:"据青冥而摅虹兮,遂倏忽而扪天。"

⑬英猷:杰出的人物。猷,助词。

⑭皇阶:指皇位,天子。晋陆机《汉高祖功臣颂》:"庆云应辉,皇阶授木。"

⑮绀马:神马的一种,具三十二相,纯白色,宛若天鹅,奔跑迅速,不知疲倦,一天可绕行南赡部洲三匝,常驮着各种珠宝,给转轮圣王送去吉祥祝福。

⑯无替:不废,无尽。《尚书·旅獒》:"王乃昭德之致于异姓之邦,无替厥服。"

⑰檀行:指檀那波罗蜜、檀波罗蜜,即布施,"六度"之一。

⑱福基:福祉的基础,指道德善行。《国语·晋语六》:"夫德,福之基也,无德而福隆,犹无基而厚墉也,其坏也无日矣。"

⑲萨云:又作"萨云若"、"萨婆若",义为"一切智",指了知内、外一切法相的智慧,为"三智"之一。

⑳帝猷:帝王治国之道。《后汉书·蔡邕传》:"皇道惟融,帝猷显丕;泯泯庶类,含甘吮滋。"

㉑翊亮:辅佐。《南史·范云传》:"云以旧恩,超居佐命,尽诚翊亮,知无不为。"

㉒峻节:峻伟的气节,高尚的节操。南朝宋颜延之《秋胡》:"峻节贯

秋霜，明艳侔朝日。”本枝：子孙。东汉张衡《南都赋》：“据彼河洛，统四海焉，本枝百世，位天子焉。”

㉓芳尘：指美好的声誉、风气。《宋书·谢灵运传论》：“屈平、宋玉导清源于前，贾谊、相如振芳尘于后。”草座：用草编制的坐垫，指法座，高僧。

㉔局影：戒惧畏缩的样子。南朝梁江淹《诣建平王上书》：“谬得升降承明之阙，出入金华之殿，何尝不局影凝严，侧身扃禁者乎？”禁门：指宫廷。南朝梁沈约《封李居壬等诏》：“尽力禁门，诚著夷险。”

【译文】

法师上表祝贺说：

沙门玄奘言：我私下里听说大道布列，通过推演来启发天人；至德感召，诞下聪明睿智的圣人。俯伏思维皇帝、皇后，洞鉴三空，化育九州，所以身居至尊之位而能圆融二谛，弘扬大乘。华丽的宫殿刚刚传来喜讯，就发起无量大愿；皇子还是胎儿之时，便有出家修道的征兆。致使佛祖显灵，大悲摄受；百神护佑，庄严宫闱。所以病灾消除，平安产下皇子。七朵莲花庄严地承接皇子的脚步，九条神龙低头为皇子沐浴。佛门伫立圣迹，道树布下绿荫，虽然昔日姜嫄踩了上帝的足迹，怀上了后稷，上天显示异象，这怎能和佛教的福佑相比，又怎能和佛光王相提并论呢？率土之人无不歌咏，为陛下喜得皇子而欢喜；僧界无不精进，为绀马降临东土而欣悦。伏愿皇恩浩荡，特让皇子穿上法服，不局限于世俗之情，大力培植善因。况且皇子的崇伟，自是无需多言；出任法王，更加高尚隆盛。加上无量的功德，度众的津梁，倘若圣上的恩泽没有差舛，宏大的誓愿坚定不移。玄奘私下里以为殚竭四海的资财，不足以与此布施相比；倾尽十地的功业，也不能譬喻这菩提行。祈愿皇帝、皇后享有百福，与北极齐辉；长寿万年，与南山等固。在一生之中享受无尽的快乐，在无穷长劫的时间里践行如来妙法。储君才德兼备能够绍续帝道；皇子适宜，辅佐王室。襁褓中杰出的后嗣，其福祉一天天多起来；标榜皇家子孙的高尚节操，继承法门龙象的美好声誉。玄奘有幸，逢此好运，藏身宫廷，地位显贵并不是因为我德高望重，而是因为陛下对我的恩宠。玄奘有幸，遇到国家有庆、净业开创之时，欢欣鼓舞，激情澎湃，即使粉身碎骨也毫无遗憾。不胜欣喜庆贺之至，恭谨地呈上表文。冒犯陛下威严，内心惶恐战栗。

佛光王生满三日，法师又进表曰：

沙门玄奘言：玄奘闻《易》嘉日新之义[①]，《诗》美无疆子孙[②]，所以周祚过期，汉历遐绪者，应斯道也。又闻龙门洄激，资源长而流远；桂树丛生，藉根深而芳蔼[③]。伏惟皇运累圣相承，重规叠矩，积植仁义，浸润黎元，其来久也。由是二后光膺大宝，为子孙基，可谓根深源长矣。逮陛下受图，功业逾盛。还淳反素，迈三五之踪；制礼作乐，逸殷、周之轨。不恃黄屋为贵，以济兆庶为心。未明求衣，日昃忘食[④]；一人端拱，万里廓清。虽成、康之隆，未至于此。是故卿云纷郁[⑤]，江海无波；日域遵风[⑥]，龙乡沐化。荡荡乎，巍巍乎，难得而备言矣！既而道格穹苍，明神降福；令月嘉辰[⑦]，皇子载诞。天枝广茂[⑧]，琼萼增敷[⑨]；率土怀生，莫不庆赖[⑩]。在于玄奘，特百恒情[⑪]，岂直喜圣后之平安，实亦欣如来之有嗣。伏愿不违前敕，即听出家。移人王之胤，为法王之子，披著法服，制立法名，授以三皈，列于僧数。绍隆像化，阐播玄风，再秀禅林，重晖觉苑。追净眼之茂迹[⑫]，践月盖之高踪[13]。断二种缠[14],成无等觉。色身微妙,譬彼山王[15];焰网庄严[16],过于日月。然后荫慈云于大千之境,扬慧炬于百亿之洲,振法鼓而挫天魔,麾胜幡而摧外道,接沉流于倒海,扑燎火于邪山,竭烦恼之深河,碎无明之巨縠,为天人师,做调御士。唯愿:先庙先灵,藉孙祉而升彼岸;皇帝、皇后,因子福而享万春。永握灵图,常临九域。子能如此,方名大孝,始曰荣亲。所以释迦弃国而务菩提,盖为此也。岂得以东平琐琐之善[17],陈思庸庸之才[18],并日而论优劣,同年而议深浅矣!谨即严衣捧钵,以望善来之宾[19],拂座清涂[20],用伫逾城之驾。不胜庆慰颙颙之至[21]。谨奉表以闻。轻触宸威,追深战越。

当即受三皈依,服袈裟,虽保傅养育[22],所居常近法师。

【注释】

①日新:每天都在更新。《周易·系辞上》:"富有之谓大业,日新之谓盛德。"

②无疆:无穷。原形容上天赐予的恩惠。《诗经·周颂·烈文》:"烈文辟公,锡兹祉福。惠我无疆,子孙保之。"

③芳蔼:芳香而繁盛。《楚辞·九辩》:"离芳蔼之方壮兮,余萎约而悲愁。"三国魏曹植《洛神赋》:"微幽兰之芳蔼兮,步踟蹰于山隅。"

④日昃(zè):太阳西斜。

⑤卿云:庆云,一种祥瑞的彩云。《史记·天官书》:"若烟非烟,若云非云,郁郁纷纷,萧索轮囷,是谓卿云。"

⑥日域:日照之处,指天下。《魏书·李孝伯传》:"伏惟世祖太武皇

帝,英睿自天,笼罩日域,东清辽海,西定玉门,凌灭漠北,饮马江水。"

⑦令月:吉月。《仪礼·士冠礼》:"令月吉日,始加元服,弃尔幼志,顺尔成德,寿考惟祺,介尔景福。"

⑧天枝:皇族后裔。

⑨琼萼:玉制的花萼。比喻金枝玉叶,指皇亲宗室。《晋书·简文三子传论》:"瑶枝琼萼,随锋镝而消亡;朱芾绿车,与波尘而殄瘁。"

⑩庆赖:庆幸得到依靠。《尚书·吕刑》:"一人有庆,兆民赖之。"

⑪恒情:常情。南朝宋颜延之《又释何衡阳达性论》:"况复道绝恒情,理隔常照。"

⑫净眼:净眼尊者,为妙庄严王之子之一,五百罗汉第二百尊。久修佛道,通达法华三昧。据《法华经》记载,过去世光明庄严国的国王名为妙庄严王,邪风炽盛,不信佛法。净眼和其兄净藏怜悯父王邪见,"涌在虚空,高七多罗树,现种种神变,于虚空中行住坐卧,身上出水,身下出火,身下出水,身上出火,或现大身满虚空中,而复现小,小复现大,于空中灭,忽然在地,入地如水,履水如地,现如是等种种神变,令其父王心净信解"。

⑬月盖:佛住世时,印度毗舍离国之长者主。他曾到维摩诘处,听不二法门;又请无量寿佛、观世音菩萨、大势至菩萨等西方三圣,救除国内六大恶疫,观世音菩萨乃宣说消伏毒害陀罗尼咒。今禅宗之山门阁上,于观音右边安置长者之像。《维摩诘经·法供养品》亦说佛前世曾为月盖王子。

⑭二种缠:指出家人的两种缠缚:一为利养缠缚,二为名称缠缚。

⑮山王:指最高的山,常指称须弥山,亦比喻最深妙的法。《无量寿经》卷下:"智慧如大海,三昧如山王。"

⑯焰网:指佛之光明重重无尽,犹如帝释天之蛛网。《药师经》:"焰

网庄严，过于日月。”

⑰东平：东平王刘苍，光武帝刘秀之子，汉明帝刘庄的同母弟。刘苍自幼好读经书，博学多才，曾作《光武受命中兴颂》，其文典雅，贾逵为其作注。永平元年(58)，刘苍被任命为骠骑将军，位在三公之上，留在京师辅政，成为东汉时期权势最高的藩王。刘苍也是一位贤良的藩王，汉明帝曾问他处家何等最乐，他答以“为善最乐”。琐琐：形容事情细小，不重要。东汉张衡《东京赋》：“薄狩于敖，既璅璅焉，岐阳之蒐，又何足数。”(璅璅，同“琐琐”。)

⑱陈思：陈思王曹植(192—232)，字子建，沛国谯县(今安徽亳州)人。是曹操与武宣卞皇后所生第三子，生前曾为陈王，去世后谥号思，故又称“陈思王”。曹植是三国时期曹魏著名文学家，建安文学的代表人物之一。其代表作有《洛神赋》、《白马篇》、《七哀诗》等。曹植天赋异禀，年十岁余，诵读诗、论及辞赋数十万言，善属文。但是他有文采而无伟略，缺乏政治智慧而又不善于律己，终至郁郁而终。庸庸：昏庸，平庸。汉王充《论衡·答佞》：“庸庸之君，不能知贤。”

⑲善来：善来比丘。根据经律记载，释迦在世时，愿意出家的佛弟子求佛为沙门时，佛对愿出家之人称“善来比丘”，此人便为沙门，得具足戒。《增一阿含经》卷十五：“诸佛常法，若称善来比丘，便成沙门。是时，世尊告迦叶曰：‘善来比丘！此法微妙，善修梵行。’是时，迦叶及五百弟子所着衣囊尽变作袈裟，头发自落，如似剃发以经七日。”

⑳清涂：清洁道路，清贵之途。晋葛洪《抱朴子内篇·金丹》：“俗人莫不怪予之委桑梓，背清涂，而躬耕林薮，手足胼胝，谓予有狂惑之疾也。”

㉑颙颙(yóng)：热切盼望的样子。

㉒保傅：指保养辅导太子的官官。《大戴礼记·保傅》：“保，保其身

体；傅，傅其德义。"《战国策·秦策三》："足下上畏太后之严，下惑奸臣之态，居深宫之中，不离保傅之手。"

【译文】

佛光王出生满三天，法师又上表说：

沙门玄奘言：玄奘听说《周易》称赞日新之义，《诗经》嘉美无疆子孙，所以周朝国祚绵长，汉代历数久远，应该就是这个道理啊。又听说龙门之水回旋腾涌，虽然源头很远而能使水流很长；桂树丛生，凭借根深而能芳香繁盛。俯伏思维皇朝的运数由历代君主先后继承，规矩因袭，累世培植仁义，浸润黎民百姓，这个情况由来已久了。因此太祖太宗荣登大宝，为子孙建立基业，可谓是根深源长啊。等到陛下登位，功业更加隆盛。返璞归真，超过三皇五帝的功业；制作礼乐，超越殷商、姬周的规矩。不以黄金屋为珍贵，而以救济苍生黎民为念。天不亮就穿衣起床，太阳偏西都忘了吃饭；一人庄严临朝，万里河山澄清。即使成汤、少康时期的盛世，也不及陛下此时啊。因此喜气洋溢，江海无波；天下遵从德风，四海沐浴教化。恩泽浩荡啊！道德巍峨啊！真是难以用语言来详细表述啊！不久，帝道感应苍天，神灵降下福瑞；吉月良辰，皇子诞生了。皇族后裔繁荣昌盛，皇亲宗室开枝散叶；普天之下的众生，无不庆幸有了依靠。玄奘更是万分高兴，不止为皇后的平安而心生喜悦，也着实为如来之有法嗣而感到欣慰。伏愿陛下不违背前面的敕令，让皇子出家。让陛下的后嗣成为法王之子，披上法服，建立法号，授以三皈，成为一名僧人。绍隆佛法，阐扬玄风，再秀禅林，重辉佛门。追寻净眼尊者的盛德足迹，践履月盖长者的高尚行为。断除二种缠缚，成就无上正等正觉。微妙的色身好似须弥山王；庄严的光明重重无尽，超过日月的光芒。然后慈云荫庇三千大千世界，慧炬朗照百亿部洲；敲击大法鼓挫败天魔，麾动得胜幡摧伏外道；接续佛法水流，扑灭异端邪说；断除无尽的烦恼，破除无始以来的无明，成为天人之师、调御之士。祈愿：祖先的神灵凭借孙子的功德而到达涅槃彼岸；皇帝和皇后因为儿子的福祉而万寿无疆。永远掌控天命图箓，恒常君临天下。儿子能够这样，才可以称作大孝，才可以说是荣耀宗亲。所以释迦放弃国家而追求菩提，就是为了这样啊。岂是东平王刘苍的小小善行、陈思王曹植的平庸才能，可以相提并论，共议优劣深浅的吗！恭谨地严装捧钵，盼望着善来比丘的到来；擦拭座位，清洁道路，等候着逾城而出的车驾。不胜欢慰期盼之至，恭谨地呈上表文。冒犯天威，惶恐战栗。

佛光王当即受三皈依，穿上袈裟，虽然由宫中保傅养育，但所居之处常常靠近法师。

十二月五日，满月，敕为佛光王度七人，仍请法师为王剃发。法师进表谢曰：

沙门玄奘言：昨奉恩旨，令玄奘为佛光王剃发，并敕度七人。所剃之发，则王之烦恼落也；所度之僧，则王之侍卫具也。是用震动波旬之殿，踊跃净居之怀[1]；弘愿既宣，景福弥盛。岂谓庸贱之手，得效伎于天肤；凡庶之人，蒙入道于嘉会。上下欣抃，悲喜交集。窃寻覆护之重，在裸所先；解脱之因，落饰为始。伏惟皇帝、皇后，道凝象外，福洽区中，所以光启妙门，聿修德本。所愿皇阶纳祐，玉扆延和[2]；临百亿天下，毕千万岁期[3]。佛光高子，乳哺惟宜；善神卫质，诸佛摩顶；增华睿哲之姿，允穆绍隆之寄。新度之僧荷泽既深，亦当翘勤道业，专精戒行；允嗣僧伦，伫当取草。不胜感荷之至，谨奉表以闻。

其日，法师又重庆佛光王满月，并进法服等。奏曰：

沙门玄奘言：窃闻抟风迅羽，累日而冲空；写月明玑[4]，逾旬而就满。是知禀灵物表[5]，亮彩天中者，固已后发其姝，惟新厥美者矣。惟佛光王，资上善以缔祥，阐中和而育德[6]。自微园降诞，天祠动瞻，睿气清襟[7]，寝兴纳祐[8]；玉颜秀表，晨夕增华。自非皇帝、皇后，慧日在躬，法流濯想，寄绍隆于磐石，启落饰于天人，其孰能福此褓衣，安兹乳哺，无灾无害，克岐克嶷者哉！今魄照初环，满月之姿盛矣；蓂枝再长[9]，如莲之目倩兮。所以紫殿慰怀，黔首胥悦；七众归怙[10]，四门伫鉴[11]。岂唯日索后言，鹤骖待驭而已[12]。玄奘幸承恩宠，许垂荫庇。师弟之望，非所庶几，同梵之情，实切怀抱。辄敢进金字《般若心经》一卷并函，《报恩经变》一部，袈裟法服一具，香炉、宝字、香案、澡瓶、经架、数珠、锡杖、澡豆盒各一[13]，以充道具，以表私欢。所冀篮载弄于半璋[14]，代辟邪于蓬矢[15]。俾夫善神见而踊跃，弘誓因以坚固，轻用干奉，实深悚惕。伏愿皇帝、皇后，尊迈拱辰[16]，明兼合耀，结欢心于兆庶，享延龄于万春。少海澄辉[17]，掩丕钊而取俊[18]；宠蕃振美[19]，镾间平以载驰[20]。所愿佛光王千佛摩顶，百福凝躯，德音日茂，善规丕相。不胜感荷，奉表以闻。

【注释】

①净居：指净居天，在色界四禅之最高处，有五重天，为证得不还果的圣者所生之处，因无外道杂居，故名“净居”。“五重天”即无烦

天、无热天、善现天、善见天、色究竟天。净居,亦指寺庙。

②玉扆(yǐ):饰玉的屏风。借指朝廷。

③期:原作“奇”。

④明玑:明珠一类的宝物。《说文》:“玑,珠之不圆者。”

⑤禀灵:秉受灵秀之气。南朝宋颜延之《赭白马赋》:“禀灵月驷,祖云螭兮。”

⑥中和:中庸之道的主要内涵,亦指中庸之道。《礼记·中庸》:“喜怒哀乐之未发,谓之中;发而皆中节,谓之和。中也者,天下之大本也;和也者,天下之达道也。致中和,天地位焉,万物育焉。”

⑦清襟:洁净的衣襟。引申为高洁的胸怀。南朝梁任昉《王文宪集序》:“粲答诗曰:‘老夫亦何寄,之子照清襟。’”

⑧寝兴:睡下和起床。泛指日夜或起居。晋潘岳《悼亡诗》之二:“寝兴目存形,遗音犹在耳。”

⑨蓂(míng)枝:亦作“蓂荚”,传说中尧时的一种瑞草。《竹书纪年·帝尧陶唐氏》:“又有草夹阶而生,月朔始生一荚,月半而生十五荚,十六日以后,日落一荚,及晦而尽,月小则一荚焦而不落,名曰‘蓂荚’。”

⑩七众:指佛教七类弟子,即比丘、比丘尼、沙弥、沙弥尼、式叉摩那(未受具足戒前学法中的尼众)、优婆塞、优婆夷。归怙(hù):归依。怙,依靠,凭借。

⑪四门:即明堂四方的门。亦指来宾或臣民。《尚书·舜典》:“宾于四门,四门穆穆。”

⑫鹤骖:太子的车驾。亦指得道者的车驾。

⑬宝字:称帝王神仙所写的字。

⑭簉(zào):附属,附加。载弄:玩弄。《诗经·小雅·斯干》:“乃生男子,载寝之床。载衣之裳,载弄之璋。其泣喤喤,朱芾斯皇,室家君王。”

⑮蓬矢：蓬梗制成的箭。《礼记·射义》："故男子生，桑弧、蓬矢六，以射天地四方。天地四方者，男子之所有事也。"

⑯拱辰：拱卫北极星，被拱卫的北极星。《论语·为政》："为政以德，譬如北辰，居其所，而众星拱之。"

⑰少海：指渤海。也称"幼海"。比喻太子。

⑱丕钊：勉励。

⑲宠蕃：指皇子。

⑳轥（lìn）：车轮辗过。

【译文】

十二月五日，满月，敕令为佛光王剃度僧人七名，又请法师为佛光王剃发。法师上表致谢说：

沙门玄奘言：昨天敬奉恩旨，让玄奘为佛光王剃发，并敕令剃度七人。为佛光王剃掉的头发，就是去除了佛光王的烦恼啊；所剃度的僧人，就是为佛光王配备的侍卫啊。因此震动魔波旬的宫殿，踊跃净居天的心怀，弘愿既已宣布，洪福更加隆盛。怎料玄奘庸贱之手能为佛光王剃发，平凡之人逢此盛会皈依佛门。上下欢欣鼓舞，悲喜交集。玄奘寻思：庇护的重点，应优先襁褓里的婴儿；解脱的因缘，应始于落发出家。俯伏思维皇帝、皇后，道行超越尘世之外，福德润泽寰宇之内，所以能开启众妙之门，修持道德之本。祈愿皇家纳福，朝廷延和；君临百亿计的须弥天下，享用千万年的无量福祚。佛光王要好好养育，使善神都来护卫他，诸佛给他摩顶；使其圣智的才华更加完美，希望将来他能庄严圣教，绍隆三宝。新剃度的僧人都深感陛下厚恩，必当勤修道业，专心戒行；承继法脉，结草衔环以报答陛下。不胜感激之至，恭谨地向您上表。

当天，法师又再次庆贺佛光王满月，并呈上法服等贺礼。启奏道：

沙门玄奘言：我听说乘风疾飞的猛禽能够连续多日搏击长空；倾洒月光的明玑，十几天就能具足圆满。由此可知，秉受灵秀之气，超然物外，光彩照亮中天者，本来就是后发姝丽，并自我更新啊。佛光王依托至善之道以缔结祯祥，阐扬中庸之道来培育道德。自其诞生以来，天祠震动，诸神瞻视；聪睿的气质和高洁的胸怀日夜纳福，美丽的容貌和秀丽的仪表也日夜增美。如果不是皇帝、皇后心地光明正大，思想上清洁纯净，坚定不移地绍隆佛法，让天人都出家修道，谁的孩子能有福气穿此婴儿的衣服，安心接收哺乳，无灾无难，又聪明又乖巧呢！如今满月的皇子健康平安，福瑞增长，身姿壮美，眼睛如青莲一样美好。所以皇帝、皇后十分欣慰，黎民百姓都很欢悦；佛教七众都归附依凭，明堂四门也伫立瞻视。难道只是每天索求谶纬预言，不过是太子的车驾等待驾驭罢了。玄奘有幸承蒙恩宠，答应垂赐庇佑。师徒的名分，不是我所敢奢望的；共同修习梵行，实在是切近我的心意。恭敬地呈上函装金字《般若心经》一卷，《报恩经变》一部，袈裟法服一件，香炉、宝字、香案、澡瓶、经架、数珠、锡杖、澡豆盒各一件，用来充作皇子的道具，并表达我个人的欢悦之情。希望附加于玩弄的白玉璋，代替避邪的蓬矢。使善神见到欢喜踊跃，宏大的誓愿也因之更加坚固。冒昧进献，深怀惶恐。伏愿皇帝、皇后，尊贵超过被众星拱卫的北极星，光明如同日月星辰一起照耀，与亿兆黎民同结欢心，福寿万年。太子清澈的光辉，无须勉励就才智出众；皇子振发华美，车轮飞越高山和大海。祈愿佛光王千佛摩顶，百福凝聚，道德的音声日益丰茂，美好的典范受到赞誉。不胜感激，奉表上奏。

二年春二月[①]，驾幸洛阳宫，法师亦陪从，并翻经僧五人、弟子各一人，事事公给。佛光王驾前而发，法师与王子同去，余僧居后。既到，安置积翠宫。

夏四月，车驾避暑于明德宫[②]，法师又亦陪从，安置飞华殿。其宫南接皂涧，北跨洛滨，则隋之显仁宫也。

五月，敕法师还于积翠宫翻译。法师既奉帝旨，进表辞曰：

> 沙门玄奘言：伏蒙恩旨许令积翠宫翻经。仰佩优渥，诚深喜戴；伏念违离，旋增愍然[③]。玄奘功微勋府，道谢德科，而久紊荣章[④]，镇荷曾覆；循涯知惧，临谷匪危。伏惟皇帝、皇后，圣哲含弘，仁慈亭育，故使万类取足，一物获安。既而近隔兰除[⑤]，听扬銮而悲结；甫瞻茨岭，想多豫而欣然。伏愿玉宇延和，仙桃荐寿；迈甘泉之清暑，等瑶水之佳游。所冀温树迎秋[⑥]，凉飙造夏；候归轩于砥陌[⑦]，俨幽锡于乔林。称庆万春，甘从九逝[⑧]。不胜感恋之极，谨附表奉辞以闻。荒越在颜[⑨]，冰火交虑。

【注释】

①二年：显庆二年，即657年。

②明德宫：即隋显仁宫。大业元年(605)，隋炀帝"诏尚书令杨素、纳言杨达、将作大匠宇文恺营建东京，徙豫州郭下居人以实之"。其间，宇文恺还受命在河南郡寿安县(今河南宜阳)营造显仁宫，"南接皂涧，北跨洛滨"，为建造此宫，"发大江之南、五岭以北奇材异石，输之洛阳；又求海内嘉木异草，珍禽奇兽，以实园苑"。

③愍然：忧愁，烦闷。

④荣章：荣显，显扬。

⑤兰除：栏杆和台阶。兰，同"栏"。除，台阶。

⑥温树：温室树，夏天的树。常用来借指处事严谨的官员，引申为帝都。

⑦砥陌：平坦的大道。

⑧九逝：飞逝。《楚辞·九章·抽思》："惟郢路之辽远兮，魂一夕而九逝。"

⑨荒越：胆大妄为，放纵越轨。汉荀悦《经籍论》："上下咸序，五品有章；淫则荒越，民失其性。"

【译文】

显庆二年春二月，高宗驾幸洛阳宫，法师也陪同前往，并带上五位译经僧人，每个译经僧又各带弟子一人，所需都由官府供给。佛光王在车驾之前已先行出发，法师与他同行，其余僧人随后前往。到达洛阳后，法师住在积翠宫。

夏四月，高宗前往明德宫避暑，法师又陪同前往，住在飞华殿。该宫南接皂涧河，北跨洛水之滨，即隋代的显仁宫。

五月，高宗敕令法师回到积翠宫译经。法师收到圣旨后，就上表辞行，说道：

沙门玄奘言：承蒙陛下恩旨准许我到积翠宫翻译佛经。玄奘深受陛下厚恩，内心极为欢喜；又想到要和陛下分离，随即又感到忧愁烦闷。玄奘功业微浅，德行有愧，长久以来却荣光显耀，不断荷蒙陛下圣恩；内心虽常怀恐惧，却依然平安无恙。俯伏思维皇帝、皇后，德智超凡，体天行道，宽厚仁慈，化育群生，所以使万物所需具足，每一件事物都获得安隐。我很快就要与陛下相隔栏阶，听到銮铃之声就心生悲伤，看到小山就想起快乐的往事而欣悦。伏愿宫廷延和，仙桃庆寿；超过到甘泉去避暑，等同于巡游瑶池。希望帝都迎接秋天的来临，凉爽的风造访酷热的夏天，等候回归的銮驾踏上平坦的大道，玄奘则振锡于乔木林中。称庆万年，任由时光飞逝。不胜感激眷恋之至，恭谨地上表辞行。恣意妄为，深感忧虑。

法师在京之日，先翻《发智论》三十卷及《大毗婆沙》未了。至是有敕报法师曰："其所欲翻经、论，无者先翻，有者在后。"

法师进表曰：

窃闻冕旒庸俗，咸竞前修；述作穷神，必归睿后①。皇帝造物，玄猷远畅；掩王城于侯甸②，光贝叶于羽陵③。傍启译寮，降绢鸿序；腾照千古，流辉万叶。陛下纂承丕业，光敷远韵；神用日新，赏鉴无怠。玄奘滥沐天造，肃承明诏；每抚庸躬，恒深悚息。去月日奉敕，所翻经、论，在此无者宜先翻，旧有者在后翻。但《发智》、《毗婆沙论》有二百卷，此土先唯有半，但有百余卷，而文多舛杂，今更整顿翻之。去秋已来，已翻得七十余卷，尚有百三十卷未翻。此《论》于学者甚要，望听翻了。余经、论有详略不同，及尤舛误者，亦望随翻，以副圣述。

帝许焉。

【注释】

①睿后：圣明的君主。南齐谢朓《三日侍华光殿曲水宴代人应诏诗》："于昭睿后，抚运天飞。凝居中县，神动外畿。"

②侯甸：侯服与甸服，指王畿外围千里以内的区域。五百里以内为甸服，五百至一千里为侯服。详参前"荒服"注（卷八）。

③羽陵：指贮藏古代秘籍之处。《穆天子传》卷五："仲秋甲戌，天子东游，次于雀梁，蠹书于羽陵。"

【译文】

法师在京城时，已经开始翻译《发智论》三十卷和《大毗婆沙论》，但还没有译完。这时高宗有敕令通知法师说:“准备翻译的经、论,先翻译还没有汉译本的经、论,已经有汉译本的经、论放到后面再译。”

法师上表说:

我听说平庸鄙陋的帝王,都相竞于前贤;著书立说,穷尽神妙,必然是圣明的君主。先皇造化万物,玄奥的圣道远播四方;掩取王城至于帝都近郊,发扬光大贝叶经文于东土大唐。并建立译场,撰写圣序;腾照千古,流辉万年。陛下承继大业,广布法音;神用日日更新,鉴赏毫不懈怠。玄奘深受皇恩,又承蒙陛下英明的诏示;每每反躬自省,常常深感惶恐。前些时候收到的敕令说,准备翻译的经、论,应先翻译汉地还没有的经、论,已经有汉译本的经、论以后再翻译。但是《发智论》、《大毗婆沙论》有二百卷,汉地旧译本仅有一半,一百多卷,而且译文中还有很多讹误,如今重新整理翻译。去年秋天以来已经翻译了七十多卷,还有一百三十卷没有翻译。这部《论》对学习佛法十分重要,希望能允许译完。其他经、论如果详略不同,或错误太多,也希望能随时翻译,以副圣意。

高宗同意了。

法师少离京洛,因兹扈从,暂得还乡,游览旧廛[①],问访亲故,沦丧将尽。唯有姊一人,适瀛州张氏,遣迎,相见悲喜。问姊父母坟垄所在,躬自扫谒。为岁久荒颓,乃更详胜地,欲具棺椁而改葬。虽有此心,未敢专志,法师乃进表请曰:

沙门玄奘言:玄奘不天[②],夙种荼蓼[③]。兼复时逢隋乱,殡掩仓卒。日月不居,已经四十余载,坟垄颓毁,殆将湮灭。追惟平昔,情不自宁。谨与老姊一人,收捧遗柩,去彼狭陋,改葬西原。用答昊天,微申罔极。昨日蒙敕,放玄奘出三两日检校。但玄奘更无兄弟,唯老姊一人。卜远有期，用此月二十一日安厝[4]。今观葬事，尚寥落未办，所赐三两日，恐不周匝。望乞天恩，听玄奘葬事了还。又婆罗门上客，今相随逐，过为率略，恐将嗤笑。不任缠迫忧慑之至[5]，谨附表以闻。伏乞天覆云回，曲怜孤请。

【注释】

①旧廛(chán)：旧宅。廛，指民居、民宅。

②不天：不为天所护佑。《左传·宣公十二年》："郑伯肉袒牵羊以逆，曰：'孤不天，不能事君，使君怀怒，以及敝邑，孤之罪也。'"

③荼蓼：荼味苦，蓼味辛，故比喻艰难困苦。《后汉书·陈蕃传》："今帝祚未立，政事日蹙，诸君奈何委荼蓼之苦，息偃在床，于义不足，焉得仁乎！"北齐颜之推《颜氏家训·序致》："年始九岁，便丁荼蓼，家涂离散，百口索然。"

④安厝(cuò)：安葬。《孝经·丧亲》："卜其宅兆而安厝之。"

⑤缠迫：时间紧迫。谓日月运行，岁月迫人；或谓时光迅速，余日无多之意。南朝梁任昉《为卞彬谢修卞忠贞墓启》："感慨自哀，日月缠迫。"忧慑：忧愁悲戚。《吕氏春秋·下贤》："得道之人，贵为天子而不骄倨，富有天下而不骋夸，卑为布衣而不瘁摄，贫无衣食而不忧慑，恳乎其诚自有也。"

【译文】

法师从小就离开洛阳，这次因为扈从车驾，才得以抽时间回到故乡，游览旧日的坊里，寻访旧时的亲友，几乎都已经去世了。只有一位姐姐，嫁给瀛州的张家，法师派人请来，姐弟相见后悲喜交集。法师向姐姐询问父母坟墓所在，亲自前去祭扫。因为坟墓年久荒颓，想要另选择块好地，准备棺椁改葬。玄奘虽有这个想法，但不敢擅自主张，先上表向高宗请示说：

沙门玄奘言：玄奘为天所弃，频频遭遇艰难困苦。又遇上隋末天下大乱，殡葬十分仓猝。岁月流转，已经四十多年了，坟墓坍塌毁坏，几乎将要埋没消失了。追怀往昔，心情不能平静。打算和老姐姐一起恭谨地收捧遗柩，离开这狭陋之地，迁葬到西原。用以报答父母天高地厚之恩，稍稍表达对父母的无穷哀思之情。昨天收到敕令，给玄奘三两天时间回乡省亲。但玄奘没有别的兄弟，只有一位老姐姐。经占卜，选择迁葬的日期定于本月二十一日。今观迁葬之事，还有很多准备事项没有办理，陛下所准许的三两天时间，恐怕不够用。希望陛下再垂天恩，允许玄奘将安葬之事办完了再回去。另外，现有上宾婆罗门与我相伴而行，如果安葬之事办理得过于草率，恐怕要被他们嗤笑。不胜紧迫忧戚之至，恭谨地呈上表文。伏乞陛下仁德广被，垂怜玄奘的祈请。

帝览表，允其所请。仍敕所司，其法师营葬所须，并宜公给。法师既荷殊泽，又进启谢曰：

沙门玄奘启：玄奘殃深釁积，降罚明灵，不能殒亡，偷存今日。但灰律骤改[①]，盈缺匪居，坟垄沦颓，草棘荒蔓，思易宅兆[②]，弥历岁年，直为远隔关山，不能果遂。幸因陪随銮驾，得届故乡；允会宿心，成兹改厝。陈设所须，复蒙皇帝、皇后曲降天慈，赐遣营佐。不谓日月之光，在瓦砾而犹照；云雨之泽，虽蓬艾而必沾[③]。感戴屏营，喜鲠兼集，不任存亡衔佩之至[④]，谨附启谢闻。事重人微，不能宣尽。

法师既蒙敕许，遂改葬焉。其营送威仪，并公家资给。时洛下道俗赴者万余人。

【注释】

①灰律:又作"灰管"、"灰琯",古代候验气候的器具。把芦苇茎内的薄膜制成灰,放在十二律的玉管内,置玉管于木案上,每月当节气,则中律的管内的灰就会自行飞出,以之占验时序,谓之"灰律"。《晋书·志·律历上》:"又叶时日于晷度,效地气于灰管,故阴阳和则景至,律气应则灰飞。"引申为时序、节候。唐太宗《于太原召侍臣赐宴守岁》:"四时运灰律,一夕变冬春。"

②宅兆:指坟墓的四界。宅,指墓穴。兆,指茔域。《孝经·丧亲》:"卜其宅兆而安厝之。"

③蓬艾:蓬蒿与艾草。亦泛指丛生的杂草。

④衔佩:指衔在口中,佩在身上。表示牢记,永志不忘。三国魏曹植《谢妻改封陈妃表》:"况臣含气,衔佩弘惠,没而后已。"

【译文】

高宗看了表文,同意了法师的请求。又敕令有关官员,法师营葬所需,都由官府供给。法师蒙受皇帝恩泽,又上表致谢说:

沙门玄奘禀告:玄奘罪孽深重,神灵降下惩罚,又得以不死,偷生至今日。但时光飞逝,不可留住,父母的坟墓陷没倒塌,荒草蔓延,想要迁葬到新墓地,已经很多年了,只因为远隔重山,不能遂愿。庆幸这次因为陪伴圣驾,得以回到故乡;果然得偿夙愿,成全了为父母改葬之事。所需要的陈列摆设,又蒙皇帝、皇后仁慈垂悯,派遣官府予以帮助。不意日月的光芒会照耀破砖碎瓦,云雨的恩泽也沾润蓬蒿艾草啊。感戴惶恐,悲喜交集,不胜感激之至,恭谨地禀告致谢。事情重大,玄奘卑微,不能尽意。

法师得到高宗许可,迁葬了父母的坟茔。迁葬所需的礼仪用具,都由官府提供。当时洛阳僧俗前来送葬的有一万多人。

后魏孝文皇帝自代徙都洛阳,于少室山北造少林伽蓝,因地势之高卑，有上方、下方之称，都一十二院。东据嵩岳，南面少峰，北依高岭，兼带三川。耸石巉岩[①]，飞泉萦映，松萝共篔筜交葛[②]，桂柏与杞梓萧森，壮婉清虚，实域中之佳所。其西台最为秀丽，即菩提流支译经处，又是跋陀禅师宴坐之所，见有遗身之塔。大业之末，群贼以火焚之，不然[③]，远近珍异。寺西北岭下缑氏县之东南凤凰谷陈村，亦名"陈堡谷"，即法师所生地也。秋九月二十日，法师请入少林寺翻译。

表曰：

沙门玄奘言：玄奘闻菩提路远，趣之者必假资粮[④]；生死河深，渡之者须凭船筏。资粮者，三学三智之妙行[⑤]，非宿舂之类也[⑥]；船筏者，八忍八观之净业[⑦]，非方舟之徒也。是以诸佛具而升彼岸，凡夫阙而沉生死。由是茫茫三界，俱漂七漏之河[⑧]；浩浩四生[⑨]，咸溺十缠之浪[⑩]。莫不波转烟回，心迷意醉；穷劫石而靡殆，尽芥城而弥固。曾不知驾三车而出火宅，乘八正而适宝坊[⑪]，实可悲哉！岂直秋之为气，良增叹矣！宁惟孔父之情[⑫]，所以未尝不临食辍餐，当寐而惊者也。玄奘每惟此身，众缘假合，念念无常。虽岸树井藤，不足以俦危脆；干城水沫[⑬]，无以譬其不坚。所以朝夕是期，无望长久。而岁月如流，六十之年，飒焉已至。念兹遄速，则生涯可知。加复少因求法，寻访师友，自他邦国，无处不经，涂路遐遥，身力疲竭。顷年已来，更增衰弱。顾阴视景，能复几何？既资粮未充，前途渐促，无日不以此伤嗟，笔墨陈之不能尽也。

然轻生多幸，属逢明圣，蒙先朝不次之泽，荷陛下非分之恩，沐浴隆慈，岁月久矣。至于增名益价，发誉腾声；无翼而飞，坐陵霄汉；受四事之供，超伦辈之华；求之古人，所未有也！玄奘何德何功，以至于此！皆是天波广润⑭，日月曲临⑮，遂使燕石为珍⑯，驽骀取贵⑰。抚躬内省，唯深惭恧！且害盈恶满⑱，乃前哲之雅旨；少欲知足，亦诸佛之诚言。玄奘自揆艺业空虚⑲，名行无取；天慈圣泽，无宜久冒。望乞骸骨，毕命山林；礼诵经行，以答提奖⑳。又蒙陛下以轮王之尊，布法王之化；西域所得经本，并令翻译。玄奘猥承人乏，滥当斯任。既奉天旨，夙夜靡宁。今已翻出六百余卷，皆三藏、四含之宗要，大、小二乘之枢轴；凡圣行位之林薮㉑，八万法门之海泽。西域称咏，以为镇国镇方之典。所须文义，无披不得。譬犹择木邓林，随求大小；收珍海浦，任取方圆。学者之宗，斯为仿佛。玄奘用此奉报国恩，诚不能尽，虽然，亦冀万分之一也。

但断伏烦恼，必定慧相资，如车二轮，阙一不可。至如研味经、论，慧学也；依林宴坐，定学也。玄奘少来，颇得专精教义，唯于四禅九定，未暇安心。今愿托虑禅门，澄心定水；制情猿之逸躁，縶意马之奔驰。若不敛迹山中，不可成就。窃承此州嵩高少室，岭嶂重叠，峰涧多奇，含孕风云，包蕴仁智，果药丰茂，萝薜清虚㉒，实海内之名山，域中之神岳。其间复有少林伽蓝、闲居寺等，皆跨枕岩壑，萦带林泉，佛事尊严，房宇闲邃。即后魏三藏菩提流支译经之处也，实可归依，以修禅观。又两疏朝士[23]，尚解归晦辞荣；巢、许俗人[24]，犹知栖真蕴素。况玄奘出家为法，翻滞阛中，清风激人，念之增愧者也！

伏惟陛下明逾七曜，照极九幽。伏乞亮此愚诚，特垂听许，使得绝嚣尘于众俗，卷影迹于人间；陪麋鹿之群，随凫鹤之侣。栖身片石之上，庇影一树之阴；守察心猿，观法实相。令四魔九结之贼[25]，无所穿窬[26]；五忍十行之心[27]，相从引发。作菩提之由渐，为彼岸之良因。外不累于皇风，内有增于行业。以此送终，天之恩也。傥蒙矜许，则庐山慧远，雅操庶追；剡岫道林[28]，清徽望续。仍冀禅观之余，时间翻译。无任乐愿之至，谨诣阙奉表以闻。轻触宸威，追深战越。

帝览表不许。

【注释】

①巉(chán)岩：险峻的山岩。巉，山势高峻。

②篔筜(yún dāng)：一种大竹。

③然：同“燃”。

④趣(qū)：前往。

⑤三智：指一切智、道种智、一切种智。“一切智”是指了知一切诸法空相的智慧，为声闻、缘觉所具有；“道种智”是指了知一切诸法种种差别假相的智慧，为菩萨所具有；“一切种智”是指能够了悟一切诸法空相与假相(自相)的智慧，为佛所具有。

⑥宿舂(chōng):指隔夜舂米备粮,后泛指少量的粮食。《庄子·逍遥游》:“适莽苍者三飡而反,腹犹果然;适百里者宿舂粮;适千里者三月聚粮。”

⑦八忍:“四法忍”与“四类忍”的合称。四法忍,指苦法忍、集法忍、灭法忍、道法忍,此“四法忍”,忍可印证欲界的四谛;“四类忍”,指苦类忍、集类忍、灭类忍、道类忍,此“四类忍”,忍可印证色界无色界的四谛。“八忍”可以正确地断除三界内的见惑。八观:又作“八智”,即苦法智、集法智、灭法智、道法智、苦类智、集类智、灭类智、道类智。“八忍”“八观”为见道位的忍与智,即于“见道”观四谛,而生无漏之忍、智,亦称“见道十六心”。

⑧七漏:指七种有漏烦恼,即见漏、修漏、根漏、恶漏、亲近漏、受漏、念漏。一、见漏,指种种邪见,乃见道所断。二、修漏,指贪、瞋、痴等,乃修道所断。三、根漏,指依眼、耳、鼻、舌等根而生的烦恼,此乃约诸根门为能生诸烦恼之外缘而立。四、恶漏,指由一切恶象、恶王、恶知识、恶国等恶事、恶法而生的烦恼。五、亲近漏,指由亲近衣服、饮食、房舍、医药等四事而生的烦恼。六、受漏,指苦、乐、舍三受,能生贪、瞋、痴等诸烦恼。七、念漏,指邪念,能生烦恼,故名“念漏”。漏,烦恼之异称,谓一切烦恼之流注漏泄。

⑨四生:指卵生、胎生、湿生、化生,泛指一切有情众生,或作为有情众生之别称。

⑩十缠:指十种缠缚众生的烦恼,即无惭、无愧、嫉、悭、悔、睡眠、掉举、昏沉、瞋忿、覆。

⑪宝坊:指欲界、色界中间的大宝坊,佛陀曾于此说《大集经》。《大集经》卷一:“尔时,如来示现无量神通道力,渐渐至彼七宝坊中,……诸大菩萨俱共发,来至娑婆世界大宝坊中。”又,舍卫国给孤独长者曾以黄金(“七宝”之一)布地,购得祇陀太子的园

林为释尊建精舍，因此寺院亦称为“宝坊”、“金地”。

⑫孔父之情：孔父，孔子。《论语·子罕》：“子在川上曰：‘逝者如斯夫！不舍昼夜。’”

⑬干城：城墙。

⑭天波：指皇帝的恩泽。晋陆机《谢平原内史表》：“则尘洗天波，谤绝众口。”

⑮日月：喻指帝和后。《礼记·昏义》：“故天子之与后，犹日之与月。”《史记·魏其武安侯列传论》：“魏其之举以吴楚，武安之贵在日月之际。”曲临：俯照。《宋书·谢灵运传》：“仰凭陛下天鉴曲临，则死之日，犹生之年也。”

⑯燕石：燕山所产的一种类似玉的石头。比喻不足珍贵之物。《山海经·北山经》：“北百二十里，曰燕山，多婴石。”

⑰驽骀(tái)：劣马。比喻庸才。驽、骀，都指劣马。取贵：受重视，得到好评。晋赵至《与嵇茂齐书》：“表龙章于裸壤，奏韶舞于聋俗，固难以取贵矣。”

⑱害盈：谓使骄傲自满者受祸害。《周易·谦卦》：“鬼神害盈而福谦。”

⑲揆(kuí)：揣测，测度。

⑳提奖：提拔奖励。《北齐书·赵彦深传》：“凡诸选举，先令铨定，提奖人物，皆行业为先，轻薄之徒，弗之齿也。”

㉑林薮(sǒu)：山林与泽薮，指山野隐居的地方。比喻事物聚集之所。东汉班固《典引》：“是时圣上……屡访群儒，谕咨故老，与之斟酌道德之渊源，肴核仁谊之林薮。”

㉒萝薜：女萝和薜荔。泛指攀援的蔓生植物。《楚辞·九歌·山鬼》：“若有人兮山之阿，被薜荔兮带女罗。”

㉓两疏：指汉代疏广与其侄子疏受。疏广为太傅，疏受为少傅，因年老同时主动辞官，受到人们尊重。疏广(？—前45)，字仲翁，

东海兰陵(在今山东临沂境内)人。少好学,明《春秋》,家居教授。后征为博士太中大夫,后任少傅、太傅。他哥哥的儿子疏受(? —前48),字公子,亦以贤良举为太子家令,后拜受为少傅。太子每朝,因进见,太傅在前,少傅在后。叔、侄二人并为师傅,朝廷以之为荣。任职五年,皇太子年十二,通《论语》、《孝经》、《尚书》等。功成身退,叔侄俱辞归,送者盈衢。道路观者皆赞叹说:"贤哉! 二大夫。"传见《汉书》卷七十一。

㉔巢、许:巢父和许由。传说他们都是上古时代的隐逸之士,后世以"巢许"代称隐士,用来称颂高洁的志向。晋皇甫谧《高士传》:"巢父者,尧时隐人也。山居不营世利,年老以树为巢,而寝其上,故时人号曰'巢父'。尧之让许由也,由以告巢父,巢父曰:'汝何不隐汝形,藏汝光,若非吾友也!'击其膺而下之,由怅然不自得。乃过清泠之水,洗其耳,拭其目,曰:'向闻贪言,负吾之友矣!'遂去,终身不相见。"同传又说:"许由,字武仲,阳城槐里人也。为人据义履方,邪席不坐,邪膳不食。后隐于沛泽之中。尧让天下于许由……由于是遁耕于中岳颍水之阳,箕山之下,终身无经天下色。尧又召为九州岛长,由不欲闻之,洗耳于颍水滨。时其友巢父牵犊欲饮之,见由洗耳,问其故。对曰:'尧欲召我为九州岛长,恶闻其声,是故洗耳。'巢父曰:'子若处高岸深谷,人道不通,谁能见子。子故浮游,欲闻求其名誉,污吾犊口。'牵犊上流饮之。许由没,葬箕山之巅,亦名许由山,在阳城之南十余里。"

㉕四魔:即烦恼魔、五阴魔、死魔、天魔。九结:九种结缚,指九种令众生不得出离生死的烦恼,分别为爱、恚、慢、无明、见、取、疑、嫉、悭。

㉖穿窬(yú):即穿墙翻壁,指偷盗行为。

㉗五忍:指伏、信、顺、无生、寂灭五忍。前四忍各分上、中、下三品,

后一忍分上、下二品，总称为“十四忍”。十行：又作“十行心”、“十种行”，指菩萨的十种修行，属于五十二阶位中的第二十一至第三十位。即：一、欢喜行，指菩萨以无量如来之妙德，随顺十方，不求果报。二、饶益行，指善能利益一切众生。三、无瞋恨行，又作“无违逆行”，指修忍辱，离瞋怒，谦卑恭敬，不自害，不害他，对怨能忍。四、无尽行，又作“无屈挠行”，指菩萨精进修行，断一切烦恼，发心度一切众生，毫不懈怠。五、离痴乱行，又作“无痴乱行”，指常住正念，心无散乱，于一切法无痴乱。六、善现行，谓知无有法，三业寂灭，无缚无着，而亦不舍教化众生。七、无着行，指历诸尘刹供佛求法，心无厌足，而亦以寂灭观诸法，故于一切无所着。八、尊重行，又作“难得行”，指尊重善根、智慧等法，成就“与一切佛同一性善根，具备一切菩萨的苦行，救济众生”。九、善法行，指得四无碍陀罗尼门等法，成就种种化他之善法，以守护正法，令佛种不绝。十、真实行，成就第一义谛之语，“入因陀罗网法界”，实现如来无碍解脱，如说能行，如行能说，语行相应，色心皆顺。“十行”是以救度众生和自求善提为目的。据《华严经疏》卷二二和卷二三，“行”是指“随缘顺理造修”，“若约十行别体，即以十波罗蜜为体”。

㉘道林：即支道林。他曾隐居剡山。详见前注“支遁”(本卷)。

【译文】

当年北魏孝文帝从平城迁都到洛阳，在少室山北麓建造了少林寺，依地势的高低，有上方、下方之称，共十二院落。东据嵩岳，南面少室，北依高岭，兼带三川。山石耸峙，飞泉映带，松萝和绿竹葛藤交杂，桂柏与杞梓茂盛繁密，雄壮婉丽，清静虚无，真是人间胜境。其中西台最为秀丽，是当年菩提流支译经之处，也是跋陀禅师坐禅的地方，灵塔至今还在。大业末年，群贼纵火焚烧，火不能燃烧，远近之人无不诧异。寺西北岭下缑氏县东南方向的凤凰谷陈村，又叫“陈堡谷”，就是法师的出生地。秋九月二十日，法师上表请求入住少林寺译经。

表文说：

沙门玄奘言：玄奘听说菩提之路遥远，求证菩提的人必须借助资粮；生死之河深广，解脱生死的人必须凭借船筏。所谓的资粮乃是三学、三智的妙行，而不是若干粮食啊；所谓的船筏乃是八忍、八观的净业，而不是舟船之类的渡河工具啊。所以诸佛具备净业妙行而到达涅槃彼岸，而凡夫缺少这些业行而沉沦生死此岸。因此茫茫三界众生，都漂浮在烦恼河流之上；浩浩四生有情，都沉溺于烦恼的浪涛之中。无不烟波流转，瞬息即逝，而凡愚众生，意乱情迷；即使经历芥城劫、磐石劫那样长的时间也毫不怠倦，反而更加顽固。竟不知驾驶三车出离火宅，乘驭八正到达七宝坊中，真是太可悲了！这秋天的萧飒之气，确实也更增感叹啊！哪里只是孔子那样的圣人才有感情，发出“逝者如斯夫”的感慨，所以我也未尝不在将要吃饭时而放下碗筷，正在睡眠时而忽然惊醒。玄奘常常想，我这身体乃是众缘和合的假有，念念无常。即使河岸的树木、枯井里的藤蔓，也不足以和它的危险脆弱相比；即使城墙上的水沫，也不能譬喻它的不坚实。所以这身体朝不保夕，不能期望长久。然而岁月如水流逝，转瞬之间我已经六十岁了。想到时光如此疾速，则可以预知生命的限度。再加上年少时因为求学，寻访师友，国内国外，无处不去，路途遥远，身疲力竭。近年以来，身体更加衰弱。回视光阴，人生能有多长时间呢？既然解脱的资粮还未充足，而有生的日子越来越少，无日不为此感伤叹息，这种心境不是用语言文字可以表述的。

然而玄奘平凡的生命又是多么幸运啊，能遇到圣明的君主，蒙受先皇和陛下的殊胜恩泽，已经很久了。至于扩大名声，抬高身价，发起赞誉，传扬声望；没有翅膀而迅疾飞翔，坐着不动而身居高位；接受四事供养，超出同辈所享受的荣华富贵；寻求古人，都未曾有过这样的待遇啊！玄奘何德何能，以至于受此恩宠！都是天恩浩荡啊，皇帝皇后对我的宠幸啊，遂使燕石成为珍品，劣马受到重视。反躬自省，深感惭愧！况且忌讳盈满，乃是前哲的高雅旨趣；少欲知足，也是诸佛的至诚言语。玄奘自度学业空虚，名声和品行不足取；陛下的仁慈恩泽，不宜长久冒领。望乞骸骨以归，终老山林；礼佛诵经，修习禅定，以报答陛下提携奖励。又承蒙陛下以转轮圣王之尊，流布法王的教化；敕令翻译从西域带回的经本。玄奘无才无能，勉强承担这个任务。既已敬奉圣旨，日夜不得安宁。如今已经译出六百多卷，都是三藏、四含的宗趣要旨，大、小二乘的关键核心；凡圣修行次第的聚集之处，八万四千法门的汇聚之所。西域各国无不称扬，以为镇国镇方的宗经宝典。所需经文义理，无所不备。譬如从邓林选择木材，随意求取大小；从海滨收集珍珠，任意选取方圆。修学佛法者以之为宗要，与此相仿。玄奘以此奉报国恩，当然不能尽报，虽然如此，也希望能报答万分之一的国恩啊。

但是断除烦恼，必须定慧双修，如车之两轮，缺一不可。至于研究经、论，乃是慧学；依林宴坐，方是定学。玄奘自幼就专门研究教义，只是没有时间用心四禅九定。如今希望寄情禅门，静心定水；控制躁动的心猿，束缚奔驰的意马。如果不隐居山中，不可成就。玄奘私下认为此州嵩岳少室山，岭嶂重叠，峰涧多奇，含孕风云，包藏仁智，果药丰茂，萝薜清虚，实在是海内的名山、域中的神岳。其间又有少林寺、闲居寺等，都枕岩跨壑，萦带林泉，佛事庄严，房屋闲静。即是北魏三藏菩提流支译经的地方，确实可以归依，以修习禅观。另外，疏广、疏受乃朝堂贤士，尚且知道归隐辞荣；巢父、许由是平常俗人，还知道返本存真。况且玄奘为求佛法而出家，反而滞留红尘之中，清高之风令人警醒，念及此事真是徒增愧疚啊！

俯伏思维皇帝陛下，圣明超过七曜的光芒，朗照九幽极深之地。俯伏祈求陛下体谅玄奘这一片诚意，特垂圣恩，予以准许，使玄奘得以远离俗世喧嚣，隐迹人间；随顺自然，与麋鹿、凫鹤为伍。盘坐在岩石之上，禅定在树荫之下；守护观察心猿意马，观照诸法如如实相。使四魔九结之类的烦恼结缚，无从侵扰；五忍十行的菩提之心，相继发起。修行菩提之路的渐进之阶，成就涅槃彼岸的良善因缘。对外不拖累皇帝的教化，对内有助于玄奘的行业。以此终养天年，陛下的圣恩啊。倘若蒙陛下垂许，则庐山慧远的高雅情操尚可追寻，剡岫道林的清美音声有望延续。还希望在修习禅观之余，抽时间译经。不胜乐意之至，恭谨地前往宫阙呈上表文。冒犯天威，深感惶恐。

高宗看了表文，没有准许。

其月二十一日，神笔自报书曰：

省表知欲晦迹岩泉，追林、远而驾往[①]；托虑禅寂，轨澄、什以标今[②]。仰挹风徽，实所钦尚！朕业空学寡，靡究高深。然以浅识薄闻，未见其可。法师津梁三界，汲引四生；智皎心灯，定凝意水。非情尘之所翳，岂识浪之能惊！道德可居，何必太华叠岭[③]？空寂可舍，岂独少室重峦？幸戢来言，勿复陈请。则市朝大隐，不独贵于昔贤；见闻弘益，更可珍于即代。

【注释】

①林、远：支道林、慧远。详见前注(本卷、卷一)。

②澄、什：佛图澄、鸠摩罗什。详见前注(序、卷一)。

③太华：即西岳华山。在陕西华阴南，因其西有少华山，故称“太华”。

【译文】

当月二十一日，高宗亲笔回书答复说：

阅览表文，得知法师想要隐迹岩泉，追慕支道林、慧远而要前往嵩山；归心禅寂，效法佛图澄、鸠摩罗什以标榜当今。抑扬风范，实在令人崇敬！朕行业空虚，学识微浅，不能穷究高深的道理。然而以朕浅薄的见识，却认为此事不可。法师乃是三界众生的津梁，引导众生到达解脱彼岸；智慧之灯朗照，禅定之水湛然。不是情爱尘垢所能遮蔽，岂是诸识波动所能惊怖！如果是道德可以居住的地方，何必是华山叠岭？如果是空寂可以栖息的地方，岂独为少室重峦？希望法师收回这样的话，不要再陈请了。则大隐隐于市朝，并不是只有先贤可以做到；弘扬所见所闻，在当代更是弥足珍贵。

敕既令断表，不敢更言。法师既奉敕书，进启谢曰：

沙门玄奘言：使人李君信至，垂赐手诏。银钩丽于丹字，睿藻蔚彼河图；磊落带峰岳之形[①]，郁润挹风云之气。不谓白藏之暮[②]，更睹春葩之文；身居伊、洛之涧，忽瞩昆、荆之宝[③]。捧对欢欣，手舞足蹈。昔季重蒙魏君之札[④]，唯叙睽离[⑤]；慧远辱晋帝之书[⑥]，才令给米。未睹词兼空寂可舍之旨，诲示大隐朝市之情。固知圣主之怀，穷真罄俗，综有该无，超羲、轩而更高，驾曹、马而逾远者矣[⑦]。但玄奘素丝之质，尤畏朱蓝[⑧]；葛虆之身[⑨]，实希松杞。思愿媲烟霞于少室，偶泉石于嵩阿；允避溺之情[⑩]，终防火之志。所以敢竭愚瞽，昧死陈闻，庶陶甄之慈[⑪]，无遗凫鹞[⑫]；云雨之泽，不弃蛛螽[⑬]。而明诏霈临，不垂亮许。仍降恩奖，曲存辉贲。五情战惧[⑭]，不知所守。既戢来言，不敢更请。谨附谢文，唯增悚越。

【注释】

①磊落：众多而错杂的样子。晋成公绥《天地赋》："川渎浩汗而分流，山岳磊落而罗峙。"

②白藏：指秋天。秋于五色为白，序属归藏，故称。《尸子·仁意》："春为青阳，夏为朱明，秋为白藏，冬为玄英。"

③荆：荆山。荆山在荆州，山上有抱玉岩，传为楚人卞和得璞处。《尚书·禹贡》："导嶓冢，至于荆山。"

④季重蒙魏君之札：季重，吴质(177—230)，字季重，兖州济阴郡(今山东菏泽)人。汉末三国时代著名文学家。官至振威将军，假节都督河北诸军事，封列侯。太和四年(230)入朝为侍中，同年逝世。吴质起初以文才出众而为五官将曹丕所亲善。三国魏曹丕作《与吴质书》，感情真挚，云："年行已长大，所怀万端，时有所虑，至通夜不瞑。志意何时，复类昔日，已成老翁，但未白头耳！"曹丕还作有《与朝歌令吴质书》等，吴质则有《答魏太子笺》等。传见《三国志·魏书》。

⑤暌(kuí)离：分离，离散。暌，分离，背离。南朝宋刘义庆《世说新语·文学》："自顷世故暌离，心事沦蕴。明公启晨光于积晦，澄百流以一源。"

⑥慧远辱晋帝之书：指慧远的《沙门不敬王者论》。慧远在《沙门不敬王者论》一文中认为，佛教佐治教化有两个方面：一者处俗弘教，使顺化之民，在家奉法，仁义忠孝，此佛教之所以重资生、助王化于治道者也；二者出家修道，"一夫全德，则道洽六亲，泽流天下，虽不处王侯之位，亦已协契奥极，在宥生民"，佛教内无天属之重而不违其孝，外阙奉主之恭而不失其敬。(《广弘明集》卷五)

⑦曹、马：曹操和司马师、司马昭。曹操和司马氏于用兵之际，以善

推人，以恶自与，并谋兼智，众人悉尽其力，世谓"曹、马能收人心"。

⑧朱蓝：朱色和蓝色。南齐王融《为王俭让国子祭酒表》："匪曰兰芷，畴变入室之情；不自朱蓝，何迁素丝之质。"

⑨葛虆(léi)：葛蔓，指野葡萄。虆，藤蔓。

⑩避溺：指防止淹死而躲入山隅，表示远远回避。西汉司马相如《美人赋》："譬于防火水中，避溺山隅，此乃未见其可欲。"

⑪陶甄：指君王。五代齐己《送司空学士赴京》："重谒往年金榜主，便将才术佐陶甄。"

⑫凫鹥(yàn)：野鸭和鹌鹑。凫，野鸭。鹥，鹑的一种。

⑬蛛蝥(máo)：即蜘蛛。

⑭五情：指喜、怒、哀、乐、怨五种情感，又指眼、耳、鼻、舌、身五根，亦指五内，泛指内心。三国魏曹植《上责躬应诏诗表》："形影相吊，五情愧赧。"南朝梁刘勰《文心雕龙·情采》："五情发而为辞章，神理之数也。"

【译文】

高宗敕令法师不要再上表，法师遂不敢再请辞。法师收到敕书，就上书致谢说：

沙门玄奘言：使者李君信前来，带了陛下垂赐的手诏。丽字银钩，文采华美，胜过丹书河图；带有山岳磊落的形态，挹取风云滋润的气势。想不到在此深秋时节，又看到这华美的文章；居住在伊水和洛水之间，忽然看到昆仑和荆山的宝玉。手捧诏书，手舞足蹈，欢喜不已。昔日吴质收到曹丕的信札，只是叙述离别之情；慧远抗议晋帝的书文，才使其供给粮米。没有见到过文辞具有空寂可舍的奥旨，晓示大隐隐于朝市的深情，故知圣主的胸怀，真是穷尽真俗二谛，博通有无之义，远超伏羲、轩辕、曹公、司马氏之上而更加高远啊。但是玄奘素丝般的品质，尤其敬畏朱蓝之色；葛蔓般的身体，确实希求松杞之坚。想要和少室山的烟霞相伴，与嵩山的泉石为伍；满足归隐山林的心意，实现遁世绝俗的志向。所以斗胆竭尽愚钝，冒死上陈，希望君王的仁慈，不要遗漏野鸭、鹦雀；云雨的润泽，不要舍弃蜘蛛。然而圣明的诏书降下恩泽，不准许我的请求。还赐予奖勉，用华丽的文辞予以挽留。内心深感恐惧，不知如何是好。就收回前面说过的话，不敢再申请了。恭谨地呈上谢文，内心更加惶恐。

冬十一月五日，佛光王晬日[①]，法师又进法衣一具上佛光王。表曰：

沙门玄奘言：玄奘闻兰荣紫畹[②]，过之者必观；桂茂青溪，逢之者斯悦。卉木犹尔，况人伦乎，况圣胤乎？伏惟皇帝、皇后，挹神睿之姿，怀天地之德，抚宁区夏，子育群生。兼复大建伽蓝，广兴福聚。益宝图常恒不变之业，助鼎命金刚坚固之因[③]。既妙善薰修，故使皇太子机神日茂[④]，潞王懿杰逾明[⑤]。佛光王岐嶷增朗，可谓超周越商，与黄帝比崇，子子孙孙，万年之庆者也。玄奘猥以庸微，时得参见王等，私心踊悦，诚欢诚喜。今是佛光王诞晬之日，礼有献贺，辄率愚诚[⑥]，谨上法衣一具。伏愿王子，万神拥卫，百福扶持，寤寐安和[⑦]，乳哺调适[⑧]。绍隆三宝，摧伏四魔，行菩萨行，继如来事。不胜琼萼天枝，英华美茂[⑨]。欢喜之至，谨附表并衣以闻。轻触宸严，追深战越。

【注释】

①晬（zuì）日：周岁生日，生日。

②畹(wǎn):古称三十亩地为"畹"。此处指花圃。

③鼎命:指帝王之位,国家之命运。《宋书·傅亮传》:"桓玄暴篡,鼎命已移。"

④皇太子:李弘(652—675),唐高宗李治第五子,武则天长子,系高宗时期所立的第二位太子。李弘于永徽三年(652)生于皇宫,永徽六年(655)晋封代王,显庆元年(656)被立为皇太子。上元二年(675),李弘随帝后出行洛阳,猝死于合璧宫绮云殿。高宗悲痛不已,破例追赠其为皇帝,谥号"孝敬",以天子之礼葬于恭陵。

⑤潞王:李贤(655—684),字明允,唐高宗李治第六子,武则天第二子,系高宗时期所立的第三位太子。生于永徽五年十二月(公元655年1月),永徽六年(655)封为潞王。上元二年(675),太子李弘猝死,李贤继立。后遭废黜,流放巴州。文明元年(684),武则天主政,被赐死。

⑥愚诚:原作"愚怀"。

⑦寤寐:醒与睡。常用以指日夜。《诗经·周南·关雎》:"窈窕淑女,寤寐求之。"

⑧乳哺:原本作"乳铺"。

⑨美茂:隽美博洽。隋卢思道《劳生论》:"才识美茂,亦受嫉于愚庸。"

【译文】

冬十一月五日,佛光王周岁诞辰,法师又进献一件法衣给佛光王。表文说:

沙门玄奘言:玄奘听说,盛开的兰花、紫色的花圃,路过的人必然观赏;繁茂的桂树、青青的溪水,遇见的人心情欢悦。花卉树木尚且如此,何况人类,何况皇帝的子嗣呢?俯伏思维皇帝、皇后,挹取神明圣哲之姿,胸怀天地不易之德,垂拱华夏,子育苍生。又大力兴建佛寺,广植福德。增益受命于天、恒常不变的帝王伟业,辅助坚如金刚的昌隆国运。因为净心修持妙行善业，所以使皇太子日益机敏聪悟，路王更加贤明杰出。佛光王也更加聪慧，可以说超越周、商，与黄帝比肩，子子孙孙，万年的幸福吉祥啊。玄奘庸陋卑微，时常得以参见诸王等人，内心欣悦，十分欢喜。今天是佛光王周岁诞辰，献上贺礼，略表心意，恭谨地呈上法服一件。伏愿佛光王，万神护卫，百福汇聚，日夜安和，乳哺调适。绍隆三宝，摧伏四魔，行菩萨行，继如来事。天潢贵胄，金枝玉叶，英才华发，隽美博洽。不胜欢喜之至，恭谨地呈上表文和法衣。冒犯天威，惶恐战栗。

法师时在积翠宫翻译，无时暂辍，积气成疾。奏帝，帝闻之不悦，即遣供奉内医吕弘哲宣敕慰问法师。法师悲喜不已，进表谢曰：

沙门玄奘言：使人吕弘哲等至，宣敕慰问玄奘所患，并许出外将息。慈旨忽临，尪骸用起[①]，若对旒冕，如置冰泉。玄奘摄慎乖方，疹瘵仍集[②]。自违离銮蹕[③]，倍觉婴缠，心痛背闷，骨酸肉楚，食眠顿绝，气息渐微，恐有不图，点秽宫宇。思欲出外，自屏沟壑，仍恐惊动圣听，不敢即事奏闻。遂依门籍出至寺所[④]，病既因劳转笃，心亦分隔明时。乃有尚药司医张德志为针疗，因渐瘳降，得存首领。还顾专辄之罪，自期粉墨之诛[⑤]。伏惟日月之明，久谅愚拙；江海之泽，特肆含容。岂可移幸于至微，屈法于常典。望申公道，以穆宪司[⑥]，枉狱为轻，伏铁是俟[⑦]。而残魂朽质，仍被恩光，抚臆言怀[⑧]，用铭肌骨。自惟偃顿，非复寻常，纵微下里之忧，亦尽生涯之冀，但恨隆恩未答，末命先亏。仰惟帝勤，亲劳薄狩[9]，期于阅武[10]，情在训戎[11]。既昭仁于放麟，又策勋于献凤[12]。遐迩庆集，上下欢并；风伯清尘[13]，山祇护野。敬惟动止，固极休祯。申炯诫于十旬[14]，浃辰而返；鄙宣游于八骏[15]，密迩而旋[16]。玉乘可伫[17]，冰怀以慰[18]；抚事回惶[19]，终期殒越[20]。不胜荷惧之至，谨奉表待罪以闻。荒惴失图，伏听敕旨。

帝览表甚欢。经三日后，遣使迎法师入，四事供养，留连累日，敕送法师还积翠宫，仍旧宣译焉。

【注释】

①尪(wāng)骸：衰病的身体。尪，骨骼弯曲的样子。

②疹瘵(chèn zhài)：疾病。疹，同“疢”。

③銮躅(zhú)：銮驾行迹，借指銮驾。南齐王俭《太宰褚彦回碑文》：“出陪銮躅，入奉帷殿。”

④门籍：古代悬挂在宫殿门前的记名牌。长二尺，竹制，各书官员姓名、年龄、身份等。后改竹籍为簿册，册籍上有名方可出入。《史记·魏其武安侯列传》：“太后除窦婴门籍，不得入朝请。”

⑤粉墨：刑罚。《魏书·刑罚志》：“皆奸吏无端横生粉墨，所谓为之者巧，杀之者能。”

⑥宪司：魏晋以来御史的别称。《宋书·刘瑀传》：“明年，迁御史中丞。瑀使气尚人，为宪司甚得志。”

⑦铁(fū)：古代斩人的刑具，即铡刀。借指腰斩之罪。《春秋公羊传·昭公二十五年》：“君不忍加之以铁锧，赐之以死。”(锧，腰斩时所用铡刀座。)

⑧抚臆：以手按胸。表示诚意或自问。晋陆机《演连珠》之二九：

“是以望景揆日，盈数可期；抚臆论心，有时而谬。”

⑨薄狩：搏兽，打猎。晋陆云《南征赋》：“我徒既闲，顺时讲武，薄狩于原。”

⑩阅武：讲习武事。《晋书·虞溥传》：“溥从父之官，专心坟籍。时疆埸阅武，人争视之，溥未尝寓目。”

⑪训戎：训诫军旅，整饬武备。南朝梁刘勰《文心雕龙·诏策》：“其在三代，事兼诰誓，誓以训戎，诰以敷政。”

⑫策勋：意思是记功勋于策书之上。《左传·桓公二年》：“凡公行，告于宗庙；反行，饮至、舍爵、策勋焉，礼也。”显庆二年(657)，唐大将苏定方等大破西突厥，沙钵罗奔石国(今乌兹别克斯坦首都塔什干一带)，被擒，解至长安，降恩免死。西突厥亡，高宗以其地分置昆陵、蒙池二都护府。

⑬风伯：又称“风师”、“箕伯”，神话传说中的神怪，名叫“飞廉”，蚩尤的师弟。

⑭炯诫：明显的鉴戒或警戒。东汉班固《幽通赋》：“既谇尔以吉象兮，又申之以炯戒。”

⑮八骏：指周穆王的八匹骏马。八骏分别为：一名绝地，不践土；二名翻羽，行越飞禽；三名奔霄，夜行万里；四名越影，逐日而行；五名逾辉，毛色炳耀；六名超光，一形十影；七名腾雾，乘云而奔；八名挟翼，身有肉翅。

⑯密迩：很近。多指地理上的距离。

⑰玉乘：又作“玉辂”，指帝王所乘的车。南朝梁江淹《恨赋》：“别艳姬与美女，丧金舆及玉乘。”

⑱冰怀：纯洁的心怀。

⑲回惶：指眩惑而恐惧。《晋书·姚兴载记下》：“足令吴儿俯仰回惶，神爽飞越。”

⑳殒越：死亡。封建社会上书皇帝时的套语，谓犯上而表示死罪之

意。三国魏曹植《王仲宣诔》:“此骥之人,孰先殒越?”

【译文】

法师在积翠宫译经,片刻不停,积劳成疾。有人奏报高宗,高宗知道后很不高兴,就派供奉内医吕弘哲带着敕令前去慰问法师。法师悲喜不已,就上表致谢说:

沙门玄奘言:使者吕弘哲等人前来,宣谕敕令慰问玄奘所患的疾病,并允许外出将养休息。恩旨忽然降临,病体起身,如同面对陛下,身处冰泉之中。玄奘调摄不当,导致各种疾病。自从离开陛下,倍觉疾病缠身,胸背痛闷,骨肉酸楚,食眠断绝,气息渐微,恐怕不测,污秽宫廷。想要外出,将自己摒弃沟壑,又害怕惊动圣上,不敢将这件事上奏。就按照门籍制度,前往寺院诊所,病情因为劳作而变得沉重,心想将要与世长辞。幸亏有尚药司医张德志为我针疗,病情逐渐好转,玄奘得以保存性命。回顾玄奘专擅的过失,自以为陛下会予以惩戒。俯伏思维皇帝、皇后圣明仁慈,长期以来一直体谅玄奘的愚昧笨拙;皇帝、皇后江海般的恩泽,对玄奘特别包容放纵。岂可为了宠幸微不足道之人而违反神圣的法典。希望陛下伸张公道,将玄奘交付御史,轻则坐牢,重则处死。而玄奘残缺的魂魄和腐朽的身体,仍蒙受陛下的恩泽荣光,肺腑之言,刻骨铭心。虽然自以为困顿不堪,不是寻常可比,但纵使平生那些微不足道的想法也全都实现了,只是遗憾还没有报答陛下隆恩,晚年又愧对陛下的恩泽。仰望思维,陛下勤于政事,亲自狩猎,讲习武事,意在整饬武备。既释放俘虏以昭示仁德,又在功勋策书上记载献敌酋于阙下。远近集庆,上下欢欣;风伯清除尘埃,山神护卫郊野。恭敬思维,皇帝陛下的动静举止本来就极为祯祥。申明坚守鉴戒一百天,十二天后就再次重申;鄙视驾驶着八骏巡游,还没有到达目的地就旋转马头。圣眷天恩,至诚慰谕,回想起来徘徊惶恐,终生难忘。不胜感荷、惶恐之至,恭谨地上表,等待降罪。惶恐不知所措，伏听陛下敕旨。

高宗看了表文，十分高兴。过了三天，派遣使者把法师接进宫里，四事供养，留住了好多天后，敕令恭送法师返回积翠宫，仍旧继续译经。

冬十二月，改洛阳宫为东都。嫌封畿之褊隘，乃东分郑州之汜水、怀州之河阳，西废谷州，取宜阳、永宁、新安、渑池等县皆隶属焉。法师以乡邑增贵，修表贺曰：

沙门玄奘言：窃闻鹑首锡秦[①]，上帝兆金城之据；龟图荐夏，中畿启玉泉之窥[②]。是知灵贶所基，皇猷显属[③]。昌诵由其卜远，高光所以阐期。允迪厥猷[④]，率遵斯在[⑤]。

伏惟皇帝、皇后，揆物裁务，悬衡抚俗。即土中之重隩[⑥]，递虞巡而驻跸；因旧制之瑰伟，仪镐京而建郛[⑦]。仍以卑宫载怀，改作劳于曩役；驭奔在念，轸居逸于晨兴[⑧]。自非折中华夷[⑨]，均一徭输，岂能留连圣眷，焕汗纶言。是以令下之初，山川郁其改观；拓制爰始，烟云霏而动色。飞甍日丽，驰道风清，神期肸响[⑩]，彝伦郁穆[⑪]。若赋武昌之鱼，乐迁王里；争企云亭之鹤，愿奉属车[⑫]。既小晋、郑之依[⑬]，更褊刘、张之策[⑭]。前王龌龊[⑮]，丰、洛递开[⑯]；我后牢笼，伊、咸并建[⑰]。麟宗克茂，鼎祚惟远。自可东宴平乐[⑱]，西临建章[⑲]。伫吹笙而驻寿[⑳]，秉在藻而流咏[㉑]，荡荡至公，巍巍罕述。玄奘散材莫效[㉒]，贻惧增深。但三川之郊[㉓]，猥沾故里，千载之幸，郁为新邑。荜门虽翳，刍命犹存[㉔]；喜编毂下[㉕]，匪惭关外[㉖]。况光宅之庆[㉗]，遐迩所同欢；圣上允安，庸微所特荷。不胜喜抃之极。谨奉表陈谢以闻。

三年春正月，驾还西京，法师亦随归。

【注释】

①鹑首：十二星次之一。分野主秦，属雍州。《晋书·天文志》："自东井十六度至柳八度为鹑首，于辰在未，秦之分野，属雍州。"

②中畿(jī)：泛指中原地区。《晋书·儒林传·文立》："诸葛亮、蒋琬、费祎等子孙流徙中畿，宜见叙用，一以慰巴蜀之心，其次倾吴人之望。"玉泉：指洛阳。

③皇猷：帝王的谋略或教化。南朝梁沈约《齐太尉文宪王公墓志铭》："帝图必举，皇猷谐焕。"

④允迪：诚实遵循。《尚书·皋陶谟》："允迪厥德，谟明弼谐。"

⑤率遵：遵循。《三国志·蜀书·后主传》："开国胙土，率遵旧典。"

⑥土中：四方的中心地区。《尚书·召诰》："王来绍上帝，自服于土中。"隩(yù)：水岸弯曲的地方。

⑦郛(fú)：外城。

⑧轸(zhěn)：伤痛。晨兴：早起。

⑨折中：取正，择其中。《管子·小匡》："决狱折中，不杀不辜，不诬无罪。"《楚辞·九章·惜诵》："令五帝以折中兮，戒六神与向服。"

⑩神期：神的意愿。南朝梁任昉《王文宪集序》："远协神期，用彰世祀。"肸(xī)响：散布，传播。

⑪彝伦：常理，常道。指天、地、人之道。《尚书·洪范》："王乃言曰：'呜呼，箕子！惟天阴骘下民，相协厥居，我不知其彝伦攸叙。'"郁穆：和美的样子。晋刘琨《答卢谌》："郁穆旧姻，嬿婉新婚。"

⑫属车：指帝王出行时的侍从车。借指帝王。《史记·司马相如列

传》:“今陛下好陵阻险,射猛兽,卒然遇轶材之兽,骇不存之地,犯属车之清尘,舆不及还辕,人不暇施巧,虽有乌获、逢蒙之伎,力不得用,枯木朽株尽为害矣。”《汉书·张敞传》:“孝昭皇帝蚤崩无嗣,大臣忧惧,选贤圣承宗庙,东迎之日,唯恐属车之行迟。”

⑬晋、郑:西晋和郑国。西晋(265—316),是中国历史上经过长期战乱后短暂大一统的王朝。公元265年,曹魏权臣司马炎取代曹魏政权,建国号“晋”,定都洛阳。西晋代魏后,先后灭西蜀、孙吴,结束了三国鼎立的分裂局面,重新统一。由于政治极端腐败以及残酷的权力斗争,终于爆发“八王之乱”。“八王之乱”后西晋元气大伤,内迁的诸民族乘机举兵,史称“五胡乱华”。建兴四年(316)长安失守,晋愍帝投降,西晋灭亡。随后,各族陆续在北方建立国家,史称“五胡十六国”。郑国,隋末政权,王世充建立。唐武德二年(619)四月,王世充废皇泰主,即位称帝,建元开明,国号“郑”,定都洛阳。三年(620),唐高祖李渊遣秦王李世民攻郑,进逼东都,王世充向夏主窦建德求援。四年(621)五月,李世民在虎牢关(今河南荥阳西北)大败夏军,俘窦建德,王世充遂以洛阳降。

⑭刘、张:刘敬和张良。刘敬,原名娄敬,齐国人。汉高祖五年(前202),他前往陇西戍边,途经洛阳,觐见刘邦,力陈不宜建都洛阳,劝其迁都关中,张良附议。刘邦随即西行到关中,定都长安。赐姓刘,拜为郎中,号“奉春君”。张良(约前250—前186),字子房,颍川城父(今河南宝丰东)人。秦末汉初杰出的谋略家,与韩信、萧何并称为“汉初三杰”。

⑮龌龊:气量狭小。

⑯丰、洛:丰京和洛阳,周朝国都。丰京,在今陕西西安西南。周文王灭崇(在今陕西关中,夏禹之父鲧所封之地)后,在沣水西岸营建丰京,将都城从岐周迁至丰京;周武王灭商后又在沣水东岸建

立了镐京。《诗经·大雅·文王有声》:“考卜维王,宅是镐京。”公元前771年,周幽王被犬戎所杀,西周灭亡。公元前770年,诸侯拥立原先被废的太子宜臼为王,是为周平王。周平王将京都迁至洛邑(洛阳),延续国祚,史称“东周”。

⑰伊、咸:伊水和咸阳。伊水,在河南省西部,源出伏山,后入洛河,指洛阳。咸阳,秦国国都,唐时属京畿道京兆府,此处代指长安。

⑱平乐:平乐观。汉代宫观名,建于汉明帝时期,在洛阳西门外。东汉张衡《东京赋》:“其西则有平乐都场,示远之观。”三国魏曹植《名都赋》:“归来宴平乐,美酒斗十千。”

⑲建章:建章宫。汉代宫殿建筑,建于汉武帝太初元年(前104)。规模宏伟,有“千门万户”之称。

⑳吹笙:指《鹿鸣》,是一首描写周王宴会群臣宾客的乐歌。宴会上鼓瑟吹笙欢迎客人,为客人送上礼物,并敬上美酒,赞美客人“德音孔昭”,“视民不恌”。后成为贵族宴会时盛行的乐歌。三国魏曹操《短歌行》直接引用此诗前四句,以示求贤若渴之心情。《诗经·小雅·鹿鸣》:“呦呦鹿鸣,食野之苹。我有嘉宾,鼓瑟吹笙。吹笙鼓簧,承筐是将。人之好我,示我周行。呦呦鹿鸣,食野之蒿。我有嘉宾,德音孔昭。视民不恌,君子是则是效。我有旨酒,嘉宾式燕以敖。呦呦鹿鸣,食野之芩。我有嘉宾,鼓瑟鼓琴。鼓瑟鼓琴,和乐且湛。我有旨酒,以燕乐嘉宾之心。”驻寿:驻年,延年却老。三国魏嵇康《答向子期难养生论》:“务光以蒲韭长耳,邛疏以石髓驻年。”《鹿鸣》原无“驻寿”之义,或因曹操《短歌行》中“对酒当歌,人生几何!譬如朝露,去日苦多”而引申。

㉑在藻:指《鱼藻》,是一首描写周王在镐京饮酒,优游自乐的诗。《诗经·小雅·鱼藻》:“鱼在在藻,有颁其首。王在在镐,岂乐饮酒。鱼在在藻,有莘其尾。王在在镐,饮酒乐岂。鱼在在藻,依于其蒲。王在在镐,有那其居。”

㉒散材：指无用之木，常比喻不为世所用之人。《庄子·人间世》："匠石之齐，至于曲辕，见栎社树。其大蔽数千牛，絜之百围；其高临山，十仞而后有枝；其可以为舟者，旁十数。观者如市，匠伯不顾，遂行不辍。弟子厌观之，走及匠石，曰：'自吾执斧斤以随夫子，未尝见材如此其美也。先生不肯视，行不辍，何邪？'曰：'已矣，勿言之矣！散木也，以为舟则沈，以为棺椁则速腐，以为器则速毁，以为门户则液樠，以为柱则蠹，是不材之木也。无所可用，故能若是之寿。'"

㉓三川：见前注(卷六)。

㉔刍命：轻贱的生命。刍，喂牲畜的草。《老子》五章："圣人不仁，以百姓为刍狗。"

㉕毂下：辇毂之下。指京城。西汉司马相如《上书谏猎》："是胡越起于毂下，而羌夷接轸也，岂不殆哉？"

㉖关外：指函谷关或潼关以东地区。

㉗光宅：广大居所。指建都。三国魏阮籍《为郑冲劝晋王笺》："周公藉已成之势，据既安之业，光宅曲阜，奄有龟、蒙。"晋左思《魏都赋》："暨圣武之龙飞，肇受命而光宅。"北魏杨衒之《〈洛阳伽蓝记〉序》："逮皇魏受图，光宅嵩洛，笃信弥繁，法教愈盛。"

【译文】

冬十二月，高宗改洛阳为东都。因嫌领地狭隘，就东分郑州的汜水、怀州的河阳隶属东都，西废谷州，把宜阳、永宁、新安、渑池等县也都隶属东都。法师因为乡邑升级为东都领地，就修表庆贺说：

沙门玄奘言：我听说鹑首掌管秦地，上帝预兆西据长安可成就帝业；神龟呈献河图，中原得以开建东都以昌隆盛世。由此可知，神灵赐福的根据显然归属于帝王的教化。吟诵歌唱是因为其预料的久远，光芒盛大所以可以期待。因此，人们都应该诚实遵循帝王的教化。

俯伏思维皇帝、皇后度量万物，裁断事务，公布法度，抚问民情。到天下之中、河流环绕之地，效法虞舜巡游而驻跸洛阳；因循旧制的瑰丽宏伟，按照镐京的样式建立城郭。既挂念宫室简陋，又担心为了居住安逸而使车马奔驰烦劳，就更改从前役夫的劳作方式；倘若不是以适中的方式统御华夷，统一徭役税赋，洛阳岂能得到陛下的眷恋，留下彪炳史书的圣言。因此，敕令刚刚下达，山川就变得郁郁葱葱；法令刚刚颁发，烟云霏霏就改变了颜色。翘起的房脊，明媚的阳光，宽敞的大道，轻柔的凉风；神灵的意愿散布四方，天地人都和和美美。武昌的鱼儿吟诵着迁往河洛王里；云亭的仙鹤争相为帝王驾车。既鄙夷晋国、郑国的依托狭小，又蔑视刘敬、张良策略的褊窄。前代帝王气量狭小，丰都、洛阳前后开建；我皇帝陛下牢笼天地，洛阳和长安同时建设。陛下子孙繁茂，国祚长久。既可以在东都平乐观设宴，又可以君临西京建章宫。鼓瑟吹笙而延年益寿，优游自乐而万世咏唱。王道荡荡啊，天下大公；巍巍崿崿呵，罕见记述。玄奘无用之人，不能效力，内心愈发恐惧。但是三川的郊野含括我的故乡，家乡升级为东都辖区，真是千年的幸事。家门虽已不存，但玄奘生命还在；欣喜编入东都，不再为家乡在关外而难为情。况且建都这样的大喜事，理应远近同欢；圣上平安，就是玄奘蒙受的最大恩惠。不胜欢喜之至，恭谨地上表陈谢。

显庆三年春正月，高宗车驾返回长安，法师也跟着回去了。

卷第十

起显庆三年正月随车驾自洛还西京
终至麟德元年二月玉华宫舍化

【题解】

本卷的记载始于显庆三年正月法师随车驾自洛阳返回西京，终于麟德元年二月法师在玉华宫逝世(658 年 1 月至 664 年 2 月)。本卷可分为三部分：

第一部分，显庆三年(658)初，玄奘返回长安，七月，徙居西明寺，继续从事译经工作。四年(659)十月，法师因京城事务繁忙，申请移居玉华宫，专务翻译。显庆五年(660)正月一日，开译《大般若经》，凡二十万颂，文字繁广，玄奘完全依照梵文原本进行翻译。至龙朔三年(663)十月二十三日，方才完成，一共六百卷，称为《大般若经》。十一月二十二日，令弟子窥基奉表奏闻，请御制经序，高宗答应了。

第二部分，麟德元年(664)正月一日，众人请玄奘主持翻译《大宝积经》，玄奘勉强翻译了几行便停下来，对众人言："玄奘自量气力不复办此，死期已至，势非赊远。"遂绝翻译，专精行道，料理后事。其后，多有冥应，众皆惊奇，至二月五日夜半，玄奘示寂。

第三部分，法师去世的消息传到京城，高宗悲不能胜："朕国内失奘法师一人，可谓释众梁摧矣，四生无导矣。亦何异苦海方阔，舟楫遽沉；暗室犹昏，灯炬斯掩！”罢朝数日。先葬法师于浐东，总章二年(669)，徙葬法师于樊川北原。慧立作宏论称颂玄奘，彦悰收其神异之事作为卷终。

显庆三年正月[①]，驾自东都还西京，法师亦随还。

秋七月，敕法师徙居西明寺。寺以元年秋八月戊子十九日造[②]，时有敕曰：“以延康坊濮王故宅为皇太子分造观、寺各一[③]。”命法师案行其处，还奏地窄，不容两所，于是总用营寺，其观改就普宁坊。仍先造寺，以其年夏六月营造功毕。其寺面三百五十步，周围数里，左右通衢，腹背廛落。青槐列其外，渌水亘其间[④]，亹亹耽耽[⑤]，都邑仁祠，此为最也。而廊殿楼台，飞惊接汉，金铺藻栋，眩目晖霞。凡有十院，屋四千余间。庄严之盛，虽梁之同泰、魏之永宁[⑥]，所不能及也。

敕先委所司简大德五十人、侍者各一人，后更令诠试业行童子一百五十人拟度。至其月十三日，于寺建斋度僧，命法师看度。至秋七月十四日，迎僧入寺，其威仪、幢盖、音乐等，一如入慈恩及迎碑之则。敕遣西明寺给法师上房一口，新度沙弥十人充弟子。

【注释】

①正月：一说为“二月”。《通鉴》为显庆三年二月丁巳(4日)，上发东都，甲戌(21日)至京师。

②戊子十九日：戊子为七月二十六，八月十九日为辛亥。一说为显

庆二年，然显庆二年八月十九日为乙亥日，亦不能确定。

③濮王：指李泰。李泰(620—652)，字惠褒，唐太宗第四子，母亲文德皇后长孙氏。贞观二十一年(647)进封濮王。高宗即位后，优渥有加。永徽三年(652)去世，高宗追赠其为太尉、雍州牧，谥曰恭。

④渌水：清澈的水。

⑤亹亹(wěi)：水缓慢流动的样子。耽耽：树荫深重的样子。晋左思《吴都赋》："树以青槐，亘以绿水；玄荫耽耽，清流亹亹。"

⑥梁之同泰：梁武帝普通二年(521)九月建立的同泰寺，位于南京的东北方，具体地址有争议。魏之永宁：北魏后期熙平元年(516)灵太后胡氏所建的永宁寺，位于洛阳东十五公里处的汉魏洛阳城址内。永熙三年(534)被焚毁。

【译文】

显庆三年正月，高宗从东都洛阳回到西京长安，法师也随同返回。

秋七月，高宗敕令法师移居西明寺。该寺是显庆元年八月十九日开始建造的，当时有敕令说："以延康坊濮王的旧居为皇太子建造道观和佛寺各一所。"命法师实地勘察，法师回来上奏说地方狭小，容不下两所寺观，于是全部用来建造佛寺，道观则改在普宁坊营造。先行建造佛寺，于显庆三年六月竣工。该寺正面宽三百五十步，周围有数里长，左右与大道相邻，前后和民居相接。青青槐树环绕其外，清澈流水横贯其间，潺潺水流，郁郁树荫，在都城的佛寺中，该寺最为第一。殿宇楼台高耸入云，连接霄汉；金色的门环和华美的屋梁光彩夺目，辉映彩霞。共有十座院落，房屋四千多间。西明寺极为庄严，即使南梁的同泰寺、北魏的永宁寺也不能企及啊。

高宗先前已敕令官府拣择高僧五十人并各带侍者一人入住该寺，后来又下令选拔学业和德行优秀的童子一百五十人准备剃度。到七月十三日这天，在西明寺中设斋剃度，命法师亲临现场。七月十四日，迎请法师及诸位高僧入住西明寺，仪仗、幢盖和音乐等完全依照当年法师入住大慈恩寺及迎接御碑的规式。敕令西明寺给法师提供一间上房，新剃度沙弥十人充作弟子。

帝以法师先朝所重，嗣位之后礼敬逾隆，中使朝臣问慰无绝，嚫施绵帛、绫锦前后万余段，沙服、衲、袈裟等数百事。法师受已，皆为国造塔及营经像，给施贫穷并外国婆罗门客等，随得随散，无所贮蓄。发愿造十俱胝像，百万为一俱胝①，并造成矣。

东国重于《般若》，前代虽翻，不能周备，众人更请委翻。然《般若》部大，京师多务，又人命无常，恐难得了，乃请就于玉华宫翻译。帝许焉。即以四年冬十月，法师从京发向玉华宫，并翻经大德及门徒等同去，其供给诸事一如京下，至彼安置肃诚院焉。

【注释】

①百万为一俱胝：原作"百万为十俱胝"，误。俱胝，梵语音译。印度的数量词，有十万、百万、千万、亿，甚至百亿之说。

【译文】

高宗因法师为先朝所敬重，继位之后愈加尊崇，前往慰问的宦官、朝臣络绎不绝，布施的绵帛、绫锦前后有一万多段，各种法衣有好几百件。法师领受后，都用来为国家建造佛塔和写经造像，以及施舍穷人和外国的婆罗门等，随得随散，无所积蓄。法师发愿要制造十俱胝佛像，一百万是一俱胝，这时也都造成了。

中国重视《般若经》，前朝虽有译本，但并不详备，僧众请法师重新翻译。然而《般若经》部帙浩繁，京城中事务繁忙，加之寿命有限，法师担心不能完成，就向高宗申请到玉华宫去翻译。高宗同意了。显庆四年十月，法师从京城出发，前往玉华宫，协助译经的高僧和门徒们也一同前往，所需各种物品完全按照京城的惯例供给，到达后居住在玉华宫的肃诚院。

至五年春正月一日，起首翻《大般若经》。梵本总有二十万颂，文既广大，学徒每请删略。法师将顺众意，如罗什所翻，除繁去重。作此念已，于夜梦中即有极怖畏事以相警诫，或见乘危履险，或见猛兽搏人，流汗颤栗，方得免脱。觉已惊惧，向诸众说，还依广翻。夜中乃见诸佛菩萨眉间放光，照触己身，心意怡适；法师又自见手执华灯供养诸佛；或升高座为众说法，多人围绕，赞叹恭敬；或梦见有人奉己名果。觉而喜庆，不敢更删，一如梵本。

佛说此经凡在四处：一，王舍城鹫峰山；二，给孤独园；三，他化自在天王宫；四，王舍城竹林精舍。总一十六会，合为一部。然法师于西域得三本，到此翻译之日，文有疑错，即校三本以定之，殷勤省覆，方乃著文，审慎之心，古来无比。或文乖旨奥，意有踌躇，必觉异境，似若有人授以明决，情即豁然[①]，若披云睹日。自云："如此悟处，岂奘浅怀所通，并是诸佛菩萨所冥加耳。"

经之初会有《严净佛土品》，中说诸菩萨摩诃众为般若波罗蜜故，以神通愿力，盛大千界上妙珍宝、诸妙香华、百味饮食、衣服、音乐、随意所生五尘妙境种种供养[②]，严说法处。

时玉华寺主慧德及翻经僧嘉尚，其夜同梦见玉华寺内广博严净，绮饰庄严，幢帐、宝舆、华幡、伎乐盈满寺中，又见无量僧众手执华盖，如前供具，共来供养《大般若经》。寺内衢巷墙壁皆庄绮饰，地积名华，众共履践，至翻经院。其院倍加胜妙，如经所载，宝庄严土。又闻院内三堂讲说，法师在中堂敷演。既睹此已，欢喜惊觉，俱参法师说所梦事。法师云："今正翻此品，诸菩萨等必有供养。诸师等见信有是乎？"时殿侧有双奈树，忽于非时数数开华③，华皆六出④，鲜荣红白，非常可爱。时众详议，云是《般若》再阐之征。又六出者，表六到彼岸。

【注释】

①情：原作"请"。

②五尘：即色、声、香、味、触之五境。因为此五境能染污真性，故名"五尘"。尘，即垢染之义。

③数数(shuò)：汲汲，迫切的样子。

④六出：指一花生出六瓣。花分瓣叫"出"。南朝梁任昉《述异记》卷上："东海郡尉于吉所献，一株花杂五色，六出，号'六仙人杏'。"

【译文】

显庆五年春正月一日，开译《大般若经》。这部经的梵本共有二十万颂，文字浩繁，学徒多次请求翻译时予以删略。法师准备接受大家的意见，如同当年鸠摩罗什译经一样，删繁就简。刚有了这个念头，当夜就梦见极为恐怖的事情以相警诫，或是身临险地，或是猛虎扑咬，浑身流汗战栗，方才逃脱。醒来后惊惧不已，向僧众说明此事，决定还是全译。当夜又梦见诸佛菩萨眉间放出光明，照耀己身，使自己心意愉悦恬适；法师又梦见自己手捧花灯供养诸佛；又梦见自己登上高座为大众演说佛法，很多人围绕自己，恭敬赞叹；还梦见有人给自己献上名贵果品。法师醒来后十分欣喜，不再考虑删略，完全依照梵文原本进行翻译。

在这部经中，佛说法的地方共有四处：一，王舍城鹫峰山；二，给孤独园；三，他化自在天王宫；四，王舍城竹林精舍。总共有一十六会，合为一部。法师在西域得到的三本《大般若经》的梵文原本，翻译时遇到文字可能有错误的地方，就用三个梵本相互勘校以最终确定，反复推敲，然后才写出译文，审慎之心，从古以来没有人比得上。有时遇到文字乖谬、义旨玄奥之处，法师心意犹豫不定，必会感觉到奇异的境况，好像有人授予法师明达决断，心情豁然开朗，仿佛云开见日。自语道："这样的觉悟，岂是玄奘所能通达，必是诸佛菩萨在冥冥之中加持我啊。"

《般若经》的初会中有《严净佛土品》，其中说诸位大菩萨为了般若智慧的缘故，以神通愿力，盛满大千世界上好的珍宝、各种美妙的香花、百味饮食、衣服、音乐以及随其心意所生出的五尘妙境等种种供养，庄严佛说法之处。

当时玉华寺的主持慧德法师和译经僧人嘉尚法师，当天夜里都梦见玉华寺内广博严净，绮饰庄严，幢帐、宝舆、华幡、伎乐盈满寺中，又看见无量僧众手执华盖和经中所述的各种供养器具，一同前来供养《大般若经》。寺内的大街小巷和墙壁也都绮饰庄严，地上堆积各种名贵鲜花，众人一同履践前行，到达译经院。译经院更加殊胜美妙，如同经中记载一样，各种珍宝庄严。又听见院内三堂在讲说佛法，法师在中堂敷演道教。看到这种情景后，欢喜惊醒，都向法师陈说自己梦中的事情。法师说道："如今正在翻译此品，诸菩萨等必定会有供养。诸位法师现在相信有这回事了吗?"这时大殿旁边的双奈树忽然在非时节迅速开出鲜花，花都生出六瓣，鲜艳夺目，红白相间，非常可爱。当时众人纷纷议论，说这是《般若经》再次阐扬的征兆。还说花开六瓣是表征六波罗蜜。

然法师翻此经时，汲汲然恒虑无常[①]，谓诸僧曰："玄奘今年六十有五[②]，必当卒命于此伽蓝，经部甚大，每惧不终，人人努力加勤，勿辞劳苦。"

至龙朔三年冬十月二十三日[3]，方乃绝笔，合成六百卷，称为《大般若经》焉。合掌欢喜，告徒众曰："此经于此地有缘，玄奘来此玉华寺者，经之力也。向在京师，诸缘牵乱，岂有了时。今得终讫，并是诸佛冥加，龙天拥祐。此乃镇国之典，人天大宝，徒众宜各踊跃欣庆。"

时玉华寺都维那寂照[4]，庆贺功毕，设斋供养。是日请经从肃诚殿往嘉寿殿斋所讲读。当迎经时，《般若》放光，照烛远迩，兼有非常香气。法师谓门人曰："经自记此方当有乐大乘者国王、大臣、四部徒众，书写受持，读诵流布，皆得生天，究竟解脱。既有此文，不可缄默。"

至十一月二十二日，令弟子窥基奉表奏闻[5]，请御制经序。至十二月七日，通事舍人冯义宣敕垂许。

法师翻《般若》后，自觉身力衰竭，知无常将至，谓门人曰："吾来玉华，本缘《般若》。今经事既终，吾生涯亦尽。若无常后，汝等遣我宜从俭省，可以籧篨裹送[6]，仍择山涧僻处安置，勿近宫寺，不净之身宜须屏远。"门徒等闻之哀哽，各抆泪启曰[7]："和尚气力尚可，尊颜不殊于旧，何因忽出此言？"法师曰："吾自知之，汝何由得解。"

【注释】

①汲汲：形容迫切的样子。无常：人死的婉约说辞。

②今年六十有五：此为麟德元年语，且应为六十三岁。《续高僧传·唐京师大慈恩寺释玄奘传》："麟德元年，告翻经僧及门人曰：'有为之法必归磨灭，泡幻形质何得久停？行年六十五矣，必卒玉华。'"《大唐故三藏玄奘法师行状》："今麟德元年，吾行年六十

有三，必卒于玉华。”

③龙朔三年：即663年。

④都维那：又作“维那”。详见前注“维那”（卷三）。

⑤窥基（632—682）：俗姓尉迟，字洪道，京兆长安（今陕西西安）人。出身鲜卑贵族。法相宗初祖，又称“慈恩大师”、“慈恩法师”。窥基身形魁伟，禀性聪慧，十七岁奉旨出家，师事玄奘。初入广福寺，后移住大慈恩寺，从玄奘习梵文及佛教经、论。二十五岁时参加玄奘主持的译场。他才华出众，智慧超人，极受玄奘赏识，据传他以独受玄奘所讲陈那之论，而大善因明三支，“纵横立破，述义命章，前无与比”；又独受玄奘的“五性宗法”，与玄奘的其他门徒截然有别。这对他创立法相唯识宗起了巨大的作用。《宋高僧传》卷四《窥基传》：“奘师为瑜伽唯识开创之祖，基乃守文述作之宗。”实际上，法相唯识宗是由窥基建立发展起来的。窥基致力于著述，有“百部疏主”之称，其主要著作有《成唯识论述记》、《瑜伽师地论略纂》、《杂集论述记》、《因明入正理论疏》、《金刚般若经会释》、《法华经玄赞》、《弥勒上生疏经》、《大乘法苑义林章》等。此外，他对于《异部宗轮论》、《辩中边论》、《唯识二十论》、《说无垢称》、《金刚》、《弥勒》等经、论，也都有述记或注疏。二十八岁时，窥基参译了玄奘编纂的《成唯识论》，一人担任笔受，并作《成唯识论述记》；《成唯识论述记》影响很大，甚至超过了《成唯识论》。由于窥基常住在大慈恩寺，故世称“慈恩大师”。永淳元年（682）圆寂于慈恩寺翻经院，世寿五十一，葬于樊川北原玄奘塔侧。

⑥籧篨（qú chú）：用苇或竹编成的粗席。

⑦抆（wěn）泪：擦拭眼泪。

【译文】

然而法师在翻译这部经时，常常忧虑死期将至，总是一刻不停地忙于译经，对僧众说道："玄奘今年已经六十五岁了，必定会死在这寺里了，这部经部头很大，常怕译不完，希望大家勤加努力，勿辞劳苦。"

到龙朔三年冬十月二十三日，方才完成，一共六百卷，称为《大般若经》。法师合掌称庆，对徒众说道："这部经与此地有缘，玄奘能来这玉华寺，是这部经的力量啊。从前在京城，诸事牵扰，哪有完成的时候。如今得以译完，都是诸佛加被，龙天拥佑啊。这部经乃是镇国之宝典，人天之大宝，众人应当都欢喜庆贺。"

当时玉华寺的都维那寂照，为庆贺译事完功，设斋供养。这天将《大般若经》从肃诚殿请往嘉寿殿的斋所讲读。在迎请这部经的时候，《大般若经》放出光芒，照耀远近，还发出非常的香味。法师对门人说道："这部经中记载我们这里会有喜乐大乘的国王、大臣和四部徒众，书写受持此经，读诵流布，都得以生于天上，究竟解脱。佛经中既然有这话，不可不说。"

到十一月二十二日，法师派令弟子窥基奉表奏闻，请高宗御制经序。到十二月七日，通事舍人冯义宣读敕令，高宗准许了法师的请求。

法师译完《大般若经》后，感到体力衰竭，知道死期将至，对门人说道："我来玉华寺，本为《大般若经》。如今已经译成，我的生命也走到了尽头。我死后，你们料理我的后事务必俭省，可以用粗席裹身发送，选择山涧僻静处埋葬，切勿靠近宫寺，污秽不净的身体应该远远隐藏。"门徒们听了悲哀哽咽，擦着眼泪说道："和尚气力还可以，容颜也与往常无异，为何忽然说出这样的话来？"法师说道："我自己知道，你们怎会明白。"

麟德元年春正月朔一日[①]，翻经大德及彼寺众殷勤启请翻《大宝积经》[②]。法师见众情专至，俛仰翻数行讫，便收梵本停住，告众曰："此经部轴与《大般若》同，玄奘自量气力不复办此，死期已至，势非赊远[③]。今欲往兰芝等谷礼辞俱胝佛像。”于是与门人同出，僧众相顾莫不潸然。礼讫还寺，专精行道，遂绝翻译。

至八日，有弟子高昌僧玄觉，因向法师自陈所梦，见有一浮图端严高大，忽然崩倒，见已惊起，告法师。法师曰：“非汝身事，此是吾灭谢之征。”至九日暮间，于房后度渠，脚跌倒，胫上有少许皮破，因即寝疾，气候渐微。

至十六日，如从梦觉，口云：“吾眼前有白莲花，大于盘，鲜净可爱。”十七日，又梦见百千人，形容伟大，俱著锦衣，将诸绮绣及妙华珍宝，从法师所卧房室以次庄严，遍翻经院内外，爰至院后山岭林木，悉竖幡幢，众彩间错，并奏音乐；门外又见无数宝舆，舆中香食美果色类百千，并非人中之物，各各擎来供养于法师。法师辞曰：“如此珍味，证神通者方堪得食。玄奘未阶此位，何敢辄受。”虽此推辞，而进食不止。侍人謦欬[④]，遂尔开目，因向寺主慧德具说前事。

法师又云：“玄奘一生已来所修福慧，准斯相貌，欲似功不唐捐[⑤]，信如佛教因果并不虚也。”

遂命嘉尚法师具录所翻经、论，合七十四部，总一千三百三十五卷。又录造俱胝画像、弥勒像各一千帧[⑥]，又造素像十俱胝[⑦]，又写《能断般若》、《药师》、《六门陀罗尼》等经各一千部，供养悲敬二田各万余人，烧百千灯，赎数万生。录讫，令嘉尚宣读，闻已合掌喜庆。又告门人曰：“吾无常期至，意欲舍堕，宜命有缘总集。”于是罄舍衣资，更令造像，并请僧行道。

【注释】

①麟德元年：即664年。

②《大宝积经》：简称《宝积经》。宝积，即法宝之集积。大乘深妙之法，故称为"宝"；无量法门摄在此中，故谓之"积"。唐菩提流志等译。一百二十卷，凡四十九会，共七十七品。魏晋南北朝隋唐诸译家用不同经名陆续译出二十三会八十一卷，称为"旧译"；菩提流志新译出二十六会三十九卷，称为"新译"。此部经为新旧译的合编本，泛论大乘佛教的各种主要法门，涉及范围很广。一会相当于一部经。其中有论述般若性空的四十六会"文殊说般若会"，宣说弥陀净土信仰的第五会"无量寿如来会"，以及阐扬密教教义的第二、第三、第七、第十一、第二十四会等。

③赊（shē）：长远。

④謦欬（qǐng kài）：咳嗽声。

⑤唐捐：指落空、虚耗、虚掷。唐，徒然。捐，舍弃。

⑥俱胝：又作"毗俱胝观音"、"七俱胝佛母尊"，即观音菩萨。

⑦素像：应为刻印的素画像。一说为塑像，误。

【译文】

麟德元年春正月一日，译经高僧和玉华寺僧众又殷勤请求法师翻译《大宝积经》。法师看到大家情意诚挚，勉强翻译了几行，便停下来收起梵文经本，对大家说道："这部经的篇幅和《大般若经》相同，玄奘自量精力，不能再承担此事，死期将至，已经为时不远了。现在想去兰芝谷等处向先前所造的十俱胝佛像礼忏辞别。"于是和门人一同前往，僧众相顾无不潸然泪下。礼拜完毕后回到寺里，专心修持，不再翻译。

到正月八日，弟子高昌僧玄觉向法师说他做的一个梦，梦见有一座高大庄严的佛塔，忽然崩塌，惊醒后起来，告诉法师。法师说道："与你无关，这是我即将寂灭的征兆。"到了九日傍晚，法师在房后跨过门槛时失足跌倒，小腿上碰破了一些皮，因此病倒，气色越来越差。

到十六日，法师好像从梦中醒来，口中说道："我眼前有白莲花，像盘子那般大，鲜净可爱。"十七日，法师又梦见成百上千的人，形状魁伟，容貌庄严，都身穿锦衣，手捧各种绮绣和鲜花珍宝，从法师卧室起依次装饰，遍及翻经院内外，直到院后的山岭树木，还都处处树起幢幡，五彩缤纷，并奏响音乐；又见到门外有无数宝车，车上装满各种香食美果，都不是人间所有之物，各各捧来供养法师。法师辞谢道："这样的珍奇美味，只有已经证得神通的修行者才能食用。玄奘没有达到这样的阶位，怎敢接受。"虽然这样推辞，但仍进食不止。身旁的侍者咳嗽，法师被惊醒，睁开眼，就向寺主慧德讲说梦中的情景。

法师又说道："玄奘一生所修的福慧，根据梦中的情景，似乎没有虚掷，看来佛教的因果之说真实不虚啊。"

于是让嘉尚法师记录自己所翻译的经、论，共七十四部，总一千三百三十五卷。又记录自己所造的俱胝画像、弥勒像各一千幅，以及所造的素像十俱胝，所抄写的《能断般若》、《药师》、《六门陀罗尼》等经各一千部，所供养的僧俗各一万多人，所燃烧的百千万盏灯，所救赎的数万生灵。记录完毕，又叫嘉尚法师宣读，听毕合掌欣喜称庆。又对门人说道："我死期已至，想要尽施，让有缘的都来。"于是法师施舍了全部衣资，又令造像，并请僧众举行法事。

至二十三日，设斋嚫施。其日又命塑工宋法智于嘉寿殿竖菩提像骨已，因从寺众及翻经大德并门徒等乞欢喜辞别，云："玄奘此毒身深可厌患，所作事毕，无宜久住，愿以所修福慧回施有情，共诸有情同生睹史多天弥勒内眷属中，奉事慈尊，佛下生时，亦愿随下广作佛事，乃至无上菩提。"辞讫，因默正念，时复口中诵"色蕴不可得，受想行识亦不可得；眼界不可得，乃至意界亦不可得；眼识界不可得，乃至意识界亦不可得；无明不可得，乃至老死亦不可得；乃至菩提不可得，不可得亦不可得。”复口说偈，教傍人云：“南无弥勒、如来应正等觉，愿与含识速奉慈颜，南无弥勒、如来所居内众，愿舍命已，必生其中。”时寺主慧德又梦见有千躯金像从东方来，下入翻经院，香华满空。

至二月四日夜半，瞻病僧明藏禅师见有二人各长一丈许，共捧一白莲华如小车轮，华有三重，叶长尺余，光净可爱，将至法师前。擎华人云：“师从无始已来所有损恼、有情、诸有恶业，因今小疾并得消殄，应生欣庆。”法师顾视，合掌良久，遂以右手而自搘颐①，次以左手申左髀上②，舒足重累右胁而卧，暨乎属纩③，竟不回转，不饮不食。

至五日夜半，弟子光等问云：“和尚决定得生弥勒内众不？”法师报云：“得生。”言讫，气息渐微。少间神游，侍人不觉。属纩方委，从足渐冷，最后顶暖，颜色赤白，怡悦胜常，过七日竟无改变，亦无异气。自非定慧庄严，戒香资被，孰能致此。

又慈恩寺僧明慧业行精苦，初中后夜念诵经行，无时懈废，于法师亡夜夜半后，旋绕佛堂行道，见北方有白虹四道从北亘南贯井宿④，直至慈恩塔院，皎洁分明，心怪所以。即念往昔如来灭度，有白虹十二道从西方直贯太微，于是大圣迁化。今有此相，将非玉华法师有无常事耶？天晓向众说其所见，众咸怪之。至九日旦，凶问至京⑤，正符虹现之象，闻者嗟其感异。

【注释】

①揸(zhī):同“支”,支撑。

②陛(bì):同“髀”,大腿。

③属(zhǔ)纩:临终。用新绵置于临死者鼻前,察看其是否断气。

④井宿:“二十八宿”之一,为南方“朱雀”七宿之首,有八星,分布如网,故称“井宿”。

⑤凶问:死讯,噩耗。《三国志·魏书·王基传》:“是岁,基母卒,诏秘其凶问,迎基父豹丧合葬洛阳,追赠豹北海太守。”

【译文】

到二十三日,设斋布施。当天又叫塑工宋法智在嘉寿殿竖起菩提像的骨架,然后向玉华寺的众僧和译经高僧以及门徒等欣然辞别,说道:“玄奘这毒身实在是灾患,确实应该厌离,如今要做的事都已做完了,不宜久留,愿以所修福慧回施有情众生,和有情众生一起往生睹史多天弥勒内眷属中,奉事慈氏菩萨,将来弥勒佛下生人间时,也愿意跟随到世间广做佛事,直至证得无上正等正觉。”说完,法师便默然正念,时或口中又念诵道:“色蕴不可得,受想行识亦不可得;眼界不可得,乃至意界亦不可得;眼识界不可得,乃至意识界亦不可得;无明不可得,乃至老死亦不可得;乃至菩提不可得,不可得亦不可得。”又口说偈语,教示身旁的弟子道:“南无弥勒、如来应正等觉,愿与含识,速奉慈颜;南无弥勒、如来所居内众,愿舍命已,必生其中。”当夜,寺主慧德又梦见有千尊金像从东方而来,进入译经院内,香花满天。

到二月四日夜半时分,给法师看病的医僧明藏禅师见到有两个人都身高一丈多,一起捧着一朵白莲花,如小车轮般大,三重花瓣,叶子长一尺多,光洁明净,十分可爱,捧到法师面前。捧花人说道:“法师从无始以来的所有烦恼、有情尘念以及种种恶业,由于如今这小小疾病而得以全部消除,应该心生欣庆。”法师举目注视,合掌良久,然后以右手支头,左手平放到身体左侧大腿上,伸展双足,交叠双腿,向右侧卧,直至临终，不再转动，也不饮食。

到了五日夜半时分，弟子光等问法师道："和尚一定往生弥勒内院之中吗?"法师回答道："肯定往生。"说罢，气息逐渐微弱。不一会儿就安然离世，连身旁的侍者都没有觉察。直到探验时方才知晓，遗体先从足部向上逐渐变冷，最后只有顶部还温暖，面色白里透红，和悦之状胜过平常之时，过了七天竟然没有变化，也没有异味。倘若不是定慧庄严，戒行圆满，不可能达到这样的境界。

慈恩寺的明慧法师，业行精苦，每天夜里绕佛诵经，毫不懈怠，在玄奘法师圆寂那天晚上的后半夜里，他正旋绕佛堂行道，忽然见到北方有四道白虹从北向南直贯井宿，一直到达慈恩寺的塔院内，皎洁明亮，心里很是诧异。随即想起从前如来灭度时，有十二道白虹从西方直贯太微，于是佛陀涅槃。如今又有这类景象，难道是玉华寺的玄奘法师将要圆寂吗？天亮后向众人陈说自己见到的景象，众人都感到奇怪。到了九日清晨，噩耗传到京城，正好符合出现白虹现象的时刻，听说这件事的人无不嗟叹法师能感应异象。

法师形长七尺余，身赤白色，眉目疏朗①；端严若神，美丽如画；音词清远，言谈雅亮，听者无厌。或处徒众，或对嘉宾，一坐半朝，身不倾动。服尚乾陀②，裁唯细氎，修广适中。行步雍容，直前而视，辄不顾眄③。滔滔焉若大江之纪地，灼灼焉类芙蕖之在水④。加以戒范端凝，始终如一，爱惜之意过护浮囊⑤，持戒之坚超逾草系⑥。性爱怡简，不好交游，一入道场，非朝命不出。

【注释】

①疏朗：形容眉目清秀。《三国志·魏书·崔琰传》："琰声姿高畅，

眉目疏朗，须长四尺，甚有威重。”

②乾陀：即乾陀色，又作“乾陀罗色”，指褐色、黄浊色，为佛制比丘三衣的颜色。乾陀色之名源自乾陀树。乾陀树是一种乔木，树皮很厚，可作染料。佛教戒律曾规定以此树皮染衣，故其色即称为乾陀色。《南海寄归内法传》卷二：“凡是出家衣服皆可染作乾陀，或为地黄黄屑，或复荆蘗黄等，此皆宜以赤土赤石研汁和之，量色浅深要而省事。”

③眄(miǎn)：斜视。

④芙蕖：莲花。

⑤浮囊：渡水用的气囊。

⑥草系：即草系比丘，喻指严守禁戒的比丘。佛在世时，有比丘途遇盗贼，盗贼用生草系缚其身；众比丘唯恐断杀草之生命，故不敢解缚。《梵网经》卷下：“若佛子护持禁戒。行住坐卧，日夜六时，读诵是戒。犹如金刚，如带持浮囊欲度大海，如草系比丘。”

【译文】

法师身高七尺多，肤色红白，眉目清朗；端严若神，美丽如画；声音清亮，言谈雅致，听者不会感到厌倦。无论是和徒众相处，还是与嘉宾应对，都一坐半天，身体不会摇动。服装喜好黄褐色，只用细棉布缝制，长宽适中。走路时仪态从容，只注视前方，从不左顾右盼。犹如大江滔滔奔流大地，宛若水中莲花光华灿烂。加以戒范端严，始终如一，爱惜之意胜过渡海浮囊，持戒之坚超过草系比丘。性情恬淡，不喜好交游，一进入道场，没有朝廷命令决不随便出来。

法师亡后，西明寺上座道宣律师有感神之德[①]，至乾封年中见有神现[②]，自云：“弟子是韦将军，诸天之子，主领鬼神。如来欲入涅槃，敕弟子护持赡部遗法，比见师戒行清严，留心律部，四方有疑皆来咨决，所制轻重仪，时有乖错。

师年寿渐促，文记不正，诖误后人③，以是故来示师佛意。”因指宣所出律钞及轻重仪僻谬之处，并令改正。宣闻之悚栗悲喜，因问经、律、论等心所不决者，神并为决之。又问古来传法之僧德位高下，并问法师。神答云：“自古诸师解行互有短长而不一准。且如奘师一人，九生已来备修福慧，生生之中多闻博洽，聪慧辩才，于赡部洲支那国常为第一，福德亦然。其所翻译，文质相兼，无违梵本。由善业力，今见生睹史多天慈氏内众，闻法悟解，更不来人间受生。”神授语讫，辞别而还。宣因录入别记，见西明寺藏矣。据此而言，自非法师高才懿德，乃神明知之，岂凡情所测度。

【注释】

①道宣(596—667)：俗姓钱，润州丹徒(今江苏镇江丹徒区)人，一说吴兴(今浙江湖州)人。唐代僧人。律宗三大家之一“南山律宗”的创始人。大业六年(610)，道宣十五岁，依止长安日严寺智頵律师受业，次年落发，成为沙弥。二十岁时，他在长安大禅定寺依智首律师受具足戒，并听其讲《四分律》四十余遍。贞观十六年(642)，入终南山，潜心著述，并创设戒坛，制订授戒仪式。因常住终南山研究、弘传戒律，世称“南山律师”。道宣在研习弘传律学的同时，还广泛参学，具有相当广博的知识，曾参加玄奘译场，负责润文，因而深受大乘唯识学等思想的影响。他出任长安西明寺第一任上座，该寺成为法相宗新罗系基地。道宣的著作很多，其中重要的律学著作有《四分律删繁补阙行事钞》、《四分律删补随机羯磨疏》和《四分律比丘含注戒本疏》等，称为“三大部”。再加上《四分律拾毗尼义钞》、《四分比丘尼钞》，则称“五大部”。除律学著作外，道宣还有《广弘明集》、《续高僧传》、《集

古今佛道论衡》和《大唐内典录》等重要的史传著作。道宣不仅是持戒严谨的律师，也是唐初最有学问的佛教史传专家。他有弟子千余人，著名的有文纲、怀素等。唐高宗乾封二年(667)十月示寂，世寿七十二，法腊五十二。唐、宋二代，分别赠谥号"澄照律师"和"法慧大师"。

②乾封：唐高宗李治的年号(666—668)。

③诖(guà)误：欺误，贻误。《汉书·息夫躬传》："左曹光禄大夫宜陵侯躬，虚造诈谖之策，欲以诖误朝廷。"《后汉书·桓谭传》："欺惑贪邪，诖误人主。"

【译文】

法师去世后，西明寺上座道宣律师能感应神灵，在乾封年间见到有神灵示现，对道宣说道："我是韦将军，诸天之子，掌管鬼神。如来将要证入涅槃，敕令我护持赡部洲的佛法，见到法师戒行清净严正，关心律部，四方有疑问的人都前来咨询，所制定的轻重仪轨，常有错讹。法师的时日已经不多了，文书记载不正确，将会贻误后人，因此前来向法师表达佛的意旨。"于是指出道宣律师所撰写的律钞及轻重仪轨中的错谬之处，并令其改正。道宣听闻之后，惊悚战栗，悲喜交集，便请教心中关于经、律、论的种种疑问，神都为他一一解疑。又询问古来传法僧人的德位高低，并问及法师。神回答道："自古以来，诸位法师解行各有短长，并没有一定的标准。玄奘法师九生以来备修福慧，生生之中多闻博览，因此智慧辩才在赡部洲支那国当为第一，福德也是一样。他所翻译的经、论，文质相兼，和梵本不相违背。因为这善业之力，如今已经往生睹史多天慈氏内院，听法开悟解脱，不再来人间受生。"神说完话，就辞别返回。道宣律师将这件事记录下来，文本现在收藏在西明寺。据此而言，难道不是玄奘法师高才懿德，才使神明知晓，这又岂是常人的心意所能测度的。

法师病时，检校翻经使人许玄备以其年二月三日奏云："法师因损足得病。"至其月七日，敕中御府宜遣医人将药往看。所司即差供奉医人张德志、程桃棒将药急赴。比至，法师已终，医药不及。时坊州刺史窦师伦奏法师已亡[①]。帝闻之哀恸伤感，为之罢朝，数曰："朕失国宝矣！"时文武百僚莫不悲哽流涕，帝言已呜咽，悲不能胜。翌日，又谓群臣曰："惜哉！朕国内失奘法师一人，可谓释众梁摧矣，四生无导矣。亦何异苦海方阔，舟楫遽沉；暗室犹昏，灯炬斯掩！"帝言已，嗟惋不止。

至其月二十六日，下敕曰："窦师伦所奏玉华寺玄奘法师已亡，葬事所须并令官给。"至三月六日，又敕曰："玉华寺奘法师既亡，其翻经之事且停。已翻成者，准旧例官为钞写；自余未翻者，总付慈恩寺守掌，勿令损失。其奘师弟子及同翻经先非玉华寺僧者，宜放还本寺。"至三月十五日，又有敕："玉华寺故大德玄奘法师葬日，宜听京城僧尼造幢、盖送至墓所。"法师道茂德高，为明时痛惜，故于亡后重叠降恩，求之古人无比此也。

【注释】

①坊州：在今陕西黄陵、宜君一带。原作"房州"，误。

【译文】

法师患病期间，检校翻经使人许玄备在二月三日曾奏报朝廷："法师因伤足得病。"到了二月七日，高宗敕令中御府派遣医生带着药物前去诊治。中御府当即差遣供奉医人张德志、程桃棒带着药物赶过去。等他们赶到时，法师已经去世，来不及用药。当时坊州刺史窦师伦奏报法师已经去世。高宗得知后哀恸伤感，为之罢朝，连声说道："朕失去国宝了！"在场文武百官无不悲哽流涕，高宗说完呜咽不已，不胜悲哀。第二天，高宗又对群臣说道："可惜啊！朕国内失去玄奘法师一人，可说是释门的栋梁摧折了，众生无人引导了。这何异于苦海还很辽阔，舟船忽然沉没；暗室犹且昏冥，灯炬已然熄灭！"高宗说完，仍慨叹惋惜不已。

到了这月的二十六日，高宗下敕说："窦师伦所奏玉华寺玄奘法师已经去世，丧事所需都由官府供给。"到了三月六日，又有敕令说："玉华寺玄奘法师既然已经去世，译经之事暂且停止。已经译成的经、论，依照旧例由官府派人抄写；其余尚未翻译的经本，都交付大慈恩寺保管，切勿散失。玄奘法师的弟子以及共同译经者，如果原先不是玉华寺的僧人，应回归本寺。"到了三月十五日，又有敕令说："玉华寺已故高僧玄奘法师安葬之日，可允许京城僧尼制作幢幡、伞盖送到墓地。"法师道茂德高，为圣主所痛惜，所以在其去世之后屡次降恩，遍寻古人没有一个像这样的。

于是门人遵其遗命，以籧篨为舆，奉神柩还京，安置慈恩寺翻经堂内。弟子数百人哀号动地，京城道俗奔赴哭泣，日数百千。以四月十四日将葬浐东[①]，都内僧尼及诸士庶共造殡送之仪，素盖幡幢、泥洹帐舆、金棺银椁、娑罗树等五百余事，布之街衢，连云接汉，悲笳凄惋，响匝穹宇，而京邑及诸州五百里内送者百万余人。虽复丧事华整，而法师神柩仍在籧篨本舆。东市绢行用缯彩三千匹结作涅槃舆[②]，兼以华佩庄严，极为殊妙，请安法师神柩。门徒等恐亏师素志，因止之。乃以法师三衣及国家所施百金之衲置以前行，籧篨舆次其后，观者莫不流泪哽塞。是日缁素宿于墓所者三万余人。

十五日旦，掩坎讫，即于墓所设无遮会而散。是时天地变色，鸟兽鸣哀，物感既然，则人悲可悉。皆言爱河尚淼[③]，慈舟遽沉；永夜犹昏，慧灯光灭。攀峦之痛如亡眼目[④]，不直比之山颓木坏而已。惜哉！

至总章二年四月八日[⑤]，有敕徙葬法师于樊川北原[⑥]，营建塔宇。盖以旧所密迩京郊，禁中多见，时伤圣虑，故改卜焉。至于迁殡之仪，门徒哀感，行侣悲恸，切彼如初。呜呼！

【注释】

①浐东：今陕西西安东郊浐河东岸。

②缯（zēng）：古代丝织品的总称。

③淼（miǎo）：水广大无际貌。

④攀峦：攀恋，攀附仰恋。

⑤总章二年：即 669 年。

⑥樊川：在今陕西西安南。北原：即少陵原。

【译文】

这时门人遵照法师遗命，用粗竹席盖车，将灵柩送回京师，停放在慈恩寺翻经堂内。弟子几百人哭声动地，京城僧俗也前来哭拜，每天都有成百上千人。四月十四日将安葬到浐河东岸，京城里的僧尼以及士人百姓都准备了送葬的仪仗，素盖幡幢、涅槃帐舆、金棺银椁、娑罗树等五百多件，陈列在街道，连云接日，悲笳凄惋，响彻穹宇，京城和五百里内各州前来送葬者有一百万多人。尽管丧事华丽齐整，然而法师的灵柩仍安放在竹席车中。东市绢行用三千匹彩帛结成涅槃帐舆，并用华佩装饰，极为殊胜美妙，请求用来安放法师灵柩。门徒等不敢违背法师的夙愿，谢绝了他们的请求。只把法师的三件法衣和太宗所施的百金衲衣放置在涅槃帐舆上走在前头，竹席灵车跟在后面，沿途观礼者无不流泪哽咽。当天夜里僧俗留宿墓地守灵者有三万多人。

十五日清晨，安葬完毕，又在墓地举行了无遮大会方才散去。当时天地变色，鸟兽哀鸣，动物尚且如此，人们的悲哀可以悉知了。都说生死爱河渺茫无际，慈悲之舟忽然沉没；漫漫长夜昏暗不明，智慧之灯光芒隐灭。失去法师的悲痛犹如失去自己的眼睛，不只是法师去世而已啊。可惜啊！

至总章二年四月八日，高宗敕令迁葬法师到樊川北原，并建造塔寺。这是因为法师原来的墓地离京郊太近，禁中常能望见，时或引发皇帝的哀思，所以要改葬他处。至于迁葬的仪式，门徒的哀伤，送葬者的悲恸，痛切之情和当初一样。呜呼哀哉！

释慧立论曰：

观夫夜星霄月继西日之明[①]，三江九河助东溟之大[②]；相资之道在物既然，传袭之风于人岂异。自法王潜耀之后[③]，阿难结集以来，岁越千年，时逾十代[④]。圣贤间出，英睿递生，各韫雄图，俱包上智，负荷遗法，控御天人，道制风飙，神倾海岳。或舒指而流膏液，或异室而朗奇光，或连尸以伏天魔，或一对而回时主。或愿通法于边刹，冒浪波于险涂；或虚己以应物[⑤]，求裹粮而行死地[⑥]。终令玄津溢漾，惠济无疆，既益传灯，实符付嘱，考之前册，可不然哉！而清源不穷，今复遇法师嗣承之矣。

惟法师星象降灵，山岳腾气，才过东箭[⑦]，誉美南金[⑧]，雅操不群，坚芳独拔。以四生为己任，建正法为身事；巍巍乎似嵩、华之负穹苍，皎皎焉若琅玕之映澄海[9]。而聪机俊骨，发于自然；味道轻荣，率由天性。至夫多识洽闻之奥，冠恒、肇而逾高[10]；详玄造微之功，跨生、融而更远[11]。滔滔乎，荡荡乎，实绍隆之神器也。将使像化重光于颓季之期，故诞兹明德者矣。法师以今古大德，阐扬经、论，虽复俱依圣教，而引据不同，诤论纷然，其来自久。至如黎耶是报非报，化人有心无心，和合怖数之徒闻熏灭不灭等[12]，百有余科，并三藏四含之槃根[13]，大小两宗之钳键[14]，先贤之所不决，今哲之所共疑。法师亦踌躇此文，怏怏斯旨，慨然叹曰："此地经、论，盖法门枝叶，未是根源。诸师虽各起异端，而情疑莫遣，终须括囊大本，取定于祇洹耳。"

由是壮志发怀，驰心遐外。以贞观三年秋八月立誓束装，拂衣而去。到中天竺那烂陀寺，逢大法师名"尸罗跋陀"，此曰"戒贤"。其人体居二宗，神鉴奥远，博闲三藏，善四《韦陀》。于《十七地论》最为精熟，以此论该冠众经，亦偏常宣讲，元是弥勒菩萨所造，即摄大乘之根系，是法师发轫之所祈者。十六大国靡不归宗，禀义学徒恒有万许。法师既往修造，一面尽欢，以为相遇之晚。于是服膺听受，兼咨决所疑，一遍便覆，无所遗忘。譬蒙汜之纳群流[15]，若孟诸之吞云梦[16]。彼师嗟怪，叹未曾有，云："若斯人者，闻名尚难，岂谓此时共谈玄耳。"法师从是声振葱西，名流八国。彼诸先达英杰闻之，皆宿构重关[17]，共来难诘，雁行鱼贯，毂驾肩随，其并论之词，云屯雨至。法师从容辩释，皆入其室、操其戈，取其矛、击其盾，莫不人人丧辙，解颐虔伏[18]，称为此公天纵之才，难酬对也。戒日王等见之抃喜，皆肘步呜足，倾珍供养。

罢席之后，更学梵书，并余经、论。自如来一代所说，耆山方等之教，鹿苑半字之文，爰至后圣马鸣、龙树、无著、天亲诸所制作，及灰山住等十八异执之宗[19]，五部殊涂之致[20]，并收罗研究，达其旨、得其文。并佛处世之迹，如泥洹坚固之林，降魔菩提之树，迦路崇高之塔，那揭留影之山，皆躬伸礼敬，备睹灵奇，亦无遗矣。

法师心期既满，学览复周，将旋本土，遂缮写大小乘法教六百余部，请像七躯，舍利百有余粒，以今十九年春正月二十五日还至长安。道俗奔迎，倾都罢市。是时也，烟收雾卷，景丽风清，宝帐盈衢，华幢掩日。庆云垂彩于天表，郁郁纷纷；庶士咏赞于通庄[21]，轰轰隐隐[22]。邪风于焉顿戢，慧日赫以重明。虽不逢世尊从忉利之下阎浮，此亦足为千载之休美也[23]。

法师此行经涂数万，备历艰危。至如涸阴沍寒之山[24]，飞涛激浪之壑，厉毒黑风之气，狻猊貙豻之群[25]，并法显失侣之乡，智严遗伴之地[26]，班超之所不践[27]，章、亥之所未游[28]。法师孑尔孤征，坦然无梗，扇唐风于八河之外，扬国化于五竺之间，使乎遐域侯王驰心辇毂，远方酋长系仰天衢，虽法师不世之功，抑亦圣朝运昌感通之力也。

皇帝握龙图而纂历[29]，应赤服以君临[30]，戮鲸豖以济群生，荡云霓而光日月。正四维之绝柱[31]，息沧海之横流[32]，重立乾坤，再施镕造[33]。九功包于虞、夏[34]，七德冠于曹、刘[35]。海晏河清，时和岁阜；远无不顺，迩无不安；天成地平[36]，人庆神悦。加以重明丽正[37]，三善之义克隆[38]；宰辅忠勤，良哉之歌斯允[39]。既而功穷厚载，德感上玄；紫芝含秀于玉阶，华果结英于朱阁[40]。又如西州石瑞，松县琨符，纪圣主千年之期，显储君副承之业。凤毛才子之句，上果佛日之文[41]，历万古而不闻，当我皇而始出。岂非明灵辅德，玄天福眷者焉。

加复游心真际，城堑五乘；追思鹫岭之容，伫想提河之说。故使遗形绀发[42]，焕彩来仪；胜典高僧，相辉而至。慈云布于六合，法鼓震于三千，天华将景风共飞，翠雾与香烟同馥，于是溺俗沉流之士[43]，望涯岸而有期；清虚蹈玄之宾，顾三空而非远。所谓司南启路，而众惑知方；商飙袭林[44]，而群籁自响。法师盛德也如彼，逢时也如此，岂同雅、澄怀道[45]，遇二石之凶残[46]；安、什传经，值苻、姚之伪历。校之深浅，即行潦之类江湖[47]；比之明暗，乃朝阳之与萤曜矣。

昔钟玦既至，魏文奉赋以赞扬；神雀斯呈，贾逵献颂而论异[48]。在禽物之微贱，古人犹且咏歌，况法师不朽之神功，栋梁之大业，岂可缄默于明时而无称述者也。立学愧往贤，德非先达，直以同沾像化，叨厕末尘，欣慕之怀，百于恒品，所以力课庸愚，辄申斯传。其清徽令望之美[49]，绝后光前之踪，别当分诸鸿笔，非此所能觑缕也[50]。冀明鉴君子收意而不哂焉。赞曰：

生灵感绝，大圣迁神；其能绍继，唯乎哲人。
马鸣先唱，提婆后申；如日斯隐，朗月方陈。
穆矣法师，谅为贞士；迥秀天人，不羁尘滓。
穷玄之奥，究儒之理；洁若明珠，芬同蕙芷。
悼经之阙，疑义之错；委命询求，陵危践壑。
恢恢器宇，赳赳诚恪；振美西州，归功东阁。
属逢有道，时惟我皇；重悬玉镜[51]，再理珠囊[52]。
三乘既阐，《十地》兼扬；俾夫慧日，幽而更光。
粤余庸眇，幸参尘末；长自蓬门，靡雕靡括。
高山斯仰，清流是渴；愿得攀依，比之藤葛。

【注释】

①霄月：高空的月亮。晋潘岳《京陵女公子王氏哀辞》："皎皎霄月，载盈载微。"

②三江九河：泛指江河。三江，历史上说法不一。战国时期指太湖附近的松江、钱塘江、浦阳江。唐代《元和郡县图志》将岷江、澧江、湘江称为西、中、南"三江"。九河，古代黄河下游众多支流的总称，也泛指黄河。《尚书·禹贡》："九河既道。"《尔雅·释水》："徒骇、太史、马颊、覆鬴、胡苏、简、洁、钩盘、鬲津，九河。后之说者不一。"（分别参见卷六"三川"、卷七"九河"。）

③潜耀：隐藏光辉。比喻死亡或隐居。唐代权德舆《仲秋朝拜昭陵》诗："文皇昔潜耀，隋季自颠覆。"

④十代：十世。避太宗名讳。

⑤虚己：无我，不执着于我。《庄子·山木》："人能虚己以游世，其孰能害之。"应物：顺应事物。《庄子·知北游》："邀于此者，四枝

彊，思虑恂达，耳目聪明，其用心不劳，其应物无方。”

⑥裹粮：裹带粮。指携带干粮，准备出征或远行。《诗经·大雅·公刘》：“乃裹餱粮，于橐于囊。”

⑦东箭：东南竹箭。比喻杰出人才。《晋书·王舒虞潭顾众等传赞》：“顾实南金，虞惟东箭。”

⑧南金：南方金石，指贵重之物。比喻优秀人才。《晋书·薛兼传》：“兼清素有器宇，少与同郡纪瞻、广陵闵鸿、吴郡顾荣、会稽贺循齐名，号为‘五俊’。初入洛，司空张华见而奇之，曰：‘皆南金也。’”

⑨琅玕：传说或神话中的仙树。其果实似珠，是凤凰的食物。《绎史·三代·禹平水土》：“服常树，其上有三头人，伺琅玕树。”

⑩恒、肇：道恒和僧肇。道恒(346—417)，蓝田(今属陕西)人。东晋僧，为鸠摩罗什门下“八俊”、“十哲”之一。自幼父母双亡，事后母以孝闻，年二十，后母亦亡，遂出家，研习内外诸典，多所通达。鸠摩罗什入关后，即投其门下，并参与译事。后秦姚兴尝劝师与同学道标还俗，共理国政。他与道标均不从，于是遁居山中，绝迹世外。义熙十三年(417)示寂，世寿七十二。著有《释驳论》、《百行箴》等。僧肇(384—414)，俗姓张，京兆长安(今陕西西安)人。东晋著名佛教学者。少年家贫，以代人抄书为业，“遂因缮写，乃历观经史，备尽坟籍”。他“志好玄微，每以庄老为心要”，但认为《道德经》“美则美矣，然栖神冥累之方，犹未尽善”，后来看到旧译《维摩诘经》，“欢喜顶受，披寻玩味，乃言始知所归矣，因此出家”。出家不久，即“善解方等、兼通三藏”，年在冠年，“名震关辅”，好辩之徒，“莫不猜其早达，或千里负粮，入关抗辩”。然僧肇“才思幽玄，又善谈说，承机挫锐，曾不流滞”，宿儒英才“莫不挹其锋辩，负气催衄”。公元385年，鸠摩罗什到达姑臧(今甘肃武威)；公元398年，僧肇仰慕其名，“自远从之”。弘

始三年(401),鸠摩罗什被姚兴迎到长安,僧肇也随之同至,被安排协助鸠摩罗什译经并从之受学。在《大品般若经》译出后,僧肇将其参加翻译听讲之心得体会,写成《般若无知论》。受到鸠摩罗什的称赞:“吾解不谢子,辞当相挹。”约在弘始十年(408)夏末,与僧肇同在鸠摩罗什门下受学的道生南下路过庐山时,将《般若无知论》带给了庐山隐士刘遗民,刘遗民对此论也大加赞赏,“乃叹曰:不意方袍,复有平叔”。因以呈慧远,“远乃抚几叹曰:未尝有也”。僧肇又先后写成《不真空论》、《物不迁论》等。僧肇在鸠摩罗什门下十余年,“学善《方等》,兼通三藏”,被誉为“解空第一”。

⑪生、融:道生和道融。道生(355—434),俗姓魏,钜鹿(今河北平乡)人,寓居彭城(今江苏徐州)。晋、宋间僧人。幼随竺法汰出家,改姓竺,十五岁便登讲座,二十岁受“具足戒”。公元397年,道生入庐山幽栖七年,常以“入道之要,慧解为本”,钻研群经,斟酌诸论。公元404年,游长安,问学于鸠摩罗什和佛陀跋陀罗,为罗什门下“四圣”、“十哲”之一。义熙五年(409)还建业(今江苏南京),住青园寺(即龙光寺)。竺道生为学能领宗得意,彻悟言外,主张“象以尽意,得意则忘象;言以诠理,入理则言息”。认为佛教传入中国以来,由于翻译的原因,使学者多守滞语言文字而未能获圆悟之意,于是研习空有因果之旨,立“善不受报”、“顿悟成佛”之说。法显等译出六卷《大般泥洹经》,其中有“一切众生皆能成佛”之说,道生乃剖析经义,洞入幽微,提出“一阐提人皆得成佛”的主张,在当时引起激烈争辩,并被摈出京城。遂前往苏州虎丘山。后大本《涅槃经》至,经中果称一阐提悉有佛性,道生名声大振,受到众僧的钦佩,并大行开讲,成为著名的涅槃师。后住庐山,并于庐山精舍开讲《涅槃经》。宋元嘉十一年(434)卒于山中。著有《维摩》、《法华》、《泥洹》等诸经义疏及《善

不受报义》、《顿悟成佛义》、《二谛论》、《佛无净土论》等，多有创见，影响久远。道融(372—445)，汲郡林虑(今河南林县)人。东晋十六国时期僧。鸠摩罗什门下“四圣”之一。《高僧传·慧观传》：“通情则生、融上首，精难则观、肇第一。”十二岁出家，初习外典。三十岁，才解英绝，通达内外经书。后闻鸠摩罗什于长安从事译经事业，遂前往咨禀。受姚兴之命，住于逍遥园，参与罗什之译场，又讲述新译出之《中论》及《法华经》。鸠摩罗什赞叹说：“佛法之兴，融其人也。”后还彭城(今江苏徐州)，讲说相继，问道者常有千余人。北魏真君六年(445)，示寂于彭城，世寿七十四。著有《法华》、《大品般若》、《金光明》、《十地》、《维摩》诸经之义疏。

⑫和合怖数之徒：指二十四种不相应行法。不相应行法，也称“心不相应行法”，或略称“不相应法”。不相应，即不相似，意指既不属于“色”、也不属于“心”的有生灭变化的现象；此法为五蕴(色、受、想、行、识)中行蕴所摄，故名“行”。《俱舍论》卷四：“如是诸法，心不相应，非色等性，行蕴所摄，是故名心不相应行。”由于此法“无别有体”，借助于心法、心所有法、色法“假施设有”，故位列第四。“二十四种不相应行法”的内容为：得、异生性、众同分、命根、无想定、灭尽定、无想果、名身、句身、文身、生、老、住、无常、流转、定异、相应、势速、次第、方、时、数、和合、不和合。和合，即和合性，唯识宗所说百法之一，二十四种不相应行法之一，指形成心、色等诸法之因缘，能彼此和合之性质；亦即有为诸法生起时，必须由众多之因缘和合集会之特性。数，唯识宗作二十四种不相应行法之一，胜论学派以之为二十四德之一，即表示存在之数量。

⑬槃根：盘曲的木根。比喻艰深的义理。亦指涅槃的根本。

⑭钳键：关键和要点。

⑮蒙汜(sì):古代指称日落处。东汉张衡《西京赋》:"日月于是乎出入,象扶桑与蒙汜。"

⑯孟诸:古泽名。位于宋国,在今河南商丘东北、虞城西北。《尔雅·释地》:"鲁有大野,晋有大陆,秦有杨陓,宋有孟诸,楚有云梦,吴越之间有具区,齐有海隅,燕有昭余祁,郑有圃田,周有焦护。十薮。"云梦:古泽名。春秋时属郧国,战国时属楚国,在今湖北潜江附近。

⑰宿构:预先拟就。南朝梁刘勰《文心雕龙·神思》:"子建援牍如口诵,仲宣举笔似宿构。"重关:悟道的难关。《宋书·夷蛮传·天竺迦毗黎国》:"释迦关无穷之业,拔重关之险。"

⑱解颐:开颜欢笑。《汉书·匡衡传》:"匡说《诗》,解人颐。"颐,面颊。

⑲灰山住:又作"鸡胤部"、"窟居部",小乘十八部或二十部之一。为佛陀入灭后二百年中,与一说部、说出世部同时从大众部分出的部派。此部认为,诸佛世尊皆是出世,一切如来无有漏法,诸如来语皆转法轮,佛以一音说一切法,世尊所说无不如义,如来色声实无边际等。十八异执:指小乘佛教十八部派。佛教的分裂,从上座部和大众部分派开始,又经过三百多年的发展,到贵霜王朝的建立,形成了很多独立的派别,一般认为有十八或二十个派别,佛教史一般称这一时期为部派时期。在佛灭的第二个百年,从上座部中分出犊子部和化地部;与此同时,从大众部中分出一说部和鸡胤部。而后,从化地部中分出说一切有部、法藏部、雪山部、制多山部;制多山部后来又分解为西山住和北山住两部,通称"案达派"。与此同期,从犊子部中分化出来法上部、贤胄部、正量部和密林山部四个派别。约公元前3世纪末,大众部又分出说出世部;说出世部又分出多闻部和说假部。约公元前二世纪初到前一世纪,说一切有部又分出饮光部和经量部。

⑳五部：指五部律。相传佛灭后百年，付法藏第五祖优婆毱多门下有昙无德等五弟子，同时从一大律藏中分出五部派别，即昙无德部(《四分律》)、萨婆多部(《十诵律》)、弥沙塞部(《五分律》)、迦叶遗部(无汉译本)、婆蹉富罗部《摩诃僧祇律》。“五部律”均属小乘律。

㉑通庄：通道，大路。南齐王中《头陀寺碑文》：“通庄九折，安步三危。”

㉒轰轰隐隐：车马的声音。

㉓休美：美好善良的样子。《三国志·蜀书·杨戏传》：“赞时休美，和我业世。”

㉔涸阴：极阴。指隆冬寒气凝结或指极北之地。东汉张衡《西京赋》：“其远则九嵕甘泉，涸阴冱寒。”冱(hù)寒：闭寒。指不见太阳，极为寒冷。冱，闭塞。《左传·昭公四年》：“其藏冰也，深山穷谷，固阴冱寒，于是乎取之。”

㉕狻猊(suān ní)：古代神话传说中龙生九子之一。形似狮子，能食虎豹，喜烟好坐，常出现在香炉上，吞烟吐雾。貙犴(chū àn)：传说中的貙和犴，都是猛兽。或以“貙犴”为一种猛兽。貙，一种似狸而大的猛兽。犴，一种似狐黑嘴的野狗。

㉖智严：见前注(卷一)。

㉗班超：见前注(卷六)。

㉘章、亥：见前注(卷六)

㉙龙图：即河图。《水经注·洛水》：“黄帝东巡河过洛，修坛沉璧，受龙图于河，龟书于洛。”

㉚赤服：唐朝皇帝专用赤黄色衣服。后逐渐演变成了皇权的象征。《旧唐书·舆服志》：“武德初，因隋旧制，天子讌服，亦名常服”，“其常服，赤黄袍衫，折上头巾，九环带，六合靴，皆起自魏、周，便于戎事。自贞观已后，非元日、冬至受朝及大祭祀，皆常服而

己”。唐朝明文规定，士庶不能穿赤黄色的衣服。

㉛四维：即礼、义、廉、耻。《管子·牧民》：“四维不张，国乃灭亡。国有四维：一维绝则倾，二维绝则危，三维绝则覆，四维绝则灭。倾可正也，危可安也，覆可起也，灭不可覆错也。何谓四维？一曰礼，二曰义，三曰廉，四曰耻。”

㉜横流：海水四处奔流。比喻政治混乱，社会动荡。《孟子·滕文公上》：“当尧之时，天下犹未平，洪水横流，泛滥于天下。”《晋书·王尼传》：“沧海横流，处处不安也。”

㉝镕造：熔化铸造。比喻培养造就。南朝梁任昉《启萧太傅固辞夺礼》：“君于品庶，示均镕造。”

㉞九功：又作“六府”、“三事”，即火、水、金、木、土、谷、正德、利用、厚生。《尚书·大禹谟》：“禹曰：‘於！帝念哉！德惟善政，政在养民。水、火、金、木、土、谷，惟修；正德、利用、厚生，惟和；九功惟叙，九叙惟歌。戒之用休，董之用威，劝之以九歌，俾勿坏。’帝曰：‘俞！地平天成，六府三事允治，万世永赖，时乃功。’”《左传·文公七年》：“六府、三事，谓之九功。水、火、金、木、土、谷，谓之六府。正德、利用、厚生，谓之三事。”《梁书·武帝纪上》：“文洽九功，武苞七德。”唐太宗《执契静三边》：“戢武耀七德，升文辉九功。”

㉟七德：见前注（卷六）。曹、刘：曹操和刘备。晋陆机《辩亡论上》：“夫曹刘之将，非一世所选。”

㊱天成地平：原指大禹治水成功，使水土治平，万物得以成长。比喻太平盛世，万物各得其所。《尚书·大禹谟》：“帝曰：‘俞！地平天成，六府三事允治，万世永赖，时乃功。’”

㊲重明丽正：日月依附于天道。重明，指日月双重光明，亦指日月经天，周而复始。丽，附着。《周易·离卦》：“《彖》曰：《离》，丽也。日月丽乎天，百谷草木丽乎土。重明以丽乎正，乃化成

天下。”

㊳三善：封建社会提倡的三种道德规范，即父子、君臣、长幼的道理。《礼记·文王世子》：“欲令成王之知父子、君臣、长幼之道也。”

㊴良哉之歌：指太平颂歌。又称“康哉之歌”。《尚书·益稷》：“乃赓载歌曰：‘元首明哉，股肱良哉，庶事康哉。’”

㊵朱阁：红色的楼阁。泛指高官豪族的住宅。晋陆机《赠尚书郎顾彦先》诗之二：“玄云拖朱阁，振风薄绮疏。”

㊶佛日：指佛。亦指佛法。比喻佛能破众生之痴暗，如同太阳能破除一切黑暗，故称“佛日”。有时也比喻佛法广大，普度众生，如红日遍照大地。

㊷绀（gàn）发：指佛绀琉璃色头发。

㊸沉流：沉入水流。比喻沉沦于生死的河流。《楚辞·九章·惜往日》：“临沅湘之玄渊兮，遂自忍而沉流。”

㊹商飙：秋风。商，中国古代“五音”之一，五音与四季相配，商音配秋，因此以“商”指秋季。

㊺雅、澄：竺法雅和佛图澄。竺法雅，河北河间（在今河北雄县大清河以南一带）人。晋代僧。与道安共事佛图澄。少善外学，长通佛义。竺法雅风采洒落，善知机要，外典与佛经递互讲说，与道安、法汰共同解析疑难，以尽经要。后立寺于高邑（今河北柏乡），受教之徒众数百。每与康法朗等，针对弟子们于世典有功而未善佛理的状况，创“格义”之法，即“以经中事数，拟配外书，为生解之例”。这种方法在当时有重大影响，对接受和融通外来的佛教思想起过重要作用。佛图澄，见前注（序）。

㊻二石：石勒和石虎。石勒（274—333），字世龙，初名石匐，小字匐勒，羯族，上党武乡（今山西榆社）人。十六国时期后赵建立者，史称“后赵明帝”。石虎（295—349），字季龙，羯族，上党武乡人。

后赵明帝石勒堂侄，十六国时期后赵君主(334—349在位)，史称“后赵武帝”。石勒、石虎在史上皆以残暴闻名，石虎尤甚。石虎在位期间，生活十分荒淫奢侈，极为残暴，其子石邃、石宣皆被处死。石虎卒后，其子为争帝位相互残杀，后赵逐渐衰落。不久，族灭国亡。

㊼行潦(lǎo)：小沟中的流水或浊水。比喻浊世。《诗经·大雅·泂酌》：“泂酌彼行潦，挹彼注兹，可以馀饎。”

㊽贾逵(30—101)：字景伯，扶风平陵(今陕西咸阳)人。东汉著名经学家、天文学家。自幼好读书，弱冠能诵《左传》、《五经》，博通诸典，一生著作等身，“学者宗之”，被称为“通儒”。《后汉书·贾逵传》：“时有神雀集宫殿官府，冠羽有五采色，帝异之，以问临邑侯刘复，复不能对，荐逵博物多识，帝乃召见逵，问之。对曰：‘昔武王终父之业，鸑鷟在岐，宣帝威怀戎狄，神雀仍集，此胡降之征也。’帝敕兰台给笔札，使作《神雀颂》，拜为郎，与班固并校秘书，应对左右。”

㊾令望：美好的声望。《诗经·大雅·卷阿》：“颙颙卬卬，如圭如章，令闻令望。”

㊿覼(luǒ)缕：详见前注(卷八)。

(51)玉镜：玉制的镜子。比喻清明之道。南梁简文帝《请幸同泰寺开讲启》：“玉镜宸居，金轮驭世。”

(52)珠囊：指五星的躔度。珠，指五星，即水星、金星、火星、木星、土星，又分别叫辰星、太白、荧惑、岁星、镇星。囊，躔度，日用星辰运行的度数。隋薛道衡《老氏碑》：“三农应铜爵之鸣，五纬叶珠囊之度。”

【译文】

释慧立议论道：

我观察夜里的星辰和高空的月亮在太阳落山后继续发出光

明，三江九河使东海更为广阔；相互凭借的道理对万物就是如此，对人类来说传承教化也是如此。自从法王涅槃以后，阿难结集以来，已经过了一千多年了，超过了十个世纪。圣贤不断出现，英才层出不穷，各怀雄图伟略，都具有上等智慧，荷担遗法，控御天人，道法控制暴风，神异倾动大海山岳。或舒展手指流出膏液，或在房间内发出奇异的光芒，或陈列尸体以降伏天魔，或一次酬对使君主归心佛法。或发愿要使佛法流布远方，冒着危险的浪波艰难前行；或无我以顺应万物，带着干粮行走在九死之地。终于使佛法隆昌，惠济无量众生，既有益于法脉传承，确实也符合佛祖的付嘱，考究前代史册，可不就是这样啊！使佛法之源永不穷竭，如今则是玄奘法师嗣承了这一重任。

法师乃是天上星象降下的神灵，山岳蒸腾的云气，才华超过众贤，声誉称美僧林，高雅的节操卓尔不群，坚强的品格出类拔萃。以济度四生为己任，以荷担正法为身命；巍峨壮丽啊，好似嵩岳、华山背负苍穹；皎然明亮啊，宛若琅玕辉映澄莹的大海。法师聪慧机敏，气质高雅，发乎自然；品味道法，轻视荣华，禀自天性。至于多识博闻，穷究奥妙，远远超过了道恒、僧肇；详考玄理，体察精微，也远胜道生、道融。滔滔大海，浩浩荡荡，真是绍隆佛法的神器啊。上天将要使佛法重新光大于衰微之际，所以降下如此明德之人啊。法师以为古今的大德高僧，阐扬经、论，虽然都依据佛教教法，但是由于引证各不相同，诤论纷然，由来已久了。至于阿赖耶识是不是果报，幻化之人有没有心性，和合性、数等二十四种不相应行法，正闻熏习的种子究竟灭不灭等，一百多个问题，都是三藏四含的根本问题，大、小二宗的关键所在，先贤所不能决定，今哲的共同疑问。法师对这些问题也犹豫不决，对此怏怏不乐，慨然说道："这里的经、论，都是佛法的枝叶，不是根源。诸位法师虽然各起异说，却不能解决疑难问题，要囊括佛教的根本大法，最终还需要前往祇洹精舍啊。”

于是法师胸怀壮志，驰心域外。于贞观三年八月整顿行装，拂袖而去。到达中印度那烂陀寺，遇到大法师名叫“尸罗跋陀”，汉译“戒贤”。此人乃是大、小二乘的宗匠领袖，洞鉴奥远，博通三藏，擅长四《吠陀》。对《十七地论》最为精熟，因为此论冠绝众经，所以常常宣讲，此论本是弥勒菩萨所造，乃是统摄大乘的根本大法，是法师西行所要求取的宝典。印度十六个大国无不归心宗仰，常来求学的徒众有一万多人。法师前往修习，首次会面，师徒尽欢，都认为相见恨晚。于是法师服膺听学，兼以咨决疑难，听讲一遍，便尽得奥旨，无所遗忘。譬如蒙汜容纳各种支流，宛若孟诸吞吐云梦之泽。那里的法师嗟叹不已，感叹从未有过这样的事情，都说：“这个支那人能听懂名相就已经很不容易了，岂料此时都能共谈玄理了。”法师从此声振葱岭之西，名流天竺八国。那里的诸位先达英杰听说后，都拿着预先拟好的各种难题，一同前来诘难，雁行鱼贯，车驾紧随，论难之词，宛若云屯雨至。法师从容辩论解释，都能入其室，操其戈，以其之矛，击其之盾，使他们都理屈词穷，开颜欢笑，俯首拜服，都称赞法师为天纵英才，难以酬对啊。戒日王等见到法师欢喜不已，都膝行肘步，鸣足顶礼，倾尽珍宝供养法师。

法师听完《十七地论》后，又学习梵文典籍，以及其他各种经、论。从如来一代圣教所说，包括耆山的方等教法，鹿苑的半句偈颂，到后来马鸣、龙树、无著、天亲等的各种论著，以及鸡胤部等小乘十八部异执，小乘五部律藏，都收集研究，通达他们的宗旨，了解他们的宗义。历览佛住世时遗留的各种圣迹，例如涅槃的坚固林，降魔的菩提树，迦尸国高耸的宝塔，那揭罗喝国佛留影的山窟，都亲自前往礼拜致敬，并目睹各种灵奇，无所遗漏。

法师心愿得偿，学业完成，历览周遍，将要回归本国，就誊写大小乘法教六百多部，请佛像七尊，舍利一百多粒，于大唐贞观十九年春正月二十五日回到长安。僧俗奔走相迎，整个京城为之罢市。当时啊，云收雾卷，风和日丽，宝帐满街，华幢蔽日。五彩祥云郁郁纷纷垂挂在天空，庶民士人在轰轰隐隐的大路上吟咏赞颂。邪风此时忽然停息，慧日赫然重放光明。虽不及世尊从忉利天宫降临阎浮提时的盛况，这也足以称得上是千年的盛美之事啊！

法师此行经过的路途有数万里，备历艰难危险。至于极阴极寒的雪山，飞涛激浪的深壑，厉毒黑风的云气，以及成群的狻猊貙豻之类的猛兽，都是法显、智严失去同侣的地方，班超、章亥所不能到达之处。法师孑然一身，孤影远征，坦然无梗，传播我唐风俗于八河之外，宣扬大国德化于五天竺之间，使异域的王侯驰心帝阙，远方的酋长仰望天朝，虽说这是法师的不世功业，也是圣朝国运昌隆的感通之力啊。

太宗皇帝手握河图，继承帝位，身穿赤黄服，君临天下，戮灭群雄，救济苍生，荡开云霓，重光日月。匡正已经断绝的纲纪，平息四处奔流的海水，重建乾坤，再施化育。文治九功囊括虞舜、夏禹，武功七德超过曹操、刘备。四海安定，江河澄清；四时和顺，五谷丰收；远方无不归顺，近处无不安宁；万物各得其所，人民幸福，神灵欣悦。再加上日月光明附着在正道之上，父子、君臣、长幼三种善德得以昌隆；宰辅忠诚勤勉，人们歌颂太平盛世。不久功业圆满，厚德载物，功德感动上天；天下优秀的人才都来到朝廷，四方杰出的贤士都前来朝见。又譬如凉州的石瑞，松县的琨符，记载圣主千年运期，彰显太子绍续帝业。才子的珍稀词句，法王的精美文章，历经万年而不曾听闻，到了我皇方才撰成。岂不是神明辅助德君，上天护佑眷顾啊。

加之游心真际之境，护持五乘之法；追思鹫岭的圣容，凝想提河的教说。所以使佛像和舍利降临东土，焕发光彩；佛典和高僧，也相随而来。慈云流布六合之内，法鼓声震三千法界，天花和景风一起飞舞，翠雾与香烟共同发出芬芳香气，于是那些沉溺于俗世的人们，期待地遥望彼岸；那些修行佛法的人们，证得三空已为时不远。所谓司南指路，迷惑的众生才会知道方向；秋风吹过树林，各种声音自然响起。法师的盛德也是一样，逢时也是如此，岂能同于竺法雅、佛图澄胸怀佛道，却遇上凶残的石勒、石虎；释道安、鸠摩罗什传扬佛经，正值苻秦、姚秦的异族统治。比较时运的深浅，如同小水沟和江河湖海的差距；比较君主的明暗，真是朝阳和萤光的差别啊。

从前钟灵的玉玦到达邺城，曹丕作《玉玦赋》称颂赞扬；五彩的神雀呈现祥瑞，贾逵作《神雀颂》议论灵异。对于微贱的东西和飞禽，古人尚且歌咏赞叹，况且法师不朽神功，栋梁伟业，岂可默默无闻于圣明之时而不加称誉赞述。我慧立学识不及前贤，德业也不及先达，只是因为沾润佛法，有幸忝列门墙，居于末位，欣慕之情，百倍于常人，所以力课庸愚，撰写了这部传记。法师高雅的情操、美好的名声，丰功伟业空前绝后，其传记应由巨擘鸿笔来撰写，不是我这篇小传所能详细陈述的啊。希望有见识的君子能得其要旨而不要嘲笑其鄙陋啊。赞颂道：

生灵感绝，大圣迁神；其能继绍，唯乎哲人。
马鸣先唱，提婆后申；如日斯隐，朗月方陈。
穆矣法师，谅为贞士；迥秀天人，不羁尘滓。
穷玄之奥，究儒之理；洁若明珠，芬同蕙芷。
悼经之阙，疑义之错；委命询求，陵危践壑。
恢恢器宇，赳赳诚恪；振美西州，归功东阁。
属逢有道，时惟我皇；重悬玉镜，再理珠囊。
三乘既阐，《十地》兼扬；俾夫慧日，幽而更光。
粤余庸眇，幸参尘末；长自蓬门，靡雕靡括。
高山斯仰，清流是渴；愿得攀依，比之藤葛。

释彦悰笺述曰："余观佛教东度已来[①]，英俊贤明，舍家入道者万计，其中罕能兼善，一二美者有焉。至若视听貌言，洽闻强识；轻生重道，绝域遐征[②]，贞操劲松筠，雅志陵金石；群雄革虑，圣主回光者，于三藏备之矣。抑又闻之，三藏当盛暑之辰，体无沾液；祁寒之际[③]，貌不凄惨；不夭不申，不欠不嚏，斯盖未详其地位，何贤圣之可格哉！又北宫现疾之时，征庆繁缛；将终之日，色貌敷愉[④]，亦难得而测也！及终后月余日，有人赍栴檀末香至，请依西国法用涂三藏身，众咸莫之许。其人作色曰：'弟子别奉进止，师等若不许，请录状以闻。'众从之。及开棺发殓已，人觉异香等莲华之气，互相惊问，皆云若兹。向人除并殓衣，唯留衬服，众睹三藏貌如生人，皆号绝共视[⑤]。向人涂香服殓盖棺已，俄失所在，众疑天人焉。余考三藏夙心，稽其近迹，自非摩诃萨埵其孰若之乎？粤我同俦[⑥]，幸希景仰，勖哉！"

【注释】

①东度：原作"东土"。

②绝域：极远的地方。《管子·七法》："不远道里，故能威绝域之民；不险山河，故能服恃固之国。"

③祁寒：严寒，极冷。祁，盛大。

④敷愉：和悦的样子。《玉台新咏·古乐府〈陇西行〉》："好妇出迎客，颜色正敷愉。伸腰再拜跪，问客平安不。"

⑤皆：原作"百姓"。

⑥粤：原作"曰"。

【译文】

释彦悰笺述道:“我观佛教自东度以来,舍家入道的英俊贤明,数以万计,其中罕有能擅长各种法门的,擅长一二的人还是有的。至于目视耳听,形貌言语,博闻强记;轻生死,重佛道,远征异域,坚贞的节操强过松竹,高雅的志向超越金石;使群贤革除疑虑,圣主回心转意光大佛教者,三藏法师都已完全具备了。我又听说,三藏法师在盛夏之时,身体没有汗液;严寒之际,容貌也不悲惨凄凉;不屈头,不伸腰,不打哈欠,不打喷嚏,不知道法师已经达到何种果位,也不知道有哪些贤圣可以作比较推究啊!还有,在玉华宫生病的时候,吉祥的征兆很多;临终的时候,容貌和悦,这也是难以测度啊!法师去世一个多月后,有人带着梼檀末香前来,请求按照西国的方法涂抹三藏法师的遗体,众人都不同意。那人脸上变色,严肃地说:‘弟子特地前来侍奉,诸位法师如果不同意,请把录状拿来看看。’众人只得听从。等到打开棺木后,人们感觉到有莲花等异香的气味,相互惊问,都说是这样的。那人除去殓衣,只留下内衣,众人看到三藏法师容貌宛如活着的时候,都悲痛欲绝,一同瞻视。那人给法师涂上檀香,穿上殓服,盖上棺木后,忽然就不见了,众人都怀疑他是天人。我考究三藏的夙愿,稽查三藏近来的异迹,倘若不是大菩萨又怎能如此呢?我们的同修啊,有幸能景仰法师,互相勉励吧!”

附录一　玄奘法师表启

一　进经论表

沙门玄奘言：玄奘闻羲画既陈，肇有书契，籀文斯阐，爰盛典谟。徒以诲义辅德，纪情括性，犹缠埃累之间，未出寰区之表。岂若龙宫秘旨，鹫岭微词，导群迷于沙界，庇交丧于尘劫。然则至极无象，演其源者法王；至理无言，诠其道者圣帝。伏惟陛下纂灵出震，抚运登枢。胜茂九瀛，掩胥庭而独步；飞英八极，辚轩昊而高视。分麾紫塞，翦随寇于幽陵；驻跸青丘，荡妖氛于蟠木。武功既戢，归马华山；文德载宣，受图宛岫。于是刊书延阁，创礼容台。凤篆龟文既藏葳蕤于东观，银钩玉字亦洗污于南宫。犹故属想真如，缅怀空菽，绍宣妙法，以为大训。由是鹿野之谈，应圣期而重译；鸡林之士，仰神化以来仪。建香城于中洲，引玄津于神县。像教东被，斯为盛矣。玄奘行业无纪，空符曲成；谬齿缁徒，有惭先哲。慨然怀愤，誓以弘宣；凭恃国威，远寻灵迹。往在西域，躬习梵言。览毗尼之奥旨，窥多罗之密藏。所获梵本经、论，总一千帙，六百五十七部，佛像七躯，佛肉舍利一百五十粒，并骨舍利等一函。既而治装金地，旋轫玉门；祗奉纶言，载合翻译。爰召开士，同证慧义；研思淹时，未能总毕。见绝笔者，凡五十八卷，名曰《大菩萨藏经》二十卷，《佛地经》一卷，《六门陀罗尼经》一卷，《显扬圣教论》二十卷，《大乘阿毗达磨杂集论》十六卷，勒成八帙，缮写如别。及前舍利、佛像、梵本经论等，谨诣阙奉进。但圣鉴照明，玄言冲远，玄奘学非沉秘，识谢咏通，何以仰称天规，敬弘至教。亦由荧荧爝火，对修景以摛光；涓涓细流，足巨壑而成大。追惭战悸，若履冰谷。谨言。贞观二十年七月十三日，沙门玄奘上。

二　请太宗文皇帝作经序并题经表

沙门玄奘言：玄奘早预玄门，幸逢昌运，希闻至道，游心法筵。每恨正觉遗文尚未详备，遂慨然怀慕，遍历殊方。远赖皇威，所期咸济。去年二月，奉诏翻译。今见成五部，总五十八卷，缮写如别。窃见弘福寺尊像初成，圣上亲降銮舆，开青莲之目。今经、论新翻，敢缘斯义。伏愿陛下曲垂神翰，表发经题，亲纡玄藻，序明宗极。所望天文秘思与日月齐明，玉字银钩将乾坤等固。庶百代之下歌咏无穷，千载之外瞻仰不绝。不任偻偻之至，谨奉表以闻。轻触天威，伏增悚汗。谨言。贞观二十年七月十三日，沙门玄奘上。

三　谢《述圣记》启

沙门玄奘启：窃以识真者寡，每苦徂东之路；迷方者众，共仰司南之车。况夫大道玄远，妙门虚寂，非乘睿智，孰能铨序者哉！伏惟皇太子殿下体资震极，仁被春方，照佛日以重辉，绍法轮于将坠。津梁有属，传灯斯在。玄奘志穷佛道，誓捐躯命。粤自东夏，愿至西方。皇灵护持，得经、论六百五十七部，寻蒙恩敕，令玄奘翻译。爰降慈旨，为制序文。布慈云于尘劫，澍惠雨于沙界。殿下游刃三藏，仰弘十善。复制《述圣》之记，光阐大猷。明实相之门，则有而不有；谈虚寂之境，则空应皆空。犹得神里，远超系表。玄奘未澄浊水，忽得明珠，谨当顶受奉持，永为心镜。不任下情，悚荷之至，谨奉启陈谢以闻。谨启。贞观二十二年八月五日，沙门玄奘上启。

四　请附讯物及书往西域表

沙门玄奘言：盖闻隆道覆载，功玄而化广；德绥内外，迩肃而远安。是以垂则天之教，成因地之化。斯固宰物之大统，驭宇之洪范也。伏惟皇帝陛下，资玄象之盛明，纵厚载之至德，裁成品类，光阐彝伦。左衽之乡重译纳贡，反舌之俗请吏革音。非夫德通神明，仁被幽显，何以雾开重阻，风卷绝域者哉！玄奘往凭帝力，问道遐方。祇奉法言，服膺梵学，博考名相之源，颇闻权实之致。聿来宣译，式符玄训。上感皇情，重阐鹫山之道；远崇佛旨，再演龙宫之典。静言教义，功归遐人；探赜大猷，诚惟明导。无为味法，有荷洪恩；不谢深仁，恐芜王化。玄奘爰初归国，以至于今。凡厥缁徒，深嘉求法，愍其弊服，颇惠僧衣。今者见有袈裟三领，圣恩所赐紬绫十匹，诸寺访得绣像彩幡及诸供养道具之物，并附单书，敬问师友，请因今使附往天竺。冀斯凭信，用谢厚恩，则光国仁义之风，以申愚陋之志，不任怀德之诚。谨奉表陈请以闻，伏愿圣慈，特垂矜允。谨言。

五　进经表

沙门玄奘言：前件经及戒本，实惟发心枢要，拔难津梁；讽诵闻名，获福无量。冀中名赞，永保圣躬。谨以进奉，伏增惶惕。谨言。

六　请取梵本表

沙门玄奘言：前件经律等，并是五乘轨辙，三藏奥旨。文义既弘，学徒钦尚。玄奘往于西域，遍访遗文，所获众经，部余六百，前件经律，尚未得来。至于大法流通，有所未悉。今并在于阗国，宛然具有。伏惟陛下则天御宇，光启大猷，膺录受图，弘扬正法。殊方异类，重译来朝。于阗蕃王今归圣化。伏愿降敕遣进，翻译有期。所益既弘，辄敢闻奏。轻触宸严，伏增悚栗。谨言。

七　谢得一切经表

沙门玄奘言：窃寻三藏圣教，盖是照迷真之宝镜，出爱海之舟航，入净慧之良因，趣菩提之妙轨。是以众香析骨，用显求法之诚；雪岭投身，式表闻经之庆。伏惟皇帝陛下，金轮御宇，十善之化弥新；文思统天，八正之风逾扇。虽复万方事广，檀那之行靡亏；庶务殷繁，游玄之心无舍。前降明敕，遣造一切经。欲使载金言于素叠，非止鹤林；启玉字于霜螺，宁惟鹿苑。香檀制轴，掩瞻蔔之芳；绣组裁帙，夺鲜霞之彩。庄严尊重，事事微妙，使人王君德至，复宣天恩。悯玄奘愚昧，辙入龙宫，赐留转读，遂使甘露胜法，谬沾蓬荜之门；末尼神珠，曲集蜗庐之室。顶载欢喜，不知譬喻。敬即燃香散华，受持讲诵。愿所生功德，庄严陛下，齐明两曜，均寿二仪，化洽三千，道笼无外。不任庆荷之至，谨附表谢闻。纸墨易穷，陈恩难尽。谨言。

八　谢许制《大慈恩寺碑》文及得宰相助译经表

沙门玄奘言：今月廿四日内给事王君德奉宣口敕，许为寺塔建碑制文，及遣左仆射于志宁、中书令来济、礼部尚书许敬宗、黄门侍郎薛元超、杜正伦、中书侍郎李义府、国子博士范颙等诸学士，监共译经。睿泽潜流，玄风载扇，祇奉慈诰，喜惧交怀。凡在缁徒，不胜庆蹈。玄奘闻圣德无方，神功不测。既阐无为之化，必开众妙之门。自大师厌俗，能仁不宰；鹫山留影，像化空传。鹤树韬音，微言允被。非夫皇明出震，睿哲乘图，道济四生，智周三有。何以能凝思于玄津之境，驰情于大觉之路；诱疲商于化城，拯游童于险宅。伏惟皇帝陛下持衡纂庆，握契乘时；孕育三灵，陶甄万品。远安迩至，海晏河清；草木凝祯，烟云动色。端拱多豫，属想词林；理驾三玄，文高七纬。而以释迦妙典，弘济居多；情在绍隆，俯垂幽赞。将欲亲纡睿藻，式撰玄猷；曲诏朝英，允宣妙法。像教东被五百余年，虽敷畅厥旨，抑有多代，而光赞之荣，独在兹日。天人载悦，明祇叶庆；金轮在运，玉历方永。然则汉皇英藻，空演思于汾河；魏帝奇才，仅摛词于吴会。未有奋兹鸿笔，赞彼玄规；洞三界以飞声，横六幽而洒润。固使昭昭慧日，假圣藻而增晖；蠢蠢迷生，睹天词而悟道。玄奘幸逢休运，早蒙落饰；德惭僧会，业谢法兰。屡荷殊私，每深惊惕；重祗恩奖，弥增悚惧。无任戴荷之至，谨诣阙奉表，陈谢以闻。谨言。

九 请得善洛法师等重出家表

沙门玄奘言：伏蒙恩敕，度善洛等出家，踊戴不胜，悲喜兼至。窃寻云雨之泽，犹资仰器；日月之照，尚阻覆盂。而圣帝恩波，遂覃涯表；至仁光宠，允兼分外。伏惟皇帝皇后陛下，蕴灵妙觉，应迹善权。故能鉴极真如，转法轮于九有；悲怀庶类，拯沉难于三涂。遂令善洛、法通、处俨等，重洗天波，再睎圣日。披黄泉而升清汉，排火宅而荫法云。劫石空销，斯恩不朽；微躬徒殒，此答何阶。庶落发之功，零烦恼于椒殿；具戒之力，荐福祉于兰涂。伏愿皇帝皇后享寿万春，凝耀百福；长临紫极，永庇苍生。春宫克茂，濬柯飞英；青陆宠藩，载隆盘石；腾芬朱邸，□□□□。玄奘每自思省，无德于时，无功于国，而滥沐殊泽，淹积年岁，何尝不吊影惭魂，辍食忘寝。尽湘川之竹，未足尽恩；舍恒沙之身，难能答贶。尚恃久宠，且延视息。不胜感荷之至，谨附表陈谢以闻。尘黩冕旒，伏增惶恐。谨言。

十 重请入山表

沙门玄奘言：玄奘庸虚，幸参梵侣。贞观之日，早沐殊私。永徽以来，亟叨恩遇。顾循菲劣，每用惭负。自奉诏翻译一十五年，夙夜匪遑，思力疲尽。行年六十，又婴风疹。心绪迷谬，非复平常，朽疾相仍，前涂讵几。今诏不任专译，岂宜滥窃鸿恩。见在翻经等僧，并乞停废，请将一二弟子移住玉华，时翻小经，兼得念诵，上资国庆，下毕余年。并乞卫士五人，依旧防守。庶荷宸造，免其愆戾。无任恳至，谨诣阙奉表以闻。轻触威严，伏深战栗。谨言。

十一　谢得入山表

沙门玄奘言：奉昨一日恩敕，许玄奘并弟子移住玉华，翻经僧等随往翻译，依旧供给。喜荷兼极，踊跃参并。玄奘庸流末品，屡叨圣眷。至仁曲逮，殊泽再加；优其事业，居之显㬏。抚心增愧，荷施逾深；一介微生，万殒宁答。不胜感戴之极，谨诣阙陈谢以闻。谨言。

十二　请御制《大般若经序》表

沙门玄奘言：窃寻佛法大乘，般若为本。陶钧妙相，罔不具该。先代帝王，福有优劣，感通正法，未尽梵文。然《大般若经》总廿万偈，西域以为镇国重宝，多秘不传。伏惟皇帝陛下，化洽无幽，圣教潜被，致斯奥典，绝域来臻。玄奘往恃国威，遐方问道，备历艰险，搜求遗法。获归中国，十有九年；翻译梵文，千三百余卷。但玄奘年垂七十，劳疹屡婴，恐先朝露，无酬天造。是以力此衰弊，光烛缠宵，祇奉诏恩，夙夜翻译。以显庆五年正月一日起首译《大般若经》，至今龙朔三年十月廿三日绝笔，合成六百卷。愿斯妙善，仰资国祚；上延七庙，咸登万福。皇帝皇后重晖日月，合德乾坤，永御金轮，独昌沙界。皇储隆磐石之固，诸王茂本枝之荣。冥庆所覃，遐休靡际，功福既大，不敢缄默。望请御制序文，皇太子敕《述圣记》，庶使万方昧俗，睹天藻而悟至真；九宇生灵，观宝乘而知帝力。玄门益峻，缁徒增跃，尘劫有涯，妙善无尽。玄奘奉诏玉华翻译，不获诣阙，谨遣弟子窥基奉表以闻。轻黩宸严，伏增悚灼。谨言。

附录二　道宣《玄奘传》

释玄奘，本名祎，姓陈氏，汉太丘仲弓之后也。子孙徙于河南，故今为洛州缑氏人焉。

祖康，北齐国子博士。父惠，早通经术，长八尺，明眉目，拜江陵令，解缨而返，即大业末年，识者以为克终，隐沦之候故也。兄素，出家，即长捷法师也，容貌堂堂，仪局瑰秀。讲释经义，联班群伍，住东都净土寺。以奘少罹穷酷，携以将之，日授精理，旁兼巧论。年十一，诵《维摩》、《法华》。东都恒度，便预其次，自尔卓然梗正，不偶时流，口诵目缘，略无闲缺。睹诸沙弥剧谈掉戏，奘曰："经不云乎，夫出家者为无为法。岂复恒为儿戏，可谓徒丧百年？"且思齐之怀，尚鄙而不取，拔萃出类，故复形在言前耳。

时东都慧日盛弘法席。《涅槃》、《摄论》，轮驰相系，每恒听受，昏明思择。僧徒异其欣奉，美其风素，爱敬之至。师友参荣。大众重其学功，弘开役务。时年十五，与兄住净土寺，由是专门受业，声望逾远。

大业余历，兵饥交贸，法食两缘，投庇无所。承沙门道基化开井络，法俗钦仰，乃与兄从之。行达长安，住庄严寺。又非本望，西逾剑阁，既达蜀都，即而听受《阿毗昙论》。一闻不忘，见称昔人，随言镜理，又高伦等，至于《婆沙》广论，《杂心》玄义。莫不凿穷岩穴，条疏本干。然此论东被，弘唱极繁，章钞异同，计逾数十，皆蕴结胸府，闻持自然。至于得丧筌旨，而能引用无滞，时皆讶其忆念之力，终古罕类也。基每顾而叹曰：“余少游讲肆多矣，未见少年神悟若斯人也。”席中听侣，佥号英雄，四方多难，总归绵、益，相与称赞，逸口传声。

又僧景《摄论》、道振《迦延》，世号难加，人推精覈，皆师承宗据，隅奥明铨。昔来《摄论》，十二住义，中表销释，十有二家，讲次诵持，率多昏漠。而奘初闻记录，片无差舛，登座叙引，曾不再缘，须便为述，状逾宿构。如斯甚众，不可殚言。

武德五年，二十有一，为诸学府雄伯沙门讲扬《心论》，不窥文相，而涌注无穷。时曰神人，不神何能此也！

晚与兄俱住益南空慧寺，私自惟曰：“学贵经远，义重疏通；钻仰一方，未成探赜。”有沙门道深，体悟《成实》，学称包富，控权敷化，振网赵邦。愤发内心，将捐巴、蜀，捷深知其远量也，情顾勤勤，每劝勉之。而正意已行，誓无返面，遂乃假缘告别，间行江硖。经涂所及荆、杨等州，访逮道邻，莫知归诣。便北达深所，委参勇锐，素袭嘉问，纵洽无遗，终始十月，资承略尽。时燕、赵学侣，相顾逢秋，后发前至，抑斯人也。

沙门慧休，道声高邈，行解相富，夸罩古今，独据邺中，昌言传授，词锋所指，海内高尚，又往从焉。不面生来，相逢若旧，去师资礼，事等法朋。偏为独讲《杂心》、《摄论》，指摘纤隐，曲示纲猷，相续八月，领酬无厌。休又惊异绝叹，抚掌而嗟曰：“希世若人，尔其是也。”沙门道岳，宗师《俱舍》，阐弘有部。包笼领袖，吞纳喉襟，扬业帝城，来仪群学，乃又从焉。创迹京都，诠涂义苑。沙门法常，一时之最，经、论教悟，其徒如林。奘乃一举十问，皆陈幽奥，坐中杞梓，拔思未闻，由是驰誉道流，檀声日下。沙门僧辩，法轮论士，机慧是长，命来连坐，吾之徒也。但为《俱舍》一论，昔所未闻，因尔伏膺，晓夕咨请。岳审其殷至，慧悟霞明，乐说不穷，任其索隐，覃思研采，晬周究竟。沙门玄会，匠剖《涅槃》，删补旧疏，更张琴瑟，承师令问，亲位席端，咨质迟疑，涣然祛滞。

仆射宋公萧瑀敬其脱颖，奏住庄严，然非本志，情栖物表。乃又惟曰："余周流吴、蜀，爰逮赵、魏，末及周、秦，预有讲筵，率皆登践。已布之言令，虽蕴胸襟；未吐之词宗，解签无地。若不轻生殉命，誓往华胥，何能具觌成言，用通神解，一睹明法，了义真文。要返东华，传扬圣化，则先贤高胜，岂决疑于弥勒；后进锋颖，宁辍想于瑜伽耶？"时年二十九也。遂厉然独举，诣阙陈表。有司不为通引，顿迹京辇，广就诸蕃，遍学书语。行坐寻授，数日便通。侧席面西，思闻机候。

会贞观三年时遭霜俭，下敕道俗逐丰四出。幸因斯际，径往姑臧。渐至敦煌，路由天塞，裹粮吊影，前望悠然，但见平沙，绝无人径。回遑委命，任业而前，展转因循，达高昌境。

初，奘在凉州讲扬经、论，华夷士庶，盛集归崇，商客通传，预闻蕃域。高昌王麴文泰特信佛经，复承奘告将游西鄙，恒置邮驲，境次相迎，忽闻行达，通夕立候。王母妃属，执炬殿前，见奘苦辛，备言意故，合宫下泪，惊异希有。延留夏坐，长请开弘。王命为弟，母命为子，殊礼厚供，日时恒致。乃为讲《仁王》等经及诸机教，道俗系恋，并愿长留。奘曰："本欲通开大化，远被家国，不辞贱命，忍死西奔，若如来语，一滞此方，非唯自亏发足，亦恐都为法障。"乃不食三日，佥见极意，无敢措言。王母曰："今与法师一遇，并是往业因缘，脱得果心东返，愿重垂诫诰。"遂与奘手传香信，誓为母子。麴氏流泪，执足而别，仍敕殿中侍郎赍绫帛五百匹、书二十四封，并给从骑六十人，送至突厥叶护牙所，以大雪山北六十余国皆其部统，故重遗达奘，开前路也。初至牙所，信物倍多，异于恒度，谓是亲弟，具以情告，终所不信。可汗重其贿赂，遣骑前告所部诸国："但有名僧胜地，必令奘到。"于是连骑数十，盛若皇华，中涂经国，道次参候，供给顿具，倍胜于初。

自高昌至于铁门，凡经一十六国。人物优劣，奉信淳疏，具诸图传。其铁门也，即铁门关，汉之西屏，入山五百，旁无异路，一道南出，险绝人物，左右石壁，竦立千仞，色相如铁，故因号焉。见汉门扇，一竖一卧，外铁里木，加悬诸铃，必掩此关，实为天固。

南出斯门，土田温沃，花果荣茂，地名睹货罗也。纵千余里，广三千余。东拒葱岭，西接波斯，南大雪山，北据铁门；缚刍大河，中境西流，即经所谓博叉河也。其境自分为二十七国，各有君长，信重佛教。僧以十二月十六日安居，坐其春分，以斯时湿热雨多故也。

又前经国，凡度十三，至缚喝国，土地华博，时俗号为"小王舍城"，国近叶护南牙也。突厥常法，夏居北野，花草繁茂，放牧为胜，冬处山中，用遮寒厉，故有两牙。王都城外，西南寺中，有佛澡罐，可容斗许，及佛扫帚并以佛牙，守护庄严，殆难瞻睹。奘为国使，躬事顶戴。西北不远，有提谓、波利两城，建塔凌虚，即爰初道成，献麨长者之本邑，发爪塔也。

又东南行大雪山中七百余里，至梵衍国。僧有数千，学出世部。王城北山有立石像，高百五十尺，城东卧佛长千余尺，并精舍重接，金宝庄校，晃曜人目，见者称叹。又有佛齿舍利，劫初缘觉齿长五寸许，金轮王齿长三寸许，并商那和修钵，及九条衣绛色犹存。

又东山行至，迦毕试国，奉信弥胜。僧有六千，多大乘学。其王岁造银像，举高丈八，延请遐迩，广树名坛。国有如来为菩萨时齿，长可寸余，又有其发，引长尺余，放还螺旋。自斯地北，民杂胡戎，制服威仪，不参大夏，名为边国蜜利车类，唐言译之，垢浊种也。

又东南七百，至滥波国，即印度之北境矣。言印度者，即天竺之正名，犹身毒、贤豆之讹号耳。论其境也，北背雪山，三垂大海，地形南狭，如月上弦，川平广衍，周九万里。七十余国，依止其中。时或乖分，略地为国，今则尽三海际，同一王命。

又东雪山至那伽罗曷国，即布发掩泥之故地也。详诸经相，意有疑焉，何则？讨寻本事，乃在贤劫已前，莲华、定光，名殊三佛，既非同劫，频被火灾，何得故处今犹泥湿？若以为虚，佛非妄语。如彼诸师，各陈异解。有论者言，此实本地，佛非妄也。虽经劫坏，本空之处，愿力庄严，如因事也，并是如来流化，斯迹常在，不足怪矣。故其胜地，左则标树诸窣堵波，即灵塔之正名，犹偷婆、薮斗婆之讹号耳。阿育王者，此号无忧，恨不睹佛，兴诸感恋，纴是圣迹，皆起铭记，故于此处为建石塔，高三十余丈。又有石壁佛影，蹈迹众相，皆树标记，并如前也。

城南不远，醯罗城中，有佛顶骨，周尺二寸，其相仰平，形如天盖。佛髑髅盖如荷叶盘。佛眼圆睛，状如柰许，澄净皎然。有佛大衣，其色黄赤。佛之锡杖，以铁为环，紫檀为笴。此五圣迹，同在一城，固守之务，如传国宝。北近突厥，昔经侵夺，虽至所在，还潜本处，斯则赴缘隐显，未在兵威。奘奉睹灵相，悲泪横流，手拨末香，亲看体状，倍增欣悦。即以和香，印其顶骨，睹有嘉瑞，又增悲庆。

近有北狄大月支王，欲知来报，以香取相，乃示马形，甚非所望。加诸布施，积功忏悔。又以香取现师子形，虽位兽王，终为畜类，情倍归依，又加施戒。乃现人天，方还本国。故其俗法，见五相者相一金钱，取其相者酬七金钱。俗利其宝，用充福物，既非僧掌，固守弥崇，无论道俗，必先酬价。奘被王命，观睹具周，旁国诸僧承斯荣望，同来礼谒。

又东山行，至健驮逻国，佛寺千余，民皆杂信。城中素有钵庙，众事庄严。昔如来钵经于此庙，乃数百年，今移波斯王宫供养。城东有迦腻王大塔，基周里半，佛骨舍利，一斛在中，举高五百余尺，相轮上下二十五重。天火三灾，今正营构，即世中所谓雀离浮图是也。元魏灵太后胡氏奉信情深，遣沙门道生等赍大幡长七百余尺，往彼挂之，脚才及地，即斯塔也。亦不测“雀离”名生所由。左侧诸迹，其相极多。近则世亲、如意造论之地，远则舍于千眼，睒奉二亲。檀特名山，达拏本迹，仙为女乱，佛化鬼母，并在其境。皆无忧王为建石塔，高者数百余尺，立标记焉。

自北山行达乌长那国，即世中所谓北天竺乌长国也。其境周围五千余里，果实充备，为诸国所重。传云即昔轮王之苑囿也。僧有万余，兼大乘学，王都四周，多诸古迹。忍仙佛跖，半偈避仇，折骨书经，割肉代鸽，蛇药护命，血饮夜叉，如斯等相，备列其境。各具瞻奉，情倍欣欣。

城之东北减三百里，大山龙泉名阿波逻，即信度河之本源，西南而流，经中所谓辛头河也。王都东南，越山逆河，铁桥栈道，路极悬险。千有余里，至极大川，即古乌仗之王都也。中有木慈氏像，高百余尺，即末田地罗汉将诸工人三返上天方得成者，身相端严，特难陈说。还返乌仗，南至呾叉始罗国，具见伊罗钵龙所住之池，月光抉目之地，育王标塔，举高十丈，北有石门，殊极高大，崇竦重山，道由中过，斯又萨埵舍身处也。

自此东南，山行险阻，经一小国，度数铁桥，减二千里，至迦湿弥罗国，即此俗常传罽宾是也。莫委"罽宾"由何而生，观其图域，同罽宾耳。本是龙海罗汉取之引众而住通三藏也。故其国境四面负山，周七千余里，门径狭迮。僧徒五千，多学小乘。国有大德名僧胜匠，奘就学《俱舍》、《顺正理》、因明、声明及《大毗婆沙》。王愍远至，给书手十人，供给写之。有佛牙长可寸余，光白如雪。自滥波至此，绕山诸国，形体鄙薄，俗习胡蕃，虽预五方，非印度之正境也，以住居山谷，风杂诸边。

自此南下，通望无山，将及千里，至磔迦国，土据平川，周万余里，两河分注，卉木繁荣。于时徒伴二十余人，行大林中，遇贼劫掠，才获命全，入村告乞，乃达东境。大林有婆罗门，年七百岁，貌如三十，明《中》、《百》论及外道书，云是龙猛弟子，乃停一月学之。又东至那仆底国，就调伏光法师学《对法》、《显宗》、《理门》等论。又东诣那伽罗寺，就月胄论师学《众事分婆沙》。又东至禄勒那国，就阇那崛多大德学《经部婆沙》；又就蜜多犀那论师，学萨婆多部《辩真论》。

渐次东南，路经六国，多有遗迹。育王标塔高二十丈者，其数不少。中有末兔罗国，最饶踪绪。城东六里有一山寺，昔乌波毱多，唐言"近护"，即五师之一也，是其本住所建。北岩石室高二十余丈，广三十步，其侧不远，复有猕猴堕坑处、四佛经行处、贤圣依住处，灵相众矣。

又东南行，经于七国，至劫比他国，俗事大自在天。其精舍者高百余尺，中有天根，形极伟大，谓诸有趣由之而生，王民同敬，不为鄙耻。诸国天祠率置此形，大都异道，乃有百数，中所高者，自在为多。有一大寺,五百僧徒,净人、仆隶,乃有数万,皆宅其寺侧。中有三道阶,南北而列,即佛为母,忉利安居,夏竟下天,帝释之所作也。宝阶本基,沦没并尽。后王仿之,在其故地,犹高七十余尺。育王为建石柱,高七丈余,光净明照,随人罪福,影现其中。旁有贤劫四佛经行石基,长五十许步,高于七尺,足蹈所及,皆有莲华文生焉。

国西北不远,二百许里,至羯若鞠阇国,唐言"曲女城"也。王都临殑伽河,即恒河之正名矣,源从北来,出大雪山。其土邪正杂敬,僧徒盈万,多诸圣迹:四佛行坐处、七日说法处、佛牙发爪等塔,精舍千余。名寺异相,多临河北。奘于此国学佛使、日胄二《毗婆沙》于毗耶犀那三藏所,经于三月。王号"戒日",正法治世将五十载。言戒日者,谥法之名,此方薨后量德以赠,彼土初登即先荐号,以灭后美之,徒虚名耳。今犹御世,统五印度。初治边陲,为小国也。先有室商佉王,威行海内,酷虐无道,刘残释种,拔菩提树,绝其根苗,选简名德三百余人坑之,余者并充奴隶。戒日深知树于祸始也,与诸官属至菩提坑立大誓曰:"若我有福,统临海内,必能崇建佛法,愿菩提树从地而生。"言已寻视,见菩提萌坑中上踊,遂回兵马往商佉所,威福力故,当即除灭。所以抱信诚笃,倍发由来。还统五方,象兵八万,军威所及,并藉其力。素不血食,化境有羊,皆赎施僧,用供乳酪。五年一施,倾其帑藏,藏尽还蓄,时至复行,用此为常。有犯王法乃至叛逆罪应死者,远斥边裔。余者惩罚,盖不足言。故诸国中多行盗窃,非假伴援,不可妄进。

又东南行二千余里,经于四国。顺殑伽河侧,忽被秋贼,须人祭天。同舟八十许人悉被执缚,唯选奘公,堪充天食。因结坛河上,置奘坛中,初便生飨,将加鼎镬。当斯时也,取救无援,注想慈尊弥勒如来,及东夏住持三宝,私发誓曰:"余运未绝,会蒙放免。必其无遇,命也如何?"同舟一时悲啼号哭。忽恶风四起,贼船而覆没,飞沙折木,咸怀恐怖。诸人又告贼曰:"此人可愍,不辞危难,专心为法,利益边陲,君若杀之,罪莫大也。宁杀我等,不得损他。"众贼闻之,投刃礼愧,受戒悔失,放随所往。

达恀偿弥，外道殷盛。王都城中有佛精舍，高六十尺，中有檀像，即昔优田大王造之，仿在天之景也。其侧龙窟圣迹多矣。

又东北千余里，至室罗伐悉底国，即舍卫舍婆提之正名也。周睇荒毁，才有故基，斯匿治宫，须达故宅，址墌存焉。城南五里，有逝多林，即祇陀园也，胜军王臣善施所造。今寺颓灭，尚有石柱，举高七丈。育王标树边有砖室一区，中安如来为母说法像。自余院宇湮没荡尽，但有佛洗病比丘处、目连举身子衣处、佛僧常汲故井处、外道阴谤杀淫女处、佛异论处、身子捔处、琉璃没处、得眼林处、迦叶波佛本生地，诸如上处皆建石塔，并无忧王之所造也。寺东不远，三大深坑，即调达、瞿波、战遮女人所没之处。坑极深邃，临望无底。自古及今，大雨洪注，终无溢满。

又东将七百里，至劫毗罗伐窣堵国，即迦毗罗卫净饭王所治之都也。空城十余，无人栖住。故宫砖城，周十五里。荒寺千余，惟宫中一所存焉。王寝殿基上有铭塔，即如来降神之处也。彼有说云五月八日神来降者，上座部云十五日者，与此方述微复不同。岂有异耶？至如东夏所尚，素王为圣，将定年算，前达尚迷；况复历有三代，述时纪号，犹自差舛。顾惟理越情求，赴机应感，皆乘权道，适变为先，岂以常人之耳目，用通于至极也！城之南北有过去二佛生地诸塔，育王石柱铭记甚多。都城西北数百千塔，并是琉璃所诛诸释，既是圣者，后人为造。当斯时也，有四释子忿其见逼，不思犯戒，出外拒军，琉璃遂退。后还本国，城中不受，告曰："吾为法种，誓不行师。汝退彼军，非吾族也。"既被放斥，远投诸国，本是圣胤，竞宗树之。今乌仗、梵衍等王，并其后也。城东百里，即是如来生地之林，今尚存焉。或有说者三月八日，上座部云十五日也，此土诸经咸云四月八日。斯非感见之机，异计多耳。

又东七百里方至拘尸，中涂诸异，略不复纪。创达此城，不觉五情失守，崩踊躄地，顷之顾眄，但见荒城颓褫，纯陀宅基，有标志耳。西北四里，河之西岸，即娑罗大林，周匝轮径，三十余里，中央高竦，即涅槃地。有一砖室,卧像北首。旁施塔柱,具书铭记,而诸说混淆,通列其上。有云二月十五日入涅槃者,或云九月八日入涅槃者,或云自彼至今过千五百年者,或云过九百年者。城北渡河,即焚身地,方二里余,深三丈许,土尚黄黑,状同焦炭。诸国有病,服其土者,无不除愈,故其焚处致有坑耳。其侧复有现足分身雉鹿诸塔,并具瞻已。

又西南行大深林中七百余里,达婆罗痆厮国,即常所谓波罗奈也。城临殑伽,外道殷盛,乃出万计。天寺百余,多遵自在。僧徒三千,并小乘正量部也。王都东北波罗奈河之西,塔柱双建,育王所立,影现佛像,睹者兴敬。度河十里即鹿野寺也,周闾重阁,望若仙宫。僧减二千,皆同前部。佛事高胜,诸国最矣。中有转法轮像,状如言说。旁树石柱,高七十余尺,内形外现,众相备矣。斯即如来初转法处。其侧复有五百独觉塔、三佛行坐处。寺中铭塔圣迹极多,乃有数百。又有佛所浴池,浣衣、洗器之水,皆有龙护。曝衣方石,鹿王迎佛之地,并建石塔,动高三百余尺,相甚弘伟,故略陈耳。

顺河东下,减于千里,达吠舍釐,即毗舍离也。露形异术,偏所丰足。国城旧基,周七十里,人物寡鲜,但为名地。其中说《净名经》处,宝积、净名诸故宅处,身子证果处,姨母灭度处,七百结集处,阿难分身处,此之五处,各建胜塔,标示后代。

自斯东北,二千余里,入大雪山,至尼波罗国。纯信于佛,僧有二千,大小兼学。城东有池,中有天金,光浮水上,古老传云:弥勒下生,用为首饰。或有利其宝者,夜往盗之,但见火聚腾焰,都不可近。今则沉深,叵穷其底,水又极热,难得措足。唐国使者,试火投之,焰便踊起,因用煮米,便得成饭。其境北界即东女国,与吐蕃接境,比来国命往还,率由此地,约指为语。唐、梵相去一万余里,自古回邅,致淦远阻。

又从梵吠舍南济殑伽河,达摩揭陀国,即摩竭提之正号也。其国所居,是为中印度矣。今王祖胤,继接无忧,无忧即频毗娑罗之曾孙也,王即戒日之女婿矣。今所治城,非古所筑。殑伽南岸有波吒釐城,周七十里，即经所谓华氏城也。王宫多花，故因名焉。昔阿育王自离王舍，迁都于此。左侧圣所，其量弥繁。城之西南四百余里，度尼连禅河至伽耶城，人物希少，可千余家。又行六里，有伽耶山，自古诸王所登封也。故此一山，世称名地，如来应俗，就斯成道。顶有石塔，高百余尺，即《宝云》等经所说之处。周回四十里内，圣迹充满。山之西南即道成处，有金刚座，周百余步，其地则今所谓菩提寺是也。寺南有菩提树，高五丈许，绕树周垣，垒砖为之，轮回五百许步。东门对河，北门通寺，院中灵塔，相状多矣。如来得道之日，互说不同，或云三月八日及十五日者。垣北门外大菩提寺，六院三层，墙高四丈，皆砖为之。师子国王买取此处，兴造斯寺，僧徒仅千，大乘上座部所住持也。有骨舍利，状人指节，肉舍利者，大如真珠。彼土十二月三十日，当此方正月十五日，世称大神变月。若至其夕，必放光瑞，天雨香花，充满树院。奘初到此，不觉闷绝，良久苏醒，历睹灵相。昔闻经说，今宛目前，恨居边鄙，生在末世，不见真容，倍复闷绝。旁有梵僧，就地接抚，相与悲慰。虽备礼谒，恨无光瑞，停止安居，迄于解坐。彼土常法，至于此时，道俗千万，七日七夜，竞申供养。凡有两意，谓睹光相及希树叶。每年树叶，恰至夏末，一时飞下，通夕新抽，与故齐等。时有大乘居士，为奘开释《瑜伽师地》，尔夜对讲，忽失灯明，又观所佩珠珰璎珞不见光采，但有通明晃朗，内外洞然，而不测其由也。怪斯所以，共出章庐，望菩提树，乃见有僧，手擎舍利，大如人指，在树基上遍示大众，所放光明，照烛天地。于时众闹，但得遥礼，虽目睹瑞，心疑其火，合掌虔跪，乃至明晨，心渐萎顿，光亦歇灭。居士问曰："既睹灵瑞，心无疑耶？"奘具陈意。居士曰："余之昔疑，还同此也。其瑞既现，疑自通耳。"余见菩提树叶，如此白杨，具以问之。奘曰："相状略同，而扶疏茂盛，少有异也。"于此寺东望屈屈吒播陀山，即经所谓鸡足山也。直上三峰，状如鸡足，因取号焉。去菩提寺一百余里，顶树大塔，夜放神炬，光明通照，即大迦叶波寂定所也。路极梗涩，多诸林竹，师子、虎、象，纵横腾倚。每思登践，取进无由，奘乃告王，请诸防援，蒙给兵三百余人，各备锋刃，斩竹通道，日行十里。尔时彼国闻奘往山，士女大小，数盈十万，奔随继至，共往鸡足，既达山阿，壁立无路，乃缚竹为梯，相连而上，达山顶者三千余人。四睇欣然，转增喜踊，具睹石罅，散花供养。

自山东北百有余里，至佛陀伐那山，有大石室。佛曾游此，天帝就石涂香，以供行至，其处今犹郁烈。不远山室，可受千人，如来三月于中坐夏。垒石为道，广二十步，长五里许，即频毗娑罗修觐上山之所由也。

又东六十里，便至矩奢揭罗补罗古城，唐言“茅城”，多出香茅，故因名也。其城即摩揭陀之正中，经本所谓王舍城者是矣。崇山四周，为其外郭，上如埤堄，皆砖为之。西通小径，北辟山门。广长从狭，周轮百五十里，其中宫城周三十余里，内诸古迹，其量复多。宫之东北可十五里，有姞栗陀罗矩吒山，即经所谓耆阇崛山者是也，唐言鹫峰之台，于诸山中最高，显映夺接，山之阳，佛多居住。从下至顶，编石为阶，广十余步，长六里许，佛常往来于斯道也。历观崖岫，备诸古迹，不可胜纪，广如图传。山城北门强一里许，即迦兰陀竹园，精舍石基，东户砖室，今仍现在。自园西南六里许，南山之阴大竹林中有石室焉，即大迦叶波与千无学结集经教所托之地。又西二十余里，即大众部结集处也。山城之北可五里许，至曷罗阇姞利呬城，唐言新王舍也，余传所称者是矣。

又北三十余里至那烂陀寺，唐言“施无厌”也，赡部洲中寺之最者，勿高此矣。五王共造，供给倍隆，故因名焉。其寺都有五院，同一大门，周间四重，高八丈许，并用砖垒。其最上壁，犹厚六尺，外郭三重，墙亦砖垒，高五丈许。中间水绕，极深池堑，备有花畜，严丽可观。自置已来，防卫清肃，女人非滥，未曾容隐。常住僧众四千余人，外容道俗，通及邪正，乃出万数，皆周给衣食，无有穷竭，故复号寺为“施无厌”也。中有佛院，备诸圣迹。精舍高者二十余丈，佛昔于中四月说法。又有精舍高三十余丈，中诸变态，不可名悉。置立铜像，高八丈余，六层阁盛，庄严绮饰，即戒日之兄满胄王造也。又有鍮石精舍高可八丈，戒日亲造，雕装未备，日役千功。彼国常法，钦敬德望，有诸论师智识清远，王给封户，乃至十城，渐降量赏，不减三城。其寺现在受封大德三百余人，通经已上，不掌僧役，重爱学问，咨访异法，故乌耆已西，被于海内，诸出家者皆多义学，任国往返，都无隔碍。王虽守国，不敢遮障，故彼学徒，博闻该赡。奘历诸国，风声久达，将造其寺，众差大德四十人至庄迎宿，庄即目连之本村也。明日食后，僧二百余、俗人千余，擎舆幢盖香花来迎，引入都会，与众相慰问讫，唱令住寺，一切共同。又差二十人引至正法藏所，即戒贤论师也。年百六岁，众所仰重，故号"正法藏"。博闻强识，内外大小一切经书，无不通达，即昔室商佉王所坑之者，为贼擎出，潜沦草莽，后兴法显，道俗所推。戒日增邑十城，科税以入；贤以税物，成立寺庙。奘礼赞讫，并命令坐，问从何来，答："从支那国来，欲学《瑜伽》等论。"闻已啼泣，召弟子觉贤说己旧事，贤曰："和上三年前患困如刀刺，欲不食而死，梦金色人曰：'汝勿厌身！往作国王，多害物命，当自悔责，何得自尽！有支那僧来此学问，已在道中，三年应至。以法惠彼，彼复流通，汝罪自灭。吾是曼殊室利，故来相劝。'和上今损。"正法藏问："在路几时？"奘曰："出三年矣。"既与梦同，悲喜交集。礼谢讫。寺素立法，通三藏者员置十人，由来阙一，以奘风问，便处其位。日给上馔二十盘，大人米一斗，槟榔、豆蔻、龙脑香、乳酥蜜等，净人四，婆罗一，行乘象舆，三十人从。大人米者，粳米也，大如乌豆，饭香百步，惟此国有，王及知法者预焉。故此寺通三藏者给二十盘，即二十日。渐减，通一经者，犹给五盘，五日。过此以后，便依僧位。便请戒贤讲《瑜伽论》，听者数千人，十有五月方得一遍，重为再讲，九月方了。自余《顺理》、《显扬》、《对法》等，并得咨禀，然于《瑜伽》偏所钻仰。经于五年，晨夕无辍，将事博义，未忍东旋。贤诫曰："吾老矣！见子殉命求法，经涂十年方至，今日不辞朽老，力为申明。法贵流通，岂期独善，更参他部，恐失时缘。智无涯也，惟佛乃穷。人命如露，非旦则夕，即可还也。"便为装行调，付给经、论。奘曰："敢闻命矣。"

意欲遍巡诸国，还涂北指，以高昌昔言，不得违也。便尔东行大山林中，至伊烂拏国，见佛坐迹，入石寸许，长五尺二寸，广二尺一寸。旁有瓶迹没石寸许，八出花文，都似新置。有佛立迹，长尺八寸，阔强六寸。又东南行，路经五国，将四千里，至三摩呾吒国，滨斥大海，四佛曾游，见青玉像，举高八尺。自斯东北，山海之中，凡有六国，即达林邑，道阻且长，兼多瘴疠，故不游践。又从西行，将至二千里，达揭罗拏国。邪正兼事，别有三寺，不食乳酪，调达部也。又西南行七百余里，至乌荼国，东境临海，有发行城，多有商侣停于海次。南大海中有僧伽罗国，谓执师子也。相去约指二万余里，每夜南望，见彼国中佛牙塔上宝珠光明，腾焰晖赫，见于天际。又西南行具经诸国，并有异迹。

可五千里，至憍萨罗国，即南印度之正境也。崇信佛法，僧徒万许。其土宽广。林野相次。王都西南三百余里有黑蜂山，昔古大王为龙猛菩萨造立斯寺，即龙树也。其寺上下五重，凿石为之，引水旋注。多诸变异，沿波方达，令净人固守，罕有登者。龛中石像，形极伟大。寺成之日，龙猛就山，以药涂之，变成紫金，世无等者。又有经藏，夹缚无数，古老相传，尽初结集，并现存在。虽外佛法屡遭诛殄，而此一山住持无改。近有僧来，于彼夏坐，但得读诵，不许持出，具陈此事。但路幽阻，难可寻问。

又复南行，七千余里，路经五国，并有灵迹，至秣罗矩吒国，即赡部最南滨海境也。山出龙脑香焉。旁有岩顶，清流绕旋，二十许匝，南注大海。中有天宫，观自在菩萨常所住处，即观世音之正名也。临海有城，古师子国，今入海中，可三千余里，非结大伴则不可至，故不行也。

自此西北四千余里，中涂经国，具诸神异，达摩诃剌他国。其王果勇，威英自在，未宾戒日。寺有百余，僧徒五千，大小兼学。东境山寺，罗汉所造，有大精舍，高百余尺，中安石像，长八丈许，上施石盖，凡有七重，虚悬空中，相去各三尺许。礼谒者无不叹讶斯神也。自此因循广寻圣迹。至钵伐多国，有数名德，学业可遵，又停二年，学正量部《根本论》、《摄正法论》、《成实论》等。

便东南还那烂陀，参戒贤已，往杖林山胜军论师居士所。其人刹利种，学通内外五明数术，依林养徒，讲佛经义。道俗归者，日数百人。诸国王等亦来观礼，洗足供养，封赏城邑。奘从学《唯识决择论》、《意义论》、《成无畏论》等，首尾二年。夜梦寺内及外林邑，火烧成灰，见一金人告曰："却后十年，戒日王崩，印度便乱，当如火荡。"觉已，向胜军说之。奘意方决，严具东还。及永徽之末，戒日果崩，今并饥荒，如所梦矣。

初，那烂陀寺大德师子光等，立《中》、《百》论宗，破《瑜伽》等义。奘曰："圣人作论，终不相违，但学者有向背耳。"因造《会宗论》三千颂，以呈戒贤诸师，咸称善。先有南印度王灌顶师，名般若毱多，明正量部，造《破大乘论》七百颂。时戒日王讨伐至乌荼国，诸小乘师保重此论，以用上王，请与大乘师决胜。王作书与那烂陀寺，可差四僧善大小内外者诣行宫在所，拟有论义。戒贤乃差海慧、智光、师子光及奘为四，应命将往。未发间，有顺世外道来求论难，书四十条义悬于寺门，若有屈者，斩首相谢。彼计四大为人物因，旨理沉密，最难征覈，如此阴阳，谁穷其数。此道执计，必求捔决。彼土常法，论有负者，先令乘驴，屎瓶浇顶，公于众中，形心折伏，然后依投，永为皂隶。诸僧同疑，恐有殿负，默不陈对。奘停既久，究达论道，告众请对，何得同耻！各立旁证，往复数番，通解无路，神理俱丧，溘然潜伏。预是释门，一时腾踊。彼既屈已，请依先约。奘曰："我法弘恕，不在刑科。禀受我法，如奴事主。"因将向房，遵正法要。彼乌荼论，又别访得，寻择其中，便有谬滥，谓所伏外道曰："汝闻乌荼所立义不?"曰："彼义曾闻，特解其趣。"即令说之，备通其要。便指纤芥，申大乘义破之，名《制恶见论》千六百颂，以呈戒贤等师，咸曰："斯论穷天下之勍寇也，何敌当之?!"

奘意欲流通教本，乃放任，开正法。遂往东印度境迦摩缕多国，以彼风俗并信异道，其部众乃有数万。佛法虽弘，未至其土。王事天神，爱重教义，但闻智人，不问邪正，皆一奉敬其人。创染佛法，将事弘阐，故往开化。既达于彼，叹奘胜度，神思清远。童子王闻，欣得面款，遣使来请，再三乃往。既至相见，宛若旧游，言议接对，又经晦朔。于时异术云聚，请王决论。言辩才交，邪徒草靡。王加崇重，初开信门，请问“诸佛何所功德?”奘赞如来三身利物，因造《三身论》三百颂以赠之。王曰：“未曾有也。”顶戴归依。此国东境接蜀、西蛮，闻其涂路，两月应达。

于时戒日王臣告曰：“东蕃童子王所有支那大乘天者，道德弘被，彼王所重。请往致之。”其大乘天者，即印度诸僧美奘之目也。王曰：“我已频请，辞而不来。何因在彼?”即使语拘摩罗王，可送支那法师来，共会祇罗国。童子王命象军二万、船三万，与奘溯殑伽河以赴戒日。戒日与诸官属百余万众顺河东下，同集羯朱祇罗国。初见顶礼，鸣足尽敬，散花设颂，无量供已，曰：“弟子先请，何为不来?”答以“听法未了，故此延命”。又曰：“彼支那国有《秦王破阵乐》歌舞曲，秦王何人，致此歌咏?”奘曰：“即今正国之天子也。是大圣人，拨乱反正，恩沾六合，故有斯咏。”王曰：“故天纵之为物主也。”乃延入行宫，陈诸供养。乃述《制恶见论》，顾谓门师曰：“日光既出，荧烛夺明。师所宝者，他皆破讫，试救取看?”小乘诸僧无敢言者。王曰：“此论虽好，然未广闻。欲于曲女城大会，命五印度能言之士，对众显之，使邪从正，舍小就大，不亦可乎?”是日发敕，普告天下，总集沙门、婆罗门、一切异道，会曲女城。自冬初溯流，腊月方到。尔时四方翕集，乃有万数，能论义者数千人，各擅雄辩，咸称克敌。先立行殿，各容千人，安像陈供香花音乐。请奘升座，即标举论宗，命众征覈，竟十八日无敢问者。王大嗟赏，施银钱三万、金钱一万、上氍衣一百具。仍令大臣执奘袈裟巡众唱言：“支那法师论胜，十八日来无敢问者，并宜知之。”于时僧众大悦，曰：“佛法重兴，乃令边人权智若此!”便辞东归。王重请住，观七十五日大施场相。事讫辞还，王敕所部递送出境，并施青象、金银钱各数万。戒日、拘摩罗等十八大国王流泪执别，奘便辞而不受，以象形大，日常料草四十余围，饼食所须又三斛许。戒日又敕令诸属国随到供给。诸僧劝受象施，皆曰："斯胜相也。佛灭度来，王虽崇敬，种种布施，未闻以象用及释门。象为国宝，今既见惠，信之极矣。"因即纳象，而反钱宝。然其象也，其形圆大，高可丈三，长二丈许，上容八人，并诸什物、经像等具，并在其上，状如重都，相似空行，虽逢奔逸而安隐不坠，瓶水不侧。

缘国北旋出印度境，戒日威被，咸蒙供侍。入皂利国，山川相半，沃壤丰熟，僧徒数万，并学大乘。东北山行，过诸城邑，上大雪山，及至其顶，诸山并下，又上三日，达最高岭，南北通望，但见横山，各有九重。过斯以往，皆是平地。虽有小山，孤断不续，唯斯一岭，蔓延高远。约略为言，赡部一洲，山从斯地，何以知耶？至如西境波斯，平川眇漫，东寻嵬崿，莫有穷踪，北则横野萧条，南则印度皋衍，即经所谓香山者也。达池幽邃，未可寻源，四河所从，皆由斯出。《尔雅》所谓昆仑之墟，岂非斯耶？案诸《禹贡》，河出碛石，盖局谈其潜出处耳。张骞寻之，乃游大夏，固是超步所经，犹不言其发源之始，斯可知矣。

奘引从前后，自勒行众，沿岭而下，三日至地，达睹货罗诸故都邑。山行八百，路极艰险，寒风切骨，到于活国。中涂所经，皆属北狄，而此王者，突厥之胤，统管诸胡，总御铁门以南诸小国也。自此境东，方入葱岭。岭据赡部洲中，南接雪山，北至热海，东渐乌铩，西极波斯，纵广结固，各数千里。冬夏积雪，冰岩崖险，过半已下，多出山葱，故因名焉。昔人云：葱岭停雪，即雪山也。今亲目验，则知其非。雪山乃居葱岭以南，东西亘海，南望平野，北达丛山，方名葱岭。

又东山行，经于十国，二千余里，至达摩悉铁帝国。境在山间，东西千六百里，南北极广。不逾四五里许，临缚刍河，从南而来，不测其本。僧寺十余，有一石像，上施金铜圆盖，人有旋绕，盖亦随转。岂由机巧？莫测其然。

又东山行，近有千里，达商弥国。东至大川，广千余里，南北百余里，绝无人住。川有龙池，东西三百，南北五十。其池正在大葱岭内，赡部洲中最高地也。何以明之？池出二河，其西流者至达摩悉铁国，与缚刍河合，自此以西，水皆西流；其东流者至佉沙西界，与徙多河合，自此以东，水皆东流。故分二河，各注两海，故知高也。池出大鸟，卵如㽅许。案：条支国大卵如瓮，岂非斯耶？

又东五百至朅盘陀国。北背徙多河，即经所谓悉陀河也。东入盐泽，潜于地中，涌于积石，为东夏河矣。其国崇信佛法，城之东南三百余里，大崖两室，各一罗汉，现入灭定七百余年，须发渐长。左近诸僧，年别为剃。

又东千余里，方出葱岭，至乌铩国。城临徙多。西有大山，崖自崩坠。中有僧焉，瞑目而坐，形甚奇伟，须发下垂，至于肩面。问其委曲，乃迦叶佛时人矣，近重崩崖，没于山内。奘至斯国，与象别行，先度雪河，象晚方至。水渐泛涨，不悉山道，寻岭直下，牙冲岸树。象性凶犷，反拔却顿，因即致死。怅恨所经，已越山险，将达平壤，不果祈愿。

东过疏勒，乃至沮渠，可千余里。同伴五百，皆共推奘为大商主，处位中营，四面防守。且自沮渠一国，素来常镇十部大经，各十万偈，如前所传，国宝护之，不许分散，今属突厥。南有大山，现三罗汉入灭尽定。东行八百，达于遁国，地惟沙壤，寺有百余，僧徒五千，并大乘学。城西山寺，佛曾游践，有大石室，罗汉入定，石门封掩。

初，奘既度葱岭，先遣侍人赍表陈露达国化也。下敕流问，令早相见。行达于遁，以象致死，所赍经、像交无运致，又上表请，寻下别敕，令于遁王给其鞍乘。既奉严敕，驼马相运，至于沙洲。又蒙别敕，计其行程酬雇价直，自尔乘传二十许乘，以贞观十九年正月二十四日，届于京郊之西。道俗相趋，屯赴阛阓，数十万众如值下生。将欲入都，人物谊拥，取进不前，遂停别馆。通夕禁卫，候备遮断，停驻道旁。从故城之西南，至京师朱雀街之都亭驿，二十余里，列众礼谒，动不得旋。于时驾幸洛阳，奘乃留诸经像送弘福寺，京邑僧众竞列幢帐，助运庄严，四部喧哗，又倍初至。当斯时也，复感瑞云现于日北，团圆如盖，红白相映，当于像上，显发轮光，既非绕日，同共嗟仰。从午至晡，豫入弘福，方始歇灭。致使京都五日，四民废业，七众归承。当此一期，倾仰之高，终古罕类也。奘虽逢荣问，独守馆宇，坐镇清闲，恐陷物议，故不临对。及至洛滨，特蒙慰问，并献诸国异物，以马驮之。别敕引入深宫之内殿，面奉天颜，谈叙真俗，无爽帝旨，从卯至酉，不觉时延，迄于闭鼓。上即事戎旃，问罪辽左，明旦将发，下敕同行。固辞疾苦，兼陈翻译。不违其请，乃敕京师留守梁国公房玄龄专知监护，资备所须，一从天府。

初，奘在印度，声畅五天，称述支那人物为盛。戒日大王并菩提寺僧思闻此国，为日久矣。但无信使，未可依凭。彼土常传，赡部一洲，四王所治。东谓脂那主，人王也；西谓波斯主，宝王也；南谓印度主，象王也；北谓猃狁主，马王也。皆谓四国藉斯以治，即因为言。奘既安达，恰述符同。戒日及僧，各遣中使，赍诸经宝，远献东夏。是则天竺信命，自奘而通，宣述皇猷之所致也。使既西返，又敕王玄策等二十余人随往大夏，并赠绫帛千有余段，王及僧等，数各有差。并就菩提寺僧召石蜜匠，乃遣匠二人僧八人俱到东夏，寻敕往越州，就甘蔗造之，皆得成就。先是，菩提寺僧三人送经初至，下敕普请京城设斋，仍于弘福译《大严》等经。不久之间，奘信又至，乃敕且停，待到方译。主上虚心企仰，频下明敕，令奘速至，但为事故留连，不早程达。既见洛宫，深沃虚想，即陈翻译，搜擢贤明。上曰："法师唐、梵具赡，词理通敏。将恐徒扬仄陋，终亏圣典。"奘曰："昔者二秦之译，门徒三千，虽复翻传，犹恐后代无闻，怀疑乖信。若不搜举，同奉玄规，岂以褊能，妄参朝委？"频又固请，乃蒙降许。帝曰："自法师行后，造弘福寺。其处虽小，禅院虚静，可为翻译。所须人物吏力，并与玄龄商量，务令优给。"既承明命，返迹京师，遂召沙门慧明、灵润等，以为证义；沙门行友、玄赜等，以为缀缉；沙门智证、辩机等，以为录文；沙门玄模，以证梵语；沙门玄应，以定字伪。其年五月，创开翻译《大菩萨藏经》二十卷，余为执笔，并删缀词理。其经广解六度、四摄、十力、四畏、三十七品诸菩萨行，合十二品，将四百纸。又复旁翻《显扬圣教论》二十卷，智证等更迭录文，沙门行友详理文句，奘公于论重加陶练。次又翻《大乘对法论》一十五卷，沙门玄赜笔受。微有余隙，又出《西域传》一十二卷，沙门辩机亲受。时事连纰，前后兼出《佛地》、《六门》、《神咒》等经，都合八十许卷。自前代已来，所译经教，初从梵语，倒写本文，次乃回之，顺同此俗，然后笔人乱理文句，中间增损，多坠全言。今所翻传，都由奘旨，意思独断，出语成章，词人随写，即可披玩。尚贤吴、魏所译诸文，但为西梵所重，贵于文句钩锁，联类重沓，布在唐文，颇居繁复，故使缀工专司此位，所以贯通词义，加度节之，铨本勒成，秘书缮写。于时驾返西京，奘乃表上，并请序题。寻降手敕曰："法师夙标高行，早出尘表，泛宝舟而登彼岸，搜妙道而辟法门，弘阐大猷，荡涤众累。是以慈云欲卷，舒之荫四空；慧日将昏，朗之照八极。舒朗之者，其惟法师乎？朕学浅心拙，在物犹迷，况佛教幽微，岂敢仰测？请为经题，非己所闻，其新撰《西域传》者，当自披览。"及西使再返，又敕二十余人随往印度，前来国命，通议中书，敕以"异域方言，务取符会，若非伊人，将沦声教"。故诸信命，并资于奘，乃为转唐言，依彼西梵文词轻重，令彼读者尊崇东夏。寻又下敕，令翻《老子》五千文为梵言，以遗西域。奘乃召诸黄巾，述其玄奥，领叠词旨，方为翻述。道士蔡晃、成英等，竞引释论《中》、《百》玄意，用通道经。奘曰："佛道两教，其致天殊，安用佛言，用通道义？穷覈言迹，本出无从。"晃归情曰："自昔相传，祖凭佛教，至于三论。晃所师遵，准义幽通，不无同会，故引解也。如僧肇著论，盛引《老》、《庄》，犹自申明，不相为怪。佛言似道，何爽纶言？"奘曰："佛教初开，深文尚拥，《老》谈玄理，微附佛言。《肇论》所传引为联类，岂以喻词，而成通极？今经、论繁富，各有司南。《老》但五千，论无文解，自余千卷，多是医方。至如此土贤明，何晏、王弼、周颙、萧绎、顾欢之徒，动数十家，注解《老子》，何不引用？乃复旁通释氏，不乃推步逸踪乎？"既依翻了，将欲封勒。道士成英曰："《老经》幽邃，非夫序引，何以相通？请为翻之。"奘曰："观《老》治身治国之文，文词具矣。叩齿咽液之序，其言鄙陋，将恐西闻异国，有愧乡邦。”英等以事闻诸宰辅，奘又陈露其情。中书马周曰：“西域有道如老、庄不？”奘曰：“九十六道并欲超生，师承有滞，致沦诸有。至如顺世四大之术，冥初六谛之宗，东夏所未言也。若翻《老序》，则恐彼以为笑林。”遂不译之。

奘以弘赞之极，勿尚帝王；开化流布，自古为重。又重表曰：“伏奉墨敕，猥垂奖喻，祗奉纶言，精守振越。玄奘业尚空疏，谬参法侣。幸属九瀛有截，四表无虞。凭皇灵以远征，恃国威而访道。穷遐冒险，虽励愚诚；纂异怀荒，实资朝化。所获经、论，奉敕翻译，见成卷轴，未有诠序。伏惟陛下睿思云敷，天华景烂，理包《系》、《象》，调逸《咸》、《英》，跨千古以飞声，掩百王而腾实。窃以神力无方，非神思不足诠其理；圣教玄远，非圣藻何以序其源？故乃冒犯威严，敢希题目。宸眷冲邈，不垂矜许；抚躬累息，相顾失图。玄奘闻日月丽天，既分晖于户牖；江河纪地，亦流润于岩涯。云和广乐，不秘响于聋昧；金璧奇珍，岂韬彩于愚瞽？敢缘斯理，重以干祈。伏乞雷雨曲垂，天文俯照；配两仪而同久，与二曜而俱悬。然则鹫岭微言，假神笔而弘远；鸡园奥义，托英词而宣畅。岂止区区梵众，独荷恩荣，亦使蠢蠢迷生，方超尘累而已。”表奏之日，敕遂许焉。谓驸马高履行曰：“汝前请朕为汝父作碑，今气力不如昔，愿作功德，为法师作序。不能作碑，汝知之。”

贞观二十二年，幸玉华宫，追奘至，问：“翻何经、论？”答：“正翻瑜伽。”上问：“何圣所作？明何等义？”具答已。令取论自披阅，遂下敕：“新翻经、论写九本，颁与雍、洛、相、兖、荆、杨等九大州。”奘又请经题，上乃出之，名《大唐三藏圣教序》，于明月殿，命弘文馆学士上官仪，对群僚读之。其词曰：“盖闻二仪有象，显覆载以含生；四时无形，潜寒暑以化物。是以窥天鉴地，庸愚皆识其端；明阴洞阳，贤哲罕穷其数。然而天地包乎阴阳而易识者，以其有象也；阴阳处乎天地而难穷者，以其无形也。故知象显可征，虽愚不惑；形潜莫睹，在智犹迷。况乎佛道崇虚，乘幽控寂；弘济万品，典御十方。举威灵而无上，抑神力而无下；大之则弥于宇宙，细之则摄于毫厘。无灭无生，历千劫而不古；若隐若显，运百福而长今。妙道凝玄，遵之莫知其际；法流湛寂，挹之莫测其源。故知蠢蠢凡愚，区区庸鄙，投其旨趣，能无疑惑者哉？然则大教之兴，基乎西土，腾汉庭而皎梦，照东域而流慈。昔者分形分迹之时，言未驰而成化；当常、现常之世，民仰德而知遵。及乎晦影归真，迁仪越世。金容掩色，不镜三千之光；丽象开图，空端四八之相。于是微言广被，拯含类于三涂；遗训遐宣，导群生于十地。然而真教难仰，莫能一其指归；曲学易遵，邪正于焉纷纠。所以空有之论，或习俗而是非；大小之乘，乍沿时而隆替。有玄奘法师者，法门之领袖也。幼怀贞敏，早悟三空之心；长契神情，先包四忍之行。松风水月，未足比其清华；仙露明珠，讵能方其朗润！故以智通无累，神测未形；超六尘而迥出，只千古而无对。凝心内境，悲正法之陵迟；栖虑玄门，慨深文之讹谬。思欲分条析理，广彼前闻；截伪续真，开兹后学。是以翘心净土，往游西域；乘危远迈，杖策孤征。积雪晨飞，涂间失地；惊砂夕起，空外迷天。万里山川，拨烟霞而进影；百重寒暑，蹑霜雨而前踪。诚重劳轻，求深愿达。周游西宇，十有七年；穷历道邦，询求正教。双林、八水，味道餐风；鹿苑、鹫峰，瞻奇仰异。承至言于先圣，受真教于上贤；探赜妙门，精穷奥业。一乘五律之道，驰骤于心田；八藏三箧之文，波涛于口海。爰自所历之国，总将三藏要文，凡六百五十七部，译布中夏，宣扬胜业。引慈云于西极，注法雨于东垂。圣教缺而复全，苍生罪而还福。湿火宅之干焰，共拔迷涂；朗爱水之昏波，同臻彼岸。是知恶因业坠，善以缘升；升坠之端，惟人所托。譬夫桂生高岭，零露方得泫其华；莲出渌波，飞尘不能污其叶。非莲性自洁而桂质本贞，良由所附者高，则微物不能累；所凭者净，则浊类不能沾。夫以卉木无知，犹资善而成善，况乎人伦有识，不缘庆而求庆？方冀兹经流施，将日月而无穷；斯福遐敷，与乾坤而永大。”百僚称庆。

奘表谢曰：“窃闻六爻探赜，局于生灭之场；百物正名，未涉真如之境。犹且远征羲册，睹奥不测其神；遐想轩图，历选并归其美。伏惟皇帝陛下，玉毫降质，金轮御天。廓先王之九州，掩百千之日月；广列代之区域，纳恒沙之法界。遂使给园精舍并入提封，贝叶灵文咸归册府。玄奘往因振锡，聊谒崛山。经涂万里，怙天威如咫步；匪乘千叶，诣双林如食顷。搜扬三藏，尽龙宫之所储；研究一乘，穷鹫岭之遗旨。并已载于白马，还献紫宸。寻蒙下诏，赐使翻译。玄奘识乖龙树，谬忝传灯之荣；才异马鸣，深愧泻瓶之敏。所译经论，纰舛尤多，遂荷天恩，留神构序。文超《象》、《系》之表，若聚日之放千光；理括众妙之门，同慧云之濡百草。一音演说，亿劫罕逢。忽以微生亲承梵响，踊跃欢喜，如闻授记。”表奏之日，寻下敕曰：“朕才谢圭璋，言惭博达；至于内典，尤所未闻。昨制序文，深为鄙拙。惟恐秽翰墨于金简，标瓦砾于珠林。忽得来书，谬承褒赞；循躬省虑，弥益厚颜。善不足称，空劳致谢。”又重表谢，敕云：“朕往不读经，兼无才智，忽制论序，翻污经文。具览来言，枉见褒饰。愧逢虚美，唯益真惭。”自尔朝宰英达，咸申击赞，释宗弘盛，气接成阴。

皇太子述上所作《三藏圣教序》曰：“夫显扬正教，非智无以广其文；崇阐微言，非贤莫能定其旨。盖真如圣教者，诸法之玄宗，众经之轨躅也。综括宏远，奥旨遐深；极空有之精微，体生灭之机要。词茂道旷，寻之者不究其源；文显义幽，履之者莫测其际。故知圣慈所被，业无善而不臻；妙化所敷，缘无恶而不翦。开法网之纲纪，弘六度之正教；拯群有之涂炭，启三藏之秘扃。是以名无翼而长飞，道无根而永固。道名流庆，历遂古而镇常；赴感应身，经尘劫而不朽。晨钟夕梵，交二音于鹫峰；慧日法流，转双轮于鹿苑。排空宝盖，接翔云而共飞；庄野春林，与天花而合彩。伏惟皇帝陛下，上玄资福，垂拱而治八荒；德被黔黎，敛衽而朝万国。恩加朽骨，石室归于贝叶之文；泽及昆虫，金匮流乎梵说之偈。遂使阿耨达水通神甸之八川，耆阇崛山接嵩、华之翠岭。窃以法性凝寂，靡归心而不通；智地玄奥，感恳诚而遂显。岂谓重昏之夜，烛慧炬之光；火宅之朝，降法雨之泽。于是百川异流，同会于海；万区分义，总成乎实。岂与汤、武校其优劣，尧、舜比其圣德者哉？玄奘法师者，夙怀聪令,立志夷简;神清髫龀之年,体拔浮华之世。凝情定室,匿迹幽岩;栖息三禅,巡游十地。超六尘之境,独步迦维;会一乘之旨,随机化物。以中华之无质,寻印度之真文。远涉恒河,终期满字;频登雪岭,更获半珠。问道往还,十有七载;备通释典,利物为心。以贞观十九年二月六日,奉敕于弘福寺翻译圣教要文,凡六百五十七部。引大海之法流,洗尘劳而不竭;传智灯之长焰,皎幽暗而恒明。自非久植胜缘,何以显扬斯旨?所谓法相常住,齐三光之明;我皇福臻,同二仪之固。伏见御制众经论序,照古腾今,理含金石之声,文抱风云之润。治辄以轻尘足岳,坠露添流,略举大纲,以为斯记。”自此常参内禁,扣问沉隐,翻译相续,不爽法机。敕赐云纳一领,妙绝古今。又敕天下,寺度五人,维持圣种,皆其力也。

冬十月,随驾入京,于北阙造弘法院,镇恒在彼。初,于曲池为文德皇后造慈恩寺,追奘令住,度三百人。有令寺西北造翻经院,给新度弟子一十五人,弘福旧处仍给十人。今上嗣箓,素所珍敬,追入优问,礼殊恒秩。永徽二年,请造梵本经台,蒙敕赐物,寻得成就。又追入内,于修文殿翻《发智》等论,降手诏飞白书,慰问优洽。显庆元年正月,为皇太子于慈恩设大斋,朝宷总至。黄门郎薛元超、中书郎李义府曰:“译经佛法之大,未知何德以光扬耶?”奘曰:“公此之问,常所怀矣。译经虽位在僧,光价终凭朝贵。至如姚秦鸠摩罗什,则安成侯姚嵩笔受;元魏菩提流支,则侍中崔光录文;贞观波颇初译,则仆射萧瑀、太府萧璟、庶子杜正伦等,监阅详定。今并无之,不足光远。又大慈恩寺,圣上切风树之哀,追造壮丽;腾实之美,匆过碑颂。若蒙二公为致言,则不朽之迹,自形于今古矣。”便许之。明旦遣给事宣敕云:“所须官人、助翻者,已处分讫,其碑朕自作。”寻敕:“慈恩翻译,文义须精。宜令左仆射于志宁、中书令来济、礼部许敬宗、黄门郎薛元超、中书郎李义府等,有不安稳,随事润色。若须学士,任追三两人。”及碑成,请神翰自书,蒙特许。克日送寺,京寺咸造幢盖。又敕王公已下、太常九部及两县伎乐、车从千余乘，驻弘福寺。上居安福门，俯临将送。京邑士女列于道侧，自北之南二十余里，充仞衢街。光俗兴法，无与俦焉。又赐山水纳，妙胜前者，并以服玩百有余件。

显庆二年，驾幸洛阳，预从，安置东都积翠宫，召入大内丽日殿，翻《观所缘》等论，又于明德宫翻《大毗婆沙》等论。奘少离桑梓，白首言归，访问亲故，零落殆尽。惟有一姊，迎与相见。访以坟垄，旋殡未迁；便卜胜地，施茔改葬。其少室山西北，缑氏故县东北，游仙乡控鹤里凤凰谷，即奘之生地也。不远有少林寺，即魏孝文所立，是翻《十地》之所，意愿栖托，为国翻译。蒙手敕云："省表，知欲晦迹岩泉，追林、远而架往；托虑禅寂，轨澄、什以标今。仰挹风徽，实所钦尚！朕业空学寡，靡究高深，然以浅识薄闻，未见其可。法师津梁三界，汲引四生；智皎心灯，定凝意水。非情尘之所曀，岂识浪而能惊？然以道德可居，何必太华叠岭？空寂可舍，岂独少室重峦？幸戢来言，勿复陈请。即市朝大隐，不独贵于昔贤；见闻弘益，更可珍于即代。"遂因寝言。

显庆三年，下敕为皇太子造西明寺成，令给上房僧十人以充侍者。有《大般若》者，二十万偈，此土八部，咸在其中。不久下敕，令住玉华翻经，供给一准京寺，遂得托静，不爽译功。以显庆五年正月元日，创翻大本。至龙朔三年十月末了，凡四处十六会说，总六百卷，般若空宗，此焉周尽。于间又翻《成唯识论》、《辩中边论》、《唯识二十论》、《品类足论》等。至十一月表上此经，请制经序，于蓬莱宫通事舍人冯义宣敕许之。

奘生常以来，愿生弥勒，及游西域，又闻无著兄弟皆生彼天，又频祈请，咸有显证，怀此专至，益增翘励。后至玉华，但有隙次，无不发愿生睹史多天见弥勒佛。自《般若》翻了，惟自策勤，行道礼忏。麟德元年，告翻经僧及门人曰："有为之法，必归磨灭，泡幻形质，何得久停？行年六十五矣，必卒玉华。于经、论有疑者，今可速问。"闻者惊曰："年未耆耄，何出此言？"报曰："此事自知。"遂往辞佛，先造俱胝十亿像所，礼忏辞别。有门人外行者，皆报"好去，今与汝别，亦不须来，来亦不见"。至正月九日告寺僧曰:“奘必当死。经云:‘此身可恶,犹如死狗。’奘既死已,勿近宫寺,山静处埋之。”因既卧疾,开目闭目,见大莲花鲜白而至,又见伟相,知生佛前。命僧读所翻经论名目已,总有七十三部一千三百三十卷。自怀欣悦,总召门人,有缘并集,云:“无常将及,急来相见。”于嘉寿殿,以香木树菩提像骨,对寺僧、门人辞诀,并遗表讫,便默念弥勒,令傍人称曰:“南谟弥勒如来应正等觉,愿与含识速奉慈颜。南谟弥勒如来所居内众,愿舍命已,必生其中。”至二月四日,右胁累足,右手支头,左手髀上,铿然不动。有问:“何相?”报曰:“勿问!妨吾正念。”至五日中夜,弟子问曰:“和尚定生弥勒前不?”答曰:“决定得生。”言已气绝。迄今两月,色貌如常。又有冥应,略故不述。又下敕:“葬日听京城僧尼幢盖往送。”于是素盖素幢,浮空云合,哀笳哀梵,气遏人神。四俗以之悲凉,七众惜其沉没。乃葬于白鹿原,四十里中,皂素弥满。其茔与兄捷公相近,苕然白塔,近烛帝城。寻下别敕,令改葬于樊川,与州县相知供给吏力。乃又出之,众咸叹异,经久埋瘗,色相如初。自非愿力所持,焉能致此?

余以暗昧,滥沾斯席,与之对晤,屡展炎凉。听言观行,名实相守。精厉晨昏,计时分业,虔虔不懈,专思法务。言无名利,行绝虚浮,曲识机缘,善通物性。不倨不谄,行藏适时,吐味幽深,辩开疑议。实季代之英贤,乃佛宗之法将矣!且其发蒙入法,特异常伦;听览经论,用为恒任。既周行东夏,挹酌诸师,披露肝胆,尽其精义。莫不倾倒林薮,更新学府,遂能不远数万,咨求胜法,誓舍形命,必会为期。发趾张掖,涂次龙沙;中涂艰险,身心仅绝。既达高昌,倍光来价;传国祖送,备阅灵仪。路出铁门、石门,躬乘沙岭、雪岭。历天险而志逾慷慨,遭凶贼而神弥厉勇。兼以归禀正教,师承戒贤;理遂言扬,义非再授,广开异论,包藏胸臆,致使梵侣倾心,不遗其法。又以《起信》一论,文出马鸣,彼土诸僧思承其本,奘乃译唐为梵,通布五天,斯则法化之缘,东西互举。又西华余论,深尚声明,奘乃卑心请决,随授随晓,致有七变其势,动发异踪;三循广论,恢张怀抱。故得施无厌寺三千学僧皆号智囊,护持城堑。及睹其唇吻,听其词义,皆弹指赞叹:“何斯人也?!”随其游历,塞外海东,百三十国,道俗邪正承其名者,莫不仰德归依,更崇开信。可以家国增荣,光宅惟远,献奉岁至,咸奘之功。若非天挺英灵,生知圣授,何能振斯鸿绪,导达遗踪?前后僧传往天竺者,首自法显、法勇,终于道邃、道生,相继中涂,一十七返;取其通言华、梵,妙达文筌,扬导国风,开悟邪正,莫高于奘矣。恨其经部不翻,犹涉过半,年未迟暮,足得出之,无常奄及,惜哉!

附录三　玄奘年谱

一岁　公元602年　隋文帝仁寿二年

玄奘生于洛州缑氏县东南的凤凰谷陈村(在今河南偃师缑氏镇陈河村),俗名陈祎。

是年华严二祖智俨(602—668)生。禅宗五祖弘忍(602—675)生。彦琮等沙门学士撰《众经目录》。

二岁　公元603年　隋文帝仁寿三年

法纯卒,年八十五岁。

三岁　公元604年　隋文帝仁寿四年

吉藏撰《维摩经义疏》。是年七月十三日,隋文帝卒,晋王杨广继位,是为隋炀帝。隋炀帝下诏营建东都洛阳。

四岁　公元605年　隋炀帝大业元年

父亲陈慧自江陵县令解职返乡,杜门隐居,潜心典籍。

三月,开始营建东都洛阳,翌年正月竣工。

五岁　公元606年　隋炀帝大业二年

母亲宋氏亡故。

禅宗第三祖僧璨卒。禅宗北宗开创者神秀生。印度戒日王即位。

六岁　公元607年　隋炀帝大业三年

正月二十八日，隋炀帝发敕剃度千僧，亲制愿文，自称菩萨戒弟子。是年日本圣德太子派小野妹子出使隋朝。

七岁　公元608年　隋炀帝大业四年

玄奘聪悟不群，已通玄学大旨。

吉藏在长安宣扬佛教。四月，隋使裴世清与小野妹子至长安。

八岁　公元609年　隋炀帝大业五年

父亲陈慧给玄奘讲授《孝经》。自后玄奘居家攻读经史。

安息国遣使至隋。六月十七日，高昌王麹伯雅携子文泰来隋，居数年，笃信佛教。是年西域诸国使者大多来隋，惟有天竺不通。

九岁　公元610年　隋炀帝大业六年

道宣十五岁，从长安慧頵律师受业。彦琮卒，年五十四岁。

十岁　公元611年　隋炀帝大业七年

父亲陈慧去世，仲兄长捷携玄奘至东都净土寺。玄奘在净土寺开始学习《维摩》、《法华》等佛教经典。

二月，隋炀帝下诏征讨高丽。

十一岁　公元612年　隋炀帝大业八年

隋炀帝敕令在东都度僧，使人大理卿郑善果不次录取，始得剃度出家，法名玄奘。从景法师学《涅槃经》，从严法师《摄大乘论》。

道宣十七岁，于长安日严寺出家。

十二岁　公元613年　隋炀帝大业九年

玄奘在洛阳净土寺学习佛教经典。

玄奘的弟子新罗圆测生，净土宗集大成者善导生。

十三岁　公元 614 年　隋炀帝大业十年

玄奘在洛阳净土寺研读佛教经典，并能升座说法，由是声望播扬。

十四岁　公元 615 年　隋炀帝大业十一年

玄奘在洛阳净土寺研习佛教经典。

玄奘弟子、《慈恩传》作者慧立生。智俨十四岁于终南山从法顺出家。道宣二十岁于长安弘福寺从智首律师受具足戒。

十五岁　公元 616 年　隋炀帝大业十二年

玄奘继续在净土寺研读佛教经典。

真腊（在今柬埔寨境内）遣使来隋。

十六岁　公元 617 年　隋炀帝大业十三年

玄奘继续在净土寺研读佛教经典。

五月，李渊在晋阳（今山西太原）起兵，十一月占领长安（今陕西西安），以代王杨侑为帝，改元义宁，李渊自任大丞相，进封唐王。

十七岁　公元 618 年　隋炀帝大业十四年　唐高祖武德元年

隋朝末年，群雄逐鹿中原。为避战乱，玄奘与兄长捷经长安入蜀。途经汉中，遇逢空、景二法师，停留一月余，从之受学。约于冬季抵达成都。

三月，宇文化及等弑隋炀帝于江都。五月，李渊即皇帝位，改元武德。是年西突厥统叶护可汗即位。

十八岁　公元 619 年　唐高祖武德二年

玄奘在成都从道基学《毗昙》、从宝暹学《摄论》、从道振学《迦延》等。凡有经、论，无不尽学，二三年间，究通诸部。

七月，西突厥统叶护可汗、高昌王麴伯雅各遣使来唐。

十九岁　公元620年　唐高祖武德三年

玄奘在成都从道基、宝暹、道振等诸师受学。

二十岁　公元621年　唐高祖武德四年

玄奘与兄长捷居成都空慧寺继续研读佛教经、论。

李世民进封为天策上将。自是年至贞观年初，太史令傅奕多次上表言废佛事，引发激烈争论。

二十一岁　公元622年　唐高祖武德五年

在成都受具足戒，并坐夏学律。

正月，法琳上《破邪论》抨击道教。三月，李世民破刘黑闼军于洺水。

二十二岁　公元623年　唐高祖武德六年

玄奘离蜀游学。泛舟三峡，沿江而下，至荆州天皇寺。自夏及冬，玄奘开讲《摄论》、《毗昙》各三遍。冬末，沿江东下。

吉藏卒，年七十五岁。

二十三岁　公元624年　唐高祖武德七年

历扬州、吴会等地。复北上至相州，从慧休学《杂心》、《摄论》。又至赵州，从道深学《成实》。

玄奘弟子、东塔律宗的开创者怀素生。康国遣使至唐。

二十四岁　公元625年　唐高祖武德八年

秋后由赵州返回长安，住大觉寺从道岳学《俱舍论》。

唐高祖下诏“老先次孔末后释”。

二十五岁　公元626年　唐高祖武德九年

在长安从法常、僧辩学《摄论》，从玄会学《涅槃》。被视为“释门千里之驹”,由是誉满京邑。

八月,李世民即皇帝位。高丽僧慧灌至日本,创日本三论宗。

二十六岁　公元627年　唐太宗贞观元年

八月,玄奘自长安启程,经河西,越玉门关,历五烽,过莫贺延碛,抵达伊吾。受高昌王麹文泰邀请,遂涉南碛,经六日至高昌国境白力城。

玄奘门人、《慈恩传》作者彦悰生。新罗圆测十五岁,游学长安,从法常、僧辩受学。

二十七岁　公元628年　唐太宗贞观二年

正月,入高昌王城。高昌王资助玄奘西行,玄奘作《启谢高昌王表》。从高昌出发,经阿耆尼国,至屈支国,因凌山雪路未开,淹停六十余日。又经跋禄迦国,北逾凌山,过大清池,到达素叶城,遇叶护可汗。又从素叶城西行,经屏聿、呾逻斯城、白水城、恭御城、笯赤建国、赭时国、窣堵利瑟那国、飒秣建国、屈霜你迦国、喝捍国、捕喝国、伐地国、货利习弥伽国、羯霜那国,逾铁门,到达睹货罗故地。至缚喝国,东南越大雪山,经梵衍那国抵达迦毕试国,在此观礼圣迹、讲学、坐夏。安居讫,东行六百余里,越黑岭,进入北印度境。经滥波国、那揭罗喝国、健陀逻国、乌仗那国、呾叉始罗国、僧诃补罗国、乌剌尸国,一路东行,随处瞻礼圣迹,于岁末抵达迦湿弥罗国(罽宾),从僧称学《俱舍》、《顺正理》、因明、声明等。

十二月,西突厥统叶护可汗被其伯父所杀,国家陷入内乱。

二十八岁　公元629年　唐太宗贞观三年

春、夏在迦湿弥罗国从僧称受学,兼学梵文经藏。是年秋,玄奘离开迦湿弥罗国,经半笯嗟国、曷逻阇补罗国,至磔迦国东境,从一老婆罗门学《经百论》和《广百论》。东行到至那仆底国,从调伏光学《对法论》、《显宗论》、《理门论》等。

玄奘弟子、日本法相宗创始人道昭生。慧立年十五岁，出家于幽州昭仁寺。禅宗金陵牛头禅系第三世慧方生。郑善果卒。

二十九岁　公元630年　唐太宗贞观四年

至阇烂达那国，从月胄学《众事分毗婆沙》。学讫，经屈露多国、设多图卢国，进入中印度境内，又经波理夜呾罗国、秣菟罗国、萨他泥湿伐罗国，于秋末冬初至禄勒那国，从阇耶毱多就听《经部毗婆沙》。

慧颧卒，年六十七。二月八日，李靖大破突厥颉利可汗于阴山。三月，擒颉利可汗，东突厥亡。

三十岁　公元631年　唐太宗贞观五年

春，至秣底补罗国，从蜜多斯那学《辩真论》、《随发智论》等。又经婆罗吸摩补罗国、醯掣怛罗国、毗罗那拏国、劫比他国，于夏初抵达羯若鞠阇国，依毗离耶犀那三藏学佛使所造的《毗婆沙》和日胄所造的《毗婆沙》。秋，玄奘离开羯若鞠阇国，经阿逾陀国、阿耶穆佉国、钵罗耶伽国、憍赏弥国、鞞索迦国、室罗伐悉底国、劫比罗伐窣堵国、蓝摩国、拘尸那揭罗国、婆罗痆斯国、战主国、吠舍釐国，一路观礼圣迹，约于十月初，到达摩揭陀国的那烂陀寺。

是年，法融弟子昙璀生。康国向唐请臣。

三十一岁　公元632年　唐太宗贞观六年

玄奘在那烂陀寺从戒贤听受《瑜伽师地论》三遍，《顺正理》、《显扬》、《对法》各一遍，《因明》、《声明》、《集量》各二遍，《中论》、《百论》各三遍，研读决疑先前所习《俱舍》、《毗婆沙》、《六足》、《阿毗昙》等论，兼学梵书，历时五年。

玄奘的弟子窥基生。天台五祖灌顶卒，年七十二岁。

三十二岁　公元633年　唐太宗贞观七年

在那烂陀寺听戒贤讲授，研究诸部论典，学习梵书。

西突厥咄陆可汗遣使至唐请降。

三十三岁　公元634年　唐太宗贞观八年

在那烂陀寺听戒贤讲授,研究诸部论典,学习梵书。

智琰卒,年七十一岁。道昂卒,年六十九岁。吐蕃赞普松赞干布遣使至唐请婚。

三十四岁　公元635年　唐太宗贞观九年

在那烂陀寺听戒贤讲授,研究诸部论典,学习梵书。

义净生。禅宗金陵牛头禅系四祖法持生。智首卒,年六十九岁。

三十五岁　公元636年　唐太宗贞观十年

春初,玄奘欲周游五印,随处问学,遂辞别戒贤,前往伊烂拏钵伐多国。至伊烂拏国都城,从怛他揭多毱多(如来密)和羼底僧诃(师子忍)就读《毗婆沙》、《顺正理》等。

道岳卒,年六十九岁。突厥阿史那社尔降唐。

三十六岁　公元637年　唐太宗贞观十一年

玄奘从伊烂拏国启程,经瞻波国、羯朱嗢祇罗国、奔那伐弹那国,抵达东印度境,又经羯罗拏苏伐剌那国、三摩怛吒国,至耽摩栗底国。玄奘本欲从此渡海,前往僧伽罗国,因闻海涛凶险,遂往西南经乌荼国、恭御陀国,至南印度境。复经羯餧伽国至南憍萨罗国。在此停一个月余,从一善解因明的婆罗门学《集量论》。又经案达罗国至驮那羯磔迦国。在此停数月,从苏部底、苏利耶学大众部《根本阿毗达磨》等论。又经珠利耶国、达罗毗荼国、建那补罗国、摩诃剌侘国、跋禄羯呫婆国、摩腊婆国,于岁末到达伐腊毗国。

善无畏生。道基卒,年六十余岁。

三十七岁　公元638年　唐太宗贞观十二年

从伐腊毗国,进入西印度境,历阿难陀补罗国、苏剌侘国、瞿折罗国、乌阇衍那国、掷枳陀国、摩醯湿伐罗补罗国、阿点婆翅罗国、狼揭罗国、臂多势罗国、阿奢荼国、信度国、茂罗三部卢国，抵达北印度的钵伐多国。玄奘在此从二、三大德学正量部《根本阿毗达磨》及《摄正法论》、《教实论》等，并在此度岁。

禅宗六祖慧能生。新罗僧慈藏等入唐求法。

三十八岁　公元 639 年　唐太宗贞观十三年

玄奘返回那烂陀寺，旋往寺西的低罗择迦寺，就般若跋陀罗咨决所疑。经两月，复往杖林山，从胜军论师学《唯识决择论》、《意义理论》、《成无畏论》、《不住涅槃》、《十二因缘论》、《庄严经论》，并问《瑜伽》、《因明》等疑。

法琳以谤讪皇室罪被流放。傅奕卒，年八十五岁。是年十二月，诏令侯君集率军征讨高昌。

三十九岁　公元 640 年　唐太宗贞观十四年

复返那烂陀寺，为众讲《摄大乘论》、《唯识决择论》。寺内师子光依中观义破斥瑜伽义，因撰《会宗论》三千颂会通二宗。又难破婆罗门顺世外道。正量部论师般若毱多作《破大乘论》七百颂诘难大乘，因撰《破恶见论》一千六百颂破之。应邀至东印度迦摩缕波国，为其国王鸠摩罗王造《三身论》三百颂，赞扬佛德。玄奘与鸠摩罗王同行，会戒日王于羯朱嗢祇罗国。

华严初祖杜顺卒，年八十四岁。法琳卒，年六十九岁。八月，唐灭高昌。戒日王派遣使节访问大唐，于翌年冬抵达长安。

四十岁　公元 641 年　唐太宗贞观十五年

春初，戒日王在曲女城召开论辩大会。玄奘为论主，立《制恶见论》，十八日来无人能破。大乘众号之为“大乘天”，小乘众称之为“解脱天”。由是声震五印。会后，戒日王又坚请法师参加在钵罗耶伽国举办的第六次无遮大施会。夏初，玄奘自钵罗耶伽国启程回国，经憍赏弥国、毗罗那拏国、阇兰达国，到达僧诃补罗国，时已岁暮。

文成公主嫁吐蕃松赞干布。戒日王使者至长安。何国遣使至唐。唐太宗临弘福寺为穆太后追福，自称菩萨戒弟子。

四十一岁　公元642年　唐太宗贞观十六年

从达僧诃补罗国启程，过呾叉尸罗国，渡印度河，迦毕试王迎于河边。玄奘与迦毕试王相伴往西北行，走一月余至滥波国，迦毕试王在此仿效戒日王举行七十五天的无遮大施会。又经伐剌拏国、阿薄健国、漕矩吒国、佛栗氏萨傥那国，至迦毕试国境。迦毕试王又举办了七日大施会。会后，往东北行至瞿卢萨谤城，与迦毕试王辞别，出迦毕试国，越大雪山，至安怛罗缚婆国，进入睹货罗故地。

是年，道宣入住终南山丰德寺。慧持卒，年六十八岁。

四十二岁　公元643年　唐太宗贞观十七年

从安怛罗缚婆国出发，经阔悉多国、活国，遇叶护可汗孙，是时为睹货罗王，亦自称叶护。叶护派兵护送，经瞢健国、呬摩怛罗国、淫薄健国、屈浪拏国、达摩悉铁帝国，出睹货罗故地，又经尸弃尼国、商弥国，至波谜罗川。又往东行至朅盘陀国，遇群贼，大象被逐，溺水而死。又东行八百余里，出葱岭，经乌铩国、佉沙国、斫句迦国，抵达瞿萨旦那国（于阗）境。

华严宗的开创者法藏生。牛头禅系的创始人法融在牛头山筑室修禅。

四十三岁　公元644年　唐太宗贞观十八年

至于阗都城，住小乘萨婆多寺。以归国事上表太宗。经七八个月，始奉敕令，即辞别于阗王，经媲摩城、泥壤城、大流沙、折摩驮那故国（沮沫）、纳缚波故国（楼兰），抵达沙州（敦煌）。

西域利涉来唐,途遇玄奘,遂师事之,后成为玄奘高足之一。李大亮卒,年五十九岁。九月,唐灭焉耆。

四十四岁 公元645年 唐太宗贞观十九年

正月,倍道而进,二十四日抵长安西郊漕上,二十五日入长安。携归佛典五百二十夹,六百五十七部,以及大量的佛舍利和佛像等。二月一日,谒太宗于洛阳仪鸾殿,商定译经事宜。三月一日,返回长安,住弘福寺,组建译场。五月(本《传》作七月一日),正式开译。

新罗圆测从玄奘受学。怀素出家为玄奘弟子。道宣参与玄奘译场。法常卒,年七十九岁。道绰卒,年八十四岁。慧净卒,年六十八岁。法敏卒,年六十七岁。正月,王玄策登耆阇崛山刻石勒铭;二月,立碑于摩诃菩提寺。

四十五岁 公元646年 唐太宗贞观二十年

住弘福寺译经。五月十五日,始译《瑜伽师地论》。七月一日(一说十三日),呈进《进新译经论表》及已译成佛典五部。七月初,撰成《大唐西域记》十二卷;五日,呈进《进〈大唐西域记〉表》及《西域记》,并请御制经序。

印度婆罗门僧五人至长安。王玄策等携梵本经、论六百余部回国。

四十六岁 公元647年 唐太宗贞观二十一年

在弘福寺译经。应东印度迦摩缕波国鸠摩罗王之请,奉敕与道士蔡晃、成玄英等译《老子》为梵文。又将《大乘起信论》译成梵文。

灵睿卒,年八十三岁。戒日王卒。王玄策、蒋师仁出使印度诸国;时因戒日王殁,阿罗那顺自立为王,发兵拒唐使;王玄策等率吐蕃、尼泊尔之兵,大破之。尼泊尔王遣使至唐。

四十七岁 公元648年 唐太宗贞观二十二年

五月十五日,译完《瑜伽师地论》一百卷。六月,谒见太宗于坊州玉华宫，呈上新译《瑜伽师地论》。八月（本《传》作六月），太宗撰《大唐三藏圣教序》。太子李治作《述圣记》。十月十六日，随驾回京，住宫城北阙紫微殿西弘法院译经。十二月，移住慈恩寺，充任上座。

窥基奉诏为玄奘弟子，年十七岁。是年慧沼生。房玄龄卒，年七十岁。四月，阿史那贺鲁率众来降。五月，王玄策从天竺归来，献阿罗那顺于长安阙下。九月一日，下诏京城及天下诸州寺宜各度五人，弘福寺宜度五十人，总计度僧尼一万八千五百余人。十二月，阿史那杜尔平龟兹。

四十八岁　公元 649 年　唐太宗贞观二十三年

住慈恩寺翻经院译经。四月二十五日，随驾终南山翠微宫。五月二十六日（本《传》作二十七日），太宗驾崩。还慈恩寺，专务翻译。

辩机卒，年约三十岁。道世从玄奘受学，并参预译场。玄应参预玄奘译场。彦悰至长安，受学于玄奘之门。义净年十五岁，立志西游。玄奘译经助手道洪（任“证义”一职）卒，年七十六岁。律宗慧旻卒，年七十七岁。

四十九岁　公元 650 年　唐高宗永徽元年

在慈恩寺专心译经，兼任上座。

玄照西行，道经吐蕃，文成公主送其往天竺。五月，吐蕃松赞干布卒，年约三十四岁。六月，高侃败突厥于金山，擒车鼻可汗。

五十岁　公元 651 年　唐高宗永徽二年

住慈恩寺专心译经。

神秀的嗣法弟子普寂生。道信卒，年七十二岁。正月，西突厥阿史那贺鲁拥众西走，势力扩张。

五十一岁　公元 652 年　唐高宗永徽三年

住慈恩寺译经。三月，奏请建塔以安置经、像及舍利，高宗诏许。

遂于大慈恩寺西院造塔，历时两年建成，即大雁塔。

于阗实叉难陀生。中天竺阿地瞿多携梵本至长安，受敕住慈恩寺。正月，梁建方等大破西突厥处月部，擒朱邪孤注。

五十二岁　公元 653 年　唐高宗永徽四年

住慈恩寺译经。五月，中印度摩诃菩提寺智光、慧天等致书法师。

日僧道昭随遣唐使至长安，受学于法师，后回国创日本法相宗。

五十三岁　公元 654 年　唐高宗永徽五年

在慈恩寺译经。二月，复信中印度摩诃菩提寺智光、慧天。

是年窥基二十三岁，特旨受具足戒，并入住大慈恩寺。四月，阿地瞿多译完《陀罗尼集经》十二卷。

五十四岁　公元 655 年　唐高宗永徽六年

在慈恩寺译经。五月，尚药奉御吕才作《因明注解立破义图》，与法师门下展开论争。十月，奉敕与吕才对定。

十月，武则天立为皇后。

五十五岁　公元 656 年　唐高宗显庆元年

在慈恩寺译经。正月二十三日，请朝廷简派官员监阅译场，并请高宗撰写慈恩寺碑文。高宗准奏。二十七日，敕尚书左仆射于志宁、中书令来济等时往看阅，润色译文。二十九日，碑文成。三十日，法师率寺众诣阙陈谢。四月十四日，御碑至大慈恩寺。五月，旧疾复发，几将不济，敕遣御医悉心诊治。病中请罢“先道后佛”、“僧俗同科令”。病愈后，高宗遣使迎法师入，安置于凝阴殿院之西阁供养。十一月一日，武则天施玄奘衲袈裟等物，玄奘上表致谢。十二月五日，为皇子李显剃发。

窥基二十五岁，应诏参预玄奘译场。八月，程知节大破西突厥葛逻禄等部，十二月程知节、苏定方又破西突厥鼠尼施部，然未竟全功。

五十六岁　公元657年　唐高宗显庆二年

闰正月十三日(本《传》作二月),随驾至洛阳,住积翠宫译经。四月(一说五月),又陪驾住明德宫。五月,返回积翠宫翻译。七月,返乡与姊改葬父母坟茔。十一月,玄奘在积翠宫翻译,无时暂辍,积气成疾。高宗闻之,即遣供奉内医吕弘哲宣敕慰问。十二月,改洛阳宫为东都,玄奘修表进贺。

法融卒,年六十四岁。王玄策第三次出使印度。闰正月,苏定方率军征讨西突厥沙钵罗可汗阿史那贺鲁,十二月大破西突厥军,沙钵罗奔石国,被擒,解至长安,西突厥亡。

五十七岁　公元658年　唐高宗显庆三年

二月四日(本《传》作正月),随驾返长安。七月十四日,移住西明寺。

日僧智通、智达至长安,从玄奘受学。

五十八岁　公元659年　唐高宗显庆四年

住西明寺译经。十月,移住坊州玉华寺。闰十月,糅译《成唯识论》十卷,至十二月三十日讫。

智俨在云华寺讲《华严经》,缁素道俗,咸加归礼。道胄卒,年八十五岁。

五十九岁　公元660年　唐高宗显庆五年

住玉华寺译经。正月一日,始译《大般若经》。

九月二十七日,中印度菩提寺寺主为唐使王玄策等设大会。十月一日,王玄策辞别寺众回国。

六十岁　公元661年　唐高宗龙朔元年

住玉华寺译经。

慧能至黄梅礼弘忍。新罗僧元晓、义湘入唐，元晓中途折返；义湘从终南山至相寺智俨受学。道宣撰《集古今佛道论衡》。义褒卒，年五十一岁。王玄策自印度返回长安。

六十一岁　公元 662 年　唐高宗龙朔二年

住玉华寺译经。

四月十五日，命有司议沙门拜君亲，引发激烈争议。

六十二岁　公元 663 年　唐高宗龙朔三年

住玉华寺译经。十月二十三日，译成《大般若经》六百卷。

六十三岁　公元 664 年　唐高宗麟德元年

二月五日夜半，入寂。四月十四日，葬于浐水东岸白鹿原。

寂后五年　公元 669 年　唐高宗总章二年

四月八日，高宗下敕徙葬法师于樊川北原，并营建塔宇。

寂后二十四年　公元 688 年　唐睿宗垂拱四年

彦悰完成《慈恩传》十卷本。

寂后四十一年　公元 705 年　唐中宗神龙元年

中宗下敕在两京各建一座佛光寺（东都佛光寺即玄奘之故宅），追谥玄奘为“大遍觉”。

寂后一百七十三年　公元 837 年　唐文宗开成二年

刘轲撰《大唐三藏大遍觉法师塔铭并序》，两年后塔铭镌成。

中华经典名著

全本全注全译丛书

（已出书目）

周易
尚书
诗经
周礼
仪礼
礼记
左传
韩诗外传
春秋公羊传
春秋穀梁传
孝经·忠经
论语·大学·中庸
尔雅
孟子
春秋繁露
说文解字
释名
国语
晏子春秋
穆天子传
战国策
史记
吴越春秋
越绝书
华阳国志
水经注
洛阳伽蓝记
大唐西域记
史通
贞观政要
营造法式
东京梦华录
唐才子传
大明律
廉吏传
徐霞客游记

读通鉴论
宋论
文史通义
老子
道德经
帛书老子
鹖冠子
黄帝四经·关尹子·尸子
孙子兵法
墨子
管子
孔子家语
曾子·子思子·孔丛子
吴子·司马法
商君书
慎子·太白阴经
列子
鬼谷子
庄子
公孙龙子(外三种)
荀子
六韬
吕氏春秋
韩非子
山海经
黄帝内经

素书
新书
淮南子
九章算术(附海岛算经)
新序
说苑
列仙传
盐铁论
法言
方言
白虎通义
论衡
潜夫论
政论·昌言
风俗通义
申鉴·中论
太平经
伤寒论
周易参同契
人物志
博物志
抱朴子内篇
抱朴子外篇
西京杂记
神仙传
搜神记

拾遗记
世说新语
弘明集
齐民要术
刘子
颜氏家训
中说
群书治要
帝范·臣轨·庭训格言
坛经
大慈恩寺三藏法师传
长短经
蒙求·童蒙须知
茶经·续茶经
玄怪录·续玄怪录
酉阳杂俎
历代名画记
唐摭言
化书·无能子
梦溪笔谈
东坡志林
唐语林
北山酒经(外二种)
容斋随笔
近思录
洗冤集录
传习录
焚书
菜根谭
增广贤文
呻吟语
了凡四训
龙文鞭影
长物志
智囊全集
天工开物
溪山琴况·琴声十六法
温疫论
明夷待访录·破邪论
陶庵梦忆
西湖梦寻
虞初新志
幼学琼林
笠翁对韵
声律启蒙
老老恒言
随园食单
阅微草堂笔记
格言联璧
曾国藩家书
曾国藩家训
劝学篇

楚辞

文心雕龙

文选

玉台新咏

二十四诗品·续诗品

词品

闲情偶寄

古文观止

聊斋志异

唐宋八大家文钞

浮生六记

三字经·百家姓·千字文·弟子规·千家诗

经史百家杂钞